Recherches qualitatives et quantitatives en sciences humaines et sociales

Pour une formation théorique et pratique appuyée empiriquement

Sous la direction de :
Mélanie Lapalme
Anne-Marie Tougas
Marie-Josée Letarte

JFD
Éditions

**Recherches qualitatives et quantitatives en sciences humaines et sociales :
pour une formation théorique et pratique appuyée empiriquement**
Sous la direction de Mélanie Lapalme, Anne-Marie Tougas et Marie-Josée Letarte

© 2018 Les Éditions JFD inc.

Catalogage avant publication de Bibliothèque et Archives nationales du Québec et Bibliothèque et Archives Canada

Recherches qualitatives et quantitatives en sciences humaines et sociales : pour une formation théorique et pratique appuyée empiriquement/sous la direction de Mélanie Lapalme, Anne-Marie Tougas et Marie-Josée Letarte.

ISBN 978-2-89799-006-0

1. Psychoéducation – Recherche. I. Lapalme, Mélanie, éditeur intellectuel. II. Tougas, Anne-Marie, éditeur intellectuel. III. Letarte, Marie-Josée, éditeur intellectuel.

LC3969.R42 2018   371.9072   C2018-941331-X

Les Éditions JFD inc.
CP 15 Succ. Rosemont
Montréal (Québec)
H1X 3B6
Téléphone : 514-999-4483
Courriel : info@editionsjfd.com
www.editionsjfd.com

ISBN : 978-2-89799-006-0
Dépôt légal : 3e trimestre 2018
Bibliothèque et Archives nationales du Québec
Bibliothèque et Archives Canada

Imprimé au Québec, Canada

Ont collaboré à cet ouvrage :

Julie Allard

Catherine Arseneault

Marie-Eve Bédard-Nadeau

Jean-Yves Bégin

Catherine Béland

Annie Bérubé

Thérèse Besnard

Michèle Boissonneault

Mélanie Bolduc

Maxim Bouchard

Josée Charrette

Marie-Ève Clément

Caroline Couture

Gaëlle Delisle

Anne-Sophie Denault

Julien Desautels

Nadia Desbiens

Andréanne Dion

Johanne Doyon

Sarah Dufour

Karine Forget

Carine Fournier

Sylvie Fréchette

Émilie Frenette-Bergeron

Karine Gagné

Marie-Hélène Gagné

Nancy Gaudreau

Joanie Giroux

Jasmine Gobeil Bourdeau

Rima Habib

Zeineb Hamza

Sonia Hélie

Andrée-Anne Houle

Carl Lacharité

Vicky Lafantaisie

Jeanne Lagacé-Leblanc

Mélanie Lapalme

Angélique Laurent

Chantal Lavergne

Francine Lavoie

Isabelle-Ann Leclair-Mallette

Yann Le Corff

Jean-Pascal Lemelin

Annie Lemieux

Maude Léonard

Marie-Josée Letarte

Annabel Levesque

Claire Malo

Diane Marcotte

Line Massé

Céline Mercier

Tristan Milot

Jacques Moreau

Diane Morin

Marjorie Morin

Marie-France Nadeau

Sylvie Normandeau

Sylvie Ouellet

Stacey Paquin

Marie Josée Picher

Chantal Plourde

Catherine Proulx-Bourque

Mélina Rivard

Nadia Rousseau

Annie Roy-Charland

Janet Sarmiento

John Tivendell

Luc Touchette

Anne-Marie Tougas

Marc Tourigny

Claudia Verret

Éric Yergeau

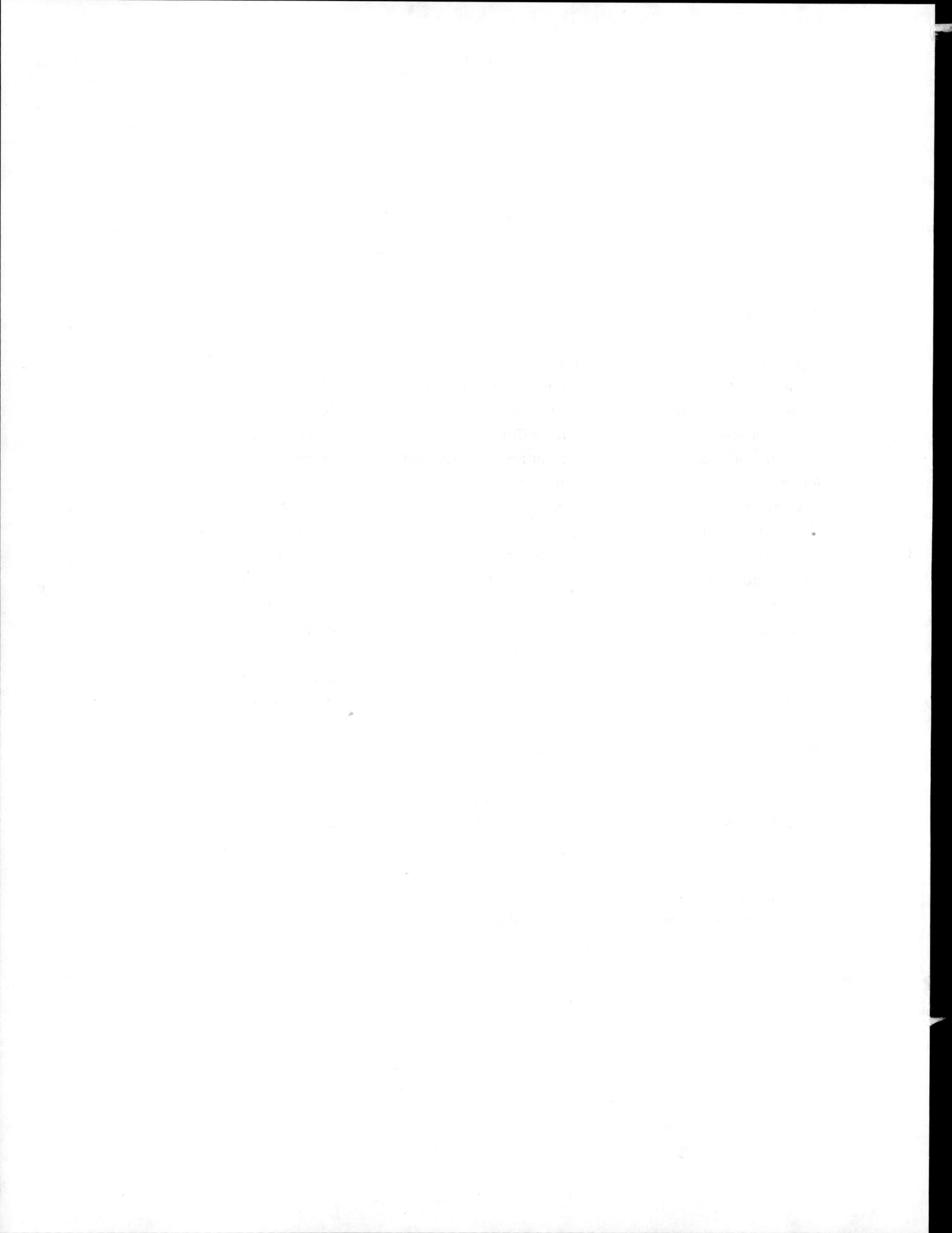

Table des matières

Chapitre 5
Points de vue d'élèves en troubles du comportement
sur les mesures d'apaisement de deux écoles spécialisées 115

Partie 2
L'adolescence

Chapitre 6
Analyse qualitative de plans de service et d'intervention individualisés 143

Chapitre 7
Contribution d'un projet scolaire à vocation artistique en matière de formation identitaire ... 169

Avant-propos

Cet ouvrage collectif est né de notre préoccupation d'offrir une formation de qualité en approche scientifique dès la première année du baccalauréat, à partir de textes en français. En tant que professeures en psychoéducation à l'Université de Sherbrooke, nous étions soucieuses de favoriser l'intégration de cette approche à l'ensemble du cursus académique. En effet, la révision des programmes de formation au baccalauréat et à la maitrise en psychoéducation avait mené à recommander de mieux intégrer recherche et pratique dans la formation des futurs psychoéducateurs. Le cloisonnement entre les cours théoriques, les stages d'intervention et les cours de recherche ne permettaient pas aux étudiants de bien apprécier la valeur ajoutée de la recherche pour la psychoéducation.

Si, d'une part, les questions issues de la pratique devraient orienter la recherche, les connaissances issues de la recherche constituent des sources de savoir importantes tant pour la formation initiale que pour la formation continue. Dans un contexte où les psychoéducateurs, comme les autres intervenants psychosociaux, sont appelés à intervenir dans différents milieux auprès de clientèles diversifiées et présentant des profils cliniques complexes, la consultation avisée d'articles scientifiques devrait devenir un « réflexe ». En effet, ceux-ci permettent de maintenir ses connaissances à jour, d'en acquérir de nouvelles et ainsi, d'intervenir en utilisant les moyens les plus probants. La consultation d'articles scientifiques permet, par exemple, l'approfondissement des connaissances par rapport à une clientèle spécifique, par rapport à l'utilisation d'un instrument de mesure ou encore pour faire le choix éclairé d'un programme d'intervention. En outre, les connaissances ne cessent d'évoluer au fil du temps.

Toutefois, la capacité souvent limitée d'étudiants et de futurs praticiens de comprendre et critiquer les publications scientifiques, de même que leurs craintes face à une apparente complexité, nuisent au développement de leur intérêt pour les connaissances qui en découlent. Cette observation se transpose fort possiblement à toutes formations du domaine psychosocial. Il y a fort à parier que cet intérêt ne va pas se développer spontanément au cours de la vie professionnelle. S'appuyer d'emblée sur la science pour comprendre et décider est un enjeu considérable pour la formation de futurs psychoéducateurs.

Ainsi, cet ouvrage a été mis sur pied pour faciliter l'intégration de l'approche scientifique à l'ensemble de la formation théorique et pratique en sciences humaines et sociales. Poursuivant l'objectif de stimuler ce réflexe scientifique chez nos étudiants, nous avons tenté d'intégrer des textes accessibles aux étudiants de notre programme, accessibles sur le plan de la langue d'une part, mais aussi sur le plan des concepts abordés et des méthodes utilisées et expliquées. Force fut de constater que de nombreux défis s'opposaient à notre volonté. Il s'est avéré plus difficile qu'anticipé de répertorier des articles scientifiques traitant d'une inadaptation spécifique rencontrée en psychoéducation et présentant des devis méthodologiques à la fois simples, rigoureux et suffisamment bien décrits pour être compris des étudiants. Nous cherchions des articles scientifiques qui, tout en représentant un défi pédagogique, n'entrainaient pas un trop grand déséquilibre cognitif pour des étudiants qui en sont à leur premier contact avec la recherche. Or, les articles des revues scientifiques sont souvent très courts et les explications méthodologiques sont peu précises et explicites. De plus, il y a peu d'études qualitatives publiées dans notre domaine de recherche. Et lorsque des devis quantitatifs sont utilisés, les analyses statistiques réalisées sont de plus en plus complexes et les résultats qui en découlent sont souvent difficiles à comprendre. La majorité des articles scientifiques étant rédigés en anglais, le défi devient d'autant plus grand pour les étudiants qui ne maitrisent pas suffisamment bien cette langue. Nous croyons que l'accès à des articles scientifiques empiriques rédigés en français sur des problèmes d'intérêt qui soient bien structurés et suffisamment explicites permettra de développer l'intérêt vers la recherche, la compréhension des différents choix méthodologiques et l'appropriation des connaissances issues de la recherche. Ceci est nécessaire au développement du réflexe scientifique.

Des chapitres structurés sous la forme d'articles empiriques et révisés par les pairs

Il s'agit d'un ouvrage collectif regroupant les textes de plusieurs professeurs et chercheurs de différents domaines des sciences humaines et sociales. Chacun des chapitres est construit sous un même canevas, calqué au format d'articles empiriques publiés dans des revues scientifiques. En plus d'un résumé de l'étude (contexte, objectif, méthode, résultats, conclusion) présenté au début de chaque chapitre, tous les chapitres débutent par une introduction, qui peut parfois inclure différents sous-titres plus spécifiques, mais qui permet assurément de définir les concepts et la pertinence sociale de l'étude, suivie d'une section sur les objectifs de recherche, ou des questions de recherche ou des hypothèses déterminés en fonction du niveau de connaissances disponibles sur le phénomène à l'étude (Fortin, 2010). Il y a ensuite la section sur la méthodologie de l'étude, nécessairement divisée selon les sous-titres habituels pour les études quantitatives (participants, mesures, déroulement, analyses statistiques) ou qualitatives (échantillon, collecte de données, traitement et analyse de données), suivi des résultats, d'une discussion et généralement d'une conclusion. Enfin, les références bibliographiques sont présentées selon les normes de l'American Psychological Association (APA, 2010).

Compte tenu du volet pédagogique de l'ouvrage, et parce qu'il s'adresse aux étudiants en premier lieu, plus de détails sont mentionnés dans chacun des chapitres. Par exemple, les méthodes de traitement et d'analyse des données sont souvent décrites avec plus de précisions que ce que l'on retrouve habituellement dans les articles empiriques, la description des outils de collecte de données est généralement plus complète ou encore, la définition des concepts est souvent suffisamment explicite pour être une ressource pédagogique. Ceci explique que les chapitres soient un peu plus longs que les articles publiés dans la plupart des revues scientifiques.

Enfin, cet ouvrage regroupe 20 études empiriques qualitatives, quantitatives ou mixtes, n'ayant pas été publiées jusqu'à maintenant. Pour éviter le cloisonnement entre ces approches, les chapitres ont plutôt été classés selon la population cible de l'étude soit les enfants, les adolescents, les familles ou les adultes. Au départ, chaque proposition a été évaluée par le comité de rédaction sur la base des quatre critères suivants :

1. pertinence pour la psychoéducation;

2. présence de retombées concrètes pour l'intervention;

3. clarté et rigueur de la méthodologie;

4. qualité du texte présenté.

De plus, la collaboration avec des étudiants de 2e et 3e cycles a été fortement encouragée. Ensuite, le contenu de chacun des chapitres a été révisé par au moins deux pairs évaluateurs (mais pas de manière anonyme), suivi par une révision pédagogique et des normes. Il en ressort des études de qualités, pertinentes pour les chercheurs, pédagogiquement utiles pour les professeurs et accessibles aux étudiants qui en sont à leur premier contact avec la recherche.

Un contenu varié

Dans l'ensemble, les chapitres offrent un contenu diversifié qui expose les étudiants aux différentes perspectives en recherche, à des méthodes de recherche et d'analyses variées et à plusieurs problèmes rencontrés dans divers milieux de pratique et contextes d'intervention. Ainsi, les chapitres sont utiles pour illustrer des notions méthodologiques et de traitement de données qualitatives ou quantitatives, mais ils sont aussi utiles pour l'apprentissage de concepts plus théoriques et cliniques.

D'abord, pour exposer les étudiants aux différentes perspectives en recherche, telles que le constructivisme et le post-positivisme, le chapitre de Léonard (chap. 9) est particulièrement complet. Il s'agit d'une étude, utilisant un devis mixte, où les données sont traitées de manière qualitative (analyse thématique) et quantitative (test-t pour échantillon apparié) dans le cadre d'une évaluation des effets d'un programme d'intervention. Si les études publiées ayant un devis mixte sont relativement rares, le présent ouvrage a l'avantage de regrouper deux autres chapitres avec un tel devis, celui de Desautels, Gobeil-Bourdeau et Touchette (chap. 17) et celui de Rivard, Morin, Morin, Bolduc et Mercier (chap. 1).

Au niveau des études qualitatives, la majorité utilise un devis descriptif. Trois d'entre elles ont aussi recourt à l'étude de cas (Béland et Dufour, chap. 13; Desbiens, Gagné, Allard et Charrette, chap. 6; Rousseau, Fréchette, Paquin et Ouellet, chap. 10). Pour un exemple d'étude ethnographique, le chapitre de Lafantaisie, Milot et Lacharité (chap. 11) permet de mieux comprendre comment les représentations de la négligence des intervenants en protection de la jeunesse se construisent et influencent leur pratique. La plupart des études qualitatives ont recours à l'analyse thématique (Bédard-Nadeau, Plourde et Arsenault, chap. 20; Béland et Dufour, chap. 13; Desbiens et al., chap. 6; Fournier, Massé, Verret, Picher, Doyon, Delisle, chap. 5; Habib, Clément, Gagné, chap. 14; Houle et Bérubé, chap. 16; Léonard, chap. 9; Malo, Sarmiento, Moreau, Lavergne, Hélie, chap. 12; Rivard et al., chap. 1; Lafantaisie et al., chap. 11; Rousseau et al., chap. 10). Quant au chapitre de Frenette-Bergeron et Tougas (chap. 7), il s'agit d'une analyse par théorisation. Enfin, pour aborder les principes de saturation empirique et théorique, le chapitre de Léonard (chap. 9) est particulièrement intéressant et les critères de scientificités des études qualitatives sont bien présentés dans le chapitre de Béland et Dufour (chap. 13).

Au niveau des études adoptant des devis quantitatifs (descriptifs, corrélationnels ou expérimentaux), différentes analyses statistiques, allant de simples analyses descriptives, comparatives et corrélationnelles à des analyses un peu plus complexes, mais bien expliquées, sont illustrées dans les différents chapitres. Pour des analyses descriptives (moyenne, écarts-types, fréquences) les chapitres de Letarte, Gagné et Leclair-Malette (chap. 15) et de Rivard et al. (chap. 1) peuvent être consultés. Pour les analyses comparatives (test-t, ANOVA), les chapitres de Laurent, Giroux, Letarte, Besnard et Lemelin (chap. 2) et de Léonard (chap. 9) sont tout à fait pertinents. Le chapitre de Letarte et al. (chap. 15) permet aussi de mieux comprendre la pertinence d'utiliser des tests non paramétriques (Wilcoxon, U de Mann Withney, chi-carré). Pour montrer un exemple de matrice de corrélation, le chapitre de Denault et Bouchard (chap. 8) et celui de Nadeau, Massé, Bégin, Normandeau et Verret (chap. 3) peuvent être consultés. En ce qui a trait aux analyses statistiques un peu plus complexes, les chapitres de Denault et Bouchard (chap. 8), de Laurent et al. (chap. 2) ainsi que de Tourigny, Boissonneault, Marcotte et Lavoie (chap. 18) s'avèrent utiles pour mieux comprendre les analyses de régression, incluant les postulats à la base de ces analyses. Le chapitre de Laurent et al. (chap. 2) illustre également les analyses de modération, par le sexe dans le cas présent. Le chapitre de Le Corff et al. (chap. 19) est intéressant pour une introduction à l'analyse discriminante et explique aussi très bien l'interprétation du d de Cohen. Pour une explication de l'approche centrée sur la personne, en comparaison d'une approche plus habituelle centrée sur les variables, le chapitre de Denault et Bouchard (chap. 8) peut être consulté. Ce chapitre explique aussi très bien la correction de bonferroni en lien avec la possibilité de commettre une erreur de type 1 (voir aussi Desaultels et al., chap. 17). Enfin, pour aborder les principes de validité interne et externe, le chapitre de Tourigny et al. (chap. 18) est particulièrement intéressant.

Trois chapitres sont particulièrement utiles pour les cours de mesures et évaluation, soit pour aborder les qualités psychométriques des instruments de mesure ou différentes techniques d'évaluation. Celui de Le Corff et al. (chap. 19) clarifie les concepts de validité et de fidélité et constitue un bon exemple d'une étude de validité critériée. Le chapitre de Nadeau et al. (chap. 4) illustre quant à lui les étapes de développement d'un instrument de mesure et évalue plusieurs des qualités psychométriques telles que la cohérence interne, la stabilité temporelle et la structure factorielle. Pour en apprendre sur l'évaluation sociométrique par les pairs, et sur l'intérêt de ce type d'évaluation pour mieux comprendre le fonctionnement social des élèves, le chapitre de Nadeau et al. (chap. 3) est particulièrement instructif.

Parmi les 20 chapitres, plusieurs traitent de l'évaluation de programmes, plus particulièrement de l'évaluation d'implantation (Béland et Dufour, chap. 13; Desbiens et al., chap. 6; Habib et al., chap. 14; Houle et Bérubé, chap. 16; Letarte et al., chap. 15; Rivard et al., chap. 1) et de l'évaluation des effets (Desaultels et al., chap. 17; Fournier et al., chap. 5; Léonard, chap. 9; Letarte et al., chap. 15). À ce titre, le chapitre de Letarte et al. (chap. 15), permet d'introduire la notion de programment probant en donnant un aperçu plutôt exhaustif des différents programmes d'intervention visant le développement des habiletés parentales des parents de familles d'accueil. De plus, pour une application concrète du modèle logique sur la théorie du programme, ce chapitre est une ressource à consulter. Quant au chapitre de Desautels et al. (chap. 17), il met bien en évidence l'importance, au plan clinique, d'évaluer les effets des programmes d'intervention.

Bien qu'ils s'agissent d'études empiriques, plusieurs chapitres sont intéressants sur le plan théorique et clinique soit parce qu'ils fournissent un portrait complet de certains problèmes ou clientèles, soit parce qu'ils offrent des recommandations concrètes pour l'intervention ou parce qu'ils réfèrent à des modèles théoriques utiles à la compréhension des problèmes. Sans être exhaustif, voici différents sujets couverts dans cet ouvrage :

- le chapitre de Rivard et al. (chap. 1) est particulièrement intéressant pour ceux qui s'intéressent aux troubles du spectre de l'autisme et au retard global de développement;

- le chapitre de Fournier et al. (chap. 5) porte sur l'utilisation de stratégie d'intervention cognitivo-comportementale auprès d'élèves en trouble grave de comportement d'où découlent des recommandations concrètes pour guider l'utilisation du retrait comme technique d'apaisement;

- le chapitre de Nadeau et al. (chap. 4) présente aussi la théorie cognitivo-comportementale et plus explicitement l'évaluation fonctionnelle des comportements;

- le chapitre de Frenette-Bergeron et Tougas (chap. 7) et celui de Denault et Bouchard (chap. 8) portent sur la participation à des activités sportives et de loisirs structurées comme moyen d'intervention auprès d'adolescents;

- le chapitre de Léonard (chap. 9) permet de relever les enjeux liés à l'intervention de groupe dans un contexte d'adolescents endeuillés par suicide;

- l'utilité, la construction et l'application du plan d'intervention individualisé sont bien abordées dans le chapitre de Rousseau et al. (chap. 10);

- le chapitre de Malo et al. (chap. 12) est une référence pour les intervenants en protection de la jeunesse appelés à intervenir dans des situations de conflits sévères de séparation;

- dans le domaine de la consommation problématique d'alcool ou de drogues, pour une explication de l'approche par réduction des méfaits et de ses avantages pour la clientèle, le chapitre de Béland et Dufour (chap. 13) est tout indiqué;

- Le chapitre de Bédard-Nadeau et al. (chap. 20) porte sur le développement d'une alliance thérapeutique dans un contexte de traitement des dépendances;

- Habib et al. (chap. 14), dans leur chapitre, mettent en lumière différentes stratégies pour favoriser la participation des parents dans les programmes d'éducation parentale;

- le chapitre de Lafantaisie et al. (chap. 11) est une ressource à la fois pour acquérir des connaissances plus théoriques sur le modèle écosystémique, utilisé ici pour expliquer les situations de négligence en protection de la jeunesse que pour amener une réflexion sur l'importance des schèmes relationnels dans le cadre d'une approche d'intervention participative;

- le chapitre de Desbiens et al. (chap. 6) présente différentes théories utiles à la compréhension du développement et de l'expression des troubles de comportement (théorie de la socialisation, de l'attachement, du trauma relationnel);

- le chapitre de Desautels et al. (chap. 17) présente le modèle écologique de Bronfenbrenner en lien avec la crise familiale;

- Houle et Bérubé (chap. 16), dans leur chapitre, décrivent et utilisent les composantes du modèle psychoéducatif de Gendreau pour poser un regard complet sur l'implantation d'un programme d'intervention pour les enfants anxieux et leur parent.

Donc, sans aucun doute, les chapitres de ce livre peuvent être utiles dans les cours de méthodologie de la recherche. Mais, ils ont aussi tout intérêt à être intégrés dans les cours théoriques et pratiques afin d'aider les étudiants à apprendre à partir des données issues de la recherche et d'en voir l'utilité.

Une utilisation pédagogique facilitée

Plus qu'un regroupement d'études empiriques variées, ce livre offre différents moyens pour faciliter son utilisation pédagogique. D'abord, au début de chacun des chapitres, après la page titre et le résumé, on retrouve une rubrique qui met en évidence les principales recommandations cliniques issues de l'étude. Revenant au défi d'arrimer recherche et pratique dans la formation de futurs professionnels de l'intervention directe, nous avons décidé de souligner, pour chacune des études, leurs retombées concrètes pour la pratique. Par exemple, l'étude de Laurent et al. (chap. 2) pourrait être utilisée tant dans un cours de méthodologie scientifique pour illustrer un exemple d'étude longitudinale prospective que dans un cours sur le développement de l'enfant pour illustrer les enjeux associés à la transition préscolaire primaire. Si ces recommandations sont une façon d'exposer les étudiants aux liens entre la recherche et la pratique, elles peuvent aussi guider les enseignants, tout comme les questions pédagogiques, sur les notions cliniques qu'il est possible d'approfondir à la lecture du chapitre.

Toujours au début de chacun des chapitres, sur la même page, une deuxième rubrique propose quelques questions pédagogiques pouvant orienter la lecture du chapitre. Celles-ci permettent, avec le titre, le résumé et les recommandations cliniques, de faire ressortir différentes notions suffisamment développées dans les chapitres pour présenter un intérêt de formation particulier. C'est le cas, par exemple, du chapitre de Le Corff et al. (chap. 19) sur la validité critériée de l'*Adult Self-Report*, qui propose une description appliquée du respect des principes éthiques en recherche avec des êtres humains.

Enfin, pour répertorier rapidement certains sujets d'intérêt, deux index ont été développés. Un premier réfère aux termes cliniques alors que le deuxième réfère aux termes méthodologiques. Chacun des termes renvoie aux chapitres (et non à une page en particulier) dans lesquels ils sont abordés. Si le terme en question est précisément défini dans un chapitre, un numéro de page est alors indiqué et la définition est mise en italique dans le chapitre.

En terminant, nous tenons à remercier chaleureusement tous les auteurs et coauteurs des chapitres pour leur généreuse contribution. En plus d'avoir accepté de partager leur savoir au bénéfice de la formation de futurs intervenants psychosociaux, ils se sont pliés à l'exercice exigeant, voire éprouvant, que fut le processus de révision pédagogique. Tous ont fait preuve de persévérance et ont répondu avec rigueur et professionnalisme à nos nombreuses demandes de précision et de clarification. Nous en sommes reconnaissantes. Cette collaboration aura permis de faire de cet ouvrage une ressource pédagogique riche, complète et accessible. Nous croyons que tant les enseignants, les étudiants, les praticiens que les chercheurs y trouveront leur compte. En espérant que les étudiants, non seulement développperont le réflexe de consulter des articles scientifiques pour acquérir des connaissances, mais aussi, qu'ils se surprennent à y prendre plaisir.

Références

American Psychological Association. (2010). *Publication manual of the American Psychological Association*, (6th ed. Washington, DC: Author).

Fortin, M.F. (2010). *Fondements et étapes du processus de recherche, méthodes quantitatives et qualitatives* (2e éd.). Montréal : Chenelière Éducation.

Partie 1
L'enfance

1 | Évaluation de l'implantation de la validité sociale d'un modèle de centre d'évaluation diagnostique en trouble du spectre de l'autisme, déficience intellectuelle et retards de développement

Mélina Rivard
Université du Québec à Montréal, département de psychologie

Marjorie Morin
Université du Québec à Montréal, département de psychologie

Diane Morin
Université du Québec à Montréal, département de psychologie

Mélanie Bolduc
Université du Québec à Montréal, département de psychologie

Céline Mercier
Université de Montréal, département de médecine sociale et préventive

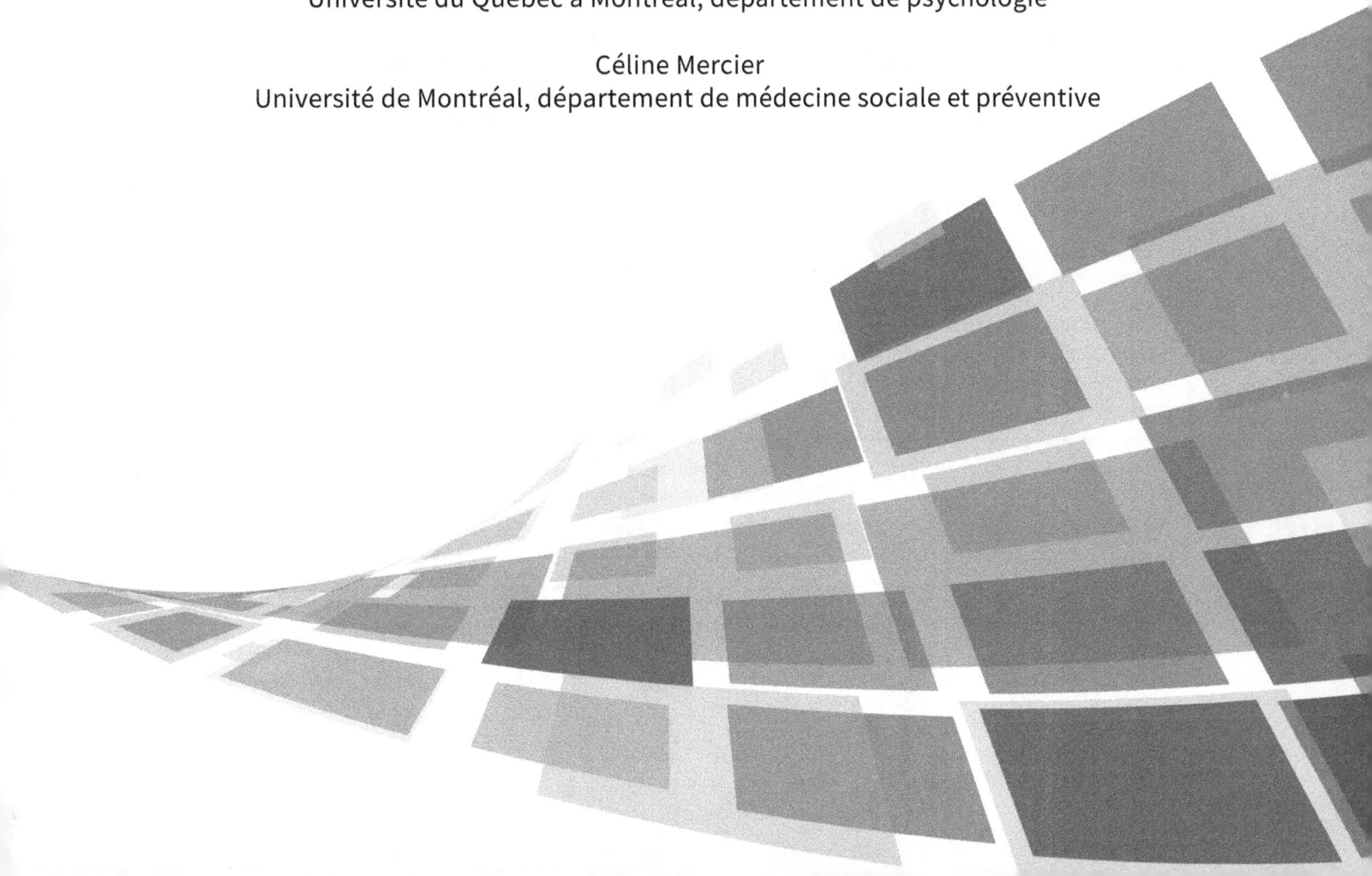

Résumé

Contexte

Les familles d'enfants présentant un trouble du spectre de l'autisme (TSA), une déficience intellectuelle (DI) ou un retard global de développement (RGD) vivent des défis importants dans l'accès aux services d'évaluation diagnostique et d'intervention précoce. Dans le but d'augmenter la capacité de ces services, le projet pilote du centre d'évaluation diagnostique *Voyez les choses à ma façon* (VCMF) a été initié dans la région de Montréal.

Objectif

Ce chapitre présente l'évaluation de l'implantation du centre VCMF selon quatre dimensions : 1) la procédure de référence; 2) le processus d'évaluation interdisciplinaire; 3) la structure organisationnelle; 4) le fonctionnement en équipe interdisciplinaire.

Ensuite, la validité sociale du modèle du centre est évaluée selon la satisfaction parentale des familles desservies.

Méthode

Les données de l'évaluation de l'implantation proviennent de questionnaires et d'entrevues auprès de six professionnelles du centre, tandis que la validité sociale a été documentée à l'aide d'un questionnaire de satisfaction administré à 32 familles.

Résultats

Les quatre dimensions évaluées sont implantées de façon suffisamment fidèle, et ce, même en considérant les changements apportés après seulement une année de fonctionnement. Cela a été rendu possible grâce à certains éléments facilitateurs, tels que le partenariat avec le réseau public, l'utilisation des bonnes pratiques et l'expertise des professionnelles. Or, certains ajustements sont nécessaires sur le plan de la formation ainsi que dans l'officialisation du modèle. Les parents se disent satisfaits et soulignent que le centre a aidé leur famille sur plusieurs plans. Ils souhaitent toutefois recevoir davantage de services et de soutien à la suite du diagnostic.

Conclusion

Les résultats font ressortir une grande adéquation entre les objectifs du centre et ce qui est réellement réalisé dans la pratique. Les activités correspondent aux bonnes pratiques, réalisées dans l'interdisciplinarité et selon un niveau de services considéré comme de première ligne ou de proximité.

Mots-clés

Trouble du spectre de l'autisme, retard global de développement, déficience intellectuelle, évaluation diagnostique, évaluation de programme, implantation, validité sociale.

Recommandations cliniques issues de l'étude

- Les professionnels qui travaillent dans un centre d'évaluation diagnostique se doivent d'être formés aux meilleures pratiques dans le domaine avant même de commencer leur travail.

- Le travail en équipe interdisciplinaire constitue une valeur ajoutée dans un centre d'évaluation diagnostique. Toutefois, les rôles de chacun des professionnels doivent être bien définis et devraient se retrouver dans un document décrivant le modèle du centre.

- L'ajout d'un suivi post-diagnostic suivant les services d'évaluation diagnostique serait un apport important au projet pilote du centre *Voyez les choses à ma façon*, car il permettrait d'augmenter la continuité et la fluidité de la trajectoire des services offerts aux familles.

- La présence d'une personne-ressource, tel un intervenant pivot, dès le processus d'évaluation diagnostique jusqu'à l'obtention de services permettrait de mieux soutenir les familles.

Questions pédagogiques

- Pourquoi est-ce important de faire l'évaluation de l'implantation d'un service?

- Qu'est-ce que la validité sociale d'un service?

- Qu'est-ce qui a facilité l'implantation du centre *Voyez les choses à ma façon*?

- Quels sont les principaux défis rencontrés par le centre *Voyez les choses à ma façon*?

1.1 Introduction

Au Québec, comme ailleurs dans le monde, l'obtention du diagnostic de trouble du spectre de l'autisme (TSA), de déficience intellectuelle (DI) ou de retard global de développement (RGD) est la porte d'accès aux services publics spécialisés d'intervention précoce, tels que les services d'intervention comportementale intensive (ICI), garants d'un meilleur pronostic pour l'enfant et d'une meilleure qualité de vie pour les familles (Boyd, Odom, Humphreys et Sam, 2010; Guralnick, 2005). Or, le temps d'attente actuel pour l'obtention de ces diagnostics s'élève à plusieurs mois, voire plusieurs années et il en va de même pour l'obtention des services d'intervention (Protecteur du citoyen, 2015). Les familles québécoises sont ainsi confrontées à deux vagues de listes d'attente dans le réseau de services spécialisés en TSA, DI ou RGD :

1. pour l'obtention d'une évaluation diagnostique dans les milieux mandatés par les Centres intégrés de santé et de services sociaux et Centres intégrés universitaires de santé et de services sociaux (CISSS et CIUSSS) pour réaliser ces évaluations (ex. hôpitaux spécialisés en enfance);

2. pour l'obtention de services spécialisés d'intervention précoce dans les CISSS et CIUSSS (ex. dans les Centres de réadaptation en déficience intellectuelle et troubles envahissants du développement, CRDITED).

En ce sens, selon les résultats d'une étude québécoise réalisée auprès de 92 familles (Poirier et Goupil, 2008a), un délai moyen de 2,9 ans est observé entre la première consultation professionnelle suivant les doutes diagnostiques de TSA et l'obtention d'un diagnostic formel. Aussi, les enfants auraient en moyenne 5,8 ans au moment où un diagnostic est posé (Poirier et Goupil, 2008a). Or, les services spécialisés d'intervention précoce se terminent lorsque l'enfant entre à la maternelle. C'est donc dire qu'au moment où l'étude a été réalisée, les familles ont dû attendre pour une période de 3 ans avant d'obtenir les services appropriés et plusieurs enfants n'ont pu profiter d'une année d'intervention précoce intensive avant leur entrée à l'école.

Selon les résultats d'une autre étude réalisée sur l'évaluation de la qualité de la trajectoire des services précoces au Québec auprès de 176 parents d'enfants ayant un TSA (Rivard, Lépine, Mercier et Morin, 2014), les parents souhaitent des améliorations dans les trois domaines suivants :

1. un accès plus rapide aux évaluations et aux services;

2. une meilleure continuité des services (progression coordonnée, cohérente, organisée et harmonieuse);

3. une meilleure flexibilité des services (adaptés aux besoins de leur enfant et leur famille).

Un rapport du Protecteur du citoyen déposé en 2015 documente aussi les difficultés vécues par les enfants et leur famille tout au long du parcours de services et explore les causes de celles-ci. Ce dernier rapport fait ressortir les difficultés particulières pour les familles et leurs enfants en attente d'un diagnostic de DI et de RGD. Ces difficultés sont notamment reliées à l'ambiguïté du diagnostic, à la lourdeur des démarches pour obtenir un diagnostic et aux difficultés d'accès aux services d'intervention appropriés.

Le présent chapitre porte sur l'évaluation de l'implantation et de la validité sociale d'un projet pilote de centre d'évaluation diagnostique, le centre *Voyez les choses à ma façon* (centre VCMF), ayant pour but de faciliter l'accès aux diagnostics de TSA, de DI et de RGD à Montréal. Au moment où le projet pilote de centre VCMF a été initié, 700 enfants étaient en attente d'une évaluation diagnostique de TSA, de DI ou de RGD sur l'île de Montréal (Fondation Miriam, 2014). Le temps d'attente pour l'obtention de ces diagnostics pouvait aller jusqu'à deux ans dans les hôpitaux et les autres cliniques d'évaluation de Montréal. Aussi, plus de 1 000 enfants au Québec attendaient jusqu'à trois ans pour un diagnostic (Fondation Miriam, 2014).

1.1.1 Le trouble du spectre de l'autisme, la déficience intellectuelle et le retard global de développement

Selon la définition du Manuel diagnostique et statistique des troubles mentaux (DSM-5), le **TSA** se caractérise par des *atteintes dans le domaine de la communication sociale* (ex. les interactions sociales, le langage et la communication non verbale) *et par la présence de comportements restreints, rigides et stéréotypés* (APA, 2013; 2015). Ces symptômes se présentent selon un continuum de sévérité, variant entre une atteinte légère, modérée ou sévère en fonction du niveau de soutien requis. Le Collège des médecins du Québec (CMQ) et l'Ordre des psychologues du Québec (OPQ) ont établi conjointement des lignes directrices pour l'évaluation du TSA (Collège des médecins du Québec et Ordre des psychologues du Québec, 2012). La Fondation Miriam a aussi publié un guide canadien des **meilleures pratiques** (ou *best practices*[1]) pour le dépistage, l'évaluation et le diagnostic du TSA des enfants âgés de cinq ans et moins (Nachshen et al., 2008). Les lignes directrices existantes stipulent de façon générale que le diagnostic de TSA devrait :

1. être posé par des professionnels formés et expérimentés;
2. être posé idéalement par une équipe interdisciplinaire ou multidisciplinaire;
3. être conforme aux définitions du DSM ou de la Classification internationale des maladies (CIM);
4. être basé sur l'ensemble des antécédents du développement de l'enfant, sur les observations structurées du comportement et sur le jugement clinique. À ce titre, il est recommandé d'utiliser au moins une mesure standardisée normative complétée par le parent et une mesure standardisée normative obtenue par observation du comportement;
5. inclure une mesure du fonctionnement intellectuel ou du développement;
6. inclure une évaluation du diagnostic différentiel pour assurer la bonne compréhension du problème et envisager les causes potentielles.

Enfin, l'évaluation diagnostique devrait aussi :

7. inclure l'évaluation des forces et des faiblesses ainsi que des troubles concomitants;
8. comprendre l'analyse de différentes sources d'informations selon différents environnements;
9. s'effectuer dans un bref délai entre l'apparition des symptômes, le dépistage, l'évaluation et le diagnostic, afin d'éviter les attentes indues pour le plan du traitement à offrir;
10. être centrée sur la famille en tenant compte de ses réalités propres.

La définition de la **DI** est principalement encadrée par trois organisations professionnelles : l'American Psychiatric Association (APA, 2013; 2015), l'American Association on Intellectual and Developmental Disabilities (AAIDD; Schalock, Borthwick-Duffy et al., 2011) et par l'Organisation mondiale de la Santé (OMS, 2006). Ces trois organisations s'entendent sur les trois critères diagnostiques de la DI à savoir :

1. un déficit sur le plan des habiletés intellectuelles;
2. un déficit des comportements adaptatifs;
3. l'apparition de ces déficits durant la période développementale.

L'APA et l'AAIDD précisent que ces déficits correspondent à des scores situés à environ deux écarts-types sous la moyenne à des tests standardisés du fonctionnement intellectuel et des comportements adaptatifs. Les compétences requises pour l'évaluation de la DI doivent reposer sur une connaissance approfondie des caractéristiques des personnes, tant en ce qui concerne la DI (c.-à-d. le quotient intellectuel et les comportements adaptatifs) que le soutien nécessaire. De plus,

---

[1] Une méthode ou technique qui a été montrée avec des données de recherche, de façon constante et répétée, comme donnant des résultats supérieurs aux autres méthodes. Cette méthode ou technique est souvent utilisée alors comme modèle pour d'autres pratiques et recommandée par les instances souhaitant que les meilleures interventions soient offertes aux utilisateurs de services (Beauchamp et Duplantie, 2012).

l'évaluation doit se faire par une personne possédant une expertise reconnue en matière de processus et de techniques d'évaluation, une connaissance approfondie de la DI, ainsi que de l'expérience clinique avec cette clientèle. Pendant la période de la petite enfance, soit de 0 à 5 ans, il est toutefois difficile de poser de manière définitive un diagnostic de DI. Les directives actuelles ne sont pas univoques sur la question bien que certaines directions soient suggérées. Ainsi, pendant la petite enfance (0 à 5 ans) et même jusqu'à l'âge d'environ 7 ans, sauf dans le cas où l'enfant présente une anomalie chromosomique ou un syndrome génétique clairement et systématiquement associé à une DI, il faut demeurer prudent avant de poser le diagnostic de DI. Cela en raison notamment du potentiel de croissance et de maturité appréhendé. Une réévaluation du diagnostic est alors nécessaire pour confirmer ou non la présence de la DI (Girouard, 2014). Ainsi, un enfant de moins de 6 ans qui présente des déficits sur le plan cognitif et sur le plan des comportements adaptatifs pourrait recevoir un diagnostic de RGD plutôt que de DI. C'est l'évolution dans le temps de la sphère cognitive qui déterminera la présence ou non d'une DI (APA, 2013).

Le DSM-5 (APA, 2013; 2015) inclut pour la première fois le **RGD** comme un des diagnostics de troubles neurodéveloppementaux pouvant être donnés à l'enfance. Avant la parution du DSM-5, les ordres professionnels ainsi que les chercheurs utilisaient la définition fonctionnelle de Shevell et collaborateurs (2003) pour établir le diagnostic de RGD (Fédération québécoise des centres de réadaptation en déficience intellectuelle et en troubles envahissants du développement; FQCRDITED, 2015). Cette définition stipule qu'un RGD représente un *profil associé à un retard d'environ deux écarts-types à la moyenne dans au moins deux des cinq domaines de développement* cible, soit :

1. le développement cognitif;

2. les comportements adaptatifs;

3. la motricité fine ou globale;

4. le langage (ou la parole);

5. le développement social (Shevell et al., 2003).

Selon cette définition, il est donc possible de recevoir un diagnostic de RGD sans présenter un profil similaire à celui associé à la DI. La pratique évaluative de la DI et du RGD en petite enfance n'est pas encore uniformisée et on constate un besoin pour des directives encadrant ces diagnostics qui soient plus claires, besoin qui se trouve également reflété dans l'intervention (Abouzeid et al., 2017).

1.1.2 Le centre d'évaluation diagnostique VCMF

Dans le but d'augmenter la capacité des services diagnostiques en TSA, DI et RGD et ainsi diminuer les délais avant l'accès aux services spécialisés d'intervention précoce, le projet pilote du centre VCMF a été initié pour répondre aux besoins des enfants âgés de cinq ans et moins et placés en liste d'attente dans la région de Montréal.

Le modèle logique du centre VCMF (son programme, voir Figure 1.1) a été construit autour de cinq composantes de base :

1. une offre de services spécialisés de première ligne en évaluation diagnostique TSA, DI et RGD (procédure de référence);

2. l'inclusion des meilleures pratiques en termes d'évaluation en TSA, DI et RGD;

3. une structure organisationnelle (composition de l'équipe, structure d'encadrement du personnel [formations, supervisions] et système informatique de gestion clinico-administratif);

4. l'utilisation d'une approche interdisciplinaire d'évaluation;

5. une organisation physique et une localisation qui soient facilitantes pour les familles.

Figure 1.1   Les cinq composantes principales du modèle logique de centre VCMF

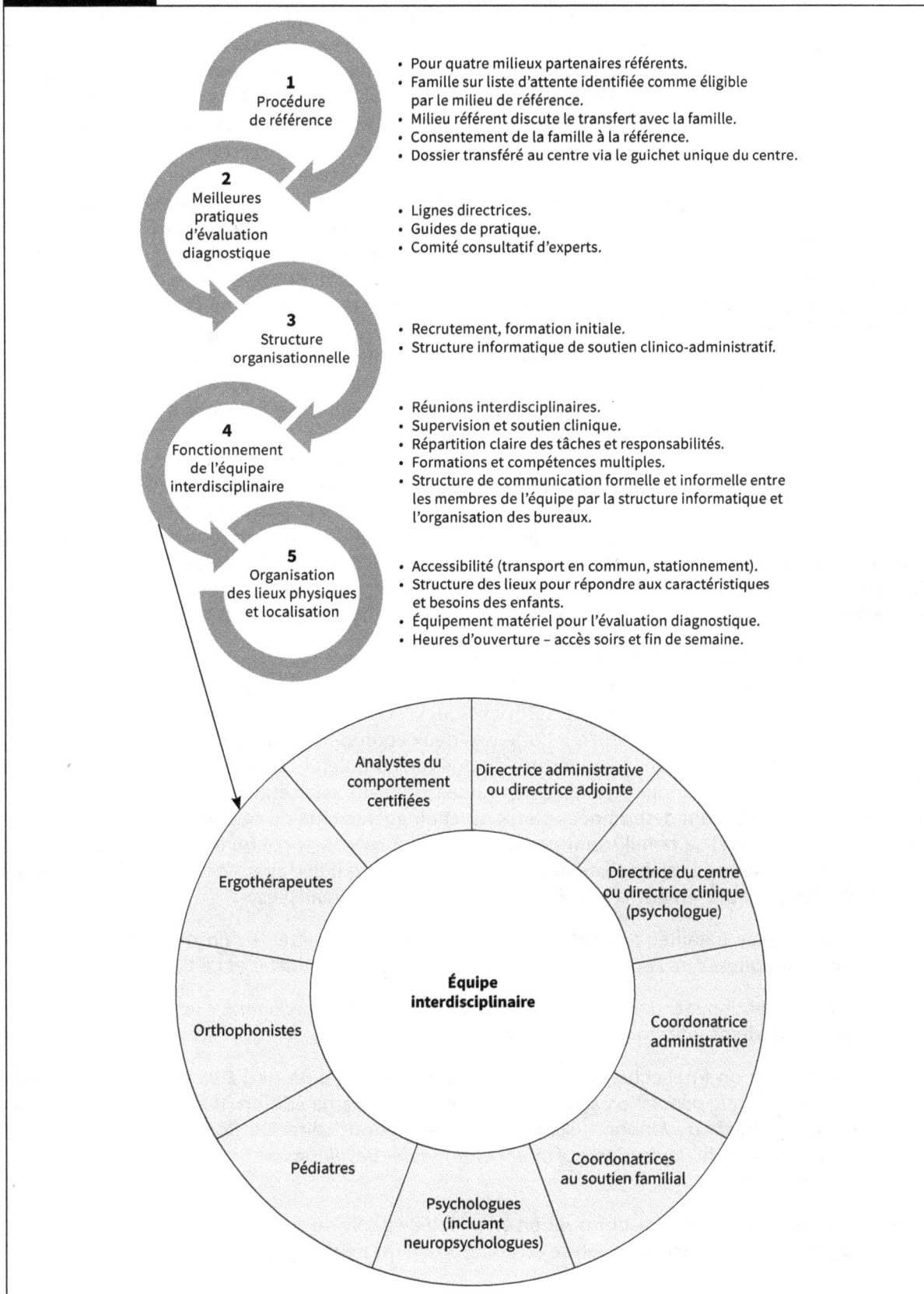

1 Procédure de référence

- Pour quatre milieux partenaires référents.
- Famille sur liste d'attente identifiée comme éligible par le milieu de référence.
- Milieu référent discute le transfert avec la famille.
- Consentement de la famille à la référence.
- Dossier transféré au centre via le guichet unique du centre.

2 Meilleures pratiques d'évaluation diagnostique

- Lignes directrices.
- Guides de pratique.
- Comité consultatif d'experts.

3 Structure organisationnelle

- Recrutement, formation initiale.
- Structure informatique de soutien clinico-administratif.

4 Fonctionnement de l'équipe interdisciplinaire

- Réunions interdisciplinaires.
- Supervision et soutien clinique.
- Répartition claire des tâches et responsabilités.
- Formations et compétences multiples.
- Structure de communication formelle et informelle entre les membres de l'équipe par la structure informatique et l'organisation des bureaux.

5 Organisation des lieux physiques et localisation

- Accessibilité (transport en commun, stationnement).
- Structure des lieux pour répondre aux caractéristiques et besoins des enfants.
- Équipement matériel pour l'évaluation diagnostique.
- Heures d'ouverture – accès soirs et fin de semaine.

Équipe interdisciplinaire

- Analystes du comportement certifiées
- Directrice administrative ou directrice adjointe
- Directrice du centre ou directrice clinique (psychologue)
- Coordonatrice administrative
- Coordonatrices au soutien familial
- Psychologues (incluant neuropsychologues)
- Pédiatres
- Orthophonistes
- Ergothérapeutes

La première composante du modèle est basée sur le postulat que l'offre de services d'évaluation diagnostique dans un centre spécialisé à même les services de première ligne, de « proximité » ou encore « universels », permet de réduire les temps d'attente au sein des cliniques d'évaluation diagnostique de troisième ligne (surspécialisées) en milieu hospitalier. Au Québec, les services sociaux et de santé sont offerts selon le modèle régional d'organisation des services, qui est fondé sur l'approche populationnelle et le principe de la hiérarchisation des services. On appelle les services de première ligne ceux offerts à tous par les CISSS et CIUSSS. La deuxième ligne correspond à un niveau spécialisé de services où l'obtention de services dans différents domaines d'expertise spécifique est tributaire de l'obtention d'un diagnostic tel que le TSA, la DI ou un traumatisme crânien, par exemple. La troisième ligne réfère à une expertise surspécialisée pour une population précise. Le modèle du centre VCMF propose ainsi de référer dans un premier temps les enfants pour lesquels il existe un soupçon de TSA, de DI ou de RGD à des centres d'évaluation diagnostique spécialisés de première ligne. Pour les enfants ayant des profils cliniques plus complexes, notamment lorsqu'on suspecte plusieurs diagnostics, des syndromes génétiques et des problèmes neurologiques ou de santé physique, le modèle suggère de référer aux cliniques d'évaluation surspécialisées de troisième ligne. Pour arriver à mettre en place cette première composante du modèle logique du centre VCMF (procédure de référence), un partenariat avec trois centres hospitaliers et un CISSS dans le réseau de services publics montréalais a été établi, afin qu'ils lui réfèrent des familles sur leur liste d'attente pour une évaluation diagnostique de TSA, DI ou RGD.

Le projet pilote de centre VCMF propose un modèle de trajectoire d'évaluation et de services (voir Figure 1.2, page 27) dont l'accès se veut plus rapide (moins d'attente entre la première consultation pour soupçon diagnostique et le début de processus d'évaluation), continu (dont les étapes d'accès sont plus claires, où on offre les services d'évaluation diagnostique TSA, DI et RGD en première ligne, ainsi que des services d'orientation vers les services d'intervention post-diagnostic) et efficace (processus d'évaluation selon les bonnes pratiques et selon une approche interdisciplinaire).

Le processus d'évaluation diagnostique opéré au centre VCMF se base sur les meilleures pratiques et a été élaboré en partenariat avec un comité d'experts dans le domaine des troubles développementaux (voir Figures 1.1, page 25, et 1.3, page 28). À la suite de la réception d'une référence au centre VCMF, les parents rencontrent l'une des deux coordonnatrices à la famille, infirmière ou orthophoniste, afin de procéder à l'ouverture du dossier, compléter l'entrevue initiale, confirmer le motif de consultation et remplir certains questionnaires. Ensuite, les étapes d'évaluation interdisciplinaire individualisée sont déterminées par la psychologue en chef du centre. Au cours du processus évaluatif, l'enfant et sa famille sont ensuite amenés à rencontrer la ou les deux psychologues, l'une des deux pédiatres, la spécialiste du comportement et pour certains, l'orthophoniste et l'ergothérapeute. Pour chaque enfant, les évaluations suivantes sont réalisées :

1. une entrevue détaillée portant sur le développement à l'aide de l'*Entretien semi-structuré pour le diagnostic de l'autisme version révisée* (ADI-R; Lord, Rutter et Le Couteur, 1994);

2. une observation standardisée à l'aide de l'*Échelle d'observation pour le diagnostic de l'autisme*, deuxième édition (ADOS-2; Lord et al., 2012);

3. une évaluation intellectuelle ou développementale à l'aide de l'*Échelle d'intelligence de Wechsler pour la période préscolaire et primaire*, quatrième édition (Wechsler, 2012), du *Leiter international performance scale*, troisième édition (Leiter-III; Roid, Miller, Pomplun et Koch, 2013) ou du *Bayley Scale of Infant and Toddler Development*, troisième édition (Bayley-III; Bayley, 2006);

4. un examen médical. Une observation en milieu de garde ou scolaire effectuée par la psychologue ou la spécialiste en analyse du comportement peut s'ajouter au besoin.

Figure 1.2 — Trajectoire d'évaluation et de services en TSA, DI et RGD dans le réseau public québécois et insertion du centre VCMF

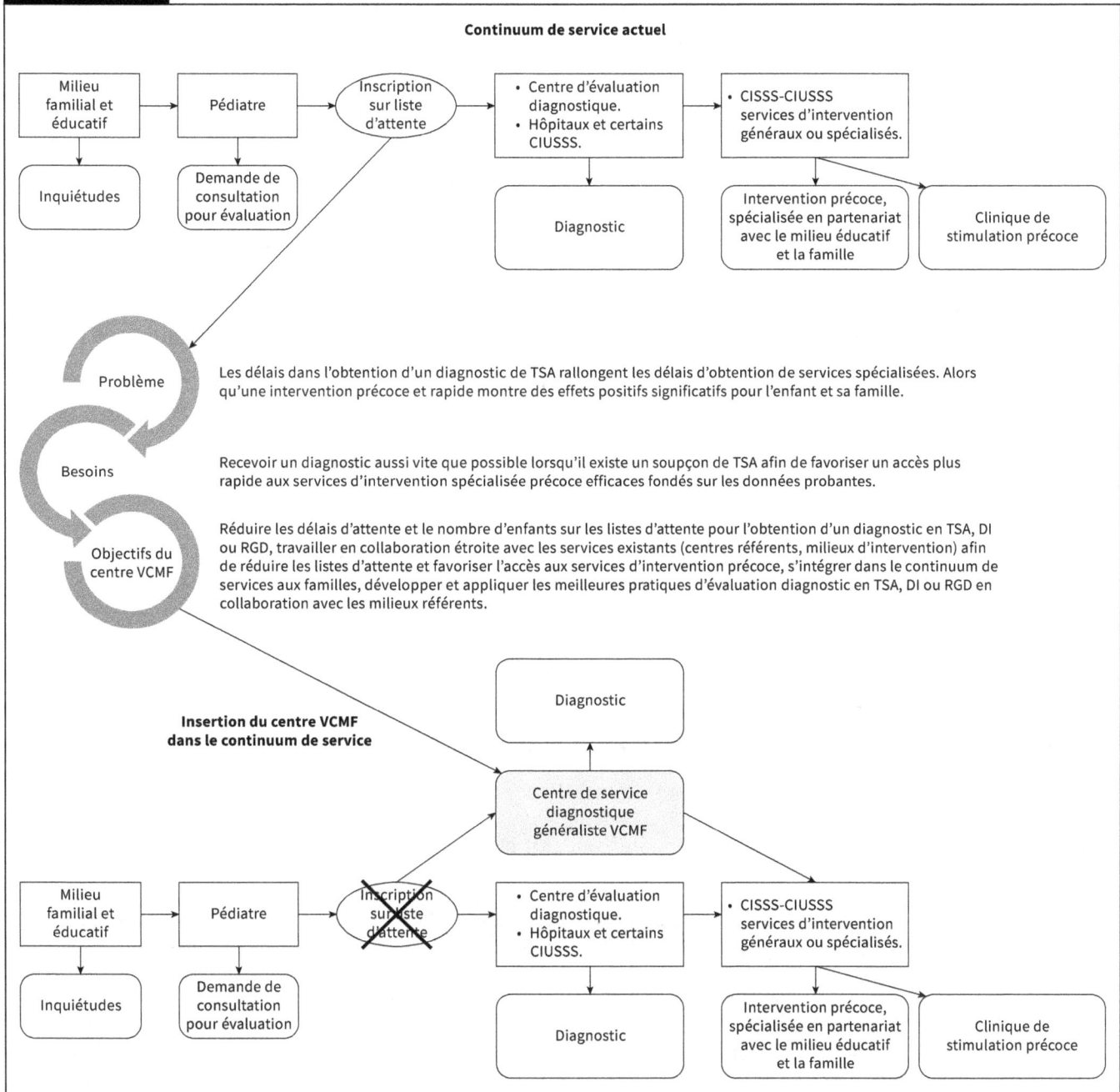

Continuum de service actuel

Milieu familial et éducatif → Pédiatre → Inscription sur liste d'attente → • Centre d'évaluation diagnostique. • Hôpitaux et certains CIUSSS. → • CISSS-CIUSSS services d'intervention généraux ou spécialisés.

Milieu familial et éducatif → Inquiétudes

Pédiatre → Demande de consultation pour évaluation

Diagnostic

Intervention précoce, spécialisée en partenariat avec le milieu éducatif et la famille

Clinique de stimulation précoce

Problème — Les délais dans l'obtention d'un diagnostic de TSA rallongent les délais d'obtention de services spécialisées. Alors qu'une intervention précoce et rapide montre des effets positifs significatifs pour l'enfant et sa famille.

Besoins — Recevoir un diagnostic aussi vite que possible lorsqu'il existe un soupçon de TSA afin de favoriser un accès plus rapide aux services d'intervention spécialisée précoce efficaces fondés sur les données probantes.

Objectifs du centre VCMF — Réduire les délais d'attente et le nombre d'enfants sur les listes d'attente pour l'obtention d'un diagnostic en TSA, DI ou RGD, travailler en collaboration étroite avec les services existants (centres référents, milieux d'intervention) afin de réduire les listes d'attente et favoriser l'accès aux services d'intervention précoce, s'intégrer dans le continuum de services aux familles, développer et appliquer les meilleures pratiques d'évaluation diagnostic en TSA, DI ou RGD en collaboration avec les milieux référents.

Diagnostic

Insertion du centre VCMF dans le continuum de service

Centre de service diagnostique généraliste VCMF

Milieu familial et éducatif → Pédiatre → ~~Inscription sur liste d'attente~~ → • Centre d'évaluation diagnostique. • Hôpitaux et certains CIUSSS. → • CISSS-CIUSSS services d'intervention généraux ou spécialisés.

Milieu familial et éducatif → Inquiétudes

Pédiatre → Demande de consultation pour évaluation

Diagnostic

Intervention précoce, spécialisée en partenariat avec le milieu éducatif et la famille

Clinique de stimulation précoce

Des évaluations complémentaires en orthophonie ou en ergothérapie peuvent également être offertes pour clarifier le portrait clinique ou procéder au diagnostic différentiel. Tout au long du processus d'évaluation diagnostique et au terme de celui-ci, des discussions en équipe sont réalisées pour établir les conclusions diagnostiques. Par la suite, les familles sont conviées en rencontre bilan afin de leur transmettre les résultats des évaluations, les conclusions diagnostiques et les recommandations sur le plan des services et interventions. Les familles pour lesquelles l'enfant a reçu un diagnostic de TSA, DI ou RGD bénéficient d'un suivi post-diagnostic par téléphone avec la coordonnatrice à la famille et ceci jusqu'à leur prise en charge par le réseau public. Des groupes de soutien parental sont aussi en cours d'implantation.

Figure 1.3 **Processus d'évaluation diagnostique au centre VCMF**

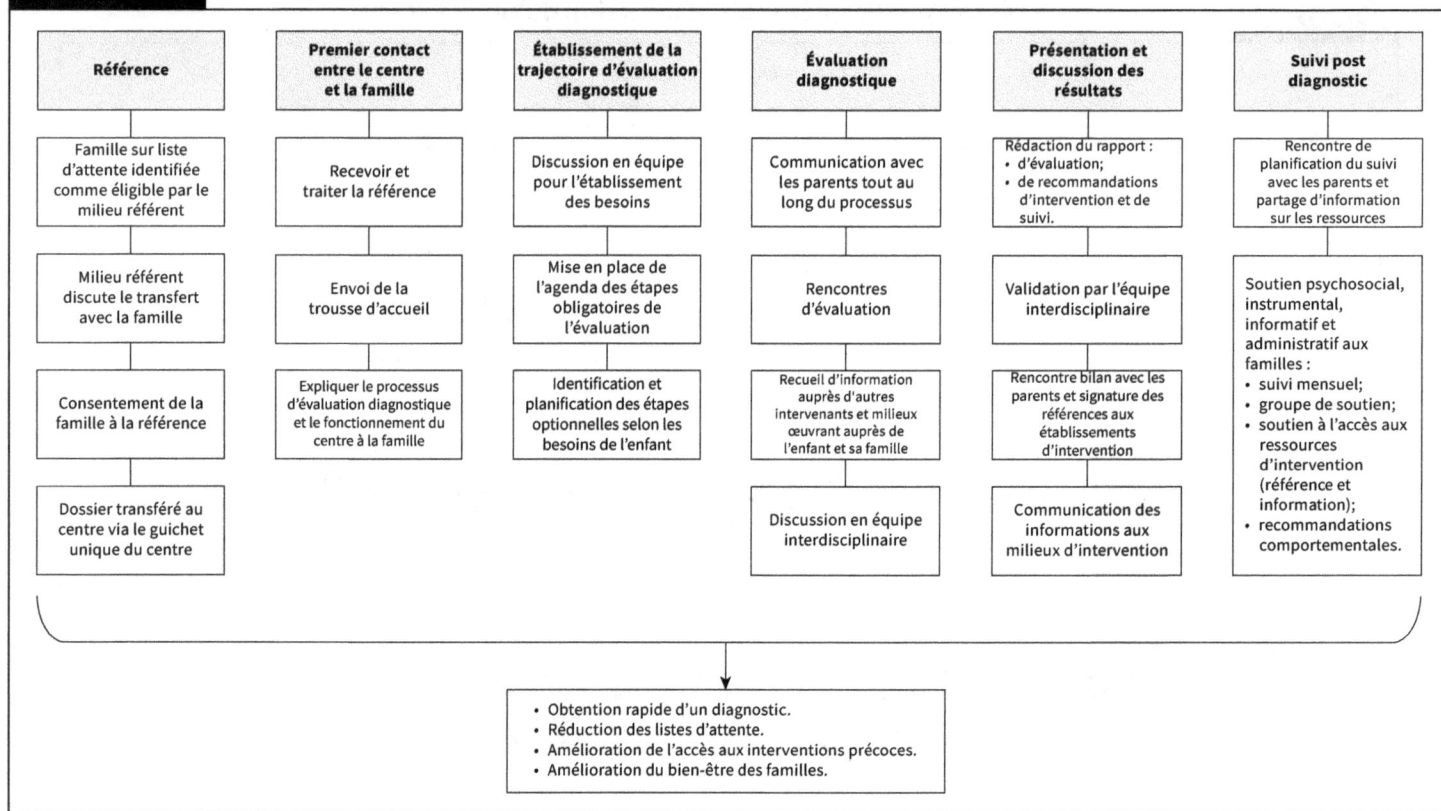

Référence	Premier contact entre le centre et la famille	Établissement de la trajectoire d'évaluation diagnostique	Évaluation diagnostique	Présentation et discussion des résultats	Suivi post diagnostic
Famille sur liste d'attente identifiée comme éligible par le milieu référent	Recevoir et traiter la référence	Discussion en équipe pour l'établissement des besoins	Communication avec les parents tout au long du processus	Rédaction du rapport : • d'évaluation; • de recommandations d'intervention et de suivi.	Rencontre de planification du suivi avec les parents et partage d'information sur les ressources
Milieu référent discute le transfert avec la famille	Envoi de la trousse d'accueil	Mise en place de l'agenda des étapes obligatoires de l'évaluation	Rencontres d'évaluation	Validation par l'équipe interdisciplinaire	Soutien psychosocial, instrumental, informatif et administratif aux familles : • suivi mensuel; • groupe de soutien; • soutien à l'accès aux ressources d'intervention (référence et information); • recommandations comportementales.
Consentement de la famille à la référence	Expliquer le processus d'évaluation diagnostique et le fonctionnement du centre à la famille	Identification et planification des étapes optionnelles selon les besoins de l'enfant	Recueil d'information auprès d'autres intervenants et milieux œuvrant auprès de l'enfant et sa famille	Rencontre bilan avec les parents et signature des références aux établissements d'intervention	
Dossier transféré au centre via le guichet unique du centre			Discussion en équipe interdisciplinaire	Communication des informations aux milieux d'intervention	

- Obtention rapide d'un diagnostic.
- Réduction des listes d'attente.
- Amélioration de l'accès aux interventions précoces.
- Amélioration du bien-être des familles.

1.2 Objectifs de recherche

L'évaluation dont fait l'objet le présent chapitre comporte deux visées cruciales pour les promoteurs du projet pilote de centre VCMF, à savoir :

1. l'étude de l'implantation, soit dans quelle mesure les composantes du modèle logique (programme) du centre, telles que planifiées, ont été mises en place et quels sont les facteurs ayant influencé son implantation;

2. l'étude de la validité sociale, soit à quel point ce modèle est apprécié des parents et s'ils considèrent que les services ont été significatifs dans leur trajectoire de services.

La façon dont un modèle est implanté et les différents facteurs pouvant causer un écart entre ce qui a été prévu et ce qui est effectivement implanté jouent sur la qualité du programme réellement offert à la clientèle ainsi que sur son efficacité (Chen, 2015). L'étude de l'implantation d'un programme ainsi que l'identification des facteurs favorisant ou nuisant à son implantation est nécessaire pour comprendre l'ampleur des résultats ou pour expliquer l'absence d'effets d'un programme, en lien avec les objectifs poursuivis. L'étude de la validité sociale d'un programme permet quant à elle de détailler les perceptions des utilisateurs quant à l'importance relative du service dans leur cheminement. Cela permet de rapporter leur appréciation des buts, des moyens et des effets d'un programme ou d'un service, à savoir à quel point ils considèrent que cette option était celle dont ils avaient besoin et s'ils souhaitaient la recevoir encore s'ils en avaient le choix (Carter, 2009; Clément et Schaeffer, 2010; Neisworth et Wolfe, 2005; Wolf, 1978). Notre évaluation du modèle (programme) du centre VCMF comporte ainsi deux volets complémentaires dont l'un met l'accent sur les personnes qui travaillent à la clinique et l'autre sur les familles qui y reçoivent des services.

1.3 Méthode de recherche

1.3.1 Devis d'évaluation

Cette évaluation de l'implantation et de la validité sociale de la première année de fonctionnement du centre VCMF s'insère dans un plus large projet de recherche ayant pour mandat de procéder à l'évaluation du projet pilote du centre VCMF et d'effectuer le suivi longitudinal sur cinq ans des enfants et des familles ayant reçu des services au centre. L'évaluation réalisée dans le cadre de ce projet utilise une méthodologie mixte, c'est-à-dire qu'elle intègre des données quantitatives et qualitatives pour permettre une analyse complémentaire (voir Creswell et Clark, 2007; Pluye, 2012). Ce projet de recherche a été réalisé avec les acteurs concernés, en adoptant des indicateurs d'implantation proches du modèle logique élaboré, en suivant les principes de la recherche participative et de la recherche orientée vers l'action avec un souci de produire des résultats utiles et qui seront utilisés pour améliorer concrètement les services offerts (Patton, 2008).

L'évaluation de l'implantation du centre VCMF s'effectue dans une perspective d'évaluation de la conformité de ce qui est fait par rapport aux cinq composantes prévues dans le modèle logique du programme. Pour procéder à cette évaluation, l'information a ainsi été colligée selon les cinq composantes du modèle logique ciblées par le centre :

1. la procédure de référence;

2. le processus d'évaluation diagnostique;

3. la structure organisationnelle;

4. le fonctionnement en équipe interdisciplinaire;

5. l'emplacement et l'aménagement physique de la clinique[2].

De façon concrète, le devis consiste à identifier des indicateurs quantitatifs et qualitatifs qui permettent d'évaluer le degré d'implantation de chaque dimension choisie. Des indicateurs ont ainsi été développés en fonction de la documentation disponible sur le programme, soit à partir de la présentation officielle de son fonctionnement lors de son ouverture (de type PowerPoint) ainsi que dans le cadre d'échanges avec les membres du personnel. Ces démarches ont permis d'établir le modèle logique du programme (Ridde et Dagenais, 2012), puis à partir des indicateurs, dans un deuxième temps, de développer les outils visant à effectuer la collecte de données. Les facteurs pouvant faciliter ou nuire à son implantation afin de pouvoir améliorer le modèle et éventuellement le répliquer ont aussi été documentés (Patton, 2008; Posavac et Carey, 2003).

L'étude de la validité sociale du centre VCMF a été documentée dans la perspective de détailler les perceptions des utilisateurs, soit les parents, quant à leur appréciation subjective des buts, des moyens et des effets des services reçus (Carter, 2009; Clément et Schaeffer, 2010; Neisworth et Wolfe, 2005; Wolf, 1978).

1.3.2 Participants

Membres du personnel

Six des sept professionnelles travaillant directement au centre VCMF et une gestionnaire ont participé à une entrevue semi-structurée concernant l'évaluation de l'implantation. Sur ces six participantes, les cinq professionnelles du centre VCMF ont aussi rempli un questionnaire d'implantation. Les participantes sont âgées entre 26 ans et 44 ans ($M = 34{,}8$; $ÉT = 7{,}53$), elles possèdent toutes un

---

[2] Les résultats sur la composante d'implantation portant sur la localisation et l'aménagement physique ne sont pas rapportés dans le présent chapitre, puisque les données sont spécifiques aux conditions particulières du centre VCMF.

diplôme universitaire (2 baccalauréats professionnels, 2 maîtrises et 2 doctorats) et elles ont entre 1 et 12 années d'expérience auprès de la clientèle ayant un TSA, une DI ou un RGD. Elles travaillent en majorité au centre VCMF depuis son ouverture, ce qui représente de 8 à 14 mois d'expérience de travail au sein de l'équipe. Les postes occupés par les participantes sont : ergothérapeute, orthophoniste, psychologue-gestionnaire, gestionnaire, coordonnatrice du soutien à la famille et analyste du comportement.

Familles

Trente-deux (N = 32) familles ont participé à l'évaluation de l'implantation de la première année du centre (taux de participation de 66,7 %). La majorité des familles sont des familles nucléaires (67,7 %) alors que 22,6 % sont monoparentales et 9,7 % sont des familles recomposées. Les enfants de ces familles sont en grande majorité des garçons (87,5 %) et sont âgés entre 1 an 11 mois et 5 ans 5 mois (M = 3 ans 8 mois, $ÉT$ = 11 mois) au moment de leur évaluation. Le Tableau 1.1 présente les diagnostics donnés aux enfants après leur évaluation au centre; le TSA étant le diagnostic le plus fréquemment posé (53,1 %).

Tableau 1.1 **Diagnostics donnés aux enfants après leur évaluation au centre d'évaluation diagnostique VCMF**

Diagnostics	Nombre d'enfants (pourcentage)
TSA	17 (53,1 %)
Retard de langage	4 (12,5 %)
TSA et RGD	2 (6,3 %)
RGD	1 (3,1 %)
DI	1 (3,1 %)
TSA et retard de langage	1 (3,1 %)
TSA et DI	1 (3,1 %)
TSA provisoire	1 (3,1 %)
Trouble d'intégration sensorielle (pour une définition, voir Miller, Anzalone, Lane, Cermak et Osten, 2007)	1 (3,1 %)
Diagnostic différé	3 (9,4 %)

1.3.3 Instruments de mesure

L'évaluation de l'implantation

La collecte des données d'implantation a été effectuée à partir de trois sources principales :

1. des entrevues semi-structurées auprès du personnel;

2. un questionnaire structuré complété par le personnel;

3. la révision des dossiers des enfants participants selon une liste d'indicateurs d'implantation.

Le canevas d'entrevue semi-structurée évalue quatre composantes de l'implantation soit : processus de référence, processus d'évaluation, structure organisationnelle et pratiques interdisciplinaires. Il a été créé à partir de la documentation disponible au centre VCMF et lors de discussions avec les membres du personnel. Il a ensuite été révisé par deux agentes de recherche et les co-chercheures. Le canevas incluait des questions telles que « qu'est-ce qui pourrait être fait pour améliorer le processus d'évaluation diagnostique? Avez-vous des recommandations? » et « Selon vous, comment la clinique est-elle perçue par les établissements publics qui font de l'évaluation diagnostique? ».

Le questionnaire structuré (quatre composantes évaluées : processus de référence, processus d'évaluation, structure organisationnelle et pratiques interdisciplinaires) a été créé pour les fins de l'étude. Ce questionnaire a été adapté du *questionnaire d'implantation autocomplété* de Gamache, Joly et Dionne (2011). L'outil comporte huit sections :

1. la fidélité d'implantation;

2. la clientèle;

3. le processus d'évaluation;

4. les personnes qui implantent le processus d'évaluation;

5. l'organisation;

6. les partenaires;

7. le contexte écologique;

8. les données sociodémographiques.

La première section sur la fidélité d'implantation regroupe des items mesurant les cinq dimensions de la fidélité suggérées par Dusenbury et collaborateurs (2003) : adhésion, dosage, qualité de l'intervention, participation et spécificité. Le questionnaire comporte en majorité des questions fermées où les réponses doivent être données sur une échelle de 0 à 10 (allant de « pas du tout » à « tout à fait »). Les autres questions fermées proposent plutôt de répondre sur une échelle de 1 à 4 (allant généralement de « pas du tout » à « beaucoup ») ou par un choix dichotomique de type « oui/ non ». Finalement, d'autres questions sont à court développement. Au total, le questionnaire adapté comporte 72 items et prend environ une heure à compléter.

Les dossiers des 32 enfants participants ont été consultés à la lumière d'une liste de 31 indicateurs d'implantation (voir Tableau 1.2, page 36, pour l'analyse approfondie de 24 de ces 31 indicateurs) selon deux des dimensions à l'étude : soit la procédure de référence et le processus d'évaluation menant au diagnostic. La comparaison entre ce qui avait été initialement prévu et les processus réellement mis en place pour chacun de ces indicateurs permet de porter un jugement critique sur la fidélité d'implantation.

L'évaluation de la validité sociale

En ce qui concerne l'évaluation de la validité sociale des services, un questionnaire a été complété avec les parents pour documenter la satisfaction parentale et les effets perçus. Ce questionnaire comprenait trois parties :

1. un questionnaire standardisé;

2. un questionnaire avec des items à échelles structurées quantitatives;

3. deux questions ouvertes (Est-ce que le centre VCMF a aidé votre famille? Si oui, de quelle façon? Selon vous, quels changements devraient être apportés au centre VCMF pour améliorer ses services?).

La première partie du questionnaire correspond à la version francophone du *Client Satisfaction Questionnaire* (CSQ-8; Larsen, Attkisson, Hargreaves et Nguyen, 1979), soit le *Questionnaire de la satisfaction du consommateur* (QSC-8) validé pour le Québec (Sabourin, Pérusse et Gendreau, 1989). Ce questionnaire standardisé comprend huit items, chacun coté sur une échelle de Likert de 1 à 4. Le QSC-8 possède de bonnes qualités psychométriques. Au niveau de la validité de construit, une analyse factorielle en composantes principales a permis d'identifier un seul facteur, lequel explique 57,8 % de la variance. Concernant la fidélité, la cohérence interne (alpha de Cronbach) est de 0,92. La deuxième partie du questionnaire, comportant 29 items à échelles de Likert, a été créée aux fins de l'étude. Cette partie reprend les items de deux questionnaires sur la satisfaction des services, tout en les adaptant au contexte du centre VCMF (voir Rivard, Morin, Mercier, Terroux, Mello et Lépine, 2016 ainsi que King, Rigby, Batorowicz, McMain-Klein, Petrenchik, Thompson et Gibson, 2014).

1.3.4 Procédure

Concernant le recrutement et le consentement, les participantes membres du personnel ont reçu un courriel d'invitation sur leur adresse courriel du centre un an après son implantation. Les personnes intéressées étaient invitées à rejoindre l'équipe de recherche par courriel ou par téléphone pour prendre rendez-vous et ainsi procéder à la signature du formulaire de consentement, à l'entrevue et à la remise du questionnaire d'implantation. Les entrevues semi-structurées et les questionnaires d'implantation ont été complétés à l'intérieur d'une période de deux mois suivant la première année d'implantation du centre. Toutes les entrevues, réalisées par des doctorantes en psychologie, ont été enregistrées sur un dictaphone et retranscrites (verbatim).

Dans un premier temps, toutes les familles ayant reçu des services lors de la première année de fonctionnement du centre VCMF ont été invitées par le centre à signer une lettre d'acceptation à être contactées par l'équipe de recherche. Dans un deuxième temps, une agente de recherche a communiqué avec la famille et a expliqué le projet et ses implications. Par la suite, un rendez-vous a été donné pour la signature du formulaire de consentement et pour la passation des questionnaires. Lors de la rencontre, d'une durée d'environ 90 minutes, les parents ont été invités à remplir différents questionnaires, dont celui évaluant leur satisfaction en regard des services reçus au centre VCMF. Les rencontres avec les parents ont été effectuées lorsqu'ils avaient terminé l'ensemble du processus diagnostique (après la rencontre post-diagnostique). Chaque dossier personnel informatisé des enfants participants a été étudié à la suite de l'entrevue avec le parent.

Ce projet de recherche a obtenu un certificat d'éthique du Comité institutionnel d'éthique de la recherche avec des êtres humains (CIEREH) de l'Université du Québec à Montréal.

1.3.5 Traitement et analyses des données

Le traitement des données a été réalisé de façon séquentielle, selon la source des données : une analyse qualitative pour les entrevues et les questions ouvertes des questionnaires et des analyses quantitatives descriptives pour les indicateurs d'implantation et les réponses aux échelles de Likert.

Le contenu des entrevues a été traité selon la méthode d'analyse de contenu systématique (L'Écuyer, 1990; Patton, 2002). Trois personnes de l'équipe de recherche ont d'abord révisé le même verbatim de façon indépendante. La première étape consistait ainsi à réaliser une première revue du contenu des réponses et à identifier les thèmes pour chacune des questions. Cette première étape a permis alors de créer une grille de codification par thèmes pour chacune des questions. Les trois grilles de codification générées, soit une par personne ayant effectué l'analyse, ont fait l'objet de comparaisons et de discussions. Cela a mené à l'établissement d'une nouvelle grille par consensus. La même procédure a été reprise pour générer une deuxième version de la grille à partir de la codification d'une deuxième entrevue (les trois mêmes personnes l'ont codifié). Cette deuxième grille a été évaluée par une quatrième personne, experte en évaluation de programme et en analyse qualitative. Cette quatrième personne a validé que la grille respectait bien les critères attendus d'exhaustivité et d'exclusion mutuelle. Chaque segment ou unité de sens d'un verbatim devait ainsi pouvoir être associé à un thème et recevoir le code correspondant (exhaustivité).

Aussi, chaque segment ne devait être associé qu'à un seul thème et donc être codifié que par un seul code (exclusion mutuelle). Une grille de codification définitive a résulté de ce processus et un guide de codification a été développé pour décrire le contenu de chaque code et faciliter l'analyse qualitative des entrevues selon la grille de codification. Deux personnes ayant participé à la complétion des deux premières versions de la grille ont analysé les verbatim. Après chaque analyse, l'experte en analyse qualitative validait l'efficacité de la grille. Le nombre et le pourcentage d'employés ayant répondu dans le sens de chaque thème pour chacune des questions ont été calculés. Un accord interjuge a été réalisé pour 35 % des segments (unités de sens) d'un des verbatim. Le Kappa de Cohen de l'accord interjuge s'élève à 74,8 % ce qui constitue un accord substantiel.

L'analyse des dossiers selon la liste d'indicateurs d'implantation consistait à établir la présence ou non d'un nombre prédéfini d'éléments prévus dans le dossier de chaque enfant en ce qui concerne les dimensions :

1. procédures de référence;

2. processus d'évaluation.

Ces analyses consistaient donc à établir les pourcentages d'application de ces deux dimensions. Le seuil d'implantation de 75 % a été déterminé par le comité de suivi du projet de recherche comme satisfaisant selon leurs attentes.

Concernant le questionnaire de satisfaction des familles, les 37 items évalués selon une échelle de Likert ont été analysés de façon descriptive (moyenne, écart-type et pourcentage de participants ayant donné chaque réponse).

Pour les deux questions ouvertes, une analyse qualitative par thème a été effectuée. Cette analyse respecte les mêmes étapes que celles décrites pour l'analyse qualitative des entrevues d'implantation effectuées auprès des employées du centre VCMF. Un accord interjuge a été réalisé sur trois questionnaires. Le Kappa de Cohen est de 0,49 ce qui équivaut à un accord modéré.

1.4 Résultats

Les « faits saillants » de l'évaluation exhaustive[3] de l'implantation et de la validité sociale du centre VCMF ont été sélectionnés et sont rapportés dans le cadre du présent chapitre.

1.4.1 La fidélité de l'implantation du modèle du centre d'évaluation diagnostique VCMF

Les résultats de l'évaluation de l'implantation intégrant les trois sources de données (entrevues semi-structurées, questionnaire d'implantation, analyse de dossiers) sont présentés selon quatre des cinq composantes d'implantation.

Processus de référence

En entrevues, la majorité des membres du personnel ($n = 5$) juge que la procédure de référence est bien respectée et implantée et que le nombre de références reçues et prises en charge par mois est satisfaisant ($n = 3$). La communication efficace avec les partenaires faisant la référence au centre, soit les cliniques d'évaluation dans les centres hospitaliers et le CISSS collaborant au projet, constitue le principal facteur facilitant dans l'implantation du processus de référence ($n = 3$). En revanche, des répondantes évoquent ($n = 3$) l'insatisfaction de certains partenaires quant aux critères d'admissibilité du centre (ex. enfants de 5 ans et moins, familles habiletées à communiquer en français ou en anglais) et au manque de ressources (temps, personnel dédié à la sélection des familles, aux communications auprès d'elles et à la complétion de la documentation pour le transfert au centre VCMF).

Au questionnaire, les membres du personnel considèrent que les partenaires favorisent à 77,5 % l'implantation du processus de référence. Ils expliquent leurs réponses en évoquant que certains partenaires offrent un excellent soutien aux familles avant et après le diagnostic et qu'ils s'assurent généralement d'adhérer aux critères du centre d'évaluation diagnostique VCMF afin de référer des enfants éligibles.

À l'analyse des dossiers, on constate que 100 % des dossiers respectent les critères d'entrée au centre. La documentation demandée par le centre VCMF lors du transfert est présente dans 100 % des situations.

Processus d'évaluation

En entrevue, la majorité des répondantes interrogées ($n = 5$) rapportent que le processus d'évaluation est bien implanté et respecté. Selon elles, le processus suit l'ensemble des étapes prévues (voir Figure 1.3, page 28) et les évaluations recommandées sont effectuées. Lorsque questionnées sur les facilitateurs de l'implantation du processus d'évaluation diagnostique, les trois éléments les plus mentionnés par les répondantes sont l'importance accordée aux meilleures pratiques ($n = 3$) et le respect de la trajectoire d'évaluation prévue ainsi que la qualité des professionnelles employées au centre ($n = 3$). Les professionnelles croient aussi que la collaboration des parents est essentielle au processus notamment pour conduire des évaluations valides ($n = 2$). Quant aux obstacles, la majorité ($n = 4$) nomme les difficultés de coordination du processus d'évaluation en raison notamment du manque de temps ($n = 3$). Un autre obstacle émergeant de l'analyse des entrevues concerne la

---

[3] Pour avoir tous les résultats colligés lors de la collecte de données, consulter le rapport de recherche : Rivard, M., Morin, D., Mercier, C., Morin, M., Bolduc M. et Argumedes, M. (2017). L'évaluation de l'implantation et de la validité sociale du centre d'évaluation diagnostique Voyez les choses à ma façon. Rapport de recherche 2015-2016 (version révisée). Montréal : Laboratoire Épaulard, Département de psychologie, Université du Québec à Montréal.

complexification du processus d'évaluation dans les cas cliniques plus complexes. Selon plusieurs répondantes ($n = 5$), face à ces cas complexes, la trajectoire d'évaluation doit être modifiée et souvent allongée (ex. ajout d'observations en milieu de garde, évaluation en ergothérapie). Cette situation apparaît notamment dans les cas où le RGD constitue la conclusion diagnostique au terme de l'évaluation.

Au questionnaire d'implantation, les professionnelles ont évalué que le centre a implanté à 82 % ($M = 8,2/10$) le processus d'évaluation diagnostique prévu. Elles évaluent qu'elles-mêmes implantent le processus à 84 %. Les professionnelles mentionnent qu'elles utilisent les lignes directrices et les recommandations récentes des ordres professionnels (psychologues, orthophonistes, etc.), les pratiques exemplaires de la Fondation Miriam, le DSM-5, l'ADI-R (Lord et al., 1994) et l'ADOS-2 (Lord et al., 2012). Les professionnelles considèrent qu'elles possèdent à 80 % les compétences nécessaires pour implanter fidèlement le processus d'évaluation diagnostique. Elles considèrent que le processus de décision diagnostique et de rédaction de rapport est généralement implanté selon les étapes prévues (78 %). Le processus d'annonce diagnostique et le processus de suivi post-diagnostic sont implantés respectivement à 86 % et à 84 % selon les répondantes.

Par contre, une professionnelle indique que le suivi post-diagnostic est encore en évolution. Par exemple, l'équipe avait récemment ajouté un groupe de soutien à la famille. Un seul groupe de parents a été suivi depuis (en cours d'implantation). Par ailleurs, le niveau de collaboration des parents favorise à 84 % l'implantation du processus d'évaluation diagnostique. Une des questions qui a obtenu l'un des plus bas résultats (65 % ou $M = 6,5/10$) est « Considérez-vous que le niveau de collaboration des enfants que vous évaluez lors des rencontres favorise l'implantation du processus d'évaluation diagnostique? ». Les participantes ont rapporté que le niveau de collaboration est fluctuant selon les enfants et que cela peut nuire à l'administration des évaluations formelles et complémentaires prévues dans le processus d'évaluation diagnostique. Des adaptations du processus d'évaluation doivent quelques fois être faites en équipe. Les professionnelles ont rapporté que le processus d'évaluation diagnostique est adapté (à 84 %) aux enfants qu'elles évaluent.

L'analyse des dossiers des 32 enfants participants lors de la première année de fonctionnement du centre montre que les outils ou techniques d'évaluation prévus par le processus d'évaluation du centre sont utilisés. En effet, sur la liste des indicateurs d'implantation permettant d'évaluer la conformité du processus d'évaluation prévu par rapport à ce qui est présent au dossier des enfants participants (voir Tableau 1.2, page 36), on peut voir que la majorité des indicateurs sont implantés (seuil d'implantation de 75 %). Il est à noter que certains indicateurs ne concernent pas l'ensemble des enfants évalués.

En effet, la tenue de rencontres post-diagnostic avec la coordonnatrice au soutien à la famille du centre, pour expliquer notamment les demandes de service et les formulaires d'allocations auxquelles la famille a droit, dépend du diagnostic posé, qui détermine le type de services et d'allocations disponibles, s'ils existent. Pour les deux indicateurs concernant les observations en orthophonie et en ergothérapie, il faut savoir que ces professionnelles ne sont pas impliquées dans les dossiers de façon systématique et que le processus d'évaluation prévoit qu'elles le soient dans le cas où des signes cliniques en montrent la nécessité.

Tableau 1.2	Pourcentage d'indicateurs d'implantation du processus d'évaluation présent dans le dossier des enfants

Indicateurs	Pourcentage	Description
Ouverture de dossier, entrée de données informatiques	100 %	Date d'ouverture de dossier.
Entrevue téléphonique	100 %	Date de l'entrevue initiale effectuée auprès des parents par la coordonnatrice à la famille.
Rencontre trajectoire – Enfant	96,88 %	Date de la rencontre d'équipe visant à définir la trajectoire des évaluations effectuées au centre.
Consentement à l'évaluation	84,38 %	Présence d'un formulaire de consentement à l'évaluation complété.
Consentement à l'enregistrement audio	81,25 %	Présence d'un formulaire de consentement à l'enregistrement audio complété.
Début du processus d'évaluation diagnostique		
• Examen physique	87,50 %	Date du rendez-vous avec la pédiatre du centre pour une évaluation médicale.
• Observations de l'orthophoniste	31,25 %	Date du rendez-vous avec l'orthophoniste du centre.*
• Observations de l'ergothérapeute	15,63 %	Date du rendez-vous avec l'ergothérapeute du centre.*
• ABAS-II – Parent	90,63 %	ABAS-II complété par le parent.
• ABAS-II – Éducateur	81,25 %	ABAS-II complété par l'éducateur. Certains enfants ne fréquentent pas une garderie.
• Évaluation QI	87,50 %	Évaluation intellectuelle complétée.
• ASEBA (Child Behavior Checklist version préscolaire) – Parent	96,88 %	Évaluation des comportements problématiques complétée par les parents.
• ASEBA (Child Behavior Checklist version préscolaire) – Éducateur	75 %	Évaluation des comportements problématiques complétée par l'éducateur. Certains enfants ne fréquentent pas une garderie.
• ADOS-II	96,88 %	Évaluation du TSA complétée.
• ADI-R ou histoire développementale	90,63 %	Histoire développementale ou ADI-R complétés.

Indicateurs	Pourcentage	Description
Rencontre multi/discussion de cas	53,13 %	Présence d'une date de rencontre multidisciplinaire. Non indiquée lors de discussions informelles.
Rapport	87,5 %	Rapport d'évaluation présent.
Rencontre bilan	93,75 %	Date de la rencontre bilan où les résultats de l'évaluation sont remis aux parents.
Rencontre post-diagnostique	71,88 %	Date de rencontre post-diagnostique avec les parents où des informations sur les services leur sont données.
Document stratégies d'intervention	78,13 %	Présence d'un document de stratégies d'intervention au dossier.*
Relance téléphonique	81,25 %	Présence de dates de relances téléphoniques.*
Formulaire d'allocation	65,63 %	Présence d'un formulaire d'allocation du gouvernement complété.*
Demande de services d'intervention	71,88 %	Présence d'une demande de services d'intervention complétée.*

*Ceci n'est pas offert pour tous les profils d'enfants.

Concernant la durée du processus d'évaluation, le modèle logique du programme du centre VCMF prévoyait une période de 3 mois. Après l'analyse des dossiers, on peut observer que le temps d'attente entre la réception de la trousse d'accueil et la première évaluation était en moyenne de 21 jours (ET = 9,5 jours) avec un minimum de 6 jours et un maximum de 49 jours. La longueur du processus d'évaluation au centre d'évaluation VCMF, depuis la première rencontre à la rencontre bilan, s'étendait de 1 à 10 mois pour une moyenne de 2,6 mois (écart-type de 51 jours; n = 29).

L'implantation de la structure organisationnelle

Lors des entrevues, toutes les répondantes (n = 6) mentionnent que l'équipe clinique actuelle est complète avec la présence de deux psychologues, deux pédiatres, une coordonnatrice de soutien à la famille, une analyste du comportement (professionnelle détenant une certification officielle en analyse appliquée du comportement, *Board Certified Behavior Analysis*), une orthophoniste, une ergothérapeute et une directrice clinique qui joue également le rôle de psychologue. Elles rapportent (n = 6) qu'il y a eu roulement de personnel puisqu'une coordonnatrice administrative et une orthophoniste ont été remplacées. Toutes les répondantes signalent que les ressources actuelles sont insuffisantes pour effectuer complètement leur mandat et leur travail au sein du centre d'évaluation. Deux autres obstacles reliés à la structure organisationnelle émergent des entrevues :

1. l'absence de documentation formelle lors de l'embauche des employées sur la définition des rôles et les trajectoires d'évaluation, ainsi que la façon dont ces trajectoires peuvent être individualisées selon les besoins de l'enfant et le diagnostic (n = 4);

2. le double rôle attribué à la directrice clinique, qui doit conjuguer gestion clinique et administration du centre (n = 2).

Au questionnaire d'implantation, les professionnelles ont relevé qu'elles disposaient de « peu » à « moyennement » de ressources nécessaires à l'implantation du processus d'évaluation diagnostique (M = 2,80/4; ET = 1,10). C'est particulièrement le manque de personnel qui est problématique, notamment dans le contexte où il y a de plus en plus d'enfants référés au centre. Elles ont aussi mentionné le besoin de matériel, par exemple des outils d'évaluation (plus de batteries de tests, logiciel de correction), d'une salle sensorielle (balançoire, matelas, bacs à texture, jouets, etc.) et de plus d'espace pour faire les évaluations. Concernant la formation, 60 % des professionnelles n'ont pas reçu de formation sur le processus d'évaluation diagnostique dans le cadre de leurs fonctions au centre. Les professionnelles considèrent que le centre leur offre à 67,5 % le soutien nécessaire en matière de formation pour implanter fidèlement le processus d'évaluation diagnostique.

L'implantation de la pratique interdisciplinaire

Lors des entrevues, la majorité des répondantes mentionnent qu'elles apprécient le travail en inter-disciplinarité (n = 4) et que celui-ci se déroule bien (n = 4). Bien que les rencontres interdisciplinaires soient unanimement jugées suffisamment fréquentes (n = 6), quelques répondantes indiquent qu'il pourrait y en avoir davantage (n = 3). Quant aux facilitateurs du travail interdisciplinaire, les plus fré-quemment rapportés sont le respect des responsabilités (n = 4), la concertation de l'équipe (n = 3), la communication entre les professionnelles (n = 3) et le temps partagé en équipe (n = 3). Certaines mentionnent cependant qu'il y a tout de même des obstacles (n = 3), soit principalement le manque de temps.

Au questionnaire d'implantation, les répondantes indiquent que lors de leur dernière évaluation effectuée, de 4 à 7 personnes avaient été impliquées dans le processus évaluatif (M = 5,40; ET = 1,14). Elles soulèvent l'apport de l'interdisciplinarité pour une vision plus riche de l'enfant et pour le par-tage de l'expertise (n = 4).

1.4.2 La validité sociale du centre d'évaluation diagnostique VCMF

Résultats au questionnaire standardisé de satisfaction de services (QSC-8)

Sur l'ensemble des items du questionnaire, 83,8 % des familles ont dit qu'elles étaient assez satis-faites ou très satisfaites des services offerts au centre (Tableau 1.3).

Tableau 1.3 **Fréquences des huit questions générales de satisfaction, QSC-8 (N = 27)**

	1	2	3	4	M	ET
Quel est le degré de satisfaction en ce qui concerne l'ampleur du processus d'évaluation qui a été réalisé auprès de votre enfant?	1 (3,7 %)	4 (14,8 %)	5 (18,5 %)	17 (63,0 %)	3,41	0,89
Est-ce que les services d'évaluation que vous avez reçus ont amélioré la qualité de vie de votre famille?	2 (7,4 %)	5 (18,5 %)	6 (22,2 %)	14 (51,9 %)	3,19	1,00
Est-ce que votre enfant a reçu les services d'évaluation que vous désiriez?	1 (3,7 %)	1 (3,7 %)	6 (22,2 %)	19 (70,4 %)	3,59	0,75

	1	2	3	4	*M*	*ET*
Que pensez-vous de la qualité de l'évaluation que votre enfant a reçue (la pertinence des méthodes d'évaluation employées, la justesse des résultats, la justesse du diagnostic donné)?	2 (7,4 %)	3 (11,1 %)	6 (22,2 %)	16 (59,3 %)	3,33	0,96
De façon générale et globale, quel est votre degré de satisfaction en ce qui concerne les services d'évaluation que votre enfant a reçus?	1 (3,7 %)	2 (7,4 %)	5 (18,5 %)	19 (70,4 %)	3,56	0,80
Si quelqu'un de votre connaissance avait besoin du même type d'aide, est-ce que vous lui recommanderiez le centre?	2 (7,4 %)	1 (3,7 %)	2 (7,4 %)	22 (81,5 %)	3,63	0,88
Jusqu'à quel point l'évaluation faite au centre a répondu au besoin d'évaluer votre enfant?	1 (3,7 %)	4 (14,8 %)	4 (14,8 %)	18 (66,7 %)	3,44	0,89
Si vous aviez à refaire une évaluation pour votre enfant, voudriez-vous qu'il reçoive encore les services du centre?	2 (7,4 %)	3 (11,1 %)	0 (0,0 %)	22 (81,4 %)	3,56	0,97
Total	**12 (5,6 %)**	**23 (10,6 %)**	**34 (15,7 %)**	**147 (68,1 %)**		

1. Pas du tout; 2. Peu favorable; 3. Assez favorable; 4. Très favorable.

Satisfaction des parents en regard des éléments du modèle logique du centre VCMF

L'analyse des sept questions générales de satisfaction aux échelles structurées permet de dire que, de façon générale, les parents sont satisfaits (assez ou très) des éléments évalués (moyenne de 3,44 à 3,88 sur une cote maximale de 4), que ce soit concernant les aspects temporels du processus d'évaluation (ex. nombre d'heures d'évaluation, nombre de jours total d'évaluation, moment de la journée des évaluations), les aspects reliés au lieu, les personnes qui ont fait les évaluations et les appels ou la documentation reçue.

L'analyse des réponses aux questions permettant de juger de la satisfaction des parents en regard des services offerts par les professionnels et intervenants travaillant au centre montre qu'en moyenne les parents sont assez satisfaits à très satisfaits (moyenne de 3,04 à 3,77 sur une cote maximale de 4). L'item le moins bien coté concerne les informations offertes par les professionnels et les intervenants du centre sur les choix de traitements possibles suivant le diagnostic. Les parents ont trouvé cependant qu'ils ont été reçus et ont obtenu l'information de façon chaleureuse et bienveillante, qu'ils ont été traités avec respect et ont été satisfaits du rapport écrit sur le diagnostic de leur enfant (moyenne la plus haute pour ces items à 3,77). Les parents sont aussi satisfaits des temps d'attente reliés au centre (temps d'attente avant le premier rendez-vous : *M* = 3,77; temps d'attente entre les rendez-vous : *M* = 3,74).

Questions ouvertes du questionnaire de satisfaction

Aide perçue par les parents

La grande majorité des parents (96,2 %) ont perçu que le centre a aidé leur famille. Plus spécifiquement, les parents ont rapporté de l'aide en lien direct avec leur famille (76,9 %) et en lien avec les services reçus au centre (65,4 %).

Concernant l'aide donnée aux familles, 19,2 % des parents ont mentionné que le centre les a aidés à comprendre leur enfant, que ce soit de mieux connaître ses difficultés et ses besoins ou encore pour trouver de l'aide plus adaptée à ses besoins. Plus de la moitié des parents ont mentionné le soutien qu'ils ont reçu soit sur le plan psychologique (30,8 %) ou sur le plan administratif (26,9 %). Sur le plan psychologique, les parents ont souligné la paix d'esprit, les encouragements, le soutien ainsi que le sentiment d'être entendus, accompagnés et réconfortés. Sur le plan du soutien apporté dans les démarches administratives, les parents ont mentionné l'aide pour remplir la documentation (ex. demande de subventions gouvernementales), les appels faits par le centre aux services déjà reçus par les parents et plus généralement l'aide donnée pendant les étapes suivant le diagnostic.

Concernant les services, la moitié des parents (50 %) se sont sentis aidés par l'évaluation diagnostique et l'intervention, par exemple en recevant un diagnostic officiel ou un rapport. Par ailleurs, certains répondants (19,2 %) ont mentionné la rapidité d'accès au diagnostic.

Améliorations suggérées

Plus du tiers des parents (34,6 %) souhaiteraient des améliorations relatives à l'intervention et au suivi post-diagnostique, ce qui s'éloigne du mandat du centre VCMF. Selon quelques parents (19,2 %), le centre devrait aussi offrir des interventions. Près de 20 % des familles souhaiteraient des changements concernant l'information reçue. Des parents voudraient qu'il y ait davantage d'information donnée notamment sur l'autisme, sur les tests génétiques et sur les diverses approches en autisme. Ils souhaiteraient également avoir de l'aide pour les étapes post-diagnostiques, par exemple, pour faire les demandes de services ou, comme un parent l'a mentionné, pour « naviguer dans les services ».

1.5 Discussion

Les parents de jeunes enfants ayant un TSA, une DI ou un RGD doivent entreprendre des recherches fastidieuses pour localiser les services d'évaluation ou d'intervention appropriés sans nécessairement être en mesure de bien identifier les options possibles pour leur enfant, faute de connaissances dans ce domaine spécialisé (Brookman-Frazee, Baker-Ericzén, Stadnick et Taylor, 2012; Granger, des Rivières-Pigeon, Sabourin et Forget, 2012; McLennan, Huculak et Sheehan, 2008; Ombudsman, 2009; Rivard et al., 2014). Ils doivent faire face, d'une part, à la rareté de l'information disponible pour les guider dans ce processus souvent très complexe et, d'autre part, à des temps d'attente prolongés pour avoir accès à l'évaluation et au diagnostic (Bitterman, Daley, Misra, Carlson et Markowitz, 2008).

L'initiative du centre VCMF vise à répondre aux besoins en ce qui concerne l'accès à un processus d'évaluation qui soit rapide, de qualité et en continuité avec les services d'intervention précoce offerts dans le réseau public de services. L'objectif du présent chapitre est de faire état des données d'évaluation de l'implantation et de la validité sociale de ce centre, dans le but d'améliorer ses services et ultimement qu'ils puissent être répliqués plus largement au Québec.

Dans l'ensemble, les données montrent que le centre VCMF est bien implanté en ce qui concerne les quatre composantes d'implantation qui ont été sélectionnées pour l'évaluation et ceci selon les diverses sources de données. Les parents sont majoritairement satisfaits des services offerts au centre VCMF et on considère alors que le modèle du centre présente une bonne validité sociale telle qu'évaluée par ses utilisateurs.

Une des dimensions principales lors de l'évaluation de l'implantation de ce projet pilote est bien entendu la fidélité d'implantation du **processus d'évaluation**. Les données (perception des professionnelles, analyse des dossiers enfants) montrent de façon assez généralisée le respect des principes généraux des standards de pratique en évaluation diagnostique ainsi que du processus évaluatif prévu au modèle logique.

Bien que des données comparatives ne soient pas disponibles, la durée moyenne de 2,6 mois semble démontrer une grande efficacité du processus d'évaluation. En effet, il faut se rappeler que la durée moyenne est calculée à partir du premier contact avec le centre jusqu'à la remise du rapport écrit et que la majorité des enfants demandent plusieurs évaluations. L'objectif formulé au départ par le centre VCMF est de clore l'évaluation, à partir de l'entretien initial jusqu'à la remise du rapport en rencontre bilan, dans un délai de trois mois. Dans quelques situations, les délais prolongés d'évaluation sont reliés à différentes situations hors du contrôle du centre, dont la disponibilité des familles ou l'état de santé de l'enfant, mais également dus à des obstacles internes tels que le manque de disponibilité de certaines professionnelles (temps partiel). Par ailleurs, les professionnelles travaillant au centre mentionnent toutes que le processus d'évaluation peut être prolongé pour effectuer des évaluations supplémentaires ou être écourté selon les besoins. Cela montre que les besoins des enfants sont différents et que le processus d'évaluation diagnostique du centre VCMF permet d'ajuster les évaluations en fonction des besoins des enfants tout en utilisant les meilleures pratiques.

Deux aspects importants apportant des défis sur le plan de la **structure organisationnelle** sont le manque de formations offertes au personnel ainsi que le manque de documentation formelle sur le modèle du centre, le rôle des professionnels ainsi que sur le processus d'évaluation. Comme indiqué par Ridde et Dagenais (2012), rares sont les organisations pour lesquelles il existe une documentation décrivant clairement le modèle et ses composantes. À ce titre, l'équipe de recherche juge pertinent de recommander le développement d'une documentation sur le fonctionnement clinique et sur la définition des rôles, qui aurait pour objectif le soutien aux nouveaux professionnels qui intègrent le centre et potentiellement aux futurs centres d'évaluation qui auront un mandat similaire au centre VCMF. Une telle documentation peut également faciliter l'évaluation de l'implantation de ce qui a été prévu en ayant accès de façon plus claire aux différentes composantes prévues. Un des autres défis constatés dans l'implantation de la structure organisationnelle est le double rôle pour la direction de centre, qui doit conjuguer parallèlement les divers aspects administratifs et cliniques. Il arrive en effet parfois que les mandats respectifs d'un gestionnaire administratif et d'un gestionnaire clinique soient en contradiction, notamment lorsqu'il s'agit d'apprécier l'efficience comparativement à la qualité des services.

Parmi les facilitateurs à l'**interdisciplinarité** nommés, le respect des responsabilités, la concertation, la communication, le temps partagé ensemble, l'expertise de chaque professionnelle dans son domaine et le respect des autres professions sont les plus fréquents. Afin de remédier au manque de temps pour discuter de tous les cas en rencontres interdisciplinaires, le centre a fait le choix de limiter les discussions pour les enfants dont le diagnostic de TSA est clair, afin de privilégier les cas dont le profil est plus complexe ou le diagnostic différentiel est moins clair. Cela montre l'importance d'assurer de la flexibilité dans le processus pour s'adapter aux besoins des enfants.

En ce qui concerne la **validité sociale** du centre diagnostique VCMF, on peut affirmer que de façon générale, les parents sont satisfaits des services du centre : ce sont les services qu'ils désirent et qu'ils recommanderaient à des familles ayant besoin d'une évaluation en TSA, DI ou RGD. Ils sont satisfaits de l'ampleur du processus d'évaluation, de sa durée, des intervenantes qui y travaillent et de la documentation sur les évaluations reçues au centre. C'est 96,2 % des parents qui mentionnent que le centre d'évaluation diagnostique VCMF les a aidés dans leur vie et celle de leur enfant. Aussi, de façon spontanée, 30 % des parents ont mentionné que le centre a eu des effets au niveau du soutien psychologique pour eux-mêmes. Cet apport est non négligeable quand on considère que les parents d'enfants recevant le diagnostic de TSA, notamment, sont à risque de stress élevé, cette période étant un moment particulièrement difficile de leur vie (Chatenoud et al., 2014; Rivard et al., 2014). Sans avoir donné d'intervention en soutien direct à leur bien-être psychologique, le centre d'évaluation a tout de même eu un effet tel chez les parents qu'ils en soulignent spontanément les bienfaits.

Les items les moins bien cotés, bien qu'ils soient tout de même jugés satisfaisants, concernent l'explication des choix de traitement, la remise d'information écrite sur les autres services que ceux offerts au centre et l'amélioration de la qualité de vie de la famille suite à l'évaluation au centre. Ces données abondent dans le sens de celles de Poirier et Goupil (2008b) où l'on révèle que les parents québécois souhaitent bénéficier de rencontres supplémentaires après le diagnostic afin d'obtenir davantage d'information sur le TSA, les services et de pouvoir poser des questions. Le centre VCMF répond ainsi aux besoins des parents en ce qui concerne le diagnostic, mais d'autres initiatives doivent répondre au manque de services permettant de répondre aux besoins des parents quant au soutien et aux interventions adaptées pour leur enfant.

1.5.1 Les forces et les limites de l'étude

Cette étude montre l'utilité de deux stratégies de recherche (évaluation de l'implantation et de la validité sociale d'un programme) pour le développement et l'implantation de l'innovation organisationnelle et clinique. Elle a été réalisée avec les gestionnaires et les professionnelles œuvrant au centre VCMF ou y étant directement impliquées, suivant les principes de la recherche participative et de la recherche orientée vers l'action, dans un souci de produire des résultats utiles pour l'intervention (Patton, 2008). Des résultats sont disponibles au fur et à mesure du déroulement de la recherche et permettent des réajustements de la part du milieu afin d'améliorer rapidement ses pratiques.

Les limites de cette étude sont celles liées à la généralisation des résultats (validité externe, transférabilité) de cette évaluation à d'autres centres comportant des différences sur le plan géographique, organisationnel ou au niveau des ressources, par exemple. Bien que les données amassées dans cette étude puissent servir de guide à d'autres centres d'évaluation, les particularités de chacun devront être prises en compte dans l'implantation de leur programme et de son évaluation. Des limites sont aussi liées à la méthode, le type d'analyses utilisé étant lié aux questions des chercheurs sur l'implantation et pouvant réduire l'accès à des données plus spontanées (critère de crédibilité et de fiabilité). L'absence de données comparatives sur la durée du processus et les pratiques en cours dans d'autres milieux limite la robustesse des conclusions.

1.6 Conclusions et retombées

Une des retombées du présent chapitre est de montrer l'importance d'évaluer l'implantation et la validité sociale d'un service d'évaluation diagnostique novateur pour ensuite faire l'évaluation de son efficacité. En misant sur une évaluation continue de l'implantation d'une telle initiative (couplée aux bilans effectués de façon annuelle auprès de l'équipe clinique et de gestion), on cherche à fournir aux milieux de pratique des données pour s'ajuster au fur et à mesure et mettre en place des moyens concrets pour améliorer leurs services.

Pour la pratique, notre étude fait ressortir l'importance de considérer certains grands facilitateurs dans l'implantation d'un tel centre d'évaluation : la qualité des professionnels embauchés, leur expertise dans le domaine des TSA, DI et RGD, l'adhésion aux meilleures pratiques en évaluation et le partenariat avec les centres partenaires en aval et en amont. Il semble que sur ce dernier point, la collaboration avec les partenaires serait facilitée par la présence d'une personne en soutien à la famille depuis le début du processus d'évaluation et puis tout au long de la trajectoire de services, pour l'aider à naviguer dans le système. Cela dans le but de mieux placer le centre au sein d'un continuum de services qui serait continu et fluide d'un point de service à l'autre. Ce manque est rapporté par les parents dans les diverses études effectuées au Québec sur les besoins des familles (Poirier et Goupil, 2008a; Protecteur du citoyen, 2015; Rivard et al., 2014). Sur ce point, une nouvelle initiative du centre d'évaluation VCMF et du MSSS vise à implanter un modèle de suivi des familles avec l'aide d'un intervenant pivot attitré à chaque famille pendant les services. C'est donc dire que le projet du centre d'évaluation diagnostique a d'ores et déjà de nouvelles retombées cliniques dans les pratiques permettant de faciliter l'adaptation des familles.

Le suivi par le centre des familles à la suite du diagnostic est une étape de services qui demeure en évolution. Les parents apprécient les rencontres supplémentaires offertes pour leur permettre de poser des questions, d'avoir du soutien dans la recherche de services ou encore pour remplir des demandes d'allocation associées au diagnostic de leur enfant. Néanmoins, ils aimeraient en avoir davantage, mieux comprendre les options de services qui s'offrent à eux et avoir des services directs. À cette fin, le mandat du centre d'évaluation diagnostique relatif à l'intervention auprès de la famille est limité, ce qu'on comprend par la définition même de son modèle. Toutefois, l'ajout d'un suivi post-diagnostic à même les services d'évaluation diagnostique est un apport important du projet, dans le but d'augmenter la continuité et la fluidité de la trajectoire des services des familles et leur adaptation. Il faut toutefois s'assurer que le parent et l'enfant puissent recevoir des services plus intensifs à la suite des services du centre dans le réseau public.

De façon générale, l'évaluation de l'implantation et de la validité sociale du centre VCMF ouvre des perspectives quant à la trajectoire de services aux enfants d'âge préscolaire chez qui on soupçonne un diagnostic de TSA, de DI ou de RGD. Sur le plan organisationnel, le modèle mis en œuvre dans le cadre de ce projet semble favoriser la rapidité d'accès à l'évaluation diagnostique et assurer une meilleure continuité dans le passage vers les services spécialisés.

1.7 Remerciements

Nous tenons à souligner la précieuse collaboration de Nadia Abouzeid, Malvina Klag, Cécile Bardon et Malena Argumedes au présent ouvrage. Nous souhaitons remercier les membres du personnel du centre *Voyez les choses à ma façon* pour leur disponibilité et leur collaboration qui ont grandement contribué à la mise en œuvre de la recherche. Un merci tout spécial aux parents qui ont reçu des services du centre et ont accepté généreusement de partager leur expérience. Soulignons aussi la participation des membres du comité de sélection du projet, des comités de suivi et de pilotage pour leur écoute et les échanges constructifs autour du projet. Ce projet a été rendu possible grâce à la généreuse participation financière de la Fondation Miriam, la Fondation Marcelle et Jean Coutu, du ministère de la Santé et des Services sociaux et l'Institut national d'excellence en santé et services sociaux. Finalement, un grand merci aux agents de recherche ayant participé à ce projet, pour leur savoir-être, leur savoir-faire et la qualité de leur travail.

Références

Abouzeid, N., Rivard., M., Bolduc, M., Morin, M., Morin, D., Mercier, C. et Klag, M. (2017, juin). *Current Challenges in the Assessment of Global Developmental Disorder or Intellectual Disability in Very Young Children*. Affiche présentée au 2017 AAIDD Annual Meeting of Intellectual Disability Professionals, Hartford, CT.

American Psychiatric Association. (2013). *Diagnostic and statistical manual of mental disorders* DSM-5 (5e éd.). Arlington, VA: American Psychiatric Publishing.

American Psychiatric Association. (2015). *DSM-5-Manuel diagnostique et statistique des troubles mentaux*. Paris, France : Elsevier Health Sciences France.

Bayley, N. (2006). *Bayley scales on infant and toddler development: Bayley-III*. San Antonio, TX : Harcourt Assessment.

Beauchamp, S. et Duplantie, J.-P. (2012). *Vers une méthode d'élaboration des guides de pratique dans le secteur des services sociaux – Position du Comité sur les guides de pratique en services sociaux de l'INESSS*. Québec, QC : Institut national d'excellence en santé et en services sociaux (INESSS).

Bitterman, A., Daley, T. C., Misra, S., Carlson, E. et Markowitz, J. (2008). A national sample of preschoolers with autism spectrum disorders: Special education services and parent satisfaction. *Journal of Autism and Developmental Disorders*, *38*(8), 1509-1517.

Bourgeois, L. (2016). Assurer la rigueur scientifique de la recherche-action. Dans I. Carignan, M.-C. Beaudry et F. Larose (dir.), *La recherche-action et la recherche-développement au service de la littératie* (p. 6-20). Sherbrooke, QC : Les Éditions de l'université de Sherbrooke.

Boyd, B. A., Odom, S. L., Humphreys, B. P. et Sam, A. M. (2010). Infants and toddlers with autism spectrum disorder: Early identification and early intervention. *Journal of Early Intervention*, *32*(2), 75-98.

Brachlow, A. E., Ness, K. K., McPheeters, M. L. et Gurney, J. G. (2007). Comparison of indicators for a primary care medical home between children with autism or asthma and other special health care needs. *National Survey of Children's Health. Archives of Pediatrics & Adolescent Medicine*, *161*(4), 399-405.

Brookman-Frazee, L., Baker-Ericzén, M., Stadnick, N. et Taylor, R. (2012). Parent perspectives on community mental health services for children with autism spectrum disorders. *Journal of child and family studies*, *21*(4), 533-544.

Carter, S. L. (2009). *The social validity manual: A guide to subjective evaluation of behavior interventions*. London, UK: Academic Press.

Chatenoud, C., Cappe, É., Paquet, A., Kalubi, J.-C., Rivard, M., Odier-Guedj, D. et Rousseau, M. (2014). Influence du processus d'évaluation diagnostique chez les jeunes enfants ayant un trouble du spectre autistique sur le vécu et l'adaptation des parents. *Actes du XIIe congrès – AIRHM Québec 2012*.

Chen, H. T. (2015). Practical program evaluation. Theory-driven evaluation and the integrated evaluation perspective (2e éd.). Thousand Oaks, CA: Sage Publications.

Clément, C. et Schaeffer, E. (2010). Évaluation de la validité sociale des interventions menées auprès des enfants et adolescents présentant un trouble envahissant du développement. *Revue de psychoéducation*, 39, 209-220.

Collège des médecins du Québec et Ordre des psychologies du Québec (2012). *Les troubles du spectre de l'autisme, l'évaluation clinique, lignes directrices*. Collège des médecins du Québec et de l'Ordre des psychologues du Québec.

Creswell, J. W. et Clark, V. L. P. (2007). *Designing and conducting mixed methods* research. Thousand Oaks, CA: Sage Publications.

Dane, A. V. et Schneider, B. H. (1998). Program integrity in primary and early secondary prevention: Are implementation effects out of control? *Clinical Psychology Review, 18*(1), 23-45.

Durlak, J. A. et DuPre, E. P. (2008). Implementation matters: A review of research on the influence of implementation on program outcomes and the factors affecting implementation. *American Journal of Community* Psychology, 41(3-4), 327-350.

Dusenbury, L., Brannigan, R., Falco, M. et Hansen, W. B. (2003). A review of research on fidelity of implementation: Implications for drug abuse prevention in school settings. *Health Education Research*, *18*(2), 237-256.

Fagan, A. A., Hanson, K., Hawkins, J. D. et Arthur, M. W. (2008). Bridging science to practice: Achieving prevention program implementation fidelity in the Community Youth Development Study. *American Journal of Community Psychology*, *41*(3-4), 235-249.

Fédération québécoise des centres de réadaptation en déficience intellectuelle et en troubles envahissants du développement (FQCRDITED). (2015). *Guide de pratique d'intervention précoce auprès des enfants de 2 à 5 ans présentant un retard global de développement*. Montréal, QC.

Fondation Miriam. (2014). *Une stratégie ambitieuse pour aider les personnes ayant un trouble du spectre de l'autisme ou une déficience intellectuelle.* Avec la collaboration de McKinsey & Compagnie.

Gamache, V., Joly, J. et Dionne, C. (2011). La fidélité et qualité d'implantation du programme québécois d'intervention comportementale intensive destiné aux enfants ayant un trouble envahissant du développement en CRDITED. *Revue de psychoéducation, 40*, 1-23.

Girouard, N. (2014). Mise à jour des Lignes directrices pour l'évaluation du retard mental – deuxième partie. *Psychologie Québec, 31*(6), 34-35.

Granger, S., des Rivières-Pigeon, C., Sabourin, G. et Forget, J. (2012). Mothers' reports of their involvement in early intensive behavioral intervention. *Topics in Early Childhood Special Education, 32*(2), 68-77.

Guralnick, M. J. (2005). *The developmental systems approach to early intervention.* Baltimore, MD: Paul H. Brookes Publishing Company.

Kazdin, A. E. (1977). Assessing the clinical or applied importance of behavior change through social validation. *Behavior Modification, 1*(4), 427-452.

King, G., Rigby, P., Batorowicz, B., McMain-Klein, M., Petrenchik, T., Thompson, L. et Gibson, M. (2014). Development of a direct observation measure of environmental qualities of activity settings. *Developmental Medicine & Child Neurology, 56*(8), 763-769.

Kogan, M. D., Strickland, B. B., Blumberg, S. J., Singh, G. K., Perrin, J. M. et van Dyck, P. C. (2008). A national profile of the health care experiences and family impact of autism spectrum disorder among children in the United States, 2005–2006. *Pediatrics, 122*(6), e1149-e1158.

Larsen, D. L., Attkisson, C. C., Hargreaves, W. A. et Nguyen, T. D. (1979). Assessment of client/patient satisfaction: Development of a general scale. *Evaluation and program planning, 2*(3), 197-207.

Lord, C., Rutter, M., DiLavore, P. C., Risi, S., Gotham, K. et Bishop, S. L. (2012). *Autism diagnostic observation schedule: ADOS-2.* Los Angeles, CA: Western Psychological Services.

Lord, C., Rutter, M. et Le Couteur, A. (1994). Autism Diagnostic Interview-Revised: a revised version of a diagnostic interview for caregivers of individuals with possible pervasive developmental disorders. *Journal of Autism and Developmental Disorders, 24*(5), 659–685.

McLennan, J. D., Huculak, S. et Sheehan, D. (2008). Brief report: Pilot investigation of service receipt by young children with autistic spectrum disorders. *Journal of Autism and Developmental Disorders, 38*(6), 1192-1196.

Miller, L. J., Anzalone, M. E., Lane, S. J., Cermak, S. A. et Osten, E. T. (2007). Concept evolution in sensory integration: A proposed nosology for diagnosis. *The American Journal of Occupational Therapy, 61*(2), 135-140.

Nachshen, J., Garcin, N., Moxness, K., Tremblay, Y., Hutchinson, P., Lachance, A., ... Burack, J. (2008). *Screening, assessment, and diagnosis of autism spectrum disorders in young children: Canadian best practice guidelines.* Montréal, QC: Miriam Foundation.

National Center for Health Statistics US & National Center for Health Services Research. (2001). Health, United States: US Department of Health, Education, and Welfare, Public Health Service, Health Resources Administration, National Center for Health Statistics.

Neisworth, J. T. et Wolfe, P. S. (2005). *The autism encyclopedia.* Baltimore, MD : Paul H. Brookes Publishing Company.

Organisation mondiale de la Santé (1994). *Classification internationale des maladies. Chapitre V (F) : troubles mentaux et troubles du comportement. Critères diagnostiques pour la recherche* (10ᵉ révision). Genève, Suisse : OMS.

Ordre des psychologues du Québec (2007). *Lignes directrices pour l'évaluation du retard mental.* Montréal, QCl : Ordre des psychologues du Québec.

Patton, M. Q. (2008). *Utilization-focused evaluation.* Thousand Oaks, CA: Sage Publications.

Pluye, P. (2012). Les méthodes mixtes. Dans V. Ridde et C. Dagenais (dir), *Approches et pratiques en évaluation de programmes* (p. 125-143). Montréal, QC : Presses de l'Université de Montréal.

Poirier, A. et Goupil, G. (2008a). Processus diagnostique des personnes présentant un trouble envahissant du développement au Québec : expérience des parents. *Journal on Developmental Disabilities, 14*(3), 19-28.

Poirier, A. et Goupil, G. (2008b). Perceptions des parents québécois sur l'annonce d'un diagnostic de trouble envahissant du développement. *Journal on Developmental Disabilities, 14*(3), 29-39.

Posavac, E. et Carey, R. (2003). Program evaluation: An overview. *Program evaluation: Methods and case studies*, 1-22.

Protecteur du citoyen (2009). *Pour une meilleure continuité dans les services, les approches et les rapports humains : rapport spécial du Protecteur du citoyen sur les services gouvernementaux destinés aux enfants présentant un trouble envahissant du développement.* Québec, QC : Protecteur du citoyen.

Protecteur du citoyen (2015). *Rapport du Protecteur du citoyen sur l'accès, la continuité et la complémentarité des services pour les jeunes (0-18 ans) présentant une déficience intellectuelle ou un trouble du spectre de l'autisme.* Québec, QC : Protecteur du citoyen.

Québec Ombudsman (2009). *Special ombudsman's report on government services for children with pervasive developmental disorders.* Québec, QC : Assemblée Nationale Repéré à http://www. protecteurducitoyen.qc.ca/fileadmin/medias/pdf/rapports_speciaux/REPORT_TED-tr-rev.pdf.

Ridde, V. et Dagenais, C. (2012). *Approches et pratiques en évaluation de programmes.* Montréal, QC : Presses de l'Université de Montréal.

Rivard, M., Lépine, A., Mercier, C. et Morin, M. (2015). Quality determinants of services for parents of young children with autism spectrum disorders. *Journal of Child and Family Studies, 24*(8), 2388-2397.

Rivard, M., Morin, M., Mercier, C., Terroux, A., Mello, C. et Lépine, A. (2016). Social validity of a training and coaching program for parents of children with autism spectrum disorder on a waiting list for early behavioral intervention. *Journal of Child and Family Studies*, 1-11.

Roid, G. H., Miller, L. J., Pomplun, M. et Koch, C. (2013). *Leiter international performance scale-third edition.* Wood Dale, IL: Stoelting Company.

Sabourin, S., Pérusse, D. et Gendreau, P. (1989). Les qualités psychométriques de la version canadienne-française du Questionnaire de satisfaction du consommateur de services psychothérapeutiques (QSC-8 et QSC-18B). *Revue canadienne des sciences du comportement, 21*(2), 147-159.

Schalock, R. L., Borthwick-Duffy, S., Bradley, V. J., Buntinx, W. E. M., Coulter, D. L., Craig, E. M., ... Yeager, M. H. (2011). Déficience intellectuelle : définition, classification et systèmes de soutien (11e éd., traduit par D. Morin). Trois-Rivières, QC : Consortium national de recherche sur l'intégration sociale.

Schalock, R. L., Verdugo, M. A. et Gomez, L. E. (2011). Evidence-based practices in the field of intellectual and developmental disabilities: An international consensus approach. *Evaluation and Program Planning, 34*(3), 273-282.

Shevell, M. I., Ashwal, S., Donley, D., Flint, J., Gingold, M., Hirtz, D., ... Sheth, R. D. (2003). Practice parameter: Evaluation of the child with global developmental delay. Report of the Quality Standards Subcommittee of the American Academy of Neurology and The Practice Committee of the Child Neurology Society. *Neurology, 60*(3), 367-380.

Wolf, M. M. (1978). Social validity: The case for subjective measurement or how applied behavior analysis is finding its heart. *Journal of Applied Behavior Analysis, 11*(2), 203-214.

2 | Relations entre les habiletés langagières des enfants au préscolaire et leur adaptation sociale à la maternelle : rôle modérateur du sexe de l'enfant

Angélique Laurent
Département d'enseignement au préscolaire et au primaire,
Université de Sherbrooke

Joanie Giroux
Département de psychoéducation, Université de Sherbrooke

Marie-Josée Letarte
Département de psychoéducation, Université de Sherbrooke

Thérèse Besnard
Département de psychoéducation, Université de Sherbrooke

Jean-Pascal Lemelin
Département de psychoéducation, Université de Sherbrooke

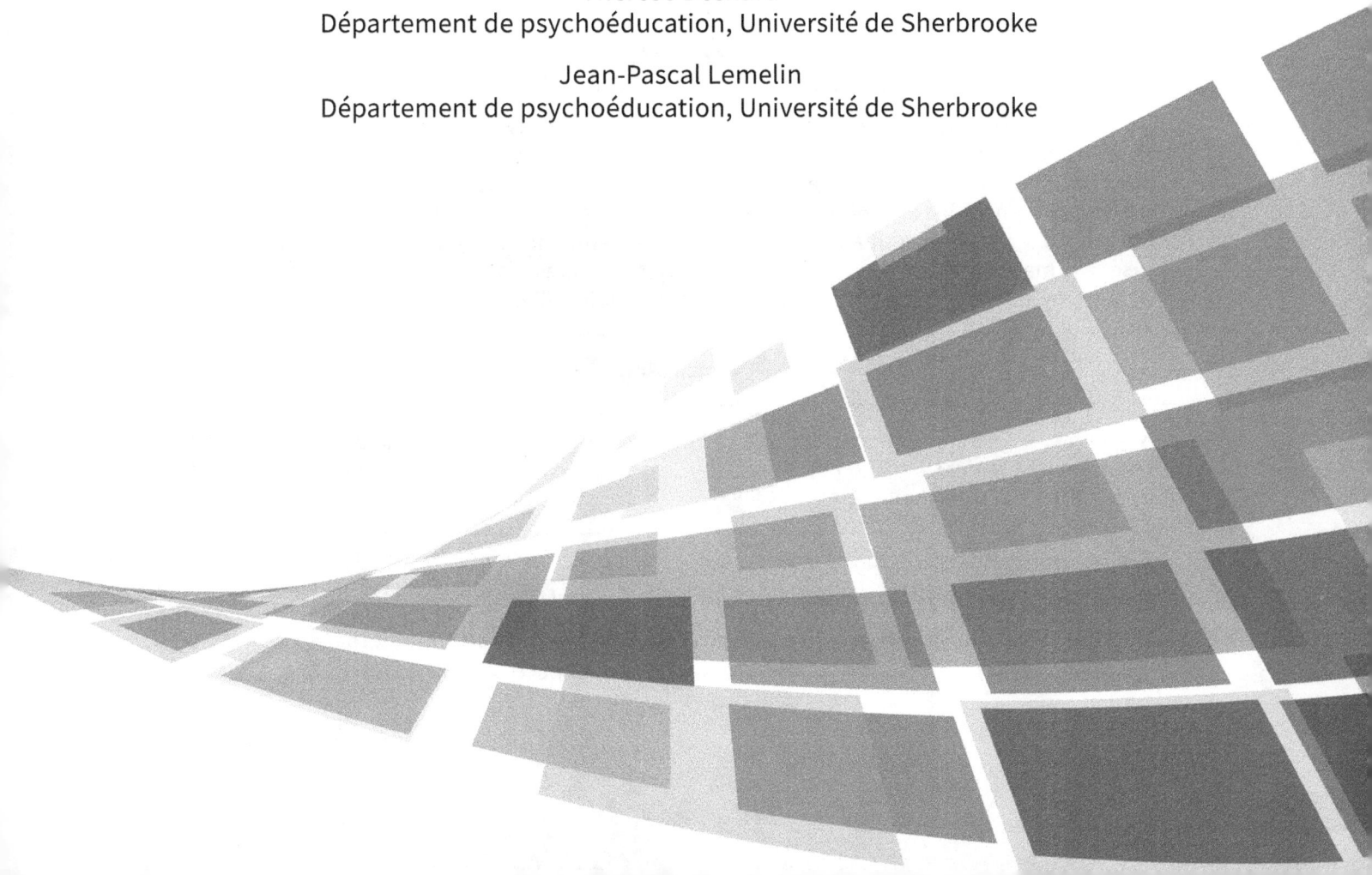

Résumé

Contexte

Lors de l'entrée à la maternelle, les enfants entre quatre et six ans qui s'adaptent difficilement à l'école sont à risque de vivre des difficultés à plus ou moins long terme (Conseil supérieur de l'éducation, 2001; Duncan, Dowsett, Claessens, Magnuson, Huston, Klebanov et al., 2007). Parmi les habiletés nécessaires pour débuter l'expérience scolaire, les habiletés langagières sont indispensables pour faciliter l'adaptation de l'enfant dans son nouveau milieu.

Objectif

Les objectifs de cette étude sont, d'une part, de vérifier si le langage réceptif et le langage expressif des enfants d'âge préscolaire prédisent les habiletés sociales, les comportements intériorisés et les comportements extériorisés que ces derniers manifestent à la maternelle et d'autre part, de vérifier si ces liens diffèrent selon le sexe de l'enfant.

Participants/méthode

Après avoir été évalués à partir d'instruments de mesure standardisés, les enfants retenus dans l'étude sont ceux qui présentent soit une vulnérabilité majeure (au-delà du 90e percentile) ou trois vulnérabilités mineures (75e percentile) parmi les trois aspects suivants de la préparation scolaire : langage, prérequis scolaires et domaine socioaffectif. Au total, 47 enfants (âge moyen : 5,2 ans) ont été sélectionnés.

Résultats

Les résultats montrent que les enfants qui ont de faibles habiletés de langage expressif à l'âge préscolaire présentent davantage de comportements extériorisés à la maternelle, alors que ceux qui ont de faibles habiletés de langage réceptif présentent plus de difficultés dans leurs habiletés sociales, aux mêmes âges. De plus, malgré des différences observées entre les filles et les garçons au niveau du langage réceptif au préscolaire, des habiletés sociales et des comportements extériorisés à la maternelle, les liens spécifiques entre les habiletés langagières et l'adaptation sociale à la maternelle sont les mêmes pour les garçons et pour les filles.

Conclusion

Ces résultats suggèrent de porter une attention particulière et spécifique au langage réceptif et expressif distinctement dans le but de faciliter la prévention des difficultés comportementales avant l'entrée à la maternelle.

Mots-clés

Adaptation sociale, langage expressif, langage réceptif, sexe, transition à la maternelle, prévention.

Recommandations cliniques issues de l'étude

- Étant donné leur importance pour l'adaptation sociale des enfants au moment de leur entrée à la maternelle, les habiletés langagières devraient faire l'objet d'interventions particulières dans le quotidien des enfants, que ce soit dans les programmes préscolaires tels que Passe-partout, dans les services de garde, ou à la maison.

- Les intervenants ou parents gagneraient à être mieux outillés pour utiliser les moments du quotidien afin de promouvoir les habiletés de communication des enfants.

- Dans une visée de prévention des problèmes d'adaptation au moment de la transition à la maternelle, le dépistage des difficultés langagières devrait être encouragé.

Questions pédagogiques

- En quoi la considération des habiletés de langage expressif et réceptif spécifiquement est-elle déterminante pour mieux comprendre l'adaptation sociale des enfants?

- Comment justifier que le modèle théorique de l'aptitude à faire face aux défis de Blechman, Prinz et Dumas (1995) s'avère pertinent pour étudier les liens entre le développement langagier et l'adaptation sociale lors de la transition à la maternelle?

- Expliquez la stratégie de dépistage en trois étapes permettant d'identifier des enfants qui n'ont pas développé les habiletés nécessaires à l'adaptation à la maternelle.

- Quelle procédure statistique a été privilégiée pour vérifier si le sexe modère la relation entre le langage et l'adaptation sociale?

- Quels sont les postulats de base de la régression linéaire multiple?

2.1 Introduction

2.1.1 Problématique

La transition vécue par les enfants entre leur milieu familial ou de garde et la maternelle est un défi majeur à relever dans leur développement entre quatre et six ans. Les enfants qui n'ont pas développé les habiletés nécessaires pour faire leur entrée à la maternelle sont à risque de vivre des difficultés à l'école. Ces difficultés peuvent survenir tout au long du primaire (Conseil supérieur de l'éducation, 2001; Curchod-Ruedi et Chessex-Viguet, 2012; Doherty, 1997; Duncan, Dowsett, Claessens, Magnuson, Huston, Klebanov et al., 2007), voire même persister et entraîner diverses conséquences importantes pour leur avenir scolaire et social, telles que le décrochage scolaire, l'isolement social ou encore le développement de comportements antisociaux (Battin-Pearson, Newcomb, Abbott, Hill, Catalano, Hawkins, 2000; Beekhoven et Dekkers, 2005; Conseil supérieur de l'éducation, 2001; Fortin, Royer, Potvin, Marcotte et Yergeau, 2004). Parmi ces difficultés, les difficultés d'adaptation sociale à la maternelle peuvent être les premières à se manifester pour ces enfants. Il s'avère donc primordial de mieux comprendre l'adaptation sociale des enfants à la maternelle et les variables étant susceptibles de l'influencer.

Parmi les habiletés nécessaires à développer pour entrer à la maternelle, les habiletés langagières, soit les habiletés à s'exprimer et comprendre le langage, habiletés acquises tout au long de la petite enfance, seraient fondamentales pour l'adaptation sociale ultérieure des enfants (Hebert-Myers, Guttentag, Swank, Smith et Landry, 2006; Justice, Turnbull, Bowles, et Sibbe, 2009), car elles les outillent et facilitent leur intégration en classe et au groupe. Pourtant, à l'heure actuelle, aucune étude n'a encore vérifié les liens entre les habiletés langagières des enfants et leur adaptation sociale en contexte de transition scolaire. De plus, malgré la mise en évidence des différences entre les filles et les garçons sur le plan des habiletés langagières; par exemple par un vocabulaire plus étendu chez les filles que chez les garçons (Besnard, Cotnoir, Letarte et Lemelin, 2014; Bouchard, Trudeau, Sutton, Boudreault et Deneault, 2009; Kern, 2003; Lemelin et Boivin, 2007) et de l'adaptation sociale (Brownlie et al., 2004; Conseil supérieur de l'éducation, 2001; Vallotton et Ayoub, 2011), on en sait encore peu sur les effets de modération du sexe dans l'étude des liens entre ces variables. Pourtant, une meilleure connaissance de ces effets de modération permettrait d'assurer une différenciation des interventions selon qu'elles concernent les garçons et les filles.

Tant au niveau du développement langagier que de l'adaptation sociale, un nombre considérable d'enfants présente des difficultés ou des retards pouvant entraver leur réussite ultérieure. Par exemple, pour l'adaptation sociale, Janus et Duku (2007) rapportent qu'au Canada, 20 % des enfants qui entrent à la maternelle présentent des difficultés que ce soit sur le plan physique et moteur, cognitif ou socioaffectif, par exemple des difficultés de coordination visuomotrice, des difficultés à entrer en interaction avec les pairs ou encore à mémoriser des consignes. De même, près de 25 000 élèves qui fréquentent les écoles publiques québécoises reçoivent des services éducatifs complémentaires pour des difficultés de comportements principalement extériorisés (Déry, 2008). Au niveau du développement langagier, 16 % des enfants de trois ans et demi ont des difficultés de compréhension au Québec (Simard et al., 2013) alors qu'au Canada, ils sont 14 % entre quatre et cinq ans à présenter des habiletés langagières inférieures à la moyenne (Conseil canadien sur l'apprentissage, 2010). De plus, les difficultés que rencontrent les enfants qui ne sont pas suffisamment outillés pour entrer à la maternelle peuvent être de nature et d'intensité différentes et influencer à des degrés divers leur expérience scolaire. Au vu de ces constats préoccupants, il est nécessaire d'avoir une meilleure connaissance des habiletés langagières participant à l'adaptation sociale des enfants à la maternelle.

2.1.2 Cadre conceptuel et théorique

Selon Legendre (2005), une transition est « une période de temps pendant laquelle l'enfant s'ajuste graduellement à son nouvel environnement physique, social et humain » (p. 1404). Cette période nécessite, de sa part, des capacités et des ressources variées pour s'adapter adéquatement au nouveau milieu fréquenté. Pour les enfants qui n'ont pas fréquenté de milieu de garde, l'entrée à la maternelle représente leur première expérience de transition. Et contrairement au milieu familial ou de garde, la maternelle sollicite beaucoup plus l'ensemble des habiletés de l'enfant. Par exemple, il y a moins de contacts personnalisés avec l'adulte, les groupes sont plus grands et comprennent plusieurs camarades de classe inconnus, des règles verbales formelles y sont formulées (Ladd, Herald et Kochel, 2006). L'entrée à la maternelle représente donc un défi de taille pour les enfants et a des conséquences sur leur développement tant sur le plan cognitif que social (Curchod-Ruedi et Chessex-Viguet, 2012). Par conséquent, tant leurs habiletés langagières que sociales nécessitent d'être suffisamment développées afin que la transition à la maternelle soit un succès.

Les **habiletés langagières** sont communément distinguées selon qu'elles touchent le **volet réceptif**, *c'est-à-dire la compréhension de la langue* ou le **volet expressif**, *c'est-à-dire la production des messages* (Clark et Kamhi, 2010; Gingras, 2004). De façon générale, le développement langagier typique suppose que les enfants d'âge préscolaire soient capables de comprendre ce qui est dit dans leur milieu de garde ou dans leur famille (Bouchard, 2008). Ils peuvent aussi bien communiquer, car ils emploient une grammaire élaborée et sont capables de fournir plusieurs détails (Bouchard, 2008). Ils sont capables d'écouter et comprendre des histoires courtes (Bergeron Gaudin, 2013). Même si la plupart des enfants atteignent ces attentes développementales, certains enfants présentent un développement plus tardif (p. ex. : retards simples de langage), voire problématique (p. ex. : troubles de langage), alors que d'autres se développent plus rapidement que la moyenne ou ont un langage plus avancé que leur âge chronologique.

Le concept d'**adaptation sociale** fait quant à lui référence au développement de comportements nécessaires pour avoir des relations harmonieuses et satisfaisantes avec son environnement scolaire et social (Legendre, 2005). Selon Vitaro, Desmarais-Gervais, Tremblay et Gagnon (1992), les difficultés d'adaptation sociale peuvent concerner : les difficultés en matière d'habiletés sociales, les problèmes de comportements extériorisés et les problèmes de comportements intériorisés. Les difficultés en matière d'**habiletés sociales** font référence aux difficultés qu'ont les enfants à partager, attendre leur tour, se montrer coopératif, etc. (Marshall, Hightower, Fritton, Russell et Meller, 1996). Les **problèmes de comportements extériorisés** réfèrent aux paroles et actes injustifiés d'agression, d'intimidation et de destruction, aux refus persistants d'un encadrement justifié ou à l'hyperactivité (Moisan, Poulin, et Capuano, 2014). Les **problèmes de comportements intériorisés** réfèrent plutôt à l'anxiété, au retrait social, aux peurs excessives ou aux comportements anormaux de passivité et de dépendance (Achenbach et Edelbrock, 1984; Fortin, Marcotte, Royer et Potvin, 2000). Selon Eron et De Huessmann (1983), des difficultés en matière d'habiletés sociales peuvent précipiter les problèmes de comportements extériorisés ou intériorisés.

En mettant en évidence le rôle central des compétences à faire face aux défis que l'enfant rencontre dans ses activités quotidiennes (Figure 2.1, page 52), le modèle théorique de l'aptitude à faire face aux défis de Blechman, Prinz et Dumas (1995) s'avère pertinent pour étudier les liens entre le développement langagier et l'adaptation sociale lors de la transition à la maternelle. Selon ce modèle, les compétences à faire face aux défis, soit les habiletés langagières, les habiletés sociales et la définition de soi, déterminent le style d'adaptation de l'enfant. Ainsi, les enfants qui répondent adéquatement aux défis utilisent des stratégies adaptatives prosociales, par exemple en communiquant efficacement lors de la résolution d'un défi, ceux qui y réagissent en utilisant des stratégies antisociales, par exemple en y répondant agressivement, seront qualifiés d'enfants ayant des problèmes de comportements extériorisés alors que ceux qui utilisent des stratégies adaptatives asociales, par exemple en se retirant, seront plutôt des enfants présentant des problèmes intériorisés. Au-delà de ces compétences, d'autres facteurs d'influence tels que les caractéristiques biologiques de l'enfant (p. ex. : origine ethnique, sexe de l'enfant, etc.) et les facteurs de risque et de protection dans l'environnement de l'enfant (p. ex. : caractéristiques de l'environnement familial, tempérament, intelligence de l'enfant, etc.) sont considérés dans ce modèle pour expliquer le rôle des compétences de l'enfant à faire face aux défis.

| Figure 2.1 | **Traduction du *Coping-Competence Model* (voir Blechman et al., 1995)** |

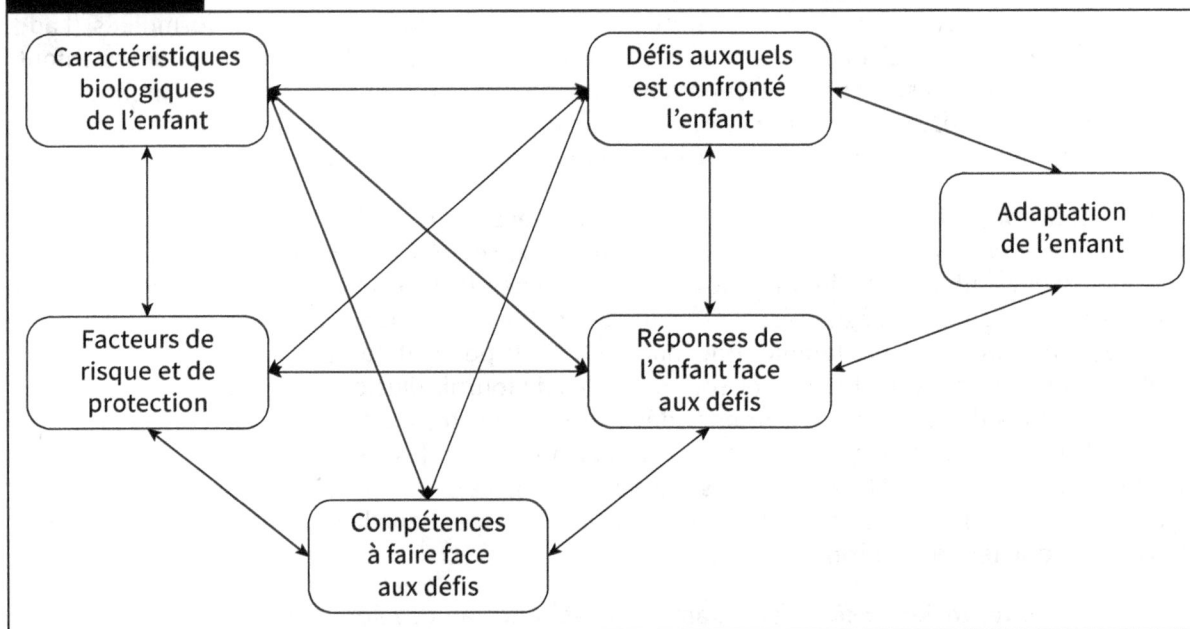

Les défis auxquels est confronté l'enfant requièrent une réponse de sa part, réponse qui sera produite entre autres par rapport à ses compétences à faire face aux défis, et plus particulièrement ses habiletés langagières, et qui déterminera les stratégies adaptatives qu'il utilisera. Par conséquent, le langage joue un rôle majeur dans l'acquisition et le maintien de stratégies adaptatives appropriées, soit les stratégies adaptatives prosociales, puisque les habiletés de l'enfant à comprendre et à s'exprimer influenceront sa façon de répondre au défi de la transition à la maternelle.

2.1.3 Recension des écrits

Puisqu'aucune étude n'a étudié le lien entre les habiletés langagières et l'adaptation sociale au moment de la transition du préscolaire au primaire, les études ayant vérifié ce lien auprès d'enfants d'âge préscolaire ou auprès d'enfants fréquentant l'école primaire ont été analysées. Deux questions ont été formulées pour guider la recension des écrits :

1. quelles habiletés langagières au préscolaire sont liées à quels aspects de l'adaptation sociale des enfants à la maternelle?

2. quel est le rôle modérateur du sexe dans les liens entre les habiletés langagières au préscolaire et l'adaptation sociale à la maternelle?

L'étude des relations entre le développement langagier et l'adaptation sociale conduit les auteurs à soit examiner le langage de façon générale, soit analyser distinctement le langage expressif et le langage réceptif. Les résultats de recherche qui seront présentés ici préciseront s'il s'agit du langage en général ou de l'un ou l'autre volet (expressif ou réceptif).

De façon générale, les études font ressortir des liens variés entre les habiletés langagières et l'adaptation sociale dès le plus jeune âge (Conti-Ramsden et Botting, 2004; Hebert-Myers, Guttentag, Swank, Smith et Landry, 2006; Mackie et Law, 2010; McCabe et Meller, 2004; Rescorla, Ross et McClure, 2007; Snowling, Bishop, Stothard, Chipchase et Kaplan, 2006; Stanton-Chapman, Justice, Skibbe et Grant, 2007; Van Daal, Verhoeven et Van Balkom, 2007). Tout d'abord, parmi les études utilisant un devis transversal, trois d'entre elles, menées au cours de l'âge préscolaire, ont montré que, d'une part, de plus faibles habiletés de langage étaient liées à plus de problèmes de comportements (Van Daal et al., 2007) et que, d'autre part, les problèmes de comportements intériorisés étaient plus fréquents que les problèmes de comportements extériorisés chez les enfants ayant des troubles du langage (McCabe et Meller, 2004; Stanton-Chapman et al., 2007). Aussi, selon Mackie et Law (2010), 38 % des enfants entre 7 et 11 ans qui ont des problèmes de comportements ont un score global de langage indiquant un trouble. Ces mêmes auteurs ont montré que les enfants qui ont des problèmes de comportements sont perçus par leurs enseignantes comme ayant des habiletés langagières plus pauvres comparativement à leurs pairs qui n'en ont pas, et en particulier en ce qui concerne l'utilisation du langage en contexte. Parmi les études utilisant un devis longitudinal, Hebert-Myers et al. (2006) ont mis en évidence que les habiletés langagières à trois ans prédisaient les liens sociaux, la conformité avec les demandes des pairs et l'inattention à huit ans. En outre, pendant l'âge primaire, les enfants qui ont des difficultés langagières à huit ans présentent des difficultés dans leur fonctionnement social et comportemental à 11 ans (Conti-Ramsden et Botting, 2004). Enfin, Snowling et al. (2006) ont, quant à eux, montré que les enfants qui n'ont plus de difficultés langagières à cinq ans et demi ont un bon pronostic pour l'adaptation sociale à 15-16 ans à l'inverse des enfants pour qui ces difficultés persistent dans le temps.

Concernant plus particulièrement les liens entre le langage réceptif ou expressif et l'adaptation sociale, certaines études recensées mettent en évidence des liens spécifiques entre les habiletés de langage réceptif et les problèmes de comportements extériorisés que ce soit à l'âge préscolaire ou primaire (Lindsay, Dockrell et Strand, 2007; Menting, van Lier et Koot, 2011; Petersen, Bates, D'Onofrio, Coyne, Lansford et al., 2013; Rescorla et al., 2007; Séguin, Parent, Tremblay, Zelazo, 2009). Par exemple, après avoir évalué le langage réceptif et l'adaptation sociale d'enfants à l'âge de quatre ans puis tous les deux ans jusqu'à l'âge de 12 ans, Petersen et al. (2013) rapportent que plus les enfants ont un bon langage réceptif à chaque âge évalué, moins ils risquent de présenter des problèmes extériorisés. Cependant, les liens entre ces deux variables semblent unidirectionnels puisque les auteurs remarquent que c'est seulement le langage réceptif qui prédit les problèmes de comportements extériorisés ultérieurs et non l'inverse. De plus, d'autres études font ressortir des liens spécifiques entre le langage expressif et l'adaptation sociale. Par exemple, Rescorla et al. (2007) rapportent que seuls les retards de langage expressif à 18 mois sont associés à des problèmes de repli sur soi à 35 mois. Petersen et al. (2013) ont aussi montré qu'entre 7 et 13 ans, un meilleur langage expressif était associé à moins de problèmes d'agressivité et d'inattention-hyperactivité. Tout comme pour le langage réceptif, ces auteurs rapportent des liens unidirectionnels entre le langage expressif et les problèmes de comportements. Enfin, en examinant distinctement le langage réceptif et expressif, Lindsay et al. (2007) ont montré que les enfants qui ont de bonnes habiletés de langage expressif à 8 ans et de langage réceptif à 10 ans ont moins de difficultés comportementales, émotionnelles et sociales, aux mêmes âges. Ces mêmes habiletés prédisent les difficultés comportementales deux ans plus tard, et même quatre ans plus tard pour le langage expressif.

En outre, parmi les études ayant contrôlé l'effet du sexe dans leurs analyses, trois (Conti-Ramsden et Botting, 2004; Lindsay et al., 2007; Séguin et al., 2009) n'ont pas observé de liens entre le sexe et l'adaptation sociale de l'enfant. Pourtant, à l'âge primaire, les filles présentent plus d'habiletés prosociales que les garçons (Lindsay et al., 2007) et les garçons plus de problèmes extériorisés que les filles (Menting et al., 2011). Petersen et al. (2013) sont les seuls à avoir vérifié le rôle modérateur du sexe de l'enfant. Ils ont observé que la relation entre les habiletés langagières et les problèmes de comportement extériorisés tendait à être plus forte chez les garçons que chez les filles.

Pour conclure, au vu des résultats obtenus dans les études recensées, l'analyse des liens entre les habiletés langagières et l'adaptation sociale s'avère avoir été documentée de façon plutôt générale pendant l'enfance sans avoir systématiquement touché chacun des aspects des concepts à l'étude, soit le langage réceptif et expressif et les habiletés sociales, les comportements intériorisés et les comportements extériorisés. Cette considération apparaît être une limite considérable dans la documentation scientifique actuelle compte tenu des effets différenciés du langage expressif ou réceptif rapportés précédemment et démontre la nécessité de mesurer précisément et adéquatement les concepts étudiés.

De plus, considérant le défi que représente la transition à la maternelle entre quatre et six ans, force est de constater qu'aucune étude n'a précisément ciblé cette période développementale. Pourtant les effets des difficultés d'adaptation sociale à la maternelle sur la réussite sociale et scolaire des enfants à court, moyen et long terme ont été clairement démontrés (Duncan et al., 2007; Hebert-Myers et al., 2006). Enfin, compte tenu des différences avérées entre les filles et les garçons au niveau des habiletés langagières et de l'adaptation sociale (Kern, 2003; Lindsay et al., 2007; Menting et al., 2011), les approches utilisées pour l'intervention auprès des garçons et des filles se trouveront enrichies par une meilleure connaissance des liens spécifiques entre le langage réceptif et expressif d'un côté et les habiletés sociales, les comportements extériorisés et les comportements intériorisés de l'autre selon le sexe des enfants.

2.2 Objectifs

En s'intéressant aux liens entre le développement langagier et l'adaptation sociale des enfants en contexte de transition scolaire, la présente étude a pour objectif d'identifier les habiletés langagières à l'âge préscolaire qui prédisent l'adaptation sociale à la maternelle (un an après) chez des enfants qui n'ont pas développé des habiletés suffisantes pour faire leur entrée à la maternelle. Les habiletés langagières correspondent aux habiletés de langage expressif et réceptif et l'adaptation sociale est déterminée par les comportements extériorisés, les comportements intériorisés et les habiletés sociales. Plus précisément, cette étude vise à répondre à deux objectifs spécifiques :

1. déterminer si le langage expressif et réceptif des enfants d'âge préscolaire prédit spécifiquement les comportements intériorisés, les comportements extériorisés et les habiletés sociales à la maternelle, et ce au-delà de l'adaptation sociale à l'âge préscolaire;

2. vérifier si le sexe de l'enfant joue un rôle modérateur dans les relations spécifiques entre le langage réceptif et expressif des enfants à l'âge préscolaire et leurs comportements intériorisés, leurs comportements extériorisés et leurs habiletés sociales à la maternelle, et ce au-delà de l'adaptation sociale à l'âge préscolaire.

2.3 Méthode

2.3.1 Devis

La présente étude adopte un devis corrélationnel prédictif, de nature longitudinale. Elle s'inscrit dans une recherche en cours (Besnard, Letarte, Normandeau et Lemelin, 2013-2016; Letarte, Besnard, Normandeau et Lemelin, 2012-2014) qui porte sur la contribution des habiletés parentales à la préparation scolaire des enfants dans le cadre de la mise en place d'un programme d'entraînement aux habiletés parentales et comprend trois temps de mesure, soit le pré-test (juste avant le programme), le post-test (immédiatement après le programme) et le suivi à la maternelle 15 mois après le pré-test. Dans le cadre de la présente étude, deux temps de mesure sont exploités pour répondre aux objectifs poursuivis soit le post-test immédiat (T1) et le suivi à la fin de la maternelle (T2).

2.3.2 Participants

La sélection des participants a été effectuée en trois étapes. Tout d'abord pour la première étape, les régions de l'Estrie présentant une proportion élevée d'enfants vulnérables selon l'Enquête Québécoise sur le Développement des Enfants à la Maternelle (EQDEM, Institut de la Statistique du Québec, 2013) ont été identifiées. Au cours de la deuxième étape, les parents de ces régions et dont l'enfant fera son entrée à la maternelle en septembre suivant ont été invités à évaluer la présence de facteurs de risque à partir d'une liste de facteurs préétablie (p. ex. : « a de la difficulté à jouer avec les autres enfants », « parle peu pour son âge ou comprend difficilement ce qu'on lui dit », etc.). Lorsque le parent s'est dit inquiet de la présence d'au moins un de ces facteurs, il a été invité à poursuivre le dépistage. Enfin, la troisième étape a consisté à évaluer la préparation scolaire des enfants référés par leurs parents à la deuxième étape grâce à des instruments de mesure standardisés (cf. Mesures). Pour être retenus dans l'étude, les enfants devaient présenter soit une vulnérabilité majeure (au-delà du 90e percentile) ou trois vulnérabilités mineures (75e percentile) parmi les trois aspects suivants de la préparation scolaire : langage (Échelle de vocabulaire en image Peabody; Dunn, Thériault-Whalen et Dunn, 1993), prérequis scolaires (Lollipop; Chew, 1987) et domaine socioaffectif (Profil socioaffectif; Dumas, LaFreniere, Capuano et Durning, 1997), couvrant au total 12 vulnérabilités potentielles (langage : compréhension de mots; prérequis scolaires : connaissance des couleurs et des formes, connaissance des images et de leur position; prérequis chiffres et calcul et prérequis lettres et écriture; domaine socioaffectif : anxiété, irritabilité, isolement, agressivité, égoïsme, résistance à la coopération et dépendance – aspects de la préparation scolaire langage : prérequis scolaires et domaine socioaffectif). Par ailleurs, les enfants ayant un diagnostic de déficience intellectuelle, de trouble du spectre de l'autisme ou de trouble spécifique du langage ont été exclus de l'étude. Pour terminer, afin d'être intégrés dans l'échantillon final de la présente étude, tous les instruments de mesure devaient avoir été complétés par tous les répondants, soit l'enfant, l'éducatrice dans le milieu de garde de l'enfant et l'enseignante de maternelle.

Au total, l'échantillon est constitué de 47 enfants. L'âge moyen du groupe composé de 25 garçons et 22 filles est de 5,2 ans ($ET = 0,35$). Parmi toutes les mères rencontrées, 85 % d'entre elles ont déclaré habiter avec un conjoint. Leur âge moyen est de 33,6 ans ($ET = 7,6$) et celui des pères est de 35,4 ans ($ET = 8,5$). Environ 1 % des parents n'ont fait que des études primaires, 43 % des études secondaires, 12 % des études professionnelles, 18 % des études collégiales ou techniques et 26 % des études universitaires. Concernant le revenu familial brut, près de 63 % gagnent 40 000 $ et plus. Par rapport au développement langagier, 43 % des enfants sont suivis occasionnellement (14 %) ou régulièrement (29 %) en orthophonie et le français est la langue maternelle de 94 % d'entre eux.

2.3.3 Procédure

Afin de réaliser cette étude, toutes les autorisations éthiques ont été obtenues auprès des comités éthiques en éducation et sciences sociales de l'Université de Sherbrooke et du CISSS de Sherbrooke. Tous les parents ont donné leur consentement écrit pour que leur enfant participe à la recherche. Comme indiqué précédemment, les enfants et leurs familles ont été rencontrés trois fois dans le cadre de la plus large recherche. À chacun de ces temps de mesure, tous les instruments de mesure présentés ci-dessous ont été utilisés auprès de l'enfant, ses parents et son éducatrice ou son enseignante de maternelle. Par souci de clarté, seuls les deux temps de mesure nécessaires à cette étude sont présentés ici. Pour le premier temps de mesure qui a eu lieu en juin précédant l'entrée à la maternelle (T1), le vocabulaire réceptif a été évalué directement auprès de l'enfant au domicile familial alors que le vocabulaire expressif et l'adaptation sociale ont été évalués par l'éducatrice dans le milieu de garde de l'enfant. Lors du deuxième temps de mesure (T2), c'est l'enseignante de maternelle qui a complété l'évaluation de l'adaptation sociale à la fin de la maternelle. Toutes les informations sociodémographiques ont été recueillies au moyen d'un questionnaire de renseignements généraux complété par les parents au tout début de la recherche. Un dédommagement financier de 10 $ a été offert aux familles, aux éducatrices et aux enseignantes lors de chacune de leurs participations.

2.3.4 Mesures

Deux instruments de mesure ont été utilisés pour évaluer les variables à l'étude. L'instrument de mesure du développement de la petite enfance (IMDPE; Janus et Offord, 2007) a été utilisé pour évaluer le langage expressif et l'adaptation sociale au temps 1 et l'adaptation sociale au temps 2 alors que l'Échelle de Vocabulaire en images Peabody (ÉVIP; Dunn et al., 1993) a été utilisée pour évaluer le langage réceptif au temps 1.

Instrument de mesure du développement de la petite enfance (Janus et Offord, 2007) : l'IMPDE est un questionnaire développé pour évaluer la préparation des enfants à l'école par les enseignants (Janus et Offord, 2007). Il est composé de 104 énoncés à choix multiples (oui ou non et échelles de Likert en trois ou cinq points) répartis en cinq domaines : 1. santé physique et bien-être; 2. compétence sociale; 3. maturité affective; 4. langage et aptitudes cognitives; 5. habiletés de communication et connaissances générales.

Les quatre premiers domaines se divisent en sous-domaines. Les réponses obtenues à chaque énoncé permettent de calculer des scores globaux qui s'étendent de 1 à 3 pour chaque domaine et sous-domaine. Le score de 1 indique que l'enfant n'atteint pas ou très peu les attentes développementales, le score de 2 signifie qu'il en atteint certaines et le score de 3 qu'il en atteint la quasi-totalité ou la totalité.

Seuls les domaines de la maturité affective et des habiletés de communication et connaissances générales ont été utilisés pour les besoins de cette étude. Le domaine de la maturité affective a permis de mesurer l'adaptation sociale alors que le domaine des habiletés de communication et connaissances générales a permis d'évaluer le vocabulaire expressif. Quatre sous-domaines sont présents dans le domaine de la maturité affective : les comportements prosociaux, les comportements craintifs et anxieux, l'hyperactivité et l'inattention, et les comportements agressifs, pour un total de 28 énoncés. Le domaine des habiletés de communication et des connaissances générales, qui ne contient pas de sous-domaine, comprend pour sa part 8 énoncés sur les capacités de l'enfant à raconter une histoire, communiquer ses besoins à l'adulte ou aux pairs, utiliser sa langue maternelle de manière efficace, etc. Compte tenu des objectifs de la présente étude, les deux sous-domaines des comportements prosociaux et des comportements craintifs et anxieux ont été considérés séparément alors que les deux sous-domaines de l'hyperactivité et l'inattention et des comportements agressifs ont été regroupés, car ils concernent les comportements extériorisés (coefficient de corrélation entre ces deux sous-domaines : $r = 0,65$). D'après Janus et Offord (2007), les qualités psychométriques rapportées pour la cohérence interne, l'accord interjuge entre l'enseignante de maternelle et l'éducatrice en milieu de garde et la fidélité test-retest sont respectivement de 0,93; 0,77 et 0,77 pour le domaine de la maturité émotionnelle et de 0,95; 0,53 et 0,81 pour le domaine des habiletés de communication et connaissances générales.

Échelle de vocabulaire en **images** Peabody (Dunn et al., 1993) : l'ÉVIP est un instrument de mesure adapté du Peabody Picture Vocabulary Test – Revised (Dunn et Dunn, 1981) permettant de mesurer le vocabulaire réceptif en français des enfants âgés de 2 ans et demi à 18 ans. Cet instrument est administré à l'enfant individuellement. La tâche qui lui est demandée est d'identifier l'image qui illustre le mot énoncé par l'expérimentateur parmi quatre images. Deux formes du test (Forme A et Forme B) sont disponibles, chacune d'elles comporte 170 énoncés classés par ordre de difficultés. Le score total correspond à la somme des bonnes réponses fournies par l'enfant jusqu'à l'atteinte d'un critère de fin de test. Selon Dunn et al. (1993), les coefficients de cohérence interne varient entre 0,66 et 0,85 alors que les coefficients de fidélité des formes parallèles (A et B) du test varient entre 0,55 et 0,78 selon l'âge des sujets. Le test présente donc de bons indices de fidélité.

2.3.5 Analyses statistiques

Des analyses préliminaires ont été effectuées pour vérifier si les postulats de base des analyses utilisées subséquemment étaient respectés. Puisque les analyses nécessaires pour répondre aux deux objectifs s'appuient sur un postulat de normalité de distribution, celle-ci a été vérifiée pour le présent échantillon.

Pour vérifier si le langage réceptif ou expressif des enfants d'âge préscolaire prédit les différents aspects de l'adaptation sociale à la maternelle, des analyses de régression multiples hiérarchiques ont été utilisées. Plus précisément, les trois aspects de l'adaptation sociale, soit les comportements intériorisés, les comportements extériorisés et les habiletés sociales, ont été considérés comme les variables dépendantes et ont été analysés en alternance, de même que les deux types d'habiletés de langage, soit le langage expressif puis le langage réceptif, considérés comme les variables prédictives. Ainsi, dans le modèle de régression expliquant les habiletés sociales à la maternelle, la première étape a été d'introduire les habiletés sociales au préscolaire en tant que variable contrôle (VC), puis la deuxième étape consistait à ajouter une variable prédictive, par exemple le langage réceptif. Le même modèle a été suivi en remplaçant le langage réceptif par le langage expressif. Ensuite, les modèles de régression expliquant les comportements intériorisés puis les comportements extériorisés à la maternelle ont été analysés.

Pour vérifier si le sexe de l'enfant modère les liens étudiés dans l'objectif 1, des analyses préliminaires ont permis tout d'abord d'explorer les différences de sexe sur le plan langagier et comportemental. Ensuite, comme proposé par Baron et Kenny (1986), des analyses de régression hiérarchique ont vérifié le rôle modérateur. Ces analyses ont été effectuées en deux étapes : la première étape contenait l'adaptation sociale au préscolaire (tout comme pour la série d'analyses présentées pour l'objectif 1), la deuxième étape contenait cette même variable, le sexe, une catégorie d'habiletés langagières et l'interaction (habiletés langagières × sexe). Si le sexe et les habiletés langagières au préscolaire interagissaient pour prédire l'adaptation sociale à la maternelle, l'interaction était décomposée afin d'établir le sens de l'effet modérateur.

2.4 Résultats

2.4.1 Caractéristiques de l'échantillon

Le Tableau 2.1 présente les résultats des analyses descriptives décrivant l'échantillon sur les variables d'intérêt. Pour le langage réceptif, les réponses données par les enfants s'étendent de 22 sur 170, score représentant la moyenne des enfants âgés d'environ trois ans, à 95 sur 170, représentant la moyenne des enfants âgés d'environ huit ans (Dunn et al., 1993). Au niveau du langage expressif, les éducatrices indiquent qu'en moyenne, les enfants atteignent partiellement les attentes développementales. Pour ce qui est de l'adaptation sociale à la maternelle, les enseignantes indiquent qu'en moyenne, les enfants atteignent également partiellement les attentes au niveau des comportements intériorisés et extériorisés, mais n'en atteignent que quelques-unes voire aucune au niveau des habiletés sociales. Il importe enfin de préciser que, sur les 47 enfants participants, seuls 25 questionnaires IMDPE ont été retournés par les éducatrices au préscolaire.

Tableau 2.1	Statistiques descriptives des variables à l'étude pour l'échantillon total et selon le sexe et les résultats des tests *t* comparant les filles et les garçons

		Échantillon total			Filles		Garçons	
Variables	**Min. /Max.**	***N***	**Moy. (é.t.)**	***N***	**Moy. (é.t.)**	***N***	**Moy. (é.t.)**	**Test-t**
Langage réceptif – T1	22 /95	46	58,46 (18,88)	22	65,82 (17,65)	24	51,71 (17,70)	2,705**
Langage expressif – T1	1,00 /3,00	25	2,24 (0,66)	10	2,40 (0,70)	15	2,13 (0,64)	0,984
Habiletés sociales – T1[1]	1,00 /3,00	23	2,09 (0,90)	10	2,70 (0,67)	13	1,62 (0,77)	3,535**
Comportements intériorisés – T1[1]	1,00 /3,00	26	2,62 (0,57)	11	2,73 (0,47)	15	2,53 (0,64)	0,851
Comportements extériorisés – T1[1]	1,00 /3,00	25	2,12 (0,78)	11	2,41 (0,70)	14	1,89 (0,79)	1,704
Habiletés sociales – T2[1]	1,00 /3,00	43	1,72 (0,73)	22	2,14 (0,64)	21	1,29 (0,56)	4,629***
Comportements intériorisés – T2[1]	1,00 /3,00	47	2,64 (0,61)	22	2,59 (0,59)	25	2,68 (0,63)	−0,499
Comportements extériorisés – T2[1]	1,00 /3,00	47	2,35 (0,76)	22	2,59 (0,65)	25	2,14 (0,80)	2,109*

* : $p < 0,05$; ** : $p < 0,01$; *** : $p < 0,001$

Note : Min./Max. : scores minimal et maximal obtenus dans l'échantillon.

[1] Les comportements intériorisés et extériorisés sont mesurés comme des comportements attendus. Donc, de plus hauts scores signifient plus de comportements attendus.

Les analyses de régression s'appuyant sur un postulat de normalité de distribution, celle-ci a été vérifiée pour chacune des variables. Les analyses effectuées à partir des indices d'aplatissement et d'asymétrie démontrent que les scores obtenus auprès des participants se distribuent normalement aux différentes sous-échelles selon les postulats de Kline (2005).

2.4.2 Habiletés langagières au préscolaire et adaptation sociale à la maternelle

Analyses préliminaires

Les associations entre l'adaptation sociale au préscolaire (T1) et à la maternelle (T2) ont été vérifiées avec des corrélations de Pearson. Celles-ci montrent des liens au niveau des habiletés sociales ($r = 0,44$) et comportements extériorisés ($r = 0,50$) au préscolaire et ces mêmes aspects à la maternelle. Ces résultats confirment la nécessité de contrôler l'adaptation sociale au préscolaire pour vérifier le lien entre les habiletés langagières au préscolaire et l'adaptation à la maternelle. Par ailleurs, étant donné la forte corrélation entre le langage réceptif et le langage expressif ($r = 0,50$), ils seront analysés séparément.

Analyses de régression multiples hiérarchiques

Au total, six analyses de régression multiples hiérarchiques ont été effectuées, soit une analyse par catégorie de langage, et ce, pour les trois variables dépendantes. Pour chacune, la variable contrôle a d'abord été insérée, puis les variables prédictives à la deuxième étape. Les résultats présentés dans le Tableau 2.2 montrent que le langage réceptif des enfants au préscolaire prédit leurs habiletés sociales à la maternelle, au-delà des habiletés sociales au préscolaire. Ainsi, plus les enfants comprennent ce qui leur est dit à l'âge préscolaire, plus ils ont des comportements prosociaux à la maternelle. Par ailleurs, le langage expressif des enfants au préscolaire prédit leurs comportements extériorisés à la maternelle, c'est-à-dire que plus les enfants expriment clairement leurs idées à leur éducatrice au préscolaire, moins ils adoptent de comportements extériorisés à la maternelle.

Tableau 2.2 — **Résultats des analyses de régression multiples hiérarchiques mesurant la relation entre les habiletés langagières de l'enfant au préscolaire et son adaptation sociale à la maternelle**

| | Adaptation sociale à la maternelle (V.D.) | | | | | |
| | Habiletés sociales | | Comportements intériorisés | | Comportements extériorisés | |
	R^2	β	R^2	β	R^2	β
Langage réceptif	$n = 47$		$n = 47$		$n = 47$	
Étape 1						
Adaptation sociale T1[1]	0,082	0,286*	0,012	−0,112	0,145	0,381**
Étape 2						
Adaptation sociale T1	–	0,199	–	−0,122	–	0,332*
Langage réceptif	0,268	0,335*	0,045	−0,145	0,313	0,160
Langage expressif	$n = 20$		$n = 25$		$n = 24$	
Étape 1						
Adaptation sociale T1	0,181	0,425[t]	0,026	−0,163	0,226	0,476*
Étape 2						
Adaptation sociale T1	–	0,502*	–	−0,164	–	0,187
Langage expressif	0,409	−0,232	0,056	0,056	0,646	0,526*

[t] $p < 0,10$; * $p < 0,05$; ** $p < 0,01$

[1] Les mesures de l'adaptation sociale au préscolaire ont été contrôlées pour chaque aspect de l'adaptation sociale, y étant associées, à la maternelle.

2.4.3 Modération du lien habiletés langagières –adaptation sociale par le sexe de l'enfant

Analyses préliminaires

Avant d'amorcer les analyses de modération, des tests-t pour échantillons indépendants ont été utilisés pour comparer le langage et l'adaptation sociale des filles et des garçons (Tableau 2.1, page 58). Comparativement aux garçons, les résultats montrent que les filles ont un langage réceptif plus développé à l'âge préscolaire que les garçons et qu'elles démontrent plus d'habiletés sociales telles qu'aider quelqu'un ou inviter les autres à se joindre à elles, tant au préscolaire qu'à la maternelle. De plus, les filles présentent moins de comportements extériorisés que les garçons, c'est-à-dire qu'elles utilisent moins l'agression pour résoudre un conflit et font moins de crises de colère à la maternelle. Elles ont donc plus de capacités à se concentrer, s'organiser dans les activités choisies, attendre leur tour et réfléchir avant de faire quelque chose.

Analyses de modération

Le deuxième objectif de l'étude était de vérifier si les habiletés langagières des enfants au préscolaire expliquent leur adaptation sociale à la maternelle de la même façon, quel que soit leur sexe. Les résultats présentés dans le Tableau 2.3 montrent que les habiletés sociales et les comportements extériorisés au préscolaire expliquent ces mêmes aspects de l'adaptation sociale à la maternelle, mais ce n'est pas le cas pour les comportements intériorisés. Ensuite, bien que le sexe de l'enfant explique une partie des habiletés sociales à la maternelle, ils ne montrent aucune interaction avec les deux catégories de langage (lignes grisées dans le tableau). Cela signifie que la relation entre le langage au préscolaire (réceptif et expressif) et l'adaptation sociale (habiletés sociales, comportements intériorisés et extériorisés) à la maternelle est la même chez les garçons et les filles.

2.5 Discussion

Les objectifs de la présente étude étaient d'explorer les relations entre le développement langagier des enfants d'âge préscolaire et leur adaptation sociale en contexte de transition scolaire. Plus précisément, nous nous intéressions à la contribution du langage réceptif et expressif avant l'entrée à la maternelle aux trois aspects de l'adaptation sociale, soit les habiletés sociales, les comportements intériorisés et les comportements extériorisés à la maternelle. La modération du sexe de l'enfant dans ces relations a été également analysée.

2.5.1 Liens entre le langage réceptif et l'adaptation sociale

Les résultats montrent que le langage réceptif à l'âge préscolaire prédit les habiletés sociales à la maternelle. Autrement dit, mieux les enfants comprennent les autres avant d'entrer à l'école, plus ils ont d'habiletés sociales à la maternelle, et ce, au-delà des habiletés sociales qu'ils avaient au préscolaire. Ils seraient donc plus enclins à offrir spontanément leur aide et inviter les autres à se joindre à eux. Tout en reproduisant les résultats de certaines études antérieures qui ont mis en évidence des liens soient concomitants ou soient dans le temps entre les habiletés langagières et le fonctionnement social et comportemental des enfants pendant l'enfance (Conti-Ramsden et Botting, 2004; Hebert-Myers et al., 2006; Snowling et al., 2006; Stanton-Chapman et al., 2007; Van Daal et al., 2007), ces résultats viennent les préciser en démontrant que c'est particulièrement le langage réceptif au préscolaire qui contribue aux habiletés sociales en maternelle.

En revanche, il est ressorti des résultats que le langage réceptif ne prédisait pas les comportements intériorisés. Cette absence de lien vient corroborer les études de McCabe et Meller (2004) et Stanton-Chapman et al. (2007) qui ont montré que les problèmes de comportements intériorisés étaient plus fréquents que les problèmes de comportements extériorisés chez les enfants ayant des troubles du langage.

| Tableau 2.3 | Résultats des analyses de régression vérifiant l'effet modérateur du sexe de l'enfant dans la relation entre ses habiletés langagières au préscolaire et son adaptation sociale à la maternelle |

	Adaptation sociale à la maternelle (V.D.)					
	Habiletés sociales		Comportements intériorisés		Comportements extériorisés	
	R^2	β	R^2	β	R^2	β
Langage réceptif	**n = 47**		**n = 47**		**n = 47**	
Étape 1						
Adaptation sociale au préscolaire[1]	0,082	0,286*	0,012	−0,112	0,145	0,381**
Étape 2						
Adaptation sociale au préscolaire[1]	–	0,032	–	−0,125	–	0,313*
Genre	–	0,467**	–	−0,007	–	0,187
Langage réceptif au préscolaire	–	−0,286	–	−0,386	–	0,015
Genre X langage réceptif au préscolaire	0,458	0,513	0,051	0,255	0,344	0,085
Langage expressif	**n = 20**		**n = 25**		**n = 24**	
Étape 1						
Adaptation sociale au préscolaire[1]	0,181	0,425[t]	0,026	−0,163	0,226	0,476*
Étape 2						
Adaptation sociale au préscolaire[1]	–	−0,092	–	−0,146	–	0,119
Genre	–	0,834**	–	−0,074	–	0,179
Langage expressif au préscolaire	–	0,092	–	0,123	–	0,394
Genre X langage expressif au préscolaire	0,784	−0,173	0,061	−0,056	0,677	0,143

[t] < 0,10; *p < 0,05; **p < 0,01.

[1] Les mesures de l'adaptation sociale au préscolaire ont été contrôlées pour chaque aspect de l'adaptation sociale, y étant associées, à la maternelle.

Toutefois, ils permettent d'affiner les connaissances actuelles en spécifiant quel volet du langage est concerné et en démontrant que les liens entre ces variables se maintiennent longitudinalement. Plusieurs interprétations peuvent soutenir ce constat. En effet, il est possible que ces difficultés de compréhension n'entravent pas suffisamment leur fonctionnement social au quotidien pour qu'ils présentent des difficultés de comportements. Il se pourrait également que les enfants aient recours à des comportements intériorisés, comme des comportements de repli ou retrait, mais qu'ils ne soient pas suffisamment présents pour ressortir problématique lors de l'évaluation. Enfin, il est aussi envisageable que les enfants aient recours à d'autres types de comportements, par exemple des comportements plus extériorisés, pour montrer qu'ils n'ont pas compris leur interlocuteur. Cependant, au vu de l'absence de lien entre le langage réceptif et les comportements extériorisés (cf. paragraphe suivant), les deux premières interprétations nous apparaissent plus plausibles.

De plus, les résultats de la présente étude montrent que les enfants qui ont le plus de difficultés de compréhension au préscolaire (langage réceptif) ne sont pas ceux qui présentent le plus de comportements extériorisés à la maternelle. En d'autres termes, le fait que les enfants ne comprennent pas suffisamment ce qui leur est dit au préscolaire ne se traduit pas par des comportements extériorisés en maternelle. Ce constat ne confirme pas les résultats des études antérieures puisque des liens entre le langage réceptif et des difficultés de comportements extériorisés avaient été démontrés (Menting et al., 2011; étude 2 de Petersen et al., 2013; Séguin et al., 2009). Deux raisons peuvent expliquer cette divergence. Tout d'abord, le profil des enfants de la présente étude peut constituer une raison potentielle. En effet, les échantillons des études mentionnées sont représentatifs de la population générale alors que presque la moitié des enfants du présent échantillon fréquente occasionnellement ou régulièrement un orthophoniste. L'âge des enfants peut également expliquer cette différence. Contrairement à la présente étude, l'étude de Séguin et al. (2009) a été menée auprès d'enfants plus jeunes. Chez les tout-petits, l'agressivité serait beaucoup plus présente, entre autres, pour exprimer leur incompréhension (Bouchard, 2008). On peut donc supposer que, contrairement aux enfants de l'étude de Séguin et al. (2009), les enfants de la présente étude, un peu plus âgés, pourraient avoir recours à d'autres moyens pour signifier leur incompréhension.

2.5.2 Liens entre le langage expressif et l'adaptation sociale

Relativement au langage expressif, les résultats de cette étude font ressortir des liens avec les comportements extériorisés seulement. Cela signifie que lorsque l'enfant a de bonnes compétences pour s'exprimer oralement et bien se faire comprendre avant d'entrer à l'école, il a moins de risques de présenter des comportements extériorisés, tels que des comportements agressifs ou impulsifs, à la maternelle. En plus de corroborer les résultats de Petersen et al. (2013) montrant que les enfants qui ont un niveau de langage expressif faible à sept ans ont davantage de problèmes de comportements extériorisés à 13 ans, ces résultats élargissent ce constat à la période de la transition à la maternelle.

En revanche, comme c'était le cas pour le langage réceptif, le langage expressif avant l'entrée à l'école ne prédit pas les comportements intériorisés à la maternelle. Ainsi, les enfants qui présentent de moins bonnes habiletés pour se faire comprendre par l'entourage avant l'école n'ont pas tendance à être plus anxieux ou à se replier sur eux-mêmes à l'école. Rescorla et al. (2007) avaient pourtant rapporté ce constat pendant la petite enfance. Selon ces auteurs, les enfants qui présentaient des retards de langage expressif à 18 mois avaient plus de problèmes de comportements intériorisés à 35 mois. La période développementale étudiée et les habiletés que possèdent les enfants pourraient expliquer ces divergences. En effet, en raison d'un langage en pleine explosion et en constante évolution pendant les trois premières années et d'un décalage possible entre les différentes sphères du développement (Bigras et Lemay, 2012), il est possible que, de façon générale, les enfants aient recours à des comportements intériorisés, par exemple en se mettant à l'écart et en éprouvant de l'anxiété dans les situations où ils n'arrivent pas à se faire comprendre alors qu'en grandissant, les enfants pourraient avoir développé de meilleures habiletés pour s'exprimer verbalement avec leurs pairs. Cette interprétation apparaît tout à fait cohérente avec l'absence de lien entre le langage expressif et les comportements intériorisés, mais pourrait également appuyer les résultats obtenus pour les comportements extériorisés. En effet, pour les enfants chez qui les difficultés de langage expressif persistent entre quatre et six ans, il est possible que le recours aux comportements extériorisés en maternelle soit plus fréquent. Par ailleurs, le répondant impliqué pour l'évaluation des comportements peut fournir un éclairage supplémentaire expliquant la divergence entre les résultats présentés ici et ceux de l'étude de Rescorla et al. (2007). Dans la présente étude, c'est l'enseignante de maternelle qui a évalué l'adaptation sociale des enfants à la maternelle, alors que ce sont les parents qui ont été sollicités pour évaluer l'adaptation sociale de leurs enfants dans l'étude de Rescorla et al. (2007). Pourtant, comme l'ont montré Konold et Pianta (2006), les parents sont de meilleurs évaluateurs des comportements intériorisés de leurs enfants, car ils ont tendance à sous-évaluer les comportements extériorisés alors que les enseignants seraient de meilleurs évaluateurs des comportements extériorisés en raison de leur tendance à sous-évaluer les comportements intériorisés. Ainsi, cette divergence pourrait être partiellement imputée au répondant sollicité et pourrait être contournée en ayant recours à plusieurs répondants pour évaluer les comportements intériorisés et extériorisés.

Enfin, les résultats concernant les relations entre le langage expressif et les habiletés sociales font état d'une absence de lien entre ces deux variables. Ainsi, le fait d'être plus habile pour communiquer et se faire comprendre avant de commencer l'école ne contribue pas au développement des habiletés sociales en maternelle. Même si les études antérieures ne se sont pas précisément centrées sur l'analyse des habiletés sociales, certaines ont soit ciblé le fonctionnement social de façon plus large (Conti-Ramsden et Botting, 2004) soit certaines habiletés spécifiques comme la conformité avec les demandes des pairs (Hebert-Myers et al., 2006) et ont montré des effets des habiletés langagières sur ces habiletés sociales tant à l'âge préscolaire que primaire. Par conséquent, les résultats de la présente étude vont à l'encontre de ceux des travaux antérieurs et peuvent en partie être expliqués par des considérations méthodologiques liées au profil des enfants rencontrés. Par exemple, dans les deux études mentionnées ci-dessus, au moins la moitié des enfants ont des problèmes développementaux, par exemple un trouble spécifique du langage, alors que dans la présente étude, malgré certains suivis en orthophonie, les enfants ayant des troubles ont été exclus des participants, l'échantillon s'apparente plus à un groupe normatif. Par conséquent, on peut penser que le degré de sévérité des difficultés langagières joue un rôle dans les liens entre le langage expressif et les habiletés sociales des enfants. Autrement dit, les enfants ayant des problèmes développementaux dont des pathologies langagières seraient plus susceptibles d'avoir de moins bonnes habiletés sociales contrairement aux enfants qui présentent seulement des difficultés langagières au niveau expressif.

2.5.3 Effets modérateurs du sexe de l'enfant

De façon générale, les résultats de cette étude ne montrent pas d'effet modérateur du sexe dans les liens entre le langage expressif et réceptif avant l'entrée à la maternelle et les habiletés sociales, les comportements intériorisés et les comportements extériorisés à la maternelle. En effet, même si les filles ont un meilleur langage réceptif à l'âge préscolaire et plus d'habiletés sociales à la maternelle que les garçons, et que les garçons font preuve de plus de comportements extériorisés à la maternelle que les filles, le sexe ne modère pas l'intensité des relations entre le langage expressif et réceptif d'un côté et les habiletés sociales, les comportements intériorisés et les comportements extériorisés de l'autre.

2.6 Conclusion

En conclusion, les résultats obtenus démontrent des liens spécifiques entre le langage expressif des enfants à l'âge préscolaire et les comportements extériorisés à la maternelle, et le langage réceptif et les habiletés sociales aux mêmes âges après avoir isolé les effets de l'adaptation sociale au préscolaire. De plus, le sexe de l'enfant ne joue pas un rôle modérateur dans ces relations. Dans un souci d'intervention psychoéducative, ces résultats viennent attester de l'importance de considérer distinctement le langage expressif et le langage réceptif à l'âge préscolaire pour prévenir les difficultés de comportements et développer les habiletés sociales des enfants. De plus, malgré l'absence d'effet modérateur du sexe de l'enfant, il semble que des interventions adaptées au sexe soient nécessaires pour pallier les difficultés langagières ou comportementales des enfants au vu des différences observées entre les garçons et les filles pour le langage réceptif au préscolaire et les habiletés sociales et les comportements extériorisés à la maternelle.

Tout en fournissant une meilleure compréhension de l'adaptation sociale des enfants à la maternelle et des variables qui y contribuent au préscolaire, l'interprétation de ces résultats doit être effectuée en considérant certaines limites. En premier lieu, l'évaluation des comportements intériorisés et extériorisés peut varier selon qu'elle est faite par les parents ou le personnel éducatif ou scolaire. Par conséquent, il est possible que les comportements intériorisés et extériorisés aient été sous-estimés ou surestimés dans cette étude puisqu'ils n'ont été évalués que par un seul répondant, soit l'enseignant de maternelle. Ensuite, le fait que le langage expressif et les trois aspects de l'adaptation sociale aient été évalués à partir de trois niveaux d'attentes développementales (scores 1, 2 et 3, soit : pas ou très peu d'attentes développementales atteintes, certaines attentes atteintes et la quasi-totalité ou totalité des attentes atteintes) peut venir diminuer le degré de précision avec lequel chaque variable est mesurée. On peut ainsi croire qu'avec un niveau de précision plus grand, il y aurait plus de variabilité dans les réponses et que des scores plus précis distingueraient les compétences développementales et donc qu'il y aurait une probabilité accrue d'observer des différences. Enfin, la généralisation des résultats se trouve quelque peu influencée par le processus d'échantillonnage et la taille de l'échantillon. En effet, l'échantillon de la présente étude, composé d'enfants qui comportent des lacunes sur le plan de la préparation scolaire, a été sélectionné par voie de dépistage. Ces résultats ne s'appliqueraient donc pas nécessairement à des enfants de la population générale.

Relativement à ces limites, plusieurs recommandations peuvent être faites pour orienter les recherches futures. Tout d'abord, ces dernières auront avantage à prendre en considération à la fois le point de vue des parents et celui des enseignants pour réaliser une évaluation adéquate des problèmes de comportements des enfants. De plus, l'évaluation du langage expressif et de l'adaptation sociale nécessiteront des instruments de mesure plus précis pour fournir une mesure discriminante des variables concernées. Pour terminer, la réplication de la présente étude auprès d'un échantillon plus important apportera des données pertinentes pour mieux intervenir auprès des enfants qui présentent des risques dans leur adaptation à la maternelle, mais qui n'ont pas de troubles développementaux.

2.7 Financement et soutien

La réalisation de la présente étude a été rendue possible grâce à l'obtention d'une subvention de recherche du Conseil de recherche en sciences humaines du Canada octroyée à la troisième auteure et une bourse de maîtrise du Conseil de recherche en sciences humaines du Canada à la deuxième auteure. Les auteures de ce manuscrit ne déclarent aucun conflit d'intérêts.

Références

Achenbach, T.M. et Edelbrock, C.S. (1984). Psychopathology of childhood. *Annual Review of Psychology, 35,* 22-256.

Baron, R.M. et Kenny, D.A. (1986). The moderator – mediator variable distinction in social psychological research: Conceptual, strategic, and statistical considerations. *Journal of Personality & Social Psychology, 51,* 1173-1182.

Battin-Pearson, S., Newcomb, M.D., Abbott, R.D., Hill, K.G., Catalano, R.F. et Hawkins, J.D. (2000). Predictors of early high school dropout: A test of five theories. *Journal of Educational Psychology, 92*(3), 568-582.

Beethoven, S. et Dekkers, H. (2005). Early school leaving in the lower vocational track: Triangulation of qualitative and quantitative data. *Adolescence, 40* (157), 197-213.

Bergeron Gaudin, M-È (2013). Le développement du langage chez l'enfant d'âge préscolaire. Repéré à http://naitreet-grandir.com/fr/etape/3-5-ans/langage/fiche.aspx?doc=ik-naitre-grandir-developpement-langage-parole-enfant-prescolaire

Besnard, T., Cotnoir, M-J., Letarte, M-J. et Lemelin, J-P. (2014). *L'outil Mon Portrait de Magog, un outil de communication entre les milieux préscolaire et scolaire pour faciliter la transition des enfants.* GRISE, Université de Sherbrooke.

Bigras, N. et Lemay, L. (2012). *Petite enfance, services de garde éducatifs et développement des enfants : état des connaissances.* Québec : Presses de l'Université du Québec.

Blechman, E.A., Prinz, R.J., & Dumas, J.E. (1995). Coping, competence, and aggression prevention: Part 1. Developmental model. *Applied and Preventive Psychology, 4,* 211-232.

Bouchard, C. (2008). *Le développement global de l'enfant de 0 à 5 ans en contextes éducatifs.* Québec : Presses de l'Université du Québec.

Bouchard, C, Trudeau, N., Sutton, A., Boudreault, M.-C. et Deneault, J. (2009). Gender Differences in Language Developement in French Canadian Children between 8 and 30 Months of Age. *Applied Psycholinguistics, 30*(4), 685-707.

Brownlie, E. B., Beitchman, J., Escobar, M., Young, A., Atkinson, L., … Johnson, C. (2004). Early language impairment and young adult delinquent and aggressive behavior. *Journal of Abnormal Child Psychology, 32,* 453–467.

Clark, M.K, Kamhi, A.G. (2010). Troubles du langage chez l'enfant. Repéré à http://cirrie.buffalo.edu/encyclopedia/fr/article/31/

Conseil canadien sur l'apprentissage (2010). Rapport sur l'état de l'apprentissage au Canada : revue de l'année. Repéré à http://www.cclcca.ca/ccl/Reports/StateofLearning-2.html

Conseil supérieur de l'éducation (2001). *Les élèves en difficulté de comportement à l'école primaire : comprendre, prévenir, intervenir.* Repéré à https://www.cse.gouv.qc.ca/fichiers/documents/publications/cep_abrf.pdf

Conti-Ramsden, G., et Botting, N. (2004). Social difficulties and victimization in children with SLI at 11 years of age. *Journal of Speech, Language & Hearing Research, 47*(1).

Curchod-Ruedi, D. et Chessex-Viguet, C. (2012). De la famille au cycle initial de la scolarité. Rupture ou transition? Dans P. Curchod, P-A. Doudin et L. Lafortune (dir.), *Les transitions à l'école* (p. 11-31). Québec : Presses de l'Université du Québec.

Déry, M. (2008). *Les difficultés de comportement chez les élèves : l'urgence d'agir en concertation.* Résultats de recherche présentés dans le cadre du programme Actions concertées La persévérance et la réussite scolaires. Repéré à http://www1.mels.gouv.qc.ca/sections/prprs/pdf/prprsFiche26.pdf

Doherty, G. (1997). *De la conception à six ans : les fondements de la préparation à l'école.* Canada : Développement des ressources humaines Canada.

Duncan, G.J., Dowsett, C.J., Claessens, A., Magnuson, K., Huston, A.C., … Klebanov, P. (2007). School readiness and later achievement. *Developmental Psychology, 43,* 1428-1446.

Dunn, L. M. et Dunn, L. M. (1981). *Manual for the Peabody Picture Vocabulary Test – Revised.* Circle Pines, MN: American Guidance Service.

Dunn, L.M., Thériault-Whalen, C.M. et Dunn, L.M. (1993). *Échelle de vocabulaire en image Peabody : Adaptation française du Peabody Picture Vocabulary Test-Revised.* Toronto : Psycan.

Eron, L. et De Huesmann, L. R. (1983). *The relation of prosocial behavior to the development of aggression and psychopathology.* Communication présentée au congrès annuel de l'International Society for the Study of Behavioral Development, Munich.

Fortin, L., Royer, E., Potvin, P., Marcotte, D. et Yergeau, E. (2004). La prédiction du risque de décrochage scolaire au secondaire : facteurs personnels, familiaux et scolaires. *Revue canadienne des sciences du comportement, 36* (3), 219-231.

Fortin, L., Marcotte, D., Royer É. et Potvin, P. (2000). Les facteurs discriminants sur les plans personnel, familial et scolaire entre les troubles de comportement intériorisés, extériorisés et concomitants chez des élèves de première secondaire. *Revue des sciences de l'éducation, 261*, 197-218.

Gingras, L. (2004). *De l'oral à l'écrit : guide d'intervention pour les élèves du 2e et 3e cycle du primaire présentant des troubles langagiers*. Québec : Ministère de l'Éducation du Québec.

Hebert-Myers, H., Guttentag, C.L., Swank, P.R., Smith, K.E., et Landry, S.H. (2006). The importance of language, social, and behavioral skills across early and later childhood as predictors of social competence with peers. *Applied Developmental Science, 10*(4), 174-187.

Institut de la statistique Québec (2013). Enquête québécoise sur le développement des enfants à la maternelle 2012 (EQDEM). Récupéré le 20 octobre 2016 de http://www.stat.gouv.qc.ca/statistiques/sante/enfants-ados/developpement-enfants-maternelle-2012.pdf

Janus, M. et Duku, E. (2007). The school entry gap: Socioeconomic, family, and health factors associated with children's school readiness to learn, *Early Education and Development, 18*(3), 375-403.

Janus, M. et Offord, D.R. (2007). Development and psychometric properties of the early development instrument (EDI): A measure of children's school readiness. *Canadian Journal of Behavioural Science, 39*(1), 1-22.

Justice, S., Turnbull, K. L., Bowles, R. P. et Sibbe, L. E. (2009). School Readiness Among Children With Varying Histories of Language Difficulties. *Developmental Psychology, 45*(2), 460-476.

Kern, S. (2003). Le compte-rendu parental au service de l'évaluation de la production lexicale des enfants français entre 16 et 30 mois. *Glossa, 8*, 48-61.

Konold, T. R., et Pianta, R. C. (2006). Measuring method variance in child behavior observations: A comparison of mothers, fathers, and teachers. Communication présentée au American Educational Research Association Conference (Division E), San Francisco, CA.

Kline, R. B. (2005). *Principles and practice of structural equation modeling*. New York, NY: Guilford.

Ladd, G.W., Herald, S.L. et Kochel, K.P. (2006). School readiness: Are there social prerequisites? *Early Education and Development, 17*(1), 115-150.

Legendre, R. (2005). *Dictionnaire actuel de l'éducation* (3e éd.). Montréal : Guérin éditeur.

Lemelin, J-P. et Boivin, M. (2007). Mieux réussir dès la première année : l'importance de la préparation à l'école, *Étude longitudinale du développement des enfants du Québec ÉLDEQ 1998-2010*. Québec : Institut de la statistique du Québec, *4* (2), 1-12.

Lindsay, G., Dockrell, J. E., et Strand, S. (2007). Longitudinal patterns of behaviour problems in children with specific speech and language difficulties: Child and contextual factors. *British Journal of Educational Psychology*, *77*(4), 811-828. 67

Mackie, L., et Law, J. (2010). Pragmatic language and the child with emotional/behavioural difficulties (EBD): A pilot study exploring the interaction between behaviour and communication disability. *International Journal of Language & Communication Disorders*, *45*(4), 397-410.

Marshall, H.M., Hightower, A.D., Fritton, J.E., Russell, R.S. et Meller, P.J. (1996). *Enhance social competence program*. New York: Primary Mental Health Project Inc.

McCabe, P.C., et Meller, P.J. (2004). The relationship between language and social competence: How language impairment affects social growth. *Psychology in the Schools, 41*(3), 313-321.

Menting, B., van Lier, P.A.C. et Koot, H.M. (2011). Language skills, peer rejection, and the development of externalizing behavior from kindergarten to fourth grade. *Journal of Child Psychology & Psychiatry, 52*(1), 72-79.

Moisan, A., Poulin, F. & Capuano, F. (2014). Étude des modérateurs pouvant affecter l'impact d'une intervention visant la promotion des habiletés sociales chez les enfants agressifs à la maternelle. *Revue Québécoise de psychologie, 35*, 183-203.

Petersen, I.T., Bates, J.E., D'Onofrio, B.M., Coyne, C.A., Lansford, J.E., Dodge, K.A. et Van Hulle, C.A. (2013). Language ability predicts the development of behavior problems in children. *Journal of Abnormal Psychology, 122*(2), 542-557.

Rescorla, L., Ross, G.S., et McClure, S. (2007). Language delay and Behavioral/Emotional problems in toddlers: Findings from two developmental clinics. *Journal of Speech, Language & Hearing Research, 50* (4), 1063-1078. 68

Séguin, J.R., Parent, S., Tremblay, R.E. et Zelazo, P.D. (2009). Different neurocognitive functions regulating physical aggression and hyperactivity in early childhood, *The Journal of child psychology and psychiatry, 50*(6), 679-687.

Simard, M., Tremblay, M-E., Lavoie, A. et Audet, N. (2013). *Enquête québécoise sur le développement des enfants à la maternelle 2012*. Québec : Institut de la statistique du Québec.

Snowling, M.J., M.J.S., Bishop, D.V.M., Stothard, S. E., Chipchase, B., et Kaplan, C. (2006). Psychosocial outcomes at 15 years of children with a preschool history of speech-language impairment. *Journal of Child Psychology & Psychiatry*, *47*(8), 759-765.

Stanton-Chapman, T., Justice, L. M., Skibbe, L. E., et Grant, S. L. (2007). Social and behavioral characteristics of pre-schoolers with specific language impairment. *Topics in Early Childhood Special Education*, *27*(2), 98-109.

Tomblin, J.B., Records, N.L., Buckwalter, P., Zhang, X., Smith, E., O'Brien, M. (1997). The prevalence of specific language impairment in kindergarten children. *Journal of Speech Language Hearing Research*, *40*, 1245-1260.

Tremblay, R.E. (1999). When Children's Social Development Fails. Dans D. P. Keating et C. Hertzman (dir.), *Developmental Health and the Wealth of Nations* (p. 67). New York: The Guilford Press.

Vallotton, C. et Ayoub, C. (2011). Use your words: The role of language in the development of toddlers' self-regulation. *Early Childhood Research Quarterly*, *26*, 169–181. 69

Van Daal, J., Verhoeven, L., et Van Balkom, H. (2007). Behaviour problems in children with language impairment. *Journal of Child Psychology & Psychiatry*, *48*(11), 1139-1147.

Vitaro, F., Desmarais-Gervais, L., Tremblay, R.E. et Gagnon, C. (1992). Adaptation sociale en début de scolarisation et milieux de garde à la période préscolaire. *Revue des sciences de l'éducation*, *18* (1), 1-15.

3 | Facteurs individuels influençant la qualité des relations avec les pairs des enfants présentant un TDAH

Sociométrie et perception des adultes

Marie-France Nadeau
Département d'enseignement au préscolaire et au primaire, Université de Sherbrooke

Line Massé
Département de psychoéducation, Université du Québec à Trois-Rivières

Jean-Yves Bégin
Département de psychoéducation, Université du Québec à Trois-Rivières

Sylvie Normandeau
École de psychoéducation, Université de Montréal

Claudia Verret
Département des sciences de l'activité physique,
Université du Québec à Montréal

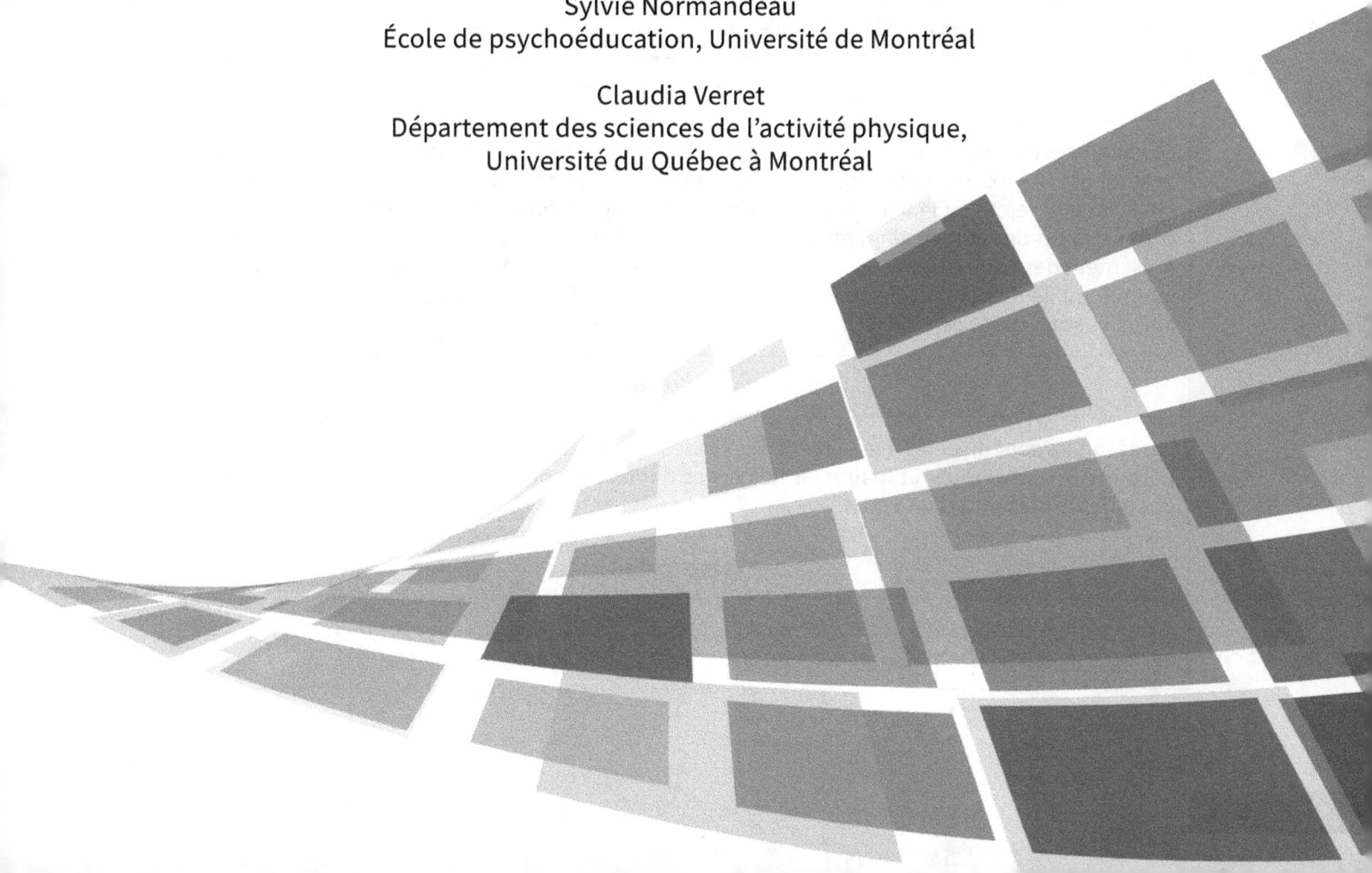

Résumé

Contexte

Les écrits scientifiques sur le TDAH suggèrent que la qualité des relations avec les pairs varie selon la présence de certains facteurs individuels (p. ex. : catégorie de symptômes, comportements sociaux). Ces constats sont la plupart du temps issus de l'adulte (analyse de relations dyadiques, questionnaires complétés par les parents ou les enseignants), moins au fait que les pairs des normes implicites entourant les comportements sociaux acceptables à l'intérieur de la classe. Même parmi les études ayant plutôt vérifié la perception des pairs, peu d'information est fournie quant au contrôle du traitement pharmacologique reconnu pour ses effets positifs sur les symptômes du TDAH.

Objectif

Cette étude a pour objectif général de documenter le statut social des enfants présentant un TDAH sous traitement pharmacologique, le nombre et la réciprocité des amitiés entretenues, ainsi que les facteurs qui influencent la qualité des relations tels que les comportements d'anxiété ou de retrait social, d'agressivité, de prosocialité et le sous-type de TDAH présenté.

Méthode

Tous les enfants qui proviennent des 32 classes ($n = 736$) où évolue un enfant cible présentant un diagnostic de TDAH (inattention : $n = 12$; hyperactivité/impulsivité ou combiné : $n = 20$) ont participé à une activité sociométrique collective (Coie et al., 1982; Pekarik et al., 1976). Les parents et enseignants de ces 32 enfants ont rempli des questionnaires standardisés pour mesurer des comportements sociaux similaires et vérifier l'adéquation avec la perception des pairs.

Résultats

Les analyses descriptives et corrélationnelles montrent que le statut social des enfants qui présentent un TDAH correspond principalement à la catégorie de statut « moyen ou intermédiaire » (46,9 %) et « rejeté » (34,4 %) et qu'ils sont désignés plus souvent que leurs pairs de la classe comme ayant des comportements sociaux agressifs. Plus ils sont rejetés socialement ou plus ils présentent des comportements sociaux anxieux tels que rapportés par les pairs, plus l'enseignant indique qu'ils présentent des problèmes sociaux. Enfin, il n'y a pas de différence significative entre les sous-types de TDAH concernant les indices sociométriques.

Conclusion

Les résultats sont discutés à la lumière des études ayant utilisé la sociométrie et soulignent l'importance de développer et maintenir des pistes d'intervention favorables à l'intégration sociale des enfants présentant un TDAH.

Mots-clés

Trouble du déficit de l'attention avec ou sans hyperactivité, relations avec les pairs, statut social, agressivité, anxiété/retrait, prosocialité, traitement pharmacologique

Recommandations cliniques issues de l'étude

- La sociométrie contribue à la mesure du fonctionnement social lors de l'évaluation psychoéducative des enfants présentant un TDAH.

- L'identification des besoins de socialisation des élèves présentant un TDAH permet la définition plus précise des objectifs d'intervention visant l'établissement de relations positives avec les pairs.

- En s'appuyant sur les indices ou les patrons de comportement connus pour influencer négativement le statut, l'élaboration et l'implantation d'intervention qui soutient l'acceptation par les pairs et l'établissement de relations positives soutenues.

Questions pédagogiques

- Quels sont les besoins des enfants présentant un TDAH en lien avec la relation avec les pairs?

- Comment calculer le statut social d'un enfant à partir des désignations positives et négatives?

- Comment expliquer la complémentarité entre les statuts sociaux et les indices sociométriques?

3.1 Introduction

Les symptômes du trouble du déficit de l'attention avec ou sans hyperactivité (TDAH; American Psychiatric Association [APA], 2013), telles que les manifestations d'inattention, d'hyperactivité et d'impulsivité, peuvent entraîner des conséquences négatives dans divers domaines relatifs à la qualité de vie (Coghill, 2010). Le domaine du fonctionnement social, inclus dans le fonctionnement adaptatif aussi évalué lors du processus diagnostique, semble être particulièrement affecté (pour une recension, voir Harpin, Mazzone, Raynaud, Kahle et Hodgkins, 2016). Plus précisément, les difficultés relatives aux relations avec les pairs et au statut social (acceptation et rejet) semblent être les plus fréquemment observées chez l'enfant présentant un TDAH. Les relations avec les pairs se caractérisent notamment par des interactions négatives ou conflictuelles (McQuade et Hoza, 2015; Mrug, Molina, Hoza, Gerdes, Hinshaw, Hechtman et Arnold, 2012). Dans plus de 60 % des cas, les enfants présentant un TDAH sont perçus comme des partenaires de jeu moins désirés (Pelham et Bender, 1982). Entre 56 % et 76 % n'auraient pas d'ami réciproque comparativement à 10 % à 32 % des enfants au développement typique (pour une recension, voir Hoza, 2007). Sur le plan du statut social, 50 à 80 % des enfants présentant un TDAH vivraient du rejet de la part de leurs pairs, comparativement à 10 à 15 % des enfants ayant un développement dit normal ou typique (Hoza, Gerdes et al., 2005).

La perception négative du TDAH par les pairs et les adultes contribuerait à la dévaluation sociale de l'enfant (Mikami, Reulant, Griggs et Jia, 2013; Whalen, Henker, Dotemoto et Hinshaw, 1983). Ce biais de perception, conduisant au rejet social, s'établirait aux premiers instants des interactions (Whalen et al., 1983) ou dès l'entrée en milieu scolaire (Mrug, Hoza, Pelham, Gnagy et Greiner, 2007). Une fois établi, il serait résistant au changement (Blachman et Hinshaw, 2002; Mrug et al., 2007), même lorsque les enfants présentant un TDAH bénéficient d'interventions (Hoza, Mrug et al., 2005; Mrug et al., 2007). Les enfants présentant un TDAH seraient aussi moins appréciés par leurs pairs que les enfants présentant uniquement des troubles d'apprentissages (Kellner, Houghton et Douglas, 2003; McNamara, Willoughby et Chalmers, 2005), de santé mentale de types intériorisés ou des maladies physiques (Hinshaw, 2005). À l'adolescence, ces difficultés relationnelles et conséquemment, le rejet social, sont associées à des troubles d'adaptation plus importants, tels que le décrochage scolaire, les troubles de comportement, la délinquance, les problèmes de consommation de drogue ou d'alcool et d'autres troubles de santé mentale tels l'anxiété, la dépression ou les troubles alimentaires chez les filles (Bagwell, Molina, Pelham et Hoza, 2001; Mikami et Hinshaw, 2006; Mrug et al., 2012). Pour certains enfants présentant un TDAH, le rejet aurait même plus d'impact sur leur adaptation sociale que les symptômes du trouble en soi (Mrug et al., 2012).

La présente étude s'intéresse plus particulièrement aux principaux facteurs individuels qui influencent les relations avec les pairs et qui peuvent mener au rejet social des enfants présentant un TDAH. Pour bien les situer, une synthèse des patrons de comportements sociaux observés chez les enfants présentant un TDAH lors de relations avec les pairs est présentée.

3.2 Cadre de référence

3.2.1 Patrons des comportements sociaux caractéristiques au TDAH

Les difficultés relationnelles des enfants présentant un TDAH avec les pairs pourraient être expliquées en partie par la présence de comportements sociaux intrusifs et dérangeants (McQuade et Hoza, 2015). Par exemple, les gens autour d'eux relèvent qu'ils n'écoutent pas ou interrompent la personne qui parle, qu'ils prennent les objets des mains des autres brusquement, qu'ils respectent difficilement les règles du jeu ou qu'ils sont mauvais perdants. Lors d'observations en situation de jeux, les enfants présentant un TDAH ont plus tendance que ceux du groupe de comparaison à contrevenir aux règlements, à négocier intensément et à se centrer principalement sur leurs besoins (Normand, Schneider, Lee, Maisonneuve, Kuehn et Robaey, 2011). En situation d'échecs ou lorsqu'ils reçoivent des affects ou commentaires négatifs de la part de leurs pairs, ils seraient plus enclins à commettre plus de violation aux règles au lieu d'ajuster positivement leur comportement reproché et à montrer des affects négatifs envers leur ami (p. ex., blâmer leur ami pour leur manque d'habileté, faire des menaces, montrer de la nervosité ou de la tension) que ceux sans déficit (Normand et al., 2017). De tels comportements peuvent avoir un effet direct sur la durabilité de l'amitié et la qualité des relations avec les pairs des enfants présentant un TDAH. D'ailleurs, les enfants présentant un TDAH sont moins désignés par les pairs qu'ils ont désignés comme étant leur ami, ce qui laisse croire que leur amitié n'est pas toujours réciproque (Hoza, Gerdes et al., 2005; Normand et al., 2011). Pour ceux qui arrivent à établir ou entretenir une amitié intime et réciproque, d'autres défis sont rapportés. En effet, le quart des enfants présentant un TDAH perd leur ami au cours d'une période de six mois, comparativement à 9 % des enfants ayant un développement normatif (Normand et al., 2013). Aussi, la qualité de la relation se dégrade et se caractérise par une divergence entre la perception de l'enfant présentant un TDAH, qui ne rapporte pas de détérioration, et celle de l'ami, qui rapporte plus de conflits et moins de satisfaction ou de caractéristiques positives de l'enfant présentant un TDAH. Il est à noter que cet ami présente très souvent des caractéristiques liées au TDAH ou à des problèmes d'apprentissage ou de comportement (Marton, Wiener, Rogers et Moore, 2012; Normand et al., 2011), et qu'il serait à la recherche des mêmes buts sociaux que les enfants qui présentent un TDAH (McQuade et Hoza, 2015; Normand et al., 2011). Ces derniers sont caractérisés par le fait de surtout chercher à gagner, dominer et perturber l'activité, plutôt que d'avoir du plaisir ou de profiter des situations de jeux pour se faire des amis.

Des déficits sur le plan des fonctions exécutives pourraient expliquer les comportements sociaux intrusifs et dérangeants et donc, les difficultés relationnelles. Les **fonctions exécutives** *réfèrent à un ensemble de processus mentaux qui soutient le contrôle de la pensée et du comportement en vue d'atteindre un but* (Diamond, 2013). Certains chercheurs affirment que les dysfonctions exécutives mises en cause dans le TDAH (p. ex. : les déficits sur le plan de l'inhibition, de la régulation comportementale et émotionnelle, de la mémoire de travail, de la planification/organisation, de l'activation) entravent la prise de conscience des comportements et la reconnaissance des indices sociaux lors des interactions sociales (Bunford et al., 2014; Huang-Pollock, Mikami, Pfiffner et McBurnett, 2009). De ce fait, les enfants évaluent mal l'impact de leurs comportements, ne perçoivent pas adéquatement les indices de détérioration de leur relation d'amitié et ne corrigent pas leur façon de faire (Hoza, Gerdes et al., 2005; Normand et al., 2011; Soucisse, Maisonneuve et Normand, 2015). Les problèmes de régulation émotionnelle, influencés à la fois par des difficultés sur le plan de l'inhibition des émotions que sur le plan des difficultés d'autocontrôle (Barkley, 2015), pourraient aussi entraver leur capacité à répondre adéquatement aux situations sociales (Gresham, MacMillan, Bocian, Ward et Forness, 1998; Melnick et Hinshaw, 1996).

3.2.2 Facteurs individuels influençant la relation avec les pairs et le statut social

Le sous-type du TDAH[1]

Il est possible de distinguer les présentations du TDAH en sous-type (c.-à-d. : inattentif [-I], hyperactif/impulsivif [-H/I], combiné [-C]), selon la prépondérance des manifestations liées aux symptômes principaux. Bien que des études suggèrent des différences dans les relations avec les pairs selon le sous-type, tels que plus de rejet actif pour les garçons présentant un TDAH-C et plus de garçons négligés ou isolés pour le TDAH-I (Hodgens, Cole et Boldizar, 2000), son rôle n'est pas encore clairement déterminé. Tant la présence de patrons de comportements négatifs liés typiquement à l'hyperactivité ou à l'impulsivité (Marshall, Evans, Eiraldi, Becker et Power, 2014; Mikami, 2010; Normand, Schneider et Robaey, 2007) que l'absence de patrons de comportements sociaux positifs associés à l'inattention (Mikami, Huang-Pollock, Pfiffner, McBurnett et Hangai, 2007; Solanto, Pope-Boyd,

---

[1] Le terme sous-type est utilisé pour alléger le texte; la cinquième édition du *Diagnostic and Statistical Manual of Mental Disorders* (APA, 2013) fait maintenant référence aux types de présentation.

Tryon et Stepak, 2009) peuvent affecter les relations avec les pairs et le statut social. Par exemple, les filles présentant un TDAH-C semblent avoir de la difficulté à se faire des amis, tandis que celles qui ont un TDAH-I ont de la difficulté à les conserver (Blachman et Hinshaw, 2002). D'autres études n'ont pas permis de soutenir de distinctions selon le sous-type quant aux patrons de comportements lors de situation de jeux (Cordier, Bundy, Hocking et Einfeld, 2010), aux caractéristiques comportementales présentées par les amis, à la satisfaction liée à l'amitié ou à la qualité des interactions (Normand et al., 2011).

Le sexe

La présence de comportements sociaux négatifs, tels qu'évalués par l'adulte, seraient de même amplitude et nature chez les garçons et chez les filles qui présentent un TDAH (Blachman et Hinshaw, 2002; Normand et al., 2011). Par contre, le fait d'être un garçon ou une fille présentant un TDAH pourrait influencer les perceptions des pairs. Les valeurs normatives et la perception des comportements ou stéréotypes en vigueur dans un groupe pourraient jouer un rôle dans l'exclusion de l'enfant qui présente le trouble (Mikami, Lerner, Griggs, McGrath et Calhoun, 2010; Mikami et Normand, 2015). En raison de normes sociales selon le sexe, les comportements inadaptés et agressifs seraient moins bien perçus pour les filles que pour les garçons présentant un TDAH (Mikami et Lorenzi, 2011). Ces derniers pourraient profiter d'une plus grande tolérance de la part des pairs dans certains contextes sociaux (Mikami et Lorenzi, 2011).

Autres comportements sociaux associés

La présence de difficultés de type intériorisé (p. ex. : comportements anxieux; Mikami, Ransone et Calhoun, 2011) ou extériorisé (p. ex. : comportements agressifs; Lee et Hinshaw, 2004; Van Eck, Flory; Malone, 2013), qu'elles soient en comorbidité ou non selon la fréquence, l'intensité et la durée dans le temps, influence les difficultés relationnelles. Par rapport aux enfants présentant uniquement un TDAH, les enfants qui présentent aussi des comportements agressifs éprouveraient plus de difficulté à réguler leurs émotions, seraient plus négatifs dans leurs paroles et leurs actions, argumenteraient et réagiraient de façon prompte et explosive lorsqu'il y a une dispute (Mikami, Reuland, Griggs et Jia, 2013) et tendraient à vivre plus de rejet de la part de leurs pairs avec l'âge (Waschbusch, Willoughby et Pelham, 1998). Près de 70 % des enfants présentant un TDAH et des problèmes d'agressivité n'avaient pas d'amitié réciproque dans leurs classes respectives (Gresham et al., 1998). Pour leur part, les enfants qui présentent à la fois un TDAH et des problèmes d'anxiété vivraient plus de difficultés sociales que ceux qui ne présentent pas de symptômes d'anxiété, en particulier de plus faibles habiletés sociales, moins d'acceptation sociale, plus de rejet et plus d'ignorance des pairs selon leurs parents et leurs enseignants (Mikami, Ransone et Calhoun, 2011).

Le traitement pharmacologique

Les effets positifs d'un traitement pharmacologique (p. ex. : dérivé du méthylphénidate) sur le fonctionnement social et les relations avec les pairs ne sont pas aussi clairs que ceux observés sur les symptômes du TDAH. Dans une recension des écrits, Coghill (2010) rapporte que ces effets positifs sont observés à court terme, quel que soit le type de médication utilisée, mais que la taille des effets est si petite qu'elle n'est souvent pas significative sur le plan clinique. Les résultats ne sont également pas clairs concernant l'effet différentiel de la médication selon qu'il y a présence de comorbidité ou non. Des études rapportent que plus d'effets sur le fonctionnement social des enfants présentant un TDAH sont observés lorsqu'il y a présence d'une comorbidité avec un trouble oppositionnel avec provocation (Biederman et al., 2007; Newcorn, Spencer, Biederman, Milton et Michelson, 2005), alors que d'autres rapportent le contraire (Perwien et al., 2004; Yang, Hsu, Chiou et Chao, 2007).

Ces études aident à comprendre les caractéristiques et les facteurs influençant la relation avec les pairs et le statut social des enfants présentant un TDAH. Parmi celles-ci, plusieurs ont obtenu leurs résultats par des mesures complétées par l'adulte (parents, enseignants, observateurs indépendants en situation de jeu ou de relation dyadique), plus sujettes à l'introduction de biais. Par exemple, l'adulte n'est pas nécessairement au fait des normes implicites entourant les comportements sociaux acceptables, moins tolérés ou transgressés à l'intérieur d'un groupe duquel il ne fait pas partie (Coie et al., 1990) et peut conséquemment percevoir l'enfant comme étant plus habile qu'il ne l'est en réalité. Pour cette raison, les mesures auprès des pairs sont précieuses parce qu'ils sont au cœur des interactions avec l'enfant. L'appréciation des études qui y ont recours nécessite toutefois de connaître certains enjeux.

3.2.3 Les enjeux liés à l'évaluation par les pairs

En s'appuyant sur la perception que plusieurs personnes entretiennent envers un même individu, les mesures d'évaluation par les pairs présentent généralement de bonnes qualités psychométriques, dont une bonne cohérence interne et une bonne stabilité temporelle (p. ex. : *Peer nomination Inventory*, Lesser, 1959; *Revised Class Play*, Masten, Morison et Pellegrini, 1985; *Pupil Evaluation Inventory*, Pekarik, Prinz, Liebert, Weintraud et Neale, 1976). Pour optimiser la validité des résultats obtenus, des recommandations doivent tout de même être considérées.

D'abord, le choix de la méthode ou de l'instrument doit répondre à l'objectif ou l'intention du chercheur ou du clinicien. En effet, des mesures auprès des pairs peuvent permettre d'obtenir des données sur les caractéristiques d'un individu en particulier (méthode unilatérale) tandis que d'autres mesures peuvent permettre d'obtenir des données à la fois sur l'individu et sur les caractéristiques de ses pairs (méthode plurilatérale) (pour d'autres exemples, voir Bacon, Massé, Veillet, Levesque et Couture, 2011 ou Schneider, 2016). Une méthode unilatérale régulièrement utilisée permet de refléter l'appréciation générale d'un groupe de pairs envers une personne et de la positionner socialement par rapport à chaque membre du groupe (p. ex. : la classe), à un moment donné. Des questions standardisées, qui peuvent porter sur les préférences d'affiliations ou sur des patrons de comportements sociaux relatifs aux dimensions ciblées, sont soumises aux participants. Ceux-ci doivent désigner le ou les pairs qui correspondent au sens de l'énoncé (p. ex. : avec quels enfants tu apprécies le plus jouer ou réaliser certaines activités), ce qui équivaut à une désignation. La formulation des énoncés doit tenir compte du développement langagier des enfants ciblés, particulièrement au préscolaire. La formulation engendre des désignations reflétant l'acceptation sociale, c'est-à-dire que les enfants désignent des pairs avec qui ils préfèrent s'affilier ou qui correspondent au sens de l'énoncé, ou des désignations négatives propres au rejet, parce que les enfants désignent des pairs avec qui ils préfèrent ne pas s'affilier. Pour l'enfant déjà mis à l'écart des pairs, la désignation négative ne serait pas liée à des effets néfastes à long terme (Asher et Coie, 1990), comme le stigmatiser davantage, mais permettrait plutôt d'identifier ceux à risque de subir du rejet activement ou de passer inaperçu (retiré, isolé, négligé) pour intervenir auprès d'eux.

L'analyse des désignations peut ensuite s'effectuer à partir de différentes démarches. Une procédure d'analyse de données relativement simple consiste à introduire les réponses dans une matrice sociométrique (tableau à double entrée qui comprend, horizontalement et verticalement, les prénoms de chaque enfant) qui résume les désignations des participants et de laquelle le total des nominations reçues et un score global peuvent être calculés (pour plus de détails, voir Bacon et al., 2011). Cette procédure ne fournit cependant pas de repères pour situer chaque individu par rapport à la moyenne de son groupe et pour comparer les résultats d'une classe à l'autre, parce qu'elle ne tient pas compte de la variabilité de la taille des classes. Pour cette raison, la plupart des études privilégient la procédure de standardisation des scores.

Pour effectuer la standardisation des scores, le nombre moyen de nominations reçues sur chacun des énoncés qui se regroupent autour d'un indice ou d'une dimension du comportement est d'abord calculé, pour ensuite être standardisé à l'intérieur de chaque groupe. Les indices unilatéraux les plus fréquemment utilisés sont les suivants : acceptation sociale, qui reflète le nombre de nominations positives (NP) reçues; rejet par les pairs, qui reflète le nombre de nominations négatives (NN) reçues; préférence sociale (PS), qui reflète le nombre de NP duquel on soustrait le nombre de NN; impact social (IS), qui reflète le cumul du nombre de NP et de NN. Des indices reflétant d'autres comportements sociaux susceptibles d'influencer le statut social, comme les problèmes d'agressivité ou d'anxiété, peuvent aussi être utilisés. Une autre méthode unilatérale raffine pour sa part la distinction « acceptation/rejet social » obtenue sur les indices NN, NP, PS et IS. En exploitant les scores de ces indices, la classification multidimensionnelle situe le statut social d'un individu de la façon suivante : populaire, lorsque les indices illustrent une bonne acceptation et un PS élevé; rejeté, lorsque les indices illustrent peu d'acceptation et un PS faible; négligé ou isolé, lorsque les indices n'illustrent pas d'acceptation ou de rejet, mais illustrent un IS faible; controversé, lorsque les indices illustrent à la fois de l'acceptation et du rejet et un IS élevé; moyen ou intermédiaire, lorsqu'acceptation et IS sont égaux ou autour de la moyenne (Coie, Dodge et Coppotelli, 1982). Selon cette classification, la majorité des enfants normatifs se situent dans la catégorie de statut « moyen ou intermédiaire », soit entre les extrêmes des statuts « populaires » ou « rejetés ». En bref, ces méthodes ayant recours à la standardisation permettent d'établir un portrait plus juste de la classe et de mieux comprendre l'effet social d'un individu par rapport à son groupe.

Les méthodes plurilatérales mesurent pour leur part les relations qu'une personne peut entretenir avec les autres tout en obtenant également des informations permettant de mieux les comprendre (p. ex. : réciprocité de l'amitié, caractéristiques des comportements sociaux des pairs désignés par l'enfant, manière dont les enfants évaluent leurs pairs). Une stratégie est de fournir aux enfants une liste des pairs de la classe afin qu'ils évaluent, sur une échelle de type Likert, tous les élèves sur une série de questions donnée. Cette méthode permet d'obtenir de l'information sur la qualité des relations entretenues avec tous les membres d'un groupe ou encore avec un certain nombre d'enfants prédéterminé (p. ex. : seulement les trois meilleurs amis et les trois moins bons amis déterminés par l'enfant lui-même; pour plus de détails, voir Schneider, 2016a ou Sieber, 2001). Un autre exemple de méthode plurilatérale demande aux enfants d'établir une liste de leurs amis et de répondre à des énoncés des amitiés positives et négatives (Parker et Asher, 1993).

3.2.4 La qualité des relations des enfants ayant un TDAH telle que perçue par les pairs

La proportion d'études qui a eu recours à la perception des pairs pour établir son acceptation ou son rejet est en croissance, mais demeure de petite ampleur par rapport à l'ensemble des écrits scientifiques sur la qualité des relations avec les pairs des enfants présentant un TDAH. Les résultats de Mikami et Normand (2015), prenant appui sur des indices de NN ou de NP unilatéraux, suggèrent que l'acceptation et le rejet sont relativement stables selon les différents milieux de vie (classe et camp de jour d'été intensif) pour les enfants qui présentent le sous-type TDAH-C. Une autre étude, réalisée dans le cadre du projet multisites MTA (Multimodal Treatment Study of Children with ADHD; MTA Cooperative Group a utilisé des méthodes unilatérales et plurilatérales (p. ex. : réciprocité des amitiés, caractéristique des meilleurs amis sur leur statut) auprès d'un important échantillon ($N = 165$) (Hoza, Mrug et al., 2005). Les résultats unilatéraux, obtenus par le calcul d'indices et la classification multidimensionnelle (Coie et al., 1982), montrent que 52 % des enfants présentant un TDAH sont rejetés comparativement à 14 % des enfants pairés du groupe de comparaison, sans différence entre les garçons et les filles. Toujours par rapport au groupe de comparaison d'enfants pairés, les enfants présentant un double diagnostic (TDAH et trouble de l'opposition) ont obtenu moins de NP et plus de NN, résultant en une plus faible PS. Une force de cette étude est d'avoir demandé aux participants de désigner autant d'enfants qu'ils le souhaitaient pour chaque énoncé, ce qui augmente la validité du portrait. En effet, il est généralement recommandé que les participants puissent désigner un minimum de trois à cinq pairs pour chaque énoncé soumis en vue de brosser un portrait plus juste des relations à l'intérieur d'un groupe (Sieber, 2001). En contrepartie, en établissant un critère minimum de cinq participants par classe du même sexe que l'enfant présentant un TDAH, il est possible que le statut établi ne soit pas représentatif de la perception de l'ensemble du groupe. Il est d'ailleurs recommandé de recruter au moins le tiers des constituants d'un groupe pour obtenir un portrait représentatif (Schneider, 2016).

En somme, ces études tendent à montrer que les difficultés relationnelles des enfants qui présentent un TDAH, observés généralement par les adultes, peuvent aussi être perçues par les pairs. Cependant, l'influence de certains facteurs individuels rapportés précédemment ne semble pas être considérée par les études ayant recours aux indices sociométriques. Notamment, ces études ne vérifient pas si la perception des pairs varie selon la présence d'autres comportements sociaux ou le sous-type du TDAH. Enfin, elles ne fournissent pas d'information quant à l'adhésion ou non des enfants de l'échantillon à un traitement pharmacologique pendant l'étude. Compte tenu des effets positifs de ce traitement sur les symptômes du TDAH, le contrôle de ce facteur permettrait pourtant de vérifier si la qualité des relations et la perception des pairs sont différentes et si une intervention psychosociale doit être implantée.

3.3 Objectifs de recherche

Cette étude a pour objectif général de documenter le statut social des enfants présentant un TDAH sous traitement pharmacologique, selon le sous-type et les comportements sociaux qui peuvent influencer la qualité de leurs relations sociales. Le premier objectif se veut descriptif. Il s'agit de décrire la qualité des relations sociales des enfants ayant un TDAH (indices sociométriques unilatéraux, statut social, réciprocité des amitiés) telle que rapportée par leurs pairs, ainsi que la présence d'autres comportements sociaux rapportés par les pairs (anxieux/retraits sociaux, agressifs, prosociaux) ou par les parents et les enseignants (gênés/anxieux, oppositionnels, problèmes sociaux). Le deuxième objectif se veut corrélationnel. Il vise à vérifier les liens entre les indices sociométriques unilatéraux (NP, NN, PS, IS) et les comportements sociaux rapportés par les pairs, les parents et les enseignants. L'adéquation entre l'évaluation des comportements sociaux faite par les pairs et celles faites par les parents et les enseignants sera aussi vérifiée. Enfin, le troisième objectif vise à comparer les indices sociométriques unilatéraux, le statut social (populaire, intermédiaire, négligé, controversé, rejeté) et les autres comportements sociaux rapportés par les pairs selon le sous-type de TDAH présenté.

3.4 Méthode

Cette recherche s'inscrit à l'intérieur d'une recherche plus large qui proposait une intervention multimodale aux enfants présentant un TDAH de la grande région de Montréal. Chaque enfant recevait un traitement pharmacologique de type méthylphénidate, les parents participaient à un programme d'entraînement aux habiletés parentales (PEHP : volet parent) et les enseignants participaient à un programme de consultation individuelle (PCI : volet scolaire; pour plus de détails sur l'intervention, voir Nadeau, Normandeau et Massé, 2012 ou Normandeau et al., 2009). Un certificat éthique a été obtenu auprès des milieux universitaire et hospitalier impliqués pour l'étude initiale.

3.4.1 Procédures et participants

Sélection des participants

La sélection s'effectuait d'abord auprès de l'enfant, qui devait répondre aux critères suivants :

a) être âgé de 6 ans à 10 ans;

b) satisfaire les critères diagnostiques du TDAH selon le DSM-IV (APA, 1996);

c) présenter comme problème principal un TDAH, selon le *Diagnostic Interview Schedule for Children-IV* (*DISC-IV*; Shaffer, Fisher, Lucas, Dulcan et Schwab-Stone, 2000);

d) ne pas présenter de retard mental (QI ≥ 79; WISC-III; Wechsler, 1991), de trouble de langage ou d'apprentissage sévère, de maladies neurologiques avérées, de syndrome Gilles de la Tourette ou des tics graves ni de trouble obsessif compulsif;

e) ne pas être né prématurément (< 35 semaines);

f) prendre la dose de méthylphénidate qui lui a été prescrite.

La période d'intervention a été réalisée sur deux ans. À l'an 1 de l'intervention, 47 familles ont été assignées aux deux conditions du volet parent (PEHP, sans PEHP). Au terme de l'an 1,44 familles ont accepté que l'enseignant de leur enfant soit sollicité pour participer au volet scolaire de l'intervention multimodale à l'an 2. De ce nombre, 38 ont accepté de participer (un a abandonné pour problèmes de santé) et ont été assignés à deux conditions (PCI, sans PCI). Au terme de l'an 2, toutes les classes ont participé à l'activité sociométrique collective, sauf cinq pour les raisons suivantes : refus de deux enseignants, consentement des parents des pairs de moins de 50 % pour trois classes.

Composition de l'échantillon

Pour la présente étude, 32 groupes de participants « enfants-parents-enseignants » sont retenus. L'échantillon est composé de 28 garçons et de quatre filles présentant un TDAH ($N = 32$), dont l'âge moyen est de 8,16 ans ($ÉT = 1,27$). Douze enfants font partie du sous-type inattention (TDAH-I : $n = 12$; 37,5 %), quatre enfants font partie du sous-type hyperactivité/impulsivité (TDAH-H/I : $n = 4$; 12,5 %) et 16 enfants font partie du sous-type combiné (TDAH-C : $n = 16$; 50 %). Afin d'obtenir suffisamment d'observations dans chaque catégorie, ces deux derniers sous-types ont été combinés (TDAH-H/I-C : $N = 20$; 62,5 %). Au moment de l'activité sociométrique, ils étaient tous sous traitement pharmacologique de type méthylphénidate ($M = 29,05$ mg/jour, $ÉT = 11,76$ mg) depuis plus de deux ans. Les principaux troubles manifestés en comorbidité chez ces enfants sont le trouble d'opposition avec provocation (37,5 %), l'anxiété (28 %) et l'agressivité (28 %). Le fonctionnement intellectuel moyen (QI) des enfants est de 95,82 ($ÉT = 14,13$). Les participants pairs, soit tous les élèves participants à l'activité sociométrique incluant les 32 enfants présentant un TDAH, sont 736 élèves (nombre moyen d'élèves par groupe = 24,71, $ÉT = 6,00$; nombre moyen d'élèves participants par groupe = 21,83, $ÉT = 6,1$). Les parents participants ayant répondu aux questionnaires sont trois pères (âge moyen = 36 ans, $ÉT = 1,73$) et 29 mères (âge moyen = 37,46 ans, $ÉT = 5,26$). Pour 56 % de cet échantillon, le revenu moyen des familles se situe au-dessus de 65 000 $. Les enseignants participants, répondants à l'an 2, sont cinq hommes (âge moyen = 31,25 ans, $ÉT = 6,85$) et 27 femmes (âge moyen = 39,60 ans, $ÉT = 11,47$). Enfin, des analyses ont déterminé que les mesures de la présente étude répondues par les parents et les enseignants ne variaient pas en fonction du fait qu'ils ont ou non participé au PEHP ou au PCI et que les mesures répondues par les pairs ne variaient pas en fonction du groupe d'intervention (sans PEH ni PCI; sans PEHP avec PCI; PEHP sans PCI; PEHP avec PCI) duquel l'enfant relevait.

Instruments de mesure

Outre la mesure diagnostique du TDAH prise au début de l'an 1, l'ensemble des autres mesures auprès des pairs et des adultes (parents et enseignants) a été rempli environ deux semaines après la fin du volet scolaire de l'intervention de l'an 2. Pour recueillir les désignations des pairs, une activité sociométrique collective a eu lieu dans chaque classe d'enfant présentant un TDAH. Chaque participant se voyait distribuer un cahier de réponse où chaque page correspondait à un énoncé et un plan de la classe (soumis préalablement par l'enseignant pour illustrer la disposition des pupitres avec le nom l'élève correspondant). Le premier énoncé demandait aux participants d'encercler leur propre nom; les suivants demandaient d'encercler le pupitre des autres élèves qui correspondaient le mieux à l'énoncé (trois désignations au maximum, sans se choisir). Dans les classes où les élèves ne pouvaient lire de façon fluide, une auxiliaire de recherche lisait les questions et les accompagnait tout au long du processus. Pendant l'ensemble de la passation, l'auxiliaire de recherche rappelait aux élèves l'importance de conserver leurs réponses confidentielles.

Mesures diagnostiques du TDAH

La présence d'un TDAH chez l'enfant, d'abord établie par son médecin traitant habituel, est corroborée par le biais :

a) d'une entrevue effectuée avec le parent à partir du *DISC IV* (1997; Shaffer et al., 2000; fidélité test-retest = 0,79) qui couvre les critères de la quatrième édition du DSM-IV (APA, 1996);

b) du *Conners' Parent Rating Scale Revised* (CPRS-R, Conners, 2001) rempli par le parent (80 énoncés; α = 0,73 à 0,94;) et l'enseignant (59 questions; α = 0,73 à 0,95), un questionnaire évaluant les symptômes du TDAH et d'autres comportements sociaux (gênés/anxieux, oppositionnels, problèmes sociaux).

Les parents remplissent le questionnaire de renseignements généraux lors de leur rencontre avec le pédopsychiatre de l'équipe de recherche qui complète l'évaluation et confirme le diagnostic de TDAH.

Indices sociométriques unilatéraux

Les indices reflétant l'appréciation ou le rejet sont évalués par les pairs à partir de l'activité sociométrique. Des énoncés rédigés de façon à désigner des affiliations positives (deux énoncés, p. ex. : encercle avec qui tu aimes le plus jouer) et négatives (deux énoncés, p. ex. : encercle avec qui tu aimes le moins jouer) ont été soumis. Pour calculer les indices, le nombre de nominations reçues aux énoncés positifs (*NP*), négatifs (*NN*), de *PS* (*NP* − *NN*) et d'*IS* (*NP* + *NN*) par chacun des participants a été standardisé à l'intérieur de chaque classe en score Z (moyenne = 0; É.T. = 1)[2]. Pour considérer que l'ensemble des enfants présentant un TDAH, représentant ici un sous-groupe, se distingue des autres participants de chaque classe, le score doit être égal ou supérieur à ±0,3 (Brennan, Breitenbach, Dietrich, Salisbury et Van Voorhis, 2012).

Statut social

Les indices sociométriques unilatéraux standardisés ont été utilisés pour situer les enfants sur une variable catégorielle comprenant cinq types de statuts sociaux. La procédure décrite par Coie et al. (1982) a été suivie : populaire, lorsque l'indice de préférence sociale est plus élevé qu'un écart-type à la moyenne, que l'indice d'acceptation sociale est positif et que l'indice de rejet social est négatif (*PS* > 1; *NP* > 0; *NN* < 0); rejeté, si l'indice de préférence sociale est au-delà (soit plus faible) d'un écart-type sous la moyenne, que l'indice de nomination positive est négatif et que l'indice de nomination négative est au-dessus de la moyenne (*PS* < −1; *NP* < 0; *NN* > 0); négligé, si l'indice d'impact social est au-delà d'un écart-type sous la moyenne et si l'indice de nomination positive est sous la moyenne (*IS* < −1; *NP* < 0); controversé, si l'indice d'impact social est au-delà d'un écart-type au-dessus de la moyenne et que les indices de nominations positive et négative sont tous les deux au-dessus de la moyenne (*IS* > 1; *NP* > 0; *NN* > 0); moyen ou intermédiaire, si l'indice de préférence sociale se retrouve à moins d'un écart-type sous la moyenne et que l'indice d'impact social n'est pas plus élevé qu'un écart-type au-dessus de la moyenne (−1 < *PS*; *IS* < 1).

Indices de comportements sociaux

Le niveau de comportements anxieux ou de retraits sociaux, agressifs et prosociaux est évalué par les pairs lors de l'activité sociométrique collective, à partir d'une adaptation des énoncés tirés de l'instrument *Pupil Evaluation Inventory* (PEI; Pekarik et al., 1976) qui présente une bonne stabilité temporelle et une bonne validité de construit et de convergence pour le niveau scolaire des participants

---

[2] Pour établir le score Z, le nombre moyen de nominations reçu (x_i) par chaque participant est soustrait par le nombre de nominations moyen de l'ensemble de la classe ($\overline{x}$) et divisé par l'écart-type (*ÉT*) de la classe : score Z = $\frac{(x_i - \overline{x})}{\text{ÉT}}$.

à l'étude. Un indice reflétant ces trois dimensions du comportement est calculé en additionnant le nombre de nominations reçues par les pairs pour chacun des participants sur les énoncés qui décrivent les comportements « anxieux/retraits sociaux » (quatre énoncés, p. ex. : qui sont les plus gênés, qui sont malheureux ou tristes), « agressifs » (cinq énoncés, p. ex. : encercle ceux qui frappent ou poussent les autres, qui disent des choses méchantes) et « prosociaux » (six énoncés, p. ex. : encercle ceux qui aident le plus les autres; que les autres écoutent). Le nombre de nominations reçues par chacun des participants sur les indices a été standardisé à l'intérieur de chaque classe en score Z. Plus l'indice est élevé, plus l'élève est perçu par ses pairs pour manifester ces comportements agressifs ou anxieux et plus il est préféré socialement. Dès que le score est égal ou supérieur à ±0,3, on considère que la nomination ou le comportement caractérise particulièrement le sous-groupe d'enfants en question (Brennan et al., 2012).

Relations d'amitié et réciprocité

Lors de l'activité sociométrique, tous les participants devaient désigner leur meilleur ami à l'intérieur de leur classe, à partir de deux énoncés formulés positivement (encercle qui est ton meilleur ami; encercle qui est ton deuxième meilleur ami). En plus du nombre d'amis désigné par l'enfant qui présente un TDAH, la réciprocité de cette amitié, qui vise à déterminer si deux participants se choisissent mutuellement comme amis, est calculée pour chaque enfant et rapportée sous forme de pourcentage. Dans le cas où l'ami désigné par l'enfant qui présente un TDAH était absent, ou qu'il ne désignait pas l'enfant qui présente un TDAH en tant qu'ami, l'amitié était considérée comme non réciproque; si l'ami désigné a également nommé l'enfant qui présente un TDAH en tant qu'ami, l'amitié était considérée comme réciproque.

Évaluation par les parents et les enseignants

Les parents et enseignants ont rempli les versions françaises du *Conners* (CPRS-R et *Conners' Teacher Rating Scale – Revised* – CTRS; Conners, 2001). Les échelles qui évaluent les concepts proches des autres comportements sociaux évalués par les pairs (anxieux/retraits sociaux, agressifs, prosociaux), ont été sélectionnées : gênés/anxieux, oppositionnels, problèmes sociaux. La formulation négative des questions de l'échelle problèmes sociaux fait en sorte qu'elle sera normalement négativement corrélée à l'indice des comportements prosociaux obtenu auprès des pairs qui reflète pour sa part une présence de comportements appropriés formulés à la positive. Au *Conners*, l'échelle de Likert est de quatre points (0 = jamais/rarement; 3 = très souvent/énormément) et les scores obtenus sont transformés en score T (un score standardisé dérivé du score Z) selon l'âge et le sexe de l'enfant. Les indices de cohérence interne varient de 0,72 à 0,94 pour la version parent et de 0,80 à 0,92 pour la version enseignante.

3.5 Résultats

3.5.1 Résultats des analyses préliminaires

Puisque des comparaisons seront effectuées entre les enfants du sous-type TDAH-I et les enfants du sous-type TDAH-H/I-C, et pour s'assurer que les différences observées sur les variables ne s'expliquent pas mieux par d'autres variables, ce qui pourrait affecter la validité interne de l'étude, l'équivalence entre ces deux groupes a été confirmée pour ce qui est de certaines caractéristiques individuelles (sexe, âge, QI), caractéristiques des parents (âge, sexe du répondant, revenu familial) et caractéristiques des enseignants (âge et sexe). Pour cette raison, les analyses de comparaison subséquentes ont été effectuées sans que ces variables soient contrôlées statistiquement.

3.5.2 Résultats des analyses statistiques

Description de la perception des pairs et des parents

Pour répondre au premier objectif, des statistiques descriptives (mesures de fréquence, de tendance centrale et de dispersion, moyenne, écart-type) ont été effectuées sur les mesures obtenues auprès des pairs et des parents et enseignants. Les résultats moyens obtenus à l'activité sociométrique collective sur les indices sociométriques unilatéraux (NP; NN; PS; IS) et les indices des comportements sociaux (anxieux/retraits sociaux, agressifs, prosociaux) sont rapportés en scores Z au Tableau 3.1. Les scores d'indices sociométriques unilatéraux, en se référant au critère de ±0,3 de Brennan et al. (2012), indiquent que le sous-groupe d'enfants présentant un TDAH se caractérise par davantage de NN, moins de NP et moins de PS. En somme, les enfants qui présentent un TDAH sont désignés moins positivement et plus négativement par leurs pairs et sont donc moins préférés socialement que la moyenne des enfants de leur classe. En fait, la transformation des indices sociométriques unilatéraux en variable catégorielle à partir de la classification multidimensionnelle (Coie et al., 1982) indique que 34,4 % sont rejetés, 12,5 % sont négligés, 46,9 % sont moyens ou intermédiaires, 6,3 % des enfants ayant un TDAH sont populaires et qu'aucun des enfants présentant un TDAH a un statut social controversé. Quant aux indices des autres comportements sociaux rapportés par les pairs, uniquement la présence de comportements agressifs semble caractériser les enfants qui présentent un TDAH.

Tableau 3.1	Minimum, maximum, moyennes et écarts-types (scores Z) aux mesures évaluées par les pairs des enfants TDAH ($N = 32$)			
	Min	**Max**	*M*	*ÉT*
Indices sociométriques unilatéraux				
Nomination positive	−1,24	1,36	−0,38	0,55
Nomination négative	−1,29	4,30	0,31	1,17
Préférence sociale	−5,05	1,56	−0,69	1,44
Impact social	−1,67	3,55	−0,08	1,11
Indices des comportements sociaux				
Anxieux/retraits sociaux	−1,41	2,88	0,28	0,98
Agressifs	−0,77	3,85	0,64	1,36
Prosociaux	−1,11	2,76	−0,25	0,86

L'analyse des réponses sur les items relatifs aux amitiés intimes indique que les enfants qui présentent un TDAH désignent majoritairement deux amis (84 %), rarement un seul ami (3 %) et plus d'un enfant sur dix ne désigne aucun meilleur ami (13 %). La réciprocité des amitiés est respectivement de 47 % pour le premier ami nommé et de 38 % pour le deuxième ami nommé par l'enfant qui présente un TDAH.

Le Tableau 3.2 présente les moyennes et les écarts-types des scores des répondants « parent » et « enseignant » aux échelles du *Conners* (CRS-R, Conners, 2001). La majorité se situe généralement sous le seuil clinique établi pour identifier des enfants en difficulté d'adaptation (score T ≥ 60), sauf pour le score de l'échelle « problèmes sociaux » rapporté par les parents et le score de l'échelle « gênés/anxieux » rapporté par les enseignants.

Tableau 3.2	Moyennes et écarts-types (scores T) des échelles du *Conners* selon le répondant ($N = 32$)	

	Répondants	
Échelles du *Conners*	**Parents M ($ÉT$)**	**Enseignants M ($ÉT$)**
Gênés/anxieux	53,69 (9,88)	62,75 (10,41)
Oppositionnels	57,52 (10,56)	54,00 (12,20)
Problèmes sociaux	61,75 (13,67)	59,81 (11,71)

Liens entre les indices sociométriques unilatéraux et les autres comportements sociaux

Les corrélations (voir le Tableau 3.3) entre les mesures obtenues auprès des pairs montrent que plus l'enfant qui présente un TDAH est désigné à l'indice des comportements « anxieux/retraits sociaux », plus il est rejeté (NN), plus l'indice IS est élevé et moins il est préféré socialement (PS). Par ailleurs, plus l'indice de comportements prosociaux est élevé, plus l'enfant est accepté (NP) et moins rejeté socialement (NN) et plus l'enfant est évidemment préféré socialement (PS). L'indice des comportements agressifs n'est associé significativement à aucun indice sociométrique unilatéral, mais plus l'enfant présentant un TDAH est désigné par ses pairs comme ayant des comportements agressifs, moins il est désigné comme ayant des comportements anxieux/retraits sociaux.

Les corrélations significatives entre les indices sociométriques unilatéraux obtenus auprès des pairs et l'évaluation des comportements sociaux auprès de l'enseignant sont principalement liées à l'échelle « problèmes sociaux » du *Conners*. Plus les enseignants rapportent des problèmes sociaux, plus les enfants présentant un TDAH sont désignés par leurs pairs comme rejetés (NN), comme moins préférés socialement (PS) et comme ayant un IS plus élevé. Aucune corrélation n'est observée entre les indices sociométriques unilatéraux et les échelles du *Conners* répondues par le parent.

Adéquation entre les répondants sur l'évaluation des comportements sociaux

Pour l'adéquation entre les mesures similaires des comportements sociaux tels que rapportés par les pairs, les enseignants et les parents, on observe que plus les enfants présentant un TDAH sont désignés par leurs pairs comme ayant des comportements agressifs, plus les enseignants et les parents rapportent des comportements oppositionnels. Les corrélations entre, d'une part, l'indice de comportements « anxieux/retraits sociaux » désignés par les pairs et l'échelle « gêne/anxiété » rapportée par les enseignants ou les parents et, d'autre part, l'indice de comportements prosociaux rapporté par les pairs et les problèmes sociaux évalués par les enseignants ou les parents, ne sont pas significatives. Enfin, plus les parents dénotent des problèmes sociaux chez leur enfant, plus l'enseignant en rapporte également.

Distinction selon le sous-type du TDAH (TDAH-I; TDAH-H/I-C)

Pour répondre au troisième objectif, des analyses descriptives (moyennes et écarts-types) et des tests-t pour échantillons indépendants ont été menés afin de vérifier s'il existe des différences selon les sous-types du TDAH présentés par les enfants (TDAH-I vs TDAH-H/I-C) sur les indices sociométriques unilatéraux et les indices des comportements sociaux évalués par les pairs (voir le Tableau 3.4, page 84). Pris séparément, tant les enfants du sous-type TDAH-I que les enfants du sous-type TDAH-H/I-C se caractérisent par moins de NP et moins de PS (score égal ou supérieur à ±0,3 selon Brennan et al., 2012). Plus spécifiquement, les enfants du sous-type TDAH-I se caractérisent aussi par moins de NP, un indice IS plus élevé, ils sont plus souvent désignés par leurs pairs comme ayant des comportements « anxieux/retraits sociaux » et moins souvent comme ayant des comportements prosociaux. Quant aux enfants du sous-type TDAH-H/I-C, ils se caractérisent plutôt comme ayant des comportements agressifs et un indice IS plus faible. Cependant, lorsque comparés entre eux, les résultats n'indiquent aucune différence significative entre les enfants des deux sous-types.

Tableau 3.3　Corrélations de Pearson entre les mesures obtenues par les pairs, enseignants et parents par rapport à l'enfant présentant un TDAH ($N = 32$)

	1	2	3	4	5	6	7	8	9	10	11	12	13
Indices sociométriques unilatéraux													
1. *NP*	–												
2. *NN*	-0,067	–											
3. *PS*	0,644**	-0,934**	–										
4. *IS*	0,148	0,886**	-0,661**	–									
Indices des comportements sociaux													
5. Anxieux/retraits sociaux	-0,051	0,564**	-0,476**	0,566**	–								
6. Agressifs	-0,070	-0,038	0,005	-0,074	-0,433*	–							
7. Prosociaux	0,658**	-0,371*	0,550**	-0,065	0,035	-0,235	–						
Conners-Enseignant													
8. Gêné/anxieux	-0,163	0,125	-0,162	0,051	0,295	0,087	-0,026	–					
9. Oppositionnels	-0,010	0,054	-0,047	0,051	-0,218	0,544**	-0,145	0,276	–				
10. Pr. sociaux	-0,145	0,624**	-0,560**	0,582**	0,427*	-0,018	-0,191	0,454**	0,268	–			
Conners-Parent													
11. Gêné/anxieux	-0,172	0,153	-0,189	0,075	0,132	0,117	-0,093	0,310	0,365*	0,279	–		
12. Oppositionnels	-0,232	0,212	-0,260	0,108	-0,027	0,480**	-0,161	0,311	0,395*	0,240	0,380	–	
13. Pr. sociaux	-0,247	0,152	-0,217	0,039	0,034	0,150	-0,107	0,284	0,409*	0,388*	0,641**	0,673**	–

Note. $^*p < 0,05$ $^{**}p < 0,01$. *NP* = nomination positive; *NN* = nomination négative; *PS* = préférence sociale; *IS* = impact social.

Tableau 3.4 | Moyennes, écarts-types (scores Z) et résultats des tests *t* sur les indices sociométriques unilatéraux et les indices des comportements sociaux selon les sous-types du TDAH

	TDAH-I (*n* = 12)	TDAH-H/I-C (*n* = 20)			
	M (*ET*)	*M* (*ET*)	*dl*	*t* (30)	*p*
Indices sociométriques unilatéraux					
Nomination positive	−0,47 (0,40)	−0,33 (0,62)	29,76	0,78	0,44
Nomination négative	0,78 (1,65)	0,03 (0,64)	12,98	1,52	0,26
Préférence sociale	−1,26 (1,88)	−0,36 (1,01)	14,83	1,53	0,14
Impact social	0,31 (1,50)	−0,30 (0,75)	14,84	1,33	0,20
Indices des comportements sociaux					
Anxieux/retraits sociaux	0,62 (1,13)	0,07 (0,84)	18,22	1,45	0,16
Agressifs	0,25 (1,36)	0,87 (1,33)	22,96	1,27	0,21
Prosociaux	−0,31 (0,65)	−0,22 (0,98)	29,58	0,34	0,74

Le Tableau 3.5 présente la distribution des enfants selon le sous-type du TDAH et la classification multidimensionnelle proposée par Coie et al. (1982). D'un point de vue descriptif, il est observé qu'aucun enfant au sous-type TDAH-I n'est populaire contrairement à 10 % des enfants au sous-type TDAH-H/I-C et que 58,3 % des enfants au sous-type TDAH-I se situent dans les catégories plus négatives (négligé, controversé, rejeté) contre 40 % des enfants au sous-type TDAH-H/I-C. Dû à la petite taille de l'échantillon et à l'absence d'observation pour certains croisements, les analyses subséquentes de type tableaux croisées (test du khi-carré) ne peuvent être interprétées pour vérifier si le statut social varie selon le sous-type.

Tableau 3.5 | Distribution du statut social, à partir de la classification multidimensionnelle, en fonction du sous-type de TDAH présenté par les enfants

Statut social	TDAH-I (*n* = 12) *n* (%)	TDAH-H/I-C (*n* = 20) *n* (%)
Populaire	0 (0,0)	2 (10,0)
Normal	5 (41,7)	10 (50,0)
Négligé	1 (8,3)	3 (15,0)
Controversé	0 (0,0)	0 (0,0)
Rejeté	6 (50,0)	5 (25,0)

3.6 Discussion

L'objectif de cette étude était d'exposer, à partir de plusieurs sources de répondants et selon différentes modalités d'évaluation, les caractéristiques des relations que les enfants présentant un TDAH sous traitement pharmacologique entretiennent avec leurs pairs, ainsi que d'autres facteurs (autres comportements sociaux, sous-type présenté) qui les influencent. Comme d'autres études, les résultats obtenus sur des mesures de sociométrie unilatérales indiquent que les enfants présentant un TDAH ont un statut social reflétant davantage la présence de rejet social, même s'ils sont sous traitement pharmacologique. La présente étude apporte aussi certaines nuances quant aux indices sociométriques unilatéraux, en établissant de nouveaux liens avec les autres comportements sociaux, en examinant l'adéquation de la perception des pairs et des adultes sur ces comportements sociaux et en vérifiant si les indices sociométriques et les comportements sociaux des enfants sont différents selon le sous-type diagnostique.

La mesure de sociométrie unilatérale d'acceptation ou de rejet des pairs illustrent que les indices NP, NN et PS, pour le sous-groupe d'enfants présentant un TDAH, se situent à l'intérieur de la moyenne d'un écart-type de la distribution normale du score Z, mais se distinguent des pairs de leur classe sur le seuil établi de ±0,3 (Brennan et al., 2012). Les pairs désignent les enfants présentant un TDAH comme étant moins acceptés, plus rejetés et ainsi, moins préférés socialement ($NP - NN$). Les indices reflétant les comportements sociaux montrent que le sous-groupe d'enfants présentant un TDAH se caractérise particulièrement par la présence de comportements agressifs par rapport aux enfants de la classe. La transformation des indices sociométriques unilatéraux à partir de la classification multidimensionnelle de Coie et al. (1982) nous permet de jeter un regard plus fin sur les résultats. En effet, comparativement à la population générale qui se situe en grande majorité dans la catégorie « moyen ou intermédiaire » (Schneider, 2016), seulement auteur de 45 % des enfants présentant un TDAH sont représentés dans cette catégorie. Plus précisément, plus du tiers des enfants qui présentent un TDAH sont rejetés et plus d'un enfant sur 10 est négligé. Ces résultats corroborent les études qui affirment que les enfants TDAH sont plus à risque de subir du rejet et montrent l'importance de favoriser leur inclusion sociale malgré la prise de médication. Tout de même, ces observations semblent d'une amplitude moins grande que ceux obtenus lors de l'étude menée par Hoza, Mrug et al. (2005), où 52 % des enfants de l'échantillon étaient rejetés comparativement à 14 % de ceux du groupe contrôle composé d'enfants au développement typique. Plusieurs hypothèses méthodologiques peuvent expliquer cette différence : la composition de l'échantillon de l'étude de Hoza et al. (2005) (uniquement des enfants qui présentent un TDAH de type combiné); le faible seuil minimal de participants exigé pour l'activité sociométrique (cinq élèves par classe) et le moment de la prise de mesure (pré-intervention comparativement à post-intervention dans le cas de la présente étude). Dans la présente étude, les scores moyens relativement peu élevés rapportés par les parents et les enseignants sur les échelles du *Conners* (2001) pourraient laisser croire à un effet du traitement pharmacologique ou à un effet additif des différentes interventions sur la normalisation des comportements. Quant à la réciprocité des amitiés, les résultats indiquent que 40 % à 50 % des enfants de l'échantillon ne sont pas désignés par les pairs qu'ils rapportent comme meilleur ami. Ces résultats sont congruents à ceux obtenus par les études antérieures (Hoza, Gerdes et al., 2005; Normand et al., 2011).

Les analyses comparatives effectuées selon le sous-type de TDAH présenté permettent de constater que par rapport aux enfants de leur classe, les enfants du sous-type TDAH-I sont souvent désignés aux indices de sociométrie unilatérale reflétant les NN, tandis que ce n'est pas le cas de ceux du sous-type TDAH-H/I-C. Sur les indices des comportements sociaux, les enfants du sous-type TDAH-I sont souvent désignés par leurs pairs comme ayant des comportements anxieux et de retraits sociaux et sont rarement désignés comme présentant des comportements prosociaux. Pour leur part, les enfants du sous-type TDAH-H/I-C, tels que désignés par leurs pairs, se caractérisent particulièrement comme ayant des comportements agressifs. Il demeure néanmoins qu'aucune différence significative n'est décelée entre les sous-types diagnostiques pour l'ensemble des indices sociométriques unilatéraux ou des comportements sociaux. Cette absence de différence significative pourrait possiblement s'expliquer par un manque de puissance statistique. En effet, bien que des études antérieures (Cordier et al., 2010; Normand et al., 2011) comparant les différents sous-types du TDAH ne soutiennent également pas la présence de différence entre les sous-types, les résultats descriptifs actuels tendent à illustrer des différences entre le sous-type et les enfants de la classe sur certains indices qui mériteraient d'être clarifiés auprès d'un échantillon plus large.

À partir de la perception des pairs, ils semblent que les comportements sociaux qui sont problématiques pour l'acceptation et le rejet sont principalement liés à l'indice des comportements « anxieux/retraits sociaux ». D'ailleurs, plus l'enfant qui présente un TDAH est perçu par ses pairs comme anxieux ou retiré socialement, plus il est rejeté et moins il présente de comportements agressifs. Il semble donc que bien que les pairs perçoivent le sous-groupe d'enfant présentant un TDAH-H/I-C comme ayant des comportements agressifs, ces comportements agressifs ne seraient pas associés au fait d'être accepté ou rejeté socialement; au contraire des études qui mettent en lumière l'effet négatif des conduites opposantes et agressives sur l'acceptation sociale de l'enfant (Mikami et al., 2013; Waschbusch et al., 1998). Les présents résultats proposent de jeter un regard différent sur les relations qu'entretiennent les enfants qui présentent un TDAH avec les pairs et les besoins sociaux qui en découlent, bien qu'ils soient sous traitement pharmacologique. Ils se rapprochent davantage de ceux qui indiquent que les enfants qui présentent un double diagnostic de TDAH et d'anxiété ont plus de difficultés sociales que ceux qui ont un TDAH et de l'opposition (Mikami et al., 2011). La nature des analyses effectuées ne permet tout de même pas de statuer de la direction de la relation observée. Il est possible que l'anxiété des enfants s'explique par le rejet social dont ils font l'objet ou qu'à l'inverse, la manifestation de comportements anxieux engendre le rejet. Quoi qu'il en soit, ces résultats soulignent l'importance d'intervenir auprès de tous les enfants qui présentent un TDAH, mais plus particulièrement ceux au sous-type TDAH-I en vue de développer des habiletés prosociales ou de gestion des manifestations anxieuses. Ultimement, ce soutien pourrait contribuer à modifier leur statut à l'intérieur d'un groupe ou à éviter de subir du rejet.

L'étude de l'adéquation entre les différentes sources de répondant nous a permis d'observer plusieurs cohérences entre les différentes variables à l'étude sans observer de contradiction. Pour l'ensemble des mesures enseignant et parent, il est observé qu'à l'échelle « problèmes sociaux » du *Conners* répondu par l'enseignant est celle qui obtient le plus de corrélations significatives avec les mesures obtenues auprès des pairs. Entre autres, plus les pairs désignaient l'enfant qui présente un TDAH sur les indices reflétant du rejet ou de la non-acceptation sociale (*NN* et *IS* élevés et *PS* faible), plus l'enseignant identifiait l'enfant comme vivant des problèmes sociaux. Les manifestations de comportements anxieux ou de retrait sociaux rapportées par les pairs, situées ici près du seuil critique, seraient associées à un risque plus élevé de vivre du rejet social par les pairs et par la perception de problèmes sociaux rapportée par l'enseignant. Cette échelle répondue par les enseignants est d'ailleurs la seule qui est liée aux indices de faible acceptation (*PS*) ou de rejet sociaux (*NN*, *IS*). Ces résultats sont pertinents, dans la mesure où un clinicien pourrait d'abord vérifier auprès de l'enseignant quels sont les enfants qui, selon lui, présentent des problèmes sociaux en vue d'intervenir en amont. Finalement, les réponses de l'enseignant pour identifier les manifestations d'opposition des enfants qui présentent un TDAH convergent avec la perception des pairs à l'indice des comportements agressifs, sans pour autant observer de lien avec d'autres indices du statut social. Pour leur part, la seule adéquation entre les réponses des parents et celles des pairs concerne l'échelle de problèmes oppositionnels du *Conners* et l'indice d'agressivité obtenu auprès des pairs. Ce résultat est plausible, ces comportements d'opposition étant plus faciles à identifier et observer d'un milieu à un autre, tandis que le parent n'a peu ou pas l'occasion d'observer comment fonctionne l'enfant dans sa classe et comment il se situe par rapport à ses pairs. Enfin, aucune échelle répondue par les parents n'est liée aux indices sociométriques unilatéraux, ce qui corrobore l'hypothèse suggérant qu'ils ne sont pas en mesure de saisir des règles implicites entre leur enfant et les pairs qui l'entourent. En résumé, les enseignants seraient plus à même de déceler les difficultés relationnelles des enfants présentant un TDAH, compte tenu des plus grandes possibilités d'observer les interactions sociales.

3.7 Conclusion

Dans l'ensemble, les résultats obtenus suggèrent que bien qu'ils aient pu profiter de l'effet d'un traitement, ces enfants continuent à vivre plus de rejet social et à présenter des comportements sociaux moins acceptés par les pairs que les enfants de leur classe. Ils permettent également de dégager certaines variations par rapport au sous-type de TDAH présenté et d'illustrer que la perception de l'enseignant quant aux problèmes sociaux des enfants est en adéquation avec celles des pairs.

Ces résultats doivent par contre être nuancés d'abord par la petite taille de l'échantillon qui nuit à la puissance statistique et qui augmente la probabilité de commettre l'erreur de type II (bêta). À cet effet, le recours à des tests non paramétriques permettant d'avoir un effectif théorique minimum dans chacune des cellules pourrait être aussi envisagé. La méthodologie utilisée pour déterminer le statut social pourrait également être améliorée. Entre autres, autoriser les élèves à désigner autant d'amis qu'ils le souhaitent (plutôt que seulement deux) et avoir recours à une méthode plurilatérale pour identifier les caractéristiques comportementales des amis (Schneider, 2016) permettrait de mieux comprendre la qualité des relations entretenues et de déterminer si elles favorisent le développement d'habiletés prosociales. En effet, il est reconnu que l'affiliation avec des pairs déviants à la fin de l'enfance ou au début de l'adolescence, en plus du rejet par les pairs, peut contribuer au développement de comportements violents et délinquants à long terme (Vitaro, Pedersen et Brendgen, 2007).

Quoi qu'il en soit, cette étude contribue à l'avancement des connaissances sur la relation des pairs en ayant à la fois recours à l'évaluation des pairs, des enseignants et des parents et en tenant compte des autres comportements sociaux et du sous-type de TDAH, tout en contrôlant par homogénéité le recours à un traitement pharmacologique. Une autre force de cette étude réfère à l'activité sociométrique collective, en obtenant un taux de participation élevé des pairs et en ayant recueilli des données sur leurs perceptions des manifestations des comportements sociaux reconnus pour influencer le statut social. Du point de vue clinique, ces résultats permettent de mettre en valeur l'importance de porter attention à ces comportements, au-delà des symptômes du TDAH, pour mieux identifier les besoins des enfants qui présentent le trouble et qui sont désignés négativement par leurs pairs aux indices du statut social. L'utilisation du statut social à partir de la classification de Coie et al. (1982) permet également, pour un clinicien, de prioriser les besoins des enfants en fonction qu'ils sont de niveau « moyen » ou autres. Dans l'optique où le clinicien a du temps, il importe d'adjoindre à l'obtention d'un statut social, de façon préliminaire ou subséquente, une observation du comportement de l'enfant ciblé. Celle-ci permettra d'enrichir la compréhension des mécanismes sous-jacents à l'adaptation, de mieux interpréter le statut social rapporté par les pairs et de mieux cibler les besoins de l'enfant présentant un TDAH. Finalement, dans le cas où le clinicien n'aurait pas beaucoup de temps, cette étude tend à démontrer que la perception de l'enseignant des problèmes sociaux de l'enfant semble être en adéquation avec la perception des pairs et de l'acceptation ou du rejet de l'enfant, tout en sachant qu'il ne permet pas d'identifier nécessairement ses besoins spécifiques. Une autre étude portant sur le statut social documenté par nomination devrait jeter une lumière sur le sous-type, tout en tenant compte des mesures complémentaires qui sont également connues pour influencer l'adaptation des enfants : un statut socioéconomique faible, l'état matrimonial du parent (p. ex. : monoparentalité), le niveau d'éducation des parents et le fonctionnement intellectuel de l'enfant.

3.8 Financement et soutien

Cette recherche a été soutenue par une subvention de recherche du Conseil de recherche en sciences humaines du Canada sous la direction de Sylvie Normandeau.

Références

American Psychiatric Association. (1996). *Manuel diagnostique et statistique des troubles mentaux* (4ᵉ éd.). Paris, France : Masson.

American Psychiatric Association. (2013). *Diagnostic and statistical manual of mental disorders* (DSM-5). American Psychiatric Pub.

Asher, S. R. et Coie, J. D. (1990). *Peer rejection in childhood*. New York, NY : Cambridge University Press.

Bacon, D., Massé, L., Veillet, M., Levesque, V. et Couture, C. (2011). *Intervenir auprès des groupes difficiles au secondaire : Guide d'accompagnement des enseignants*. Trois-Rivières, Qc : Direction régionale du MELSQ, Mauricie Centre-du-Québec.

Bagwell, C. L., Molina, B. S. G., Pelham Jr, W. E. et Hoza, B. (2001). Attention-deficit hyperactivity disorder and problems in peer relations: Predictions from childhood to adolescence. *Journal of the American Academy of Child & Adolescent Psychiatry, 40*(11), 1285-1292.

Barkley, R. A. (2015). Emotional dysregulation is a core component of ADHD. Dans R. A. Barkley (dir.), *Attention deficit disorder : A handbook for diagnosis and treatment* (4ᵉ éd., p. 81-115). New York, NY : Guilford.

Biederman, J., Spencer, T. J., Newcom, J. H., Gao, H., Milton, D. R., Feldman, P. D. et Witte, M. M. (2007). Effect of comorbid symptoms of oppositional defiant disorder on responses to atomoxetine in children with ADHD: A meta-analysis of controlled clinical trial data. *Psychopharmacoloey, 190*(1), 31-41.

Blachman, D. et Hinshaw, S. (2002). Patterns of friendship among girls with and without attention-deficit/hyperactivity disorder. *Journal of Abnormal Child Psychology, 30*(6), 625-40.

Bunford, N., Brandt, N., Golden, C., Dykstra, J., Suhr, J. et Owens, J. (2014). Attention-deficit/hyperactivity disorder symptoms mediate the association between deficits in executive functioning and social impairment in children. *Journal of Abnormal Child Psychology, 43*(1), 1-15.

Brennan, T., Breitenbach, M., Dieterich, W., Salisbury, E. J. et Van Voorhis, P. (2012). Women's pathways to serious and habitual crime: A person-centered analysis incorporating gender responsive factors. *Criminal Justice and Behavior, 39*(11), 1481-1508.

Coghill, D. (2010). The impact of medications on quality of life in attention-deficit hyperactivity disorder: A systematic review. *CNS Drugs, 24*(10), 843-866.

Coie, J. D., Dodge, K. A. et Coppotelli, H. (1982). Dimensions and types of social status: A cross-age perspective. *Developmental Psychology, 18*(4), 557-570.

Coie, J. D., Dodge, K. A. et Kupersmidt, J. B. (1990). Peer group behavior and social stat us. Dans S. R. Asher, J. D. Coie, S. R. Asher et J. D. Coie (dir.), *Peer rejection in childhood* (pp. 17-59). New York, NY: Cambridge University Press.

Conners, C. K. (2001). *Manual for the Conners' Rating Scales – Revised*. Toronto, Ontario: Multi-Health Systems.

Cordier, R., Bundy, A., Hocking, C. et Einfeld, S. (2010). Playing with a child with ADHD: A focus on the playmates. *Scandinavian Journal of Occupational Therapy, 17*(3), 191-199.

Diamond, A. (2013). Executive functions. *Annual Revue of Psychology, 64*, 135-168.

Gresham, F., MacMillan, D., Bocian, K., Ward, S. et Forness, S. (1998). Comorbidity of hyperactivity impulsivity-inattention and conduct problems: Risk factors in social, affective, and academic domains. *Journal of Abnormal Child Psychology, 26*(5), 393-406.

Harpin, V., Mazzone, L., Raynaud, J.-P., Kahle, J. et Hodgkins, P. (2016). Long-term outcomes of adhd: A systematic review of self-esteem and social function. *Journal of Attention Disorders, 20*(4), 295-305.

Hinshaw, S. P. (2005). The stigmatization of mental illness in children and parents: Developmental issues, family concerns, and research needs. *Journal of Child Psychology and Psychiatry, 46*(7), 714-34.

Hodgens, J. B., Cole, J. et Boldizar, J. (2000). Peer-based differences among boys with ADHD. *Journal of Clinical Child Psychology, 29*(3), 443-452.

Hoza, B. (2007). Peer functioning in children with ADHD. *Journal of Pediatric Psychology, 32*(6), 655-663.

Hoza, B., Gerdes, A. C., Mrug, S., Hinshaw, S. P., Bukowski, W. M., Gold, J. A., ... Wigal, T. (2005). Peer-assessed outcomes in the Multimodal Treatment Study of Children With Attention Deficit Hyperactivity Disorder. *Journal of Clinical Child and Adolescent Psychology, 34*(1), 74–86.

Hoza, B., Mrug, S., Gerdes, A. C., Hinshaw, S. P., Bukowski, William M., ... Arnold, L. E. (2005). What aspects of peer relationships are impaired in children with attention-deficit/hyperactivity disorder? *Journal of Consulting and Clinical Psychology, 73*(3), 411-423.

Huang-Pollock, C., Mikami, A., Pfiffner, L. et McBurnett, K. (2009). Can executive functions explain the relationship between attention deficit hyperactivity disorder and social adjustment? *Journal of Abnormal Child Psychology, 37*(5), 679-691.

Kellner, R., Houghton, S. et Douglas, G. (2003). Peer-related personal experiences of children with attention-deficit/hyperactivity disorder with and without comorbid learning disabilities. *International Journal of Disability, Development and Education, 50*(2), 119-136.

Lee, S. S. et Hinshaw, S. P. (2004). Severity of adolescent delinquency among boys with and without attention deficit hyperactivity disorder: Predictions from early antisocial behavior and peer status. *Journal of Clinical Child and Adolescent Psychology, 33*(4), 705-16.

Lesser, G. S. (1959). The relationships between various forms of aggression and popularity among lower-class children. *Journal of Educational Psychology, 50*(1), 20.

Masten, A. S., Morison, P. et Pellegrini, D. S. (1985). A revised class play method of peer assessment. *Developmental Psychology, 21*(3), 523.

Marshall, S., Evans, S., Eiraldi, R., Becker, S. et Power T. (2014). Social and academic impairment in youth with ADHD, predominately inattentive type and sluggish cognitive tempo. *Journal of Abnormal Child Psychology, 42*(1), 77-90.

Marton, I., Wiener, J., Rogers, M. et Moore, C. (2015). Friendship characteristics of children with ADHD. *Journal of Attention Disorders, 19*(10), 872-881.

McNamara, J. K., Willoughby, T. et Chalmers, H. (2005). Psychosocial status of adolescents with learning disabilities with and without comorbid attention deficit hyperactivity disorder. *Learning Disabilities Research & Practice, 20*(4), 234-244.

McQuade, J. D. et Hoza, B. (2008). Peer problems in attention deficit hyperactivity disorder: Current status and future directions. *Developmental Disabilities Research Reviews, 14*(4), 320-324.

McQuade, J. D. et Hoza, B. (2015). Peer relationship of children with ADHD. Dans R. A. Barkley (dir.), *Attention-deficit hyperactivity disorder : A handbook for diagnosis and treatment* (4ᵉ éd., p. 210-222). New York, NY: Guilford.

Melnick, S. H. et Hinshaw, S. P. (1996). What they want and what they get: The social goals of boys with ADHD and comparison boys. *Journal of Abnormal Child Psychology, 24*(2), 169-185.

Mikami, A. Y. (2010). The importance of friendship for youth with attention-deficit/hyperactivity disorder. *Clinical Child and Family Psychology Review, 13*(2), 181-98.

Mikami, A. Y. et Hinshaw, S. P. (2006). Resilient adolescent adjustment among girls: Buffers of childhood peer rejection and attention-deficit/hyperactivity disorder. *Journal of Abnormal Child Psychology, 34*, 825-839.

Mikami, A. Y., Huang-Pollock, C. L., Pfiffner, L. J., McBurnett, K. et Hangai, D. (2007). Social skills differences among attention-deficit/hyperactivity disorder types in a chat room assessment task. *Journal of Abnormal Child Psychology, 35*(4), 509-21.

Mikami, A. Y., Lerner M. D., Griggs, M. S., McGrath, A. et Calhoun, C. D. (2010). Parental influence on children with attention-deficit/hyperactivity disorder: II. Results of a pilot intervention training parents as friendship coaches for children. *Journal of Abnormal Child Psychology, 38*(6), 737-49.

Mikami, A. Y. et Lorenzi J. (2011). Gender and conduct problems predict peer functioning among children with attention-deficit/hyperactivity disorder. *Journal of Clinical Child & Adolescent Psychology, 40*(5), 777-86.

Mikami, A. Y. et Normand S. (2015). The importance of social contextual factors in peer relationships of children with ADHD. *Current Developmental Disorders Reports, 2*(1), 30-7.

Mikami, A. Y., Ransone, M. L. et Calhoun, C. D. (2011). Influence of anxiety on the social functioning of children with and without ADHD. *Journal of Attention Disorders, 15*(6), 473-84.

Mikami, A. Y., Reuland, M. M., Griggs, M. S. et Jia, M. (2013). Collateral effects of a peer relationship intervention for children with attention deficit hyperactivity disorder on typically developing classmates. *School Psychology Review, 42*(4), 458-76.

Mrug, S., Hoza, B., Pelham, W. E., Gnagy, E. M. et Greiner, A. R. (2007). Behavior and peer status in children with ADHD: Continuity and change. *Journal of Attention Disorders, 10*(4), 359-71.

Mrug, S., Molina, B. G., Hoza, B., Gerdes, A., Hinshaw, S., Hechtman, L. et Arnold, L. E. (2012). Peer rejection and friendships in children with attention-deficit/hyperactivity disorder: Contributions to long-term outcomes. *Journal of Abnormal Child Psychology, 40*(6), 1013-1026.

MTA Cooperative Group (1999a). A 14-months randomized clinical trial of treatment strategies for attention-deficit/hyperactivity disorder. *Archives of General psychiatry, 56*, 1073-1086.

MTA Cooperative Group (1999 b). Moderators and mediators of treatment response for children with attention-deficit/hyperactivity disorder. *Archives of General psychiatry, 56*, 1088-1096.

Nadeau, M.-F., Normandeau, S. et Massé, L. (2012). Efficacité d'un programme de consultation pour les enseignants du primaire visant à favoriser l'inclusion scolaire des enfants ayant un TDAH. *Canadian Journal of Behavioural Science/Revue canadienne des sciences du comportement. 44* (2), 146-157.

Newcorn, J. H., Spencer, T. J., Biederman, J., Milton, D. R. et Michelson, D. (2005). Atomoxetine treatment in children and adolescents with attention-deficit/hyperactivity disorder and comorbid oppositional defiant disorder. *Journal of the American Academy Child & Adolescent Psychiatry, 44*(3), 240-248.

Normand, S., Ambrosoli, J., Guiet, J., Soucisse, M. M., Schneider, B. H., Maisonneuve, M.-F.,... Tassi, F. (2017). Behaviors associated with negative affect in the friendships of children with ADHD: An exploratory study. *Psychiatry Research, 247*, 222-224.

Normand, S., Schneider, B. H., Lee, M. D., Maisonneuve, M.-F., Chupetlovska-Anastasova, A., Kuehn, S.M. et Robaey, P. (2013). Continuities and changes in the friendship of children with and without ADHD: A longitudinal, observational study. *Journal of Abnormal Child Psychology, 41*(7), 1161-1175.

Normand, S., Schneider, B., Lee, M., Maisonneuve M.-F., Kuehn, S. et Robaey, P. (2011). How do children with ADHD (mis)manage their real-life dyadic friendships? A multi-method investigation. *Journal of Abnormal Child Psychology, 39*(2), 293-305.

Normand, S., Schneider, B. H. et Robaey, P. (2007). Attention-deficit/hyperactivity disorder and the challenges of close friendship. *Journal of the Canadian Academy of Child and Adolescent Psychiatry,16*(2), 67-73.

Normandeau. S., Letarte, M.-J., Robaey, P. et Allard, J. (2009). *Efficacy of two interventions for parents of ADHD children*. Article présenté à la rencontre bisannuelle de l'International Society for Research on Child and Adolescent Psychopathology, Seattle, É.-U.

Parker, J. G. et Asher, S. R. (1993). Friendship and friendship quality in middle childhood: Links with peer group acceptance and feelings of loneliness and social dissatisfaction. *Developmental Psychology, 29*(4), 611-621.

Pekarik, E. G., Prinz, R. J., Liebert, D. E., Weintraub, S. et Neale, J. M. (1976). The pupil evaluation inventory. *Journal of Abnormal Child Psychology, 4*(1), 83-97.

Pelham, W. E. et Bender, M. E. (1982). Peer relationships in hyperactive children: Description and treatment. *Advances in Learning & Behavioral Disabilities, 1*, 365-436.

Perwien, A. R., Faries, D. E., Kratochvil, C. J., Summer, C. R., Kelsey, D. K. et Allen, A. J. (2004). Improvement in health-related quality of life in children with ADHD: An analysis of placebo-controlled studies of atomoxetine. *Journal of Developmental & Behavioral Pediatrics, 25*(4), 264-71.

Shaffer, D., Fisher, P., Lucas, C. P., Dulcan, M. K. et Schwab-Stone, M. E. (2000). NIMH diagnostic interview schedule for children version IV (NIMH DISC-IV): Description, differences from previous versions, and reliability of some common diagnoses. *Journal of the American Academy of Child & Adolescent Psychiatry, 39*, 28–38.

Schneider, B. H. (2016). Techniques for assessing children's peer relations. Dans B. H. Schneider (dir.), *Childhood friendships and peer relations: Friends and enemies* (2e éd., p. 78-96). New York, NY: Routledge/Taylor & Francis Group.

Sieber, M. (2001). *Comment gérer l'indiscipline en classe? Gérer l'indiscipline auprès d'élèves hyperactifs, oppositionnels ou provocateurs*. Fribourg, Suisse : Éditions Universitaires.

Solanto, M. V., Pope-Boyd, S. A., Tryon, W. W. et Stepak, B. (2009). Social functioning in predominantly inattentive and combined subtypes of children with ADHD. *Journal of Attention Disorders, 13*(1), 27-35.

Soucisse, M. M., Maisonneuve, M.-F. et Normand S. (2015). L'incidence du TDA/H sur les relations d'amitié des enfants et adolescents : mieux comprendre pour mieux intervenir. *La nouvelle revue de l'adaptation et de la scolarisation, (68)*, 111-131.

Van Eck, K., Flory, K. et Malone P. S. (2013). A longitudinal assessment of the associations among response access, attention problems, and aggression during childhood. *Journal of Abnormal Child Psychology, 41*(4), 613-625.

Whalen, C. K., Henker, B., Dotemoto, S. et Hinshaw, S. P. (1983). Child and adolescent perceptions of normal and atypical peers. *Child Development, 54*(6), 1588-1598.

Waschbusch, D., Willoughby, M. et Pelham, W. (1998). Criterion validity and the utility of reactive and proactive aggression: Comparisons to ADHD, ODD, CD, and other measures of functioning. *Journal of Clinical Child Psychology, 27*, 396-405.

Wechsler, D. (1991). *Manual for the Wechsler Intelligence Scale for Children (WISC-III)* (3e éd.). New York, NY: Psychological Corporation.

Yang, P., Hsu, H. Y. Chiou S. S. et Chao, M. C. (2007). Health-related quality of life in methylphenidate-treated children with attention-deficit-hyperactivity disorder: Results from a Taiwanese sample. *Australian and New Zealand Journal of Psychiatry, 41*(12), 998-1004.

4 | Développement et validation de l'Inventaire des pratiques de gestion des comportements en classe

Marie-France Nadeau
Département d'enseignement au préscolaire et au primaire,
Université de Sherbrooke

Line Massé
Département de psychoéducation, Université du Québec à Trois-Rivières

Claudia Verret
Département des sciences de l'activité physique,
Université du Québec à Montréal

Nancy Gaudreau
Département d'études sur l'enseignement et l'apprentissage,
Université Laval

Caroline Couture
Département de psychoéducation, Université du Québec à Trois-Rivières

Annie Lemieux
Université de Sherbrooke

Jean-Yves Bégin
Département de psychoéducation, Université du Québec à Trois-Rivières

Jeanne Lagacé-Leblanc
Département de psychoéducation, Université du Québec à Trois-Rivières

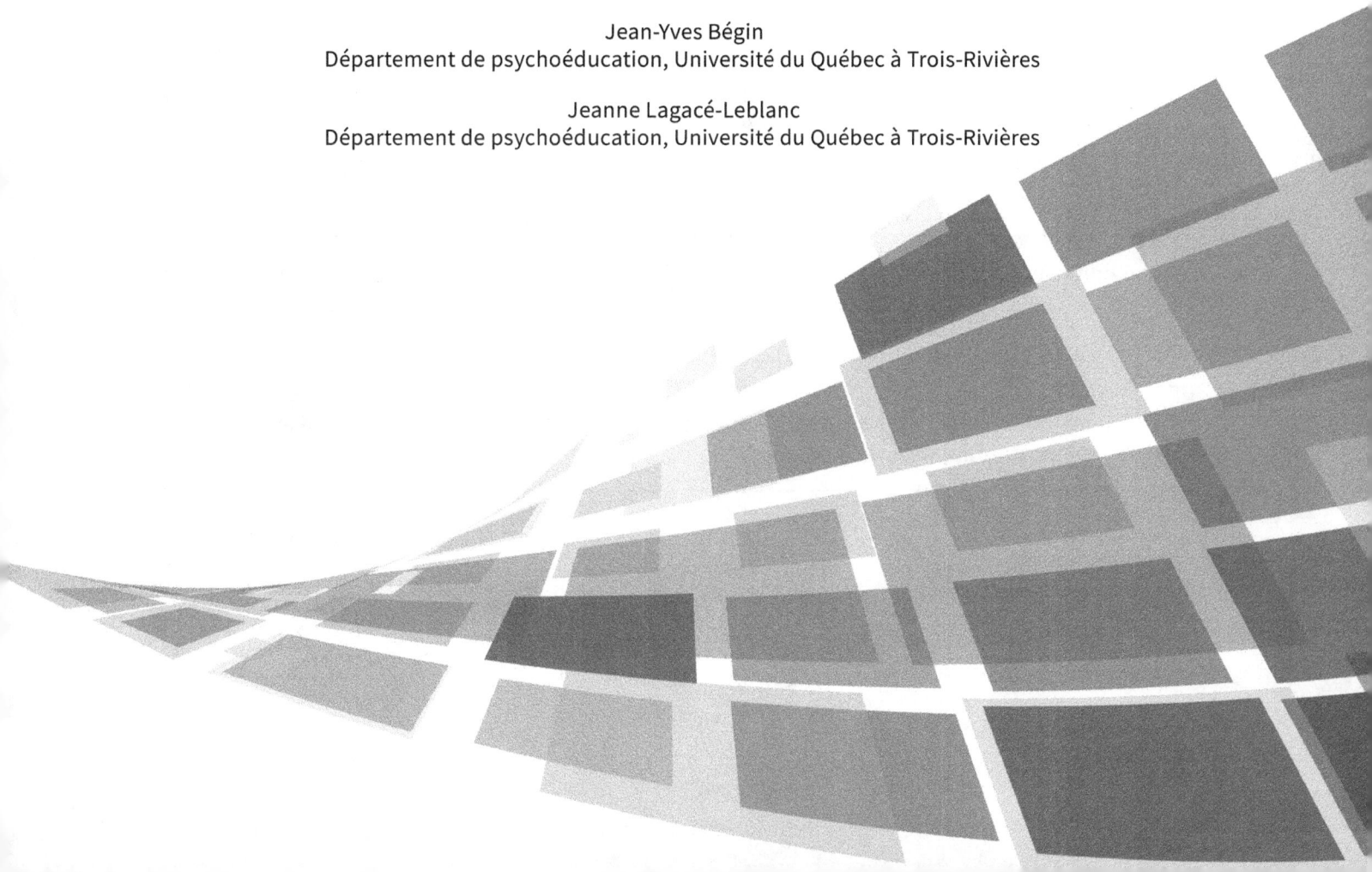

Résumé

Contexte

Des études américaines montrent un écart entre les pratiques recommandées pour intervenir auprès des élèves présentant des difficultés comportementales (PDC) en classe et celles réellement utilisées par les enseignants. On sait peu de choses sur les pratiques des enseignants québécois à l'égard de ces élèves. Pour pouvoir en dresser le portrait, il est nécessaire de pouvoir compter sur un instrument validé en français répertoriant les principales pratiques recommandées.

Objectif

Cette étude vise à effectuer les premières étapes de validation d'un instrument de mesure des pratiques des enseignants concernant la gestion des comportements difficiles, l'Inventaire des pratiques de gestion de comportement (IPGC; Massé et al., 2015).

Méthode

La version préliminaire de l'instrument a été administrée à deux reprises à 319 étudiants de deux programmes de formation en éducation.

Résultats

Les analyses factorielles exploratoires et confirmatoires appuient en partie les construits de l'instrument et des sous-échelles, mais la cohérence interne de même que la stabilité temporelle de certaines sous-échelles sont insatisfaisantes.

Conclusion

Des modifications sont nécessaires pour améliorer la validité et la fidélité de l'instrument.

Mots-clés

Trouble du comportement, intégration scolaire, pratiques de gestion de classe, enseignantes, questionnaire autorapporté, validation psychométrique.

Recommandations cliniques issues de l'étude

- L'instrument développé peut être utile pour transmettre des connaissances aux enseignants sur les interventions proactives à privilégier avec les élèves présentant des difficultés de comportement.

- Dans le cadre de l'exercice du rôle-conseil auprès des enseignants, l'utilisation de l'instrument peut permettre au psychoéducateur de discuter de certaines pratiques recommandées qui sont peu utilisées, de voir avec eux les façons de les implanter ou de corriger les croyances éducatives erronées.

- Les psychoéducateurs peuvent accompagner les enseignants pour l'évaluation fonctionnelle des comportements perturbateurs, pratique de pointe recommandée qui est moins utilisée par les futurs enseignants.

Questions pédagogiques

- Comment expliquer les étapes de développement d'un instrument de mesure selon Dussault, Valois et Frenette (2007)?

- Quels sont les avantages pour les enseignants d'utiliser une mesure autorapportée pour décrire leurs pratiques enseignantes?

- Quelle est la différence entre une analyse factorielle exploratoire et une analyse factorielle confirmatoire?

- Quelle est l'utilité des pratiques proactives et réactives dans la gestion de classe?

4.1 Introduction

Les manifestations des élèves présentant des difficultés comportementales (PDC) sont perçues par les enseignants comme étant les plus difficiles à gérer en classe ordinaire (Kauffman et Landrum, 2009). L'expérience scolaire de ces élèves se révèle moins positive que celles des autres catégories d'élèves en difficulté. Plusieurs enseignants se sentent démunis et mal préparés pour gérer les comportements difficiles des élèves (Begeny et Martens, 2006), en particulier les enseignants débutants (State, Kern, Starosta, Divatia et Mukherjee, 2011) et les enseignants du secondaire (Baker, 2005). À défaut de mettre en place des stratégies proactives ou positives (par exemple, formulation de consignes claires et renforcement des comportements attendus), certains enseignants emploient des stratégies réactives négatives (par exemple, recours aux réprimandes, menaces, punitions et expulsions) (Clunies-Ross, Little et Kienhuis, 2008). L'utilisation de ces dernières est susceptible de provoquer une escalade et de générer des rapports de force à l'origine même de l'aggravation des problèmes de comportement, cette situation ayant un effet négatif sur l'expérience scolaire, comme le rapportent des élèves (Michail, 2012; Sellman, 2009). L'utilisation de stratégies majoritairement réactives négatives est également liée à une augmentation du stress des enseignants et à une diminution des comportements d'attention à la tâche chez les élèves (Clunies-Ross et al., 2008; Leflot, van Lier, Onghena et Colpin, 2010). En outre, des études rapportent que les comportements perturbateurs des élèves apparaissent comme la source de stress la plus importante menant à l'épuisement professionnel des enseignants (Brackenreed, 2008; Fernet et al., 2012; McCormick et Barnett, 2011). Dans le même sens, le défi que pose la gestion des comportements difficiles des élèves représente une des principales raisons pour lesquelles les enseignants choisissent de quitter la profession (Beaman et Wheldall, 2000; Jeffrey et Sun, 2006; Karsenti, Collin et Dumouchel, 2006).

Cette problématique souligne la nécessité de jeter un regard sur l'utilisation des pratiques d'intervention reconnues efficaces pour prévenir ou gérer les difficultés d'ordre comportemental des élèves PDC en classe. Selon le ministère de l'Éducation, de l'Enseignement supérieur et de la Recherche (MÉESR, 2015), les élèves PDC regroupent tant les élèves à risque sur le plan comportemental que ceux présentant des troubles du comportement. Les élèves à risque sur le plan comportemental présentent des facteurs de vulnérabilité dans leurs environnements social, familial ou scolaire susceptibles d'influer négativement sur leurs comportements. Ils sont considérés à risque de développer un trouble du comportement et d'expérimenter des échecs sur le plan scolaire et social s'ils ne bénéficient pas d'un soutien approprié (MELS, 2007). En ce qui concerne les élèves présentant un trouble du comportement, ils se caractérisent par « un déficit important de la capacité d'adaptation se manifestant par des difficultés significatives d'interaction avec un ou plusieurs éléments de l'environnement scolaire, social ou familial » (MÉESR, 2015, p. 11). Ces difficultés d'interaction peuvent se traduire par des comportements inadaptés tant sur le plan extériorisé (hyperactivité, faible tolérance à la frustration, gestes d'agression, opposition, provocation, etc.) que sur le plan intériorisé (comportement de retrait ou de passivité, manifestation d'anxiété et de dépression, etc.). Dans le cadre de ce chapitre, tout comme la majorité des écrits scientifiques sur le sujet, on réfère seulement aux comportements de type extériorisé pour désigner cette catégorie d'élèves.

Plusieurs pratiques efficaces sont recensées pour intervenir auprès des élèves PDC, notamment les pratiques de gestion de classe positives et proactives, le soutien affectif offert aux élèves ou les interventions comportementales (Cooper, 2011; DuPaul et Weyandt, 2009; Fabiano et al., 2009; Fossum, Martinussen, Morch et Tore, 2008; Massé, Lanaris et Desbiens, 2014). Or, certaines recherches américaines montrent un écart entre ces pratiques et celles qui sont utilisées (Gable, Tonelson, Sheth, Wilson et Park, 2012; Maggin et al., 2011). Aussi lorsqu'elles sont utilisées en classe, elles le seraient souvent de manière inadéquate ou avec une fréquence insuffisante pour contribuer à un changement significatif de comportement chez les élèves PDC (Gable, Rothrauff, Thornburg et Mauzy, 2010; Maggin et al., 2011). Ces constats sont préoccupants, considérant que les pratiques des enseignants sont un des ingrédients clés pour le succès de l'intégration scolaire des élèves PDC (Simpson, Peterson et Smith, 2011).

De façon générale, la mesure des pratiques des enseignants a été largement négligée dans les milieux scolaires, malgré son potentiel pour soutenir leur amélioration au sein des écoles (Toch et Rothman, 2008). Par conséquent, on ne sait pas si les pratiques utilisées par les enseignants s'avèrent être celles qui sont recommandées par les recherches dans le domaine. Les études relevées sur les pratiques enseignantes à l'égard des élèves PDC portent sur de petits échantillons (Clunies-Ross et al., 2008), utilisent un inventaire restreint de pratiques (Clunies-Ross et al., 2008; Gable et al., 2012) et ne fournissent pas d'information sur la situation nationale. Pour vérifier quelles sont les pratiques utilisées par les enseignants du Québec pour gérer les comportements difficiles, il importe de pouvoir compter sur un instrument validé en français répertoriant les principales pratiques recommandées. Ces informations permettraient d'orienter à la fois les programmes de formation initiale à la profession enseignante ou de qualification à l'enseignement des futurs enseignants. Elles permettraient aussi d'améliorer le suivi ou l'évaluation des pratiques des enseignants en exercice, la formation continue, le soutien et l'accompagnement qui leur sont offerts concernant les pratiques pour favoriser l'intégration scolaire réussie des élèves PDC.

4.2 Cadre de référence

4.2.1 Pratiques efficaces pour prévenir et gérer les difficultés comportementales

Les pratiques reconnues efficaces pour gérer les difficultés comportementales s'appuient généralement sur les principes de l'approche comportementale pour prévenir l'apparition des comportements inappropriés, intervenir lorsque ces comportements apparaissent, ou encore, encourager l'apparition et le maintien des comportements désirés (Akin-Little, Little, Bray et Kehle, 2009; Gimpel Peacock et Collett, 2010; Massé, Desbiens et Lanaris, 2014; Regan et Michaud, 2011). Les stratégies comportementales se regroupent selon qu'elles sont antérieures au comportement à modifier (stratégies préventives ou proactives) ou qu'elles sont consécutives à celui-ci (stratégies réactives).

Les interventions comportementales préventives ou proactives manipulent le contexte ou les événements précédant un comportement cible (par exemple, être attentif à la tâche) afin de prévenir l'apparition d'un comportement inapproprié (par exemple, être distrait par le bruit) ou pour favoriser l'apparition du comportement désiré. Elles peuvent faire référence à des actions qui influencent ou modifient l'environnement d'apprentissage (par exemple, l'aménagement de la classe, la planification de l'enseignement, les techniques d'enseignement et la gestion du temps). Elles peuvent aussi référer à des mesures incitatives qui encouragent l'adoption du comportement désiré, ou encore, empêchent l'apparition du comportement inapproprié (par exemple, l'établissement de règles et d'attentes claires, les consignes données, la mise en place de routines, l'enseignement des comportements désirés et les techniques pour favoriser l'autorégulation).

Les interventions comportementales réactives visent la réduction des comportements perturbateurs et le remplacement de ceux-ci par des comportements plus appropriés en manipulant le contexte ou les événements qui suivent le comportement cible. Un des principes de base est celui du renforcement selon lequel l'élève répète les comportements pour lesquels il obtient des conséquences positives (par exemple, attention, félicitations, récompenses) et élimine de son répertoire ceux pour lesquels il est ignoré ou qu'il ne reçoit aucune conséquence positive. En contrepartie, selon le principe de punition, l'élève diminue ou cesse de reproduire les comportements pour lesquels il reçoit des conséquences négatives (par exemple, perte d'un privilège, temps d'arrêt ou retrait).

En plus des principes de l'approche comportementale, certaines stratégies proactives et préventives s'appuient sur les principes de l'attachement (exemple, Shaver et Mikulincer, 2012). Elles concernent entre autres le développement de la relation avec l'élève. D'autres s'appuient sur les principes de l'approche cognitivocomportementale (exemple, Bandura, 2012) et favorisent l'autocontrôle et l'autorégulation. Bien que ces stratégies, à elles seules, n'aient pas démontré une taille d'effet aussi importante que l'approche comportementale pour améliorer les comportements difficiles des élèves

(Fabiano et al., 2009), leur complémentarité est souhaitable pour répondre à la fois aux besoins d'apprentissages et de socialisation des élèves (Raggi et Chronis, 2006). Finalement, le recours à l'évaluation fonctionnelle, qui vise à mieux identifier les raisons pour lesquelles une manifestation précise apparaît à un moment et dans un environnement précis (fonctions du comportement), est également une pratique recommandée pour comprendre et améliorer le fonctionnement des élèves PDC (Steege et Brown-Chidsey, 2005; Steege et Scheib, 2014).

Il est reconnu qu'une gestion positive des comportements axée sur les pratiques préventives et proactives et les pratiques réactives basées sur le renforcement permet de favoriser l'apparition et le maintien des comportements désirés (Fabiano et al., 2009; Infantino et Little, 2005; Kazdin, 2013) et de prévenir l'émergence des problèmes de comportement en classe (Stormont et Reinke, 2009). À l'inverse, certaines pratiques réactives punitives, comme les réprimandes, les retraits, les pertes de privilèges, les retenues et les expulsions, sont liées à une augmentation des comportements indésirables, au développement de problèmes de conduite chez les élèves, de même qu'au développement de relations négatives avec les enseignants et à la réduction de la motivation à apprendre (Infantino et Little, 2005; Kalis, Vannest et Parker, 2007; Payne, 2015).

4.2.2 Mesures des pratiques enseignantes utilisées en classe

Le choix de la mesure pour évaluer les pratiques enseignantes doit s'établir en fonction de sa visée et de ses limites. Alors qu'une observation directe en classe est plus susceptible de décrire avec détails et objectivité ce que fait réellement l'enseignant et comment il le fait, cette méthode est moins réaliste que le recours à la méthode du questionnaire autorapporté. Celle-ci permet à la fois d'obtenir de l'information sur quelques enseignants, mais aussi d'établir un portrait global des pratiques à partir d'un échantillon représentatif permettant la généralisation des résultats, tout en étant faisable en termes de ressources matérielles et financières. Les questionnaires autorapportés par les enseignants sont sensibles aux mêmes biais que ceux associés aux mesures autorapportées en général, dont la désirabilité sociale et la tendance à la réponse aléatoire (Hogan, Parent et Stepehenson, 2017). Toutefois, Koziol et Burns (1986) observent que les réponses obtenues par le biais de questionnaires autorapportés peuvent être fortement corrélées aux observations effectuées en classe si les items sont liés à des comportements spécifiques décrits de façon objective. Deux autres études sur les pratiques des enseignants révèlent toutefois que les fréquences d'utilisation des pratiques rapportées par les enseignants sont généralement plus élevées que celles rapportées par des observateurs indépendants (Debnam, Pas, Bottiani, Cash et Bradshaw, 2015; Gitomer et al., 2014). Gitomer et ses collaborateurs (2014) notent également que les corrélations entre les réponses des enseignants et les observations effectuées en classe sont plus élevées pour les items liés à l'organisation de la classe et qu'elles sont plus faibles pour les items liés au soutien dans les apprentissages.

Une recension des questionnaires autorapportés portant sur les pratiques de gestion des comportements a mis en lumière l'absence d'outils disponibles en français pour évaluer de façon appropriée les pratiques enseignantes relatives à la gestion des comportements difficiles. Par exemple, le seul instrument validé en français, le Questionnaire sur l'environnement socioéducatif (Janosz et al., 2004), comporte quelques items sur les pratiques sans permettre de brosser un portrait complet. Pour leur part, les questionnaires anglophones recensés (Cancio, 2010; Gable et al., 2012; Knoff, 2008; Reddy, Fabiano et Fabiano, 2015; Webster-Stratton, 2007) ne couvrent que partiellement les pratiques efficaces recommandées pour la gestion des comportements difficiles.

Dans le contexte où l'on souhaite identifier les connaissances et l'utilisation rapportées par les enseignants québécois, il apparaît pertinent d'élaborer un nouveau questionnaire. En plus de documenter les pratiques utilisées par les enseignants, il est démontré que les questionnaires autorapportés sur les pratiques des enseignants peuvent augmenter leur habileté à enseigner et leur désir de s'engager dans un processus réflexif quant à leurs pratiques (Koziol et Burns, 1986). Ces questionnaires peuvent aussi être utiles en tant qu'évaluation formative lors de l'accompagnement des enseignants par un professionnel (psychoéducateur, psychologue, etc.) pour les aider à mieux intervenir auprès des élèves PDC (Dufrene, Lestremau et Zoder-Martell, 2014; Reddy, Dukek et Shernoff, 2016; Reinke et al., 2014).

4.3 Objectifs de recherche

Cette étude vise à effectuer les premières étapes de validation d'un instrument de mesure portant sur les pratiques d'intervention utilisées par les enseignants pour gérer les comportements difficiles présentés par les élèves dans leur classe, l'Inventaire des pratiques de gestion de comportement (IPGC; Massé et al., 2015). Plus précisément, l'étude permet :

1. de vérifier la validité de l'instrument sur le plan de sa structure interne;

2. d'examiner sa fidélité sur le plan de la cohérence interne et de la stabilité temporelle des différentes sous-échelles.

4.4 Méthode

4.4.1 Développement de l'échelle

L'élaboration de l'IPGC (Massé et al., 2015) s'inspire des sept étapes proposées par Dussault, Valois et Frenette (2007) ainsi que des recommandations de DeVellis (2017) :

1. détermination de l'objet de mesure;

2. rédaction d'une banque d'items;

3. détermination du format de l'échelle;

4. évaluation de la banque initiale d'items par des experts;

5. évaluation préliminaire de l'échelle (analyse d'items et structure factorielle) auprès d'un échantillon qui s'apparente à la population cible (prétest);

6. analyse d'items auprès de la population cible;

7. vérification de la structure factorielle auprès de la population cible. Nous présentons ici les étapes 1 à 5, les étapes 6 et 7 faisant l'objet d'une autre étude en cours.

Étapes 1, 2 et 3 : Détermination des objets de mesure, de la banque d'items et du format des échelles de réponses

Comme le propose DeVellis (2017), des items ont été générés en s'inspirant :

1. des écrits scientifiques recensés sur les pratiques efficaces pour gérer les comportements difficiles en classe (Cooper, 2011; DuPaul et Weyandt, 2009; Fabiano et al., 2009; Fossum, Martinussen, Morch et Tore, 2008; Massé, Lanaris et Desbiens, 2014; Reddy et al., 2009);

2. des instruments de mesure (grille d'observation ou mesures autorapportées) répertoriant certaines pratiques de gestion de comportement par l'entremise de leurs items (Cancio, 2010; Gable et al., 2012; Janosz et al., 2004; Knoff, 2008; Reddy et al., 2013; Webster-Stratton, 2007).

Une première équipe composée de sept spécialistes de l'intervention auprès des élèves PDC (trois professeures, deux étudiants de deuxième cycle et un étudiant de troisième cycle universitaire en psychoéducation) a révisé la formulation des items afin de s'assurer de leur clarté, a établi des catégories de pratiques et a procédé au classement des items selon celles-ci. Seuls les items faisant un consensus ont été conservés (N = 120). Cette banque d'items a alors été soumise à un échantillon de cinq enseignants du primaire afin de vérifier leur clarté et des modifications mineures ont été apportées au vocabulaire utilisé. Une échelle de Likert en cinq points a été employée pour vérifier la fréquence d'utilisation des pratiques (de 1 = jamais à 5 = très souvent).

Étape 4 : Évaluation de la banque d'items par des experts

Un second comité composé de quatre professeures (dont deux du premier comité), spécialistes de l'intervention auprès des élèves PDC et ayant des expertises complémentaires (psychologie, psychoéducation, enseignement en éducation physique, enseignement au primaire et au secondaire), a revu l'ensemble des items et a validé le classement. Au terme de ce processus, 96 items ont été conservés et répartis dans 7 catégories :

1. les interventions pour favoriser l'autorégulation (exemple, soutien affectif) (27 items);
2. la planification et la gestion des ressources (exemple, aménagement de l'environnement, gestion du temps, matériel pédagogique) (18 items);
3. les règles, les consignes et les routines (16 items);
4. le renforcement (exemple, renforcement social, système d'émulation) (10 items);
5. les conséquences recommandées (12 items);
6. les conséquences moins recommandées (9 items);
7. l'évaluation fonctionnelle (4 items).

La version préliminaire de l'IPGC est présentée au Tableau 4.1. Les items qui n'ont pas été retenus pour l'échelle finale sont identifiés à l'aide d'un trait sur le texte.

Tableau 4.1   **Version préliminaire de l'IPGC**

Autorégulation

1. Intervenir à l'aide d'un signe quelconque pour rappeler aux élèves les consignes ou les règles à respecter.

2. ~~Atténuer les tensions par l'humour.~~

4. Jumeler l'élève avec un autre élève de la classe pour lui fournir du soutien dans la réalisation des activités.

8. Enseigner aux élèves la façon de se comporter correctement lors de situations problématiques, par exemple lors de déplacements.

10. ~~Circuler en classe pendant l'enseignement et les séances de travail afin de maintenir l'attention des élèves et leur engagement à la tâche.~~

16. Se rapprocher physiquement des élèves pour favoriser l'adoption de comportements appropriés.

17. Accorder une attention particulière à chacun des élèves de la classe en utilisant leur prénom, en s'intéressant à leurs intérêts, leurs attentes et leurs préoccupations.

26. Aider un élève à réaliser sa tâche avant que ce dernier ne rencontre une difficulté susceptible de provoquer son retrait de l'activité en cours.

27. Montrer son plaisir d'être en présence des élèves.

29. Fournir des choix aux élèves pour les tâches à accomplir.

36. Interrompre une activité ou la restructurer afin de l'adapter aux besoins particuliers des élèves.

37. ~~Prévoir des temps de rencontres individuelles.~~

46. ~~Se positionner dans la classe pour voir l'ensemble des élèves.~~

47. ~~Revenir sur des situations fâcheuses et reconnaître ses torts aux élèves.~~

56. ~~Balayer du regard de façon régulière l'ensemble de la classe.~~

58. Préparer les élèves aux changements, par exemple, en leur annonçant à l'avance un changement d'horaire.

59. ~~Discuter parfois de son vécu personnel avec les élèves.~~

62. Aménager un coin tranquille où l'élève peut s'isoler pour favoriser sa concentration ou se retirer pour l'aider à contrôler son comportement.

66. Faire preuve d'écoute envers les élèves (difficultés, besoins, etc.) sans jugement.

67. Demander aux élèves d'autoévaluer leurs comportements.

68. ~~Encourager les élèves lorsqu'ils rencontrent des difficultés.~~

69. Démontrer aux élèves sa confiance en leur capacité à s'améliorer et à surmonter leurs difficultés.

75. Enseigner aux élèves comment gérer leurs émotions.

76. ~~Animer des séances de résolution de problème en groupe pour discuter des problèmes de la classe ou d'un élève et y trouver des solutions.~~

82. ~~Donner à l'élève une période de temps pour se calmer suite à une intervention ou à l'attribution d'une conséquence.~~

83. ~~Démontrer aux élèves son empathie et leur fournir du soutien.~~

85. Faire participer les élèves au choix des conséquences pour le manquement aux règles.

Planification et gestion des ressources

3. Prévoir des rituels d'accueil et de départ au début et à la fin des cours.

7. Alterner entre des activités calmes et plus actives, individuelles et de groupe, d'écoute et participative, etc.

11. Aménager des aires dégagées, facilement accessibles, afin de faciliter la circulation.

18. Utiliser des méthodes d'enseignement participatif ou coopératif favorisant les interactions entre les élèves.

20. Éviter les temps d'attente, les délais entre deux tâches.

22. Faire un plan de la classe de façon à voir tous les élèves.

30. Annoncer le plan de la séquence d'enseignement et l'afficher.

32. Rendre facilement accessible le matériel d'usage courant (placé à proximité du lieu d'utilisation).

40. Solliciter l'utilisation de l'agenda ou d'un plan de travail par les élèves.

42. Placer les élèves de façon à ce qu'ils puissent voir facilement les présentations de l'enseignant.

53. Enlever les objets qui peuvent distraire ou déranger les élèves.

60. Arrêter fréquemment pour vérifier si les élèves ont compris ou pour poser des questions.

70. Diviser les longs projets en petites parties et les structurer dans le temps, c'est-à-dire annoncer le temps qui sera accordé pour chaque partie.

71. Contrôler régulièrement l'avancement des travaux des élèves.

73. Répartir les élèves dans la classe afin d'éviter certaines interactions négatives entre les élèves.[a]

77. ~~Utiliser un support visuel pour soutenir l'enseignement.~~

84. Différencier l'enseignement en fonction des capacités des élèves.

89. ~~Placer les élèves dans le local de façon à tenir compte de leurs besoins particuliers.~~

Règles, consignes et routines

5. Rappeler régulièrement aux élèves les comportements attendus.

9. Préciser des routines ou des procédures pour le déroulement des activités (remise des travaux, travail d'équipe, déplacement, transition, etc.).

21. ~~Établir un contact visuel avec les élèves lors de consignes.~~

31. ~~Donner une consigne à la fois.~~

38. Annoncer le but de la leçon dès le commencement du cours.

41. Établir des règles de classe précises et concrètes concernant les comportements positifs attendus des élèves.

48. Obtenir l'attention et le silence des élèves avant de commencer une leçon; ne jamais parler dans le bruit.

49. Dire aux élèves à l'avance de ce qu'ils doivent faire quand l'activité ou le travail est terminé.

51. ~~Afficher les règles de classe et les principales procédures.~~

52. ~~Interpeler l'élève par son nom pour lui communiquer une consigne.~~

61. Planifier des conséquences logiques et cohérentes concernant le manquement aux règles.

81. ~~Rappeler aux élèves les règles à suivre.~~

88. Impliquer les élèves dans la gestion de classe en les incitant à assumer des rôles et des responsabilités.

92. Discuter avec les élèves des attentes par rapport aux comportements appropriés dans divers contextes ou activités et en donner les raisons.

94. ~~Entraîner les élèves à respecter les règles et les procédures.~~

96. S'assurer que les consignes sont claires en vérifiant la compréhension des élèves.

[a] Les items 73 et 89 ont été combinés et reformulés dans la version finale : « Répartir les élèves dans la classe en tenant compte de leurs besoins et de l'influence que certains élèves exercent sur les autres. »

Renforcement

12. Féliciter l'élève lorsqu'il manifeste un comportement approprié.

23. Donner des activités privilèges aux élèves s'ils manifestent les comportements appropriés.

33. ~~Enlever ou réduire une activité désagréable lorsque l'élève manifeste un comportement approprié.~~

43. Donner de la rétroaction explicite à l'élève sur ce qu'il fait de bien.

54. Témoigner l'approbation à l'élève de façon non verbale (sourires, regards, tapes amicales, etc.).

63. ~~Utiliser des renforçateurs matériels (ex. : chèque-cadeau, nourriture, coupons de loterie, etc.).~~

74. Utiliser des systèmes d'émulation ou de récompenses.

86. ~~Utiliser le renforcement de groupe dans la classe (ex. : compétition d'équipe).~~

90. ~~Faire un contrat de comportement avec l'élève.~~

95. Communiquer aux parents pour souligner les bons comportements d'un élève.

Conséquences recommandées

13. ~~Dire à l'élève d'arrêter de faire un comportement inapproprié.~~

15. Suspendre l'élève à l'interne pour une période déterminée.

24. Avertir l'élève qu'il aura une conséquence s'il n'arrête pas un comportement.

28. Demander à l'élève de réparer son geste inapproprié.

50. Communiquer aux parents pour les informer des comportements inappropriés de leur enfant.

55. Utiliser un système de compilation des manquements en classe menant à l'application de conséquences, visible uniquement par l'enseignant ou les élèves concernés.

57. Ignorer intentionnellement les comportements inappropriés mineurs des élèves.

65. Changer l'élève de place à titre de conséquence à un comportement inapproprié.

72. Appliquer les conséquences prévues lorsqu'il y a un manquement aux règles de classe.

78. Restreindre l'accès à l'espace ou aux objets à titre de conséquence à un comportement inapproprié.

79. Demander à l'élève de remplir une fiche de réflexion.

97. Utiliser une feuille de route permettant d'assurer un suivi des comportements inappropriés d'un élève.

Conséquences moins recommandées

6. Retirer l'élève d'un cours pour une période déterminée lorsqu'il manifeste un comportement inapproprié.

19. Suspendre l'élève à l'externe (à la maison ou dans un organisme communautaire) pour une période déterminée.

34. Critiquer l'élève pour son comportement.

45. Recourir au soutien d'un autre intervenant afin de gérer les comportements perturbateurs d'un élève.

64. Retirer un privilège à l'élève (ex. : participer à une sortie, récréation, etc.) lorsqu'il manifeste un comportement inapproprié.

80. Donner une retenue.

87. Donner à l'élève une copie ou du travail supplémentaire.

91. ~~Imposer un temps d'arrêt à l'élève.~~

93. Retirer l'élève dans un local de retrait sous la supervision d'un intervenant pour une courte période.

Évaluation fonctionnelle

14. Observer l'élève et prendre des notes sur son comportement afin de déterminer ce qui cause un comportement inapproprié.

25. Identifier les événements ou les situations qui déclenchent ou maintiennent les comportements inappropriés.

35. Déterminer la fonction du comportement inapproprié dans un but d'enseigner à l'élève un comportement plus adapté.

98. ~~Mesurer fréquemment le comportement de l'élève afin de vérifier si celui-ci apparaît plus ou moins souvent lorsque vous tentez de l'améliorer.~~

Pratiques non recommandées

39. ~~Intervenir physiquement lorsqu'un élève est en crise et qu'il y a un danger réel et immédiat.~~

44. ~~Compiler sur un tableau, visible par l'ensemble de la classe, la fréquence des comportements inappropriés des élèves.~~

Étape 5 : Évaluation préliminaire de l'échelle

L'objectif de la recherche consiste à réaliser l'étape, soit de vérifier la validité et la fidélité de l'instrument de mesure.

4.4.2   Procédures et participants

Tel que précisé à l'étape 5 de DeVellis (2017), l'évaluation préliminaire de l'échelle a été effectuée auprès d'un échantillon qui s'apparente à la population cible qui, dans ce cas-ci, réfère à des enseignants. Des futurs enseignants, soit des étudiants inscrits aux principaux programmes de 1er cycle menant à la profession enseignante dans les milieux scolaires (enseignement au préscolaire et au primaire – EPP; enseignement en adaptation sociale et scolaire – EASS), ont été choisis pour leurs similarités avec la population cible et leur facilité d'accès. Après l'obtention d'un certificat d'éthique de l'Université du Québec à Trois-Rivières et la présentation du projet à des personnes chargées d'enseignement de trois milieux universitaires du Québec, un auxiliaire de recherche s'est présenté dans leurs salles de classe afin de solliciter des étudiantes et étudiants. La passation du questionnaire s'est effectuée à deux reprises (prétest/T1; posttest/T2), à un intervalle variant entre 15 et

21 jours selon les sites de collecte. L'échantillon de cette étude compte 319 participants (303 étudiantes et 16 étudiants) au prétest (T1); 4 participants n'ont pas rempli le questionnaire au posttest (T2). Les étudiants sont inscrits en deuxième (0,6 %), troisième (74,3 %) et quatrième année (25,1 %) d'un programme de baccalauréat en EPP (n = 257, 80,6 %) ou EASS (n = 62, 19,4 %). Depuis le début de leur parcours de formation, les étudiants ont eu l'opportunité de recourir aux stratégies pendant leur stage à raison de 5 heures/jour, pour un nombre de journées accumulées variant de 35 à 163. Les étudiants rapportent également avoir reçue des heures de formation sur le thème des difficultés comportementales, variant entre 0 et moins de 10 heures (6,2 %), de 10 à 30 heures (23,2 %), au moins 45 heures (39,8 %) et au moins 90 heures (20,5 %) (4 données manquantes). Une variabilité est donc observée quant à l'année d'étude et le type de programme. L'hétérogénéité de l'échantillon permet ainsi d'être représentatif de la population cible, où les enseignants en exercice sont principalement issus de ces deux types de programmes et que certains poursuivent des formations continues de leur choix.

4.4.3 Mesures

Pour l'évaluation préliminaire de l'instrument, les participants ont rempli deux questionnaires :

1. le questionnaire sociodémographique;

2. la version préliminaire de l'IPGC (98 items).

Le questionnaire sociodémographique comprenait cinq questions portant sur le sexe des participants, leur programme d'étude, leur année de scolarité, le nombre d'heures de stage réalisées ainsi que le nombre d'heures de formation reçues sur les difficultés comportementales lors de leur scolarité.

4.4.4 Analyses statistiques

Analyse factorielle exploratoire

Une première ***analyse factorielle de type exploratoire*** (AFE) a été effectuée pour *explorer la présence d'une structure interne sous-jacente aux données, c'est-à-dire pour vérifier s'il y a lieu de regrouper des items ensembles sous une même dimension (ou ce qu'on appelle facteur suite à l'analyse) parce qu'ils mesurent des construits similaires ou qu'ils partagent une même variance.* Cette analyse visait aussi à sélectionner et à réduire le nombre d'items associé à chacun des facteurs (par exemple, les items redondants ou associés à aucun autre item, les items trop rarement rapportés, ou ceux associés à plus d'un facteur). Cette analyse a été réalisée uniquement avec les données du premier temps de mesure. Les AFE ont été faites sur les 96 items de l'échelle de fréquence par le biais d'une analyse en composantes principales avec rotation Varimax en utilisant *IBM SPSS Statistics 22* (IBM Corporation, 2014). Afin de conserver des facteurs significatifs, trois critères ont été appliqués (Costello et Osborne, 2005) : 1. une valeur propre supérieure à 1,00 en valeur de coupure sur le tableau de la variance expliquée; 2. une sélection des items ayant une saturation factorielle de 0,32 et plus; 3. une sélection des facteurs sur lesquels au moins deux items saturent fortement.

Afin de vérifier le respect des postulats des analyses factorielles, deux tests ont été utilisés. L'indice de Kaiser-Meyer-Oklin a été utilisé pour mesurer la qualité de l'échantillonnage, c'est-à-dire la qualité des corrélations entre les items. Selon Stevens (2009), un indice de plus de 0,80 est jugé excellent. Comme l'échantillon est petit (moins de 10 sujets par énoncés), le test de sphéricité de Bartlett a aussi été utilisé pour tester l'hypothèse nulle voulant que les données proviennent d'une population pour laquelle la matrice de corrélation serait une matrice d'identité, ce qui signifie que tous les items seraient parfaitement indépendants les uns des autres. Si le test est significatif ($p \geq 0{,}05$), c'est-à-dire que l'hypothèse nulle est rejetée, on peut poursuivre l'analyse.

Analyse factorielle confirmatoire

Pour vérifier si les items ciblés par les experts lors de l'élaboration du questionnaire se regroupent statistiquement autour d'un même construit théorique (c'est-à-dire, si les items d'un même facteur covarient), des **analyses factorielles confirmatoires** (AFC) furent effectuées. L'AFC *permet d'évaluer la qualité de l'ajustement entre l'hypothèse de construits théoriques et le modèle observé.* Dans un premier temps, une série d'AFC a été appliquée sur les facteurs identifiés lors de l'AFE. Une deuxième série d'AFC a également été effectuée en vue de vérifier si les items covarient autour de construits théoriques spécifiques régulièrement utilisés sur le plan clinique ou dans les milieux scolaires : 1. stratégies favorisant l'autorégulation; 2. planification de l'enseignement et gestion du temps; 3. établissement de règles et consignes; 4. renforcement; 5. conséquences recommandées; 6. conséquences moins recommandées; 7. évaluation fonctionnelle.

Ces construits théoriques sont sous-jacents au modèle d'intervention proactif/positif (sous-échelles 1, 2, 3, 4 et 7) et réactif/punitif (sous-échelles 5 et 6). Il est attendu que des scores liés à ces construits soient utiles sur le plan clinique, en vue de mieux orienter les enseignants qui s'engagent dans un processus d'ajustement de leurs pratiques d'intervention (par exemple, accompagnement, formation continue).

Pour ces deux séries d'AFC, la matrice de corrélation de chacun des items sur leurs facteurs et sous-échelles devrait inclure plusieurs corrélations d'une bonne amplitude (Tabachnick et Fidell, 2013). Par la suite, la qualité de l'ajustement doit être mesurée pour valider les construits théoriques. Il est généralement recommandé d'avoir recours à plusieurs indices statistiques pour pouvoir en comparer les résultats. Cette étude rapporte les plus communs, soit le Chi-carré (X^2), le ratio chi-carré/degrés de liberté (X^2/ddl), le *Comparative Fit Index* (CFI) et le *Root mean square error of approximation* (RMSEA). Les critères généralement rapportés pour déterminer la qualité de l'ajustement varient d'un indicateur à l'autre. Pour le X^2, un résultat non significatif signifie un ajustement adéquat. Comme cet indicateur est sensible à la taille de l'échantillon et qu'il est souvent difficile d'y répondre, le recours au ratio chi-carré/degrés de liberté peut être utile : plus le ratio X^2/ddl se rapproche de 2, plus la qualité de l'ajustement du modèle théorique au modèle observé est jugée bonne (Kline, 2016). Le CFI varie sur un continuum de 0 à 1 où une valeur plus grande que 0,90 indique un ajustement acceptable pour certains auteurs (Schumacker et Lomax, 1996) alors que d'autres proposent d'utiliser une valeur plus grande à 0,95 (Hu et Bentler, 1999). Pour le RMSEA, ces auteurs proposent respectivement un bon ajustement lorsque la valeur est plus petite que 0,05 ou 0,06, tandis que d'autres proposent qu'un critère de 0,08 puisse être acceptable (Browne et Cudeck 1993). Enfin, chaque modèle doit respecter le postulat de puissance statistique suggéré par Kline (2016), qui mentionne, qu'idéalement, un ratio de 10 sujets par estimateur (10:1) doit être respecté, bien qu'un ratio de 5 pour 1 (5:1) soit aussi acceptable.

Fidélité de l'instrument

Pour estimer la **fidélité** de l'instrument, c'est-à-dire à quel point il mesure avec constance ce qu'il est censé mesurer, les méthodes basées sur la cohérence interne (l'alpha de Cronbach), qui évaluent la constance entre les réponses aux items, et sur la stabilité temporelle (test-retest: corrélations temporelles, tests-t appariés) sont utilisées (Laveault et Grégoire, 2002; Streiner, 2003). La **cohérence interne**, déterminée à l'aide d'alpha de Cronbach, *indique le degré d'homogénéité des items avec le construit de l'échelle.* Ce coefficient peut varier entre 0 et 1. Selon la procédure proposée par DeVellis (2017), le minimum acceptable pour les coefficients alpha de Cronbach pour un nouvel instrument est de 0,65. Pour la **stabilité temporelle**, *plus la corrélation temporelle entre les réponses d'une* *même personne se rapproche d'un, plus l'instrument est considéré stable.* Un coefficient au-dessus de 0,70 serait considéré comme acceptable, tandis qu'un coefficient de corrélation plus faible pourrait signifier que l'instrument est instable parce qu'il y a fluctuation du score dans le temps.

4.5 Résultats

4.5.1 Analyse factorielle exploratoire

Les postulats des analyses factorielles exploratoires ont été satisfaits. L'indice de Kaiser-Meyer-Oklin est de 0,81, ce qui est excellent (Stevens, 2009). Cela indique que les corrélations entre les items sont d'ampleurs suffisantes. Le test de sphéricité de Bartlett est significatif à $p = 0,000$, rejetant ainsi l'hypothèse nulle voulant que les items soient parfaitement indépendants les uns des autres. Les items se sont regroupés principalement en deux facteurs qui correspondent sensiblement pour le facteur 1 aux stratégies proactives et réactives positives, et pour le facteur 2, aux stratégies réactives punitives. Ces deux facteurs expliquent 21,9 % de la variance, ce qui est peu, car on s'attendrait à ce qu'environ 75 % de la variance soit expliquée par les facteurs retenus (Stevens, 2009). Selon les critères retenus, dix items ont été éliminés : trois (#2, #59, #63) présentaient une saturation trop faible (< 0,32, une saturation faible indique une faible corrélation de l'item avec le facteur) sur l'un ou l'autre des facteurs et sept saturaient fortement sur les deux facteurs (#33, #76, #82, #86, #90, #91, #98). Selon les recommandations de DeVellis (2017), les items qui avaient très peu de variances (c'est-à-dire que la plupart des individus avaient répondu de la même façon), ainsi que les items dont les moyennes étaient trop près des extrêmes, ont été éliminés ($n = 18$, #10, #13, #21, #22, #27, #31, #37, #46, #47, #51, #52, #56, #68, #77, #81, #83, #89, #94). L'alpha de Cronbach pour le facteur 1 regroupant les items retenus, relatifs aux interventions proactives/positives ($n = 49$) est de 0,91, ce qui est excellent. L'alpha de Cronbach du facteur 2 regroupant les items retenus pour les interventions réactives liées à la punition ($n = 19$) est de 0,79, ce qui est jugé très acceptable. Cela confirme la bonne cohérence interne des deux facteurs.

4.5.2 Analyses factorielles confirmatoires

À cette étape-ci, l'ensemble des items retenus suite à l'AFE a été intégré aux AFC ($N = 68$ items). Considérant la présence de corrélations de bonnes amplitudes entre chacun des items sur les deux facteurs identifiés en AFE (stratégies proactives et réactives positives; stratégies réactives punitives) et sur les construits théoriques spécifiques identifiés en tant que sous-échelles (exemple, stratégies favorisant l'autorégulation), la qualité de l'ajustement est ensuite vérifiée par le biais des AFC.

| **Tableau 4.2** | **Nombre d'items, alpha de Cronbach et indicateurs de la qualité de l'ajustement pour les analyses factorielles confirmatoires sur les facteurs de l'IPGC** | | | | |

Facteurs	**Nombre d'items**	**Alpha de Cronbach**	**Indicateurs de la qualité de l'ajustement**			
			X^2 (*ddl*)	X^2/ddl	**RMSEA**	**CFI**
Stratégies proactives et réactives positives	49	0,91	2168,91 (1 127) $p = 0,00$	1,92	0,05	0,82
Stratégies réactives punitives	19	0,79	371,77 (150) $p = 0,00$	2,48	0,07	0,82

Note. ddl = degré de liberté. $N = 319$.

Le Tableau 4.2 rapporte les résultats de la première série d'AFC accomplie sur les deux facteurs. Le ratio observé entre le nombre de sujets ($N = 319$) et les paramètres estimés (49 items) correspond à un seuil acceptable d'environ 5:1. Les résultats démontrent que les critères statistiques de RMSEA (< 0,080) sont respectés, mais que les critères ne sont respectivement pas conformes pour le ratio X^2/ddl sur le facteur « Stratégies réactives punitives » ou pour le CFI (> 0,900) sur les deux facteurs.

La deuxième série d'AFC a été effectuée sur les sept sous-échelles. Le Tableau 4.3 permet d'apprécier la moyenne des corrélations bivariées, qui montrent globalement comment chaque item est significativement et relativement bien corrélé à la sous-échelle d'appartance. Le Tableau 4.4, page 107, rapporte les résultats de la deuxième série d'AFC qui testent le modèle théorique pour l'ensemble des sept sous-échelles de pratiques. Chacun des modèles (sous-échelles) répond au critère de puissance statistique, c'est-à-dire un ratio de 10:1 entre le nombre de sujets et les paramètres estimés (Kline, 2016). Les résultats démontrent que l'ensemble de celles-ci respecte les critères statistiques de RMSEA (< 0,080) et de CFI (> 0,900) et de ratio de X^2/ddl (autour ou plus petit que 2), confirmant ainsi la validité de la structure interne des sous-échelles.

Tableau 4.3   **Moyennes, minimums et maximums des corrélations de chaque item sur la sous-échelle d'appartenance**

Pratiques	M	Min	Max
Autorégulation	0,47	0,27	0,54
Planification/Gestion des ressources	0,50	0,37	0,60
Règles	0,56	0,49	0,65
Renforcement	0,58	0,42	0,70
Conséquences recommandées	0,49	0,36	0,57
Conséquences moins recommandées	0,54	0,38	0,66
Évaluation fonctionnelle	0,78	0,74	0,82

Note. Toutes les corrélations sont significatives à $p < 0,001$. $N = 319$.

Pour juger de la fidélité des sous-échelles constituées du nombre d'items final, des alphas de Cronbach ont été calculés pour chaque sous-échelle (voir Tableau 4.4, page 107). Ceux-ci sont calculés à partir du nombre d'items final de chacune des sous-échelles et sont jugés bons ($0,70 < \alpha < 0,80$), très bons ($\alpha > 0,80$) et parfois faibles ($\alpha < 0,70$). De façon globale, seulement la sous-échelle de renforcement présente un faible coefficient de cohérence interne, tandis que les autres coefficients sont meilleurs. Un autre indicateur de la fidélité utilisé pour valider la stabilité temporelle d'un construit dans le temps consiste à effectuer des analyses de corrélations temporelles. Celles-ci ont été faites sur les sept sous-échelles de l'IPGC (voir le Tableau 4.5, page 108). Selon les critères de DeVellis (2017), les coefficients des sous-échelles « planification et gestion des ressources » et « règles, consignes et routines » ont une stabilité respectable (r de 0,70 à 0,80), alors que les échelles « autorégulation » et « renforcement » ont une stabilité minimalement acceptable (r de 0,65 à 0,70). La stabilité des sous-échelles « conséquences recommandées » et « conséquences moins recommandées » est jugée indésirable (r de 0,60 à 0,65), alors que la stabilité de la sous-échelle « évaluation fonctionnelle » est jugée inacceptable ($r < 0,60$). Pour interpréter les résultats des tests-t pour données appariées (temps 1 et temps 2), une correction de Bonferroni a été appliquée à chaque test ($p = 0,05$/nombre de tests; Tabachnick et Fidell, 2013) pour contrôler la possibilité d'effectuer des erreurs alpha (erreur de type 1)[1]. Sur les sept sous-échelles évaluées, trois ne répondent pas aux critères de stabilité temporelle : autorégulation et évaluation fonctionnelle ont vu leur score augmenter entre les deux temps de mesure, tandis que ceux du renforcement ont diminué.

Tableau 4.4	Nombre d'items, alpha de Cronbach et indicateurs de la qualité de l'ajustement pour les analyses factorielles confirmatoires des sous-échelles de l'IPGC

Pratiques (sous-échelles)	Nombre d'items	Alpha de Cronbach	Indicateurs de la qualité de l'ajustement			
			X^2 (*ddl*)	X^2/*ddl*	RMSEA	CFI
Autorégulation	15	0,77	125,46 (88) $p = 0,00$	1,42	0,04	0,93
Planification/ Gestion des ressources	15	0,78	134,71 (90) $p = 0,00$	1,48	0,04	0,93
Règles	10	0,75	60,16 (33) $p = 0,00$	1,81	0,05	0,94
Renforcement	6	0,58	8,90 (8) $p = 0,35$	1,00	0,02	1,00
Conséquences recommandées	10	0,64	57,15 (32) $p = 0,00$	1,78	0,05	0,91
Conséquences moins recommandées	9	0,69	52,81 (26) $p = 0,00$	2,00	0,06	0,93
Évaluation fonctionnelle	3	0,69	0,56 (1) $p = 0,46$	0,56	0,00	1,00

Note. ddl = degré de liberté. $N = 319$.

---

[1] L'erreur de type 1 consiste à rejeter l'hypothèse nulle alors qu'elle est vraie, c'est-à-dire à considérer qu'il a un effet significatif alors qu'il n'y a pas d'effet dans le réel

Tableau 4.5	Scores moyens et écarts-types pour chacun des temps de mesure, corrélations et résultats des tests-t appariés (test-retest) selon les sous-échelles de l'IPGC pour fréquence d'utilisation

Pratiques (sous-échelles)	Temps 1[0] M (*ÉT*)	Temps 2[0] M (*ÉT*)	*r*	*t*[a]
Autorégulation	3,78 (0,43)	3,85 (0,47)	0,66	3,30*
Planification/Gestion des ressources	4,13 (0,41)	4,14 (0,46)	0,72	0,54
Règles	4,20 (0,46)	4,22 (0,49)	0,74	1,18
Renforcement	4,09 (0,54)	4,00 (0,55)	0,69	-3,37*
Conséquences recommandées	3,44 (0,54)	3,48 (0,63)	0,60	1,27
Conséquences moins recommandées	2,16 (0,54)	2,17 (0,61)	0,63	0,34
Évaluation fonctionnelle	3,17 (0,72)	3,36 (0,72)	0,56	4,79*

Note. Toutes les corrélations (*r*) sont significatives à $p < 0,001$.

[a] Seuil de signification après la correction de Bonferroni : 0,05/7 = 0,007.

* Selon les tests-t appariés, les moyennes entre les deux temps de mesure diffèrent significativement.

[0] Intervalle de 15 à 21 jours entre le temps 1 et le temps 2.

$N = 315$.

4.6 Discussion

Cette étude visait à effectuer les premières étapes de validation d'un instrument de mesure, l'IPGC (Massé et al., 2015), portant sur les pratiques d'intervention utilisées par les enseignants pour gérer les comportements difficiles présentés par les élèves dans leur classe. Au regard de la démarche proposée par DeVellis (2017), les étapes 1 à 5 ont été accomplies lors de cette étude; les résultats ici obtenus correspondent donc à l'évaluation préliminaire d'un instrument dont les données ont été recueillies auprès de participants universitaires qui présentent des caractéristiques similaires à la population cible correspondant à des enseignants, soit des étudiants inscrits dans un programme de formation à l'enseignement. Des analyses visant à vérifier la validité de l'instrument sur le plan de sa structure interne ont d'abord été effectuées par l'entremise d'analyses factorielles, pour ensuite examiner la fidélité des différentes sous-échelles sur le plan de la cohérence interne (alpha de Cronbach) et de la stabilité temporelle.

Globalement, les AFE soutiennent deux facteurs théoriques qui n'ont pu être vérifiés lors des AFC, mais des sous-échelles sous-jacentes à ces deux facteurs et appuyées théoriquement répondent aux critères des AFC effectuées dans un deuxième temps. Enfin, les méthodes utilisées pour examiner la fidélité de ces sous-échelles suggèrent des résultats généralement acceptables. Dans l'ensemble, ces résultats montrent que des améliorations doivent être apportées à l'instrument.

4.6.1 Validité des construits

La structure sous-jacente des données, établie à partir de l'AFE, identifie deux facteurs théoriques (stratégies proactives et réactives positives; stratégies réactives punitives) et indique que les items retenus, qui saturent fortement sur chacun de ces facteurs, sont cohérents avec le modèle théorique. Ici, même si les données correspondent bien au modèle théorique, nous ne pouvons avancer que le modèle est « correct », mais pouvons plutôt observer que le modèle est plausible (Schermelleh-Engel, Moosbrugger et Müller, 2003). D'ailleurs, le faible pourcentage de la variance expliquée par ces deux facteurs, soit seulement 22 %, suggère que les items ne soutiennent que partiellement le modèle théorique et que d'autres variables pourraient entrer en jeu. Les limites du construit évalué apparaissent également lors de la première série d'AFC effectuée sur les deux facteurs, alors que les résultats obtenus ne respectent généralement pas les critères (seulement le RMSEA est bon sur les deux facteurs). Une explication potentielle à ces résultats réfère à la grandeur de l'échantillon, qui restreint la puissance statistique à un ratio « acceptable ». Il est donc difficile, pour ces deux facteurs, de déterminer si les items suggérés se regroupent statistiquement autour d'un même construit théorique (c'est-à-dire, si les items d'un même facteur covarient). Malgré tout, il importe de retenir que le modèle théorique apparaît pertinent et qu'il est congruent aux résultats obtenus par Clunies-Ross et ses collègues (2008), mais que des ajustements doivent être apportés pour augmenter la variance expliquée, soit par l'ajout de certains items ou en reformulant certaines pratiques, soit en modifiant les caractéristiques de l'échantillon (exemple, augmenter sa taille).

Compte tenu de leur pertinence théorique, clinique ou de leur utilité en milieu scolaire, sept construits théoriques spécifiques (sous-échelles) sous-jacents au modèle théorique à deux facteurs (stratégies proactives et réactives positives; stratégies réactives punitives) identifiés en AFE ont également été examinés lors d'une deuxième série d'AFC. Celles-ci ont permis de vérifier si les items proposés covarient autour de sept sous-échelles découlant des modèles d'intervention de stratégies proactives/réactives positives (autorégulation; planification de l'enseignement et gestion du temps; établissement de règles et consignes; renforcement; évaluation fonctionnelle) et de stratégies réactives punitives (conséquences recommandées; conséquences moins recommandées). Les résultats indiquent que l'ensemble des corrélations bivariées de chaque item sur la sous-échelle d'appartenance est significatif et que la plupart des différents indicateurs de la qualité de l'ajustement respectent les critères établis. Plus précisément, l'indicateur du chi-carré sur les sous-échelles ne va pas dans le sens attendu (c'est-à-dire, significatif). Ces résultats ne sont pas nécessairement surprenants, alors qu'il est reconnu que cet indicateur est sensible à la taille de l'échantillon et qu'il est recommandé de tenir compte des résultats de plusieurs indicateurs pour établir la validité des construits (Browne et Cudeck 1993; Kline, 2010; Schumacker et Lomax, 1996). En ce sens, l'analyse des autres indicateurs laisse croire à la validation des construits théoriques.

4.6.2 Fidélité de l'instrument

Les résultats obtenus aux analyses qui estiment la fidélité de l'instrument sont moins concluants. En effet, l'ampleur des coefficients de l'alpha de Cronbach pour la fréquence est acceptable ou bonne. Ces résultats pourraient s'expliquer par le fait que chaque item d'une même sous-échelle ne se répète jamais. Autrement dit, chaque item constitue une pratique différente d'une autre à l'intérieur du même construit, alors que toutes les sous-échelles du même construit se regroupent uniquement par leur nature « éducative ». On pourrait penser qu'en décuplant le nombre d'items qui évaluent une même pratique tout en modifiant la formulation, en vue d'évaluer si un même individu répond de la même façon à des items qui évaluent la même pratique, permettrait d'augmenter la cohérence interne de chaque sous-échelle. Ici, alors que l'objectif était de développer un outil qui établit un portrait exhaustif des pratiques, cette stratégie n'avait pas été retenue puisque cela aurait entraîné un questionnaire très long à remplir.

Parallèlement, les coefficients de corrélation obtenus lors de la mesure de la stabilité temporelle sont plutôt faibles, ce qui suggère une instabilité. Deux raisons liées au contexte peuvent expliquer les différences significatives entre les réponses au premier et au deuxième temps : le contexte d'enseignement inhérent au programme de formation auquel les participants sont inscrits et l'effet de stage; ces effets seraient à vérifier. Il est possible qu'entre les deux passations, qui se sont effectuées dans un délai relativement court, les items suggérés aient pu être mémorisés partiellement, ce qui est susceptible d'avoir favorisé des réponses différentes à la seconde passation. Il est également possible que la première complétion du questionnaire ait amené les participants à se questionner entre eux sur les réponses possibles sur les pratiques et qu'ils se soient rendu compte qu'ils utilisaient peut-être une stratégie sans en connaître le nom ou le terme (par exemple, évaluation fonctionnelle). Dans ce cas-ci, la formulation des items mériterait d'être validée d'abord avant de passer à l'étape 6 de DeVellis (2017). Quoi qu'il en soit, cette stabilité temporelle plus faible indique que les réponses des futurs enseignants peuvent être sensibles au temps, ce qui est aussi plausible considérant que le contexte dans lequel évoluent les étudiants peut être influencé par plusieurs facteurs (exemple, la classe, les caractéristiques des élèves, le maître-enseignant associé, etc.). Ainsi, il serait possiblement plus approprié d'indiquer une certaine « période » à la consigne de départ (exemple, au cours des deux dernières semaines) ou demander de préciser les réponses pour un élève en particulier. D'autre part, les répondants étant en contexte de formation et n'ayant pas tous reçu le même nombre d'heures de formation sur les interventions recommandées pour les élèves PDC, il se peut qu'ils n'aient pas eu les connaissances suffisantes pour bien coter chacun des items. Ainsi, avant même de passer à l'étape 6 de DeVellis (2017), ces analyses devront être refaites auprès d'un échantillon d'enseignants en exercice pour vérifier si la stabilité temporelle de l'instrument est meilleure.

4.6.3 Modifications à apporter à l'instrument

Selon les recommandations de DeVellis (2017), différentes actions pourraient être faites pour améliorer la validité et la fidélité de l'instrument. Pour augmenter la cohérence interne de certaines sous-échelles de l'instrument, en particulier celle liée à l'évaluation fonctionnelle qui contient seulement trois items, il pourrait être pertinent d'ajouter certains items. Aussi, il pourrait être envisagé de fusionner des sous-échelles, notamment celles relatives aux conséquences, ce qui serait aussi cohérent sur le plan théorique. Enfin, l'échelle utilisée pour coter chacun des items pourrait être modifiée. En effet, bien que les réponses s'étendent entre 1 et 5, seulement la signification des scores extrêmes (fréquence : de 1 = jamais à 5 = très souvent; efficacité : de 1 = inefficace à 5 = très efficace) est explicite. La signification de chacun des points de l'échelle et non seulement celle des scores extrêmes pourrait améliorer la stabilité temporelle de l'instrument.

4.7 Conclusion

Cette étude fait un pas vers une meilleure compréhension de ce qui est mis en place par les enseignants pour gérer les élèves qui présentent des difficultés comportementales en classe. En effectuant les premières étapes de validation d'un instrument sur l'inventaire des pratiques d'intervention, cette étude permet de poursuivre les travaux amorcés par d'autres chercheurs, sans que les questionnaires développés à ce jour soient suffisamment représentatifs d'un éventail de pratiques pour gérer les comportements difficiles (Clunies-Ross et al., 2008; Janosz et al., 2004) ou qu'ils ne soient adaptés au contexte québécois et à la langue d'usage (Cancio, 2010; Gable et al., 2012; Knoff, 2008; Reddy, Fabiano et Fabiano, 2015; Webster-Stratton, 2007). Bien que, dans la logique proposée par DeVellis (2017), nous devrions maintenant pouvoir effectuer les étapes 6 et 7 en vue de vérifier la validité auprès d'un échantillon de plus grande taille et représentant la population cible (enseignants en exercice), certaines démarches préliminaires devront permettre de répondre aux limites de cette étude. Plus particulièrement, nous devrions vérifier si la formulation actuelle des items est vraiment bien comprise ou si elle réfère à un langage commun et partagé auprès des participants. Nous pourrions aussi vérifier si certains items pourraient être ajoutés aux sous-échelles qui obtiennent une cohérence interne moins élevée. Nous pourrions également améliorer la puissance statistique en augmentant le nombre de participants et en contrôlant les contextes dans lesquels les participants évoluent pour mieux établir la stabilité temporelle de l'instrument. En ce sens, l'étape 5 devrait possiblement être reconduite.

Malgré certaines limites, cette étude fournit les bases pour améliorer l'IPGC et faire une étude de validation à plus grande échelle auprès d'enseignants en exercice du préscolaire, du primaire et du secondaire, des secteurs réguliers et d'adaptation scolaire. Il sera nécessaire de vérifier si les items de l'instrument sont pertinents, quel que soit l'ordre d'enseignement, la matière enseignée ou le contexte particulier (classe ordinaire, classe enrichie, classe d'adaptation scolaire, etc.). Des recherches futures de validation pourront aussi porter sur l'utilisation du questionnaire auprès de différents répondants, par exemple l'enseignant et un observateur, et la fidélité interjuges, ou encore, sur la validité liée à un critère externe (concurrente), de convergence ou de divergence de l'instrument avec d'autres mesures existantes mesurant des concepts similaires. L'instrument pourrait aussi être adapté comme mesure observationnelle.

Sur le plan clinique, l'IPGC pourra se révéler utile lors de l'accompagnement des enseignants afin d'évaluer de façon formative leurs pratiques à l'égard des élèves PDC. Il a été en effet démontré que l'évaluation formative associée à un accompagnement par un professionnel compétent peut améliorer les pratiques des enseignants (Pas, Bradshaw et Cash, 2014; Reddy, Dudek et Shernoff, 2016). Différents modes d'accompagnement se sont révélés efficaces pour favoriser l'intégration scolaire des élèves PDC (Massé, Nadeau, Couture, Verret et Lanaris, 2015), notamment la formation/accompagnement (Gaudreau, 2011), la consultation comportementale (Couture et Massé, 2014; Nadeau, Normandeau et Massé, 2015), la consultation selon le modèle de la santé mentale (Gilliam, Maupin et Reyes, 2016) ou l'animation d'une communauté d'apprentissage (Massé, Lanaris, Dumouchel et Tessier, 2008). Enfin, il pourrait être intéressant de voir si les résultats à l'IPGC peuvent prédire les comportements des élèves PDC ou avoir un impact positif sur leur réussite, leur engagement et leur adaptation scolaire.

4.8 Remerciements

Nous tenons à remercier tous les assistants de recherche ainsi que les participants qui ont collaboré aux différentes étapes de la validation de l'instrument.

4.9 Financement et soutien

Ce projet a été rendu possible grâce à une subvention du Fonds de recherche du Québec – Société et culture dans le cadre du programme Actions concertées sur la persévérance et la réussite éducative, ainsi qu'à une subvention du Conseil de recherche en sciences humaines du Canada.

Références

Akin-Little, A., Little, S. G., Bray, M. A. et Kehle, T. J. (2009). *Behavioral interventions in schools: Evidence-based positive strategies.* Washington, DC: American Psychological Association.

Baker, P. H. (2005). Managing student behavior: How ready are teachers to meet the challenge? *American Secondary Education, 33*(3), 51-64.

Bandura, A. (2012). *Social cognitive theory.* Dans P. A. M., Van Lange, A. W., Kruglanski et E. T. Higgins (dir.), *The theories of social psychology* (vol. 1, pp. 349-373). Londres, Royaume-Uni : Sage Publications Ltd.

Beaman, R. et Wheldall, K. (2000). Teachers' use of approval and disapproval in the classroom. *Educational Psychology, 20*(4), 431-446.

Begeny, J. C. et Martens, B. K. (2006). Assessing pre-service teachers' training in empirically-validated behavioral instruction practices. *School Psychology Quarterly, 21*(3), 262-285.

Brackenreed, D. (2008). Inclusive education: Identifying teachers' perceived stressors in inclusive classrooms. *Exceptionality Education Canada, 18*(3), 131-147.

Browne, M. W. et Cudeck, R. (1993). *Alternative ways of assessing model fit.* Dans K. A. Bollen et J. S. Long (dir.), *Testing structural equation models* (pp. 136-162). Newbury Park, CA: Sage.

Cancio, J. (2010). *Behavioral intervention survey.* Toledo, OH: The University of Toledo.

Cooper, P. (2011). Teacher strategies for effective intervention with students presenting social, emotional and behavioural difficulties: An international review. *European Journal of Special Needs Education, 26*(1), 71-86.

Couture, C. et Massé, L. (2014). ACE: A collaborative school consultation program for secondary school teachers. *Journal of the International Association of Special Education, 15,* 48-57.

Costello, A. B. et J. W. Osborne (2005). Best practices in exploratory factor analysis: Four recommendations for getting the most from your analysis. *Practical Assessment, Research and Evaluation, 10*(7), 1-9.

Clunies-Ross, P., Little, E. et Kienhuis, M. (2008). Self-reported and actual use of proactive and reactive classroom management strategies and their relationship with teacher stress and student behaviour. *Educational Psychology, 28*(6), 693-710.

Debnam, K. J., Pas, E. T., Bottiani, J., Cash, A. H. et Bradshaw, C. P. (2015). An examination of the association between observed and self-reported culturally proficient teaching practices. *Psychology in the Schools, 52*(6), 533-548.

DeVellis, R. F. (2017). *Scale development: Theory and applications* (4e éd.). Newbury Park, CA: Sage.

Dufrene, B. A., Lestremau, L. et Zoder-Martell, K. (2014). Direct behavioral consultation: Effects on teachers' praise and student disruptive behavior. *Psychology in the Schools, 51*(6), 567-580.

DuPaul, G. J. et Weyandt, L. L. (2009). Behavioral interventions with externalizing disorders. Dans A. Akin-Little, S. G. Little, M. A. Bray et T. J. Kehle (dir.), *Behavioral interventions in schools : Evidence-based positive strategies* (pp. 265-280). Washington, DC: American Psychological Association.

Dussault, M., Valois, P. et Frenette, É. (2007). Validation de l'échelle de leadership transformatif du directeur d'école. *Psychologie du travail et des organisations, 13*(2), 37-52.

Fabiano, G. A., Pelham, W. E., Coles, E. K., Gnagy, E. M., Chronis-Tuscano, A. et O'Connor, B. C. (2009). A meta-analysis of behavioral treatments for attention-deficit/hyperactivity disorder. *Clinical Psychology Review, 29*(2), 129-140.

Fernet, C., Guay, F., Senécal, C. et Austin, S. (2012). Predicting intraindividual changes in teacher burnout: The role of perceived school environment and motivational factors. *Teaching and Teacher Education, 28*(4), 514-525.

Fossum, S. H., Martinussen, B. H., Morch, M. et Tore, W. (2008). Psychosocial interventions for disruptive and aggressive behaviour in children and adolescents: A meta-analysis. *European Child and Adolescent Psychiatry, 17*(7), 438-451.

Gable, S., Rothrauff, T. C., Thornburg, K. R. et Mauzy, D. (2010). Analysis of ongoing participation in a child care workforce cash incentive programme in the United States. *Early Child Development and Care, 180*(6), 719-734.

Gable, R. A., Tonelson, S. W., Sheth, M., Wilson, C. et Park, K. L. (2012). Importance, usage, and preparedness to implement evidence-based practices for students with emotional disabilities: A comparison of knowledge and skills of special education and general education teachers. *Education and Treatment of Children, 35*(4), 499-519.

Gaudreau, N. (2011). Les comportements difficiles en classe : pistes de solutions pour mieux former les enseignants en exercice et favoriser la réussite des élèves. *La nouvelle revue de l'adaptation et de la scolarisation*, (53), 115-128.

Giallo, R. et Hayes, L. (2007). The paradox of teacher professional development programs for behaviour management: Comparing program satisfaction alongside changes in behaviour management practices. *Australian Journal of Educational and Developmental Psychology, 7,* 108-119.

Gilliam, W. S., Maupin, A. N. et Reyes, C. R. (2016). Early childhood mental health consultation: Results of a statewide random-controlled evaluation. *Child and Adolescent Psychiatry, 55*(9), 754-761.

Gimpel Peacock, G. et Collett, B. R. (2010). *Collaborative home/school interventions: Evidenced based solutions for emotional, behavioral, and academic problems.* New York, NY: The Guilford Press.

Gitomer, D., Bell, C., Qi, Y., McCaffrey, D., Hamre, B. K. et Pianta, R. C. (2014). The instructional challenge in improving teaching quality: Lessons from a classroom observation protocol. *Teachers College Record, 116*(6), 1-20.

Hogan, T. P., Parent, N. et Stephenson, R. (2017). *Introduction à la psychométrie.* Montréal, QC: Chenelière Éducation.

Hu, L.-T. et Bentler, P. M. (1999). Cutoff criteria for fit indexes in covariance structure analysis: Conventional criteria versus new alternatives. *Structural Equation Modeling, 6*(1), 1-55.

Infantino, J. et Little, E. (2005). Students' perceptions of classroom behaviour problems and the effectiveness of different disciplinary methods. *Educational Psychology, 25*(5), 491-508.

International Business Machines Corporation. (2013). *IBM SPSS Statistics for Windows, version 22.0.* Armonk, NY: IBM Corp.

Janosz, M., Bowen, F., Chouinard, R., Desbiens, N., Bouthillier, C., Morin, A. et Lacroix, M. (2004). *Questionnaire sur l'environnement socioéducatif (QES-WEB) – Primaire : Questionnaire de l'élève.* Montréal, QC : Université de Montréal, Centre de transfert pour la réussite éducative du Québec (CTREQ).

Jeffrey, D. et Sun, F. (2006). *Enseignants dans la violence.* Québec, QC : Les Presses de l'Université Laval.

Kalis, T., Vannest, K. et Parker, R. (2007). Praise counts: Using self-monitoring to increase effective teaching practices. *Preventing School Failure, 51*(3), 20-27.

Kazdin, A. E. (2013). *Behavior modification in applied settings* (7ᵉ éd.). Long Grove, IL: Waveland Press, Inc.

Karsenti, T., Collin, S. et Dumouchel, G. (2009, avril). *Pourquoi les nouveaux enseignants quittent-ils la profession? Résultats d'une enquête pancanadienne.* Communication présentée au 2ᵉ colloque national sur l'insertion professionnelle, Ottawa. Résumé repéré à http://crifpe.ca/colloqueip2009/index.php/programmation/res_libre

Kauffman, J. M. et Landrum, T. J. (2009). Politics, civil rights, and disproportional identification of students with emotional and behavioral disorders. *Exceptionality, 17*(4), 177-188.

Kline, R. B. (2016). *Principles and practice of structural equation modeling* (4ᵉ éd.). New York, NY: Guilford Press.

Knoff, H. M. (2008). *Behavioral intervention survey.* Repéré à http://www.projectachieve.info/assets/files/pdfs/Behavioral_Intervention_Survey_907.pdf

Koziol, S. M. et Burns, P. (1986). Teachers' accuracy in self-reporting about instructional practices using a focused self-report inventory. *The Journal of Educational Research, 79*(4), 205-209.

Leflot, G., van Lier, P. A. C., Onghena, P. et Colpin, H. (2010). The role of teacher behavior management in the development of disruptive behaviors: An intervention study with the good behavior game. *Journal of Abnormal Child Psychology, 38*(6), 869-882.

Laveault, D. et Grégoire, J. (2002). *Introduction aux théories des tests en psychologie et en science de l'éducation* (2ᵉ éd.). Bruxelles, Belgique : De Boeck.

Maggin, M. D., Wheby, J. H., Moore Partin, T. C., Robertson, R. et Oliver, R. M. (2011). A comparison of the instructional context for students with behavioral issues enrolled in self-contained and general education classrooms. *Behavioral Disorders, 36*(2), 84-99.

Massé, L., Bégin, J.-Y., Couture, C., Plouffe-Leboeuf, T., Beaulieu-Lessard, M. et Tremblay, J. (2015). Stress des enseignants envers l'intégration des élèves présentant des troubles du comportement. *Éducation et francophonie, 43*(2), 179-200.

Massé, L. et Couture, C. (2016). L'exercice du rôle-conseil en milieu scolaire. Dans M. Caouette (dir.), *Le psychoéducateur et l'exercice du rôle-conseil* (p. 65-102). Longueil, QC : Béliveau Éditeur.

Massé, L., Couture, C., Verret, C., Nadeau, M.-F., Gaudreau, N., Bégin, J. Y., Tremblay, J., Lagotte, S. (2015). *Inventaire des pratiques de gestion de comportements.* Document inédit.

Massé, L., Desbiens, N. et Lanaris, C. (2014). *Les troubles du comportement à l'école : prévention, évaluation et intervention* (2ᵉ éd.). Montréal, QC : Gaëtan Morin Éditeur.

Massé, L., Lanaris, C., Dumouchel, M. et Tessier, M. (2008). Un service de soutien offert aux enseignants pour favoriser l'inclusion scolaire des élèves présentant un trouble déficitaire de l'attention/hyperactivité. Dans J. Myre-Bisaillon et N. Rousseau (dir.), *Les jeunes en grande difficulté : contextes d'intervention favorables* (p. 141-165). Québec, QC : Presses de l'Université du Québec.

Massé, L., Nadeau, M.-F., Couture, C., Verret, C. et Lanaris, C. (2015). Aider les enseignants dans l'inclusion scolaire des enfants et des adolescents avec un TDA/H. *La nouvelle revue de l'adaptation et de la scolarisation,* (68), 85-98.

McCormick, J. et Barnett, K. (2011). Teachers' attributions for stress and their relationships with burnout. *International Journal of Educational Management, 25*(3), 278-293.

Michail, S. (2012). *"…Because suspension doesn't teach you anything" [sic]: What students with challenging behaviours say about school suspension.* Parramatta, Australie: UnitingCare Children, Young People and Families.

Ministère de l'Éducation, de l'Enseignement supérieur et de la Recherche. (2015). *Cadre de référence et guide à l'intention du milieu scolaire : L'intervention auprès des élèves ayant des difficultés de comportement.* Repéré à http://www.education.gouv.qc.ca/fileadmin/site_web/documents/dpse/adaptation_serv_compl/14_00479_cadre_intervention_eleves_difficultes_comportement.pdf

Nadeau, M.-F., Normandeau, S. et Massé, L. (2015). TDAH et interventions scolaires efficaces : fondements et principes d'un programme de consultation individuelle. *Revue de psychoéducation, 44*(1), 1-23.

Pas, E. T., Bradshaw, C. P. et Cash, A. H. (2014). Coaching classroom-based preventive interventions. Dans M. D. Weist, N. A. Lever, C. P. Bradshaw et J. S. Owens (dir.), *Handbook of school mental health: Research, training, practice, and policy* (p. 255-267). New York, NY: Springer.

Payne, R. (2015). Using rewards and sanctions in the classroom: Pupils' perceptions of their own responses to current behaviour management strategies. *Educational Review, 67*(4), 483-504.

Pianta, R. C., La Paro, K. M. et Hamre, B. K. (2008). *Classroom assessment scoring system [CLASS] Manual: Pre-K.* Baltimore, MD: Brookes Publishing.

Raggi, V. L. et Chronis, A. M. (2006). Interventions to address the academic impairment of children and adolescents with ADHD. *Clinical Child And Family Psychology Review, 9*(2), 85-111.

Reddy, L. A., Dudek, C. M., Hsu, L. et Fabiano, G. A. (2013). Development and construct validity of the Classroom Strategies Scale-Observer Form. *School Psychology Quarterly, 28*(4), 317-341.

Reddy, L. A., Dudek, C. M. et Shernoff, E. (2016). Teacher formative assessment: The missing link in response to intervention. Dans S. Jimerson, M. Burns et A. VanDerHayden (dir.), *Handbook for response to intervention* (2ᵉ éd., p. 607-623). New York, NY: Springer Press.

Reddy, L. A., Fabiano, G. A. et Reddy, L. A. (2015). Measuring teacher self-report on classroom practices: Construct validity and reliability of the Classroom Strategies Scale – Teacher Form. *School Psychology Quarterly, 30*(4), 513-533.

Regan, K. S. et Michaud, K. M. (2011). Best practices to support student behavior. *Beyond Behavior, 20*(2), 40-47.

Reinke, W. M., Stormont, M., Herman, K. C., Wang, Z., Newcomer, L. et King, K. (2014). Use of coaching and behavior support planning for students with disruptive behavior within a universal classroom management program. *Journal of Emotional and Behavioral Disorders, 22*(2), 74-82.

Schermelleh-Engel, K.,Moosbrugger, H. et Müller, H. (2003). Evaluating the fit of structural equation models: Tests of significance and descriptive goodness-of-fit measures. *Methods of Psychological Research Online, 8*(2), 23-74

Schumacker, R. E. et Lomax, R. G. (1996). *A beginner's guide to structural equation modeling*. Hillsdale, NJ: Lawrence Erlbaum Associates.

Sellman, E. (2009). Lessons learned: Student voice at a school for pupils experiencing social, emotional and behavioural difficulties. *Emotional and Behavioural Difficulties, 14*(1), 33-48.

Shaver, P. R. et Mikulincer, M. (2012). Attachment theory. Dans P. A. M., Van Lange, A. W. Kruglanski et E. T. Higgins (dir.), *The theories of social psychology* (vol. 1, pp. 160-177). Londres, Royaume-Uni : Sage Publications Ltd.

Simpson, R., Peterson, R. et Smith, C. (2011). Critical educational components for students with emotional and behavioral disorders: Science, policy, and practice. *Remedial and Special Education, 32*(3), 230-242.

State, T., Kern, L., Starosta, K. et Mukherjee, A. (2011). Elementary pre-service teacher preparation in the area of social, emotional, and behavioral problems. *School Mental Health, 3*(1), 13-23.

Steege, M. W. et Brown-Chidsey, R. (2008). Functional behavioral assessment: The cornerstone of effective problem solving. Dans R. Brown-Chidsey (dir.), *Assessment for intervention: A problem-solving approach* (pp. 131-154). New York, NY: The Guilford Press.

Steege, M. W. et Scheib, M. A. (2014). Best practices in conducting functional behavioral assessment. Dans P. Harrison et A. Thomas (dir.), *Best practices in school psychology: Data-based and collaborative decision-making* (pp. 273-286). Bethesda, MD: National Association of School Psychologist.

Stevens, J. P. (2009). *Applied multivariate statistics for the social sciences* (5ᵉ éd.). New York, NY: Routledge.

Stormont, M. et Reinke, W. (2009). The importance of precorrective statements and behavior-specific praise and strategies to increase their use. *Beyond Behavior, 18*(3), 26-32.

Streiner, D. L. (2003). Starting at the beginning: An introduction to coefficient alpha and internal consistency. *Journal of Personality Assessment, 80*(1), 99-103.

Toch, T. et Rothman, R. (2008). *Rush to judgment: Teacher evaluation in public education*. Repéré à http://educationpolicy.air.org/sites/default/files/publications/RushToJudgment_ES_Jan08.pdf

Webster-Stratton, C. (2007). *Best Practices Inventory-R*. Repéré à www.incredibleyears.com/dowmoad/reseources/teacher-pgrm/Best-Practices_Teacher-Classroom.pdf

Zentall, S. S. et Javorsky, J. (2007). Professional development for teachers of students with ADHD and characteristics of ADHD. *Behavioral Disorders, 32*(2), 78-93.

5 | Points de vue d'élèves en troubles du comportement sur les mesures d'apaisement de deux écoles spécialisées

Carine Fournier
Centre intégré de santé et de services sociaux du Bas-Saint-Laurent, Installation du CRDITED

Line Massé
Département de psychoéducation, Université du Québec à Trois-Rivières

Claudia Verret
Département des sciences de l'activité physique,
Université du Québec à Montréal

Marie Josée Picher
Département de psychoéducation, Université du Québec à Trois-Rivières

Johanne Doyon
Commission scolaire des Affluents

Gaëlle Delisle
Commission scolaire des Affluents

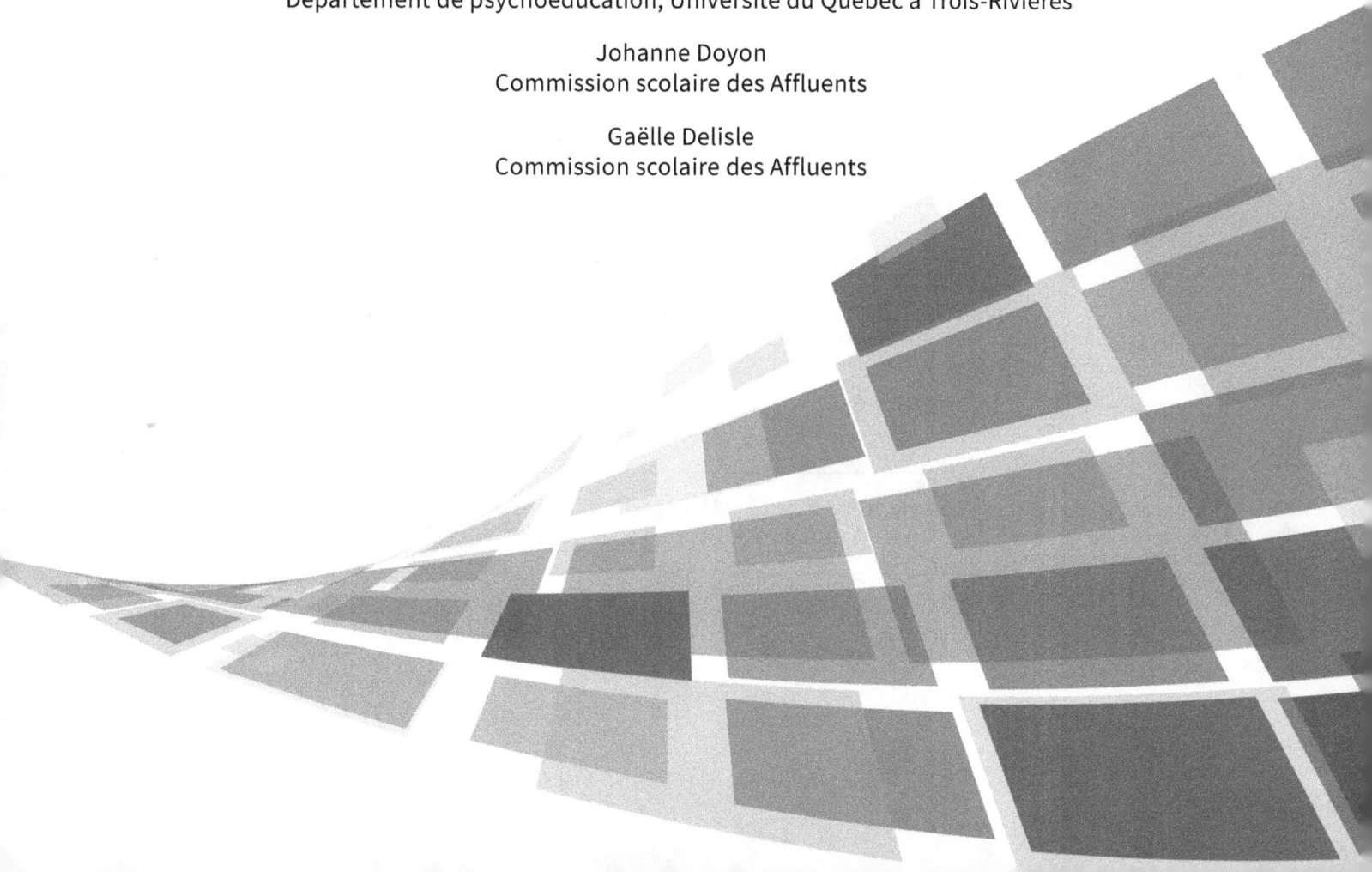

Résumé

Contexte

Les élèves ayant un trouble du comportement extériorisé manifestent généralement des problèmes de régulation émotionnelle qui perturbent le déroulement de la classe et les rendent moins disponibles pour les apprentissages. Ces problèmes sont le facteur le plus important nuisant à leur intégration scolaire dans une classe ordinaire. Deux écoles primaires spécialisées ont mis en place différentes mesures d'apaisement centrées sur la modulation des émotions afin de favoriser le développement de l'autocontrôle de ces élèves.

Objectifs

Dans le cadre d'une recherche-action, le projet avait pour but d'améliorer les mesures d'apaisement mises en place par l'entremise d'une évaluation formative. Ce chapitre présente une partie des résultats de l'évaluation qualitative. Les objectifs spécifiques étaient de cerner les perceptions des élèves quant à l'utilité et à l'impact de ces mesures ainsi que leurs appréciations de celles-ci.

Méthode

Des entretiens individuels semi-structurés ont été réalisés auprès de 29 élèves de 8 à 12 ans.

Résultats

Les élèves perçoivent l'utilité et l'effet apaisant de la plupart de ces mesures. Selon les témoignages recueillis, elles contribuent à rendre les élèves promptement aptes à se reprendre en main et, lors de leur retour en classe, à se concentrer et à travailler. Les mesures de décharge motrice semblent particulièrement appréciées.

Conclusion

Bien que les mesures d'apaisement semblent dans l'ensemble être utilisées à bon escient, une des mesures d'apaisement hors classe est parfois prise comme tactique d'évitement aux tâches demandées en classe.

Mots-clés

Trouble du comportement, gestion de la colère, gestion de crise, mesures d'apaisement, autocontrôle, autorégulation des émotions.

Recommandations cliniques issues de l'étude

- Les mesures liées au retrait autonome et aux activités de décharge motrice axées sur la réduction des tensions physiques devraient être intégrées de façon plus systématique au plan d'intervention individualisé des élèves présentant des troubles du comportement.

- Afin de prévenir que certaines mesures d'apaisement soient prises par les élèves comme moyen d'éviter la tâche à réaliser en classe, les enseignants ou les techniciens en éducation spécialisée devraient d'abord vérifier leur intention avant de leur permettre de sortir de la classe et leur apporter de l'aide opportune au besoin.

- Le décompte dans les salles de retrait devrait commencer dès que les élèves y entrent et non seulement lorsqu'ils sont en silence. Après le temps de retrait prescrit selon l'âge des enfants, d'autres mesures d'apaisement devraient être offertes pour permettre un apaisement complet. Il serait aussi essentiel de s'assurer de respecter le cadre légal sur les mesures de contention.

Questions pédagogiques

- Quelles sont les stratégies d'intervention cognitivo-comportementales mise en place pour intervenir auprès des enfants qui présentent des troubles du comportement?

- Quelles sont les techniques d'entretien à utiliser pour favoriser l'expression des enfants tout en n'orientant pas leurs réponses?

- Comment le retrait pourrait-il être utilisé afin d'améliorer davantage l'autocontrôle des élèves?

5.1 Introduction

Parmi les élèves handicapés ou en difficultés d'adaptation et d'apprentissage (EHDAA), les élèves qui présentent un trouble du comportement (TC) sont reconnus comme étant les plus difficiles à intégrer en classe ordinaire (Kauffman et Landrum, 2009). D'ailleurs, comparativement aux autres, ils sont plus souvent placés dans des environnements ségrégués ou restrictifs (Achilles, Mclaughlin et Croninger, 2007; National Center for Education Statistics, 2010; Smith, Katsiyannis et Ryan, 2011). La grande majorité des élèves présentant un TC placés en classe spéciale ne réintègrent pas le secteur régulier pour le reste de leur scolarité, et ce, malgré une amélioration tangible sur le plan comportemental (Walter et Petr, 2004). Pourtant, comparativement à la scolarisation en classe spéciale, l'intégration scolaire en classe ordinaire aurait des effets bénéfiques pour les élèves présentant un TC, notamment sur les plans de l'adaptation sociale, du rendement scolaire et de la diplomation (Rousseau et al., 2015).

Au Québec, nonobstant que l'intégration scolaire soit privilégiée dans le cadre de référence pour les élèves en difficulté de comportement (Ministère de l'Éducation, de l'Enseignement supérieur et de la Recherche [MEESR], 2015), seulement 50,1 % des élèves présentant un TC seraient intégrés en classe ordinaire au primaire et 20,2 % au secondaire (Ministère de l'Éducation, du Loisir et du Sport, 2010). En milieu scolaire, selon le MEESR (2015), l'élève présentant un TC montre « un déficit important de la capacité d'adaptation se manifestant par des difficultés significatives d'interaction avec un ou plusieurs éléments de l'environnement scolaire, social ou familial » (p. 11). Il peut s'agir de comportements inadaptés tant sur le plan extériorisé (déficit d'attention, hyperactivité, intolérance à la frustration, actes d'agression, opposition, provocation, etc.) que sur le plan intériorisé (manifestations d'anxiété, dépression, comportement de retrait, etc.). Par ailleurs, dans la documentation scientifique, l'appellation « ***trouble du comportement*** » correspond habituellement aux comportements de type extériorisé (American Psychiatric Association [APA], 2015). *Les TC renvoient à des gestes moteurs pouvant causer une blessure physique, tels que frapper, mordre, lancer des objets, etc., mais aussi, à des actions n'impliquant aucun contact physique, c'est-à-dire des signes belliqueux ou encore des paroles désobligeantes* (Gendreau et Vitaro, 2014). À cela s'ajoutent les refus persistants, l'intimidation et les gestes de destructions. Les TC extériorisés en milieu scolaire regroupent le trouble déficitaire de l'attention avec ou sans hyperactivité (TDAH), le trouble oppositionnel avec ou sans provocation (TOP), le trouble explosif intermittent et les troubles de la conduite (Déry et al., 2007; MEESR, 2015). Ces troubles impliquent tous un problème d'autocontrôle comportemental et émotionnel (APA, 2015; Forzano et al., 2011)[1], en particulier une réactivité émotionnelle négative (Mullin et Hinshaw, 2007). Dans le cadre de ce chapitre, l'appellation TC désignera ainsi les élèves qui présentent des TC extériorisés.

Les difficultés d'intégration des élèves présentant un TC sont intimement liées aux comportements inadéquats qu'ils manifestent, notamment, les comportements d'inattention à la tâche, la faible tolérance à la frustration, le manque d'inhibition comportementale, les problèmes d'autorégulation, le lieu de contrôle des renforcements plus externe qu'interne ainsi que les difficultés à suivre les consignes, à répondre aux attentes comportementales d'une classe ordinaire et à établir des relations positives avec leurs pairs et leurs enseignants (Mowat, 2010a; Rinkel, 2011). Les élèves présentant un TC sont même perçus comme une clientèle pour laquelle l'intégration scolaire en classe ordinaire peut s'avérer inappropriée (Reicher, 2010), particulièrement en raison de leurs difficultés liées à la gestion de la frustration et de la colère (Avramidis, Bayliss et Burden, 2000; Heflin et Bullock, 1999; Mowat, 2010a). Les comportements agressifs et perturbateurs apparaissent pour les enseignants comme étant les plus difficiles à gérer en salle de classe (Avramidis et al., 2000), du fait qu'ils rapportent se sentir obligés d'intervenir plus fréquemment sur ces comportements plutôt que

---

[1] En ce qui concerne les troubles de la conduite, les problèmes d'autocontrôle caractérisent davantage le sous-type débutant à l'enfance que le sous-type débutant à l'adolescence (APA, 2015).

d'enseigner (Wilde, 2001). Ces comportements engendrent des répercussions négatives sur le rendement scolaire des autres élèves (Poulou et Norwich, 2000) et représentent un facteur important de désengagement des pairs (Beaman et Wheldall, 2000). Les difficultés d'autocontrôle entraînent aussi souvent des escalades agressives qui peuvent dégénérer en crise si des interventions appropriées ne sont pas mises en place. Les problèmes de maîtrise de soi constituent d'ailleurs un facteur de risque de persistance ou d'aggravation des TC à l'adolescence et à l'âge adulte (Erskine et al., 2016). C'est pourquoi il importe d'aider les élèves présentant un TC à développer un meilleur autocontrôle, en particulier sur le plan émotionnel (Gusdorf, Karreman, van Aken, Deković et van Tuijl, 2011), afin qu'ils soient disponibles pour les apprentissages (Jull, 2009) ou qu'ils soient scolarisés dans un contexte le plus normalisant possible.

5.2 Cadre conceptuel

Avant d'aller plus loin, il importe de définir certains concepts sur lesquels repose le projet. Nous définissons d'abord l'autocontrôle, en particulier la régulation émotionnelle, puisque c'est l'objet du projet. Comme les pertes de contrôle des élèves ou leurs escalades agressives s'apparentent à des situations de crise et que les mesures d'apaisement mises en place s'insèrent dans le protocole de gestion de crise des écoles concernées, nous décrivons par la suite les phases de la crise et les moyens proposés pour la désamorcer ou favoriser le retour au calme après une perte de contrôle.

5.2.1 L'autocontrôle et la régulation émotionnelle

Il existe des dissensions sur la manière de définir ou même de nommer le concept d'***autocontrôle*** (Duckworth et Kern, 2011). Toutefois, dans la plupart des définitions, *ce concept réfère à la capacité d'un individu de gérer efficacement ses comportements, ses pensées, ses émotions et ses réactions physiologiques selon les demandes spécifiques de la situation* (Carver, Johnson, Joormann et Scheier, 2015; Carver et Scheier, 2016). Selon Carlson (2003), le processus d'autocontrôle comprend trois principaux mécanismes qui se chevauchent et s'influencent mutuellement soit, la régulation émotionnelle, l'inhibition comportementale et la régulation comportementale.

La ***régulation émotionnelle*** peut être définie comme les *processus extrinsèques et intrinsèques responsables du suivi, de l'évaluation et de la modification des réactions émotionnelles, en particulier leur intensité ou leur durée, pour atteindre ses objectifs ou interagir avec succès dans une situation* (Thompson, Lewis et Calkins, 2008). Elle implique généralement que la personne soit en mesure d'identifier ses émotions, de les moduler et de les exprimer correctement au besoin (Blaustein et Kinniburgh, 2010). La modulation des émotions renvoie à la capacité d'un individu à gérer les composantes physiologiques, subjectives et comportementales d'une réponse émotionnelle de façon à éviter de faire une escalade ou une explosion émotive ou à retrouver un état de bien-être après avoir vécu un état émotionnel intense (Carver et Scheier, 2016). Pour atteindre un état de bien-être, un individu doit être en mesure de réguler tant ses émotions négatives que ses émotions positives, soit en les diminuant, soit en les augmentant (Gross, 2015).

L'***inhibition comportementale*** correspond à la *capacité d'une personne à empêcher une réponse automatique à un stimulus, à arrêter la production d'une réponse en cours ou à écarter les stimulations non pertinentes pour l'activité en cours*. Elle est liée directement au contrôle de l'impulsivité (Carver et Scheier, 2016).

La ***régulation comportementale*** correspond à la *capacité d'une personne de moduler la nature, le niveau et le degré d'un comportement vis-à-vis d'une situation afin de vivre un succès* (Martin, Nejad, Colmar et Liem, 2012). Elle permet de contrôler l'activité physique et cognitive, de prendre des décisions et de contrôler les comportements vers un objectif fixé par la personne.

5.2.2 Les phases de la crise

Selon les auteurs, le processus de crise comporte de trois à sept phases qui incluent l'apparition de la crise, son développement et la décompression de l'individu en crise (Beaumont et Sanfaçon, 2014; Crisis Prevention Institute [CPI], 2005; Walker, Ramsey et Gresham, 2004). Beaumont et Sanfaçon (2014), en s'inspirant du modèle développé par le CPI (2005) et des recherches sur les situations de crise en milieu scolaire, proposent un processus de crise en cinq phases qui tiennent compte des besoins et des contextes particuliers des milieux scolaires :

1. l'apparition;
2. le développement;
3. la désorganisation;
4. la décompression;
5. la récupération.

Le Tableau 5.1, page 121, présente les différentes phases de la crise ainsi qu'une synthèse des interventions qui sont recommandées à chacune d'elles selon le protocole de gestion de crise développé par le CPI (2005).

Le protocole de gestion de crise du CPI (2005) a fait l'objet de plusieurs recherches en milieu psychiatrique qui ont montré son efficacité pour prévenir les crises ou en diminuer l'intensité (CPI, 2009). Toutefois, seulement deux études ont été recensées sur l'utilisation du protocole auprès d'élèves ayant un TC. Celles-ci montrent une réduction significative des actes d'agression, de l'utilisation de retrait et des contraintes physiques entre le début et la fin de l'année (Nunno, Holden et Leidy, 2003; Ryan, Peterson, Tetreault et van der Hagen, 2008). Dans une autre étude visant à évaluer les impacts d'une formation sur le protocole de gestion de crise dans une école primaire, Walsh (2010) rapporte que les intervenants formés à cette méthode se sentent plus efficaces pour prévenir des crises ou en réduire l'intensité.

5.3 Les stratégies liées à la régulation émotionnelle

Les stratégies proposées pour favoriser une meilleure régulation émotionnelle chez les enfants ayant un TC s'inspirent principalement de l'approche cognitivo-comportementale (Dymnicki, Weissberg et Henry, 2011; Ho, Carter et Stephenson, 2010; Massé, 2014; Lochman et al., 2012; Nelson, Finch et Cash Ghee, 2012). Selon les résultats d'une méta-analyse, les traitements qui combinent le développement d'habiletés comportementales (par exemple, les stratégies d'autorégulation, l'utilisation de techniques de diversion de l'attention ou de relaxation) sont plus efficaces pour réduire les comportements agressifs et favoriser une régulation émotionnelle que les traitements axés principalement sur la résolution de problème, alors que les traitements axés sur la résolution de problème, la restructuration cognitive et la réattribution causale sont particulièrement efficaces pour réduire les interprétations subjectives des situations qui ont suscité de l'agressivité ou de la colère (Sukhodolsky, Kassinove et Gorman, 2004). D'autres stratégies sont suggérées pour améliorer la régulation émotionnelle des enfants, dont les outils sensoriels et l'activité physique.

5.3.1 Les stratégies d'autorégulation

Les **stratégies d'autorégulation** comportent un *ensemble de procédés cognitifs et instrumentaux qui incitent une personne à adopter des comportements plus convenables et à inhiber ceux qui sont inappropriés, et ce, de façon consciente et régulière* (Massé, 2014). Elles comprennent habituellement l'auto-observation et l'autoévaluation de ses comportements, l'autorenforcement si l'enfant parvient à adopter les comportements visés et enfin, les auto-instructions (utilisation du langage intérieur pour inhiber des réactions impulsives, pour guider des comportements ou inciter à des conduites de remplacement). L'autoévaluation et l'auto-observation permettent d'identifier les signaux physiques et psychologiques liés à l'émotion ressentie, les pensées suscitées et les comportements associés. L'enfant est aussi amené à discerner les facteurs qui ont déclenché les émotions négatives ainsi que les conditions qui ont rendu plus difficile sa régulation émotionnelle (p. ex. : fatigue).

5.3.2 La résolution de problèmes et la résolution de conflits

En ce qui a trait à la résolution de problèmes ou de conflits, il s'agit d'amener l'enfant à utiliser des stratégies plus efficaces pour les résoudre. Cela porte aussi sur la façon dont il analyse et traite la situation problématique, les divers comportements qui en résultent et leurs conséquences (Massé, 2014).

5.3.3 La restructuration cognitive et la réattribution causale

La ***restructuration cognitive*** consiste à *amener l'enfant à reconnaître ses pensées exagérées ou irréalistes (distorsions cognitives) qui suscitent des émotions négatives ainsi que leurs effets négatifs sur sa façon de réagir à une situation (comportements), puis à l'aider à remplacer des pensées irréalistes par des pensées réalistes plus aidantes.* La ***réattribution causale*** vise à *aider les enfants à chercher d'autres explications pour les situations qui suscitent des émotions négatives.* Ces deux stratégies sont souvent utilisées conjointement.

5.3.4 Les stratégies de diversion de l'attention

Selon Bloomquist (2013), les stratégies de diversion de l'attention ou de distraction consistent à réaliser une autre activité qui nécessite de la concentration (ex. : jeu, écoute de la musique, dessin, etc.) afin de ne plus penser à la situation qui provoque des émotions négatives (ou à ne plus ruminer).

| **Tableau 5.1** | **Description des différentes phases de la crise et des interventions recommandées par le CPI (2005)** |

Description de la phase	Interventions recommandées
1. L'apparition La crise apparaît à partir d'incidents critiques ou d'événements qui déclenchent une émotion négative chez l'élève (frustration, impuissance, anxiété). L'élève recherche l'attention de l'adulte, refuse de répondre à ses demandes ou tente de le défier par ses paroles ou ses comportements.	• Apporter de l'aide. • Adopter une attitude empathique et favoriser l'écoute active; poser des questions pour amener l'élève à verbaliser ses frustrations ou ce qui l'irrite. • Laisser le temps à l'élève de s'exprimer. • Répéter les dernières paroles de l'élève pour l'aider à compléter sa pensée ou l'encourager à poursuivre. • Dire à l'élève ce que l'on observe sans porter de jugement sur ce qui motive ses comportements. • Refléter à l'élève l'émotion qu'il vit. • Parler d'une voix calme, lente et rassurante. • Adopter des gestes apaisants : mettre la main sur l'épaule de l'élève, se rapprocher de lui, se mettre à son niveau en s'assoyant ou en se baissant. • Dédramatiser la situation par l'humour afin de détendre l'atmosphère sans toutefois nier la gravité de la situation. • Si l'élève ne semble pas réagir aux paroles apaisantes, l'inviter à utiliser un moyen d'apaisement.

Description de la phase	Interventions recommandées
2. Le développement L'agitation augmente à cette phase et il y a une escalade de l'agressivité verbale ou physique. L'élève peut prendre une position défensive. Il peut poser des questions non productives ou évasives qui visent à défier l'autorité ou à contester ce qui est demandé ou argumenter. L'élève semble perdre son jugement, ses propos peuvent devenir incohérents ou disproportionnés par rapport à l'événement déclencheur. L'élève s'agite tout en refusant de se calmer ou de collaborer. Il n'a plus de retenue ni d'inhibition sociale (par exemple, il sacre ou il pleure) ou il communique de façon agressive. Les activités motrices de l'élève sont désordonnées, son corps peut se crisper.	• Continuer l'écoute empathique. • Offrir de l'aide à l'élève tout en maintenant les exigences. • Établir les limites comportementales en précisant le comportement à cesser, la raison pour laquelle ce comportement ne peut être toléré et la conséquence qui suivra si le comportement ne cesse pas; utiliser de courtes phrases pour faire ces demandes. • Énoncer les limites d'un ton ferme, mais non menaçant. • Informer l'élève des conséquences positives s'il répond aux directives données. Faire sentir à l'élève qu'il a un choix. • Proposer des moyens d'autorégulation ou des solutions de rechange comportementales. • Sécuriser l'environnement.
3. La désorganisation À cette phase, appelée parfois le sommet ou l'apogée de la crise (Walker, Ramsey et Gresham, 2004), l'élève devient hors de contrôle et décharge une agressivité verbale (proférer des insultes ou menacer) ou physique (lancer des objets, frapper, mordre, cracher, etc.). Il peut agresser l'adulte, les membres de son entourage ou l'environnement. Il peut également s'en prendre à lui-même (par exemple, en se frappant la tête contre le sol). Il peut manifester un état de panique et une perte de maîtrise de soi.	• Parler avec l'élève de façon calme et non autoritaire en attendant l'aide. • Conserver une certaine distance physique, mais ne pas le quitter des yeux ni lui tourner le dos. • Demander aux autres élèves de s'éloigner ou écarter les objets potentiellement dangereux. • S'approcher lentement de l'élève et tenter de le toucher pour le calmer; si l'agressivité augmente, se reculer et attendre. • Faire une diversion ou se replier. • Demander à l'élève de se retirer dans un autre local pour se calmer. • Si l'élève refuse de se retirer, en tout dernier lieu, escorter l'élève en immobilisant ses bras de façon sécuritaire. • Si la sécurité de l'élève ou des autres personnes présentes est menacée, demander de l'aide d'un autre intervenant.
4. La décompression Tout au long des phases précédentes, l'élève a accumulé beaucoup d'énergie et de tensions. À cette phase, c'est le relâchement des tensions. Il n'est pas rare que l'élève soit complètement épuisé, vidé. Les échanges sont plus cohérents et il y a un retour progressif au calme.	• Isoler l'élève dans un endroit sécuritaire et sous surveillance. • Lui donner le temps de se calmer seul (au moins 5 minutes). • Entreprendre une discussion avec l'élève lorsque chacun est calme.
5. La récupération À cette phase, l'élève est calme et a repris la maîtrise de lui-même. Il n'y a plus de signes d'agitation ou de tension.	• Reprendre contact avec l'élève. • Faire un retour avec lui sur la situation afin de réparer ses gestes ou de prévenir les récidives.

5.3.5 Les techniques de relaxation

Les techniques de relaxation proposées pour favoriser la modulation émotionnelle chez les enfants présentant un TC incluent principalement les techniques de respiration et de relaxation musculaire (contraction-relâchement, étirement-relâchement, affaissement). Ces techniques semblent particulièrement utiles pour réduire les tensions physiologiques liées aux émotions négatives (Lochman et al., 2012).

5.3.6 Les outils sensoriels

Basés sur la théorie de l'intégration sensorielle, différents outils ont été développés pour favoriser la modulation émotionnelle chez les enfants, comme les balles antistress ou les balles texturées, la pâte malléable (« Putty »), les bracelets « tangles », les balles pour les automassages, les bacs de manipulation (bac de riz, de légumineuses ou de billes de plastique où trouver des objets minuscules), les toutous ou les coussins lourds, les coquilles insonorisantes, les vestes ou les objets lourds. Selon Lane, Smith Roley et Champagne (2014), les outils sensoriels permettent de diminuer les tensions physiques liées aux émotions intenses (en particulier la frustration et l'anxiété) en les canalisant à l'aide d'objets ou de diminuer la réactivité des enfants. Dans une première méta-analyse, May-Benson et Koomar (2010) rapportent des effets bénéfiques de l'utilisation de ces outils sur la régulation comportementale et émotionnelle des enfants, mais la taille des effets est petite et la plupart des études recensées comportaient de très petits échantillons composés principalement d'enfants ayant un TDAH, d'enfants présentant un trouble du spectre de l'autisme (TSA) ou d'enfants présentant une déficience intellectuelle. Par ailleurs, dans une recension intégrative sur les traitements basés sur l'intégration sensorielle auprès des enfants (2015), Barton, Reinchow, Schnitz, Smith et Sherlock mentionnent que les preuves actuelles sont insuffisantes pour soutenir l'utilisation de ces outils en raison des faiblesses méthodologiques trop importantes des études recensées.

5.3.7 L'activité physique

L'activité physique est définie comme tout mouvement corporel produit par les muscles squelettiques qui aboutit à des dépenses d'énergie. Une méta-analyse sur les effets de l'activité physique sur les cognitions des individus avec un TSA ou un TDAH (Tan, Pooley et Speelman, 2016) rapporte des tailles d'effets de petites à modérées sur le plan de l'autorégulation et de l'inhibition comportementale, en particulier pour l'exercice aérobique d'intensité modérée. Dans une étude auprès d'enfants présentant un TDAH non répertoriée dans la méta-analyse, Lufi et Parish-Plass (2011) observent des effets bénéfiques associés aux activités sportives sur la réduction de leur anxiété et leur fonctionnement émotionnel. Becker, McClelland, Loprinzi et Trost (2014) avancent l'hypothèse que l'activité physique aurait des effets bénéfiques sur l'autorégulation comportementale et émotionnelle ainsi que sur l'inhibition comportementale en augmentant notamment l'activation du cortex préfrontal et de l'hippocampe. Field (2012) soutient plutôt que l'effet bénéfique de l'exercice physique sur le bien-être émotionnel serait lié à la stimulation des récepteurs de pression artérielle entraînant une augmentation de l'activité vagale, une diminution des hormones de stress et une augmentation de la production de neurotransmetteurs antidouleur et antidépresseur tels que la sérotonine.

5.3.8 Le retrait

Le **retrait**, aussi appelé temps d'arrêt, *consiste à retirer l'enfant de la situation, idéalement dans une salle dénuée de stimulations, jusqu'à ce qu'il ait retrouvé son calme* (Phelan, 2003). Dans les milieux scolaires, le retrait est surtout utilisé comme mesure punitive pour arrêter des comportements qui perturbent le déroulement de la classe ou des escalades agressives des élèves (Couture et Nadeau, 2014). Dans cette optique, le retrait est reconnu comme une mesure efficace à court terme pour diminuer les comportements perturbateurs des enfants, mais son utilisation fréquente pourrait accroître la manifestation des comportements perturbateurs (Kazdin, 2012).

5.4 Les mesures d'apaisement mises en place

Afin d'améliorer l'autocontrôle des élèves présentant un TC, en particulier leur régulation émotionnelle, et de favoriser le retour rapide aux apprentissages, deux écoles primaires spécialisées pour les TC au Québec ont mis en place différentes mesures d'apaisement intégrées à un protocole de gestion de crise[2].

Les mesures d'apaisement mises en place ont surtout trait à la régulation émotionnelle, en particulier à la modulation des émotions et à l'inhibition comportementale (Doyon, 2013; voir la Figure 5.1, page 125). Elles sont organisées en paliers d'intervention selon l'intensité des émotions vécues par les élèves ou leur degré de maîtrise de soi. Les premiers paliers (1 et 2) sont utilisés lorsque l'élève présente des signes précurseurs de désorganisation pour prévenir les escalades agressives ou les crises. Ils sont également employés à titre préventif lorsque certaines situations sont plus déstabilisantes pour les élèves (ex. transition entre deux activités, retour de l'heure du dîner) afin d'induire un état de calme avant que l'élève ne revienne en classe. Les mesures de ces deux premiers paliers sont utilisées de façon autonome par les élèves lorsqu'ils sentent les signes précurseurs d'une perte de contrôle ou sont incitées par les adultes (enseignant, technicien en éducation spécialisé, etc.) advenant le cas où l'élève n'est pas en mesure de détecter par lui-même les signes présageant une augmentation de sa tension. L'adulte responsable lui propose alors la mesure la plus appropriée pour la situation compte tenu de son état ou du climat environnant de la classe. Les mesures des paliers suivants (3 et 4) sont plus souvent imposées par l'adulte et constituent des mesures de retrait lorsque l'élève est en état de crise plus avancé. Ces mesures prennent place dans différents locaux des écoles concernées.

5.4.1 Le premier palier : la prévention en classe

Le premier palier est utilisé dès les premières manifestations de frustration (ex. hausse du ton de la voix, coloration de la peau, expression du visage), c'est-à-dire à la phase d'apparition de la crise (Beaumont et Sanfaçon, 2014). Ce palier se déroule dans un coin d'apaisement en classe ou un bureau à proximité de la classe. La composition du coin d'apaisement en classe (ou coin du calme) varie selon l'âge des élèves. Il peut comprendre :
- différents outils d'apaisement physiques inspirés de la théorie de l'intégration sensorielle;
- un fauteuil confortable et réconfortant, tel qu'un « *Papasan* » ou une chaise berçante;
- des activités de diversion de l'attention, par exemple des jeux de patience, des jeux de LEGO, des outils visuels (labyrinthes mélange de couleurs, fibres optiques, etc.);
- une chaine stéréo avec des écouteurs pour écouter de la musique;
- un isoloir ou un paravent.

Un bureau à proximité de certaines classes permet aux élèves de faire un temps d'arrêt pour retrouver leur calme ou travailler paisiblement loin des stimulations de la classe.

5.4.2 Le deuxième palier : l'apaisement

Le deuxième palier se déroule habituellement à l'extérieur de la classe, dans différentes salles ayant chacune leur fonction. Le temps de fréquentation de chacune des salles varie généralement de cinq à dix minutes en fonction des besoins particuliers des élèves précisés à l'intérieur de leur plan d'intervention individualisé (PII). À ce palier, les élèves se situent, en règle générale, dans la phase de développement de la crise. Advenant le cas où un élève n'est pas en mesure de détecter par lui-même les signes présageant une augmentation de sa tension et de choisir une stratégie de régulation émotionnelle appropriée pour lui, l'intervenant peut l'inciter à utiliser une mesure d'apaisement. Celui-ci oriente l'élève vers la structure d'apaisement qu'il juge la plus appropriée pour la

---

[2] Il est à noter que tout le personnel des deux écoles avait reçu la formation du CPI (2005) par deux formateurs accrédités l'année précédant la réalisation du projet.

situation compte tenu de son état et du climat environnant de la salle. De plus, lorsqu'il est calme, l'élève est invité à s'exprimer sur son état de bien-être et sa capacité à retourner en classe. Trois structures d'apaisement sont disponibles pour les élèves.

L'Oasis. L'Oasis est une salle dénuée de stimulations comprenant un fauteuil confortable, une petite table de travail et un tabouret où les élèves peuvent s'isoler de la classe quelques minutes pour se calmer ou pour effectuer le travail demandé. L'élève est seul dans la pièce, mais un adulte reste à proximité.

Le Salon. Le Salon, sous la supervision constante d'un intervenant (technicien en éducation spécialisé ou psychoéducateur), comporte plusieurs espaces distinctifs circonscrits par des paravents. La zone du calme comprend des tabourets, une chaise berçante, des fauteuils confortables ainsi que des outils inspirés de la théorie de l'intégration sensorielle. La zone de la gestion des conflits permet aux élèves de réfléchir à leurs gestes en remplissant une fiche de réflexion, de réaliser un retour sur les situations problématiques avec l'aide de l'intervenant responsable ou de faire de la médiation entre élèves. Finalement, les zones d'activités diversifiées proposent plusieurs moyens pour se changer les idées (ex. musique, lecture, dessins, jeux).

Le Ring. Cette salle vise deux objectifs selon les besoins des élèves :
1. diminuer leur réactivité afin de prévenir les pertes de contrôle;
2. diminuer les tensions physiques liées aux émotions intenses (anxiété et frustration particulièrement).

Dans cette salle, les élèves vivent une « décharge motrice », puisqu'ils sont invités à faire une routine d'exercices très courts et de haute intensité sous la supervision d'un adulte. Une routine peut s'apparenter à :
1. sauts sur place ou sur un petit trampoline (de 30 à 60 répétitions);
2. lancement d'un ballon lourd avec un intervenant pendant deux minutes;
3. deux poussées de 10 à 15 secondes sur le bouclier de frappe ou sur un mur;
4. roulement sur un gros ballon d'exercice (de 30 à 60 secondes);
5. détente de 5 minutes sur un hamac ou un gros coussin.

Toutes les étapes sont suivies de respirations lentes et profondes. Ces routines permettent une décharge motrice contrôlée et non une décharge motrice désorganisée relevant davantage d'une suractivation chaotique de l'élève. Les routines ont été développées par les ergothérapeutes attitrées aux deux écoles.

Figure 5.1 — **Les étapes progressives d'apaisement et du développement de l'autocontrôle implantées dans les écoles (adaptation de Doyon, 2013)**

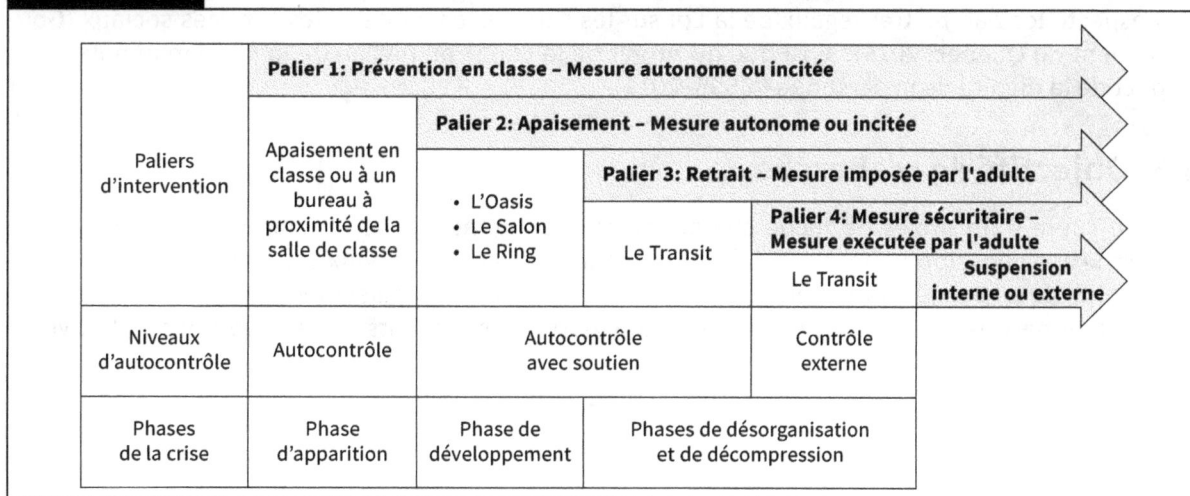

Paliers d'intervention	Apaisement en classe ou à un bureau à proximité de la salle de classe	L'Oasis · Le Salon · Le Ring	Le Transit	Le Transit	Suspension interne ou externe
		Palier 1: Prévention en classe – Mesure autonome ou incitée			
		Palier 2: Apaisement – Mesure autonome ou incitée			
			Palier 3: Retrait – Mesure imposée par l'adulte		
				Palier 4: Mesure sécuritaire – Mesure exécutée par l'adulte	
Niveaux d'autocontrôle	Autocontrôle	Autocontrôle avec soutien		Contrôle externe	
Phases de la crise	Phase d'apparition	Phase de développement	Phases de désorganisation et de décompression		

5.4.3 Le troisième palier : le retrait

Le retrait est particulièrement utilisé à la troisième phase de la crise, soit la désorganisation. L'utilisation du retrait doit découler d'une séquence d'intervention prévue au PII de l'élève ou d'une décision d'un intervenant de l'école. Il doit être utilisé uniquement lorsque les premières étapes d'apaisement n'ont pas permis un retour au calme de l'élève (Doyon, 2013). Ici, la mesure est imposée par l'intervenant lorsque l'élève est très agressif verbalement, adoptant des comportements tels que crier ou menacer. Cette mesure exige aussi que l'élève quitte son environnement habituel en direction d'une salle plus éloignée des lieux d'apprentissage. Toutefois, l'espace prévu au troisième palier est plus délimité et moins susceptible de générer des perturbations dans l'environnement immédiat que le palier d'apaisement. En général, les élèves doivent rester assis en silence cinq minutes dans les cubicules. Le décompte ne commence que lorsque les élèves sont calmes et en silence. Le retrait n'est pas une mesure de niveau sécuritaire proprement dite. L'élève n'est ni isolé ni enfermé (CSA, 2008). Il est seul dans son cubicule, le plus souvent la porte ouverte à moins qu'il ne décide de la fermer. L'élève doit être suffisamment en contrôle de lui-même pour ne pas commettre une agression sur un adulte, sur un pair ou pour ne pas mettre sa propre sécurité en jeu (CPI, 2005; CSA, 2008; MSSS, 2011).

Le retrait s'effectue au Transit. À cette phase de la crise, l'état de l'élève peut changer rapidement. Pour cette raison, le Transit peut avoir deux fonctions, soit le retrait (troisième palier) ou la mesure sécuritaire (ou contraignante, quatrième palier). Le Transit est constitué de deux sections. La première comprend des petits cubicules individuels, incluant porte et loquet pour chacun, et des tapis de sol. La seconde propose un espace légèrement plus grand comprenant un grand coussin sur lequel l'élève peut s'assoir, se cacher ou frapper si cela lui est indispensable. Les deux sections ne comprennent aucun objet pouvant servir de projectile.

5.4.4 Le quatrième palier : le sécuritaire

Si la crise continue, l'intervention physique non violente peut être envisagée pour aider l'élève à reprendre le contrôle (CPI, 2005). Son utilisation vise exclusivement à protéger l'élève, l'intervenant et ses pairs, et non à le punir (Beaumont et Sanfaçon, 2014; CPI, 2005). Les mesures contraignantes, à savoir l'isolement ou l'arrêt d'agir, sont utilisées lorsque l'élève devient agressif physiquement, qu'il est dangereux pour lui-même ou pour les autres ou qu'il perturbe gravement le climat d'apprentissage de la classe (CPI, 2005; CSA, 2008). Elles consistent, par l'usage de la force physique ou mécanique, à immobiliser ou à restreindre temporairement, complètement ou partiellement l'élève, et ce, dans une optique de sécurité (CSA, 2008; Ministère de la Santé et des Services sociaux [MSSS], 2011). La mesure contraignante signifie que l'élève est retenu contre son gré, c'est-à-dire dans un cubicule barré ou par l'usage d'un contrôle physique, dans un espace clos (CSA, 2008; MSSS, 2011). L'utilisation des mesures contraignantes est balisée à l'intérieur d'un protocole lié à leur application qui respecte les paramètres légaux de la Loi sur les services de santé et les services sociaux (Gouvernement du Québec, 2014), ainsi que du projet de la Loi 21 au niveau de la force minimale et du respect de la dignité de la personne (MSSS, 2011).

5.5 Objectifs de recherche

Dans le cadre d'un projet de recherche-action subventionné par le Programme de soutien à la recherche et au développement en adaptation scolaire du MELS, ces deux écoles en partenariat avec une équipe de chercheurs ont cherché à améliorer les mesures d'apaisement mises en place et à en évaluer leur pertinence. Ce chapitre présente une partie des résultats de l'évaluation qualitative de ce projet, soit les perceptions des élèves présentant un TC concernant leur expérience des mesures d'apaisement, en particulier, celles des deuxième, troisième et quatrième paliers d'intervention. Les objectifs spécifiques étaient de cerner leurs perceptions quant à :

1. l'utilité de ces mesures, c'est-à-dire leur fonction selon les élèves ou les besoins répondus ainsi que les conditions favorables ou non pour satisfaire ces besoins;

2. leurs impacts, c'est-à-dire les effets perçus par les élèves ou la satisfaction de leurs besoins ou l'atteinte des objectifs fixés pour chacune des mesures;

3. leur appréciation de celles-ci, c'est-à-dire dans quelle mesure ils les aiment ou non ainsi que les avantages et inconvénients perçus.

5.6 Méthode

Le projet s'inspire des étapes proposées par Chen (2015) pour l'évaluation formative de programme et s'inscrit dans une démarche de recherche-action participative qui inclut trois phases (Larivière, Briand et Corbière, 2014) :

« 1. l'analyse de la situation et du changement à réaliser (recherche)[3];

2. l'analyse conjointe des résultats de la collecte des résultats, de la rétroaction et de la formation;

3. la réflexion sur les résultats de la collecte de données, la planification et la mise en œuvre du changement (action). »

La finalité est d'améliorer les pratiques mises en place. Afin de permettre la participation active des acteurs du milieu, un comité de travail a été mis en place regroupant la direction des deux écoles, les deux psychoéducatrices de chacune des écoles, la psychologue, la coordonnatrice clinique, deux techniciens en éducation spécialisée responsables des mesures d'apaisement mises en place hors classe, une enseignante, l'assistante de recherche et les trois chercheuses. Ce comité s'est réuni une fois par mois lors de la première année du projet et à quatre reprises lors de la deuxième année. Un comité élargi a également été formé regroupant l'ensemble du personnel de l'école afin de superviser la mise en œuvre du changement et d'obtenir de la rétroaction de leur part. Ce comité élargi s'est réuni à cinq reprises la première année du projet et à deux reprises la deuxième année du projet. Le devis de recherche utilisé est qualitatif de type descriptif interprétatif, car il permet de comprendre la signification du phénomène à l'étude selon le point de vue des personnes concernées (Gallagher, 2014).

5.6.1 Les considérations éthiques

Avant de consentir au projet, les parents des élèves visés ont été informés par la psychologue ou les psychoéducatrices des écoles des buts de la recherche et de son déroulement, que les entretiens seraient enregistrés et que leurs données serviraient seulement à des fins de recherche. Ils étaient aussi assurés de la confidentialité des données. Également, ils ont été avisés que la participation au projet était volontaire et que les élèves pouvaient se retirer à tout moment au cours de sa réalisation.

---

[3] À cette étape, le comité de travail a convenu de mettre également en place un programme d'intervention cognitivo-comportemental de gestion de la colère dans les classes du 2e et 3e cycle du primaire afin de développer les habiletés de régulation émotionnelle des élèves.

Seuls les élèves désirant participer de façon volontaire aux entretiens et dont le consentement a été obtenu par les parents ont été inclus dans l'échantillon de l'étude. La procédure a été approuvée par le comité d'éthique de l'Université du Québec à Trois-Rivières.

5.6.2 L'échantillon

Tous les élèves des classes du 2ᵉ et du 3ᵉ cycle du primaire des deux écoles ($N = 58$) ont été invités à se joindre au projet. Des autorisations parentales pour participer à la recherche ont été obtenues pour 39 élèves, et de ce nombre, 29 garçons âgés de 8 à 12 ans ($M = 10,25$ ans, $ÉT = 1,13$) ont accepté de participer à l'étude. Ces élèves présentaient plusieurs difficultés en comorbidité dont le TDAH ($n = 20$), le TOP ($n = 9$), dont le trouble de l'attachement ($n = 3$), le syndrome Gilles de la Tourette ($n = 2$), le trouble neurodéveloppemental complexe ($n = 2$), le trouble d'anxiété généralisé ($n = 2$), le trouble d'apprentissage ($n = 2$) et le trouble de l'acquisition de la coordination ($n = 1$). Nous n'avons pas de données sur la médication prise.

5.6.3 Les entretiens semi-structurés

Les entretiens individuels semi-structurés, variant de 10 à 25 minutes, ont été réalisés conformément au canevas d'entretien par une assistante de recherche à la maîtrise en psychoéducation ayant reçu une formation préalable sur l'entretien qualitatif. Le canevas d'entretien a été rédigé par l'équipe de recherche et validé par le comité de travail du projet. Les questions visaient à connaître les points de vue des élèves quant à l'utilité et à l'impact des mesures d'apaisement instaurées par les deux écoles (ex. : « D'après toi, à quoi sert le Salon? » « Comment te sentais-tu en sortant de l'Oasis? Pourquoi? Qu'est-ce qui t'aidait à mieux te sentir? ») et leur appréciation de celles-ci (ex. : « Aimais-tu aller dans ces salles? Pourquoi? »). La collecte de données a eu lieu à la fin de la première année du projet.

5.6.4 La méthode d'analyse des résultats

Les entretiens ont été enregistrés et transcrits sous forme de verbatim par le biais du logiciel de traitement de texte Word, et ce, dans le respect de la confidentialité et de l'anonymat des différents participants au projet. La codification et le traitement des données ont été réalisés avec le logiciel d'analyse qualitative NVivo (version 10.0; Qualitative Solution and Research Software [QSRS], 2013). Les données ont été analysées par l'auteure principale grâce à un système de catégorisation thématique mixte (Miles, Huberman et Saldaña, 2014) : certaines catégories thématiques ont préalablement été établies par le comité de travail en fonction des objectifs de recherche et d'autres ont émergé des données lors d'une première analyse des entretiens. Ce processus s'est effectué selon les étapes suivantes :

1. lecture préliminaire de la mise en commun du corpus des entretiens afin d'acquérir une vue d'ensemble et d'évaluer si le corpus permet de répondre aux questions de recherche;

2. assemblage et définition des unités de classification selon les catégories prédéterminées;

3. catégorisation et classification des énoncés en fonction de leur degré d'appartenance à l'une ou l'autre des catégories préexistantes : en s'appuyant sur l'Écuyer (1988) qui souligne que l'analyse de contenu est « avant tout une recherche de sens » (p. 60), un énoncé pouvait être classé dans plusieurs catégories lorsqu'il renfermait plus d'un sens clairement exposé par le participant;

4. précision de nouvelles catégories selon les propos recueillis;

5. fidélité de la codification des énoncés vérifiée par la recherche d'un consensus entre tous les chercheurs.

Les membres de l'équipe de recherche se sont rencontrés à plus de dix reprises afin de valider les étapes suivies et s'assurer de la confirmabilité des résultats. L'arbre thématique résultant a également été présenté à certains membres du comité de travail afin de le valider.

5.7 Résultats

Pour chacune des mesures d'apaisement, nous présentons d'abord les perceptions des élèves concernant leur utilité et leur impact, puis leur appréciation globale. Une synthèse de l'ensemble des réponses est présentée. Les citations qui représentent le mieux les perceptions des élèves ont été sélectionnées pour illustrer les résultats. Les résultats sont aussi présentés en fonction des salles plutôt qu'en fonction des paliers puisque les enfants associent davantage les mesures à celles-ci.

5.7.1 L'Oasis (deuxième palier)

L'utilité. Cette salle est perçue par les élèves comme ayant deux principales fonctions. La première fonction rapportée par 58 % des élèves est de se calmer lors de comportements d'excitation et de colère. Ils font ressortir des stratégies reliées à l'apaisement, comme être seul, penser à ses gestes et prendre une pause.

> *J'aime ça parce que tsé t'es comme tout seul tu peux penser à comme tes gestes que t'a posé pis pourquoi t'es rendu là pis après ça quand tu reviens ben tu sais qu'est-ce qui faut pas faire.*

Selon certains (16 %), cette salle a également pour fonction de pouvoir réaliser des tâches scolaires dans un environnement calme. En effet, l'excitation des autres élèves dans la classe de même que la présence de bruit peuvent engendrer des difficultés d'attention ou de concentration chez certains les rendant moins disposés à la tâche.

> *Quand genre que les personnes niaisent dans la classe ben j'vais travailler là.*

> *Je l'utilise quand y'a trop de bruit dans la classe [...] Je demande souvent d'aller à l'Oasis pour faire mes examens, quand j'insulte quelqu'un ou bien que j'me sens mal, comme hier [...] j'étais fâché j't'allé à l'Oasis.*

L'impact. La plupart des élèves interrogés (75 %) ont mentionné une amélioration de leur état ou un état de bien-être à leur sortie de la salle. Selon eux, cet état de mieux-être est possible grâce à certaines conditions, dont la quiétude et le confort du mobilier.

> *Ben bien, j'me sentais apaisé.*

> *Pis j'avais relaxé là-bas. [...]. Bin parce que t'entends pas le bruit pis y'a pas tout le monde qui niaise là pis t'entends pas tout le monde parler.*

> *Parce que j'aimais ça m'assoir dans la chaise parce que j'me sentais mieux que sur des chaises de classe.*

Toutefois, 26 % de ceux ayant fréquenté l'Oasis ont mentionné être dans le même état à la sortie qu'à l'entrée de la salle. Dans la majorité des cas, ces réponses provenaient d'élèves qui fréquentaient cette salle pour travailler dans le calme, qui n'étaient donc pas nécessairement dans une phase de crise avant d'y pénétrer.

L'appréciation. Leur appréciation est très partagée. Certains élèves (46 %) n'apprécient pas cette salle, ou l'apprécient plus ou moins (31 %) principalement en raison de l'absence d'activités récréatives de même qu'en raison de leur isolement et de leur espace limité.

> *Parce que y'a rien à faire, si [...] au moins si on pourrait dessiner peut-être ça.*

> *J'trouve pas ça ben ben le fun y aller là c'est petit pis y faut que tu travailles.*

D'autres (23 %) aiment fréquenter cette salle pour sa tranquillité.

> *J'aime ça parce que tsé t'es comme tout seul tu peux penser à comme tes gestes que t'a posés pis pourquoi t'es rendu là pis après ça quand tu reviens ben tu sais qu'est-ce qui faut pas faire tout ça.*

5.7.2 Le Salon (deuxième palier)

L'utilité. Le Salon est perçu par l'ensemble des élèves (93 %) comme un lieu d'apaisement, un endroit pour se détendre ou se calmer. Plus spécifiquement, les élèves ont mentionné que cette salle leur a permis de prendre une pause, de penser à autre chose, de réfléchir à leurs gestes ou encore, de parler avec des amis.

> *À être seul, prendre une pause ou t'aider à gérer ta colère pis ça là.*

> *Ben parce que c'est ça tsé pour moi c'était le meilleur coin d'apaisement parce que j'pouvais jouer, me changer les idées [...] dans le Salon on peut parler pis tout pis on peut se changer les idées en jouant à des jeux.*

L'impact. La majorité des élèves interrogés (74 %) mentionnent se sentir mieux ou se sentir apaisés à leur sortie du Salon.

> *Bien, prêt à retourner en classe.*

> *Calme pis euh plus détendu.*

> *J'me sentais plus apaisé euh j'me sentais là là dans la zone ici là. [Ok, sur le thermomètre t'étais en bas de un]. C'est ça.*

Selon les élèves, les bienfaits reliés au Salon semblent résulter de la possibilité de réfléchir à leurs gestes, de discuter avec un intervenant, de réaliser des activités leur permettant de se changer les idées, et ce, dans un endroit calme et confortable.

> *Ben c'est que j'me suis apaisé que j'ai relaxé que j'ai pris mon temps avec moi-même de repenser à qu'est-ce que j'ai fait au geste que j'ai posé pis de parler avec [intervenant] c'est comme si t'avais lâché qu'est-ce que t'avais à dire j'sais pas pis j'sais pas ça me calme on dirait.*

> *Parce que ça te détend ben y'a des chaises confortables, faque tu peux te calmer [...] pis au Salon tu peux pas vraiment comme t'exciter pis bouger, faque tu peux pas embêter personne, pis ça va te calmer.*

D'autres élèves (15 %) rapportent que leur état à la sortie du Salon varie selon leur condition à l'arrivée ou selon la présence et l'influence de certains élèves.

> *Ça dépend, dès fois j'tais apaisé dès fois non. [Qu'est-ce qui faisait que t'étais apaisé?]. Ben j'pense à d'autres choses. [Ok, pis qu'est-ce qui faisait que t'étais pas apaisé?]. C'est plus quand j'tais fâché trop fâché pour capable de passer à d'autre chose.*

> *[...] c'est pas fait pour moi le Salon parce qu'après ça les autres amis [qui sont au Salon] vont me dire : « qu'est-ce que t'as faite ». Ben là je dis : « j'ai dit tayeule à mon prof » pis ont fait [les autres élèves qui sont au Salon] : « Ha ha ha », pis y vont rire, pis là ça va m'influencer à cause.*

L'appréciation. La majorité (69 %) des élèves aiment fréquenter cette salle en raison de la tranquillité, du confort de son ameublement, du contact étroit avec l'intervenant du Salon ainsi que de la possibilité d'éviter le travail à réaliser en classe.

> *Ben y'a des affaires pour être confortable j'aime ça faire des [blocs] Lego.*

> *Ouais. [...] on peut jouer pis on peut parler à [l'intervenant].*

> *Bin j'sais pas, c'est plus le fun que d'aller dans la classe là. [...] Bin j'sais pas, c'est pas obligé de faire du travail.*

Selon eux, le Salon est un bon moyen d'apaisement, puisqu'il permet de se changer les idées, et ce, en réalisant diverses activités, telles que du dessin, des massages, des blocs Lego, des jeux de cartes, etc.

> *Oui. [...] Parce que je m'amuse, pis ça me fait penser à d'autres affaires.*

Cela dit, certains (23 %) aiment moins fréquenter le Salon, principalement parce que les activités disponibles sont balisées par l'intervenant responsable et qu'ils ne semblent pas aimer les choix proposés. Aussi, la présence de certains élèves semble venir perturber la tranquillité du Salon.

> *Plus ou moins. [...] Ben les autres dès fois... quand y viennent au Salon parce que sont vraiment fâchés ben y'essayent de déclencher les autres là.*

Enfin, un élève dit ne pas aimer le Salon, puisqu'il trouve cette salle ennuyante.

5.7.3 Le Ring (deuxième palier)

L'utilité. Un consensus semble exister concernant l'utilité du Ring. En effet, 96 % des élèves interrogés ont mentionné que celui-ci sert à se défouler, à dépenser leur énergie et à se changer les idées de même que relaxer, et ce, par l'entremise des différentes activités prévues dans leur routine.

> *Le Ring y sert pour te défouler, pis pour détruire ben toute ton énergie là.*

> *À se défouler, pis euh à penser à d'autres choses.*

L'impact. Dans la même veine, la possibilité de se défouler ou de dépenser son énergie par l'entremise des différents exercices inclus dans leur routine individualisée semble favoriser l'apparition d'un état de bien-être. La plupart (95 %) mentionnent qu'ils se sentent mieux à leur sortie du Ring.

> *Ben la routine, la routine, ça faisait que j'faisais qu'est-ce que j'aimais pis ça me relaxait en même temps.*

Ce sentiment de mieux-être, d'apaisement, a été caractérisé par les élèves comme une impression d'être léger, d'être vidé de toute son énergie ou de tensions physiologiques, facilitant leur capacité de s'autocontrôler et de se concentrer en classe.

> *Hum mieux là, encore plus calme pis tsé après quand j'rentre en classe ben tsé j'peux j'plus prêt à faire mon travail pis hum c'est comme ça.*

> *Euh, oui c'est un bon moyen de se calmer, de vider toute l'énergie pis un peu se reposer ça t'épuise pis après comme tu deviens moins actif pis agressif.*

Par ailleurs, un élève a mentionné qu'il lui était favorable de fréquenter le Salon à la suite du Ring, et ce, afin de diminuer suffisamment son niveau d'excitation.

> *Ben d'habitude qu'est-ce que j'fais, j'fais un Ring pis après ça j'men va au Salon. ...]. Le Ring s'pas un lieu de réagir après ça tu t'en vas au Salon pour être sûr, après ça ouais j'suis bien.*

L'appréciation. L'appréciation du Ring par les élèves est unanime. Tous (100 %) l'apprécient beaucoup et aimeraient le fréquenter plus souvent. Ils aiment tant les routines réalisées que le contact privilégié avec l'intervenant avec qui ils réalisent cette routine.

5.7.4   Le Transit (troisième et quatrième paliers)

L'utilité. Bien que certains (10 %) ignorent la fonction du Transit, la majorité des élèves (85 %) rapportent que ces salles servent à se changer les idées, à prendre un répit ou une pause, de même qu'à se défouler, entre autres en frappant dans les murs et en criant.

> *Parce que ben une fois j'suis pas allé parce que j'ai sauté ma coche c'est juste parce que j'avais besoin de faire un cinq minutes pis penser à autre chose.*

> *Hum, ça sert à se calmer au lieu de se défouler sur les adultes. [...]. Se défouler sur les murs, pis se calmer.*

Toutefois, un élève a nommé que le Transit peut aussi être utilisé comme tactique d'évitement, notamment pour se soustraire aux tâches demandées.

> *Mais ça, c'est rare, ça arrive y fait exprès pour aller au Transit, parce que y veut pas rester en classe parce qui a un travail [...].*

L'impact. La majorité des élèves (65 %) dit se sentir mieux à la sortie du Transit. Ce sentiment de bien-être semble lié selon eux à l'opportunité d'être seul et de réfléchir à ce qui s'est passé. Certains de ces élèves mentionnent toutefois que le séjour n'est pas suffisant pour réduire complètement leur agitation ou la colère ressentie et qu'ils doivent, après leur retrait, avoir recours à un second temps d'apaisement, soit au Transit ou au Salon, et ce, afin de diminuer complètement l'agitation ou la colère ressentie.

> *J'suis bien pis ça fait correct pis, mais y'a des fois tsé avant que j'sortais pis j'étais pas capable de faire un beau retour faque là ben y fallait encore que j'fasse un autre cinq minutes.*

> *Ben en sortant du Transit j'avais besoin d'un Salon là. [...]. Parce que j'étais encore un peu fâché faque après le Salon tout allait bien.*

Enfin, 35 % des élèves rapportent ne pas se sentir mieux à leur sortie du Transit.

> *Pareil comme quand j'étais venu là. [...] J'étais encore fru après.*

> *Pas vraiment bien, ben là tu viens juste de te faire enfermer dans une petite dans une petite affaire là tu te sens pas bien.*

L'appréciation. L'ensemble des élèves (96 %) n'aime pas se rendre au Transit en raison de l'utilisation de mesures contraignantes, c'est-à-dire, l'isolement et la contention physique, par les intervenants.

> *[...] c'est la place que j'déteste le plus.*

> *Parce que c'est plate, tu restes enfermé genre pis y barre ça avec mes crayons ça fait chier.*

Deux élèves précisent ne pas aimer ces salles en raison des impacts physiques, à court terme, liés à l'usage de ces mesures.

> *Parce que j'aime pas ça quand qui font des contentions parce que ça me fait mal pis aussi parce que j'aime mieux aller au Salon pis à la décharge.*

> *Ben s'parce que y vont me prendre comme ça les jambes comme ça. Tu peux même pu bouger pis des fois même que tu peux même pu respirer, j'ai déjà d'la misère à respirer pis là plus que tu la ça va te faire crier encore plus là tu vas devenir rouge comme une tomate ça va te faire crier encore plus et que ça finira plus, ça va être plus long avant que j'arrête.*

Certains élèves ajoutent ne pas se plaire au Transit en raison de la présence d'élèves dans les cubicules adjacents, puisqu'ils perturbent leur processus de retour au calme.

> *Des fois quand t'es relaxe y'en a l'autre côté qui frappent dans la porte, y donnent des coups dans le mur.*

Enfin, certains mentionnent ne pas apprécier le Transit parce qu'ils ne peuvent rien y faire. Un seul élève (4 %) a relaté apprécier le Transit pour son effet apaisant.

> *Ben j'aimais ça tsé ça réussissait vraiment à me calmer.*

5.8 Discussion

Les élèves interrogés semblent avoir une vision relativement homogène des mesures d'apaisement, et ce, quant à leur utilité, à leur impact, de même qu'à leur degré d'appréciation. Les trois salles liées au palier 2 d'apaisement, soit l'Oasis, le Salon et le Ring, sont perçues par les élèves comme particulièrement utiles pour se calmer et se détendre, ce qui correspond au but recherché. Les séjours dans ces salles semblent contribuer à diminuer les tensions physiologiques liées à la colère et rendre ainsi les élèves en mesure de se reprendre en main, de se concentrer et de travailler, autrement dit, à être disponibles aux apprentissages.

Pour les élèves interrogés, l'Oasis sert surtout aux élèves comme temps d'arrêt pour se calmer ou comme moyen d'inhibition pour se couper des stimulations non pertinentes et les aider à se concentrer. Le fait d'être seul dans un endroit paisible dénué de stimulations semble concourir à cet effet apaisant.

Le Salon favorise un apaisement en particulier par l'entremise de moyens physiques pour favoriser la relaxation, par des techniques de diversion de l'attention ou par les discussions avec l'intervenant axées sur l'autoévaluation et la résolution de problème. Ces propos concordent avec les résultats des recherches montrant l'utilité de la relaxation (Lopata, 2003) et des stratégies de diversion de l'attention (Larson et Lochman, 2005) pour améliorer la régulation émotionnelle des élèves présentant un TC. Pour ce qui est des stratégies de diversion de l'attention, certains enfants ont rapporté ne pas aimer les activités proposées. Cela souligne l'importance de fournir une plus grande variété d'activités afin de répondre mieux aux besoins diversifiés des élèves. Dans le Salon, plusieurs élèves rapportent que l'intervenant les amène à réfléchir sur leurs comportements, à s'autoévaluer et à identifier ce qu'ils auraient pu faire autrement pour mieux contrôler leurs comportements. Cette démarche concorde avec ce qui est recommandé pour la phase de récupération lors d'une situation de crise et elle est similaire aux stratégies d'autorégulation cognitivo-comportementales qui ont démontré des effets bénéfiques sur l'autocontrôle des enfants et l'amélioration de leur gestion de la frustration ou de la colère (Mowat, 2010b; Soenen, Volckaert, D'Oosterlinck et Broekaert, 2014). Toutefois, afin d'améliorer la démarche suivie, il pourrait être pertinent d'y intégrer d'autres stratégies cognitivo-comportementales qui se sont révélées efficaces pour améliorer la régulation émotionnelle des enfants, comme les stratégies d'autorégulation, la restructuration cognitive, la réattribution causale (Lochman et al., 2012; Nelson, Finch, Cash Ghee, 2012) ou des exercices de la pleine conscience (Malow et Austin, 2016). D'autre part, certains enfants ont signalé que s'ils étaient trop fâchés à leur entrée au Salon, ils avaient de la difficulté à retrouver un état de bien-être. Il se peut que les activités proposées au Salon n'exigent pas un niveau suffisant de concentration pour permettre une vraie diversion de l'attention (Bloomquist, 2013). Finalement, afin d'éviter que la présence de certains élèves « perturbés » ou « agités » affecte négativement l'apaisement des autres élèves et encourage l'escalade comportementale, il pourrait être opportun de réaménager cette salle afin de mieux isoler chacune des zones du Salon et d'éviter les interactions entre les élèves.

Le Ring (salle de décharge motrice) est la mesure d'apaisement qui fait le plus d'unanimité chez les enfants concernant ses bienfaits apaisants. Comparativement aux autres salles, le Ring met l'accent sur des moyens d'apaisement physique qui combinent activités physiques intenses, techniques de relaxation musculaire, respiration profonde et détente susceptibles de provoquer les effets physiologiques avancés dans les recherches antérieures (Becker, McClelland, Loprinzi et Trost, 2014). Il se peut également que les bienfaits de l'activité physique intense soient liés à une diversion de l'attention, car des études récentes effectuées auprès d'adultes montrent des effets bénéfiques associés à de courtes séances d'activités physiques intenses sur l'atténuation des émotions négatives et la diminution des ruminations, en particulier pour les personnes présentant des problèmes de régulation émotionnelle (Bernstein et McNally, 2017a,b). Il est également probable que la proximité physique avec les intervenants responsables lors des routines joue aussi un rôle positif. Il serait pertinent d'étudier davantage cette modalité afin de vérifier ce qui concourt le plus aux effets observés.

Bien que les mesures d'apaisement semblent dans l'ensemble être utilisées à bon escient, certaines exceptions demeurent. Le Salon semble parfois être utilisé comme tactique d'évitement, entre autres pour se soustraire aux tâches demandées en classe. Avant de permettre à l'élève de se rendre au Salon, il serait pertinent que les intervenants vérifient cette question et lui apportent l'aide opportune au besoin.

Par ailleurs, il n'est pas étonnant que les mesures liées au retrait ou à l'intervention sécuritaire (paliers 3 et 4) soient perçues comme moins plaisantes, puisqu'elles ne sont pas choisies par les élèves et qu'elles revêtent un caractère plus punitif (Kazdin, 2012). Le retrait est imposé lorsque l'élève est très agressif verbalement, alors que les mesures sécuritaires sont exercées lorsqu'il devient agressif physiquement, qu'il est dangereux pour lui-même ou pour les autres ou qu'il perturbe gravement le climat d'apprentissage de la classe (CPI, 2005; CSA, 2008). Le Transit devrait toujours être utilisé en dernier recours, lorsque les premières étapes d'apaisement n'ont pas amené le retour au calme chez les élèves (Doyon, 2013). Il y aurait lieu de vérifier si cette mesure n'est pas utilisée trop fréquemment par les intervenants ou s'ils n'utilisent pas suffisamment les mesures d'apaisement des premiers paliers d'intervention ou les interventions proposées aux premières phases de la crise afin de la désamorcer.

D'autre part, plusieurs élèves rapportent ne pas se sentir mieux à leur sortie du Transit, ou pire, se sentir encore plus frustrés. Cet état pourrait d'une part être lié à la période trop longue de certains retraits. En effet, les élèves doivent obligatoirement rester cinq minutes assis en silence dans les salles du Transit. Toutefois, le décompte ne commence qu'une fois que l'élève est calme et assis en silence, ce qui peut prolonger la durée des retraits. Effectivement, des mesures administratives prises dans une des écoles au mois de janvier indiquent que la durée moyenne des retraits au Transit était de 21 minutes pour le palier 3 (de 5 à 88 minutes) et de 34 minutes pour le retrait sécuritaire (de 2 à 145 minutes), ce qui dépasse le temps recommandé. Comme le mentionne Kazdin (2012), de longues périodes de retrait (plus de cinq minutes) n'augmentent pas l'efficacité de la mesure, et peuvent au contraire susciter des comportements hargneux ou agressifs. Comme le retrait a pour but que l'élève retrouve son calme, il serait préférable de commencer le décompte dès que l'enfant est à l'endroit désigné, qu'il soit calme ou non, et d'ajouter des minutes au temps de retrait seulement si la période prescrite est terminée et que l'enfant n'est pas encore calme. Aussi, comme les élèves plus vieux ont généralement plus de difficulté à retrouver leur calme, le temps de retrait pourrait être ajusté en fonction de leur âge selon la recommandation de Phelan (2003), soit une minute par année. Un autre élément pouvant susciter des émotions négatives chez les enfants est l'utilisation d'un loquet pour les salles de retrait sécuritaire qui pourrait entraîner chez les élèves un sentiment d'être « emprisonné ». L'utilisation des loquets devrait être revue, surtout dans la mesure où il y a une surveillance étroite constante de la part d'un technicien en éducation spécialisé lorsqu'un élève est placé en isolement. Par ailleurs, le retrait seul semble insuffisant pour apaiser totalement plusieurs élèves qui ont besoin de recourir à d'autres mesures. Cela devrait être prévu dans le protocole d'intervention. Enfin, pour les salles de retrait du Transit, les élèves ne semblent pas distinguer les deux fonctions (retrait et mesure sécuritaire) qui y sont associées. Afin de départager leur fonction, il pourrait être intéressant de créer une salle exclusivement pour le retrait et une autre salle pour l'usage de mesures contraignantes.

Pour terminer, il serait pertinent que les stratégies apprises dans le programme de gestion de la colère soient davantage exploitées dans chacune des mesures d'apaisement, par exemple en incitant les élèves à les utiliser au moment opportun, en faisant des rappels visuels dans les différentes salles ou en les intégrant aux outils d'autoévaluation utilisés.

5.9 Conclusion

Cette étude visait à dégager les perceptions des élèves présentant un TC en regard de l'utilité et des impacts des mesures d'apaisement mises en place à l'extérieur des salles de classe. Selon les élèves, les mesures semblent faciliter le processus d'apaisement, pour toutes les salles confondues, et ce, malgré une appréciation moins favorable des mesures liées aux paliers 3 et 4, soit le retrait et les mesures sécuritaires. Elles contribuent à rendre l'élève apte à se reprendre en main et, lors de son retour en classe, à se concentrer et à travailler. Ainsi, elles semblent favoriser un processus de retour au calme, et par le fait même, favoriser le développement de la régulation émotionnelle. Les mesures de décharge motrice semblent particulièrement appréciées par les élèves qui rapportent unanimement un bienfait. Il serait pertinent de vérifier de façon plus approfondie l'impact de ces routines sur les différents aspects de la régulation émotionnelle des enfants.

Cette étude comporte différentes limites. Seulement la moitié des élèves des deux écoles ont accepté de participer à un entretien. Ils ne sont donc pas nécessairement représentatifs de l'ensemble des élèves de ces écoles. Aussi, les élèves ayant un TC présentent souvent une capacité limitée d'introspection (Gendreau et Vitaro, 2014), en particulier ceux ayant un TDAH (Bunford et al., 2014), rendant ainsi, parfois, leurs réponses aux questions posées très courtes et limitant, de ce fait, les possibilités d'analyse. L'obtention de données objectives, par l'entremise d'observation participante et non participante, la réalisation ultérieure d'entretiens auprès de différents acteurs (enseignants, parents et intervenants), de même que l'utilisation des données quantitatives permettant de décrire la fréquence et l'intensité des comportements, ainsi que les moyens d'apaisement et de résolution utilisés, pourraient sans contredit bonifier les analyses concernant l'utilité et l'impact des mesures d'apaisement. En effet, cette triangulation des données permettrait d'une part de valider le point de vue des élèves présentant un TC quant aux différentes mesures et, d'autre part, de voir si les élèves ont effectivement eu moins recours à des mesures contraignantes au cours de l'année scolaire ou si leur fréquentation est restée similaire. Aussi, il serait intéressant de vérifier quels sont les événements qui ont mené à l'utilisation des différentes mesures d'apaisement et si la nature de ces événements a une influence sur les bienfaits ressentis ou encore si les bienfaits ressentis varient selon la fréquence d'utilisation des différentes mesures.

5.10 Remerciements

Nous tenons à remercier tous les enfants qui ont accepté de participer à l'étude.

5.11 Financement et soutien

Cette recherche a été rendue possible grâce à une bourse de maîtrise offerte par le Conseil de recherches en sciences humaines (CRSH) ainsi qu'à un financement obtenu dans le cadre du Programme de soutien à la recherche et au développement en adaptation scolaire du MELS.

Références

Achilles, G. M., Mclaughlin, M. J. et Croninger, R. G. (2007). Sociocultural correlates of disciplinary exclusion among students with emotional, behavioral, and learning disabilities in the SEELS National Dataset. *Journal of Emotional and Behavioral Disorders, 15*(1), 33-45.

American Psychiatric Association (APA). (2015). *DSM-5: manuel diagnostique et statistique des troubles mentaux* (5ᵉ éd.). Issy-les-Moulineaux, France : Elsevier Masson.

Avramidis, E., Bayliss, P. et Burden, R. (2000). Student teachers' attitudes towards the inclusion of children with special educational needs in the ordinary school. *Teaching and Teacher Education, 16*(3), 277-293.

Barton, E. E., Reichow, B., Schnitz, A., Smith, I. C. et Sherlock, D. (2015). A systematic review of sensory-based treatments for children with disabilities. *Research in Developmental Disabilities, 37*, 64-80.

Beaman, R. et Wheldall, K. (2000). Teachers' use of approval and disapproval in the classroom. *Educational Psychology, 20*(4), 431-446.

Beaumont, C. et Sanfaçon, C. (2014). L'intervention en situation de crise. Dans L. Massé, N. Desbiens et C. Lanaris (dir.), *Les troubles du comportement à l'école : Prévention, évaluation et intervention* (2ᵉ éd., p. 281-194). Montréal, QC : Gaëtan Morin Éditeur.

Becker, D. R., McClelland, M. M., Loprinzi, P. et Trost, S. G. (2004). Physical activity, self-Regulation, and early academic achievement in preschool children. *Early Education and Development, 25*(1), 56–70.

Bernstein, E. E. et McNally, R. J. (2017a). Acute aerobic exercise hastens emotional recovery from a subsequent stressor. *Health Psychology, 36*(6), 560-567.

Bernstein, E. E. et McNally, R. J. (2017b). Acute aerobic exercise helps overcome emotion regulation deficits. *Cognition and Emotion, 31*(4), 834-843.

Blaustein, M. E. et Kinniburgh, K. M. (2010). *Treating traumatic stress in children and adolescents: How to foster resilience through attachment, self-regulation, and competency.* New York, NY: Guilford Press.

Bloomquist, M. L. (2013). *The practitioner guide to skills training for struggling kids.* New York, NY: Guilford Press.

Bunford, N., Brandt, N. E., Golden, C., Dykstra, J. B., Suhr, J. A. et Owens, J. S. (2014). Attention-deficit/hyperactivity disorder symptoms mediate the association between deficits in executive functioning and social impairment in children. *Journal of Abnormal Child Psychology, 43*(1), 133-147.

Carlson, S. M. (2003). The development of executive function in early childhood: Executive function in context: Development, measurement, theory and experience. *Monographs of the Society for Research in Child Development, 68*(3), 138-151.

Carver, C. S., Johnson, S. L., Joormann, J. et Scheier, M. F. (2015). An evolving view of the structure of self-regulation. Dans G. H. E. Gendolla, M. Tops et S. L. Koole (dir.), *Handbook of biobehavioral approaches to self-regulation* (p. 9-23). New York, NY: Springer Science + Business Media.

Carver, C. S. et Scheier, M. F. (2016). Self-regulation of action and affect. Dans R. F. Baumeister et K. D. Vohs, *Handbook of self-regulation : Research, theory and applications* (3ᵉ éd., p. 13–39). Londres, Angleterre : The Guilford Press.

Chen, H. T. (2015). *Practical program evaluation, Theory driven evaluation and the integrated evaluation perspective* (2ᵉ éd.). Thousand Oaks, CA: Sage Publications, Inc.

Commission scolaire des Affluents. (2008, mai). *Cadre de référence relatif à l'utilisation de mesures contraignantes. Recueil de gestion.* Document inédit.

Couture, C. et Nadeau, M.-F. (2014). Les méthodes d'intervention comportementales. Dans L. Massé, N. Desbiens et C. Lanaris (dir.), *Les troubles du comportement à l'école : prévention, évaluation et intervention* (2ᵉ éd., p. 209-228). Montréal, QC : Gaëtan Morin Éditeur.

Crisis Prevention Institute (CPI). (2005). *Une approche pratique pour la gestion des comportements violents.* Milwaukee, WI : CPI.

Crisis Prevention Institute (CPI). (2009). *CPI's nonviolent crisis intervention® Training program general information and empirical Support.* Milwaukee, WI: CPI. Récupéré de : https://www.crisisprevention.com/CPI/media/Media/Resources/research/14-CPI-INT-003_empirical.pdf

Déry, M., Lapalme, M., Toupin, J., Verlaan, P. et Pauzé, R. (2007). Hétérogénéité des troubles du comportement au primaire et perceptions de la situation sociale et familiale des élèves. *Revue des sciences de l'éducation, 33*(1), 109-126.

Doyon, J. (2013). Relever le défi d'une intervention systémique cohérente et concertée dans les milieux éducatifs spécialisés pour les élèves présentant des troubles du comportement. *La foucade, 14*(1), 3-8.

Duckworth, A. L. et Kern, M. L. (2011). A meta-analysis of the convergent validity of self-control measures. *Journal of Research in Personality, 45*(3), 259–268.

Dymnicki, A. B., Weissberg, R. P. et Henry, D. B. (2011). Understanding how programs work to prevent overt aggressive behaviors: A meta-analysis of mediators of elementary school-based programs. *Journal of School Violence, 10*(4), 315-337.

Eder, D. et Fingerson, L. (2002). Interviewing children and adolescents. Dans J. F. Gubrium et J. A. Holstein (dir.), *Handbook of interview research. Context & method* (p. 181-201). Thousand Oaks, CA: Sage Publication.

Erskine, H. E., Norman, R. E., Ferrari, A. J., Chan, G. C. K., Copeland, W. E., Whiteford, H. A. et Scott, J. G. (2016). Long-term outcomes of attention-deficit/hyperactivity disorder and conduct disorder: A systematic review and meta-analysis. *Journal of the American Academy of Child & Adolescent Psychiatry, 55*(10), 841-850.

Field, T. (2012). Exercise research on children and adolescents. *Complementary Therapies in Clinical Practice, 18*(1), 54-59.

Forzano, L. B., Michels, J. L., Carapella, R. K., Conway, P. et Chelonis, J. J. (2011). Self-control and impulsivity in children: Multiple behavioral measures. *The Psychological Record, 61*(3), 425-448.

Gallagher, F. (2014). La recherche descriptive interprétative : description des besoins psychosociaux de femmes à la suite d'un résultat anormal à la mammographie de dépistage du cancer du sein. Dans M. Corbière et N. Larivière (dir.), *Méthodes qualitatives, quantitatives et mixtes dans la recherche en sciences humaines, sociales et de la santé* (p. 5-27). Québec, QC : Presses de l'Université du Québec.

Gendreau, P. et Vitaro, F. (2014). Les conduites opposantes et agressives. Dans L. Massé, N. Desbiens et C. Lanaris (dir.), *Les troubles du comportement à l'école : Prévention, évaluation et intervention* (2e éd., p. 19-32). Montréal, QC : Gaëtan Morin Éditeur.

Gouvernement du Québec. (2014). Loi sur les services de santé et les services sociaux. Chapitre S-4.2. Récupéré de : http://www2.publicationsduquebec.gouv.qc.ca/dynamicSearch/telecharge.php?type=2

Grenier, J. et Beaudoin, C. (2012). Perceptions et attentes d'élèves du primaire en regard de l'évaluation en éducation physique et à la santé. *Revue canadienne de l'éducation, 35*(3), 165-192.

Gross, J. J. (2015). Emotion regulation: Conceptual and empirical foundations. Dans J. J. Gross (dir.), *Handbook of emotion regulation* (p. 3-20). New York, NY: Guilford Press.

Gusdorf, L. M. A., Karreman, A., van Aken, M. A. G., Deković, M. et van Tuijl, C. (2011). The structure of effortful control in preschoolers and its relation to externalizing problems. *British Journal of Developmental Psychology, 29*(3), 612-634.

Hart, N. (2012). What helps children in a pupil referral unit (PRU)? An exploration into the potential protective factors of a PRU as identified by children and staff. *Emotional and Behavioural Difficulties, 18*(2), 196-212.

Heflin, L. J. et Bullock, L. M. (1999). Inclusion of students with emotional/behavioral disorders: A survey of teachers in general and special education. *Preventing School Failure: Alternative Education for Children and Youth, 43*(3), 103-112.

Ho, B. P. V., Carter, M. et Stephenson, J. (2010). Anger management using a cognitive-behavioural approach for children with special education needs: A literature review and meta-analysis. *International Journal of Disability, Development and Education, 57*(3), 245-265.

Jahnukainen, M. (2001). Experiencing special education: Former students of classes for the emotionally and behaviourally disordered talk about their schooling. *Emotional and Behavioural Difficulties, 6*(3), 150-166.

Jull, S. K. (2009). Student behaviour self-monitoring enabling inclusion. *International Journal of Inclusive Education, 13*(5), 489-500.

Kauffman, J. M. et Landrum, T. J. (2009). Politics, civil rights, and disproportional identification of students with emotional and behavioral disorders. *Exceptionality: A Special Education Journal, 17*(4), 177-188.

Kazdin, A. E. (2012). *Behavior modification in applied setting* (7e éd.). Pacific Grove, CA: Brooks/Cole Publishing Company.

L'Écuyer, R. (1988). L'analyse de contenu : notion et étapes. Dans J.-P. Deslauriers (dir.), *Les méthodes de la recherche qualitative* (p. 49-65). Québec, QC : Presses de l'Université du Québec.

Lane, S. J., Smith Roley, S. et Champagne, T. (2014). Sensory integration and processing. Dans B. A. Boyt Schell, G. Gillen, M. E. Scaffa et E. S. Cohn (dir.), *Williard & Spackman Occupational Therapy* (12e éd., p. 816-868). Baltimore, MD : Lippincott Williams & Wilkins.

Larivière, N., Briand, C. et Corbière, M. (2014). Les approches de recherche participatives. Illustration d'un partenariat pour l'amélioration des pratiques de réadaptation en santé mentale au Québec. Dans M. Corbière et N. Larivière (dir.), *Méthodes qualitatives, quantitatives et mixtes dans la recherche en sciences humaines, sociales et de la santé* (p. 649-675). Québec, QC : Presses de l'Université du Québec.

Larson, J. et Lochman, J. E. (2005). *Helping schoolchildren cope with anger: A cognitive-behavioral intervention.* New York, NY: Guilford Press.

Lochman, J. E., Boxmeyer, Powell, N. P., Siddiqui, S., Stromeyerm S. L. et Kelly, M. (2012). Anger and aggression: School-based cognitive-behavioral interventions. Dans R. B. Mennuti, R. W. Christner et A. Freeman (dir.), *Cognitive-behavioral interventions in educational settings: A handbook for practice* (2e éd., p. 305-338). New York, NY: Routledge.

Lopata, C. (2003). Progressive muscle relaxation and aggression among elementary students with emotional or behavioral disorders. *Behavioral Disorders, 28*(2), 162-172.

Lufi, D. et Parish-Plass, J. (2011). Sport-based group therapy program for boys with ADHD of with other behavioral disorders. *Child & Family Behavior Therapy, 33*(3), 217-230.

Lundy, L., McEvoy, L. et Byrne, B. (2011). Working with young children as co-researchers: An approach informed by the United Nations Convention of the Rights of the Child. *Early Education and Development, 22*(5), 714-736.

Malow, M. S. et Austin, V. L. (2016). Mindfulness for students classified with emotional/behavioral disorder. *Insights into Learning Disabilities, 13*(1), 81-93.

Martin, A. J., Nejad, H. G., Colmar, S. et Liem, G. A. D. (2012). Adaptability: Conceptual and empirical perspectives on responses to change, novelty, and uncertainty. *Australian Journal of Guidance and Counselling, 22*(1), 58–81.

Massé, L. (2014). Les interventions cognitivo-comportementales. Dans L. Massé, N. Desbiens et C. Lanaris (dir.), *Les troubles du comportement à l'école : Prévention, évaluation et intervention* (2ᵉ éd., p. 229-246). Montréal, QC : Gaëtan Morin Éditeur.

May-Benson, T. A. et Koomar, J. A. (2010). Systematic review of the research evidence examining the effectiveness of interventions using a sensory integrative approach for children. *American Journal of Occupational Therapy, 64*(3), 403-414.

Michail, S. (2012). *"...Because suspension doesn't teach you anything" [sic]. What students with challenging behaviours say about school suspension.* Parramatta, Australie: UnitingCare Children, Young People and Families.

Michael, S. et Frederickson, N. (2013). Improving pupil referral unit outcomes: Pupil perspectives. *Emotional and Behavioural Difficulties, 18*(4), 407-422.

Miles, M. B., Huberman, A. M. et Saldaña, J. (2014). *Qualitative data analysis: A methods sourcebook* (3ᵉ éd.). Los Angeles, CA : Sage.

Ministère de la Santé et des Services Sociaux (MSSS). (2011). *Cadre de référence pour l'élaboration des protocoles d'application des mesures de contrôle. Contention et isolement.* Québec, QC : Gouvernement du Québec. Récupéré de : http://publications.msss.gouv.qc.ca/acrobat/f/documentation/2011/11-812-01W.pdf

Ministère de l'Éducation, de l'Enseignement supérieur et de la Recherche. (2015). *Cadre de référence et guide à l'intention du milieu scolaire. L'intervention auprès des élèves ayant des difficultés de comportement.* Québec, QC : Gouvernement du Québec. Récupéré de : http://www.education.gouv.qc.ca/fileadmin/site_web/documents/dpse/adaptation_serv_compl/14_00479_cadre_intervention_eleves_difficultes_comportement.pdf

Ministère de l'Éducation, du Loisir et du Sport (MELS) (2010). *Effectif HDAA (handicapé ou en difficulté d'adaptation et d'apprentissage) de la formation générale des jeunes selon l'ordre d'enseignement, la catégorie d'EHDAA et le type de regroupement, réseau public, années scolaires 2004-2005 à 2009-2010.* Québec, QC : MELS, DGPRPS, DRSI, Portail informationnel.

Mowat, J. G. (2010a). Inclusion of pupils perceived as experiencing social and emotional behavioural difficulties (SEBD): Affordances and constraints. *International Journal of Inclusive Education, 14*(6), 631-648.

Mowat, J. G. (2010b). Towards the development of self-regulation in pupils experiencing social and emotional behavioural difficulties (SEBD). *Emotional and Behavioural Difficulties, 15*(3), 189-206.

Mullin, B. C. et Hinshaw, S. P. (2007). Emotion regulation and externalizing disorders in children and adolescents. Dans J. J. Gross (dir.), *Handbook of emotion regulation* (p. 523-541). New York, NY: Guilford Press.

National Center for Education Statistics (NCES) (2010). *The condition of education 2010.* Récupéré de : http://nces.ed.gov/pubs2010/2010028.pdf

Nelson, W. M. III, Finch, A. J. Jr. et Cash Ghee, A. (2012). Anger management with children and adolescents. Dans P.C. Kendall (dir.), *Children and adolescent therapy: Cognitive-behavioral procedures* (4ᵉ éd., p. 92-142). New York, NY: Guilford Press.

Nunno, M. A., Holden, M. J. et Leidy, B. (2003). Evaluating and monitoring the impact of a crisis intervention system on a residential child care facility. *Children and Youth Services Review, 25*(4), 295-315.

Phelan, T. W. (2003). *1-2-3 Magic.* Glenn Ellyn, IL: Parent Magic, Inc.

Pillay, J., Dunbar-Krige, H. et Mostert, J. (2013). Learners with behavioural, emotional and social difficulties' experiences of reintegration into mainstream education. *Emotional and Behavioural Difficulties, 18*(3), 310-326.

Pontifex, M. B., Saliba, B. J., Raine, L. B., Picchetti, D. L. et Hillman, C. H. (2013). Exercise improves behavioral, neurocognitive, and scholastic performance in children with attention-deficit/hyperactivity disorder. *The Journal of Pediatrics, 162*(3), 543-551.

Poulou, M. et Norwich, B. (2000). Teachers' causal attributions, cognitive, emotional and behavioural responses to students with emotional and behavioural difficulties. *British Journal of Educational Psychology, 70*(4), 559-581.

Qualitative Solution and Research Software (QSRS). (2013). *NVivo* (version 10.0) [Logiciel]. Duncaster, Australie : QSRS.

Reicher, H. (2010). Building inclusive education on social and emotional learning: Challenges and perspectives – a review. *International Journal of Inclusive Education, 14*(3), 213-246.

Rinkel, M. (2011). *Creating opportunities for all: A qualitative study of the reintegration of students with emotional/ behavioral disorders to the mainstream environment* (Thèse de doctorat, University of Minnesota). Repérée à https://conservancy.umn.edu/bitstream/handle/11299/113550/1/Rinkel_umn_0130E_12086.pdf

Rousseau, N., Point, M., Vienneau, R., Blais, S., Desmarais, K., Maunier, S., ... Tétreault, K. (2015). *Les enjeux de l'intégration et de l'inclusion scolaire des élèves à risque du primaire et du secondaire : méta-ana-lyse et méta-synthèse.* Rapport de recherche présenté au Fonds de recherche du Québec – Société et culture et au ministère de l'Éducation, de l'Enseignement supérieur et de la Recherche. Récupéré de : http://www.frqsc.gouv.qc.ca/documents/11326/448958/PC_RousseauN_rapport_integration-inclusion.pdf/65f4f932-3595-448a-a8d8-db22b1df32b9

Ryan, J., Peterson, R., Tetreault, G. et van der Hagen, E. (2008). Reducing the use of seclusion and restraint in a day-school program. Dans M. Nunno, D. Day et L. Bullard (dir.). *For our own safety: Examining the safety of high-risk interventions for children and young people* (p. 201–215), Washington, DC: Child Welfare League of America.

Sellman, E. (2009). Lessons learned: Student voice at a school for pupils experiencing social, emotional and behavioural difficulties. *Emotional and Behavioural Difficulties, 14*(1), 33-48.

Smith, C. R., Katsiyannis, A. et Ryan, J. B. (2011). Challenges of serving students with emotional and behavioral disor-ders: Legal and policy considerations. *Behavioral Disorders, 36*(3), 185-194.

Soenen, B., Volckaert, A., D'Oosterlinck, F. et Broekaert, E. (2014). The implementation of life space crisis interven-tion in residential care and special education for children and adolescents with EBD: An effect study. *Psychiatric Quarterly, 85*(3), 267-284.

Sukhodolsky, D. G., Kassinove, H. et Gorman, B. S. (2004). Cognitive-behavioral therapy for anger in children and adolescents: A meta-analysis. *Aggression and Violent Behavior, 9*(3), 247-269.

Tan, B. W. Z., Pooley, J., A. et Speelman, C. P. (2016). A meta-analytic review of the efficacy of physical exercise inter-ventions on cognition in individuals with autism spectrum disorder and ADHD. *Journal of Autism and Develop-mental Disorders, 46*(9), 3126-3143.

Thompson, R. A., Lewis, M. D. et Calkins, S. D. (2008). Reassessing emotion regulation. *Child Development Perspec-tives, 2*(3), 124–131.

Walker, H. M., Ramsey, E. et Gresham, F. M. (2004). *Antisocial behavior in school: Evidenced-based practices.* New York, NY: Wadsworth/Thomson.

Walsh, R. J. (2010). School response to violence: A case study in developing crisis response teams (Thèse de doctorat, Edgewood College). Accessible par Dissertation Abstracts International Section A : Humanities and Social Sci-ences. (3408495)

Walter, U. M. et Petr, C. G. (2004). Promoting successful transitions from day school to regular school environments for youths with serious emotional disorders. *Children & Schools, 26*(3), 175-180.

Wilde, J. (2001). Interventions for children with anger problems. *Journal of Rational-Emotive & Cognitive-Behavior Therapy, 19*(3), 191-197.

Partie 2
L'adolescence

6 | Analyse qualitative de plans de service et d'intervention individualisés

Un apport pour l'évaluation de programmes d'intervention auprès de jeunes présentant des troubles du comportement

Nadia Desbiens
Faculté des sciences de l'éducation, Université de Montréal

Marie-Hélène Gagné
École de psychologie, Université Laval

Julie Allard
Université de Montréal

Josée Charette
Université de Sherbrooke

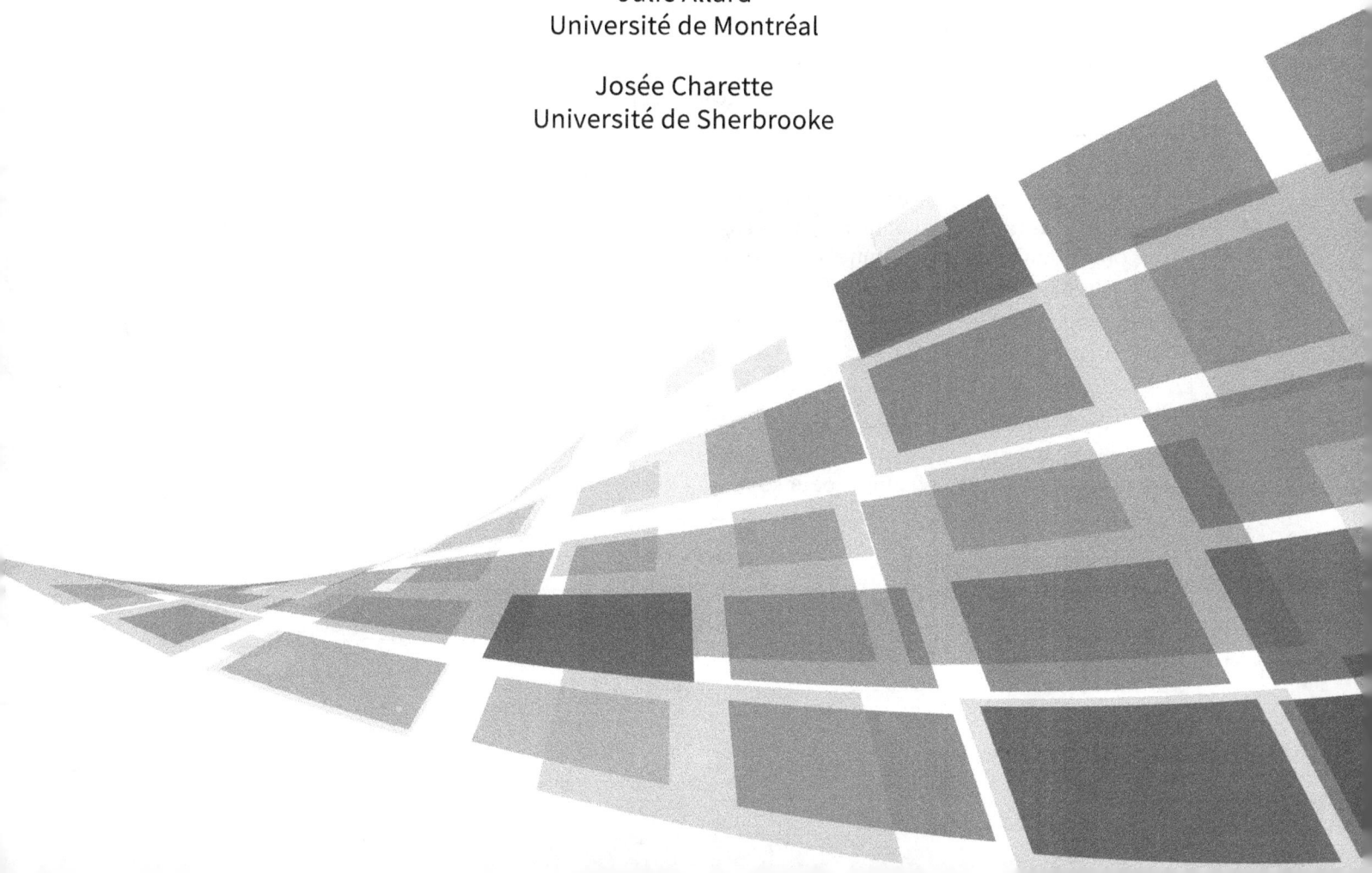

Résumé

Contexte

Le programme Intervention différentielle en partenariat (IDP) vise à réduire les troubles du comportement des jeunes et à prévenir la maltraitance au sein des familles. À la différence d'autres programmes d'intervention pour cette population, le caractère innovant du programme IDP consiste dans l'identification d'un profil (*Délinquant*, *Indésirable* ou *Explosif*) basé sur une compréhension nuancée des trajectoires de développement des troubles de comportement et des enjeux adaptatifs qui en découlent, de même que sur le déploiement d'une intervention différentielle déterminée selon ce profil et mise en œuvre en collaboration avec le milieu scolaire et les services sociaux.

Objectif

S'inscrivant dans une démarche d'évaluation de la fidélité de l'implantation du programme, cette étude vise à vérifier dans quelle mesure les intervenants impliqués ont respecté le principe d'intervention différentielle promu dans IDP.

Méthode

Le contenu de vingt-cinq (25) plans de service et d'intervention individualisés (PSII) de garçons âgés entre 11 et 13 ans a fait l'objet d'une étude de cas multiples. Le traitement des données qualitatives recueillies dans les PSII s'est fait selon une démarche exploratoire et au moyen d'une analyse thématique par codage mixte.

Résultats

L'analyse des PSII témoigne du souci des intervenants de soutenir les jeunes dans leur adaptation scolaire et sociale et d'accompagner les familles pour relever ces défis. Néanmoins, bien qu'il se dégage une certaine sensibilité à l'égard des enjeux adaptatifs et besoins particuliers associés aux trois profils, on remarque somme toute peu de différenciation dans les interventions préconisées en fonction du profil IDP des jeunes.

Conclusion

Ces premiers résultats exploratoires apportent un éclairage supplémentaire sur l'implantation du programme IDP et permettent d'alimenter la réflexion sur les processus cliniques et les pratiques d'accompagnement à préconiser pour soutenir l'intervention.

Mots-clés

Troubles graves du comportement; évaluation de la fidélité d'implantation d'un programme; plan de service et d'intervention individualisés.

Recommandations cliniques issues de l'étude

- La formation et l'accompagnement continu des intervenants sont importants pour soutenir la compréhension et l'application de l'approche différentielle préconisée dans le programme Intervention différentielle en partenariat (IDP), orientée en fonction des profils de développement des troubles de comportement des jeunes.

- Il faut accompagner les professionnels des différents milieux à actualiser le levier qu'est leur partenariat, pour intervenir sur l'ensemble des problèmes tout en favorisant une meilleure analyse et une compréhension élargie des problèmes, en mobilisant plus de ressources et en coordonnant plus efficacement la mise en œuvre des activités.

- Les intervenants devraient être formés et sensibilisés à l'importance et au soin qui doit être accordé à la rédaction rigoureuse des plans de service et d'intervention individualisés dans leur tâche professionnelle.

Questions pédagogiques

- Quels sont les critères de scientificité des études qualitatives?

- Quels sont les aspects à considérer dans l'étude de la fidélité de l'implantation?

- Quelles sont les différences entre le plan de service individualisé et le plan d'intervention individualisé?

- En quoi l'approche préconisée dans le programme IDP est-elle différentielle?

6.1 Introduction

La recherche de programmes et pratiques efficaces pour intervenir auprès des jeunes présentant des troubles du comportement est un enjeu d'importance, autant pour les agences de services sociaux que pour les milieux scolaires. Le défi est grand pour les enseignants et les intervenants qui doivent composer avec les comportements opposants, agressifs, parfois même violents, manifestés par ces jeunes. Outre ces manifestations extériorisées, les jeunes qui présentent des troubles du comportement affichent également des difficultés émotionnelles de nature plus intériorisée telles que de l'anxiété, de la détresse psychologique ainsi qu'une faible estime de soi (Massé, Desbiens et Lanaris, 2014). L'ensemble de ces difficultés complexifie d'autant plus l'intervention devant être mise en place pour améliorer l'adaptation et la réussite scolaire et sociale de ces jeunes. Qui plus est, les intervenants doivent également accompagner les parents de ces jeunes, souvent dépassés par le comportement de leur enfant et aux prises avec leurs propres défis personnels et familiaux (Obsuth, Moretti, Holland, Braber et Cross, 2006).

Pour faire face à cette complexité et tenter de repousser les limites rencontrées sur le plan de l'intervention, divers programmes d'intervention, approches et pratiques sont expérimentés dans les milieux. Ces programmes, dits « prometteurs » ou « novateurs », mettent à l'épreuve de nouvelles stratégies et activités d'intervention fondées sur un cadre conceptuel ou sur des données empiriques, sans toutefois avoir produit suffisamment de données probantes confirmant leur efficacité (méthodologie expérimentale, publications dans des revues scientifiques). Ces initiatives sont nécessaires pour « penser et faire autrement » ainsi que pour encourager l'innovation dans les milieux de pratique (Lafortune, Cousineau et Tremblay, 2010). Néanmoins, il demeure essentiel de baliser la mise en œuvre de ces nouvelles façons de faire à l'intérieur d'une démarche scientifique visant à évaluer de façon rigoureuse leur efficacité auprès des jeunes et des familles (Alain et Dessureault, 2009).

En effet, il ne serait pas possible de faire des liens entre les programmes et les résultats obtenus (validité interne), de reproduire ces interventions dans d'autres conditions (validité externe) ou de déterminer comment/pourquoi un programme est efficace (validité de construit) sans avoir au préalable recueilli de l'information sur la façon dont le programme proposé a été mis en œuvre (Durlak et DuPre, 2008). C'est donc dans cette perspective que le présent chapitre illustre concrètement l'une des étapes du processus de production de données afin d'évaluer un programme d'intervention prometteur mettant à profit une composante d'intervention différentielle et individualisée.

Plus spécifiquement, ce chapitre s'inscrit dans une démarche d'évaluation de la fidélité de l'implantation du programme Intervention différentielle en partenariat (IDP) déployé en Centre jeunesse (CJ) et en collaboration avec le milieu scolaire, auprès d'enfants de 5 à 12 ans ayant des troubles du comportement. L'étude vise à vérifier dans quelle mesure les intervenants impliqués dans le programme ont respecté le principe d'intervention différentielle promu par IDP, en planifiant des interventions dont les objectifs et les moyens se distinguent selon les besoins spécifiques de chaque jeune, tels que déterminés en fonction des profils de développement des troubles de comportement de la typologie proposée par Gagné et Desbiens (2007). Sur le plan scientifique, cette étude est pertinente, car elle permet de recueillir des données d'implantation sur l'une des composantes du programme IDP afin d'enrichir notre analyse sur la validité du programme. Il importe en effet de vérifier dans quelle mesure l'intervention différentielle proposée pour répondre aux besoins spécifiques des jeunes en fonction du profil de développement des troubles de comportement constitue un réel levier pour améliorer l'intervention. Sur le plan clinique, cette étude contribue à notre analyse des processus et des pratiques innovantes pour améliorer l'efficacité de l'intervention, mais également, elle permet d'alimenter notre réflexion sur les défis que pose l'appropriation de nouvelles pratiques professionnelles.

6.2 Perspectives théoriques et mise en contexte

Les problèmes de comportement regroupent une variété de manifestations pouvant s'exprimer à différents moments de la vie, à divers degrés et dans différents contextes (Dumas, 2013). Entre 5 et 10 % de jeunes d'âge scolaire, le plus souvent des garçons, mais également des filles, manifestent des conduites suffisamment graves pour nécessiter des mesures d'aide soutenues et renouvelées à moyen, sinon à long terme (MELS, 2008). Les explications étiologiques des problèmes comportementaux sont complexes et mettent en cause plusieurs facteurs de risque individuels, familiaux et sociaux qui interagissent au fil du développement et en fonction des circonstances de vie (CSÉ, 2001; Dumas, 2013). Bien que leur origine soit multifactorielle, qu'ils relèvent de plusieurs processus et que leur évolution ne soit pas uniforme d'un enfant à un autre, des études longitudinales ont néanmoins permis de distinguer des trajectoires typiques de jeunes dont les problèmes de comportements deviennent durables et diversifiés (Dodge et Pettit, 2003; Moffitt, 1993).

Ainsi, même si dès la naissance certains enfants sont plus à risque de développer des difficultés de comportement en raison de vulnérabilités d'origine physiologique, il demeure que les problèmes de comportement sont davantage susceptibles d'émerger à l'intérieur d'un environnement familial caractérisé par des difficultés à offrir un milieu de vie sain qui assure la protection et le développement optimal de l'enfant (Desbiens, Bowen et Allard, 2012; Desbiens et Gagné, 2007).

De nombreuses caractéristiques associées à la dynamique familiale sont ainsi mises en cause dans le développement des problèmes de comportement chez les enfants, notamment la pauvreté, les conflits conjugaux et l'instabilité familiale liée aux séparations et aux reconstitutions (Crooks, Scott, Wolfe, Chiodo et Killip, 2007; Lösel et Farrington, 2012). Il apparaît cependant que la qualité de la relation affective entre le parent et l'enfant, incluant la relation initiale d'attachement, et les pratiques parentales, constituent les facteurs les plus influents dans le développement des problèmes de comportement chez les enfants et les adolescents.

À cet égard, il a été démontré que des pratiques parentales instables et hostiles, une discipline punitive, rigide et contrôlante, voire abusive, ou à l'inverse un manque de chaleur et d'affection, une faible supervision et un manque d'intérêt à leur endroit, voire une certaine négligence, génèrent chez les enfants qui sont exposés à ces pratiques de l'anxiété, de l'opposition, de l'agressivité et des conduites violentes (Hoeve et al., 2009; Proctor, 2006).

Considérant le rôle des facteurs de risque associés à l'environnement familial dans le développement des problèmes de comportement pendant l'enfance, il s'avère essentiel de déployer des ressources pour soutenir les familles, particulièrement celles exposées à des conditions de risque (Bowen, Desbiens et Allard, 2011). Les stratégies de renforcement des relations familiales et le développement des compétences parentales sont au cœur de nombreux programmes visant à réduire les problèmes de comportement chez les enfants (Kazdin, 2008; Weisz et Kazdin, 2010). Ces programmes cherchent à encourager les parents à adopter des pratiques éducatives positives, à augmenter leur sensibilité envers les besoins de leur enfant en respect des défis développementaux qu'il rencontre et à améliorer la communication et la résolution des conflits dans le but d'aider les enfants à améliorer leurs comportements (Webster-Stratton, Reid et Hammond, 2004). Si de tels programmes ont fait en partie leurs preuves en termes d'efficacité, il demeure que l'intervention familiale soulève de nombreux défis pour les praticiens, notamment parce que ces parents sont aux prises avec leurs propres difficultés personnelles et conjugales et nécessitent en plus une aide individuelle adaptée à leurs besoins. Dans ces circonstances, il devient impératif de soutenir les parents afin de prévenir des actes d'abus ou de négligence, d'éviter un signalement aux services de protection à l'enfance ou un placement de l'enfant en milieu d'accueil le cas échéant.

6.2.1 Les travaux à l'origine du programme IDP

Le programme Intervention différentielle en partenariat, communément nommé IDP, a été conçu par Nadia Desbiens et Marie-Hélène Gagné sur la base des travaux qu'elles ont menés au début des années 2000 sur les trajectoires de développement des troubles du comportement des enfants pris en charge par la protection de la jeunesse. Pour ces chercheuses, une compréhension juste et globale de l'origine des conduites inadaptées des jeunes et de la manière dont elles se développent constitue un préalable essentiel à toute forme d'intervention. Elles ont donc orienté leurs travaux afin de mieux cerner l'influence des contextes de vie sur le développement des troubles du comportement. Leurs travaux ont permis d'identifier, puis de valider au fil de plusieurs recherches-action avec les milieux de pratique, trois trajectoires d'évolution distinctes de troubles de comportement adoptés par les enfants selon les conditions d'adversité rencontrées dans leur milieu familial (Gagné, Desbiens et Blouin, 2004; Desbiens et Gagné, 2007). Les trois profils dégagés, que les chercheuses ont nommés le Délinquant, *l'Indésirable et l'Explosif* en référence à leurs caractéristiques spécifiques, peuvent chacun être interprétés à la lumière d'une théorie du développement soit, la socialisation, l'attachement et le trauma relationnel. Ces théories nous éclairent sur les mécanismes ayant contribué au développement des troubles du comportement de l'enfant, selon les circonstances de vie qu'il a rencontrées depuis sa naissance. Elles permettent également de reconnaître et de mieux comprendre les enjeux adaptatifs et relationnels associés à des milieux familiaux empreints de violence, d'abus ou de négligence et d'identifier des pistes d'intervention qui se distinguent selon ces circonstances de vie particulières.

6.2.2 Le programme IDP

Le programme IDP vise à réduire les troubles du comportement des jeunes et à prévenir la maltraitance au sein des familles. Il repose sur deux prémisses essentielles :

1. l'intervention envisagée pour corriger le comportement d'un enfant doit se distinguer selon les circonstances, c'est-à-dire selon les besoins de l'enfant et en fonction de sa situation familiale;

2. l'intervention doit être réalisée en collaboration et portée par tous les adultes qui entourent cet enfant afin d'en augmenter l'efficacité.

La particularité et l'aspect novateur du programme IDP consistent à proposer une intervention spécifique et différentielle selon l'analyse de la situation familiale des enfants et des conditions d'adversité auxquelles ils sont exposés. Puisque le programme est destiné à des jeunes qui présentent des problèmes de comportement dans un contexte familial où leur sécurité et leur développement peuvent être compromis, le programme vise à déployer une intervention réalisée en collaboration par l'école et les services sociaux de première (Centre intégré de santé et de services sociaux; CSSS) ou de seconde ligne (CJ). Le programme s'articule autour de trois composantes soit, une évaluation systématique partagée, l'application d'une intervention différentielle et le partenariat.

Composante 1 : une évaluation systématique partagée

Les enfants peuvent être référés au programme par le milieu scolaire, le CJ ou le CSSS. L'équipe d'intervenants IDP (composées de travailleurs sociaux, psychoéducateurs, éducateurs spécialisés provenant des trois organisations et d'un coordonnateur de recherche) doit d'abord s'assurer que l'enfant rencontre les critères[1] de participation au programme. La première étape consiste donc à évaluer la situation de l'enfant. À cette fin, des outils standardisés sont utilisés afin de cerner les besoins de l'enfant, les difficultés qu'il rencontre à la maison et à l'école et l'aide qu'il faut lui apporter

---

[1] Les critères d'inclusion au programme IDP sont les manifestations de troubles de comportement de l'enfant tel qu'évalué par l'Achenbach (version parents et enseignants) et la présence de conditions adverses dans le milieu familial tel qu'évalué, entre autres, par l'Alabama Parenting Questionnaire.

(évaluations comportementales, analyse du dossier scolaire et de celui du CJ ou du CSSS si disponible, entretiens avec les parents, etc.). L'ensemble des informations recueillies amène l'équipe à formuler une hypothèse plausible en ce qui concerne le profil de développement des problèmes de comportement du jeune selon la typologie proposée par Gagné et Desbiens (2007) et à orienter l'intervention pour en tenir compte. Notons qu'à cette étape, il n'est pas rare que l'équipe identifie un profil en indiquant qu'il devra être validé au fil des rencontres avec le jeune et sa famille, ce qui apparaît tout à fait adéquat sur le plan clinique. Ensuite, à la lumière de cette évaluation, l'équipe d'intervenants élabore un plan d'intervention personnalisé et « différentiel » qui tient compte des enjeux adaptatifs liés au profil identifié.

En vertu de la Loi sur les services de santé et les services sociaux (articles 102 et 103), un plan d'intervention individualisé (PI) est élaboré pour tous les jeunes afin d'identifier leurs besoins, les objectifs poursuivis, les moyens à utiliser et la durée prévisible pendant laquelle des services devront être fournis. De même, un plan de service individualisé (PSI) est également élaboré puisque la participation de partenaires, notamment l'école, est requise pour coordonner les services et les ressources afin d'offrir des interventions concertées et continues au jeune et à sa famille. Pour les besoins du programme IDP, ces deux documents ont été fusionnés en un seul et même document : un plan de service et d'intervention individualisé (PSII).

Composante 2 : une intervention différentielle

L'intervention différentielle est planifiée lors de discussions de cas menant à l'établissement du PSII en collaboration avec les parents et les autres acteurs impliqués auprès de l'enfant (ex. enseignant, éducateur spécialisé, directeur d'école). Cela permet de cibler avec précision les types d'intervention à privilégier en fonction du profil du jeune et d'identifier les responsabilités de chaque intervenant.

Chacun des trois profils se distingue par le défi qu'il pose sur le plan de l'intervention soit, sur le plan de l'encadrement parental et des alternatives à l'agressivité proactive (le *Délinquant*, profil mésadaptation sociale), sur le plan relationnel (l'*Indésirable*, profil trouble de l'attachement) ou sur celui de la régulation des affects et de la gestion du comportement (l'*Explosif*, profil trauma relationnel). Le Tableau 6.1, page 150, présente un aperçu des trajectoires de vie associées à chacun des profils, leurs effets sur le comportement des jeunes, les enjeux adaptatifs qui en découlent, les besoins et les défis d'intervention liés à chacun de ces trois profils. Notons toutefois que les appellations associées à chaque profil ne sont pas utilisées lors des discussions de cas pour éviter la stigmatisation.

Les interventions prévues dans le PSII sont ensuite mises en œuvre, ajustées après 3 ou 4 mois et, de façon systématique, révisées à la fin de l'année scolaire. Cette démarche vise à obtenir des résultats cliniques adaptés aux besoins spécifiques des jeunes et d'impliquer de façon optimale et efficace les différentes ressources constituant les environnements de ces jeunes. Ainsi, chaque PSII, s'il se détermine en tenant compte du profil du jeune, répond toutefois à des besoins individuels et tient compte du milieu dans lequel il sera déployé.

Composante 3 : un partenariat

Étant donné l'ampleur de leurs besoins et la complexité que cela suppose pour l'intervention, il est nécessaire d'offrir une gamme étendue de services aux jeunes et aux familles. Le partenariat constitue donc un mode d'action incontournable en vue de bien intervenir sur l'ensemble des problèmes (Cloutier, 2002). De plus, le partenariat accroît l'effet de l'action préventive en permettant une meilleure analyse et une compréhension élargie des problèmes, en mobilisant plus de ressources et en coordonnant plus efficacement la mise en œuvre des activités (Camiré, Moisan et Faugeras, 2004; Cloutier, 2002; Steckler, Goodman et Kegler, 2002). Des principes de collaboration, de concertation et de partenariat constituent donc des fondements importants dans le programme IDP qui s'inscrit dans un processus de résolution de problèmes auprès des jeunes et des familles en difficulté.

6.2.3 Efficacité du programme

Au cours des dernières années, le programme IDP a fait l'objet de plusieurs études afin de valider la typologie des trois profils, d'évaluer la faisabilité du programme ainsi que ses retombées pour les jeunes et les familles, pour les intervenants et pour les organisations (Desbiens et Labalette, 2007; Desbiens et Jacques, 2010). Plus récemment, le programme a fait l'objet d'une étude d'impact s'échelonnant sur une période de trois ans appuyée sur un devis quasi-expérimental avec groupe témoin (Desbiens et Gagné, 2014). Les résultats obtenus montrent qu'en général, l'intervention proposée par le programme IDP a un effet positif sur les comportements extériorisés et intériorisés qui diminuent significativement dans le groupe expérimental alors que les mesures usuelles proposées par les services sociaux (CSSS et CJ) n'ont pas permis d'obtenir une telle amélioration des comportements chez les jeunes du groupe témoin. De plus, les parents et les enseignants rapportent une diminution des comportements délinquants chez les jeunes du groupe ayant bénéficié de l'intervention. L'évaluation des impacts de l'intervention proposée par le programme IDP a aussi permis de vérifier l'amélioration des pratiques parentales. Suite à leur participation au programme IDP, on note une amélioration de l'engagement du parent auprès de son enfant et une diminution de l'application d'une discipline inconstante (Desbiens et Gagné, 2014).

Tableau 6.1	Typologie des profils IDP découlant de la compréhension des trajectoires de vie des jeunes et défis d'intervention associés

Profil	Constance dans la vie des jeunes	Effets sur le comportement	Enjeux adaptatifs qui en découlent	Besoins des jeunes	Défis d'intervention
Délinquant (Théorie de la socialisation)	• Manque de cohérence et de fermeté ou inefficacité chronique dans l'application d'un cadre de vie dans le milieu familial. • Séparation parentale et dans plusieurs cas, le père fait peu ou pas partie de leur vie. • Mère dépassée et démunie ou fusionnelle et indifférenciée.	• Tendance à transgresser les règles et les attentes. • Manipulation et ruses pour éviter d'assumer les conséquences de ses gestes. • Résistance face à l'autorité, opposition et agressivité proactive, luttes de pouvoir. • Comportement désorganisé et antisocial, organisé autour d'un mode de vie délinquant et marginal.	• Ces jeunes développent et utilisent des conduites aversives et coercitives et apprennent à exercer un contrôle sur les autres. • L'absence de conséquences et l'obtention de gains les amènent à surestimer les avantages que leur procure ce type de conduites et les incitent à maintenir cette manière d'agir dans le futur, à la maison et à la garderie, puis à l'école avec les pairs et les adultes.	• Cadre disciplinaire clair et constant. • Réadaptation. • Insertion sociale. • Empowerment (lui seul peut choisir de changer). • Réduction des méfaits pour lui-même et pour son entourage.	• Face à leurs comportements d'hostilité, de menace et d'intimidation, l'intervention doit cibler un arrêt d'agir qui ne permet aucune négociation et qui applique des sanctions prévues (responsabilité). • Le défi consiste à faire prendre conscience à ces jeunes qu'eux seuls peuvent décider de changer. • Cette prise de conscience associée à l'impact de la colère, l'écœurement ou la peur des conséquences ressentie par ces jeunes suite à un arrêt d'agir, peut alors devenir initiatrice de changements. • Il importe de lui offrir un soutien dans une perspective d'insertion sociale et professionnelle, d'empowerment et de réduction des méfaits.

Profil	Constance dans la vie des jeunes	Effets sur le comportement	Enjeux adaptatifs qui en découlent	Besoins des jeunes	Défis d'intervention
Indésirable (Théorie de l'attachement)	• Situations de négligence ou de mauvais traitements psychologiques de la petite enfance à l'adolescence. • Relations parents-enfant pauvres ou inexistantes (non impliqué). • Difficultés personnelles des parents (non disponible, dépressif). • Nombreuses ruptures de liens.	• Difficultés relationnelles (dépendant, exigeant envers l'adulte). • Grande agitation (TDAH souvent diagnostiqué). • Recherche l'attention, suscite le rejet des pairs. • Immaturité. • Grande insécurité, sentiment d'abandon et de solitude, refus de l'autorité, faible estime de soi.	• Fragiles émotionnellement. • Résistance – Schémas dysfonctionnels avec autrui. • Ces jeunes éprouvent un besoin évident de développer un lien affectif significatif avec un adulte, mais leurs comportements inadéquats (recherche d'attention, ruse d'évitement) provoquent l'effet inverse.	• Stabilité relationnelle avec des adultes signifiants. • Cadre sécurisant. • Sentiment de sécurité. • Valorisation et capacité d'autoévaluation.	• L'établissement d'un lien d'attachement significatif avec un adulte est bénéfique pour ces enfants pour améliorer leurs habiletés sociales et comportementales et neutraliser l'impact des difficultés vécues à la maison. • Il convient cependant de préserver un sain équilibre dans la relation affective. • Porter attention pour le protéger du rejet des pairs et de l'intimidation.
Explosif (Théorie du trauma relationnel)	• Exposition des enfants à la violence, climat de peur et d'insécurité. • Mode de vie déviant des parents (criminalité, abus de substances). • Suicide ou tentative d'un parent.	• Tendance à faire des crises (perte de contrôle). • Comportements agressifs et violents. • Surréaction face aux stimuli de l'environnement. • Anxiété. Symptômes de stress post-traumatique. Comportements sexualisés inappropriés. • Attitude de « je-m'en-foutisme » et manque de buts et d'intérêts de plus en plus prononcés à l'adolescence.	• Jeunes très perturbés et désorganisés sur les plans comportemental et affectif. • Afin de s'adapter et même survivre à des événements/situations stressantes, ces jeunes adoptent et développent des comportements qui sont problématiques, mais qui leur permettent d'éviter de revivre ces expériences marquantes et d'évacuer l'anxiété (processus défensifs, adaptatifs et anti-traumatiques).	• Gestion du comportement. • Régulation des affects. • Modèles d'identification positifs. • Implication du jeune dans des activités et des rôles utiles et constructifs. • Empowerment (reprendre le pouvoir sur sa vie).	• Ces jeunes ont grand besoin d'être soulagés des traumatismes vécus au cours de leur enfance. • Leurs comportements agressifs exigent des interventions éducatives visant à leur enseigner que la violence n'est pas nécessaire pour maîtriser leur vie. • Il est impératif de les soutenir dans le développement de stratégies d'autocontrôle et de régulation émotionnelle.

6.3 Objectifs de la présente étude

Malgré les résultats globalement positifs rapportés dans les précédentes études d'implantation et d'impact du programme IDP (Desbiens et Labalette, 2007; Desbiens et Jacques, 2010; Desbiens et Gagné, 2014), une question demeure : l'efficacité du programme est-elle bel et bien associée à l'intervention différentielle proposée pour répondre aux besoins spécifiques des jeunes en fonction du profil de développement des troubles de comportement? Dans cette optique, il importe d'évaluer la fidélité de l'implantation du programme en posant un regard plus pointu sur la composante de l'intervention différentielle.

L'objectif de cette étude de cas multiples est de décrire et d'analyser la différenciation faite par les intervenants au regard des objectifs et des moyens proposés dans les plans de service et d'intervention individualisés (PSII). L'analyse qualitative vise ainsi à vérifier dans quelle mesure les intervenants ont respecté le principe d'intervention différentielle promu par le programme IDP en planifiant des interventions dont les objectifs et les moyens se distinguent selon les besoins spécifiques du jeune et de sa famille.

6.4 Méthode

6.4.1 Implantation du programme

Les résultats présentés dans ce chapitre sont issus d'une plus large recherche sur l'implantation du programme IDP dans l'ensemble de la région de Lanaudière, en collaboration avec les CJ de Lanaudière, les deux CSSS (du Nord et du Sud) et les deux commissions scolaires (des Samares et des Affluents), entre 2010 et 2013. Les organisations ont ciblé les enfants recevant des services psychosociaux de la part des CJ en vertu de la Loi sur la protection de la jeunesse (les mesures légales pouvaient donc être volontaires ou ordonnées) ou de la part des CSSS en vertu de la Loi sur la santé et les services sociaux. Sachant que la négligence est le principal motif d'intervention chez les enfants qui fréquentent l'école primaire, le programme visait principalement des familles où l'on constatait des éléments de maltraitance. Toutefois, les enfants devaient aussi présenter des problèmes de comportements à la maison ou à l'école. Par ailleurs, les enfants pouvaient également être ciblés et dirigés dans le programme par le milieu scolaire en raison de l'importance de leurs difficultés comportementales. Pour que leur participation soit retenue, l'évaluation de la référence devait démontrer que les parents éprouvaient des difficultés à répondre aux besoins de leur enfant, à encadrer et à superviser son comportement, ce qui pourrait ultimement compromettre la sécurité et le développement de l'enfant.

6.4.2 Échantillon

Le recrutement des participants au programme IDP s'effectuait par le truchement du personnel impliqué dans l'octroi des services aux jeunes en difficulté et à leur famille dans les trois organisations. Le recrutement s'est effectué en continu, du mois de mars 2011 jusqu'en juillet 2013. Un total de 501 références a été évalué pour une offre de service auprès de 218 participants. Les dossiers contenant les PSII de 102 participants ont été recueillis. Pour les besoins de cette étude, un sous-groupe de participants a été sélectionné par un échantillonnage de type non probabiliste orienté, selon les critères d'inclusion suivants :

a) PSII dont le profil-type IDP est clairement établi (*Délinquant*, *Indésirable* ou *Explosif*);

b) PSII de garçons âgés de onze à treize ans;

c) dossiers contenant le PSII initial, c'est-à-dire le premier PSII à avoir été rédigé lors de la prise en charge du jeune dans le programme IDP.

Nous avons opté pour un sous-groupe de garçons puisqu'ils ont été plus nombreux à avoir été admis au programme IDP, ce qui est compatible avec les taux de prévalence des troubles du comportement selon le sexe (Dumas, 2013; Riberly, Tétreault et Desrosiers, 2013). Par ailleurs, ce groupe d'âge a été privilégié parce que les enjeux d'intervention sont plus grands en raison du passage imminent vers le secondaire (Anderson, Jacobs, Schramm et Splittberg, 2000).

Au final, le corpus analysé est constitué de 25 PSII, dont 12 jeunes ayant été identifiés comme ayant un profil-type *Délinquant*, 8 comme ayant un profil-type *Indésirable* et 5 comme ayant un profil-type *Explosif*. Les jeunes ont en moyenne 11,6 ans ($ÉT = 0{,}5$ an) et près de la moitié proviennent d'une famille monoparentale ($N = 11$). Leur participation au programme IDP a duré en moyenne 9 mois. Tous les PSII ont été élaborés en équipe et regroupent des représentants des trois organisations, soit le CSSS, le CJ et le milieu scolaire, ainsi que la famille du jeune et, à l'occasion, des membres d'organismes communautaires. Chaque PSII était chapeauté par l'organisme à l'origine de la référence initiale et en vertu du prestataire des services offerts. Ainsi, dans 12 cas, les PSII étaient chapeautés par un protagoniste de la Direction de la protection de la jeunesse [DPJ], dans quatre cas par le CSSS et dans neuf cas par le milieu scolaire.

6.4.3 Devis, collecte, traitement et analyse des données

Un devis d'études de cas multiples a été adopté pour répondre à l'objectif de l'étude. Chaque PSII a donc fait l'objet d'une analyse approfondie du contenu de ses rubriques objectifs et moyens selon une démarche qualitative exploratoire (Lamoureux, 2000; Van der Maren, 1996) et thématique par codage mixte (Mucchielli, 2009). C'est-à-dire que certains thèmes étaient déjà prédéterminés, notamment par les rubriques présentes dans les PSII (p. ex. : objectifs généraux et spécifiques) et d'après les connaissances sur les jeunes qui présentent des troubles de comportements (par exemple, les manifestations comportementales et enjeux identifiés selon les trois profils). Néanmoins, l'*analyse thématique* a consisté à « *procéder systématiquement au repérage, au regroupement et, subsidiairement, à l'examen discursif des thèmes abordés dans un corpus* » (Paillé et Mucchielli, 2012, p.124), *ainsi qu'à « cerner par une série de courtes expressions (les thèmes) l'essentiel d'un propos »* (Paillé et Mucchielli, 2012, p. 126). Formulé autrement, le codage consistait à donner des étiquettes à des unités de sens repérées dans un document (Miles et Huberman, 2003). Ainsi, le codage a été mixte (Mucchielli, 2009), c'est-à-dire qu'une liste de thèmes émergeant du corpus à l'étude a été ajoutée en cours d'analyse.

Pour assurer que l'analyse de données soit effectuée de façon rigoureuse, nous nous sommes appuyés sur les critères proposés par Lincoln et Guba (1981). Différentes techniques jugées pertinentes ont été adoptées, notamment l'engagement prolongé des chercheuses sur le terrain pour l'accompagnement des équipes d'intervenants (crédibilité et fiabilité); la relecture des extraits et des thèmes pour s'assurer de leur objectivité et la vérification de l'analyse et des interprétations des chercheurs par les intervenants lors d'entretiens de groupe (confirmabilité). En ce qui concerne le critère de transférabilité, nous avons cherché à être le plus exhaustifs possible dans la description de l'échantillon afin de pouvoir déterminer les autres populations auxquelles les résultats pourraient être transférés.

Enfin, pour obtenir un codage efficace et rigoureux, il a été vérifié que les thèmes attribués aux unités de sens repérées dans le corpus étaient *exclusifs* – donc qu'un même extrait ne puisse pas être codé par une autre unité de sens concurrente, *exhaustifs* – donc que toutes les informations pertinentes se sont vues attribuer un code, et évidentes – donc que les mêmes codes étaient attribués de manière systématique aux mêmes unités de sens afin d'assurer une certaine objectivité (Dorais, 1993; Van der Maren, 1996). Aussi, afin d'éviter le plus possible des interprétations multiples d'un même code, un lexique définissant les codes accompagnés d'exemples a été construit (Van der Maren, 1996) et un contre-codage a été fait par deux assistantes de recherche dûment formées (Van der Maren, 2009). Celles-ci ont classé 80 % des unités de sens de la même manière et le pourcentage d'accord était unanime après discussion entre les codeuses.

L'analyse verticale des données a d'abord consisté à repérer dans chacun des PSII des unités de sens qui relevaient du cadre conceptuel soutenant le programme IDP et à repérer des unités de sens qui semblaient relever d'une différenciation liée aux profils-types correspondant au programme. Une analyse transversale a ensuite été faite pour chacun des sous-groupes de profils-types (*Délinquant*, *Indésirable* ou *Explosif*) afin de voir s'ils se distinguaient selon les besoins et les enjeux adaptatifs associés à chacun des trois profils. L'objectif de ces analyses étant de vérifier dans quelle mesure les intervenants ont respecté le principe d'intervention différentielle du programme IDP, nous devrions donc retrouver des éléments distinctifs dans les PSII selon les profils *Délinquant*, *Indésirable* ou *Explosif*, tels qu'identifiés suite à l'évaluation de la situation personnelle de chaque jeune et des conditions d'adversité présentes dans leur milieu familial.

6.5 Résultats

L'analyse du contenu des 25 PSII est présentée en fonction des deux rubriques les plus pertinentes, soit les objectifs spécifiques visés par l'intervention et les moyens retenus pour atteindre ceux-ci. Dans chacune des sections, les résultats de l'analyse verticale et les faits saillants de l'analyse transversale sont exposés et sont discutés en fonction des enjeux adaptatifs et besoins associés à chacun des profils.

6.5.1 Objectifs spécifiques

Tous les PSII recensés contiennent des objectifs spécifiques; l'ensemble du corpus analysé en compte au total 104. À la lecture des données recueillies, les résultats ont été structurés en cinq thèmes :

1. milieu de vie du jeune;

2. comportemental;

3. affectif;

4. scolaire;

5. relations école-familles-communauté.

Thème milieu de vie du jeune

Le premier thème, **Milieu de vie du jeune**, regroupe des objectifs spécifiques qui relèvent :

1. de l'engagement des parents dans des soins de santé psychologique et physique concernant leur propre situation;

2. du maintien d'un climat familial et de relations de couple favorables au bien-être de l'enfant;

3. du partage de l'exercice du rôle parental avec des tiers de confiance;

4. de responsabilités parentales au regard de la santé des jeunes (consultation, évaluation ou suivi médical, santé psychologique et physique, hygiène de vie).

Nous constatons peu de différences dans la répartition des objectifs spécifiques entre les trois profils. Seuls deux PSII comportent des éléments distinctifs. D'abord, une unité de sens relevant de la catégorie **Partage de la responsabilité parentale avec des tiers de confiance** apparaît pour un jeune au profil *Délinquant*. Ensuite, le vocable [violence conjugale] est mentionné dans le PSII d'un jeune au profil Explosif; il s'agit d'ailleurs de la seule mention faisant explicitement référence à la violence familiale parmi tous les PSII analysés. Ces deux unités de sens nous apparaissent cohérentes avec les profils auxquels elles sont rattachées. D'une part, maintenir un cadre disciplinaire constitue tout un défi pour un parent, particulièrement s'il est seul à assumer l'encadrement parental. Ce défi est d'autant plus grand lorsque l'enfant est opposant et qu'il s'engage dans des luttes de pouvoir et des escalades de conflits (Reyno et MacGrath, 2006). Dans ces circonstances, le répit que peut offrir un tiers de confiance s'avérera très utile pour soutenir ce parent dans le maintien de ses efforts. En ce qui concerne la mention [violence conjugale], il a été établi dans la typologie de Gagné et Desbiens (2007) que l'anxiété et les difficultés de régulation émotionnelle et comportementale qu'on rencontre le plus souvent chez le profil Explosif, peuvent être expliquées par l'exposition à un climat de peur ou d'insécurité au sein de la famille. Or, l'exposition à la violence familiale exacerberait les mécanismes de défense et augmenterait la réactivité face aux stimuli de l'environnement. Il n'est donc pas étonnant de retrouver la mention [violence conjugale] associée à un PSII du profil Explosif.

Thème comportemental

La majorité des PSII mentionnent des objectifs spécifiques touchant à la sphère comportementale. C'est d'ailleurs le thème qui regroupe le plus d'objectifs spécifiques (37/104). Considérant que le programme IDP s'adresse à des jeunes qui présentent des troubles du comportement, il est plutôt heureux de faire ce constat et il n'est pas étonnant que les objectifs spécifiques mentionnés dans la plupart des PSII concernent l'amélioration des comportements. Le thème **Comportemental** se décline en deux catégories. La première, liée au jeune, mentionne des cibles d'intervention qui cherchent à le responsabiliser face à ses comportements et aux conséquences qui peuvent en découler. On y retrouve des objectifs visant l'autocontrôle, le recours à des stratégies de retour au calme, l'autoévaluation du comportement, le respect des règles et des autres dans divers contextes (classe, école, transport scolaire, maison). La seconde catégorie regroupe des objectifs spécifiques qui s'adressent plus particulièrement aux adultes. Il est question de la mise en place d'un encadrement clair, constant et cohérent pour les jeunes, du partage clair et circonscrit des rôles de chacun – parent/enfant, enseignant(e)/élève, ainsi que l'évitement de certaines situations qui aggravent les conflits (escalade, négociation).

Il est intéressant de constater que tous les PSII des jeunes ayant le profil *Délinquant* sont concernés par ce type d'objectifs spécifiques (comportemental), contrairement aux deux autres profils. Rappelons que selon la typologie de Gagné et Desbiens (2007), le profil *Délinquant* est associé à la théorie de la socialisation en raison des difficultés que rencontrent les parents à établir un cadre de vie qui leur permet de se responsabiliser. Ces jeunes tendent à transgresser les règles, à résister et à s'opposer ouvertement face à l'autorité, voire même, à manifester des comportements d'agressivité proactive pour atteindre leur but. Ils ont besoin d'un cadre bienveillant où s'exerce une discipline adéquate et qui assure un sain équilibre entre mesures éducatives et sanctions. Or, l'examen attentif du corpus de données consignées pour les jeunes ayant ce profil permet de constater qu'il y est principalement question de favoriser le respect envers les autres (langage et gestes), envers les règles, ainsi que d'offrir un cadre clair, constant, cohérent et positif aux jeunes (école et maison). Compte tenu des caractéristiques comportementales et des enjeux associés à ce profil, ce résultat apparaît cohérent avec le principe de différenciation attendu. Il est en effet important de cibler des objectifs visant à appliquer les règles et les conséquences prévues dans un cadre disciplinaire qui incitent à responsabiliser les jeunes dans leurs choix de comportements (Hawkins et al., 2008).

En ce qui concerne plus précisément les jeunes du profil Explosif, les objectifs spécifiques associés au thème **Comportemental** semblent davantage relever de l'*empowerment*. En effet, dans leurs PSII, il est particulièrement question d'autocontrôle, d'autocritique, de responsabilisation et de développement de comportements constructifs (ex. « Permettre à l'enfant de développer son autocontrôle »). Ces objectifs spécifiques sont cohérents avec les défis que rencontrent les jeunes de ce profil dans la mesure où ces derniers ont un grand besoin de reprendre du contrôle sur leur vie, de restaurer leur confiance en leur capacité d'exercer une influence dans leur vie quotidienne pour en réguler les événements.

Tout comme c'est le cas de façon générale pour les autres profils, les objectifs spécifiques qui concernent les jeunes au profil Indésirable relèvent surtout de l'encadrement, de la responsabilisation de l'enfant et du respect des règles. Le mot [sécurisant] apparaît toutefois pour la première fois dans un de leurs PSII : « L'enfant évolue dans un milieu de vie encadrant et sécurisant ». Ce constat est intéressant puisque selon la typologie proposée par Gagné et Desbiens (2007), le profil Indésirable est associé à la théorie de l'attachement et ces jeunes sont fragiles émotionnellement et ont un grand besoin de stabilité relationnelle. Ayant internalisé des schémas dysfonctionnels dans leur relation avec autrui, ils manifestent souvent des comportements qui suscitent le rejet. Les caractéristiques familiales associées à ce profil soulèvent des enjeux dans la qualité de la relation d'attachement parent-enfant et la nécessité de leur offrir un milieu qui puisse répondre à leur besoin de stabilité émotionnelle et renforcer leur sentiment de sécurité (Chaffin et al. 2006; Cicchetti et Valentino, 2006).

Thème affectif

Dans le thème **Affectif**, on retrouve des objectifs spécifiques que l'on peut regrouper dans trois catégories :

1. les relations avec autrui (pairs, parents et autres adultes significatifs);

2. la valorisation du jeune;

3. la gestion de ses émotions (autocontrôle, verbalisation).

C'est dans les PSII des jeunes au profil Indésirable que l'on rencontre le plus grand nombre d'objectifs appartenant à la thématique **Affectif**, ce qui est cohérent avec les défis que rencontrent ces jeunes sur le plan relationnel. C'est d'ailleurs pour un jeune de ce profil que nous relevons pour l'unique fois dans un PSII l'expression [estime de soi], ce qui concorde avec les enjeux adaptatifs des Indésirables qui, tels que décrits dans la typologie de Gagné et Desbiens (2007), sont fragiles émotionnellement et souvent rejetés par les autres en raison de leurs comportements de recherche d'attention et leur insécurité (Chaffin et al., 2006). Également, soulignons que la formulation d'objectifs liés à la gestion des émotions se retrouve dans les PSII des profils *Délinquant* et *Indésirable*, mais jamais dans le cas des jeunes au profil *Explosif*. Cet élément est plutôt étonnant puisque la régulation des affects représente justement le défi de ce profil.

Thème scolaire

Dans le thème **Scolaire**, on retrouve les objectifs qui relèvent de l'assiduité scolaire du jeune, de son engagement dans les tâches scolaires en classe et à la maison, de l'organisation et de l'autonomie du jeune dans ses travaux scolaires et du soutien qui lui est accordé par des adultes. Bien que nous retrouvions ce type d'objectifs spécifiques pour chacun des trois profils, ce sont les jeunes du profil Explosif qui sont le plus représentés. On constate également que la majorité des objectifs spécifiques sont rédigés à l'intention des jeunes (ex. « Je fais mes devoirs et mes leçons »). Globalement, les objectifs spécifiques liés à ce thème sont relativement peu nombreux. Ce constat nous surprend puisque tous les jeunes qui ont participé au programme IDP fréquentent une classe ordinaire ou spéciale. De plus, dans tous les cas, les PSII ont été élaborés en équipe de co-intervention IDP laquelle inclut un représentant du milieu scolaire. En portant attention aux dossiers des jeunes constituant notre échantillon, nous observons que la majorité d'entre eux ont été référés au programme par les agences de services sociaux (CSSS ou CJ) et il est possible que cela ait pu influencer la détermination des objectifs spécifiques pour ces jeunes. Néanmoins, il est aussi fort probable que les besoins des jeunes qui participent au programme IDP soient si importants sur les plans affectif, social et comportemental qu'ils réclament d'abord et avant tout une prise en charge visant à réduire les problèmes de comportement manifestés par ces jeunes. Dans ces circonstances, l'établissement d'objectifs spécifiques d'ordre scolaire pourrait tout simplement ne pas constituer une priorité lors de l'élaboration des PSII.

Thème relations école-famille-communauté

Pour le thème **Relations école-famille-communauté**, les objectifs spécifiques sont distingués en trois catégories qui témoignent des communications et des collaborations entre l'école, les familles des jeunes (biologiques ou d'accueil) et divers membres, ressources ou services de la communauté. Très peu d'objectifs spécifiques concernent ce thème, ce qui est cohérent avec notre interprétation quant aux priorités d'intervention pour les jeunes qui manifestent des troubles du comportement. Somme toute, la plupart d'entre eux sont mentionnés dans les PSII des jeunes au profil *Délinquant* et incluent spécifiquement une référence à la collaboration avec un intervenant de la DPJ. Ce constat apparaît cohérent avec le type de comportements manifestés par les jeunes de ce profil. En effet, on peut supposer que ces jeunes sont plus souvent suspendus en raison de leurs comportements opposants, de leur tendance à transgresser les règles et les normes et que, dans cette perspective, il soit important de préciser des objectifs de collaboration et de communication entre l'école, la famille et l'intervenant social impliqué auprès d'eux. Par ailleurs, le seul PSII associé au profil *Indésirable* mentionnant un objectif spécifique sous cette thématique fait référence à l'implication du parent dans le suivi scolaire du jeune alors que pour les deux extraits tirés des PSII de jeunes au profil *Explosif*, il est plutôt question de favoriser une relation positive entre les parents et l'école.

Que se dégage-t-il de l'analyse des objectifs d'intervention des PSII des jeunes?

En somme, en ce qui concerne les objectifs spécifiques recensés dans les PSII, nous relevons que la majorité concerne l'amélioration du comportement indépendamment du profil identifié. Ce type d'objectifs est bien entendu tout à fait cohérent avec les visées du programme IDP. Par ailleurs, en ce qui concerne le profil *Délinquant*, on voit que les autres objectifs spécifiques sont surtout en lien avec le milieu de vie, par exemple la consommation des parents, ou l'assainissement du climat de couple et familial. Pour le profil *Indésirable*, les objectifs spécifiques visent surtout à favoriser le bien-être affectif tandis que pour le profil *Explosif*, on mentionne surtout des objectifs spécifiques liés au thème scolaire. Cette tendance, quoique modeste, témoigne d'une légère différenciation dans les objectifs spécifiques mentionnés dans les PSII de certains jeunes en lien avec des besoins plus particuliers.

6.5.2 Moyens d'intervention

Tous les PSII analysés proposent des moyens d'intervention pour soutenir les jeunes dans leur environnement scolaire et dans leur milieu familial, structurés autour de cinq thèmes :

1. milieu familial et exercice de la parentalité;
2. enjeux comportementaux;
3. enjeux affectifs;
4. enjeux scolaires;
5. relations familles-école-communauté.

Thème milieu familial et exercice de la parentalité

Le thème **Milieu familial et exercice de la parentalité** concerne 78 des 457 moyens recensés, distingués selon trois catégories de moyens. La première catégorie, **Prise en charge par les parents de leur propre situation**, regroupe des moyens tels que la prise de médication recommandée au parent par un(e) professionnel(le) de la santé ou de suivis médicaux, la cessation ou la diminution d'une consommation inadéquate d'alcool ou de drogue, la fréquentation de personnes qui ne consomment pas, le recours à des ressources pour des problématiques spécifiques (consommation, violence, troubles de santé mentale). L'analyse des résultats montre que ce type de moyens est plus fréquemment mentionné dans les PSII des jeunes ayant un profil *Explosif* et réfère surtout aux comportements de consommation des parents, tel qu'illustré par l'extrait de PSII suivant : « Le conjoint ne consomme pas et ne se présente pas en état de consommation devant l'enfant ». Aussi, les moyens identifiés dans les PSII des jeunes au profil *Délinquant* font surtout référence à l'état de santé psychologique des mères comme le montre l'extrait suivant : « La mère maintient son suivi psychologique et prend sa médication comme convenu ». Ces distinctions nous apparaissent cohérentes avec le portrait des enjeux familiaux selon les deux profils. En effet, pour l'*Explosif*, nous savons que le milieu familial est souvent caractérisé par un mode de vie déviant et plus chaotique pouvant être lié à la consommation d'un ou des parents. En ce qui concerne le *Délinquant*, nos études ont montré que ce profil est plus fréquemment identifié chez des garçons qui vivent seuls avec leur mère, laquelle est souvent dépassée et démunie.

La deuxième catégorie nommée **Responsabilités des parents à l'égard de la santé du jeune** regroupe le plus grand nombre des moyens du thème. Les moyens indiqués aux PSII concernent les soins médicaux (consultation et suivi thérapeutique), l'hygiène, l'alimentation et le sommeil des jeunes. Ce type de moyens est plus souvent indiqué dans les PSII des jeunes ayant un profil *Indésirable* et *Explosif*. On note une homogénéité dans les moyens inscrits dans les PSII des jeunes ayant un profil *Indésirable* lesquels concernent surtout la prise de médication, le suivi médical ou thérapeutique et les consultations médicales. Pour les deux autres profils, on remarque des moyens plus variés : médication, suivi médical ou thérapeutique, consultation médicale, alimentation des jeunes, hygiène du jeune et salubrité du milieu de vie.

La troisième catégorie dégagée par l'analyse, le **Fonctionnement et climat familial**, regroupe des moyens à propos du rôle de chacun des membres de la famille, de la relation ou de la gestion des conflits entre les parents (ou conjoints) et tout autre moyen visant à assainir le climat familial. La présence d'éléments qui relèvent du partage des rôles de la parentalité avec des membres de la famille élargie est observée pour deux cas de jeunes au profil *Délinquant*, ce qui ne se retrouve pas dans les deux autres profils. Pour les trois profils, il est question, à un moment ou à un autre, que les parents maintiennent les jeunes à l'écart de leurs différends.

Thème enjeux comportementaux

Le thème **Enjeux comportementaux** regroupe à lui seul plus de la moitié de tous les moyens indiqués dans les PSII (239/457). Ces moyens ont été distingués en trois sous-sections qui concernent :

1. l'encadrement offert aux jeunes par les adultes;

2. le soutien offert aux jeunes par les adultes;

3. l'engagement des jeunes envers l'amélioration de leur comportement.

Une première observation émane de cette distinction : les moyens planifiés dans les PSII afin d'atteindre les objectifs liés au thème des enjeux comportementaux se distinguent par le niveau d'autonomie exigé et attendu chez les jeunes, selon qu'ils relèvent d'une tierce personne (encadrement offert par les adultes), selon qu'ils sous-tendent l'aide d'une personne pour réguler le comportement du jeune (soutien) ou enfin, qu'ils font appel à l'autorégulation par le jeune de son comportement (engagement).

a) L'encadrement offert aux jeunes par les adultes

Cette première sous-section réfère aux moyens visant un encadrement clair, cohérent et planifié. Elle regroupe quatre catégories de moyens :

1. règles, planification des conséquences et conditions d'intervention;

2. systèmes d'émulation;

3. application des conséquences;

4. autorité.

La catégorie **Règles, planification des conséquences et conditions d'intervention** contient les moyens touchant la mise en place et le maintien de règles claires, l'application de conséquences logiques pour encadrer le comportement des enfants et des conseils quant aux conditions dans lesquelles il est préférable d'intervenir auprès des enfants, par exemple : garder un ton calme, utiliser l'humour, ne pas tomber dans le piège de l'escalade. Il s'agit de la catégorie de moyens la plus fréquemment indiquée dans l'ensemble des PSII. Nous observons que cette catégorie concerne tous les jeunes ayant un profil *Délinquant* et, contrairement aux PSII de leurs pairs des autres profils, plusieurs des moyens proposés relèvent de suggestions quant aux modalités d'intervention à appliquer, par exemple : « favoriser l'humour », « privilégier un ton calme », « éviter l'escalade », « éviter de négocier », « ignorer la provocation », « ne pas argumenter ». Également, les moyens dans leurs PSII contiennent plus souvent le terme [conséquence] que dans le cas des deux autres profils. En effet, plusieurs moyens sont des recommandations pour les interventions que les adultes doivent faire suite à des comportements inadéquats manifestés par le jeune. Au contraire, les moyens proposés dans les PSII des jeunes ayant un profil *Indésirable* proposent souvent des moyens à mettre en place pour prévenir les comportements inadéquats, par exemple : « fixer des limites claires », « règles claires », « établir une routine », « encadrement constant et chaleureux ». D'ailleurs, le terme [chaleureux] ne revient que dans un seul cas de PSII : un jeune au profil Indésirable : « S'assurer que l'encadrement parental soit chaleureux et constant et non coercitif et punitif ».

La catégorie **Systèmes d'émulation** regroupe les moyens proposés dans les PSII qui relèvent de la mise en place de systèmes de suivi du comportement de l'enfant, principalement en vue de l'obtention de privilèges. Ce type de moyens est le plus souvent indiqué dans les PSII des jeunes ayant un profil *Délinquant*. Les données montrent aussi que les privilèges prévus pour les jeunes au profil *Indésirable* se distinguent de ceux mentionnés pour les deux autres profils. Pour ce groupe de jeunes, des privilèges d'ordre relationnel ressortent dans deux PSII, comme l'illustre l'extrait suivant : « À l'école, l'adulte utilise des récompenses ou privilèges d'ordre relationnel lorsque l'enfant se comporte bien et/ou adopte des comportements prosociaux (moments privilégiés un à un) ».

La catégorie **Application des conséquences** regroupe les moyens qui relèvent de conséquences bien précises qui doivent être appliquées, principalement le retrait du jeune et l'exécution de gestes de réparation. Les gestes de réparation et le retrait de l'enfant apparaissent surtout dans les PSII de jeunes ayant un profil *Délinquant*. Considérant leurs comportements d'opposition et de résistance à l'autorité, il n'est pas surprenant que ce type de conséquence soit le plus souvent mentionné dans les PSII de ce profil. Notons qu'aucun jeune ayant un profil *Indésirable* n'est concerné par ce type de moyens, ce qui nous apparaît fort heureux compte tenu de leur enjeu relationnel et du sentiment de rejet qui peut découler de l'application d'une telle mesure de conséquence.

Finalement, sont regroupés dans la catégorie **Autorité**, des moyens qui suggèrent le recours à des instances policières pour intervenir auprès des jeunes dans des contextes particuliers : usage de la violence par le jeune ou absence de l'école sans justification du parent. Seulement trois PSII sont concernés par ce type de moyens, ceux de deux jeunes ayant un profil *Délinquant* et un jeune ayant un profil *Explosif*. Notons qu'aucun PSII ne fait référence à ce type de moyens dans le cas des jeunes ayant un profil *Indésirable*.

b) Le soutien offert aux jeunes par les adultes

Dans cette sous-section, les moyens proposés dans les PSII sont articulés en deux catégories : la **Valorisation du comportement du jeune** et le **Soutien de l'adulte au comportement positif du jeune**.

L'analyse permet de distinguer d'abord des moyens que nous avons associés à la **Valorisation du comportement du jeune**. Ces moyens visent à soutenir les efforts du jeune par le renforcement positif de ses comportements adéquats, la reconnaissance et la verbalisation de bons coups faits par le jeune, l'attribution de responsabilités au jeune ainsi que des compliments et des encouragements faits aux jeunes par des adultes significatifs. Dans le cas des jeunes au profil *Délinquant,* il est plus souvent question de valorisation de comportements, de gestes et de langage adéquats, tandis que dans le cas des jeunes au profil *Indésirable*, on nomme parfois les intentions derrière ce type d'intervention, par exemple : « la valorisation des comportements du jeune en vue de soutenir son estime de soi ou les relations avec les pairs ».

La catégorie **Soutien de l'adulte au comportement positif du jeune** regroupe les moyens qui relèvent de l'enseignement par les adultes de comportements attendus chez le jeune, de l'accompagnement du jeune dans le développement ou dans l'adoption de comportements adéquats, du soutien au développement de l'autonomie et de la responsabilisation de l'enfant en ce qui concerne son comportement ainsi que la mise à disposition de ressources pour soutenir le comportement du jeune. Les moyens de cette nature se retrouvent dans les trois profils. Les mentions dans les PSII ne permettent pas de faire de distinction pour cette catégorie de moyens.

c) L'engagement du jeune pour l'amélioration de son comportement

Dans cette dernière sous-section, les moyens sont distingués selon deux catégories : **Comportement/engagement du jeune** ainsi qu'**Empowerment et responsabilités**.

La catégorie **Comportement/engagement du jeune** regroupe les moyens qui sollicitent l'engagement du jeune dans l'adoption d'une attitude, d'un comportement et d'un langage respectueux, le respect des règles et des conséquences, la capacité à autoévaluer son comportement et le recours aux ressources nécessaires pour soutenir la gestion de son comportement. Le respect des autres et des règles est un concept qui se retrouve dans tous les extraits de PSII des jeunes au profil *Délinquant*. En ce qui concerne les jeunes ayant un profil *Indésirable*, il est surtout question de la connaissance et du respect des limites imposées par les adultes et d'autoévaluation du comportement. Puisque les jeunes de ce profil manifestent souvent des comportements excessifs pour la recherche d'attention, mais au final suscitent souvent une réaction de rejet de la part d'autrui, il nous apparaît bien indiqué que ces moyens soient mis de l'avant dans les PSII des *Indésirables*. Dans le cas des jeunes au profil *Explosif*, les segments qui relèvent de cette catégorie sont variés et concernent autant l'autocontrôle, le respect des règles et des conséquences que l'autoévaluation du comportement.

Dans la catégorie **Empowerment et responsabilités**, on retrouve les moyens qui invitent les jeunes à s'engager dans la prise en charge de leurs conduites et de certaines responsabilités comme la prise de médicaments ou le recours à un adulte en cas d'oubli, la participation à des ateliers ou à des suivis thérapeutiques pour l'amélioration de leur bien-être, l'accomplissement de tâches ménagères, la responsabilité de remettre l'agenda aux parents et aux membres du personnel pour permettre aux adultes de communiquer. Les jeunes ayant des profils *Indésirable* et *Explosif* se distinguent en étant seulement concernés par des prises de responsabilités qui relèvent de la participation du jeune à des suivis ou à des ateliers thérapeutiques ainsi qu'à la prise de médicaments. Les moyens qui concernent les jeunes au profil *Délinquant* sont plus variés. Aux suivis thérapeutiques et à la prise de médicaments s'ajoutent les tâches ménagères à la maison ainsi que la transmission des informations entre l'école et la famille.

Thème des enjeux affectifs

Le thème des **Enjeux affectifs** est constitué d'un total de 56 moyens, répartis en trois catégories :

1. les relations des jeunes avec leurs parents;
2. les relations des jeunes avec d'autres adultes significatifs et avec les pairs;
3. la gestion des émotions des jeunes.

Dans la catégorie **Relations parents-enfant** sont regroupés les moyens qui sollicitent l'implication des parents dans la vie de leur enfant ainsi que la fréquence et la qualité des contacts entre le jeune et ses parents. Notons que les jeunes ayant un profil *Explosif* semblent plus représentés dans ce type de moyens. Également, les moyens suggérés dans les trois profils se différencient selon le protagoniste ciblé pour inciter et maintenir la relation. Ainsi pour le profil *Délinquant* le moyen s'adresse au jeune, tel qu'illustré par l'extrait suivant « Lors de mes contacts, je suis capable de passer un moment privilégié avec ma mère », alors que pour les deux autres profils, on incite le parent à garder le contact avec son enfant, comme l'illustrent les extraits suivants : « Papa fait une courte activité avec l'enfant de façon régulière et s'intéresse à ce qu'il aime »; « À la maison, passer du temps de qualité avec l'enfant en lui proposant de jouer avec lui et en s'intéressant à ses jeux ».

La catégorie **Relations sociales** est constituée de moyens qui concernent les relations des jeunes avec des adultes significatifs autres que leurs parents, leurs relations avec leurs pairs ainsi que les moyens visant le développement des habiletés sociales du jeune. Les données montrent que les jeunes ayant un profil *Indésirable* sont plus représentés dans cette catégorie. D'autre part, elles montrent aussi une différenciation dans les moyens proposés selon le profil auquel on réfère. Dans le cas des jeunes au profil *Indésirable*, les moyens proposés concernent surtout la mise en place de moments positifs avec des pairs ou avec des adultes significatifs et le développement des habiletés sociales du jeune tel qu'illustré par l'extrait suivant : « À l'école, mettre en place pour l'enfant un moment où il peut vivre une activité positive avec d'autres jeunes de son âge. Le guider dans ses choix d'amis ». Dans le cas des jeunes au profil *Délinquant*, les moyens proposés concernent surtout le recours à des ressources en vue d'améliorer les relations avec les pairs et l'enrayement de comportements antisociaux.

La catégorie **Gestion des émotions** regroupe le nombre le plus élevé de moyens identifiés dans ce thème et ceux-ci se distinguent selon les trois profils. Les moyens proposés pour les jeunes ayant un profil *Délinquant* concernent généralement la gestion de la colère et les capacités de retour au calme : « Je prends un temps d'arrêt pour me calmer ». Pour les jeunes ayant un profil *Indésirable*, les moyens concernent plutôt l'apaisement. On retrouve des expressions comme « réconforter l'enfant », « rassurer l'enfant », « signes d'anxiété » dans les PSII, tel qu'illustré par l'extrait suivant : « Papa trouve avec l'enfant un objet de transition (un objet symbolique) le représentant et pouvant être utilisé pour se réconforter durant son absence ». Enfin, pour le profil *Explosif*, on dénote davantage de moyens visant l'identification des états émotionnels et la gestion de l'anxiété, tel qu'illustré par l'extrait suivant : « Accompagnement dans l'identification et la verbalisation des émotions vécues (se centrer sur son discours intérieur) et permettre à l'enfant d'identifier et de verbaliser ses peurs ».

Thème enjeux scolaires

Le thème **Enjeux scolaires** concerne 59 des 457 moyens recensés, distingués selon deux catégories soit : **Soutien aux apprentissages scolaires**, qui réfère aux moyens à l'intention du milieu familial et du milieu scolaire, et **Engagement de l'élève dans ses apprentissages scolaires**, qui concerne la prise en charge de l'élève de sa situation scolaire. Dans la catégorie **Soutien aux apprentissages scolaires**, il est surtout question pour les parents de supervision des devoirs, mais aussi d'assurer l'assiduité des jeunes à l'école, de valoriser l'école, les études et les efforts de l'enfant ainsi que de l'établissement d'un cadre et d'une routine pour faire les travaux scolaires à la maison. Les moyens qui relèvent de l'école sont surtout centrés sur le soutien donné par les membres du personnel enseignant aux enfants dans l'exécution de tâches scolaires.

Si les moyens proposés dans les PSII se recoupent pour les trois profils en ce qui concerne l'encadrement et la supervision des devoirs à la maison, seuls deux jeunes, un au profil *Délinquant* et l'autre au profil *Explosif*, sont concernés par des moyens qui visent leur présence à l'école (assiduité). En ce qui concerne les jeunes identifiés comme ayant un profil *Indésirable*, l'engagement des parents à valoriser l'école et les efforts faits par leurs enfants dans les travaux scolaires sont présents dans deux PSII différents alors que ces moyens ne sont pas mentionnés dans les PSII des autres profils.

Dans cette catégorie, on retrouve aussi des moyens qui relèvent plus particulièrement de l'école. Globalement, il y a un recoupement pour tous les profils en ce qui concerne l'encadrement des travaux scolaires, le morcellement des travaux par étapes, le fait de s'assurer de la compréhension de l'élève envers une tâche scolaire et le fait de s'assurer que cette tâche représente un défi réalisable pur l'élève. Par contre, pour deux jeunes au profil *Indésirable*, il est aussi question que les membres du personnel scolaire soutiennent la motivation et les efforts des jeunes par rapport aux tâches scolaires. Également, un seul PSII, celui d'un jeune identifié au profil *Explosif*, parle de « Favoriser l'attention et la concentration de l'enfant en lui rappelant qu'il peut utiliser le bureau d'aide ».

Dans la catégorie **Engagement de l'élève dans ses apprentissages scolaires**, les moyens concernent la responsabilité du jeune à apporter le matériel nécessaire à la maison pour ses travaux scolaires, à faire des efforts pour accomplir des tâches scolaires à l'école comme à la maison, à demander ou accepter l'aide de ressources lorsqu'il rencontre des difficultés (enseignant(e), orthopédagogue, pairs ou aide aux devoirs), et à reconnaître ses forces et les difficultés rencontrées. Les résultats se recoupent pour tous les profils en ce qui concerne le fait que l'enfant s'engage à faire le travail demandé et qu'il s'assure d'apporter ses devoirs à la maison pour les faire. Par contre, dans quelques PSII concernant des jeunes ayant des profils *Indésirable* et *Explosif*, des moyens rappellent les responsabilités du jeune en ce qui concerne le recours à des ressources qui peuvent l'aider dans son cheminement scolaire, ce qui n'est pas proposé pour les jeunes au profil *Délinquant*.

Thème relations/communications familles-école-communauté

Le cinquième et dernier thème qui se dégage de l'analyse du corpus concerne les **Relations/communications familles-école-communauté** dans lequel nous retrouvons 38 moyens distingués en deux catégories : les **Communications école-famille-communauté** et le **Recours ou soutien-ressources pour les parents ou les jeunes**.

La catégorie **Communications école-famille-communauté** regroupe des moyens visant les échanges d'informations entre le milieu familial et les intervenants du milieu scolaire, ceux des services sociaux ou de la communauté. Généralement, les moyens mentionnés concernent des communications liées à l'évolution de l'enfant à l'école ou dans la famille, au partage d'incidents ou d'information particulière au sujet de l'enfant, aux devoirs et à l'implication des jeunes à cet égard ou à la signature par les parents de documents envoyés par l'école. Pour les jeunes des profils *Indésirable* et *Explosif*, il est question de communication entre le milieu familial et l'école, comme l'illustre l'extrait suivant : « Communication soutenue entre la famille et l'école à l'aide d'un cahier de communication et/ou l'agenda. Transmettre les infos utiles : difficultés rencontrées, évolution positive de l'enfant, horaire des ressources d'aide ». En ce qui concerne les jeunes du profil *Délinquant*, d'autres protagonistes sont très souvent impliqués dans les communications : intervenants sociaux, éducateurs, DPJ, services de pédopsychiatrie, familles d'accueil, techniciennes en éducation spécialisée, ainsi que d'autres membres de la famille qui partagent la responsabilité d'encadrement avec les parents.

Dans la catégorie **Recours ou soutien-ressources**, sont regroupés des moyens qui relèvent de l'offre ou du recours aux ressources de la communauté ou du milieu scolaire pour ou par les parents. Le recours à des ressources pour les jeunes ayant des profils *Délinquant* et *Explosif* concerne surtout un soutien accordé aux parents dans l'exercice de leur rôle parental. Pour les jeunes au profil *Indésirable*, il est surtout question de la participation d'adultes responsables des jeunes (parent, tuteur) aux ateliers ou suivis proposés dans le milieu communautaire.

Que se dégage-t-il de l'analyse des moyens d'intervention des PSII des jeunes?

De façon générale, il se dégage des résultats liés au thème **Milieu familial et exercice de la parentalité** que les moyens concernant la responsabilité des parents à l'égard de la santé du jeune (médication, consultation médicale, alimentation, sommeil) sont plus souvent mentionnés dans les PSII des profils *Indésirable* et *Explosif*. Ce constat nous apparaît cohérent avec les comportements perturbateurs d'agitation, d'inattention, d'hypervigilance et d'anxiété le plus souvent observés chez les jeunes de ces profils ce qui peut être perçu comme des symptômes de troubles de santé mentale, diagnostiqués ou non, chez ces jeunes (TDAH, anxiété, dépression). Ces troubles peuvent en effet être expliqués par les modèles théoriques qui sous-tendent le développement des troubles de comportement chez les profils *Indésirable* et *Explosif* tel que proposé au sein du programme IDP (voir la synthèse Tableau 6.1, page 150). Dans cette perspective, les moyens mentionnés aux PSII nous apparaissent donc adéquats pour mieux répondre à leurs besoins et atténuer les symptômes manifestés par ces jeunes.

Les résultats dégagés du second thème concernant les **Enjeux comportementaux** montrent que la grande majorité des moyens planifiés et inscrits dans les PSII relèvent de tierces personnes à qui on remet la responsabilité d'assurer la mise en œuvre de stratégies afin de réguler le comportement des jeunes. Ces moyens visent l'encadrement des jeunes par l'application de règles et de conséquences, balisés par des systèmes d'émulation et qui, ultimement, peuvent nécessiter le recours à des autorités le cas échéant. Ces moyens sont le plus souvent mentionnés dans les PSII des jeunes ayant un profil *Délinquant,* ce qui nous paraît compatible avec les défis d'intervention soulevés pour ces jeunes puisqu'ils ont justement tendance à défier l'autorité.

Cependant, il est étonnant de constater une faible proportion de moyens visant à soutenir concrètement les jeunes dans leurs efforts pour améliorer leurs comportements inadéquats ou à encourager l'autorégulation du comportement par les jeunes eux-mêmes. Cela nous semble peu, surtout considérant le fait que les jeunes dont le PSII a fait l'objet de l'analyse sont en âge d'être accompagnés par les adultes dans un exercice d'introspection qui pourrait les amener à s'engager plus consciemment et plus activement dans la réalisation d'un plan personnalisé en vue de modifier leurs comportements. Notons que ce type de moyens relevant de la corégulation ou de l'autorégulation des comportements est plus souvent mentionné dans les PSII des jeunes des profils *Indésirable* et *Explosif* comparativement aux moyens de la catégorie précédente (application des règles et conséquences), qui eux, étaient beaucoup plus présents dans les PSII des jeunes au profil *Délinquant*. Enfin, parmi les 25 PSII explorés, seulement deux ne comportent pas de moyens sous-tendus par des enjeux comportementaux : celui d'un jeune au profil *Indésirable,* qui est grandement axé sur la prise en charge de la santé psychologique et physique de l'enfant, et un second pour un jeune ayant un profil *Explosif*, qui présente des problèmes familiaux de négligence et de violence qui semblent avoir eu préséance sur ces enjeux.

L'analyse des résultats liés aux **Enjeux affectifs** nous permet de constater que les moyens indiqués se distinguent dans les PSII en fonction des besoins associés à chacun des profils. Ainsi, on constate que pour les jeunes identifiés au profil *Délinquant*, les moyens concernent plus souvent la gestion de la colère, la manifestation de comportements antisociaux et les relations avec les pairs alors que pour les jeunes associés au profil *Indésirable*, on mentionne davantage des moyens faisant appel à des moments positifs et agréables avec les pairs et des adultes signifiants, à l'apaisement des émotions par le réconfort pour atténuer les symptômes d'agitation et d'anxiété et à des moyens visant l'amélioration des habiletés sociales. Les moyens envisagés pour le profil *Explosif* se distinguent dans leur visée puisqu'on cherche à aider les jeunes de ce profil à mieux identifier et à nommer leurs états émotionnels et à gérer l'anxiété. Ces résultats sont tout à fait cohérents avec les besoins et enjeux identifiés pour chacun des trois profils. Il demeure cependant que les moyens envisagés pour soutenir les enjeux affectifs sont relativement peu nombreux dans l'ensemble des PSII analysés.

Par ailleurs, il ne se dégage pas vraiment de différences dans les moyens mentionnés aux PSII concernant les **Enjeux scolaires**. Néanmoins, nous remarquons que seuls deux PSII mentionnent l'importance pour les parents de souligner les efforts de leur enfant dans les travaux scolaires et les engagent à valoriser l'école. Dans les deux cas, ces distinctions sont présentes dans les PSII de jeunes au profil *Indésirable*. Sachant que ce profil interpelle justement des enjeux dans la qualité de la relation parents-enfant, il s'agit de moyens adéquats pour soutenir l'implication du parent dans la vie de son enfant.

Enfin, les moyens liés aux **Relations/communications familles-école-communauté** sont peu nombreux dans les PSII comparativement aux autres moyens recensés dans les autres thèmes. Les résultats dégagés de l'analyse nous informent que les moyens mentionnés dans les PSII des jeunes du profil *Explosif* concernent plus souvent la communication entre l'école et la famille alors que ceux prévus dans les PSII des jeunes au profil *Délinquant* semblent plus souvent impliquer également des intervenants d'autres services, ce qui peut suggérer que davantage de ressources externes sont mises à contribution dans l'intervention auprès de ces jeunes.

6.6 Conclusion

L'évaluation d'un programme d'intervention constitue un vaste champ dans lequel diverses approches (ex. directive, participative, pratique ou émancipatrice), méthodes (quantitatives ou qualitatives) et outils (ex. modèle logique, devis) peuvent être mis à profit à différentes étapes du développement du programme, selon les finalités poursuivies par les évaluateurs (ex. évaluation des besoins de la population visée, évaluation des processus, de la pertinence, de l'impact ou de l'efficience du programme; Dagenais et Ridde, 2012). L'ensemble des opérations menées en évaluation de programme vise ainsi à produire toute une série de constats sur les processus cliniques, les protocoles d'intervention et les pratiques mises de l'avant au terme desquels le programme évalué pourra éventuellement devenir probant. Afin d'enrichir notre analyse sur la validité du programme IDP, il nous est apparu important d'aller plus loin que les indicateurs habituels utilisés pour évaluer l'implantation du programme (dosage, adhésion, participation) et de porter un regard plus pointu sur la fidélité de l'implantation des composantes préconisées par IDP. C'est dans cette perspective que nous nous sommes intéressés plus spécifiquement au contenu de plans de services et d'intervention individualisés (PSII) élaborés par les intervenants afin de vérifier s'ils témoignent de l'application du principe d'intervention différentielle promu par le programme.

Force est d'admettre que, malgré les recommandations du programme visant à proposer une intervention différentielle, les objectifs spécifiques ainsi que les moyens mis en œuvre, tels qu'indiqués dans les PSII, ne témoignent pas d'une tendance aussi claire que nous l'aurions souhaité. En ce qui concerne les objectifs, on remarque une légère différenciation dans certains PSII en lien avec les besoins plus particuliers des jeunes, par exemple des cibles autour de l'amélioration du climat familial et de l'exercice du rôle parental pour le *Délinquant* ou une meilleure stabilité affective pour l'*Indésirable*. Néanmoins, la majorité des objectifs spécifiques mentionnés dans les PSII visent d'abord et avant tout l'amélioration du comportement indépendamment du profil du jeune, ce qui n'a rien d'étonnant compte tenu de la population à laquelle s'adresse le programme IDP.

Par contre, on constate davantage de différenciation selon les profils en ce qui concerne les moyens utilisés pour atteindre les objectifs d'intervention. On relève, par exemple, des préoccupations spécifiquement liées à la santé des enfants (médication, sommeil, alimentation), et aux responsabilités que doivent assumer les parents à cet égard, dans les PSII des *Indésirables*. De même, des moyens visant l'amélioration du milieu de vie (consultation médicale, suivi thérapeutique pour consommation, assainissement du climat familial) sont plus souvent mentionnés dans les PSII d'enfants identifiés avec un profil *Explosif*. Puisque ces deux profils sont rattachés à des milieux de vie négligents (*Indésirable*) ou abusifs (*Explosif*) et que conséquemment ces enfants ont très souvent des perturbations importantes sur le plan comportemental (TDAH, anxiété, dépression, enjeux d'attachement), ces moyens sont cohérents avec les visées d'une intervention différentielle. Également, on distingue aussi dans les PSII des *Indésirables* davantage de moyens touchant à la sphère affective, par exemple, favoriser des moments positifs et agréables avec un adulte signifiant ou encore, des moyens pour les aider à apaiser leurs émotions. Dans les PSII des *Explosifs,* on constate plutôt des indications concernant des moyens de gestion de la colère et l'amélioration des relations avec les pairs, ce qui est cohérent avec les manifestations plus impétueuses des jeunes de ce profil. Que ce soit pour les *Indésirables* ou les *Explosifs*, les moyens nous apparaissent donc particulièrement adéquats afin de mieux répondre aux besoins spécifiques de ces jeunes, notamment pour atténuer les symptômes d'agitation, d'anxiété et les explosions de colère qu'ils ont tendance à manifester, améliorer leur santé mentale et leurs relations avec les autres. Par ailleurs, on discerne aussi certains éléments distinctifs pour les *Délinquants* dont les PSII mentionnent principalement des moyens entourant la gestion disciplinaire des comportements (application des règles et des conséquences, système de renforcement, recours aux autorités), ce qui est tout à fait cohérent avec les conduites opposantes et défiantes que tendent à manifester les jeunes de ce profil.

Également, bien que le PSII soit un outil de planification des services et des interventions constituant une obligation légale, autant pour l'école que pour les agences de services sociaux, notre analyse de ces documents montre une grande diversité quant à la qualité et au soin apporté à la rédaction de ceux-ci. Il se dégage que, pour certains intervenants, l'outil représente une occasion de bien circonscrire l'ensemble des informations pertinentes et ils en font un usage véritable alors que pour d'autres, il s'agit clairement d'une tâche administrative qui est négligée ou réalisée sans y apporter toute la profondeur et la richesse qui pourraient réellement témoigner du travail clinique auprès du jeune et de la famille. Compte tenu du caractère obligatoire du PSII pour planifier l'intervention auprès des jeunes et des familles, il y a lieu de se questionner sur l'importance qui y est réellement accordée par les institutions. Il faut bien admettre que dans ces circonstances, certains des PSII dont nous avons analysé les contenus limitent la portée des résultats que nous pouvons en dégager en raison du manque de précision dans les indications annotées.

Conséquemment, les informations recueillies dans les PSII ne constituent pas nécessairement une base légitime de connaissances des pratiques. Il peut en effet exister un écart entre les informations fournies dans les PSII sur les moyens mis en œuvre pour atteindre les objectifs d'intervention et la réalité des pratiques réellement mis en pratique. Il aurait été possible d'éviter en partie ce biais grâce à l'utilisation en parallèle d'autres méthodes qualitatives, notamment l'observation participante ou l'utilisation de « carnets de route ». Enfin, nous n'avons pas – ou peu – d'informations concernant les intervenants qui ont complété les PSII – notamment le nombre d'années d'expérience et la formation initiale, informations qui auraient pu enrichir et contribuer à la compréhension des tendances observées.

En conclusion, cette recherche qualitative illustre la démarche d'analyse thématique effectuée pour alimenter notre jugement sur les ingrédients efficients du programme IDP. Certes, l'analyse des PSII est lourde en termes de temps, comparativement à de l'analyse de données quantitatives, mais elle apporte un éclairage nuancé sur la fidélité de l'implantation du programme et nous permet d'enrichir nos interprétations sur les résultats d'impact que nous avons obtenus. Outre la mise en lumière des nombreux défis que pose l'évaluation d'un programme d'intervention, cette recherche qualitative soulève aussi les enjeux que pose le changement des pratiques professionnelles et montre l'importance d'accompagner les équipes afin de relever les défis de l'implantation d'un nouveau programme au sein d'un milieu d'intervention psychosociale.

6.7 Financement et soutien

Financement obtenu dans le cadre du programme de soutien à l'évaluation des pratiques, services et programmes offerts aux jeunes vulnérables et leur famille de l'Institut universitaire – Centre jeunesse de Québec, conjointement avec les partenaires impliqués dans ce projet soit, la commission scolaire des Samares, la commission scolaire des Affluents, les Centres de santé et des services sociaux du Nord et du Sud de Lanaudière, le Centre jeunesse de Québec-IU et les Centres jeunesse de Lanaudière.

Références

Alain, M. et Dessureault, D. (2009). *Élaborer et évaluer les programmes d'intervention psychosociale*. Québec, QC : Presse de l'Université du Québec.

Anderson, L., Jacobs, J., Schramm, J. et Splittberg, F. (2000). School transitions: Beginnings of the end or new beginning? *International Journal of Educational Research, 33*(4), 325-339.

Bednarz, N. (2013). *Recherche collaborative et pratique enseignante : regarder ensemble autrement*. Paris, France : L'Harmattan.

Bélanger, J., Bowen, F., Cartier, S., Desbiens, N., Montésinos-Gelet, I. et Turcotte, L. (2012). L'appropriation de nouvelles pratiques d'interventions pédagogiques et éducatives en milieu scolaire : réflexions sur un cadre théorique intégrateur. *Éducation et francophonie, 40*(1), 56-75.

Camiré, L., Moisan, S. et Faugeras, F. (2004). *Le partenariat en Centre jeunesse*. Québec, QC : Centre jeunesse de Québec-Institut universitaire.

Chaffin, M., Hanson, R., Saunders, B. E., Nichols, T., Barnett, D., Zeanah, C., ... Letourneau, E. (2006). Report of the APSAC task force on attachment therapy, reactive attachment disorder, and attachment problems. *Child Maltreatment, 11*(1), 76-89.

Cicchetti, D. et Valentino, K. (2006). An ecological-transactional perspective on child maltreatment: Failure of the average expectable environment and its influence on child development. Dans D. Cicchetti et D.J. Cohen (dir.), *Developmental Psychopathology* (2ᵉ éd., p. 129-201). Hoboken, NJ: John Wiley & Sons Inc.

Cloutier, R. (2002). *La collaboration intersectorielle dans les services aux jeunes en difficulté*. Rapport de recherche. Québec, QC : Centre jeunesse de Québec.

Conseil supérieur de l'éducation. (2001). *Les élèves en difficultés de comportement à l'école primaire. Comprendre, prévenir, intervenir*. Québec, QC : Gouvernement du Québec.

Crooks, C. V., Scott, K. L., Wolfe, D. A., Chiodo, D. et Killip, S. (2007). Understanding the link between childhood maltreatment and violent delinquency: What do schools have to add? *Child Maltreatment, 12*(3), 269-280.

Dagenais, C. et Ridde, V. (2012). *Approches et pratiques en évaluation de programme*. Montréal, QC : Les Presses de l'Université de Montréal.

Desbiens, N., Bowen, F. et Allard, J. (2012). Environnement familial et conditions d'émergence des conduites agressives et violentes chez l'enfant et l'adolescent. Dans Bowen, F. et Desbiens, N. (dir.), *La violence chez l'enfant : approches cognitive, développementale, neurobiologique et sociale* (pp. 145-196). Marseille, France : Éditions SOLAR.

Desbiens, N. et Gagné, M-H. (2014). *Évaluation des interventions réalisées en partenariat entre l'école et les services sociaux : Impacts du programme Intervention Différentielle en Partenariat. Rapport final*. Centre jeunesse de Lanaudière, CS des Samares, CS des Affluents, CSSS-Nord Lanaudière, CSSS-Sud Lanaudière.

Desbiens, N. et Gagné, M.-H. (2007). Profiles in the development of behaviour disorders among youths with family maltreatment histories. *Emotional and Behavioural Difficulties, 12*(3), 215-240.

Desbiens, N. et Jacques, C. (2010). Les défis de l'implantation d'une nouvelle pratique d'intervention psychosociale dans le cadre d'un partenariat centres jeunesse, école et communauté. Dans Trépanier, N. S. et Paré, M. (dir.), *Des modèles de service pour favoriser l'intégration scolaire* (p. 209-236). Québec, QC : Presses de l'Université du Québec.

Desbiens, N. et Labalette, A.-M. (2007). *Évaluation d'une intervention différentielle en partenariat auprès des jeunes âgés de 6 à 11 ans : IDP 6-11 ans*. Québec, QC : Centre jeunesse de Lanaudière.

Dodge, K. A. et Pettit, G. S. (2003). A biopsychosocial model of the development of chronic conduct problems in adolescence. *Developmental Psychology, 39*(2), 349-371.

Dorais, M. (1993). Diversité et créativité en recherche qualitative. *Service social, 42*(2), 7-27.

Dumas, J. E. (2013). *Psychopathologie de l'enfant et de l'adolescent* (4ᵉ édition). Bruxelles, Belgique : De Boeck.

Durlak, J.A. et DuPre, E.P. (2008). Implementation matters: A review of research on the influence of implementation on program outcomes and the factors affecting implementation. *American Journal of Community Psychology, 41*(3-4), 327-350.

Gagné, M.-H., Desbiens, N. et Blouin, K. (2004). Trois profils-types de jeunes affichant des problèmes de comportement sérieux. *Éducation et francophonie, 32*(1), 276-311.

Hawkins, J. D., Brown, E. C., Oesterle, S., Arthur, M. W., Abbott, R. D. et Catalano, R. F. (2008). Early effects of Communities That Care on targeted risks and initiation of delinquent behavior and substance use. *Journal of Adolescent Health, 43*(1), 15-22.

Hoeve, M., Dubas, J. S., Eichelsheim, V. I., Van der Laan, P. H., Smeenk, W. et Gerris, J. R. (2009). The relationship between parenting and delinquency: A meta-analysis. *Journal of Abnormal Child Psychology, 37*(6), 749-775.

Kazdin, A. E. (2008). Evidence-based treatment and practice: new opportunities to bridge clinical research and practice, enhance the knowledge base, and improve patient care. *American Psychologist, 63*(3), 146-159.

Lafortune, D., Cousineau, M-M. et Tremblay, C. (2010). *Pratiques innovantes auprès des jeunes en difficulté.* Montréal, QC : Les Presses de l'Université de Montréal.

Lamoureux, A. (2000). *Recherche en méthodologie en sciences humaine*s. Québec, QC : Études Vivantes.

Lincoln, Y. S. et Guba, E. G. (1985). *Naturalistic inquiry.* Beverly Hills, CA: Sage.

Lösel, F. et Farrington, D. P. (2012). Direct protective and buffering protective factors in the development of youth violence. *American Journal of Preventive Medicine, 43*(2), S8-S23.

Massé, L., Desbiens, N. et Lanaris, C. (2014). *Les troubles du comportement à l'école : prévention, évaluation et intervention.* Montréal, QC : Gaëtan Morin Éditeur.

Miles, M.B. et Huberman, A.M. (2003). *Analyse des données qualitatives* (2e éd.). Bruxelles, Belgique : De Boeck et Larcier.

Ministère de l'Éduction, du Loisir et du Sport. (2008). *Difficultés de comportement : nouvelles connaissances, nouvelles interventions.* Québec, QC : Gouvernement du Québec.

Moffitt, T. E. (1993). Adolescence-limited and life-course-persistent antisocial behavior: a developmental taxonomy. *Psychological Review, 100*(4), 674-701.

Mucchielli, A. (2009). *Dictionnaire des méthodes qualitatives en sciences humaines et sociales.* Paris, France : Armand Colin.

Obsuth, I., Moretti, M. M., Holland, R., Braber, K. et Cross, S. (2006). Conduct disorder: New directions in promoting effective parenting and strengthening parent-adolescent relationships. *Journal of the Canadian Academy of Child and Adolescent Psychiatry, 15*(1), 6–15.

Paillé, P. et Mucchielli, A. (2016). *L'analyse qualitative en sciences humaines et sociales* (4e éd.). Paris, France : Armand Colin.

Paul, M. (2004). *L'accompagnement : une posture professionnelle spécifique.* Paris, France : L'Harmattan.

Proctor, L. J. (2006). Children growing up in a violent community: The role of the family. *Aggression and Violent Behavior, 11*(6), 558-576.

Reyno, S. M. et McGrath, P. J. (2006). Predictors of parent training efficacy for child externalizing behavior problems – a meta-analytic review. *Journal of Child Psychology and Psychiatry, 47*(1), 99-111.

Riberdy, H., Tétreault, K. et Desrosiers, H. (2013). *La santé physique et mentale des enfants : une étude des prévalences cumulatives. Étude longitudinale du développement des enfants du Québec (ELDEQ 1998-2010) – De la naissance à 10 ans* (volume 6, fascicule 4). Institut de la statistique du Québec.

Savoie-Zajc, L. (2010). Les dynamiques d'accompagnement dans la mise en place de communautés d'apprentissage. *Éducation & Formation,* e-293, 9-20.

Steckler, A., Goodman, R. et Kegler, M. (2002). Mobilizing organizations for health enhancement. Dans K. Glanz, B. Rimer et F. Lewis (dir.). *Health behavior and health education: Theory, research and practice* (3e éd., p. 335-360), San Francisco, CA: John Wiley & Sons, Inc.

Van der Maren, J.M. (1996). *Méthodes de recherche pour l'éducation* (2e éd.). Montréal, QC : Presses de l'Université de Montréal.

Van der Maren, J.M. (2009, juin). *La recherche qualitative, instrument stratégique d'émergence d'une discipline « Éducation ».* Actes du 2e colloque international francophone sur les méthodes qualitatives, Lille, France.

Webster-Stratton, C., Reid, M. J., et Hammond, M. (2004). Treating children with early-onset conduct problems: Intervention outcomes for parent, child, and teacher training. *Journal of Clinical Child and Adolescent Psychology, 33*(1), 105-124.

Weisz, J. R. et Kazdin, A. E. (2010). *Evidence-based psychotherapies for children and adolescents.* New York, NY: The Guilford Press.

7 | Contribution d'un projet scolaire à vocation artistique en matière de formation identitaire

Perception des élèves qui y participent

Émilie Frenette-Bergeron
CIUSSS de l'Estrie – CSSS Memphrémagog

Anne-Marie Tougas
Département de psychoéducation, Université de Sherbrooke

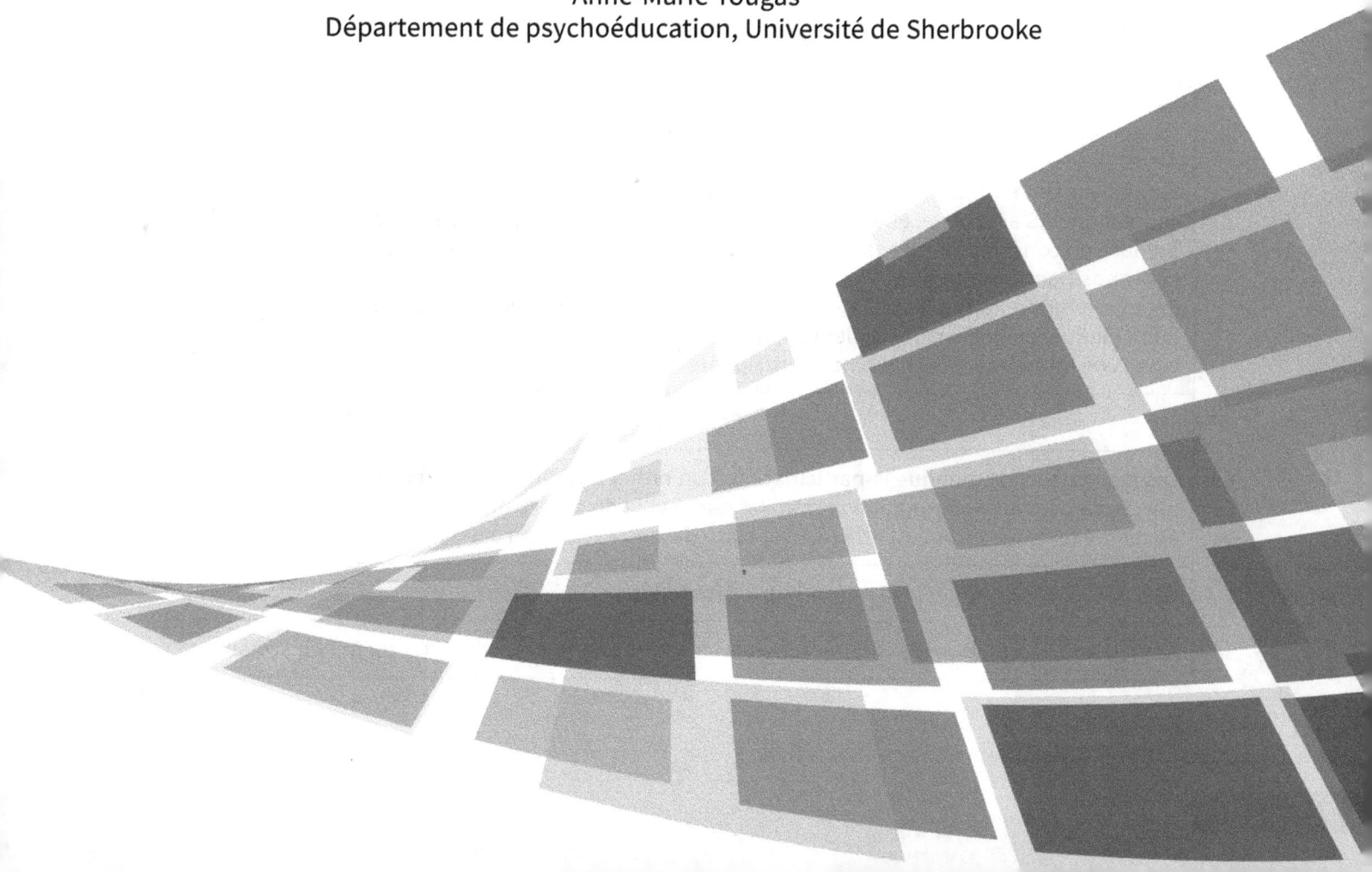

Résumé

Contexte

La formation de l'identité constitue une tâche développementale complexe et exigeante qui caractérise la période de l'adolescence. Les activités structurées (AS) fournissent aux adolescents des expériences afin de se développer positivement sur le plan identitaire (Mahoney et al., 2005). Au Québec, les milieux scolaires offrent des projets à vocation artistique dont le caractère structuré fait écho aux AS. Le modèle de Lerner (2004) et ses cinq leviers (compétences, relations interpersonnelles, caractère, souci de l'autre et confiance) représentent un cadre théorique utile pour comprendre dans quelle mesure la participation à une AS artistique peut contribuer à la formation de l'identité à l'adolescence. Bien que les résultats des études qualitatives recensées sur le sujet concordent avec la plupart des leviers de ce modèle, aucune n'apporte d'éclairage quant à la manière dont ces derniers reflètent l'expérience des adolescents, de façon indépendante ou en interaction.

Objectif

Mieux comprendre comment la participation à un projet scolaire à vocation artistique peut contribuer à la formation identitaire à l'adolescence.

Explorer la nature et le rôle des leviers de la formation identitaire qui caractérisent l'expérience des participants.

Méthode

Trois entretiens de groupe ont été réalisés auprès de 19 élèves québécois participant à un projet artistique offert dans leur école secondaire. L'analyse de leurs propos s'est appuyée sur une approche de raisonnement inductif, puis déductif, conduisant au développement d'une proposition théorique.

Résultats

Si l'analyse des entretiens reflète la présence des cinq leviers du modèle de Lerner (2004) dans le cadre d'une AS artistique, elle révèle également la prépondérance de deux leviers additionnels à prendre en considération dans ce contexte : la complicité du groupe et les rétroactions. De plus, la proposition théorique développée propose une réorganisation des leviers afin de refléter la logique temporelle qui les relie. Plus précisément, cette proposition théorique permet de traduire l'influence que chaque levier semble exercer, de manière proximale ou distale, dans le processus de formation identitaire des participants.

Conclusion

Les résultats suggèrent que la participation à un projet artistique en milieu scolaire peut contribuer au processus de formation identitaire par la voie de différents leviers proximaux et distaux, au même titre que ce qui est attendu à la suite de la participation à une AS.

Mots-clés

Adolescence, formation identitaire, activités structurées, projets artistiques en milieu scolaire.

Recommandations cliniques issues de l'étude

- Dans l'exercice du rôle-conseil, le psychoéducateur devrait faire valoir le potentiel de la modalité de groupe fermée pour favoriser la complicité du groupe.

- Dans le rôle d'accompagnant auprès des élèves, le psychoéducateur devrait planifier et mettre en œuvre des activités qui nécessitent de travailler en équipe afin de créer un contexte favorable à l'échange de rétroactions constructives entre les élèves.

- Dans le rôle d'accompagnant auprès des enseignants, le psychoéducateur devrait promouvoir l'établissement de règles et de conséquences claires afin de contribuer à réguler les comportements attendus des élèves dans la réalisation d'exercices visant l'expression adéquate de leurs idées et opinions.

Questions pédagogiques

- Quelles sont les contributions de chacun des modèles théoriques dans cette étude (Marcia, Luyckx, Lerner)?

- Quel est l'apport d'une approche de raisonnements combinés (inductif et déductif) dans la présente étude?

- Pourquoi les écoles auraient-elles avantage à implanter un projet particulier de formation en arts?

7.1 Introduction

L'adolescence a longtemps été perçue comme une période de crise transitionnelle tumultueuse et inévitable en raison des nombreux changements biologiques qui prennent place pendant la puberté (Hall, 1904). Si une vision moins stéréotypée et plus optimiste de l'adolescence est désormais prônée, il n'en demeure pas moins que cette période développementale comporte davantage de risques de bouleversements en comparaison aux autres âges de la vie (Arnett, 1999; Hollenstein et Lougheed, 2013). La formation de l'identité représente une tâche développementale complexe et exigeante à accomplir pendant cette période, la distinguant clairement des périodes précédentes (Erikson, 1968; Marcia, 1993). À la base de cette tâche figure le besoin de l'adolescent de se différencier de ses parents ainsi que de choisir ses propres valeurs et objectifs de vie (Shaw, Kleiber et Caldwell, 1995). Pour ce faire, ce dernier élargit son réseau social en s'entourant d'un groupe de pairs (Shwart et Pantin, 2006). Ce faisant, l'adolescent forme son identité tant sur le plan social que personnel (Kivel et Kleiber, 2000; Tajfel et Turner, 1986). En effet, l'appartenance au groupe peut favoriser le développement d'un sentiment de valeur personnelle et d'émotions positives qui, en retour, inciteront l'adolescent à s'afficher comme membre de ce groupe (identité sociale) et à endosser les convictions du groupe par solidarité et attachement (identité personnelle). À ce jour, plusieurs modèles conceptuels et théoriques ont été proposés afin de décrire le processus de formation de l'identité qui entre en jeu à l'adolescence et mettre en évidence l'intérêt que revêt l'appartenance au groupe dans ce processus. Les modèles les plus couramment cités dans la documentation scientifique, soit ceux de Marcia (1993), de Luyckx et ses collègues (Luyckx, Goosens, Soenens, Beyers et Vansteenkiste, 2005; Luyckx et al. 2006), ainsi que de Lerner (2004) sont présentés dans les paragraphes qui suivent.

7.1.1 L'apport de Marcia à la compréhension de la formation identitaire

Se centrant principalement sur l'identité personnelle, Marcia (1993) propose la conceptualisation de la formation identitaire la plus prisée à ce jour, notamment lorsqu'il est question d'expliquer comment les jeunes se développent sur les plans social et professionnel (Sneed, Schwartz et Cross, 2006). Cet auteur fait valoir que deux dimensions centrales concourent à la formation identitaire à l'adolescence : l'exploration (ou questionnement) et l'engagement (ou adhésion). L'exploration est définie comme un processus d'évaluation et d'appréciation, positive ou négative, des expériences offertes par les milieux de vie de l'adolescent, tandis que l'engagement représente le degré auquel l'adolescent adhère aux buts, aux valeurs ou aux croyances qui sont véhiculés par une expérience vécue (Marcia, 1993; Luyckx, Goossens, Soenens et Beyers, 2006). Selon le degré d'investissement de l'adolescent sur chacune de ces deux dimensions, Marcia (1993) dégage quatre statuts identitaires indépendants :

1. la diffusion;
2. la forclusion;
3. le moratoire;
4. la réalisation.

Vu le caractère développemental de cette théorie, il est attendu que l'adolescent passe d'un statut à l'autre de manière relativement linéaire.

Le statut de diffusion identitaire est associé à une absence d'exploration et d'engagement de la part de l'adolescent. La forclusion identitaire, quant à elle, renvoie à l'engagement de l'adolescent dans certains buts, valeurs ou croyances sans qu'il n'y ait eu d'exploration (ex. en fonction de ce que d'autres personnes ont déterminé pour lui). Le moratoire identitaire correspond à une exploration continuelle et à une absence d'engagement de la part de l'adolescent. Considéré comme le statut ultime, la réalisation identitaire caractérise l'adolescent, voire l'adulte, capable de définir les buts, les croyances et les valeurs auxquelles il adhère, et qu'il actualise par la voie d'un engagement qui reflète les résultats de son exploration.

Enfin, si les travaux de Marcia (1993) représentent un apport conceptuel et théorique considérable à la compréhension des éléments de l'identité personnelle figurant au cœur du processus de développement social et professionnel de l'individu, ils demeurent néanmoins peu soutenus par les écrits empiriques.

7.1.2 Le processus d'exploration et d'engagement

Prenant appui sur les deux dimensions d'exploration et d'engagement proposées par Marcia (1993), Luyckx et ses collègues (2005, 2006) suggèrent de conceptualiser la formation de l'identité personnelle comme un processus dynamique et itératif, plutôt que comme une progression linéaire en stades distincts (voir Figure 7.1, page 174). De plus, ces auteurs proposent de distinguer « l'exploration de surface » et « l'exploration en profondeur », de même que « l'engagement » et « l'identification à l'engagement ». Plus précisément, une première distinction est faite entre « l'exploration de surface », qui correspond à la dimension de l'exploration telle que définie par Marcia (1993), et « l'exploration en profondeur » qui représente la réévaluation des engagements déjà pris. Quant à la deuxième distinction, elle oppose la dimension de « l'engagement », telle que définie par Marcia (1993), à « l'identification à l'engagement » qui renvoie plutôt au sentiment d'appartenance qui découle de cet engagement. Pour Luyckx et ses collègues (2005, 2006), ces quatre dimensions entrent en jeu dans la formation de l'identité à l'adolescence.

Selon cette proposition, l'adolescent doit d'abord considérer plusieurs possibilités d'expériences (exploration en surface) pour éventuellement choisir de s'engager dans l'une d'entre elles (engagement). Puis, l'adolescent réévalue, positivement ou négativement, l'expérience dans laquelle il s'est engagé (exploration en profondeur) pour ensuite déterminer s'il s'identifie ou non à ce choix (identification à l'engagement). À l'âge adulte, l'individu qui atteint un certain niveau d'engagement identitaire peut reconsidérer ses choix et entrer à nouveau dans l'exploration (Luyckx et al., 2006; Luyckx, Kimstra, Duriez, Van Petegem et Beyers, 2013).

En bref, le modèle de Luyckx et al. (2005, 2006) soutient que l'identité peut être qualifiée selon les quatre dimensions représentées, allant de « exploration en surface » à « identification à l'engagement », de manière à refléter le degré d'engagement de l'adolescent dans une expérience. Ainsi, une identité « engagée » caractérisera un adolescent qui est en mesure d'exprimer ses buts, ses valeurs et ses croyances de manière claire et cohérente. En revanche, une identité « explorée en surface » caractérisera l'adolescent qui éprouve des difficultés à reconnaître de même qu'à assumer ce qui le distingue de ses pairs (Luyckx et coll., 2006). Notons pour terminer que le fait de présenter une identité « explorée en surface » à l'adolescence serait associé au développement de comportements à risque : résistance à la conformité, consommation de drogues ou d'alcool, conduite délinquante et difficultés scolaires (Adams, Reads et Dobson, 1984; Bukobza, 2009; De Haan et MacDermid, 1999; Kroger, 2000). D'où l'importance de soutenir adéquatement les adolescents dans ce processus.

7.1.3 Activités structurées en milieu scolaire

| Figure 7.1 | Processus d'exploration et d'engagement |

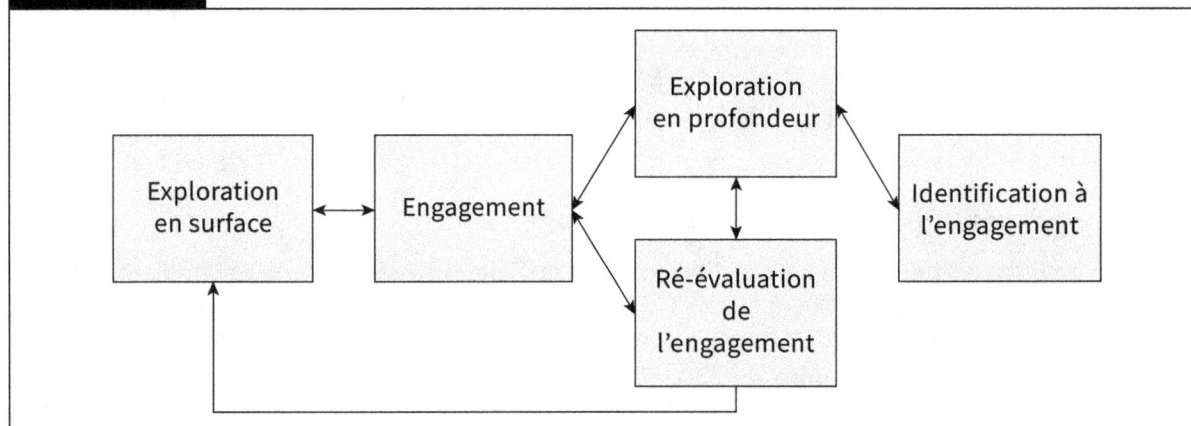

Représentation graphique tirée de Zimmerman et coll. (2015), traduction libre.

Si la formation de l'identité a fait l'objet de maintes conceptualisations à ce jour, la plupart des auteurs font valoir qu'il s'agit d'un processus influencé par l'interaction entre les caractéristiques de l'adolescent et les expériences qui lui sont offertes au sein de ses différents milieux de vie (Erikson, 1968; Luyckx et al., 2006; Marcia, 1993; Silbersein et Todt, 1994). Il apparaît donc indispensable que les milieux de vie où évoluent les adolescents leur proposent un éventail d'expériences appréciables pour développer une identité « engagée ».

Depuis les années 1990, les ***activités structurées (AS)*** retiennent de plus en plus l'attention des chercheurs et des intervenants en raison des occasions qu'elles fournissent aux adolescents de se développer positivement, notamment sur le plan identitaire (Mahoney, Larson et Eccles, 2005; Kivel et Kleiber, 2000; Shaw et al., 1995). Par définition, les *AS comprennent toute expérience :*

1. dirigée et supervisée par un adulte;

2. impliquant la participation fréquente et volontaire de l'adolescent;

3. comportant des objectifs et des règles de conduite (Larson, 2000).

Si, à ce jour, la documentation scientifique a d'abord et avant tout campé les AS au sein des milieux parascolaires, communautaires ou de loisirs, tout porte à croire que certaines expériences offertes en milieu scolaire peuvent répondre aux critères d'une AS.

Au Québec, les milieux scolaires offrent une panoplie de projets particuliers à vocation sportive ou artistique auxquels les élèves peuvent prendre part à l'intérieur des heures de fréquentation obligatoire et dont le caractère structuré fait écho aux critères d'une AS. Parmi les différents projets particuliers offerts, le quart concerne des expériences en formation artistique (Fédération des syndicats de l'enseignement, 2011). Par l'expression « projets particuliers de formation en arts (PPFA) », le Ministère de l'Éducation et de l'Enseignement supérieur (Gouvernement du Québec, 2017) désigne « ce qui est généralement connu sous les appellations "concentration en arts" et "projet arts-études" qui visent à enrichir la formation de base de l'élève à partir d'une ou de plusieurs disciplines artistiques présentes dans le Programme de formation de l'école québécoise (art dramatique, arts plastiques, danse, musique) ». D'emblée, ces types de projets semblent propices à la formation de l'identité en raison du fait qu'ils visent « l'exploration des champs d'intérêt comme l'enrichissement de la vision du monde par la création, l'interprétation et l'appréciation d'œuvres artistiques » (Ministère de l'Éducation des Loisirs et des Sports, 2007, p. 1). Au cours de l'année scolaire 2012-2013, les projets particuliers de formation en arts ont impliqué une trentaine d'écoles secondaires (privées et publiques) et rejoint plus de 9 400 adolescents sur l'ensemble du territoire du Québec (Direction des PPFA; communication personnelle, 16 octobre 2014). La présente étude cherche à mieux comprendre comment la participation à un projet particulier de formation en arts peut contribuer à la formation de l'identité à l'adolescence.

7.1.4 Activité structurée artistique et formation de l'identité

Le modèle théorique élaboré par Lerner (2004) semble être le plus étoffé à ce jour pour expliquer les liens entre la participation à une AS artistique et la formation de l'identité à l'adolescence. Se détachant d'une perspective centrée sur les déficits, le modèle de Lerner (2004) s'inscrit dans le courant de la psychologique positive qui mise sur les forces et les expériences de l'adolescent plutôt que sur ses difficultés (Lerner et al., 2005; Seligman et Csikszentmihalyi, 2000). Si le courant de la psychologie positive prend racine dans les postulats des théories développementales qui accordent une grande importance aux interactions entre l'individu et son environnement, ces postulats sont réinvestis dans le modèle de Lerner (2004) en accordant de l'importance à l'influence que peuvent avoir les AS auxquelles participe l'adolescent sur son développement.

L'apport du modèle de Lerner (2004) réside dans l'identification de cinq leviers qui permettent de traduire pourquoi et comment le fait de participer à une AS peut conduire ultimement à la formation d'une identité « engagée ». L'opérationnalisation de ces cinq leviers provient d'une part, de l'expérience clinique des praticiens en matière d'AS et d'autre part, de recensions d'écrits scientifiques portant sur le développement à l'adolescence (Eccles et Gootman 2002; Lerner 2004; Roth et Brooks-Gunn 2003). À l'heure actuelle, le modèle proposé par Lerner (2004) a fait l'objet de différentes validations par le biais d'études longitudinales réalisées en contexte communautaire, parascolaire ou de loisirs et reposant sur des AS de nature sportive, artistique, culturelle, etc. (Bowers, Li, Kiely, Brittian, Lerner et Lerner, 2010; Lerner et al., 2005; Phelps et al., 2009 dans Bowers 2010). Ces études mettent notamment en évidence la nécessité de soutenir l'adolescent qui prend part à une AS dans l'exploration de ses expériences (ex. au sein de sa famille, à l'école ou dans sa communauté) afin de favoriser la formation d'une identité « engagée » chez ce dernier.

Selon ce modèle, une identité « engagée » peut se former en contexte d'AS artistique si cette dernière propose des expériences permettant d'activer les cinq leviers suivants (désignés en anglais par les 5Cs) : les compétences *(competences)*, les relations interpersonnelles *(connection)*, le caractère *(character)*, le souci des autres *(caring)* et la confiance *(confidence)*. Les *compétences* traduisent une évaluation positive des aptitudes de l'adolescent dans un domaine particulier (ex. compétences sociales, scolaires ou cognitives). Les *relations interpersonnelles* renvoient quant à elles au partage d'une relation réciproque entre l'adolescent et ses pairs ou les adultes. Le *caractère* reflète le respect des règles sociétales par l'adoption de comportements prosociaux et l'intégration d'un sens moral (ce qui définit le bien ou le mal). Quant au *souci de l'autre*, il désigne la capacité de l'adolescent d'être sympathique et empathique, tandis que la *confiance* correspond au fait de croire en ses compétences et d'y trouver une source de fierté et de valorisation. Enfin, si le modèle de Lerner (2004) a le mérite de renseigner sur les types de leviers susceptibles de favoriser, de façon indépendante et conjointe, la formation d'une identité « engagée » suite à la participation à une AS, il ne précise toutefois pas comment ces leviers peuvent s'interinfluencer, ni si certains leviers occupent une place plus déterminante que d'autres dans ce processus.

À l'heure actuelle, un certain nombre d'études ont démontré la contribution des AS artistiques à la formation de l'identité chez les adolescents (Eccles, Barber, Stone et Hunt, 2003; Hansen, Larson et Dworkin, 2003; Haggard et Williams, 1992; Sharp, Coatsworth, Darling, Cumsille et Ranieri, 2007; Poulin et Denault, 2013). De façon générale, ces études ont trouvé un lien entre la participation à une AS artistique et des effets positifs observés sur le plan identitaire, négligeant toutefois l'examen des leviers responsables de ce changement. Que retirent concrètement les adolescents en participant à des activités de type artistique? Comment perçoivent-ils que ces expériences contribuent à la formation de leur identité? Si, en raison de l'interaction entre leurs caractéristiques et celles de leurs milieux de vie, les adolescents jouent un rôle actif dans la formation de leur identité, il est impératif de prendre en compte leur point de vue pour mieux comprendre l'articulation des différents leviers figurant au cœur de ce processus.

Notre recension a permis de déceler la présence de cinq études qualitatives qui offrent réponse à ces questions. Elles portent sur des activités structurées à vocation artistique, dont trois ont été dispensées en milieu communautaire (Hugues, 2004; Dworkin, Larson et Hansen, 2003; Osterlind, 2011) et deux en milieu scolaire (Hugon, Villatte et de Léonardis, 2011; Parker, 2009). S'appuyant sur le point de vue des adolescents participants, leurs résultats fournissent quelques pistes sur la manière dont chacun des cinq leviers du modèle de Lerner (2004) peut s'actualiser et contribuer à la formation identitaire dans ce contexte.

En ce qui a trait au levier représenté par les *compétences*, la participation à une AS offrirait aux adolescents l'occasion d'améliorer leur capacité à résoudre les problèmes relationnels grâce au travail d'équipe (Osterlind, 2011), ainsi que d'apprendre à communiquer leur appréciation de la finalité d'une tâche collective, et ce, tant auprès des pairs que des adultes (Hugues, 2004; Hansen et al., 2003). De plus, la réalisation de prestations devant public contribuerait au développement des compétences sociales des adolescents participants par la voie d'un meilleur contrôle et d'une saine gestion des émotions, ainsi que d'une diminution de leur sentiment de gêne lorsqu'ils expriment leurs idées (Hansen et al., 2003; Hugues, 2004; Hugon et al., 2011). Concernant le levier désigné par *les relations interpersonnelles*, l'atmosphère conviviale du groupe de pairs participant à une même AS créerait un contexte propice aux nouvelles rencontres ainsi qu'à l'approfondissement de liens de camaraderie et d'amitié réciproques (Hansen et al., 2003; Hugues, 2004; Parker, 2009; Osterlind, 2011; Hugon et al., 2011). Quant au levier constitué par *le caractère*, il se refléterait par une prise de conscience morale et la priorisation de certaines attitudes vis-à-vis des autres, comme la tolérance et l'acceptation (Hugues, 2004), qui s'observent à travers les gestes de soutien et les paroles de reconnaissance que les jeunes échangent entre eux. En ce qui a trait au levier correspondant *au souci de l'autre*, la participation à une AS favoriserait le développement d'une plus grande sensibilité aux caractéristiques et besoins des pairs, ce qui se refléterait par une plus grande tendance à poser des gestes tangibles pour aider et encourager ceux qui éprouvent des difficultés (Hansen et al., 2003). Enfin, le levier représenté par la *confiance*, tel que défini par Lerner (2004), ne semble pas transparaître dans les constats issus des études recensées.

En plus de rendre compte de la présence et de l'expression de différents leviers, quatre des cinq études répertoriées rapportent des résultats qui renvoient à la finalité de la participation à une AS, en termes d'identité engagée, sous sa forme personnelle ou sociale. Sur le plan de l'identité personnelle, les adolescents participants ont affirmé avoir approfondi leur connaissance d'eux-mêmes en vivant de nouvelles expériences au cours desquelles ils ont appris à identifier leurs limites personnelles et à les dépasser (Osterlind, 2011; Hansen et al., 2003; Hugon et al., 2011). Sur le plan de l'identité sociale, les résultats de l'étude de Parker (2009) révèlent que les adolescents vivent des émotions positives qui les incitent à s'afficher en tant que membre du groupe.

En résumé, les rares écrits empiriques existants tendent à confirmer la pertinence du modèle de Lerner (2004) pour expliquer les liens entre la participation à une AS artistique et la formation de l'identité à l'adolescence. Si la plupart des leviers du modèle de Lerner (2004) sont reflétés dans leurs résultats, aucune des études recensées n'apporte un éclairage sur leur importance relative comme sur leur possible interinfluence dans ce processus. Si le caractère de certains projets particuliers offerts en milieu scolaire trouve écho dans les critères d'une AS, force est de constater que la documentation scientifique a surtout mis l'accent sur les expériences offertes en milieux parascolaires, communautaire ou de loisirs. Un examen plus approfondi de l'expérience des adolescents participant à une AS artistique en milieu scolaire est nécessaire. Une meilleure connaissance de ce phénomène présente également le potentiel de nourrir le travail des enseignants et intervenants scolaires, notamment en contribuant à guider ces derniers dans la planification et la mise en œuvre d'expériences artistiques à la fois stimulantes sur le plan identitaire et pertinentes aux yeux des adolescents.

La présente étude s'intéresse au point de vue des adolescents afin de mieux comprendre comment la participation à un projet particulier en formation des arts peut contribuer à la formation de leur identité. Plus spécifiquement, l'étude vise à explorer la nature et le rôle des leviers de la formation identitaire qui caractérisent l'expérience des participants.

7.2 Méthode

7.2.1 Participants

À la suite de l'approbation du comité d'éthique de la recherche en éducation et sciences sociales de l'Université de Sherbrooke, un échantillon de convenance de 19 élèves (16 filles et trois garçons) a été formé. Ces élèves ont été sélectionnés en raison de leur participation récente, en cours ou terminée, à un projet particulier en formation des arts offert dans une école secondaire de la région de Québec. Pour être éligibles à l'étude, les élèves devaient avoir participé au projet pendant au moins une année scolaire. Au moment de la collecte des données, soit à l'automne 2013, les élèves de l'échantillon étaient âgés entre 12 et 14 ans ($M = 13,3$; $ÉT = 0,5$) et étaient scolarisés en 2e année ($n = 14$) ou en 3e année ($n = 5$) du secondaire.

Dans l'école où le recrutement a été effectué, le projet est offert uniquement aux élèves du premier cycle, soit en 1re et 2e année du secondaire. Chaque année, une trentaine d'élèves y sont admis sur la base de trois critères :

1. manifester un intérêt et des aptitudes pour les arts;
2. maîtriser les compétences visées par le programme du 3e cycle du primaire;
3. produire une lettre ou un dessin indiquant la motivation à faire partie du projet.

Différentes disciplines sont touchées, telles que l'art dramatique, la danse, la musique et l'art plastique, et ce, à raison d'environ six heures par semaine réparties sur les heures de fréquentation obligatoire. Chaque discipline est pratiquée sous la supervision d'un enseignant qui assure le respect des règles de conduite par les élèves.

Les contacts avec les intervenants de l'école où le recrutement a été effectué ont été amorcés à l'été 2013. Au mois de juin, les objectifs et modalités de l'étude ont été présentés dans le cadre d'une rencontre réunissant une intervenante psychosociale, deux enseignants supervisant le projet ainsi que la direction adjointe du premier cycle de l'école. Après cette rencontre, la direction de l'école a approuvé la tenue de l'étude. En septembre, la chercheuse principale a pris part à une rencontre entre les enseignants et les parents des élèves participant au projet afin d'informer ces derniers des objectifs et modalités de l'étude, ainsi que de répondre à leurs questions. Par le fait même, un feuillet reprenant ces mêmes informations, ainsi que les coordonnées de la première auteure, leur a été remis. Dans la semaine suivant cette rencontre, les élèves de 3e secondaire ont été sollicités afin de conduire un entretien pilote auprès d'un petit groupe d'élèves. Dans un deuxième temps, la chercheuse principale a rencontré les élèves de 2e secondaire durant leur classe d'art dramatique afin de leur présenter l'étude, leur expliquer en quoi consistait leur participation et répondre à leurs questions. Quatorze des 25 élèves rencontrés ont répondu positivement à l'invitation en retournant un formulaire de consentement dûment signé par un de leurs parents à l'intervenante psychosociale de l'école.

7.2.2 Instruments

Outre un questionnaire de données sociodémographiques, l'entretien de groupe a été privilégié afin de reproduire un contexte similaire à celui du projet et pour tirer profit de la richesse des interactions susceptibles de survenir entre les élèves. Un canevas d'entretien semi-structuré a été conçu par les deux auteures travaillant en étroite collaboration. Celui-ci comprenait huit questions ouvertes réparties à l'intérieur de trois grandes rubriques soit :

1. les changements encours;

2. les expériences révélatrices;

3. les personnes significatives.

La première rubrique introduisait une question générale se rapportant à la finalité du modèle de Lerner (2004), c'est-à-dire à la formation de l'identité : « Avez-vous des côtés de votre personnalité qui ont changé à cause de votre participation? ». Des sous-questions étaient ensuite prévues pour explorer chacun des cinq leviers du modèle. Par exemple, les *compétences* ont été approfondies à l'aide de la sous-question suivante : « Quelles sont les choses que vous avez apprises sur le plan technique, sur vous-mêmes ou sur les autres? ». La deuxième et la troisième rubrique introduisaient des questions visant à explorer les processus en cause des changements identifiés en réponse aux questions de la première rubrique. Les questions visaient à mettre en lumière les expériences et les personnes ayant provoqué ces changements (ex. : « Y-a-t-il une chose ou une personne qui a été importante pour vous? »), ainsi que la manière dont ces changements se sont déployés (ex. : « Qu'est-ce qui fait que cela a été important pour vous? »). Enfin, notons que le moment choisi pour conduire les entretiens (c.-à-d. à l'automne) incitait les élèves participants à poser un regard rétrospectif sur l'expérience vécue au courant de l'année scolaire précédente.

7.2.3 Procédures

La collecte des données s'est déroulée de septembre à novembre 2013. Un entretien pilote a été réalisé auprès d'un groupe d'élèves ($n = 5$) de 3e secondaire ayant participé au projet au cours de l'année scolaire précédente. Comme aucun changement n'a été apporté subséquemment au canevas d'entretien, les données de cet entretien pilote ont été conservées à des fins d'analyse. La chercheuse principale a ensuite conduit deux entretiens de groupes supplémentaires réunissant chacun entre cinq et sept élèves de 2e secondaire participant au projet pour la 2e année consécutive. Tous les entretiens ont duré approximativement une heure. Ils ont eu lieu sur l'heure du midi dans un local fermé de l'école. Leur contenu audio a été enregistré pour ensuite être retranscrit intégralement.

Inspirée des grands principes de théorisation (Paillé et Mucchielli, 2012), l'analyse du contenu des entretiens a fait appel à des approches de raisonnement tant inductif que déductif. Selon une démarche itérative, les étapes suivantes ont été franchies à l'aide du logiciel NVivo (QSR International, 2012) : thématisation des unités de sens, catégorisation des thèmes, mise en relation des catégories, élaboration d'une proposition théorique, modélisation en un schéma explicatif (Paillé et Mucchielli, 2012). De manière inductive, la chercheuse principale a d'abord repéré des unités de sens pertinentes au regard de chacune des trois rubriques abordées en entretien, pour ensuite leur apposer des thèmes représentatifs. Dans un deuxième temps, les thèmes ont été catégorisés de manière déductive, c'est-à-dire en les comparant un à un aux définitions des cinq leviers du modèle de Lerner (2004). Lorsqu'un thème concordait avec la définition d'un des cinq leviers, ce dernier était classé sous une catégorie désignant ledit levier. En revanche, lorsqu'un thème ne concordait avec aucun des cinq leviers, un processus de comparaison constante était entrepris jusqu'à l'émergence de catégories permettant de refléter l'expérience des élèves de manière concrète et fidèle. En d'autres mots, des allers-retours systématiques étaient entrepris entre les données empiriques et les résultats en émergence afin de valider et d'ajuster le processus d'analyse au fur et à mesure qu'il prenait forme. Enfin, la mise en relation des catégories a conduit à l'élaboration d'une proposition théorique, laquelle a fait l'objet d'une modélisation sous la forme d'un schéma permettant d'illustrer le processus de formation identitaire, en termes d'expériences, de leviers et d'effets engendrés par la participation à un projet particulier en formation des arts. À des moments-clés de l'analyse, des séances de consensus ont été réalisées par les deux chercheuses afin de valider les décisions prises et l'interprétation des résultats qui en découlent.

7.3 Résultats

La présente étude avait pour but de mieux comprendre, à partir du point de vue des adolescents, comment la participation à un projet scolaire particulier en formation des arts peut contribuer à la formation de leur identité. La proposition théorique émanant des analyses réalisées est présentée à la Figure 7.2. De gauche à droite, la figure illustre les expériences pertinentes vécues, de même que les leviers proximaux et distaux activés vers l'atteinte de la finalité attendue, soit le développement d'une identité engagée.

D'entrée de jeu, la proposition théorique témoigne du reflet des cinq leviers du modèle de Lerner (2004) dans les propos des élèves participants et illustre la manière dont ces leviers peuvent s'interinfluencer et s'organiser sur le plan temporel. Si le vocabulaire utilisé pour désigner chacun des leviers s'écarte légèrement de celui suggéré par Lerner (2004), c'est que l'expérience des élèves participants y a été caractérisée en restant le plus fidèle possible aux expressions qui semblaient trouver un sens pour ces derniers. Aussi faut-il retenir que les idées véhiculées dans leurs propos se sont avérées conformes à celles du modèle de référence, à deux exceptions près. En effet, la proposition théorique de la présente étude laisse entrevoir la présence de deux leviers supplémentaires : la complicité du groupe et les rétroactions. À la lumière des réponses analysées, ces deux leviers semblent figurer au cœur du processus de formation identitaire favorisé par la participation des élèves au projet, nous incitant à les approfondir pour mieux les comprendre. C'est pour cette raison qu'il a été choisi d'aborder ces deux leviers plus en détail dans les sections qui suivent, au détriment d'un approfondissement des cinq leviers du modèle de Lerner (2004). Plus spécifiquement, la présentation qui s'ensuit brosse un portrait des résultats en ce qui concerne :

1. la nature des expériences jugées pertinentes au regard du processus de formation identitaire;
2. la nature et le rôle des deux leviers supplémentaires activés par ces expériences;
3. la manière dont se traduit l'effet ultime de cette activation sur le plan identitaire.

Figure 7.2 **Proposition théorique caractérisant l'expérience des participants**

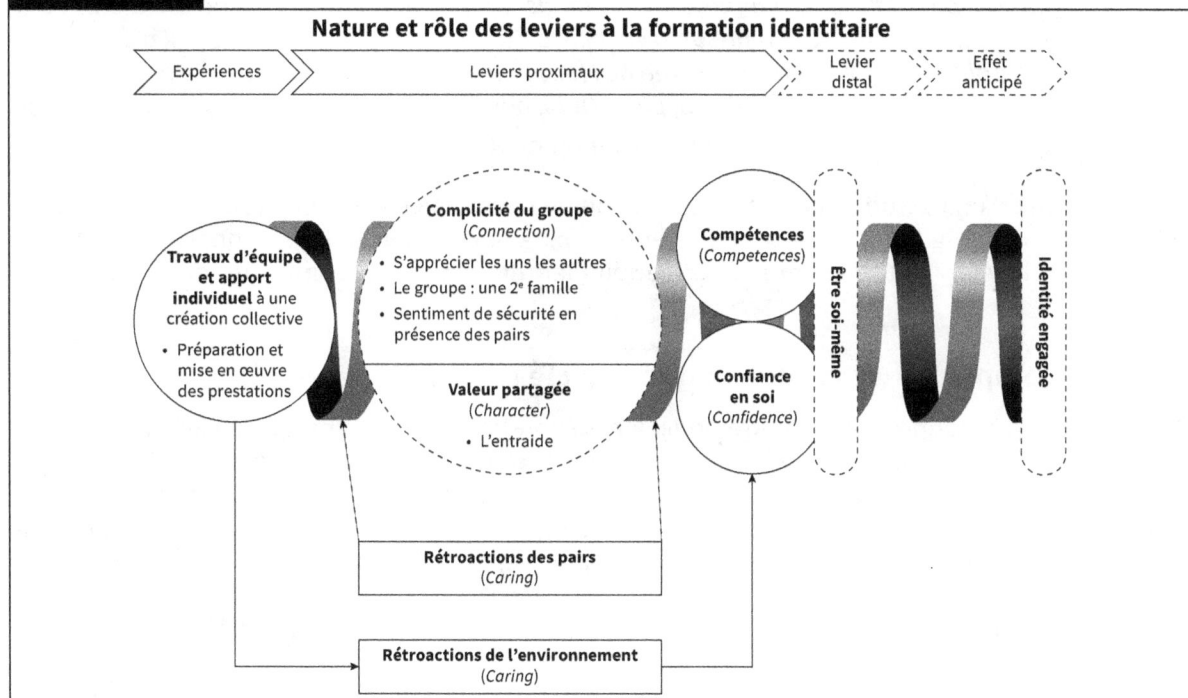

7.3.1 Des expériences caractérisées par des apports individuels et collectifs à l'exercice de création

Interrogés sur la nature des expériences du projet, c'est-à-dire le contenu des activités artistiques, qui contribuent aux changements qu'ils observent sur eux-mêmes, les élèves évoquent avec plus d'importance le travail d'équipe, sans pour autant mettre de côté le caractère essentiel du travail individuel. Le travail d'équipe se déroulerait principalement dans le cadre de la préparation des prestations (ex. la fabrication des décors, de costumes, création de courtes pièces, etc.) ou dans la présentation de celles-ci devant public ou devant les autres élèves du groupe (ex. improvisations, sketchs, spectacle annuel, etc.). Quant au travail individuel, il prendrait la forme d'exercices autonomes dont l'apprentissage de textes, de pièces musicales ou de chorégraphies.

L'exercice de création collective, où le travail d'équipe prime sur le travail individuel, intervient à titre d'expérience charnière aux yeux des élèves, en leur permettant de rencontrer de nouvelles personnes et de s'ouvrir les uns aux autres : « [...] le monde que j'avais dans mon équipe ben j'ai pu apprendre à mieux les connaître pis euh ben... ça m'a permis d'être moins gênée avec le monde pis d'aller plus vers eux ». (fille, 13 ans)

Si, dans le cadre du projet, la composition des équipes de travail est le plus souvent imposée par l'enseignant(e) responsable de l'activité, le discours des élèves laisse entrevoir que cette façon de procéder est bénéfique puisqu'elle encourage la création de liens :

> *Ces équipes-là c'est pas nous qui les choisi[ssons], [elles] sont déjà choisies, [ce qui] fait que le monde sont mieux capables de s'intégrer parce que t'sais des fois [il] y a du monde qui sont plus amis avec d'autres, pis on choisit nos amis, pis [il] y a tout le temps du monde qui reste à la fin. Mais là, c'est déjà choisi, [ce qui] fait qu'on est capable d'intégrer le monde tout'suite tout'suite, [...] parce qu'ils sont déjà dans notre équipe [ce qui] fait qu'ils [ne] se sentent pas rejets! (fille, 14 ans)*

Le fait de travailler en équipe amène les élèves à coopérer et à s'entraider, ce qu'ils disent appliquer plus particulièrement tout au long de la préparation des costumes ou des décors nécessaires à leurs prestations :

> *[...] quand on a fait la vache [un élément du décor] pas mal tout le monde qui était là à la journée pédagogique a travaillé sur la vache! Fait que c'était vraiment un travail d'équipe [...] On s'entraidait tout le temps parce que des fois, j'me rappelle plus dans quelle pièce, mais [il] y avait comme des poutres à faire là, pis... Ouin, ben là moi mon costume était quasiment fini, fait que j'me suis dit ben j'vais travailler sur les poutres! (fille, 13 ans)*

Ainsi, le travail d'équipe offre aux élèves l'occasion de développer une meilleure connaissance des autres membres du groupe et de coopérer entre eux. À la confluence de la connaissance et de la coopération, le levier déterminant à la formation identitaire qu'est la complicité du groupe prend racine.

7.3.2 La complicité du groupe : un levier-clé pour « être soi-même »

La complicité du groupe se révèle être un levier prépondérant ayant émergé de l'analyse. S'il rappelle à première vue le levier des relations interpersonnelles du modèle de Lerner (2004), il le transcende par le fait qu'il caractérise une situation de groupe, plutôt qu'individuelle. Les situations évoquées par les élèves participant au projet pour décrire la nature de ce levier trouvent écho dans le concept de **cohésion**, lequel est caractérisé par *l'intégrité, la solidarité et l'unité qui prévalent entre les membres d'un groupe* (Dion, 2000). Ainsi, la complicité de groupe repose sur le fait que les élèves s'identifient les uns aux autres en se reconnaissant des caractéristiques et des valeurs communes :

[...] vu qu'on est en [arts] là, [...] on peut comme être plus nous-mêmes parce que ça fait partie de nous. (garçon, 12 ans)

Je me sens plus comme moi-même quand j'suis à l'école parce que chez nous, j'ai des frères, j'ai des sœurs, pis eux autres, ils peuvent pas comprendre comment j'suis. Tandis qu'à l'école, toute la classe est toute pareille, [ce qui] fait qu'ils comprennent tous comment on est! (fille, 12 ans)

Parmi les éléments contribuant à renforcer leur complicité, les élèves évoquent la modalité de groupe fermé en raison de laquelle ils se trouvent à partager tant les cours d'arts que les cours d'enseignement obligatoire, contrairement aux autres élèves suivant le curriculum régulier. Du coup, le groupe bénéficie d'une stabilité au fil du temps qui permet aux élèves d'apprendre à apprécier les différences de chacun et à composer avec celles-ci :

En arts, c'est vraiment différent parce que justement on est tout le temps la même classe [...] On apprend à se connaître pis à s'apprécier tout ça. Comme, [il] y a des filles l'année passée là, j'étais pas capable de les endurer au début pis j'ai quand même appris à prendre les bons côtés d'eux autres. (fille, 14 ans)

Caractérisant la nature de la complicité du groupe, une solidarité évidente se manifeste entre les élèves participant au projet. Tous s'entendent pour dire qu'ils peuvent compter les uns sur les autres, générant ainsi un sentiment de sécurité lorsqu'ils sont rassemblés : « [...] t'sais, tu te sens en sécurité avec ton groupe » (fille, 14 ans), « Si y'a une personne qui intimide quelqu'un dans notre classe, on va tous faire : Hey! C'est quoi ton problème? » (garçon, 14 ans). Si bien que certains vont même jusqu'à qualifier le groupe de « deuxième famille ». À ce propos, une élève de 3e secondaire trace un parallèle entre son expérience passée au sein du projet et ce qu'elle perçoit actuellement sous le curriculum régulier :

Quand j'suis en [arts] j'me sens avec ma famille là! Pis quand j'suis en histoire, j'suis genre : Qu'est-ce que je fais ici? [Ils] sont où mes amis (rires)? [...] En [arts] là, mettons que j'fais une joke là, ils vont rire de moi, mais gentiment genre. Mais quand mettons que j'dis la même affaire en histoire ben ils vont rire de moi ouin, mais après ça, ils me parleront plus jamais de leur vie [...] j'me sentais comme protégée quand eux autres étaient là! J'me disais : [ils] sont mon bouclier, il m'arrivera rien! (fille, 14 ans)

De plus, les élèves soulignent que l'entraide s'inscrit parmi les éléments qui caractérisent la nature de la complicité du groupe. Bien que celle-ci apparaissait comme une règle de conduite incontournable lors de la réalisation des travaux d'équipe, l'entraide semble faire partie intégrante des valeurs sur lesquelles repose la complicité du groupe : « On est vraiment une belle gang pis on s'entraide, pis si quelqu'un a quelque chose on va l'aider, on juge pas vraiment les autres, pis on est vraiment tous ensemble ». (fille, 13 ans)

À la lumière de ces constats, la complicité du groupe dont témoignent les élèves semble attribuable à la stabilité et à l'atmosphère conviviale qui réside au cœur de celui-ci. Si cette atmosphère donne l'occasion aux élèves de nouer des liens notables, tous y contribuent en composant avec les particularités de chacun afin de former un ensemble cohésif. Qui plus est, la complicité du groupe semble assurer l'articulation entre les expériences des élèves et les effets encourus de manière proximale soient le *caractère*, les *compétences* et la *confiance*. Enfin, cette complicité joue un rôle essentiel dans la formation de l'identité personnelle des élèves puisque, grâce à elle, ceux-ci disent s'autoriser à « être eux-mêmes », à dévoiler leur personnalité authentique.

7.3.3 Les rétroactions : un levier utile au développement des compétences et de la confiance

En parallèle aux expériences proposées, les élèves indiquent que les rétroactions émises par les personnes de leur entourage sont en partie responsables des changements qu'ils ont observés sur eux-mêmes suite à leur participation au projet. Ils précisent également que la nature de ces rétroactions peut prendre différentes formes, tant verbales (ex. recevoir des félicitations ou critiques) que non verbales (ex. rires, applaudissements, bâillement, etc.), et qu'elles peuvent provenir des membres du groupe comme des proches et des enseignants. Contrairement au levier des relations interpersonnelles du modèle de Lerner (2004), les rétroactions n'impliquent pas nécessairement de relations réciproques.

À propos d'expériences marquantes qui illustrent le rôle des rétroactions dans le processus de formation identitaire, les élèves évoquent des activités d'échanges et de discussion en groupe qu'ils associent à l'amélioration de leurs habiletés de communication (ex. plus grande facilité à s'exprimer, à partager leurs idées ou à donner leur opinion). Par le biais de ces expériences, les élèves semblent avoir développé une sensibilité aux caractéristiques des autres élèves du groupe. Si ces expériences se révèlent marquantes à leurs yeux, il convient de noter qu'elles ne suscitent pas toujours, de prime abord, des émotions positives. Néanmoins, les discours des élèves laissent entrevoir qu'ils peuvent en tirer du positif lorsqu'ils sont encadrés par l'enseignant(e) dans cet exercice :

> *On était tous assis sur la scène pis, on n'était pas méchants là, mais : Moi j'aimerais ça que t'arrêtes parce que t'sais ça me gosse... Pis on donnait tous notre point, pis j'pense que ça nous a vraiment aidés de savoir qu'est-ce que les autres aimaient pas pis... comme une thérapie de groupe là! (fille, 14 ans)*

Si dans de pareils cas les élèves prennent conscience des comportements susceptibles d'être améliorés, les rétroactions des autres membres du groupe face à leurs prestations, notamment dans le cadre de joutes d'improvisation ou de courtes pièces de théâtre, peuvent tout autant leur donner confiance en leurs talents et en leurs capacités :

> *On avait fait un sketch, fait que là, moi j'avais improvisé quelque chose [...] pis là tout le monde avait ri! Le monde trouvait ça drôle fait qu'après, ben là [de] plus en plus, quand j'voyais que le monde trouvait ça drôle t'sais j'en mettais plus! [...] Depuis que j'suis [en arts], ça m'a donné aussi plus confiance en moi plus au niveau du théâtre aussi, de ce que j'étais capable de faire. Pis t'sais, plus confiance en moi aussi de... moi j'pensais pas pouvoir faire rire le monde! (fille, 14 ans)*

D'autre part, le fait d'offrir une prestation publique engendre également maintes rétroactions de la part de personnes extérieures au groupe. Si les propos tenus par les proches (ex. parents, fratrie, amis) valorisent l'effort et la qualité du travail accompli, les allégations des autres personnes du public contribuent d'autant plus à entretenir la confiance de l'élève en ses capacités :

> *Parce qu'après les shows, j'ai tout le temps des parents qui arrivent qui me disent : Hey, t'as vraiment été – t'sais, je les connais pas là! – t'as vraiment été bonne, t'as fait ma soirée! [Ce qui] fait que là ça m'aide là, ça monte ma confiance. Hey! j'me trouve pas juste bonne, [il] y a plein d'autre monde qui me trouve bonne! (fille, 14 ans)*

En raison du lien privilégié que les élèves entretiennent avec eux, les enseignants peuvent, au même titre que le public et les autres membres du groupe, émettre des rétroactions qui contribuent au développement d'un sentiment de fierté au regard des compétences acquises : « J'ai fait mon costume [...] c'était vraiment beau! Le résultat des costumes là [il] était... À la fin, on était tous fiers de ce qu'on avait fait » (fille, 13 ans), « La prof aussi elle était genre... Non, mais c'est une fierté pour la prof de voir ça là... » (garçon, 13 ans).

En résumé, la complicité qui prévaut au sein du groupe d'élèves de même que l'encadrement offert par les enseignants fournissent l'occasion de développer des compétences sur le plan de la communication à partir d'exercices visant l'expression adéquate de leurs idées et opinions. En réponse aux rétroactions offertes dans ce cadre, les élèves peuvent adapter leurs attitudes et comportements de manière à préserver la complicité du groupe. Enfin, les rétroactions positives en provenance de différentes personnes, dont les proches, le public, les enseignants et les autres élèves du groupe peuvent, de manière proximale, renforcer la confiance et le sentiment de compétence, lesquels constituent deux leviers distaux propices à la formation d'une identité engagée.

7.3.4 Le projet particulier artistique : une occasion pour être « soi-même »

En plus de mettre en évidence bon nombre de leviers qui agissent de manière proximale ou distale dans le processus de leur formation identitaire, les propos des élèves ont permis de dégager ce qu'ils considèrent être l'effet ultime du projet dans leur vie. En raison de leur participation, les élèves disent désormais être en mesure d'exprimer leur personnalité. Dans leurs mots, ce sentiment se résume par le fait de pouvoir être « eux-mêmes » :

> C'est sûr que ça nous a appris à être nous-mêmes surtout là, mais t'sais comme cette année ça nous a beaucoup changés, mais t'sais… changés en étant nous-mêmes. (garçon, 13 ans)

> La personnalité surtout. On découvre des choses qu'on savait pas sur nous […] Mettons que t'es à l'intérieur de toi, t'es une personne énergique qui aime ça crier, bouger. Mais de l'extérieur, on voit pas ça comme ça, ça [ne] se voyait pas. (fille, 13 ans)

En proposant diverses expériences relevant de disciplines artistiques variées, le projet offre aux élèves l'occasion de se découvrir de nouvelles compétences, ce qui, de leur point de vue, leur permet de découvrir des forces et des qualités qui les distinguent :

> Ils savaient pas qu'ils avaient un talent en danse ou en art dramatique, mais que [ils] ont découvert ce talent-là… pis ils se sont rendu compte de choses qu'ils étaient capables de faire. (fille, 13 ans)

Plus particulièrement, tous mentionnent sans exception avoir appris à surmonter leur timidité grâce aux exercices de théâtre réalisés dans le cadre du projet, ce qui contribue à accentuer la confiance en leurs compétences respectives :

> Moi, quand j'suis rentré [dans le projet], j'savais même pas si j'aurais été capable de faire le spectacle. Ça m'a dégênée [de] rentrer dans [ce projet] – là, pis j'suppose que ç'a été pareil pour pas mal d'autres personnes… (fille, 14 ans)

> C'est parce qu'on avait pas le choix! En faisant les exercices genre sur la scène pis toute là, on n'était pas pour rester dans notre p'tit coin. Fait que j'pense qu'on a tous appris à se dégêner. (fille, 13 ans)

Comme rapporté par les élèves, la découverte de leur personnalité comme de leur capacité à maîtriser la gêne a permis de renforcer le sentiment de confiance en leurs compétences. Ainsi, la peur du jugement des autres s'est dissipée, leur laissant du coup une impression d'émancipation :

> J'me suis découvert au complet […] parce que j'étais vraiment pas moi au primaire pis là, j'peux pas être plus moi, j'suis vraiment… Ça me libère tellement là! T'es pas obligée d'être dans ta cage pis de faire ce que le monde te dit pis… J'ai plus du tout peur de ce que le monde va penser. (fille, 14 ans)

En bref, participer au projet particulier de formation en arts offrirait aux élèves l'occasion de se découvrir des talents comme d'acquérir des compétences qui les distinguent des autres et leur apportent la confiance nécessaire pour affirmer au grand jour ce qui constitue leur identité personnelle.

7.4 Discussion

D'entrée de jeu, la proposition théorique qui émane de la présente étude appuie la pertinence de recourir au modèle de Lerner (2004) pour comprendre le processus de développement identitaire des élèves participant à un projet particulier en formation des arts. Ainsi, les résultats suggèrent que ce type de projet offert sur les heures de fréquentation scolaire obligatoire peut, au même titre que les expériences offertes en milieux parascolaires, communautaires ou de loisirs, enclencher un processus de changement qui s'avère comparable à celui attendu à la suite de la participation à une AS. Si, à première vue, les résultats semblent traduire de manière relativement conforme la présence des cinq leviers du modèle de Lerner (2004), certains leviers semblent néanmoins avoir été moins approfondis que d'autres par les élèves. Par exemple, le levier désigné par le *souci de l'autre* a été abordé par la voie des rétroactions constructives offertes par les membres du groupe, mais ce levier n'a pas occupé une place suffisamment importante dans le discours des élèves pour mériter de figurer seul dans la proposition théorique finale. Une première explication de ce constat serait d'ordre développemental. En raison de leur jeune âge, les élèves rencontrés se situent, pour la plupart, au tout début du stade de formation de la pensée formelle (Piaget, 1972, 2008) qui constitue un changement intellectuel engendré à l'adolescence. Il n'est donc pas surprenant que leur discours ait reflété une moins grande sensibilité aux émotions complexes (sympathie et empathie) qui caractérisent le *souci de l'autre*. Une deuxième explication serait plutôt d'ordre méthodologique, à savoir que la stratégie d'échantillonnage utilisée n'a pas permis d'atteindre la saturation des données en rapport avec chacun des leviers du modèle de Lerner (2004).

Si le modèle de Lerner (2004) ne précise pas comment s'actualise chacun de ses cinq leviers, en termes d'importance et de temporalité, ni comment ils s'interinfluencent dans le processus de formation identitaire, la présente étude pallie ces manques. Les résultats permettent de proposer une organisation temporelle des cinq leviers et d'identifier le rôle central de deux leviers proximaux qui précèdent l'activation de la *confiance (confidence)* et des *compétences (competences)*. Ces deux leviers, que sont la *complicité du groupe* et les *rétroactions*, méritent une attention particulière en raison du potentiel qu'ils revêtent pour rendre compte des changements susceptibles de survenir chez les élèves participant à des projets de nature similaire et pour soutenir les intervenants scolaires dans la mise en œuvre d'expériences favorables au développement d'une identité engagée.

La *complicité du groupe*, telle que définie dans la proposition théorique émanant de la présente étude, implique que les élèves entretiennent des liens substantiels, qu'ils se reconnaissent des caractéristiques communes, qu'ils s'affichent à titre de membre du groupe et en retirent des émotions positives. Si cette définition trouve en partie écho dans le levier des *relations interpersonnelles* du modèle de Lerner (2004), elle l'inclut et le transcende toutefois en précisant que ce levier relève principalement de la dimension sociale de l'identité. Cette interprétation s'avère cohérente avec la théorie de Tajfel (1982) qui explique qu'en faisant partie d'un groupe cohésif, l'adolescent peut ressentir des émotions positives qui l'encouragent à s'afficher en tant que membre et à affirmer ouvertement certaines valeurs et caractéristiques du groupe. Aux dires des élèves, la complicité du groupe est favorisée par la modalité de groupe fermé qui caractérise le projet et implique la stabilité de ses membres plutôt que leur va-et-vient continu. Ces résultats concordent avec la théorie de Ziller (1965) qui stipule qu'un groupe fermé favorise une plus forte cohésion chez ses membres en raison de la stabilité qu'il leur procure et du sentiment de pouvoir compter les uns sur les autres pour atteindre des objectifs communs. Cette hypothèse se trouve également renforcée par un certain nombre d'études ayant rapporté des inconvénients associés à la mobilité des membres dans des groupes composés d'adultes : diminution de l'aisance, de la convivialité et de l'intégration sociale

(Arrow et McGrath, 1993; Burnette et Forsyth, 2008; Nemeth et Ormiston, 2007; Van der Vegt, Bunderson et Kuipers, 2010). La présente étude suggère qu'un phénomène semblable peut également s'observer dès l'adolescence.

Les *rétroactions* émises par des personnes intérieures ou extérieures au groupe, dans le cadre d'échanges restreints comme de prestations à grand déploiement, semblent aussi jouer un rôle central dans le processus de formation identitaire des élèves participant au projet. Si les rétroactions constructives qu'ils apprennent à formuler adéquatement sous la supervision des enseignants font écho au levier du *souci de l'autre* du modèle de Lerner (2004), d'autres éléments de leur discours précisent que les rétroactions peuvent représenter à la fois des déclencheurs d'adaptation et des sources de renforcement positif. Par conséquent, le levier des rétroactions relèverait davantage de la dimension personnelle de l'identité. Cette hypothèse ressort également des résultats de l'étude conduite par Hansen et al. (2003) qui révèlent que les adolescents participant à une AS sportive ou artistique ont appris à donner et à recevoir des rétroactions constructives, les conduisant à reconnaître comme à exploiter leurs caractéristiques personnelles afin de contribuer positivement au fonctionnement du groupe. Ces résultats sont cohérents avec la théorie de Kerpelman (2001) qui explique que les rétroactions provenant de l'environnement social et familial tiennent un rôle de premier plan dans le processus de formation de l'identité. Kerpelman (2001) définit la formation de l'identité comme résultant de la congruence entre les attentes sociales (c'est-à-dire les normes et les valeurs) et les caractéristiques de l'adolescent. Cet auteur affirme d'autant plus que si une rétroaction congruente consolide le choix identitaire de l'adolescent, une rétroaction incongruente l'incitera en revanche à s'adapter aux attentes sociales. Ainsi, les résultats de la présente étude qui laissent entrevoir un certain équilibre entre la présence de rétroactions congruentes et incongruentes, peuvent être interprétés comme favorables au développement d'une identité engagée à l'adolescence.

7.4.1 Recommandations pour la recherche et l'intervention

La présente étude a le mérite d'avoir posé un regard approfondi sur un phénomène encore peu exploré, et ce, en utilisant un angle d'approche novateur. Une interprétation juste de la portée de ses résultats nécessite cependant de tenir compte de certaines limites méthodologiques. Notamment, la participation volontaire à la recherche et les critères d'admission au projet limitent possiblement la représentativité des résultats à l'expérience d'élèves qui présentent une forte motivation. Soulignons toutefois que plus de la moitié des élèves inscrits au projet a accepté de participer à l'étude, ce qui a favorisé une couverture relativement approfondie de l'expérience vécue au sein des groupes où s'est déroulé le recrutement. Si le fait d'avoir réalisé l'étude auprès d'élèves d'une seule et même école restreint la possibilité de généraliser les résultats à plus grande échelle, la profondeur de la description du contexte et de l'analyse réalisée facilite cependant la transférabilité des résultats obtenus à l'expérience d'élèves participant à des projets artistiques semblables. Dans cette perspective, les recherches futures mériteraient d'approfondir l'examen amorcé ici en faisant appel à un échantillon plus large et diversifié, notamment en recrutant des élèves participant à des projets particuliers de formation en arts offerts au sein d'écoles secondaires dont la taille, la mission ou l'administration diffèrent. Autrement, rappelons que la période de l'année au cours de laquelle les entretiens ont été réalisés (c.-à-d. à l'automne) incitait fortement les participants à partager leur expérience de manière rétrospective, en évoquant des événements ayant eu lieu l'année précédente. Il serait donc souhaitable, dans le cadre d'une étude future du même genre, de réaliser la collecte des données vers la fin de l'année scolaire ou, mieux encore, à multiples reprises sur l'ensemble de l'année scolaire, afin de diminuer les risques de biais liés à la mémoire. Enfin, si la méthode d'entretien de groupe a été privilégiée pour tirer avantage des interactions entre les élèves, elle peut aussi avoir eu pour inconvénients de gêner l'expression d'un participant plus timide, tout comme d'amplifier l'importance du levier de la complicité du groupe. Malgré cela, l'atmosphère conviviale observée par l'intervieweuse et le climat de confiance évoqué par les élèves portent à croire que ces risques ont été palliés. Les études futures gagneraient néanmoins à recourir à des méthodes de collecte de données multiples et complémentaires à l'entretien de groupe, comme l'observation participante ou l'entretien individuel auprès des enseignants, afin de trianguler les sources d'informations disponibles et d'enrichir les interprétations pouvant en être tirées.

Au final, les résultats de la présente étude permettent de formuler certaines recommandations à l'attention des psychoéducateurs qui accompagnent les directions d'école, le personnel scolaire (ex. intervenants, enseignants), de même que les élèves dans le cadre de projets particuliers de formation en arts. Pour stimuler la formation d'une identité engagée dans ce contexte, l'étude indique qu'il convient de porter attention aux expériences offertes aux élèves de sorte que ces dernières favorisent l'établissement d'un climat de complicité entre les membres du groupe et qu'elles permettent de formuler comme de recevoir des rétroactions constructives. Dans l'exercice du rôle-conseil auprès des directions d'école et du personnel scolaire, les résultats de la présente étude, tout comme ceux issus de la documentation empirique et théorique, mettent en évidence que le psychoéducateur devrait faire valoir le potentiel de la modalité de groupe fermé pour favoriser la complicité. Dans le rôle d'accompagnant auprès des élèves et des enseignants, les résultats soulignent l'importance que le psychoéducateur encourage les rétroactions constructives en proposant des modalités de travail aux élèves, de même que la nature de l'encadrement pouvant être offert par l'enseignant. Auprès des élèves, le psychoéducateur devrait planifier et mettre en œuvre des activités proposant certaines modalités, telles que l'obligation de travailler en équipe, qui peuvent créer un contexte favorable à l'échange de rétroactions constructives en regard des tâches accomplies. Auprès des enseignants, le psychoéducateur devrait encourager l'établissement de règles et de conséquences claires afin de contribuer à réguler les comportements attendus des élèves dans la réalisation d'exercices visant l'expression adéquate de leurs idées et opinions.

Références

Adams, G., Reads, D. et Dobson, W. R. (1984). Ego-identity status, personality, and social-influence style. *Journal on Personality and Social Psychology, 46*(1), 169-177.

Arnett, J. J. (1999). Adolescent storm and stress, reconsidered. *American Psychologist, 54*(5), 317-326.

Arrow, H. et McGrath, J. E. (1993). Membership matters: How member change and continuity affect small group structure, process, and performance. *Small Group Research, 24*(3), 334-361.

Bowers, P. E., Li, Y., Kiely, K. M., Brittian, A., Lerner, V. J., et Lerner, M. R. (2010). The five Cs model of positive youth development: A longitudinal analysis of confirmatory factor structure and measurement invariance. *Journal of Youth Adolescence, 39*, 720-735.

Bukobza, G. (2009). Relations between rebelliousness, risk-taking behavior, and identity status during emerging adulthood. *Identity: An International Journal of Theory and Research, 9*(2), 159-177.

Burnette, L. J. et Forsyth, D. R. (2008). « I didn't do it » : Responsibility biases in open and closed groups. *Group Dynamics: Theory, Research and Practice, 12*(3), 210-222.

De Haan, L. G. et MacDermid, S. M. (1999). Identity development as a mediating factor between urban poverty and behavioral outcomes for junior high school students. *Journal of Family and Economic Issues, 20*(2), 123-148.

Dion, L. K. (2000). Group cohesion: from "field of forces" to multidimensional construct. *Group Dynamics: Theory, Research and Practice, 4*(1), 7-26.

Dworkin, J. B., Larson, R. et Hansen, D. (2003). Adolescents' accounts of growth experiences in youth activities. *Journal of Youth and Adolescence, 32*(1), 17-26.

Eccles, J. S., Barber, B. L., Stone, M. et Hunt, J. (2003). Extracurricular activities and adolescent development. *Journal of Social Issues, 59*(4), 865-889.

Eccles, J. et Gootman, J. (2002). *Community Programs to Promote Youth Development*. Washington, DC: National Academy Press.

Erikson, E. H. (1968). *Identity, Youth, and Crisis.* New York, NY : Norton.

Fédération des syndicats de l'enseignement. (2011). Les projets particuliers, on gagnerait à les examiner de près. *La Dépêche FSE, 5*(3). Repéré à http://fse.qc.net/publications/la-depeche-fse/

Gouvernement du Québec (2017). Projets pédagogiques particuliers de formation en arts. Repéré à http://www.education.gouv.qc.ca/enseignants/dossiers/projets-pedagogiques-particuliers-de-formation-en-arts/

Haggard, L. M. et Williams, D. R. (1992). Identity affirmation through leisure activity: Leisure symbols of the self. *Journal of Leisure Research, 24*(1), 1-18.

Hall, G. S. (1904). *Adolescence: Its psychology and its relation to physiology, anthropology, sociology, sex, crime, religion, and education*. Englewood Cliffs, NJ: Prentice-Hall.

Hansen, D. M., Larson, R. W. et Dworkin, J. B. (2003). What adolescents learn in organized youth activities: A survey of self-reported developmental experiences. *Journal of Research on Adolescence, 13*(1), 25-55.

Hollenstein, T. et Lougheed, J. P. (2013). Beyond storm and stress: Typicality, transactions, timing, and temperament to account for adolescent change. *American Psychologist, 68*(6), 444-464.

Hughes, J. et Wilson, K. (2004). Playing a part: the impact of youth theatre on young people's personal and social development. *Research in Drama Education: The Journal of Applied Theatre and Performance, 9*(1), 57-72.

Hugon, M., Villatte, A. et de Léonardis, M. (2011). Pratique théâtrale et rapport au savoir : Approche comparative entre lycéens pratiquant le théâtre et lycéens « tout-venant ». *L'orientation scolaire et professionnelle, 40*(1), 2-14.

Kerpelman, J. L. (2001). Identity control theory, exploration, and choice: A commentary on Schwartz's "The evolution of eriksonian and neo-eriksonian identity theory and research". *Identity: An International Journal of Theory and Research, 1*(1), 81-86.

Kivel, B. D. et Kleiber, D. A. (2000). Leisure in the identity formation of lesbian/gay youth: Personal but not social. *Leisure Sciences, 22*(4), 215-232.

Kroger, J. (2000). *Identity development: Adolescence Through Adulthood*. London, UK: Sage.

Larson, W. R. (2000). Toward a psychology of positive youth development. *American Psychologist, 55*(1), 170-183.

Lerner, R. M. (2004). Genes and the promotion of positive human development: Hereditarian versus developmental systems perspectives. Dans C. Garcia Coll, E. Bearer et R. M. Lerner (dir.), *Nature and nurture : The complex Interplay of Genetic and Environmental Influences on Human Behavior and Development* (p.1-33). Mahwah, NJ: Lawrence Erlbaum.

Lerner, R. M., Lerner, J. V., Almerigi, J., Theokas, C., Phelps, E., Gestsdottir, S. … von Eye, A. (2005). Positive youth development, participation in community youth development programs, and community contributions of fifth-grade adolescents: Findings from the first wave of the 4-H study of positive youth development. *Journal of Early Adolescence, 25*(1), 17-71.

Lerner, J. V., Phelps, E., Forman, Y., et Bowers, E. P. (2009). Positive youth development. Dans R. M. Lerner et L. Steinberg (dir.), *Handbook of Adolescent Psychology : Individual Bases of Adolescent Development* (3e éd., p.524-558). Hoboken, NJ: Wiley.

Luyckx, K., Goossens, L., Soenens, B. et Beyers, W. (2006). Unpacking commitment and exploration: Preliminary validation of an integrative model of late adolescent identity formation. *Journal of Adolescence, 29*(3), 361-378.

Luyckx, K., Goossens, L., Soenens, B., Beyers, W. et Vansteenkiste, M. (2005). Identity statuses based on four rather than two identity dimensions: Extending and refinding Marcia's paradigm. *Journal of Youth and Adolescence, 34*(6), 605-618.

Luyckx, K., Kimstra, T. A., Duriez, B., Van Petegem, A. V., et Beyers, W. (2013). Personal identity processes from adolescence through the late '20s: Age trends, functionality, and depressive symptoms. *Social Development, 22*(4), 701-721.

Mahoney, J. L. Larson, W. R., Eccles, J. S. et Lord, H. (2005). Organized activities as developmental contexts for children and adolescents. Dans J. L. Mahoney, R. W. Larson, et J. S., Eccles (dir.), *Organized activities as contexts of development : Extracurricular activities, after-school and community programs* (pp. 3-22). Manwah, NJ: Lawrence Erlbaum.

Marcia, J. E. (1993). The status of the status: Research review. Dans J. E. Marcia, A. S. Waterman, D. R. Matteson, S. L. Archer et J. L. Orlofsky (dir.), *Ego identity : A handbook for psychosocial research* (pp. 22-41). New York, NY: Springer.

Ministère de l'Éducation, du Loisir et du Sport. (2007). *Programme de formation de l'école québécoise : Enseignement au secondaire, domaine des arts*. Repéré à http://www1.mels.gouv.qc.ca/sections/programmeFormation/secondaire2/medias/8a-pfeq_txtdom8.pdf

Nemeth, C. J. et Ormiston, M. (2007). Creative idea generation: Harmony versus stimulation. *European Journal of Social Psychology, 37*(3), 524-535.

Osterlind, E. (2011). What theatre is all about': Students' experiences of the Swedish theatre arts program. *Youth Theatre Journal, 25*(1), 75-86.

Paillé, P. et Mucchielli, A. (2012). La mise en place d'une théorisation. Dans P. Paillé et A. Mucchielli (dir.), *L'analyse qualitative en sciences humaines et sociales* (p. 375-406). Paris, France : Armand Colin.

Parker, E.A.C. (2009). *Understanding the process of social identity development in adolescent high school choral singers: a grounded theory*. (Thèse de doctorat) Disponible sur Proquest Research Library. (UMI N° 3350454)

Phelps, E., Zimmerman, S., Warren, A. A., Jelicic, H., von Eye, A. et Lerner, R. M. (2009). The structure and developmental course of positive youth development (PYD) in early adolescence: Implications for theory and practice. *Journal of Applied Developmental Psychology, 30*(5), 571-584.

Piaget, J. (2008). Intellectual evolution from adolescence to adulthood. *Human Development, 51*(1), 40-47. (Tiré de *Human Development* [1972], *15,* 1-12)

Poulin, F. et Denault, A.-S. (2013). Friendships with co-participants in organized activities: Prevalence, quality, friends' characteristics, and associations with adolescents' adjustment. Dans J. A. Fredricks et S. D. Simpkins (dir.), *Organized out-of-school activities : Setting for peer relationships. New Directions for Child and Adolescent Development, 140,* (pp. 19-36).

Roth, J. L. et Brooks-Gunn, J. (2003). What exactly is a youth development program? Answers from research and practice. *Applied Developmental Science, 7*(2), 94-111.

QSR International. (2012). *NVivo qualitative data analysis software* (Version 10) [Logiciel] Doncaster, Australie: QSR International. Repéré à http://www.qsrinternational.com/

Seligman, M. E. P. et Csikszentmihalyi, M. (2000). Positive psychology: An introduction. *American Psychologist, 55*(1), 5-14.

Sharp, E. H., Coatsworth, J. D., Darling, N., Cumsille, P. et Ranieri, S. (2007). Gender differences in the self-defining activities and identity experiences of adolescents and emerging adults. *Journal of Adolescence, 30*(2), 251-269.

Shaw, S., Kleiber, D. A. et Caldwell, L. (1995). Leisure and identity formation in male and female adolescents: A preliminary examination. *Journal of Leisure Research, 27*(3), 245-263.

Shwart, S. J. et Pantin, H. (2006). Identity development in adolescence and emerging adulthood: The interface of self, context and culture. Dans A. Prescott (dir.), *The concept of self in psychology* (pp. 45-85). Hauppauge, NY: Nova Sciences.

Silbereisen, R. K. et Todt, E. (1994). *Adolescence in context: The interplay of family, school, peers, and work in adjustment.* New York, NY: Springer.

Sneed, J.R., Schwartz, S. J. et Cross, W. E. (2006). A multicultural critique of identity status theory and research: A call for integration. *Identity. An international journal of theory and research, 6*(1), 61-84.

Tajfel, H. (1982). Social psychology of intergroup relations. *Annual Review of Psychology, 33*(1), 1-39.

Tajfel, H. et Turner, J. C. (1986). The social identity theory of intergroup behavior. Dans S. Austin et W. G. Worchel (dir.), *Psychology of intergroup relations* (pp. 7-24). Chicago, IL : Nelson-Hall.

Van der Vegt, G. S., Bunderson, J. S. et Kuipers, B. (2010). Why turnover matters in self-managing work teams: Learning, social integration, and task flexibility. *Journal of Management, 36*(5), 1168-1191.

Ziller, R. C. (1965). Toward a theory of open and closed groups. *Psychologycal Bulletin, 64*(3), 164-182.

8 | Les expériences individuelles et sociales vécues dans le cadre d'activités de loisir organisées

Différences selon les profils d'adaptation des adolescents

Anne-Sophie Denault
Département des fondements et pratiques en éducation –
programme de psychoéducation, Université Laval

Maxim Bouchard
Faculté des sciences de l'éducation, Université Laval

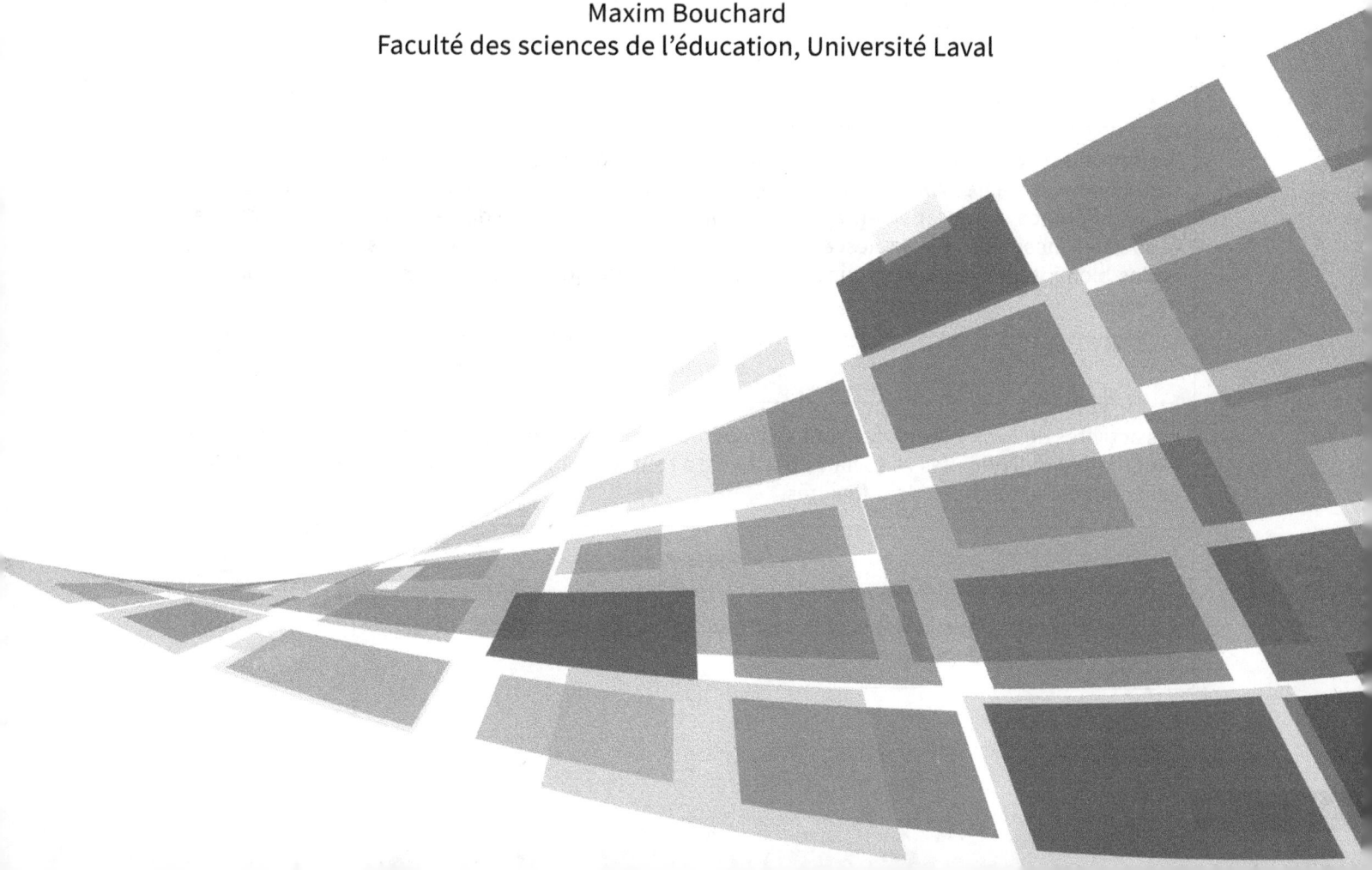

Résumé

Contexte

Présenter des difficultés scolaires et psychosociales à l'école secondaire n'est pas sans conséquence pour le cheminement scolaire et l'insertion sociale des adolescents. Parmi plusieurs stratégies d'intervention possibles pour venir en aide à cette clientèle, la participation à des activités de loisir organisées est prometteuse. Or, si les acteurs du milieu scolaire et communautaire désirent utiliser ces activités comme stratégie d'intervention auprès d'adolescents en difficulté, il importe d'abord de vérifier si ceux-ci retirent les mêmes expériences positives de leur participation que les adolescents qui présentent peu ou pas de difficultés scolaires et psychosociales.

Objectif

Le principal objectif de cette étude est de vérifier les différences de moyennes sur les expériences individuelles et sociales vécues lors de la participation à des activités de loisir organisées selon le profil de difficultés scolaires et psychosociales présenté par les adolescents.

Méthode

L'échantillon regroupe 413 adolescents (57 % filles, âge moyen = 14,44) qui participent à l'une des 33 activités de loisir organisées qui ont été recrutées à l'école et dans la communauté. Les profils de difficultés (risque de décrochage scolaire, délinquance, agression, symptômes dépressifs), les expériences individuelles (identité, initiative, gestion des émotions, habiletés de travail d'équipe) et sociales (intégration dans le groupe de pairs, soutien de l'adulte responsable) ont été mesurés à l'aide de questionnaires.

Résultats

Trois profils d'adaptation ressortent des analyses, soit « dans la moyenne », « symptômes dépressifs élevés » et « agression élevée et symptômes dépressifs sévères ». Les résultats révèlent une seule différence significative entre ces trois profils sur l'ensemble des expériences individuelles et sociales mesurées : les adolescents du profil « symptômes dépressifs élevés » rapportent être moins bien intégrés dans le groupe de pairs de l'activité que les adolescents du profil « dans la moyenne ».

Conclusion

Les activités de loisir organisées sont susceptibles de faire vivre aux adolescents en difficulté des expériences individuelles et sociales positives, à tout le moins de façon comparable aux adolescents qui présentent peu de difficultés.

Mots-clés

Activités de loisir organisées, profils d'adaptation scolaire et psychosociale, expériences individuelles et sociales, adolescents.

Recommandations cliniques issues de l'étude

- Comme les activités de loisir organisées sont susceptibles d'être positives dans la vie des adolescents, elles devraient être considérées comme des stratégies d'intervention potentielle auprès de cette clientèle.

- Étant donné que les adolescents présentant des symptômes dépressifs s'intègrent plus difficilement dans le groupe de pairs, ceux-ci devraient recevoir un soutien particulier pour bénéficier des activités de loisir.

- Si les écoles ou organismes communautaires souhaitent utiliser les activités de loisir comme un moyen d'intervention, ils doivent s'assurer que celles-ci fournissent des expériences positives à tous les adolescents, peu importe leur profil de difficultés.

Questions pédagogiques

- À quoi sert la correction de Bonferroni?

- Quels sont les avantages à l'utilisation d'une approche centrée sur la personne?

- Comment ont été vérifiés les postulats de base des analyses statistiques?

- En quoi les activités de loisir organisées structurées peuvent-elles contribuer à la prévention du décrochage scolaire?

8.1 Introduction

8.1.1 Énoncé du problème à l'étude et importance de s'y intéresser

L'adolescence est une période développementale marquée par le changement. Les adolescents doivent faire face simultanément à plusieurs transformations dans leurs principaux milieux de vie (p. ex. : famille, amis, école), tout en étant eux-mêmes en changement (p. ex. : puberté, identité, autonomie). Bien que la plupart des adolescents naviguent aisément dans cette transition, certains rencontrent des problèmes qui entravent leur développement scolaire et psychosocial (Steinberg, 2014). Nous pouvons penser notamment au décrochage scolaire. Au Québec, en 2012 et 2013, environ un garçon sur cinq (18,8 %) et une fille sur 10 (11,9 %) sont sortis de l'école secondaire sans diplôme ni qualification (Ministère de l'Éducation, de l'Enseignement supérieur et de la Recherche MEER, 2015a). Nous pouvons également penser à la présence de difficultés de comportements extériorisées (p. ex. : délinquance, agression) et intériorisées (p. ex. : symptômes dépressifs). En 2012 et 2013, 16,8 % des élèves à l'éducation préscolaire et à l'enseignement primaire et secondaire au secteur public avaient un plan d'intervention pour leurs difficultés d'adaptation ou d'apprentissage (MEER, 2015b). Les difficultés de comportement extériorisées et intériorisées risquent donc d'être présentes chez une bonne proportion d'élèves du secondaire. Ces trois problèmes sont préoccupants puisque de nombreuses conséquences y sont associées. Parmi celles-ci figure l'exclusion sociale. Les adolescents aux prises avec ces difficultés, surtout si elles s'inscrivent dans une trajectoire chronique, auront de la difficulté à participer activement à la société (p. ex. : insertion difficile sur le marché du travail, emplois plus instables, emplois peu prestigieux et mal rémunérés, faible participation citoyenne, pauvreté, criminalité; Rumberger, 2012; Vitaro, Brendgen et Tremblay, 2013). En regard à cette situation, il importe de découvrir des pistes d'intervention afin de pallier l'ensemble de ces problèmes chez les adolescents.

La participation à des activités de loisir organisées (ALO) pourrait être une orientation prometteuse. La participation à ce type d'activités est liée à une diminution du décrochage scolaire, ainsi qu'à une diminution des difficultés de comportement extériorisées et intériorisées chez les adolescents (pour une recension exhaustive des écrits sur les bénéfices potentiels associés à la participation à des ALO, se référer à Farb et Matjasko, 2012 et à Mahoney, Vandell, Simpkins et Zarrett, 2009). Dans son plan de lutte contre le décrochage scolaire, le gouvernement du Québec a également placé ce type d'activités au cœur des moyens à mettre en place pour y parvenir (Ministère de l'Éducation, du Loisir et du Sport MELS, 2009). Cependant, nous en savons encore très peu sur les mécanismes qui expliquent pourquoi les adolescents qui participent à des ALO en retirent des bénéfices sur le plan scolaire et psychosocial. Dans l'optique où ces activités pourraient être utilisées comme stratégie d'intervention potentielle auprès d'adolescents en difficulté, nous devons nous assurer que ceux-ci y vivent des expériences individuelles et sociales positives. Avant d'énoncer la question de recension propre à cette étude, il importe de définir ce qu'est une ALO et de bien décrire les expériences individuelles et sociales susceptibles d'être offertes dans le cadre de ces activités.

8.1.2 Les ALO : définition et expériences individuelles et sociales susceptibles d'y être vécues

Les **ALO** se caractérisent par *une participation régulière, par la présence d'un adulte responsable, ainsi que par la présence de règles qui guident la conduite et l'engagement des jeunes* (Larson, 2000; Mahoney et Stattin, 2000). Celles-ci se déroulent généralement en groupe. Elles mettent aussi l'accent sur le développement d'habiletés, qu'elles soient physiques, cognitives, émotionnelles ou sociales. La participation à ces activités est généralement volontaire. Les adolescents choisissent les activités auxquelles ils désirent participer selon leurs propres intérêts. Elles peuvent être offertes à l'école en dehors des heures de classe (activités parascolaires) ou dans la communauté (Denault et Poulin, 2012). Des exemples d'ALO incluent les sports (individuels ou d'équipe), les arts (musique, danse, théâtre, peinture), les clubs de jeunes (scouts, politique étudiante, bénévolat).

Hansen, Larson et leurs collègues (Hansen et Larson, 2005; Hansen, Larson, et Dworkin, 2003; Hansen, Skorupski et Arrington, 2010; Larson, Hansen et Moneta, 2006) ont identifié une variété d'expériences individuelles susceptibles d'être vécues dans le cadre de la participation à des ALO. Ces expériences incluent notamment le développement de l'identité, de l'initiative, de la gestion des émotions et des habiletés de travail en équipe. Pour ce qui est de l'identité, la participation à des ALO fournit aux adolescents l'opportunité d'explorer leur identité en expérimentant de nouvelles façons de faire et en réfléchissant sur qui ils sont (Barber, Stone, Hunt et Eccles, 2005; Eccles, Barber, Stone et Hunt, 2003; Youniss, McLellan, Su et Yates, 1999). Par exemple, un adolescent impliqué dans l'harmonie scolaire de son école pourrait vouloir donner une couleur davantage rock au morceau de musique choisi, car c'est le style de musique qu'il affectionne. En apprenant de nouvelles façons de se fixer des buts personnels et de les atteindre, les ALO peuvent également faciliter le développement de l'initiative chez les adolescents. De façon plus précise, l'initiative inclut la motivation intrinsèque et la capacité à diriger son attention et ses efforts vers de nouveaux défis (Larson, 2000). Par exemple, un adolescent qui fait partie d'une équipe de natation pourrait se fixer de nouveaux temps à atteindre lors de compétitions en priorisant certains types de nage. En outre, les ALO fournissent aux adolescents des occasions de vivre et de gérer leurs émotions, que ce soit le stress, la colère ou la déception (Fredricks et al., 2002). Par exemple, un adolescent qui fait partie d'une troupe de théâtre doit apprendre à gérer son stress lorsqu'il monte sur scène. Enfin, les adolescents peuvent développer leurs habiletés de travail en équipe dans le cadre de leur participation à des ALO. Dans plusieurs activités, notamment les sports d'équipe, les adolescents doivent travailler ensemble pour atteindre un but commun, par exemple gagner une partie. Ainsi, ils peuvent apprendre que de travailler en équipe requiert de faire des compromis.

En ce qui a trait aux expériences sociales, les ALO sont généralement pratiquées en groupe (dans cette étude, seules les activités dans lesquelles il y a des contacts avec d'autres pairs seront examinées) et supervisées par un ou plusieurs adultes. Le groupe de pairs de l'activité permet aux adolescents de côtoyer d'autres jeunes qui ne font pas nécessairement partie de leur réseau social habituel. Par le fait même, ils peuvent se faire de nouveaux amis (Poulin et Denault, 2013; Schaefer, Simpkins, Vest et Price, 2011). Tel que souligné par Denault et Poulin (2008), le fait de se sentir bien intégré dans le groupe de pairs de l'activité pourrait être un élément-clé des expériences sociales vécues dans les ALO. Ces activités donnent également l'occasion aux adolescents de côtoyer un adulte non familier et de recevoir du soutien additionnel de la part de cet adulte (Denault et Poulin, 2012; Mahoney, Schweder et Stattin, 2002). Par exemple, en se souciant de leur bien-être, en soulignant leurs efforts et en les poussant à se dépasser, cet adulte a la chance de faire une différence positive dans la vie des adolescents.

8.1.3 Question de recension

À la lumière des informations présentées précédemment, la question de recension est la suivante : est-ce que les adolescents qui présentent des difficultés sur le plan scolaire ou psychosocial rapportent des expériences individuelles et sociales à des degrés comparables à ceux rapportés par les adolescents présentant peu ou pas de difficultés? Pour répondre à cette question, il importe d'abord de définir ce qui est entendu par difficultés scolaires et psychosociales, pour ensuite justifier pourquoi les adolescents qui présentent des difficultés pourraient retirer plus ou moins d'expériences positives de ces activités.

8.1.4 Les difficultés scolaires et psychosociales : définitions, profils et propositions quant aux expériences individuelles et sociales vécues par les adolescents en difficulté dans les ALO

Concernant les difficultés scolaires, puisque le décrochage scolaire implique que les adolescents ne fréquentent déjà plus l'école, le risque de décrochage scolaire sera considéré dans cette étude. Un adolescent est jugé à risque de décrochage lorsqu'il fréquente l'école, mais qu'il présente une probabilité très élevée de décrocher (Fortin, Marcotte, Diallo, Potvin et Royer, 2013). Cette probabilité vient du fait que l'adolescent cumule plusieurs facteurs de risque liés au décrochage scolaire, tels que des difficultés et retards scolaires, de faibles aspirations scolaires, une faible importance liée à la réussite scolaire, un faible sentiment de compétence scolaire, de l'absentéisme scolaire et peu de soutien de la part de ses parents (Potvin, Fortin et Rousseau, 2009). Même si le profil des adolescents à risque de décrochage est très hétérogène, ceux-ci ont bien souvent des difficultés et des retards scolaires, ainsi qu'un manque de motivation et d'engagement envers l'école et les apprentissages qui ont lieu en classe (De Witte, Cabus, Thyssen, Groot et van den Brink, 2013; Fortin et al., 2013; Janosz, Archambault, Morizot et Pagani, 2008; MELS, 2013; Rumberger, 2012).

Les difficultés de comportement extériorisées seront opérationnalisées par deux types de comportements dans cette étude, soit les comportements délinquants (p. ex. : consommation de drogues et d'alcool, vandalisme, vol, mensonge et fréquentation de pairs déviants) et d'agression (p. ex. : opposition, provocation, bataille, argumentation et menace; Achenbach et Rescorla, 2001). Ces deux types de comportements diffèrent quant à leur définition et leurs principales manifestations. Alors que les **comportements délinquants** *ont pour principal but de défier les lois et les conventions sociales*, les **comportements d'agression** *ont pour principal but de causer du mal à autrui* (Farrington, 2009; Coie et Dodge, 1998). Les adolescents qui présentent des niveaux élevés de délinquance aiment transgresser les règles et ont de la difficulté à respecter l'autorité et les normes conventionnelles (Glowacz et Born, 2014). Les adolescents qui présentent des niveaux élevés d'agression sont impulsifs, ont de faibles habiletés sociales, ainsi que des biais dans le traitement de l'information sociale (Dishion, 2014; Farrington, 2009). Par conséquent, leurs relations avec leurs pairs sont généralement négatives, voire même coercitives.

Les difficultés intériorisées feront référence plus précisément dans cette étude aux symptômes dépressifs, qui sont des manifestations physiques et psychologiques associées à la dépression (p. ex. : manque d'appétit, tristesse, idées noires, difficultés de concentration, désespoir, inquiétudes; Radloff, 1977). Les adolescents qui présentent des niveaux élevés de symptômes dépressifs ont des distorsions cognitives et se perçoivent, ainsi que le monde qui les entoure, de façon négative (Garber et Rao, 2014). Face à des situations stressantes, ils ont tendance à ruminer et à mettre l'accent sur les émotions négatives (p. ex. : honte, culpabilité, impuissance; Graber et Montag, 2009). Ils ont également de faibles habiletés sociales et des biais dans le traitement de l'information sociale, ce qui fait en sorte qu'ils expérimentent des conflits dans leurs relations avec leurs pairs, se sentent moins acceptés par les autres et ont des relations d'amitié de moindre qualité (Garber et Rao, 2014; Marcotte, 2014).

Plutôt que d'examiner le risque de décrochage scolaire, les comportements délinquants, les comportements d'agression et les symptômes dépressifs de façon séparée selon une approche statistique centrée sur les variables, ces quatre indicateurs d'adaptation seront examinés selon une approche centrée sur la personne (Bergman et Trost, 2006). Nous savons que ces indicateurs d'adaptation sont corrélés. Par exemple, un adolescent qui présente un risque élevé de décrochage scolaire est également susceptible de présenter des difficultés de comportement extériorisées et des symptômes dépressifs (St-Pierre, Denault et Fortin, 2012). L'approche centrée sur la personne permet d'identifier différentes configurations, ou profils, qui regroupent des adolescents qui ont des patrons de réponses similaires sur les indicateurs d'adaptation mesurés. Par exemple, un profil d'adolescents pourrait se distinguer des autres par des scores faibles sur l'ensemble des quatre variables mesurées. Un autre profil pourrait se distinguer par des scores élevés sur les quatre indicateurs d'adaptation. Or, un profil pourrait également se distinguer par une moyenne faible sur les comportements délinquants et d'agression et une moyenne élevée sur le risque de décrochage scolaire et les symptômes dépressifs ou vice-versa. Selon leur profil de difficultés, nous croyons que ces adolescents rapporteront des scores différents sur les échelles d'expériences individuelles et sociales vécues dans leur participation à des ALO.

Aucune étude à notre connaissance ne s'est intéressée à de telles différences. Or, selon nous, deux scénarios sont possibles. D'une part, les adolescents qui présentent des difficultés scolaires ou psychosociales pourraient rapporter des scores plus élevés sur les échelles d'expériences individuelles et sociales. Puisque c'est un contexte volontaire qu'ils ont choisi selon leurs propres intérêts, ils sont peut-être plus ouverts à tout ce que l'activité leur offre sur le plan individuel et social. Étant donné leurs difficultés, ces adolescents sont susceptibles de vivre des échecs dans d'autres sphères de leur vie, notamment à l'école et dans leur groupe de pairs. L'ALO leur donne alors l'opportunité d'être en contact avec d'autres types d'apprentissages et d'autres types de pairs qui ne se retrouvent pas nécessairement dans leur réseau habituel. De plus, ils ont la chance de former un lien de soutien avec un adulte responsable qui n'est pas nécessairement au courant de leurs difficultés à l'école, par exemple. Ainsi, ils pourraient aller chercher le maximum de ces expériences dans l'activité, car celles-ci ne sont pas accessibles ou positives dans d'autres contextes de leur vie (effet « d'équilibre »).

D'autre part, les adolescents qui présentent des difficultés scolaires ou psychosociales pourraient rapporter des scores plus faibles sur les échelles d'expériences individuelles et sociales. Étant donné leurs difficultés et leurs principales manifestations, ceux-ci pourraient avoir de la difficulté à fonctionner dans l'activité, comme c'est le cas dans d'autres sphères de leur vie (effet de « contagion »). Même si l'activité est différente de ce qu'ils font dans d'autres contextes et même s'ils côtoient des pairs et des adultes différents, leurs difficultés pourraient les empêcher de tirer le maximum des opportunités offertes par l'activité. Par exemple, en raison de leurs difficultés d'apprentissage, de leur faible engagement et de leur faible motivation envers l'école en général, les adolescents à risque de décrochage scolaire pourraient ne pas retirer beaucoup d'expériences individuelles positives de leur activité. De plus, vu leurs faibles habiletés sociales, les adolescents qui sont agressifs ou dépressifs pourraient être mis à l'écart par les autres membres de l'activité. Les adolescents qui ont des comportements délinquants pourraient également défier l'autorité du responsable de l'activité. Ainsi, vu leurs caractéristiques propres, les adolescents en difficulté risquent de rapporter moins d'expériences positives de leur participation.

8.1.5 Pertinence scientifique de l'étude

Plusieurs études ont été réalisées au cours des dernières années sur les bénéfices potentiels associés à la participation à des ALO chez les adolescents (Farb et Matjasko, 2012). Cependant, à l'exception de Larson, Hansen et leurs collaborateurs, peu de chercheurs se sont penchés sur les expériences individuelles et sociales vécues à l'intérieur de ces activités (Simpkins, 2015). Documenter ce type d'expériences est pourtant primordial afin de mieux comprendre pourquoi les adolescents bénéficient ou non de leur participation à des ALO.

De plus, nous en savons encore très peu sur les expériences vécues dans le cadre de ces activités chez les adolescents qui présentent des difficultés scolaires ou psychosociales. Or, dans une visée de prévention ou d'intervention auprès de ces adolescents, il importe de mener des études auprès de ces individus. Nous devons effectivement savoir si ceux-ci retirent des expériences individuelles et sociales positives de leur participation à des ALO.

8.2 Objectifs de recherche

Cette étude vise à vérifier s'il y a des différences de moyennes sur les échelles d'expériences indivi-duelles et sociales vécues dans le cadre d'ALO selon le profil d'adaptation scolaire et psychosocial présenté par les élèves (risque de décrochage scolaire, comportements délinquants, comportements d'agression et symptômes dépressifs). Les expériences individuelles incluent le développement de l'identité, de l'initiative, de la gestion des émotions et des habiletés de travail en équipe, alors que les expériences sociales incluent l'intégration dans le groupe de pairs de l'activité et la relation de soutien avec le responsable de l'activité. Pour ces dernières, à la fois l'élève et le responsable de l'ac-tivité ont rempli des questionnaires. En effet, nous voulions obtenir les deux points de vue quant aux expériences sociales vécues dans l'activité et ainsi diminuer le biais lié au répondant unique. Pour vérifier cet objectif, des données sociodémographiques seront incluses dans les analyses comme variable de contrôle, plus précisément le sexe, l'âge et la structure familiale des adolescents.

8.3 Méthode

Les données utilisées dans cette étude proviennent du premier temps de mesure (T1) d'un projet de recherche longitudinal plus large portant sur les mécanismes en jeu dans la participation à des ALO (Denault, 2009-2013; Denault et Fortin, 2010-2014).

8.3.1 Participants

Un total de 413 adolescents (57 % de filles, âge moyen = 14,44, $ÉT$ = 1,47) répartis dans 33 ALO, ont pris part à cette étude. Ces adolescents provenaient d'une ville de taille moyenne dans la province de Québec. À l'intérieur de ce groupe, 60 % des adolescents étaient issus de familles nucléaires, 28 % de familles recomposées, 8 % de familles monoparentales et 4 % d'autres types de familles (p. ex : familles adoptives). Les mères et les pères étaient d'origine nord-américaine dans 88 % des cas. Les autres origines les plus courantes étaient l'Afrique (3 %) et l'Amérique latine (3 %). Le taux de mères occupant un emploi à temps plein s'élevait à 68 % et celui des pères, à 80 %, alors que 15 % des mères et 8 % des pères avaient un emploi à temps partiel. Aucune information n'était disponible quant au revenu familial.

Concernant les ALO, 23 ont été recrutées en milieu scolaire et 10 en milieu communautaire. Pour les activités en milieu scolaire, celles-ci étaient offertes dans les quatre écoles secondaires publiques d'une commission scolaire de la province de Québec. Pour les activités communautaires, celles-ci étaient offertes par des centres communautaires ou des ligues sportives (p. ex : football, patinage de vitesse, danse et scouts). Dans l'ensemble, pour les 33 activités répertoriées, le nombre moyen d'heures de participation par semaine était de 3,51 heures ($ÉT$ = 3,05) et les activités avaient une durée moyenne de 6,82 mois au cours de l'année scolaire ($ÉT$ = 2,31). Les activités étaient dirigées en moyenne par 1,85 responsable ($ÉT$ = 1,37). La moitié des activités était dirigée par un seul adulte (n = 16, 49 %). Une moyenne de 17,21 adolescents participait aux activités ($ÉT$ = 9,53). Le ratio moyen adultes-adolescents était de 1:11 ($ÉT$ = 6,42). En ce qui concerne la composition des activités, 18,2 % incluaient seulement des filles, 21,2 % incluaient seulement des garçons et 60,6 % incluaient les deux sexes.

8.3.2 Recrutement des activités et des participants

Afin d'obtenir un ensemble diversifié d'ALO, des activités spécifiques ont été ciblées (p. ex. : sports, arts, clubs de jeunes). Celles-ci étaient offertes à différents moments au cours d'une même année scolaire (p. ex : avant ou après les vacances de Noël). Après avoir obtenu l'autorisation des direc-tions d'écoles, des centres communautaires et des ligues sportives, les assistants de recherche ont contacté les responsables d'activités. Toutes les activités pour lesquelles les responsables ont accepté de participer à l'étude ont été retenues (ceux-ci ont accepté dans environ 80 % des cas).

Tous les adolescents impliqués dans ces ALO ont été invités à prendre part à cette étude et 76 % des adolescents et leurs parents ont accepté de participer. À la fois les adolescents et leurs parents devaient signer un formulaire de consentement pour la participation à l'étude. Cette étude a été approuvée par le Comité d'éthique de la recherche – Éducation et sciences sociales de l'Université de Sherbrooke.

8.3.3 Procédures pour la collecte de données

Pour la collecte de données sur les expériences individuelles et sociales vécues dans les ALO, au moins quatre semaines après le début de l'activité, les participants ont été invités, à la fin d'une séance d'activité, à remplir un questionnaire d'une durée d'environ 25 minutes sur les lieux de l'activité. Les responsables des activités ont aussi été invités à remplir un questionnaire portant sur la relation avec l'adolescent ainsi que sur la relation de celui-ci avec les autres membres de l'activité (environ cinq minutes par participant). Les adolescents ont reçu un chèque-cadeau de 10 $ afin de les remercier de leur participation et les responsables ont reçu 5 $ par questionnaire rempli. Pour la collecte de données sur les indicateurs d'adaptation, pour les ALO en milieu scolaire, celles-ci ont été recueillies dans le cadre d'un projet de recherche plus large sur les facteurs liés à la réussite et à la persévérance scolaires (Fortin et al., 2007-2012). Elles ont été recueillies par le biais de questionnaires informatisés remplis au début de l'année scolaire. Pour les ALO en milieu communautaire, les adolescents ont rempli des questionnaires portant sur ces variables à la même occasion où ils ont rempli les questionnaires sur leurs expériences individuelles et sociales dans l'activité. Puisque les données portant sur les indicateurs d'adaptation n'ont pas été recueillies au même moment selon le lieu où se déroulait l'activité, cette variable sera considérée comme variable de contrôle dans les analyses.

8.3.4 Mesures

Indicateurs d'adaptation

Risque de décrochage scolaire

Le risque de décrochage scolaire a été mesuré à l'aide du Questionnaire de dépistage d'élèves à risque de décrochage scolaire (Potvin et al., 2004). Ce questionnaire, complété par les adolescents, comprend 35 questions à choix de réponses, réparties dans cinq sous-échelles, soit :

a) l'engagement parental dans les activités touchant l'école (« un de mes parents m'aide à faire mes devoirs quand je lui demande »);

b) les attitudes de l'élève envers l'école (« aimes-tu aller à l'école? »);

c) la perception de l'élève de son niveau de réussite scolaire (« considères-tu que tu as du retard dans tes matières scolaires cette année? »);

d) le niveau de supervision parentale (« tes parents savent exactement ce que tu fais dans tes temps libres »);

e) les aspirations scolaires de l'élève (« jusqu'où as-tu l'intention de poursuivre tes études? »).

En référence à l'article original de validation (Potvin et al., 2009), le questionnaire a été construit et validé afin d'utiliser soit le score total comprenant les 35 items, soit les scores aux cinq échelles avec un nombre d'items variant selon la sous-échelle. Pour les besoins de la présente étude et par souci de parcimonie quant aux analyses à effectuer, seul le score total de ce questionnaire a été utilisé afin de mesurer le risque de décrochage scolaire. Plus le score à ce questionnaire est élevé, plus le risque de décrochage scolaire augmente. Les analyses de validité et de fidélité du questionnaire ont été réalisées auprès de deux échantillons d'élèves québécois (Potvin et al., 2009). Sur le plan de la cohérence interne, pour les deux échantillons, le coefficient alpha de Cronbach pour l'échelle totale est de 0,89.

Comportements délinquants et comportements d'agression

Les comportements délinquants et d'agression ont été mesurés à l'aide de deux sous-échelles du *Youth Self-Report* (YSR; Achenbach et Rescorla, 2001). La sous-échelle « bris de règles » comprend 15 items et mesure la présence de comportements délinquants. Des exemples d'items incluent : « je désobéis à mes parents », « je fais des fugues » et « je vole ailleurs qu'à la maison ». La sous-échelle « comportements d'agression » comprend 17 items. Des exemples d'items incluent : « je suis méchant envers les autres », « je détruis les choses des autres » et « j'agresse physiquement les autres ». Chaque item est complété par l'adolescent selon une échelle de type Likert en trois points (0 = *jamais*, 1 = *plus ou moins ou parfois*, 2 = *toujours ou souvent*). Les adolescents doivent indiquer à quel point ils ont manifesté ces comportements au cours des six derniers mois. Le score brut à ces sous-échelles a été calculé en additionnant le score à chacun des items. Plus le score brut est élevé, plus l'adolescent est susceptible de présenter des comportements délinquants ou d'agression. Pour les deux sous-échelles, la cohérence interne évaluée selon l'alpha de Cronbach est de 0,81 pour le bris de règles et de 0,86 pour les comportements d'agression (Achenbach et Rescorla, 2001).

Symptômes dépressifs

Les symptômes dépressifs ont été mesurés à l'aide du questionnaire du *Center for Epidemiological Studies Depression Scale for Children* (CES-DC; Radloff, 1977), qui est composé de 20 items permettant d'évaluer la perception de l'adolescent quant à ses sentiments, ses idées, ses symptômes somatiques et ses comportements dépressifs au cours des sept derniers jours. Des exemples d'items incluent « je n'avais pas envie de manger, j'avais peu d'appétit », « je parlais moins qu'à l'habitude » et « je me sentais triste ». Les items sont complétés selon une échelle de type Likert en quatre points (1 = *rarement ou jamais*, 2 = *parfois ou peu souvent* [1-2 jours], 3 = *occasionnellement ou modérément* [3-4 jours] et 4 = *la plupart du temps ou tout le temps* [5-7 jours]). La somme des items a été calculée pour créer le score. Plus le score est élevé, plus le niveau de symptômes dépressifs est élevé. La version originale (Radloff, 1977) démontre une cohérence interne de 0,87.

Expériences individuelles et sociales

Expériences individuelles

Le *Youth Experience Survey* (YES; Hansen et Larson, 2005) a été utilisé afin d'évaluer les expériences individuelles rapportées par les adolescents dans le cadre de leur participation à des ALO. Celles-ci ont été mesurées à l'aide de quatre sous-échelles, soit l'identité, l'initiative, la gestion des émotions et les habiletés de travail en équipe. Des exemples d'items incluent « cette activité m'a fait réfléchir à qui je suis », « j'ai appris à me surpasser », « je gère mieux mon stress » et « les autres membres de l'activité ont pu compter sur moi ». Chaque item est complété selon une échelle de type Likert en quatre points allant de 1 (*pas du tout*) à 4 (*oui, définitivement*). La moyenne des items a été calculée pour créer le score. Sur le plan de la cohérence interne, le coefficient alpha de Cronbach est évalué à 0,84 pour l'identité, 0,94 pour l'initiative, 0,87 pour la gestion des émotions et 0,93 pour le travail en équipe (Hansen et Larson, 2005).

Expériences sociales

L'échelle mesurant l'intégration sociale dans le groupe de pairs de l'activité a été développée par Denault et Poulin (2008). Elle comprend cinq items complétés par l'adolescent (« je me sens apprécié par les autres membres du groupe ») et le responsable de l'activité (« ce jeune est apprécié par les autres membres du groupe »). L'échelle mesurant le soutien de l'adulte responsable de l'activité est composée de six items tirés du travail de Mahoney et de ses collègues (Mahoney et al., 2002; Mahoney et Stattin, 2000). Elle est complétée par l'adolescent (« si j'avais un problème je n'hésiterais pas à en parler avec l'adulte responsable de l'activité ») et le responsable de l'activité (« si ce jeune a un problème, il n'hésite pas à venir m'en parler »). Les items de ces deux échelles sont complétés sur une échelle de type Likert en cinq points allant de 1 (*pas du tout vrai*) à 5 (*tout à fait vrai*) et la moyenne des items a été calculée pour créer les scores.

Variables de contrôle

Sexe, âge, structure familiale et contexte de participation

Les quatre variables de contrôle ont été mesurées à l'aide d'un questionnaire sociodémographique (sexe : 0 = fille, 1 = garçon; structure familiale : 0 = non intacte et 1 = intacte; contexte de participation : 0 = école et 1 = communauté).

8.3.5 Analyses statistiques

Pour identifier des profils d'adolescents sur la base des quatre indicateurs d'adaptation (risque de décrochage scolaire, comportements délinquants, comportements d'agression et symptômes dépressifs), l'analyse des profils latents sera utilisée. Cette méthode permet d'identifier des sous-groupes homogènes d'adolescents qui partagent un ensemble de caractéristiques, à savoir des patrons similaires de difficultés scolaires ou psychosociales. Ces analyses seront effectuées en utilisant le logiciel Mplus (Muthén et Muthén, 1998-2016), car celui-ci prend en considération la nature « nichée » des données à l'étude. En effet, étant donné la méthode de recrutement, les adolescents sont « nichés » à l'intérieur d'activités spécifiques. Puisque, par exemple, certaines activités pourraient être plus propices à faire vivre des expériences particulières aux adolescents (p. ex. : sports et développement des habiletés de travail en équipe) et puisque certaines activités pourraient attirer un profil spécifique d'adolescents, il est important de prendre en considération cet aspect. De plus, ce logiciel gère les données manquantes selon la procédure du maximum de vraisemblance. Pour ces analyses, seuls 370 participants ont des données sur les quatre indicateurs d'adaptation (90 % de l'échantillon initial). Les scores seront standardisés préalablement aux analyses puisque l'échelle de réponses de ces mesures n'est pas la même.

Afin de déterminer le nombre de profils correspondant à une description fidèle des relations existantes entre les variables concernées, des indices statistiques ont été préalablement déterminés dans les écrits scientifiques. Ces critères guideront le choix du modèle le mieux ajusté aux données. Le critère d'information bayésien (BIC; Schwartz, 1978) et le BIC ajusté pour la taille de l'échantillon (ABIC; Sclove, 1987) seront utilisés. Des valeurs plus faibles sur ces indices statistiques indiquent un meilleur ajustement du modèle. Le test du rapport de vraisemblance de Lo-Mendell-Rubin sera également utilisé (VLMR; Lo, Mendell, et Rubin, 2001; Vuong, 1989). Ce test juxtapose un modèle à x profils latents à celui contenant $x - 1$ profils afin de comparer leur qualité d'ajustement. La valeur p fournie par celui-ci permet de déterminer si l'ajout d'un profil améliore de façon significative la qualité d'ajustement du modèle. La mesure d'entropie sera aussi utilisée afin d'évaluer la précision de la classification. Celle-ci varie entre 0 et 1, et plus la valeur se rapproche de 1, meilleure est la classification (Finch, 2011). Finalement, les profils du modèle devront contenir plus de 5 % de l'échantillon à l'étude pour être valides. Ce critère a été choisi en vue d'assurer un nombre suffisant de participants dans chacun des profils et nous permettre d'effectuer des comparaisons de groupe.

Afin d'examiner les différences de moyennes entre les profils, des analyses de comparaison de groupes avec le test de Wald seront effectuées à l'aide du même logiciel. Ces analyses permettent de vérifier s'il y a des différences de moyennes entre les profils préalablement identifiés sur les échelles d'expériences individuelles et sociales. Le test de Wald réalisé à partir de Mplus est comparable au test F de l'ANOVA dans SPSS mais permet de considérer le caractère niché des données. Les variables de contrôle (âge, sexe, structure familiale et contexte de participation) seront considérées dans ces analyses. Puisque les analyses de comparaison de groupe comportent un total de huit variables (quatre expériences individuelles, deux expériences sociales rapportées à la fois par les adolescents et les responsables d'activités), la correction de **Bonferroni** sera appliquée. *Cette mesure permet de corriger le seuil de signification lors de comparaisons multiples. Plus le nombre de variables est élevé, plus le nombre de tests effectués est élevé et plus le risque d'obtenir un résultat significatif par hasard et de conclure à tort à une différence significative entre les groupes augmente. Pour éviter ce risque, un nouveau seuil est calculé en divisant le seuil de référence de 0,05 par le nombre de comparaisons effectuées.* Ainsi, pour cette étude, pour identifier la présence de différences significatives entre les moyennes des différents profils, le seuil de signification sera de 0,006 (0,05 divisé par huit variables).

8.4 Résultats

8.4.1 Analyses descriptives

Dans un premier temps, la vérification de la distribution des différentes variables a été effectuée. La normalité de la distribution a été vérifiée pour toutes les variables parce que celle-ci constitue un postulat de base des analyses utilisées. Comme rapporté au Tableau 8.1, trois variables présentaient des coefficients d'aplatissement supérieur à trois, indiquant une distribution pointue des données : les comportements délinquants, les comportements d'agression et les symptômes dépressifs. Ce point de coupure a été choisi sur la base des écrits scientifiques consultés (Kline, 2011; Tabachnick et Fidell, 2013). Les modifications nécessaires ont ensuite été apportées sur les trois variables et à la suite de ces modifications, leur courbe de distribution s'est avérée normale (comportements délinquants : aplatissement = 1,12; comportements d'agression : aplatissement = 0,74, symptômes dépressifs : aplatissement = 1,21).

Dans un deuxième temps, les données extrêmes multivariées ont été vérifiées à l'aide d'une régression. Deux participants sont ressortis de cette analyse comme présentant des données extrêmes sur plusieurs variables. Bien que ces données soient considérées comme extrêmes, nous avons jugé que leur valeur sur la distance de Mahalanobis (24,55 et 19,76) ne déviait pas substantiellement de la valeur de comparaison (18,47; Tabachnick et Fidell, 2013). Nous avons donc décidé de préserver les données de ces deux participants dans nos analyses puisqu'il y a peu de risque que celles-ci biaisent les résultats des analyses effectuées.

Les moyennes et les écarts-types pour chacune des variables à l'étude sont présentés au Tableau 8.1, ainsi que leurs corrélations. Une analyse des corrélations a été effectuée afin de vérifier la présence de multicolinéarité entre les variables. Cette analyse révèle que la corrélation la plus élevée s'élève à 0,69, ce qui est acceptable (Tabachnick et Fidell, 2013). Il est également intéressant de noter que les perceptions de l'adolescent et du responsable de l'activité sont corrélées de façon significative en ce qui concerne l'intégration des adolescents dans le groupe de pairs de l'activité et le lien de soutien entre le responsable et l'adolescent.

Tableau 8.1 **Statistiques descriptives et corrélations entre les variables**

Variables	1	2	3	4	5	6	7	8	9	10	11	12
1. Risque de décrochage	–											
2. Cpts délinquants	0,52***	–										
3. Cpts d'agression	0,41***	0,63***	–									
4. Symptômes dépressifs	0,45***	0,31***	0,41***	–								
5. Identité	0,02	0,09	0,03	−0,02	–							
6. Initiative	−0,09	−0,06	−0,06	−0,06	0,69***	–						
7. Gestion des émotions	−0,03	−0,07	−0,06	−0,05	0,50***	0,61***	–					
8. Habiletés travail équipe	−0,09	−0,01	−0,05	−0,15**	0,56***	0,68***	0,58***	–				
9. Intégration/ adolescents	−0,21***	0,01	0,02	−0,15**	0,24***	0,32***	0,19***	0,35***	–			
10. Intégration/ responsable	−0,12*	0,01	−0,00	−0,20***	0,06	0,09	0,09	0,23***	0,28***	–		

Variables	1	2	3	4	5	6	7	8	9	10	11	12
11. Soutien/ adolescent	−0,15**	−0,15**	−0,14**	−0,11*	0,37***	0,45***	0,34***	0,31***	0,23***	0,01	–	
12. Soutien/ responsable	−0,08	−0,13*	−0,19***	−0,14**	0,13**	0,09	0,12*	0,17**	0,09	0,36***	0,17**	–
N	348	370	370	370	413	413	413	412	413	410	413	410
Moyenne	84,15	4,70	7,01	11,44	3,14	3,28	3,08	3,22	4,13	4,16	3,90	4,26
Écart-type	16,46	3,64	4,19	10,17	0,62	0,58	0,84	0,60	0,81	0,73	0,89	0,62
Asymétrie	0,73	1,70	1,26	1,68	−0,67	−1,15	−0,87	−1,13	−1,12	−0,83	−1,03	−0,75
Aplatissement	0,43	4,63	3,03	3,21	0,02	1,33	−0,19	1,43	0,83	0,40	0,94	0,02
Alpha	0,85	0,79	0,80	0,91	0,74	0,90	0,82	0,84	0,76	0,77	0,88	0,81

Note. Alpha = alpha de Cronbach calculé à partir de notre échantillon.

* $p < 0,05$. ** $p < 0,01$. *** $p < 0,001$.

8.4.2 Identification des profils latents

Le Tableau 8.2 présente les indices d'ajustement pour les différents modèles d'analyse estimés pour identifier les profils d'adaptation. Comme indiqué précédemment, un cumul des différents critères (valeurs faibles pour le BIC et le BIC ajusté, la valeur p du VMLR significatif, entropie se rapprochant de la valeur 1 et groupes de plus de 5 %) a servi de base pour choisir le modèle le mieux ajusté aux données. Un examen du tableau permet de constater que le modèle à trois profils propose le meilleur ajustement pour notre échantillon. Bien que la valeur p du VMLR soit significative pour la solution à deux profils, les valeurs du BIC et du BIC ajusté sont plus faibles pour la solution à trois profils. De plus, avec une entropie de 0,89, la qualité de la classification du modèle à trois profils demeure élevée. Cette solution respecte également le critère de plus de 5 % de participants dans chacun des profils. Le modèle à trois profils est donc celui respectant le plus grand nombre de critères.

Le Tableau 8.3, page 202, décrit les trois profils et ceux-ci sont illustrés à la Figure 8.1, page 202. Le premier profil, nommé « dans la moyenne », englobe 77,3 % ($n = 286$) des adolescents de l'échantillon. Les adolescents à l'intérieur de ce profil présentent des scores peu élevés sur l'ensemble des indicateurs. Ils se situent à 0,5 écart-type et moins de la moyenne de l'échantillon sur les différentes variables. Les adolescents de ce profil rapportent les scores les moins élevés de difficultés. Le deuxième profil, nommé « symptômes dépressifs élevés », se démarque par la présence de symptômes dépressifs. Bien que les adolescents faisant partie de ce profil (16,0 %, $n = 59$) présentent, en général, plus de problèmes scolaires et psychosociaux que les adolescents du profil « dans la moyenne », ceux-ci se caractérisent par une présence relativement élevée de symptômes dépressifs. Le score moyen à cette variable se situe à un écart-type au-dessus de la moyenne de l'échantillon. Quant au troisième profil, nommé « agression élevée et symptômes dépressifs sévères », celui-ci se démarque à la fois par la présence de comportements d'agression et de symptômes dépressifs. Comprenant 6,7 % de notre échantillon ($n = 25$), ces adolescents présentent un niveau relativement élevé de comportements d'agression (score moyen d'un écart-type au-dessus de la moyenne) et un niveau significativement plus élevé de symptômes dépressifs (score moyen de 2,6 écarts-types de la moyenne).

À des fins descriptives, les résultats d'une ANOVA à un facteur avec des analyses de comparaison *a posteriori* révèlent que les adolescents du profil « dans la moyenne » sont plus jeunes que les adolescents du profil « symptômes dépressifs élevés », $F (2, 368) = 5,86$, $p = 0,003$ (moyenne = 14,28 versus 14,97; les autres comparaisons ne sont pas significatives). Les adolescents du profil « agression élevée et symptômes dépressifs sévères » sont également plus susceptibles d'être des filles que des garçons, $X^2 (N = 370) = 10,92$, $p = 0,004$. Il n'y a pas de différences significatives entre les profils concernant la structure familiale et le contexte de participation.

Tableau 8.2   Indices d'ajustement des modèles pour les solutions de profils testées

	BIC	BIC ajusté	Entropie	Valeur p du VMLR LRT	Plus de 5 %
Solution à 1 profil	3 801,83	3 757,41	–	–	–
Solution à 2 profils	3 707,28	3 647,00	0,916	0,025	Oui
Solution à 3 profils	**3 692,52**	**3 616,38**	**0,890**	**0,140**	**Oui**
Solution à 4 profils	3 679,98	3 587,98	0,917	0,572	Non

Note. Le meilleur modèle est indiqué en gras.

Tableau 8.3   Description des profils d'adaptation

	Profil 1 ($n = 286$)		Profil 2 ($n = 59$)		Profil 3 ($n = 25$)		Wald test	Comparaisons
	Variables		Variables		Variables			
	M	$(ÉT)$	M	$(ÉT)$	M	$(ÉT)$		
Risque de décrochage scolaire	80,37	(14,19)	97,50	(17,12)	96,00	(17,75)	106,42***	1 < (2 = 3)
Comportements délinquants	4,06	(2,87)	6,61	(3,81)	6,40	(4,75)	43,23***	1 < (2 = 3)
Comportements d'agression	6,18	(3,46)	9,07	(4,22)	10,84	(4,81)	58,58***	1 < (2 = 3)
Symptômes dépressifs	6,95	(4,24)	21,46	(3,62)	35,72	(3,52)	2 030,94***	1 < 2 < 3

Note. La correction de Bonferroni a été appliquée pour ces analyses (0,0125; 0,05 divisé par quatre variables).

*** $p < 0,001$.

Figure 8.1   Description des trois profils pour les variables relatives aux indicateurs d'adaptation (scores z)

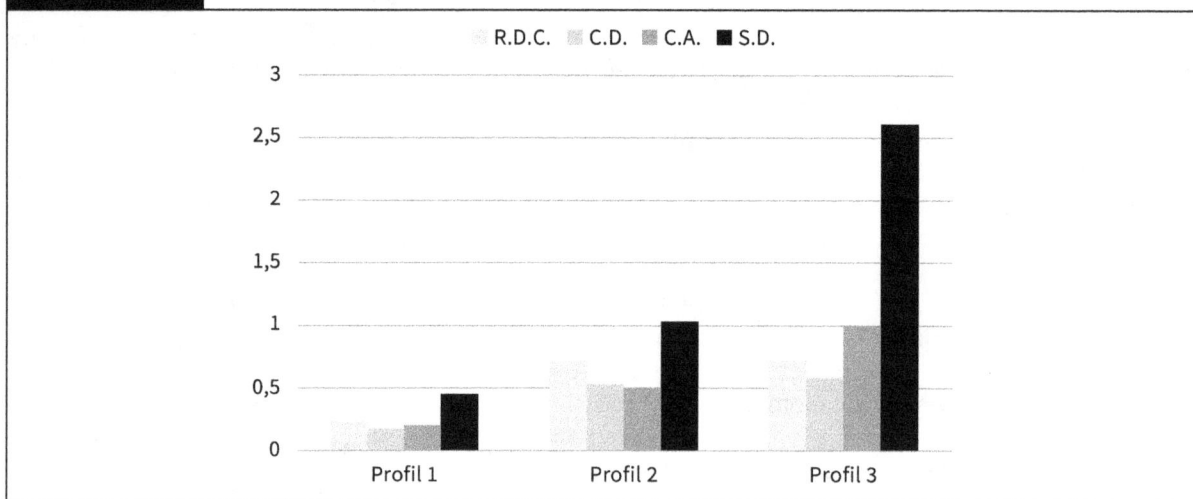

Note. R.D.C. = risque de décrochage scolaire; C.D. = Comportements délinquants; C.A. = Comportements d'agression; S.D. = Symptômes dépressifs.

8.4.3 Différences de moyennes sur les expériences individuelles et sociales

Le Tableau 8.4 indique les moyennes pour les trois profils identifiés pour chacune des variables liées aux expériences individuelles et sociales vécues dans les ALO. Les variables de contrôle ont été incluses dans ces analyses (âge, sexe, structure familiale et contexte de participation). Comme affiché dans ce tableau, le test de Wald est significatif seulement pour l'intégration sociale dans le groupe de pairs tel que rapporté par l'adolescent. Les comparaisons *a posteriori* entre chacun des profils indiquent que les adolescents à l'intérieur du profil « symptômes dépressifs élevés » rapportent être moins intégrés socialement dans le groupe de pairs de l'activité que les adolescents du profil « dans la moyenne ». Ce résultat semble corroboré par les responsables d'activités, qui rapportent également que ces jeunes sont moins bien intégrés dans le groupe de pairs comparativement aux jeunes classés dans le profil « dans la moyenne ». Ce résultat est toutefois marginalement significatif lorsque la correction de Bonferroni est appliquée. Aucune autre différence n'est significative entre les profils lorsque la correction de Bonferroni est appliquée.

Tableau 8.4 **Analyses descriptives comparatives des expériences individuelles et sociales entre les trois profils**

	Profil 1 (n = 286)		Profil 2 (n = 59)		Profil 3 (n = 25)		Wald test	Comparaisons
	Variables		Variables		Variables			
	M	$(ÉT)$	M	$(ÉT)$	M	$(ÉT)$		
Identité	3,12	(0,61)	3,21	(0,61)	3,03	(0,77)	0,77, p = 0,677	1 = 2 = 3
Initiative	3,30	(0,59)	3,18	(0,64)	3,23	(0,44)	3,10, p = 0,212	1 = 2 = 3
Gestion des émotions	3,07	(0,87)	3,11	(0,73)	2,91	(0,91)	0,43, p = 0,805	1 = 2 = 3
Travail en équipe	3,24	(0,60)	3,17	(0,57)	2,97	(0,71)	4,73, p = 0,094	1 = 2 = 3
Intégration sociale selon l'adolescent	**4,21**	**(0,76)**	**3,81**	**(1,00)**	**4,14**	**(0,74)**	**11,67, p = 0,003**	**2 < 1 / 3 = 1 / 2 = 3**
Intégration sociale selon le responsable	*4,24*	*(0,68)*	*3,91*	*(0,91)*	*4,01*	*(0,81)*	*8,67, p = 0,013*	*2 < 1 / 3 = 1 / 2 = 3*
Relation de soutien selon l'adolescent	3,95	(0,92)	3,70	(0,83)	3,73	(0,78)	6,09, p = 0,048	1 = 2 = 3
Relation de soutien selon le responsable	4,31	(0,59)	4,11	(0,72)	4,10	(0,75)	6,84, p = 0,033	1 = 2 = 3

Note. La différence significative après l'application de la correction de Bonferroni est indiquée en gras (0,006). La différence marginalement significative après l'application de la correction de Bonferroni est indiquée en italique. Les variables de contrôle ont été incluses dans ces analyses (âge, sexe, structure familiale et contexte de participation).

8.5 Discussion

Cette étude visait à vérifier si les adolescents qui présentent des profils uniques de difficultés rapportent des scores différents sur les échelles d'expériences individuelles et sociales vécues dans le cadre de leurs activités. Puisque la participation à des ALO pourrait potentiellement s'insérer dans les stratégies d'intervention auprès d'adolescents en difficulté, il importait de vérifier si ceux-ci y vivent des expériences positives et différenciées selon leur profil spécifique de difficultés. Les résultats révèlent trois profils distincts qui se distinguent seulement sur la perception des adolescents de leur intégration sociale dans le groupe de pairs de l'activité. Cette perception semble particulièrement faible pour les adolescents du profil caractérisé par des scores élevés sur l'échelle des symptômes dépressifs. De façon générale, il est donc possible de conclure que peu importe leur profil de difficultés, les adolescents rapporteraient vivre sensiblement les mêmes expériences individuelles et sociales positives lorsqu'ils participent à des ALO.

8.5.1 Les expériences individuelles et sociales rapportées par les adolescents des différents profils

Afin de tenir compte des difficultés présentées par les adolescents de notre échantillon, nous avons privilégié une approche centrée sur la personne plutôt qu'une approche centrée sur les variables. Ce choix était principalement basé sur le fait que ces difficultés risquent de « cohabiter » chez le même adolescent. Dans notre étude, nous avons examiné à la fois des difficultés scolaires, extériorisées et intériorisées. Les résultats ont révélé la présence de trois profils. Le premier profil, qui inclut les trois quarts de l'échantillon, est caractérisé par la présence de peu de difficultés sur l'ensemble des indicateurs (« dans la moyenne »). Le deuxième profil, qui représente le sixième de notre échantillon, est plutôt caractérisé par une présence élevée de symptômes dépressifs (« symptômes dépressifs élevés »; 16 %). Enfin, le troisième profil, qui inclut le plus petit nombre d'adolescents, soit environ un adolescent sur vingt, se démarque des deux autres par une présence élevée de comportements d'agression et une présence encore plus élevée de symptômes dépressifs (« agression élevée et symptômes dépressifs sévères »). Comme souligné par plusieurs auteurs, ces résultats confirment que la grande majorité des adolescents qui s'impliquent dans des ALO sont bien adaptés sur le plan scolaire et psychosocial (Denault et Poulin, 2009; Eccles et al., 2003; Mahoney, Stattin et Lord, 2004; McNeal, 1998). Or, ils mettent également en lumière qu'un adolescent sur cinq risque de présenter des difficultés, notamment sur le plan des symptômes dépressifs. Cette possibilité a rarement été prise en compte dans les études antérieures. La question demeure donc à savoir si les adolescents qui présentent des difficultés rapportent des scores similaires ou différents sur les échelles d'expériences individuelles et sociales vécues dans leurs ALO lorsque comparés aux adolescents qui présentent peu ou pas de difficultés.

Deux scénarios ont été proposés pour tenter d'expliquer pourquoi les adolescents en difficulté pourraient rapporter plus ou moins d'expériences positives de leur participation à des ALO. D'une part, par effet d'équilibre, les adolescents en difficulté pourraient rapporter des scores plus élevés sur les échelles d'expériences individuelles et sociales, car celles-ci ne sont pas nécessairement disponibles dans d'autres contextes de leur vie. Par exemple, un adolescent qui présente un niveau élevé de symptômes dépressifs pourrait développer un lien de soutien plus élevé avec le responsable de l'activité qu'un adolescent qui ne présente pas de tels symptômes, car ce lien est faible avec ses parents (Mahoney et al., 2002). D'autre part, par effet de contagion, les adolescents en difficultés pourraient rapporter des scores moins élevés sur les échelles d'expériences individuelles et sociales étant donné leurs propres difficultés qui les empêchent de tirer profit de ces expériences. Par exemple, un adolescent à risque de décrochage scolaire pourrait être moins engagé au sein de l'activité et retirer moins d'expériences individuelles de sa participation, comme c'est le cas en classe (De Witte et al., 2013; Janosz et al., 2008). Les résultats obtenus ne soutiennent ni l'une ni l'autre de ces propositions. De façon générale, les adolescents des deux profils caractérisés par une présence élevée de difficultés (« symptômes dépressifs élevés » et « agression élevée et symptômes dépressifs sévères ») se distinguent peu des adolescents du profil caractérisé par une présence faible de difficultés (« dans la moyenne »). Une seule différence significative est ressortie des analyses, suggérant que les adolescents du profil « symptômes dépressifs élevés » rapportent des scores plus faibles sur l'échelle d'intégration dans le groupe de pairs de l'activité que les adolescents du profil « dans la moyenne ». Cette perception semble corroborée par les responsables d'activités. Les adolescents du profil caractérisé par les scores les plus élevés de difficultés (« agression élevée et symptômes dépressifs sévères ») ne se distinguent pas des adolescents du profil caractérisé par les scores les plus faibles de difficultés (« dans la moyenne »). Ces résultats sont surprenants et suggèrent que le profil de difficultés présentées par les adolescents n'est pas lié à ce qu'ils vivent dans l'activité.

En ce qui concerne la seule différence significative entre les profils, il semble donc que ce soit une présence élevée de symptômes dépressifs qui nuit particulièrement à l'intégration des adolescents dans le groupe de pairs de l'activité. En lien avec les propositions mentionnées plus haut, ce résultat va plutôt dans le sens de l'effet de contagion que dans le sens de l'effet d'équilibre. Il est possible que ces adolescents expérimentent des conflits avec les autres membres de l'activité étant donné leurs faibles habiletés sociales et leurs biais dans le traitement de l'information sociale (Garber et Rao, 2014; Marcotte, 2014). Ces adolescents pourraient donc vivre les mêmes expériences négatives avec leurs pairs à l'intérieur et à l'extérieur de l'activité. Il est tout de même surprenant que les adolescents du profil le plus à risque, soit le profil « agression élevée et symptômes dépressifs sévères » ne se distinguent ni des adolescents du profil « dans la moyenne », ni des adolescents du profil « symptômes dépressifs élevés » sur cette variable étant donné les difficultés relationnelles également liées aux comportements d'agression (Dishion, 2014). Ces résultats devront donc être répliqués dans de futures études.

En somme, de façon générale, le contexte des ALO semble offrir des expériences positives à tous les adolescents qui y participent, peu importe leur profil de difficultés. Cette vision semble également partagée à la fois par les adolescents et les responsables des activités en ce qui concerne les expériences sociales (p. ex. : lien de soutien avec le responsable).

8.5.2 Forces et limites de l'étude

Parmi les forces de l'étude sur le plan méthodologique, exception faite des expériences sociales dans l'activité, les instruments de mesure utilisés ont fait l'objet d'études de validation. La cohérence interne de ces instruments était aussi satisfaisante et somme toute similaire aux versions originales. Ces aspects favorisent la **validité de construit**, c'est-à-dire *la justesse avec laquelle un instrument mesure ce qu'il est supposé mesurer et avec laquelle celui-ci permet d'obtenir des résultats conformes à ce qui est mesuré* (Fortin et Gagnon, 2016). De plus, les expériences sociales ont été rapportées par les adolescents et les responsables d'activités, ce qui diminue le biais lié au répondant unique. En effet, lorsque l'ensemble des variables d'une étude est rapporté par un seul répondant, il est possible que la force des liens observés entre les variables dépendantes et indépendantes soit augmentée du fait que c'est le même répondant qui a rempli les échelles pour ces deux types de variables.

Parmi les limites de l'étude sur le plan méthodologique, seules des expériences « positives » ont été examinées dans cette étude. En effet, des expériences « négatives » peuvent aussi être vécues dans le cadre de ces activités. Notamment, certains jeunes pourraient en exclure d'autres et certains adultes pourraient adopter des stratégies coercitives, comme le contrôle psychologique (p. ex. : dénigrer ou humilier; Fraser-Thomas et Côté, 2009; Raakman, Dorsh et Rhind, 2010). Ces expériences devraient aussi être mesurées dans les études futures afin de tenir compte de l'ensemble des expériences potentielles vécues par les adolescents dans le cadre de leur ALO. De plus, les expériences vécues dans une seule activité ont été rapportées par les adolescents, soit celle recrutée par l'équipe de recherche. Les adolescents sont toutefois susceptibles de participer à plus d'une activité et de vivre des expériences individuelles et sociales différentes à l'intérieur de chacune de leur activité. Il serait donc important que les recherches futures mesurent ces expériences dans l'ensemble des activités pratiquées par les adolescents. Enfin, l'échantillon était relativement homogène sur le plan des données sociodémographiques disponibles. Ils ont aussi été recrutés dans une seule ville et parmi un groupe restreint d'activités. Ces aspects limitent la **validité externe** de l'étude, c'est-à-dire *la généralisation des résultats à d'autres populations ou contextes que ceux étudiés* (Fortin et Gagnon, 2016).

8.6 Conclusion

En guise de recommandation pour les recherches futures, des études avec un devis qualitatif gagneraient à être menées auprès d'adolescents en difficulté qui participent à des ALO. Ainsi, un large éventail d'expériences individuelles et sociales vécues dans le cadre de ces activités, qui va au-delà du sous-ensemble mesuré ici, pourrait émerger et contribuer à l'avancement des connaissances dans ce domaine de recherche (voir Frenette-Bergeron et Tougas dans le présent volume). De plus, il importe de vérifier si le lien entre les expériences individuelles et sociales vécues dans les ALO et l'adaptation ultérieure des adolescents est modéré par la présence ou non de difficultés scolaires et psychosociales. Par exemple, il est possible que la relation entre le lien de soutien positif formé avec le responsable de l'activité et les symptômes dépressifs des adolescents à la fin de l'activité soit plus forte chez les adolescents qui présentaient déjà des difficultés scolaires ou psychosociales. Si tel est le cas, en plus du vécu positif associé à la participation à des ALO, les retombées pour l'intervention psychoéducative seront nombreuses. La participation à des ALO pourrait en effet être considérée plus sérieusement comme stratégie d'intervention additionnelle dans le plan d'intervention des adolescents en difficulté d'adaptation.

Concernant d'autres recommandations pour la pratique psychoéducative, il importe pour les intervenants de vérifier si les jeunes en difficulté qu'ils ont en suivi et qui sont impliqués dans des ALO en retirent réellement des expériences positives. Ces activités peuvent occuper une place centrale à l'adolescence. Or, à notre connaissance, ce contexte de développement est rarement pris en considération dans l'identification des facteurs associés à l'adaptation, tel que suggéré dans le protocole d'évaluation psychoéducative (OPPQ, 2014). Si les adolescents en difficulté vivent des réussites au sein de ces activités, celles-ci risquent de leur être bénéfiques et pourront servir de levier d'intervention pour les intervenants. Or, si les jeunes y vivent des expériences négatives et des échecs, l'activité risque de nuire encore plus à l'adolescent. Autrement dit, ce n'est pas parce qu'un adolescent en difficulté participe à une activité positive et conventionnelle qu'il y vivra nécessairement des réussites. Tout dépend de la qualité des expériences offertes et vécues à l'intérieur de ces activités. Les agents sociaux qui gravitent autour de l'adolescent en difficulté (p. ex. : parents, intervenants, enseignants) devraient être sensibilisés à cette réalité afin que la participation à ce type d'activités demeure une expérience positive pour tous. Notamment, des ateliers de formation pourraient être offerts aux responsables de ces activités afin de les outiller à intervenir auprès d'élèves qui présentent des difficultés scolaires et psychosociales.

8.7 Remerciements

Les auteurs désirent remercier chaleureusement les adolescents et les responsables d'activités qui ont participé à cette étude.

8.8 Financement et soutien

Cette étude a été soutenue par le Fonds Québécois de la Recherche sur la Société et la Culture (FQRSC) et par le Conseil de Recherches en Sciences Humaines du Canada (CRSH).

Références

Achenbach, T. M. & Rescorla, L. A. (2001). *Manual for the Achenbach system of empirically based assessment (ASEBA) school-age forms & profiles*. Burlington, VT: University of Vermont, Research Center for Children, Youth & Families.

Barber, B. L., Stone, M. R., Hunt, J. E. et Eccles, J. S. (2005). Benefits of activity participation: The roles of identity affirmation and peer group norm sharing. Dans J. L. Mahoney, R. W. Larson et J. S. Eccles (dir.), *Organized activities as contexts of development: Extracurricular activities, after-school and community programs* (pp. 185-210). Mahwah, NJ, US: Lawrence Erlbaum Associates Publishers.

Bergman, L. R. et Trost, K. (2006). The person-oriented versus the variable-oriented approach: Are they complementary, opposites, or exploring different worlds? *Merrill-Palmer Quarterly, 52*(3), 601-632.

Cohen, J. (1988). *Statistical power analysis for the behavioral sciences* (2e éd.). Hillsdale, NJ: Lawrence Erlbaum Associates.

Coie, J. D. et Dodge, K. D. (1998). Aggression and antisocial behavior. Dans W. Damon and N. Eisenberg (dir.), *Handbook of child psychology: Social, emotional, and personality development* (5e éd., vol. 3, p. 779-862). New York, NY: John Wiley & Sons.

Darling, N. (2005). Participation in extracurricular activities and adolescent adjustment: Cross-sectional and longitudinal findings. *Journal of Youth and Adolescence, 34*(5), 493-505.

Denault, A.-S. (2009-2013). *Les activités parascolaires à l'école secondaire : l'importance d'identifier les mécanismes par lesquels la participation est associée à la réussite scolaire et sociale des élèves*. Subvention obtenue du Fonds québécois de recherche sur la société et la culture. Gouvernement du Québec.

Denault, A.-S. et Fortin, L. (2010-2014). *Les mécanismes par lesquels les activités parascolaires offertes dans la communauté contribuent à l'adaptation scolaire et sociale des élèves du secondaire*. Subvention obtenue du Conseil de Recherches en Sciences Humaines du Canada. Gouvernement du Canada.

Denault, A.-S. et Poulin, F. (2008). Associations between interpersonal relationships in organized leisure activities and youth adjustment. *The Journal of Early Adolescence, 28*(4), 477-502.

Denault, A.-S. et Poulin, F. (2009). Predictors of adolescent participation to organized activities: A five-year longitudinal study. *Journal of Research on Adolescence, 19*(2), 347-371.

Denault, A.-S. et Poulin, F. (2012). La participation à des activités de loisir organisées comme contexte de développement social à l'adolescence. Dans G. M. Tarabulsy, M. A. Provost, J.-P. Lemelin, A. Plamondon et C. Dufresne (dir.), *Développement social et émotionnel chez l'enfant et l'adolescent; tome 2 : Applications pratiques et cliniques*. Québec, QC : Les Presses de l'Université du Québec

De Witte, K., Cabus, S., Thyssen. G., Groot, W. et Maassen van den Brink, H. (2013). A critical review of the literature on school dropout. *Education Research Review, 10*, 13-28.

Dishion, T. J. (2014). A developmental model of aggression and violence: Microsocial and macrosocial dynamics within an ecological framework. Dans M. Lewis et K. D. Rudloph (dir). *Handbook of Developmental Psychopathology* (pp. 449-465). New York, NY: Springer.

Eccles, J. S., Barber, B. L., Stone, M. et Hunt, J. (2003). Extracurricular activities and adolescent development. *Journal of Social Issues, 59* (4), 865-889.

Farb, A. F. et Matjasko, J. L. (2012). Recent advances in research on school-based extracurricular activities and adolescent development. *Developmental Review, 32*(1), 1-48.

Farrington, D. P. (2009). Conduct disorder, aggression, and delinquency. Dans R. M. Lerner et L. Steinberg (dir.), *Handbook of adolescent psychology : Individual bases of adolescent development* (3e éd., vol. 1, p. 683-722). Hoboken, NJ, US: John Wiley & Sons Inc.

Finch, H. (2011). The use of multiple imputation for missing data in uniform DIF analysis: Power and type I error rates. *Applied Measurement in Education, 24*(4), 281-301.

Fortin, L. et collaborateurs (2007-2012). *Chaire de recherche de la Commission scolaire de la Région-de-Sherbrooke sur la réussite et la persévérance scolaires des élèves*.

Fortin, L., Marcotte, D., Diallo, T., Potvin, P. et Royer, É. (2013). A multidimensional model of school dropout from an 8-year longitudinal study in a general high school population. *European Journal of Psychology of Education, 28*, 563-583.

Fortin, L., Royer, É., Potvin, P., Marcotte, D. et Yergeau, É. (2004). La prédiction du risque de décrochage scolaire : facteurs personnels, familiaux et scolaires. *Revue canadienne des sciences du comportement, 36* (3), 219-231.

Fortin, M.-F. et Gagnon, J. (2016). *Fondements et étapes du processus de recherche : méthodes quantitatives et qualitatives* (3e éd.). Montréal, QC : Chenelière Éducation.

Fraser-Thomas, J. et Côté, J. (2009). Understanding adolescents' positive and negative developmental experiences in sport. *The Sport Psychologist, 23*(3), 3-23.

Fredricks, J. A., Alfeld-Liro, C. J., Hruda, L. Z., Eccles, J. S., Patrick, H. et Ryan, A. M. (2002). A qualitative exploration of adolescents' commitment to athletics and the arts. *Journal of Adolescent Research, 17*(1), 68-97.

Fredricks, J. A., et Eccles, J. E. (2006). Is extracurricular participation associated with beneficial outcomes? Concurrent and longitudinal relations. *Developmental Psychology, 42*(4), 698-713.

Garber, J. et Rao, U. (2014). Depression in children and adolescents. Dans M. Lewis et K. D. Rudloph (dir.)., *Handbook of Developmental Psychopathology* (pp. 489-520). New York, NY: Springer.

Glowacz, F. et Born, M. (2014). Conduites externalisées et délinquance à l'adolescence : un modèle bio-psycho-social. Dans M. Claes et L. Lannegrand-Willems (dir.), *La psychologie de l'adolescence* (p. 313-330). Montréal, QC : Les Presses de l'Université de Montréal.

Graber, J. A. et Sontag, L. M. (2009). Internalizing problems during adolescence. Dans R. M. Lerner et L. Steinberg (dir.), *Handbook of adolescent psychology, vol. 1 : Individual bases of adolescent development* (3e éd., p. 642-682). Hoboken, NJ: John Wiley & Sons Inc.

Hansen, D. M. et Larson, R. W. (2005). *The Youth Experience Survey 2.0: Instrument revisions and validity testing.* Urbana-Champaign, IL : University of Illinois.

Hansen, D. M., Larson, R. W. et Dworkin, J. B. (2003). What adolescents learn in organized youth activities: A survey of self-reported developmental experiences. *Journal of Research on Adolescence, 13*(1), 25-55.

Hansen, D. M., Skorupski, W. P. et Arrington, T. L. (2010). Differences in developmental experiences for commonly used categories of organized youth activities. *Journal of Applied Developmental Psychology, 31*(6), 413-421.

Janosz, M., Archambault, I., Morizot, J. et Pagani, L. S. (2008). School engagement trajectories and their differential predictive relations to dropout. *Journal of Social Issues, 64,* 21-40.

Kline, R. B. (2011). *Principles and practice of structural equation modeling* (3e éd.). New York: Guilford Press.

Larson, R. W. (2000). Towards a psychology of positive youth development. *American Psychologist, 55*(1), 170-183.

Larson, R. W., Hansen, D. M. et Moneta, G. (2006). Differing profiles of developmental experiences across types of organized youth activities. *Developmental Psychology, 42*(5), 849-863.

Lo, Y., Mendell, N. et Rubin, D. (2001). Testing the number of components in a normal mixture. *Biometrika, 88,* 767-778.

Lowe, L. A. (1998). Using the Child Behavior Checklist in assessing conduct disorder: Issues of reliability and validity. *Research on Social Work Practice, 8*(3), 286-301.

Mahoney, J. L., Cairns, B. D., et Farmer, T. W. (2003). Promoting interpersonal competence and educational success through extracurricular activity participation. *Journal of Educational Psychology, 95*(2), 409-418.

Mahoney, J. L., Schweder, A. E. et Stattin, H. (2002). Structured after-school activities as a moderator of depressed mood for adolescents with detached relations to their parents. *Journal of Community Psychology, 30*(1), 69-86.

Mahoney, J. L. et Stattin, H. (2000). Leisure activities and adolescent antisocial behavior: The role of structure and social context. *Journal of Adolescence, 23*(2), 113-127.

Mahoney, J. L., Stattin, H. et Lord, H. (2004). Unstructured youth recreation center participation and antisocial behaviour development: Selection influences and the moderating role of antisocial peers. *International Journal of Behavioral Development, 28*(6), 553-560.

Mahoney, J. L., Vandell, D. L., Simpkins, S. et Zarrett, N. (2009). Adolescent out-of-school activities. Dans R. M. Lerner et L. Steinberg (dir.), *Handbook of adolescent psychology : Contextual influences on adolescent development* (3e éd., vol. 2, p. 228-269). Hoboken, NJ: John Wiley & Sons Inc.

Marcotte, D. (2014). Les problèmes internalisés : La dépression et l'anxiété à l'adolescence. Dans M. Claes et L. Lannegrand-Willems (dir.), *La psychologie de l'adolescence* (p. 287-312). Montréal, QC : Les Presses de l'Université de Montréal.

McNeal, R. B. (1995). Extracurricular activities and high school dropouts. *Sociology of Education, 68,* 62-81.

Ministère de l'Éducation, de l'Enseignement supérieur et de la Recherche (MEER, 2015a*). Indicateurs de l'éducation. Éducation préscolaire, enseignement primaire et secondaire. Édition 2014*. Québec, QC : Bibliothèque et Archives nationales du Québec.

Ministère de l'Éducation, de l'Enseignement supérieur et de la recherche (MEER, 2015b). *Cadre de référence et guide à l'intention du milieu scolaire, l'intervention auprès des élèves ayant des difficultés de comportement.* Québec, QC : Bibliothèque et Archives nationales du Québec.

Ministère de l'Éducation, du Loisir et du Sport (MELS, 2009). *L'école, j'y tiens! Tous ensemble pour la réussite scolaire.* Québec, QC : Bibliothèque et Archives nationales du Québec.

Ministère de l'Éducation, du Loisir et du Sport (MELS, 2013). *Contrer le décrochage à la fin du secondaire*. Québec, QC : Bibliothèque et Archives nationales du Québec.

Muthén, L. K. et Muthén, B. O. (1998-2016). *Mplus users' guide.* Los Angeles, CA : Muthén & Muthén.

Ordre des psychoéducateurs et psychoéducatrices du Québec (2014). *L'évaluation psychoéducative de la personne en difficulté d'adaptation. Lignes directrices.* Bibliothèque et Archives nationales du Québec.

Poulin, F. et Denault, A.-S. (2013). Friendships with co-participants in organized activities: Prevalence, quality, friends' characteristics, and associations with adolescents' adjustment. Dans J. A. Fredricks et S. D. Simpkins (dir.), *Organized out-of-school activities : Setting for peer relationships. New Directions for Child and Adolescent Development, 140*, 19-36.

Potvin, P., Doré-Côté, A., Fortin, L., Royer, É., Marcotte, D. et Leclerc, D. (2004). *Le questionnaire de dépistage des élèves à risque de décrochage au secondaire.* Québec, Canada : Centre de transfert pour la réussite éducative du Québec (CTREQ).

Potvin, P., Fortin, L. et Rousseau, M. (2009). Qualités psychométriques du questionnaire de dépistage des élèves à risque de décrochage scolaire. *Revue de psychoéducation, 38* (2), 189-204.

Radloff, L. S. (1977). The CES-D Scale: A self-report depression scale for research in the general population. *Applied Psychological Measurement, 1*(3), 385-401.

Raakman, E., Dorsch, K. et Rhind, D. (2010). The development of a typology of abusive coaching behaviours within youth sport. *International Journal of Sports Science & Coaching, 5*(4), 503-515.

Rumberger, R. W. (2012). *Dropping out: Why students drop out of high school and what can be done about it.* Harvard University Press.

Schaefer, D. R., Simpkins, S. D., Vest, A. E. et Price, C. D. (2011). The contribution of extracurricular activities to adolescent friendships: New insights through social network analysis. *Developmental Psychology, 47*(4), 1141-1152.

Schwartz, G. (1978). Estimating the dimension of a model. *The Annals of Statistics, 6*, 461-464.

Sclove, S. L. (1987). Application of model-selection criteria to some problems in multivariate analysis. *Psychometrika, 52*, 333-343.

Simpkins, S. D. (2015). When and how does participating in organized after-school activity matter? *Applied Developmental Science, 19*(3), 121-126.

Steinberg, L. (2014). *Adolescence* (10e éd.). New York, NY : McGraw-Hill.

St-Pierre, V., Denault, A.-S. et Fortin, L. (2012). Le risque de décrochage scolaire et la participation à des activités parascolaires à l'école secondaire : effets médiateurs des symptômes dépressifs et des problèmes de comportement extériorisés. *Revue Canadienne de l'Éducation, 35* (2), 379-400.

Tabachnik, B. G. et Fidell, L. S. (2013). *Using mutlivariate statistics.* Boston: Pearson.

Vitaro, F., Brendgen, R.M. et Tremblay, R. E. (2013). Early predictors of high school completion: The developmental interplay between behavior, motivation, and academic performance. Dans M. Boivin et K.L. Bierman (dir.), *Promoting school readiness and early learning: The implications of developmental research for practice* (pp. 15-45). New York, NY: Guilford Press.

Vuong, Q. H. (1989). Likelihood ratio tests for model selection and nonnested hypotheses. *Econometrica, 57*, 307–333.

Youniss, J., McLellan, J. A., Su, Y. et Yates, M. (1999). The role of community service in identity development: Normative, unconventional, and deviant orientations. *Journal of Adolescent Research, 14*(2), 248-261.

9 | L'apport d'une méthode mixte pour évaluer les effets d'un programme de groupe de thérapie pour adolescents endeuillés par suicide

Maude Léonard
Département d'organisation et ressources humaines,
Université du Québec à Montréal

Résumé

Contexte

Les adolescents endeuillés par suicide restent les grands oubliés des services dévoués à la problématique du deuil par suicide. Alors que les besoins sont présents, il n'existe au Canada qu'un seul programme francophone d'intervention de groupe destiné exclusivement à cette clientèle. Bien que des études laissent croire que ce type de programmes est efficace, du moins à court terme, pour diminuer le degré de souffrance initial de certains sous-groupes, on ne connaît que très peu leurs effets.

Objectif

Évaluer les effets à court terme d'un programme de groupe de thérapie pour adolescents endeuillés par suicide.

Méthode

L'évaluation des effets recourt à une méthodologie mixte. Elle concerne 13 participants endeuillés par suicide répartis sur deux groupes de thérapie et deux sites distincts. Neuf parents, quatre intervenants et deux informateurs clés ont pris part au projet. Les données ont été recueillies avant et après la participation des adolescents au programme grâce à des entrevues semi-structurées et un inventaire de questionnaires standardisés. Des journaux de bord et les dossiers cliniques des adolescents ont aussi été utilisés. Les analyses quantitatives sont descriptives et inférentielles alors que l'analyse qualitative est dite thématique.

Résultats

Les résultats montrent que le programme permet aux adolescents :

1. de sortir de l'isolement;

2. de diminuer leur tristesse, leur désespoir et les symptômes de dépression;

3. d'amenuiser leur sentiment de honte;

4. d'atténuer leurs sentiments de colère et de culpabilité;

5. d'approfondir et de consolider leurs connaissances quant aux causes du suicide et quant aux réactions inhérentes au deuil.

Conclusion

En définitive, notre travail d'évaluation conforte la recommandation de nombreux chercheurs et cliniciens d'encourager la modalité thérapeutique de groupe auprès des adolescents endeuillés par suicide.

Mots-clés

Deuil, suicide, adolescents, évaluation de programme, intervention de groupe.

Recommandations cliniques issues de l'étude

- La modalité d'intervention de groupe devrait être privilégiée auprès d'une clientèle adolescente endeuillée par suicide.

- L'exacerbation de la tristesse chez les participants à un groupe d'intervention n'est pas *de facto* négative, d'autant plus si les adolescents sont en mesure de réguler son expression.

- La normalisation des réactions inhérentes au deuil par suicide (ou à d'autres types de circonstances traumatiques) est importante pour sortir de l'isolement et atténuer le sentiment de honte des adolescents.

Questions pédagogiques

- Quels sont les avantages d'utiliser une méthodologie mixte par rapport à une méthodologie exclusivement qualitative ou quantitative? Et quels en seraient les écueils?

- Quels sont les défis associés à la réalisation d'analyses statistiques auprès de petits échantillons? Comment pouvons-nous les surmonter?

- Quels sont les enjeux éthiques liés à l'étude d'adolescents endeuillés par suicide?

9.1 Introduction

Le suicide d'un être cher est tenu pour l'un des événements tragiques les plus stressants (Tousignant et Ehrensaft, 2001). Durant l'adolescence, la perte par suicide d'un parent ou d'un membre de la famille proche perturbe la gestion des tâches développementales déterminantes qui incombent à cette période dite transitoire (Balk et Corr, 1996). Ce bouleversement entraîne des réactions et des comportements teintés de détresse et engendre même, parfois, toute une gamme de symptômes associés à divers troubles mentaux (Brent, Melhem, Donohoe et Walker, 2009; Cerel, Fristad, Weller et Weller, 1999; Pfeffer, Karus, Siegel et Jiang, 2000; Pfeffer et al., 1997), sans compter que les sujets risquent de reproduire le geste suicidaire (Agerbo, Nordentoft et Mortenson, 2002; De Leo et Heller, 2008; Pfeffer et al., 1997; Roy, 1983). En français, le terme deuil fait référence à ces multiples réactions que suscite le décès d'un proche (Hanus, 2003). Sous certaines situations et conditions, le processus d'adaptation à la perte par suicide chez les adolescents tend à se faire plus difficilement sans la présence d'une intervention psychosociale (Dyregrov, 2009a, 2009b; Petterson et al., 2015).

Les exemples de programme d'intervention individuelle ou de groupe auprès des enfants et des adolescents endeuillés par suicide sont nombreux (voir Cohen, Mannarino et Deblinger, 2006; Hoffmann, 2006; Lehmann, Jimerson et Gaasch, 2000; Mitchell et al., 2007; Siegel, Mersagno et Chriat, 1990; Stewart et Sharp, 2007). Pourtant, très peu ont été soumis à des processus d'évaluation rigoureux. Les publications disponibles sur les programmes représentent majoritairement des descriptions de leur contenu. Et lorsqu'elles traitent de leurs effets, les chercheurs sont confrontés à des défis méthodologiques (faible nombre de participants et hétérogénéité des échantillons, diversité des mesures standardisées ou cliniques et non adaptées…) qui mènent à des résultats incohérents d'une étude à l'autre (Currier, Holland et Neimeyer, 2007). Ceci témoigne de la méconnaissance relativement à l'efficacité des interventions formelles offertes aux personnes endeuillées. Les interventions qui s'adressent aux adolescents leur conviennent-elles et sont-elles aussi efficaces dans un contexte post-traumatique (décès par suicide) que dans un contexte normal (décès de cause naturelle)? Voilà le cadre de notre recherche qui évalue les effets à court terme du programme *Groupe de thérapie pour adolescents endeuillés par suicide (13 à 18 ans)*. Cette démarche a permis de vérifier dans quelle mesure le programme tel qu'il a été conçu et mis en œuvre au sein de deux sites distincts[1] produit les effets favorables attendus auprès des adolescents endeuillés par suicide.

9.1.1 Particularités du deuil par suicide chez les adolescents

Le suicide d'un père ou d'une mère se produit habituellement dans des familles plus vulnérables où les jeunes[2] ont déjà été confrontés à un nombre important d'événements significatifs comparativement aux jeunes qui ont perdu un père ou une mère en raison d'une cause naturelle (Cerel et al., 1999). Aussi les adolescents endeuillés par suicide éprouvent-ils plus de difficultés à s'adapter au décès que leurs pairs des groupes témoins (endeuillés par cause naturelle). Les résultats de recherche rapportent en effet des taux significativement plus élevés de symptômes intériorisés et de symptômes extériorisés (Brent et al., 2009; Cerel et al., 1999; Pfeffer et al., 2000; Pfeffer et al., 1997). On note également un taux supérieur de sentiments de honte et de culpabilité (Cain et Fast, 1966; Cerel et al., 1999). Qui plus est, les jeunes endeuillés par suicide risquent d'entretenir des pensées suicidaires et, à la limite, de reproduire les comportements suicidaires de leur proche décédé (Agerbo et al., 2002; De Leo et Heller, 2008; Pfeffer et al., 1997; Roy, 1983). Ce risque de reproduction du geste suicidaire est accru dans le cas où le parent suicidé était perçu comme un guide ou un modèle (Silverman, Baker, Cait et Boerner, 2003).

---

[1] Notons qu'une évaluation de l'implantation du programme a été réalisée concomitamment à l'évaluation des effets (Léonard, 2016). Nous ne présentons ici que la portion relative à l'évaluation des effets.

[2] Le terme « jeune » est utilisé lorsque les études ne différencient pas leurs résultats selon les groupes d'âge, soit « enfants » et « adolescents ». Ces deux termes sont utilisés en priorité dans le texte lorsque les distinctions apparaissent dans les rapports de recherche.

Malgré la reconnaissance quasi unanime de l'aspect qualitativement singulier du deuil par suicide chez les adolescents, certains chercheurs peinent à trouver des différences significatives entre les groupes (Cerel et al., 1999; Melhem, Moritz, Walker, Shear et Brent, 2007; Muniz-Cohen, Melhem et Brent, 2010; Pfeffer et al., 2000). De plus, les facteurs de risque et de protection habituellement associés à l'adaptation à la perte tels que l'utilisation efficace de mécanismes d'adaptation et le soutien de l'entourage agissent sans égard au type de décès (Brown, Sandler, Tein, Liu et Haine, 2007).

Dans leur recension des écrits, Kuramoto, Brent et Wilcox (2009) concluent que le peu d'études disponibles portant sur les impacts du deuil chez les adolescents qui ont perdu un parent par suicide ne fournit que des résultats modestes et contradictoires. D'autant plus que ces résultats sont issus d'un corpus de recherche marqué de défis méthodologiques (Maple, Cerel, Jordan et McKay, 2014). Plus généralement de nature quantitative, plusieurs recherches ne concluent pas à des différences significatives selon le type de décès, malgré des témoignages de personnes endeuillées par suicide et les observations de leurs intervenants (Jordan, 2001). De plus, le nombre limité de sujets disponibles (accessibles et consentants) restreint la probabilité de déceler des différences significatives entre les groupes d'adolescents endeuillés à la suite d'un suicide, d'un homicide, d'un accident ou d'une mort naturelle (Brown et al., 2007). Le recours à des méthodes mixtes rigoureuses, à des échantillons non biaisés et la prise en compte de variables tant individuelles que familiales apparaissent nécessaires pour pallier les failles de la phénoménologie du deuil par suicide (Cerel, Jordan et Duberstein, 2008). Ellenbogen et Gratton (2001) ainsi que Jordan (2001) proposent de mener des recherches de nature qualitative auprès des personnes endeuillées par suicide afin de mieux comprendre les processus qui particularisent leur expérience de deuil.

Malheureusement, le manque de recherches rigoureuses et les résultats discordants compliquent l'élaboration de programmes d'intervention destinés aux personnes endeuillées à la suite d'une mort violente, dont la mort par suicide (Vessier-Batchen et Douglas, 2006). Toutefois, l'absence de consensus scientifique n'ébranle pas celui du consensus clinique à propos de la pertinence de l'application de programmes spécialisés auprès de cette clientèle dont le deuil comporte des perturbations spécifiques et d'importants enjeux mentionnés précédemment (Brown et al., 2007; Rosner, Kruse et Hagl, 2010).

9.1.2 Types de soutien offerts aux adolescents endeuillés

On a souvent dit de l'adolescent endeuillé par suicide qu'il était l'oublié de la recherche et des cliniciens (Dyregrov et Dyregrov, 2005; McIntosh et Wrobleski, 1988). La plupart des services offerts mettent sur les épaules des parents la responsabilité de prendre soin de leur adolescent malgré leur propre détresse. Et bien que les adolescents puissent reconnaître le besoin de recourir à une forme de soutien formel et professionnel (Dyregrov, 2009a), ils tendent à se tourner le plus souvent vers leur réseau d'amis qui ont du mal à comprendre leurs réactions de deuil. Puisque le suicide de l'être cher a provoqué des changements au niveau de leurs représentations du monde, de leurs croyances, de leur identité et de leurs rôles sociaux, certains adolescents finissent par se mettre à distance de leurs amis et tombent dans la solitude (Dyregrov et Dyregrov, 2005). Cain et Lafreniere (2015) rapportent d'ailleurs que sept jeunes endeuillés de leur échantillon (sur 35) témoignent avoir vécu de l'intimidation portant explicitement sur le fait qu'ils aient perdu un parent. Ces constats montrent l'importance d'un recours à du soutien formel (intervenant scolaire, personnel médical, psychothérapeute) pour de nombreux adolescents endeuillés et possiblement encore davantage pour les adolescents endeuillés par suicide. Les adolescents endeuillés par suicide rapportent toutefois des écueils relativement à l'adéquation entre leurs besoins de soutien et les services professionnels offerts dans un cadre d'intervention individuelle du fait qu'elles peinent à répondre aux besoins d'appartenance, d'identification et de normalisation des jeunes (Dyregrov, 2009a; 2009b), d'autant plus saillants au temps de l'adolescence (Dyregrov, 2009a; 2009b). Le recours à une intervention de groupe animé par un intervenant professionnel et qui réunit plusieurs adolescents endeuillés par suicide risque alors de mieux correspondre à leurs attentes et besoins.

L'intervention de groupe auprès des personnes endeuillées par suicide de tous âges représente à cet égard la modalité thérapeutique la plus recommandée par les chercheurs et les cliniciens (Jordan, 2011; Rice, 2015). Pour Rice (2015), sa pertinence tient entre autres du fait que le groupe sollicite des facteurs thérapeutiques qui contribuent d'eux-mêmes, sans égard à l'approche d'intervention, à l'adaptation à la perte. En s'appuyant sur les facteurs thérapeutiques de groupe proposés par Yalom et Leszcz (2005), elle se représente l'intervention de groupe à la fois comme une source de soutien social marqué par l'universalité (sentiment de ne plus être seul dans son malheur), l'altruisme (opportunité d'offrir son soutien à d'autres) et la cohésion (sentiment d'appartenance et de relation au groupe), comme lieu d'apprentissage interpersonnel où sont pratiqués de nouveaux patrons d'attachement, et comme environnement sécuritaire pour traiter de questions existentielles inhérentes au processus de reconstruction du sens. Bien que forts pertinents, ces facteurs peinent à être considérés dans la modélisation d'intervention de groupe pour personnes endeuillées et, par le fait même, leurs apports restent encore peu connus.

9.1.3 Évaluation de programmes d'intervention de groupe

Pour dresser un portrait plus substantiel des pratiques prometteuses, nous sommes tenues d'inclure dans notre inventaire les programmes offerts aux adolescents endeuillés en général ainsi que d'autres programmes offerts aux adultes et aux enfants endeuillés par suicide.

Farberow (1992, 1994) a été l'un des premiers à publier des résultats concernant l'efficacité d'un programme d'intervention de groupe destiné spécifiquement aux adultes endeuillés par suicide : le *Los Angeles Survivors After Suicide Program*. Ce programme a été évalué auprès de 60 participants (groupe expérimental, GE) dont la trajectoire a été comparée à 22 personnes endeuillées par suicide admises au programme, mais qui se sont désistées avant de l'entreprendre (groupe témoin, GT). Les éléments évalués sur trois temps de mesure sont les idéations suicidaires, la colère envers la personne suicidée, la colère envers soi, la honte ou la stigmatisation, le sentiment de culpabilité, la confusion, l'anxiété, les réactions de deuil et la dépression. Quatre mois avant l'application du programme, il n'existe aucune différence significative entre le GT et le GE. Avant le début du programme, on observe chez le GT une diminution significative de tous les éléments évalués, ce qui ne s'est pas produit chez le GE en ce qui concerne deux éléments : la colère envers la personne suicidée et les idéations suicidaires.

Aussi, les scores évaluant la honte et le sentiment de culpabilité sont significativement plus élevés chez le GE que chez le GT. Ne ressentant plus aussi intensément les réactions de deuil, ce résultat peut expliquer pourquoi les personnes du GT se sont désistées du programme. À l'issue des huit semaines d'application du programme, les scores de tous les éléments évalués ont diminué significativement chez le GE. Chez le GT, seul le score de l'anxiété a significativement diminué. Notons toutefois que le GT montrait déjà des scores peu élevés. En comparant les deux groupes, on remarque que les scores de dépression et de confusion sont significativement plus élevés chez le GE que chez le GT. Selon les auteurs, ces derniers résultats s'expliquent par l'effet des discussions intensives qui raniment la tristesse et réactivent la réflexion autour du pourquoi. Malgré tout, Farberow (1992, 1994) fait la démonstration que le *Los Angeles Survivors After Suicide Program* contribue à diminuer les réactions de deuil telles que les sentiments de honte et de culpabilité chez les personnes endeuillées par suicide qui présentent des réactions de deuil intenses sur une période prolongée. Ces bénéfices surpassent alors les effets iatrogènes qui, probablement, diminueront puis disparaîtront quand les discussions intensives prendront fin. Il est peu probable que les personnes dont les réactions de deuil diminuent graduellement avec le temps et qui ne ressentent plus le besoin de participer à une intervention de groupe puissent profiter de l'effet du programme. Afin d'optimiser la rentabilité de celui-ci, il importe donc de l'offrir plus spécifiquement aux personnes endeuillées par suicide qui montrent une détresse élevée et continue.

Murphy et al. (1996, 1998) ont, quant à eux, mené l'évaluation rigoureuse d'un programme d'intervention de groupe destiné aux parents endeuillés d'un enfant frappé par une mort violente (accident, suicide ou homicide). À partir des 204 familles endeuillées recrutées (261 parents), 153 parents ont été aléatoirement assignés à participer au programme (GE) et 108 parents au GT. Pour qu'un parent soit admis comme sujet de recherche, l'enfant devait être décédé des suites de l'incident fatal en moins de 72 heures, devait être décédé depuis deux à sept mois et devait être âgé de 12 à 28 ans sans être marié. Trois temps de mesure (avant/après/six mois plus tard) ont permis d'évaluer la variation du niveau de détresse psychologique, des symptômes de stress post-traumatique, des réactions de deuil et de la condition physique de chacun des 261 parents. Les parents du GE ont également rempli un questionnaire de satisfaction de l'intervention à la fin de chacune des rencontres de groupe. Au premier temps de mesure, il n'existe pas de différences significatives entre les deux groupes. En considérant à la fois le GE et le GT, 80 % des mères et 60 % des pères ont des scores de trois à quatre fois plus élevés qu'un échantillon normatif non endeuillé. Aux trois temps de mesure, les mères des deux groupes ont cependant des scores plus élevés que les pères. À la fin du traitement (T2) et six mois plus tard (T3), on n'observe que des différences mineures entre les scores du GE et du GT. En créant des sous-groupes de parents selon le genre (mère/père) et l'intensité de leur détresse (élevée/faible), les mères du groupe expérimental présentant une détresse élevée avant le début du programme (T1) ont des scores significativement moindres que les mères du GT au T2 et au T3. Toutefois, les mères du GE présentant un faible niveau de détresse au T1 vont significativement moins bien que les mères du GT au T2 et au T3, sauf en ce qui concerne la condition physique. Pour les pères, ces différences n'ont pas été reproduites. De manière générale, autant les pères que les mères évoluent très positivement suite à l'intervention proposée. En résumé, les résultats de l'étude démontrent que ce programme de groupe est efficace pour les mères endeuillées présentant de hauts niveaux de détresse. Cependant, l'intervention n'arrive pas aux mêmes aboutissants chez les mères présentant au départ un faible degré de détresse ni chez les pères en général. Encore une fois, ces résultats mettent en lumière l'importance de délimiter l'offre des interventions de groupe aux personnes présentant des degrés élevés de détresse. Offrir unilatéralement ce programme risque de produire des effets indésirables chez les mères qui présentent un faible degré de détresse. De plus, comme ce programme n'a pas contribué à diminuer l'intensité de la détresse des pères, Jordan et McMenamy (2004) soulignent la pertinence d'ajuster les interventions en fonction du genre.

Le *Family Bereavement Program* a été développé et évalué par Sandler et al. (2003; Brown et al., 2007) et s'adresse de manière générale à des groupes d'enfants (6 à 12 ans) et d'adolescents (12 à 16 ans) endeuillés, et cela sans égard au type de décès. Ce programme a pour but d'améliorer la qualité de la relation entre le jeune endeuillé et son parent en leur proposant de participer à des rencontres séparées et conjointes. Aux fins de l'évaluation du programme, 156 familles endeuillées ont été réparties aléatoirement pour y participer (GE : 90 familles, 135 jeunes) ou pour constituer un GT qui bénéficie exclusivement des lectures suggérées (66 familles, 109 jeunes). Pour participer à l'étude, le jeune ne devait pas avoir d'idées suicidaires ni d'historique de dépression ou de troubles de comportement et son parent devait être décédé depuis 4 à 30 mois. Les parents, les jeunes ainsi que des enseignants ont été interrogés avant (T1), tout de suite après l'intervention (T2) et 11 mois plus tard (T3). Les variables évaluées concernent les pratiques parentales favorables, les problèmes de santé mentale des parents, les mécanismes d'adaptation des jeunes, les événements de vie, les pensées négatives des jeunes à propos des événements stressants, l'inhibition active des jeunes, leur perception d'un pouvoir de contrôler les événements, leur estime de soi, les troubles intériorisés et extériorisés des jeunes et la qualité du lien d'attachement parent/jeune. Les résultats au T1 montrent que le GE et le GT sont homogènes. Au T2, on remarque que, comparativement aux sujets assignés au GT, la participation au programme produit des changements significatifs chez les personnes du GE : augmentation des pratiques parentales positives, augmentation du recours aux mécanismes d'adaptation favorables, augmentation de l'inhibition active, amélioration de la santé mentale des parents et diminution des événements stressants. Au T3, seule la différence significative concernant les pratiques parentales positives se maintient entre le GE et le GT. Toujours au T3, les jeunes du GE ont des scores significativement plus élevés à l'élément de perception du pouvoir de contrôle que leurs pairs du GT. Encore ici, lorsqu'on sépare les groupes en sous-groupes selon le genre et le niveau de détresse initial, ce sont les filles présentant des scores plus élevés de troubles intériorisés et extériorisés qui bénéficient significativement plus de l'intervention de groupe comparativement aux filles du GT. Pour les garçons, aucune différence significative n'apparaît entre ceux du GE et du GT ni en fonction du niveau initial de détresse. Ces derniers résultats rapportant des différences d'effet selon le genre concordent avec les précédents issus des évaluations de programme de groupe destiné aux adultes endeuillés (Murphy et al., 1996, 1998).

Le *Bereavement Group Intervention* est un programme d'intervention de groupe offert spécifiquement aux enfants et aux adolescents (de 6 à 15 ans) endeuillés par suicide d'un parent ou d'un membre de la fratrie. Ce programme est celui qui se rapproche le plus en termes de clientèle visée et d'objectifs poursuivis du programme évalué dans cette recherche. Il vise principalement l'adaptation des jeunes à la perte par suicide et la réduction des conséquences morbides de celui-ci. Son efficacité à répondre aux besoins de jeunes endeuillés par suicide a été évaluée par Pfeffer, Jiang, Kakuma, Hwang et Metsch (2002). Le devis d'évaluation s'appuie sur un échantillon composé de 24 familles (32 jeunes) participantes (GE) et cinq familles (neuf jeunes) à titre de GT. Les jeunes sont exclus de la recherche s'ils présentent un retard mental, ne savent pas que la cause du décès est le suicide et s'ils présentent un trouble psychiatrique. Les variables évaluées couvrent les symptômes de dépression chez le parent et le jeune, les symptômes de stress post-traumatique du jeune, les symptômes d'anxiété du jeune et le degré d'adaptation sociale chez ce dernier. Ces variables ont été mesurées à douze semaines d'intervalle, soit avant le début du programme (T1) et à sa clôture (T2). Suite aux analyses, Pfeffer et al. (2002) observent que les scores évaluant les symptômes de dépression et d'anxiété ont significativement diminué chez les jeunes du GE comparativement aux scores des jeunes du GT. Cependant, aucune différence n'est constatée quant aux symptômes de stress post-traumatique et de l'adaptation sociale. Parallèlement, aucune différence n'apparaît entre les scores ayant trait aux symptômes de dépression obtenus par les parents des T1 et T2; mentionnons que cette intervention de groupe ne poursuit pas directement cet objectif. De tous les jeunes de l'étude, sans distinction des groupes ni des temps de mesure, les plus jeunes enfants (6-10 ans) et les adolescents (14-15 ans) ont un score de dépression plus élevé que leurs pairs préadolescents (11-13 ans) du GT. Ce résultat suggère une relation curvilinéaire entre l'âge et la dépression juvénile dans le contexte du deuil par suicide et que les enfants et les adolescents marqués par cette épreuve sont plus à risque de dépression que les jeunes prépubères. Une intervention ciblée selon l'âge représente donc une avenue intéressante pour répondre aux besoins spécifiques des uns et des autres.

Braiden, McCann, Barry et Lindsay (2009) ont procédé à l'évaluation de leur propre programme d'intervention de groupe destiné aux familles endeuillées par suicide avec enfants (âgés de 5 à 16 ans). Ce programme consiste en une retraite familiale de deux jours avec hébergement visant à développer chez les jeunes les mécanismes d'adaptation nécessaires à une meilleure adaptation à la perte afin de diminuer les risques de reproduire le geste suicidaire. Sur les sept adultes et les huit jeunes participant au programme, six adultes et six enfants ont consenti à être interrogés par les chercheurs. Pour participer au programme et à la recherche, les personnes doivent être endeuillées par suicide d'un membre de la famille immédiate et doivent savoir que le suicide est la cause de décès. Le temps écoulé depuis le suicide doit être d'au moins six mois (sans mention d'un temps maximum). Braiden et al. (2009) ont opté pour un devis d'évaluation de type qualitatif et ils ont procédé à des entrevues semi-structurées avant et après la retraite avec des jeunes et des parents séparément. L'entrevue avant la retraite concernait les attentes, les craintes et les objectifs de chacun des participants. L'entrevue après la retraite mesurait le degré de satisfaction relativement à l'atteinte des objectifs et relativement au programme en général. Selon les informations recueillies au départ, les jeunes espèrent que la retraite leur permette de mieux comprendre le suicide et de rencontrer d'autres jeunes qui traversent la même épreuve. Les attentes des parents sont similaires;

ils n'entretiennent pas d'appréhension et souhaitent que la retraite leur permette d'améliorer la communication dans la famille. À la suite de la retraite, les jeunes se disent contents de s'en être prévalus et rapportent avoir tout à fait atteint leurs objectifs. Ils perçoivent qu'ils en savent davantage sur les causes du suicide et se sentent moins seuls, plus confiants et plus heureux. Les parents donnent, quant à eux, un score de satisfaction générale unanime de neuf sur dix. Ces derniers se sont dits heureux de rencontrer d'autres personnes qui partagent une expérience semblable. Bien qu'ils aient trouvé certaines activités plus éprouvantes sur le plan émotif, ils rapportent avoir atteint la majorité de leurs objectifs, posséder une meilleure compréhension du suicide et repartir munis de nouveaux outils pour accompagner leurs jeunes. Ils croient que leur famille sera plus en mesure de parler du suicide et de communiquer entre eux sur ce thème. De plus, ils disent avoir développé de nouvelles amitiés qu'ils perçoivent maintenant comme un réseau de soutien privilégié. Du point de vue des animateurs, les familles ont progressé au cours de la retraite qui leur a donné le droit d'avoir du plaisir et de traverser des moments de bonheur.

Au Canada, le *Programme de thérapie de groupe pour enfants endeuillés par suicide* développé par Lake et Murray (2002) est le seul à s'adresser exclusivement aux enfants endeuillés par suicide et à bénéficier d'une évaluation. Ce programme s'adresse aux enfants de 6 à 12 ans et à leurs parents dans le but de les aider à faire face aux difficultés associées au deuil par suicide et à leur transmettre l'espoir de surmonter cette épreuve. Daigle et Labelle (2006) ont évalué ce programme appliqué à un seul groupe de huit enfants dont sept se sont prêtés à l'étude évaluative. Pour être admis au programme, les enfants ne devaient pas présenter d'état de stress post-traumatique. Les informations nécessaires ont été obtenues à l'aide de questionnaires s'adressant aux enfants avant et après leur participation au programme. Les variables évaluées couvrent le degré d'intelligence émotionnelle, les troubles émotionnels et sociaux, les réactions de deuil et le degré d'espoir. Malgré la petite taille de l'échantillon, les résultats suggèrent que les interventions ont créé des changements positifs tels que la réduction des réactions de deuil et l'augmentation de la capacité d'espérer. Après leur participation au programme, la majorité des enfants présentent aussi une meilleure estime d'eux-mêmes, moins de symptômes d'anxiété, moins de symptômes de dépression, moins de comportements perturbateurs et de meilleures capacités émotionnelles. Par contre, on remarque que les interventions accroissent légèrement l'intensité du sentiment de colère. Selon Daigle et Labelle (2006), ce résultat tient à deux facteurs, soit :

1. que le rythme rapide de l'enchaînement des activités provoque des frustrations et un surplus d'affects;

2. que le sentiment de colère (dont l'expression a été encouragée durant les rencontres) est plus difficile à gérer et prend plus de temps à s'intégrer.

Finalement, les parents et les enfants ont unanimement exprimé leur satisfaction à l'égard du programme qui a répondu en grande partie à leurs attentes.

Somme toute, les programmes d'intervention de groupe offerts aux personnes endeuillées partagent plusieurs effets favorables. Ils parviennent à briser l'isolement entre autres en normalisant les réactions de deuil, à favoriser l'expression des émotions, à développer diverses compétences et à améliorer la communication intrafamiliale. D'autre part, ils se distinguent par la spécificité de la population à laquelle ils s'adressent (l'âge, le lien avec la personne décédée ou le type de décès), les particularités de leur format (retraite, composition du groupe, nombre de rencontres) et les activités proposées. Les participants de tous les programmes affichent des degrés de satisfaction très élevés. Toutefois, les études qui évaluent l'efficacité de ces programmes offrent des résultats mitigés. Ils réussissent généralement à atteindre leurs objectifs auprès des femmes et des filles endeuillées qui présentent des degrés élevés de détresse, mais réussissent moins à les atteindre auprès de celles qui présentent des degrés de détresse moins élevés, auprès des hommes et des garçons (quel que soit leur degré de détresse). Currier et al. (2007) attribuent principalement la portée modérée de ces résultats à des considérations méthodologiques telles que l'intervalle souvent trop long entre le décès et le début du programme, l'inclusion de jeunes présentant peu de détresse dans la condition expérimentale ainsi que l'utilisation d'instruments de mesures presque exclusivement basées sur des symptômes psychiatriques. En effet, ces instruments ne permettent pas de rendre compte des facteurs de croissance personnelle généralement aussi visés par ces programmes. Nous ajoutons à cela la petite taille des échantillons et l'absence de GT qui limitent la possibilité d'observer des différences significatives entre les groupes et les temps de mesure.

Néanmoins, le peu de résultats concernant l'efficacité des interventions auprès des jeunes endeuillés par suicide ne doit pas empêcher l'offre d'interventions prometteuses et spécifiques à leur âge, surtout quand les programmes s'appuient sur des données issues de la recherche et qu'ils sont soumis à un processus d'évaluation rigoureux. Alors que les effets à plus long terme des interventions de groupe évaluées auprès des personnes endeuillées n'apparaissent pas tant plus efficaces que le passage du temps, il reste qu'elles permettent, à court terme, pour certains groupes spécifiques de diminuer plus rapidement leur degré de souffrance initial (Rice, 2015).

C'est pour cette raison, mais aussi parce qu'aucun programme francophone n'était offert spécifiquement aux adolescents endeuillés par suicide au Québec, qu'a été développé le programme *Groupe de thérapie pour adolescents endeuillés par suicide* qui fait l'objet de l'étude évaluative et que nous décrivons en détail dans la prochaine section.

9.1.4 Théorie du programme

Le programme *Groupe de thérapie pour adolescents endeuillés par suicide* développé par Hamel (2008) s'adresse exclusivement à des adolescents de 13 à 18 ans endeuillés par suicide[3]. Les rencontres d'intervention de groupe rassemblent un maximum de six à sept adolescents endeuillés par le suicide soit d'un parent, soit d'un membre de la fratrie ou de la famille proche (cousin(e), grand-parent). Le groupe est dit semi-ouvert : de nouveaux membres peuvent s'ajouter jusqu'à la quatrième rencontre.

Comme son nom l'indique, le programme *Groupe de thérapie pour adolescents endeuillés par suicide* écarte l'intervention individuelle. Alors que l'aide mutuelle y est encouragée à l'instar du groupe de soutien, il s'en distingue du fait que les intervenants jouent principalement le rôle d'expert du deuil et revêtent une figure d'autorité formelle (Toseland et Rivas, 2009). Les coanimateurs sont des professionnels spécialisés dans le domaine psychosocial représentés comme des agents de changements en plus d'être des facilitateurs de la démarche du groupe.

Le programme intègre plusieurs approches dont la thérapie cognitive et l'approche systémique ainsi que des stratégies d'intervention prometteuses suggérées par Jordan et McMenamy (2004) (écriture, information psychologique[4], renforcement des compétences[5], soutien informel entre endeuillés, structuration et animation du groupe par des professionnels). On traite du thème de chaque rencontre par le biais de tours de parole, d'exercices écrits individuels, d'exercices en groupe ou en sous-groupe.

Le programme se déroule en fonction d'une logique d'action dont les divers éléments touchent spécifiquement chacun des objectifs poursuivis. C'est à cette logique d'action que renvoie ce que nous appelons la théorie du programme. Celle-ci vise à fournir une vision globale de celui-ci tout

---

[3] Plusieurs exercices proposés sont adaptés et inspirés du programme Teens together grief support group curriculum : Adolescence Édition Grades 7-12, développé par Lehmann et al. (2000), lequel s'adresse à des adolescents endeuillés sans égard au type de décès.

[4] Ce que l'auteure du programme appelle « psychoéducation ».

[5] Traduction libre de *skills building*.

en explicitant les hypothèses à propos de son fonctionnement, c'est-à-dire des moyens mis en œuvre pour l'atteinte des objectifs (Rogers, Hacsi, Petrosino et Huebner, 2000). Cet exercice permet de choisir les variables et les indicateurs qui permettront de porter un jugement sur l'efficacité du programme. La Figure 9.1 présente la théorie du programme conçue à partir des propos recueillis auprès de l'auteure du programme et de sa superviseure, et compte tenu des informations inscrites dans son Guide d'animation.

Figure 9.1 | **Théorie du programme Groupe de thérapie pour adolescents endeuillés par suicide**

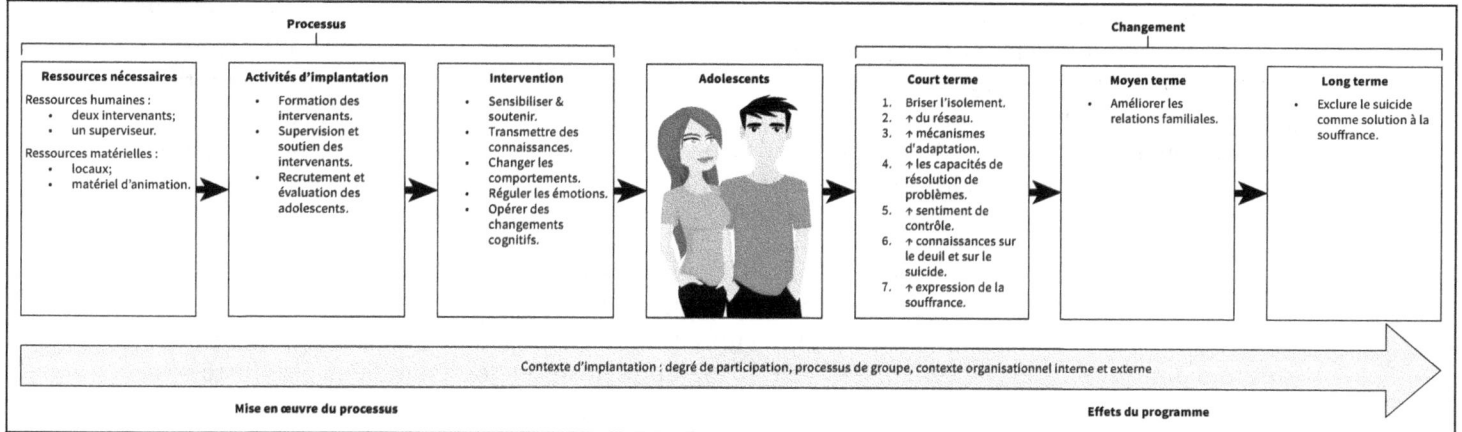

A priori, la mise en œuvre du programme nécessite des ressources humaines et matérielles ainsi que des activités d'implantation telles que la formation des intervenants, leur supervision et le recrutement des adolescents au programme. Les types d'intervention visent à sensibiliser et soutenir les adolescents, leur transmettre des connaissances, stimuler un changement dans leurs comportements, susciter la régulation de leurs émotions et stimuler des changements dans leurs cognitions[6]. Chaque type d'intervention renvoie à un ou plusieurs effets à court terme poursuivis par le programme et identifiés par un numéro de 1 à 7.

9.2 Objectifs de recherche

L'objectif général consiste à évaluer les effets à court terme du programme *Groupe de thérapie pour adolescents endeuillés par suicide*. Deux objectifs spécifiques en relèvent. Le premier consiste à mesurer les changements qui s'opèrent chez les adolescents entre le temps précédant leur exposition au programme et le temps après leur participation à celui-ci. En second lieu, il s'agit d'évaluer la perception du niveau d'atteinte des objectifs individuels et collectifs poursuivis selon les intervenants, l'adolescent endeuillé et les parents de l'adolescent.

9.3 Méthode

La présente recherche est de nature descriptive et recourt à une approche méthodologique mixte. Une recherche à méthodes mixtes combine les éléments des approches qualitatives et quantitatives afin de tirer parti de toute l'étendue et de la profondeur de l'interprétation et de la confirmation des données (Johnson, Onwuegbuzie et Turner, 2007). Une **méthode** est tenue pour **mixte** quand elle *satisfait à trois conditions :*

1. au moins une méthode qualitative et une méthode quantitative sont combinées;
2. chaque méthode est utilisée de façon rigoureuse;
3. la combinaison des méthodes s'effectue par une intégration des approches méthodologiques, des devis ou des techniques et des données ou des résultats (Teddlie et Tashakkori, 2003).

---

[6] En tant qu'illustration simplifiée, cette schématisation présume que seuls les thérapeutes interviennent alors que dans un groupe de thérapie, les membres (adolescents) collaborent aux interventions et à l'atteinte des objectifs.

Nous avons choisi l'approche mixte dans le but d'améliorer la validité de la recherche en profitant des forces de chacune des approches tout en palliant leurs faiblesses respectives (Chen, 2005; Johnson et Onwuegbuzie, 2004). Elle nous apparaît d'autant plus nécessaire que notre objectif de recherche ne serait que partiellement répondu sans la mixité des méthodes qualitatives et quantitatives.

D'un point de vue paradigmatique, utiliser à la fois des méthodes quantitatives et qualitatives peut paraître inconciliable (Khun, 1970; Levy, 1994). Le paradigme post-positiviste, associé aux méthodes quantitatives, conçoit le monde comme étant prédéterminé et où tous les événements sont régis par des lois de causalité. De son côté, le paradigme constructiviste conçoit que le monde tel que passé par l'expérience constitue une représentation construite et que tous les événements dans ce monde, comme ce monde lui-même, ne sont pas prédéterminés, mais se produisent selon un processus récursif de changement (Levy, 1994). À cet égard, les valeurs sous-jacentes à ces représentations opposées du monde influencent le chercheur dans sa quête de nouvelles connaissances et guident la formulation de ses questions de recherche aussi bien que le choix de ses outils méthodologiques. Qu'en est-il alors lorsque le chercheur choisit d'utiliser deux méthodologies traditionnellement associées à des paradigmes différents?

Les partisans de la position dialectique croient que les paradigmes traditionnels sont eux-mêmes des constructions historiques et sociales, donc soumises aux changements, et qu'ils méritent d'être reconsidérés, sinon conjugués, pour mieux comprendre l'extraordinaire complexité des phénomènes humains (Greene et Hall, 2010; Maxwell, 2015). Cette position nous semble la plus juste en ce qu'elle répond à la nécessité de considérer les différentes dimensions d'un phénomène complexe, chacune des méthodes permettant de dégager des informations différentes, parfois contradictoires, mais toujours complémentaires à propos de ce phénomène.

Dans le contexte de notre recherche, nous avons donc utilisé une combinaison simultanée d'une méthode quantitative (étude observationnelle non expérimentale de type pré-post en l'absence d'un groupe témoin) et qualitative (étude de cas unique avec niveaux d'analyse imbriqués) afin que les résultats complémentaires issus de l'une et l'autre alimentent l'interprétation touchant les effets à court terme du programme. Creswell et Plano Clark (2007) qualifient ce type de devis de concomitant triangulé du fait que les méthodes qualitatives et quantitatives sont exécutées simultanément de façon à créer une convergence et une correspondance des informations.

9.3.1 Participants

Les sujets sont tous les adolescents endeuillés par suicide qui participent au programme dans l'un ou l'autre des deux milieux (groupe A et B) où il se déploie ($N = 13$). Le groupe A compte sept adolescents et le groupe B, six. Ces jeunes sont âgés de 12 à 17 ans ($M = 13,8$ ans, $ÉT = 1,54$). Malgré la limite d'âge minimale de 13 ans établie dans le Guide d'animation, chacun des groupes avait admis un adolescent de 12 ans en raison de leur degré de maturité jugé suffisant par les intervenants. Les deux groupes montrent des caractéristiques comparables, ce qui justifie que nous les traitions comme un seul et même groupe dans les analyses. Tous les adolescents ont perdu au minimum un membre de leur famille par suicide. Deux dyades d'adolescents sont endeuillées de la même personne. Les 11 personnes décédées par suicide sont toutes de genre masculin[7]. Huit adolescents ont perdu leur père (61,5 %); quatre, leur frère (30,8 %) et un seul, son cousin (7,7 %). Le temps écoulé entre le suicide et le début du programme variait d'un mois à 47 mois ($M = 15,7$ $MÉD = 11$). Les critères d'exclusion de la recherche étaient les mêmes que ceux du programme : l'adolescent n'était pas admis s'il présentait un état de stress post-traumatique, s'il abusait de drogues ou d'alcool, si ses comportements étaient susceptibles de nuire à la démarche du groupe ou s'il ne démontrait pas la maturité nécessaire. Le Tableau 9.1 fournit une description de certaines caractéristiques des adolescents juste avant leur participation au programme.

---

[7] Bien que les statistiques populationnelles rapportent des taux de suicide plus élevés chez les hommes comparativement aux femmes, notre échantillon surreprésente la population masculine décédée par suicide.

Les parents de ces jeunes ont aussi été sollicités pour participer à l'étude ($N = 12$)[8]. La participation du parent ayant une plus grande proximité avec l'adolescent a été privilégiée. Des 12 parents sollicités, neuf ont accepté de participer. Quatre parents appartiennent au groupe A et cinq, au groupe B. Des trois parents non participants, ceux de Pikotine et de Melz n'ont pas rendu nos appels et le parent de Kidess a quant à lui refusé d'être interviewé. Les intervenants ciblés par l'évaluation sont les deux dyades d'intervenants des deux groupes ($N = 4$).

Tableau 9.1	**Caractéristiques des adolescents avant leur participation au programme**

Groupe	Nom fictif[a]	Âge	Genre	Niveau scolaire	Endeuillé du	Mois depuis suicide
A	1. Melz	16	F	Sec. II	Père	10
	2. Lali-Shine	13	F	Sec. II	Père	47
	3. BSA	13	M	6e année	Père	20
	4. Kid	13	M	Sec. II	Frère	1
	5. Kidess	14	F	Sec. III	Cousin	1
	6. Pikotine	13	F	Sec. I	Frère	30
	7. Lilou	12	F	Sec. I	Frère	3
B	8. Chibi	15	F	Sec. IV	Père	16
	9. Sam	13	M	Sec. II	Frère	1
	10. Sram	13	M	Sec. I	Père	32
	11. Poulet	17	F	Cégep	Père	11
	12. Charlotte	15	F	Sec. III	Père	11
	13. Pokmon132	12	M	Sec. I	Père	21

[a] Les noms fictifs ont été choisis par les adolescents eux-mêmes pour garantir l'anonymat et la confidentialité.

9.3.2 Collecte de données

L'inventaire de questionnaires pré et post-groupe adressé aux adolescents sert à mesurer les changements qui s'opèrent chez les adolescents entre le temps précédant leur exposition au programme et le temps après leur participation à celui-ci. Les 13 adolescents ont répondu à cet inventaire avant leur participation au programme (T1) tandis que huit d'entre eux y ont répondu dans un délai d'un mois suivant sa fin (T2)[9,10].

Le *Beck Depression Inventory* (BDI-II ; Beck, Steer et Brown, 1996) est un questionnaire autoadministré permettant de mesurer la sévérité des symptômes de dépression chez les personnes âgées de 13 ans et plus. Il comporte 21 items qui empruntent aux critères d'évaluation des symptômes de l'épisode dépressif majeur du DSM-IV-TR. Le répondant cote chacun des items selon une gradation allant de 0 (absence) à 3 (présence sévère). Plus le total des scores additionnés est élevé, plus les symptômes de dépression sont sévères (entre 0 et 13 : minimale; entre 14 et 19 : légère; entre 20 et 28 : modérée; entre 29 et 63 : sévère). La cohérence interne de cette échelle est de 0,93 chez un échantillon clinique et de 0,92 chez un échantillon non clinique (Arbisi, 2001). Il obtient une fidélité test-retest, selon un intervalle de sept jours, de 0,93 (Farmer, 2001).

---

[8] Le nombre de parents sollicités est inférieur au nombre d'adolescents puisque deux adolescentes sont des sœurs.

[9] Le nombre d'adolescents varie selon le questionnaire. Tous n'ont pas répondu à tous les questionnaires post-groupe de l'inventaire.

[10] Plusieurs questionnaires utilisés dans le cadre du programme et de l'étude évaluative complète ne seront pas repris dans le présent chapitre afin de documenter les changements sur des aspects précis. Nous vous dirigeons vers Léonard (2016) pour plus d'information sur l'ensemble des instruments utilisés en cohérence avec les effets attendus au programme.

Le *Beck Hopelessness Scale* (BHS; Beck et Steer, 1988) est un questionnaire autoadministré de 20 items qui évalue le désespoir et les attitudes négatives vis-à-vis du futur. Ce questionnaire n'est pas prévu pour les moins de 17 ans, mais il est prescrit par le programme comme outil d'évaluation des adolescents. Son utilisation serait malgré tout valable chez des individus pour qui le futur est un concept compréhensible (Fernandez, 1998), ce qui semble le cas chez notre échantillon. Le répondant note si chacune des affirmations est vraie ou fausse. Le score total peut varier de 0 à 20. Plus le score est élevé, plus le répondant est pessimiste. D'un point de vue psychométrique, une étude comparative incluant des patients souffrant de dépression ($n = 100$) et un groupe témoin ($n = 93$) révèle que ce questionnaire, dans sa version française, obtient un coefficient de cohérence interne de 0,97 et une fidélité test-retest, selon un intervalle de 15 jours, de 0,81 (Bouvard, Charles, Guérin, Aimard et Cottraux, 1992).

Le *Grief Experience Questionnaire* (GEQ; Barrett et Scott, 1989; traduction et adaptation par Henry, Séguin et Drouin, 2004) est un questionnaire autoadministré de 55 items mesurant les réactions de deuil. Il a l'avantage de traiter des réactions de deuil spécifiques au décès par suicide et a été utilisé dans de nombreuses études auprès d'enfants et d'adolescents (Petsher, 2006). Celui-ci se divise en 11 sous-échelles de cinq items chacune :

1. les réactions somatiques;
2. les réactions de deuil générales;
3. la recherche de sens;
4. la perte de soutien social;
5. la stigmatisation;
6. la culpabilité;
7. la responsabilité;
8. la honte;
9. le rejet et l'abandon;
10. les comportements autodestructeurs;
11. les réactions spécifiques à un deuil par suicide.

Le répondant doit indiquer à quelle fréquence il a éprouvé chacune des réactions de deuil au cours de la première année suivant le décès de son proche (ou jusqu'à présent si le décès s'est produit pendant l'année) selon une échelle en cinq points allant de jamais (1) à toujours (5). Le score total est obtenu en additionnant le degré de fréquence indiqué à chacun des énoncés. Plus le score est élevé, plus le répondant éprouve des réactions de deuil intenses. Le GEQ a été soumis à une retraduction rigoureuse par Henry et al. (2004) suivant les recommandations de Vallerand (1989). Cette version a montré une cohérence interne de 0,96.

Une série d'entrevues individuelles semi-dirigées a été menée auprès des adolescents, des parents et des intervenants pour connaître leurs objectifs et attentes vis-à-vis du programme, mais surtout pour évaluer leurs perceptions sur le niveau d'atteinte des objectifs du programme. L'entrevue pré et post-groupe avec les adolescents est une entrevue d'une durée de 15 minutes. L'entrevue prégroupe a été menée auprès des 13 adolescents. L'entrevue post-groupe a quant à elle été menée auprès des 11 adolescents qui ont consenti à y répondre dans un délai d'un mois après leur participation au programme. L'entrevue avec les parents des adolescents est une entrevue d'une durée d'une heure et demie. Un total de huit entrevues ont été menées auprès de neuf parents[11] dans un délai d'un mois suivant la participation des adolescents au programme. L'entrevue post-groupe avec les intervenants est une entrevue d'une durée moyenne d'une heure et demie. Deux entrevues ont été menées auprès des deux dyades d'intervenants dans un délai d'un mois suivant la dernière rencontre de groupe prévue au programme.

---

[11] De ces neuf parents, deux d'entre eux représentent un couple qui souhaitait participer conjointement tandis qu'un autre est parent de deux adolescents.

Les perceptions des intervenants sur le niveau d'atteinte des objectifs du programme ont aussi été évaluées par l'entremise d'un journal de bord et des dossiers cliniques des adolescents colligés par les intervenants. Ceux-ci contiennent le rapport d'entrevue d'évaluation des besoins menée par les intervenants avant l'admission de l'adolescent au groupe, des notes progressives et des exercices réalisés par les adolescents dans le cadre des activités de groupe.

9.3.3 Déroulement

Le recrutement des adolescents et la collecte des données se sont déroulés entre le mois d'avril 2008 et le mois de mai 2009. Les intervenants avaient la responsabilité de recruter les adolescents admissibles au programme et de faire passer une première partie de l'inventaire de questionnaires prégroupe. C'est aussi à ce moment que les parents et les adolescents ont appris qu'ils seraient invités sur une base volontaire à participer à une recherche.

Préalablement à la première rencontre de groupe, nous avons expliqué aux adolescents et à leur(s) parent(s) les objectifs de la recherche, l'aspect libre et volontaire de leur participation ainsi que leur droit de se retirer en tout temps du processus sans qu'ils n'en subissent aucun préjudice ou qu'ils soient retirés du programme. Suite à leur consentement, nous avons interviewé une première fois les adolescents et leur avons fait passer la seconde partie de l'inventaire de questionnaires prégroupe.

L'ensemble des entrevues post-groupe s'est déroulé en moyenne un mois après la dernière rencontre de groupe. C'est à ce même moment que les adolescents ont rempli l'inventaire de questionnaires postgroupe. De manière à rendre sa passation plus agréable, conviviale et dynamique, nous avons eu recours au logiciel SurveyMonkey.com, version professionnelle. Ce logiciel a déjà été utilisé dans le cadre de recherches menées auprès de personnes pour être finalement accepté par les comités d'éthique[12].

La confidentialité a été garantie par des moyens bien précis. Plusieurs informations concernant les participants au programme étaient déjà enregistrées dans les dossiers, lesquels ont été rendus accessibles par la Direction des services professionnels du Centre de santé et de services sociaux (CSSS) conformément à l'article 19.2 de la Loi sur les services de santé et les services sociaux (L.R.Q., chapitre S-4.2). Il s'agit de l'utilisation secondaire d'informations déjà recueillies dans le cours normal de l'intervention. Les entrevues, les questionnaires d'enquête et les observations consistent en une cueillette d'informations supplémentaires spécifiquement effectuées aux fins de l'évaluation.

Dans le cas où un participant nous aurait fait part d'idéations ou d'intentions suicidaires, il était prévu qu'il soit dirigé vers son intervenant. Nous avions suivi préalablement une formation accréditée par l'Association québécoise de prévention du suicide et étions en mesure d'évaluer l'urgence suicidaire des participants, d'intervenir auprès d'eux et de les orienter vers un service le cas échéant. Dans le cas où nous aurions identifié un participant en danger suicidaire, nous avions l'obligation de lever notre devoir de confidentialité et d'en aviser l'intervenant afin de respecter la Loi sur la protection des personnes dont l'état mental présente un danger pour elles-mêmes ou pour autrui (L.R.Q., chapitre P-38.001). Les participants ont été mis au courant de cette procédure et des caractéristiques de cette loi avant l'entrevue. Toutefois, cette situation ne s'est pas présentée.

Somme toute, cette recherche correspond aux normes éthiques des différents fonds de recherche; elle a été approuvée par le comité scientifique et d'éthique de la recherche du CSSS auquel sont rattachés les promoteurs du programme.

9.3.4 Plan d'analyse

L'analyse des informations et des données recueillies par le biais des techniques quantitatives (questionnaires standardisés) et qualitatives (entrevues semi-dirigées, analyse des dossiers, journaux de bord) s'est déroulée de façon continue durant tout le processus de la recherche, soit selon un mode

---

[12] Aucune adresse courriel d'adolescent n'a été transmise aux gestionnaires du logiciel SurveyMonkey.com. Pour un maximum de sécurité et de confidentialité, le logiciel permet une option de cryptage des données lors de leur transfert auquel nous avons souscrit.

de travail itératif dans lequel l'analyse est effectuée concurremment à la collecte de données. Au total, nous avons procédé à l'analyse de 34 entrevues semi-dirigées (24 auprès des adolescents, huit auprès des parents, deux auprès des intervenants), deux journaux de bord, 13 dossiers cliniques et 13 inventaires de questionnaires pré et post-groupe.

Les données de nature quantitative ont été soumises à des analyses descriptives et inférentielles de comparaison de moyennes par le biais des logiciels EXCEL et SPSS (version 20.0). Les analyses descriptives permettent de décrire statistiquement les adolescents par rapport aux variables sociodémographiques (genre, âge, niveau scolaire) et aux variables associées aux circonstances du suicide (relation avec la personne suicidée, nombre de mois depuis le décès). Les analyses inférentielles de comparaison de moyenne (test-t pour échantillons appariés) permettent de vérifier les différences de moyenne sur les différentes échelles des questionnaires entre le premier temps de mesure et le second.

Quant à elles, les informations de nature qualitative ont été soumises à une analyse thématique assistée par le logiciel informatisé NVivo (versions 8 et 9). Cet outil informatique permet de découper par thèmes des transcriptions d'entrevues et autres documents personnels, d'élaborer une arborescence thématique et analytique, puis d'établir des croisements, des associations et des recoupements afin de répondre aux objectifs de la recherche.

En suivant la procédure proposée par Paillé (1994), nous avons amorcé l'analyse par une codification dite ouverte de tout le matériel disponible. Cela se fait en examinant chaque document et en associant chaque ligne de texte à un mot ou un groupe de mots (appelé code) résumant et s'approchant le plus près possible du matériel. Ensuite, nous avons procédé à une codification axiale qui consiste à structurer et regrouper les codes d'une manière hiérarchique et de créer des catégories. Pour la dernière étape, celle de la codification sélective, nous avons finalement lié ces catégories aux sept effets attendus par le programme et avons effectué des croisements et des recoupements. Pour nous assurer de la justesse de nos associations et catégories, nous avons consulté régulièrement des collègues liés au projet de recherche à titre de mentors et avons reçu la rétroaction de l'auteure du programme.

Finalement, nous avons opéré différents croisements entre les résultats issus des analyses quantitatives et qualitatives. Bien que les effets d'un programme se mesurent généralement par une méthode quantitative, la méthode qualitative permet de combler les lacunes des questionnaires utilisés qui, comme mentionné, ne couvrent pas directement l'ensemble des effets à court terme attendus par le programme. À cet égard, nous avons utilisé une stratégie de triangulation qui consiste à superposer et à combiner plusieurs techniques de cueillette des données afin de compenser le biais inhérent à chacune d'entre elles (Mucchielli, 1996).

9.4 Résultats

9.4.1 Différences entre le T1 et le T2

Les analyses montrent principalement deux différences significatives entre le T1 et le T2 relativement aux échelles et sous-échelles de l'inventaire de questionnaires (Tableau 9.2). Premièrement, les résultats montrent que les adolescents entrevoient significativement plus d'ouvertures et de possibilités d'avenir après leur expérience de groupe qu'avant (BHS).

Cependant, il est à noter que le score moyen au T1 était déjà peu élevé. Également, les résultats mettent en lumière que les adolescents ressentent significativement moins de honte à titre de réaction de deuil par suicide après leur expérience de groupe (GEQ – honte).

Notre observation d'un changement considéré extrême sur le BDI-II au T2 (évalué subjectivement par comparaison au reste de l'échantillon, *n* = 6) nous amène à procéder à une analyse approfondie en considérant les résultats avec et sans ce score. Ce changement considéré extrême provient du sujet Chibi qui montrait un score de 8 au T1 et au T2, un score de 28, ce qui traduit le passage d'un score de dépression minimal (T1) à un score de dépression modéré (T2). C'est le seul sujet qui présente une augmentation d'un score à l'autre et, de surcroît, un écart aussi élevé. Le test-t pour échantillons appariés, en considérant ce score, ne permet pas de déceler de différences sur le BDI-II entre le T1 et le T2. En l'absence de ce score, les résultats signalent cette fois une différence significative entre le T1 et le T2.

Notons que pour les résultats non significatifs, la direction du changement des scores moyens entre le T1 et le T2 pointe toujours vers une amélioration de l'état des adolescents. Aucun résultat ne laisse entrevoir une détérioration de l'état des adolescents après leur passage dans le programme (Tableau 9.2).

Tableau 9.2 **Résultats des tests-t entre le T1 et le T2**

| Échelles et sous-échelles | Temps de mesure | | | | | | | |
| | T1 | | T2 | | | | | |
	M	*ÉT*	*M*	*ÉT*	*n*	*t*	*p*	*d*[a]
BHS	2,60	1,14	1,00	1,00	5	(4) 3,14	0,004*	0,71
GEQ-Somatique	10,75	3,30	10,25	5,19	4	(3) 0,24	0,83	
GEQ-Général	13,75	4,03	11,75	5,74	4	(3) 0,88	0,44	
GEQ-Recherche sens	20,50	4,36	19,50	5,92	4	(3) 0,52	0,64	
GEQ-Soutien social	10,50	5,32	8,75	6,24	4	(3) 0,53	0,64	
GEQ-Stigmatisation	9,50	2,08	8,50	4,04	4	(3) 0,93	0,42	
GEQ-Culpabilité	15,25	6,85	17,25	5,44	4	(3) 0,94	0,42	
GEQ-Responsabilité	8,75	4,50	9,25	3,30	4	(3) 0,52	0,64	
GEQ-Honte	12,75	2,75	9,25	2,63	4	(3) 4,04	0,03*	0,89
GEQ-Rejet & abandon	13,50	5,07	15,25	5,19	4	(3) 1,70	0,18	
GEQ-Cpt autodestructeur	7,25	1,71	6,00	1,82	4	(3) 1,13	0,34	
GEQ-Spécifique suicide	12,25	5,91	10,00	4,24	4	(3) 0,66	0,56	
BDI-II (avec score Chibi)	13,67	6,41	10,17	10,15	6	(5) 0,74	0,50	
BDI-II (sans score Chibi)	14,8	6,46	6,60	5,77	5	(4) 8,95	0,001**	0,95

[a] Nous rapportons le d de Cohen pour signifier la taille de l'effet des différences significatives obtenues de manière à montrer que, malgré la petite taille de notre échantillon et de nos sous-échantillons, celles-ci ne sont pas le fruit du hasard. Un d de Cohen autour de 0,2 est décrit comme un effet faible, 0,5 comme moyen et 0,8 comme fort (Cohen, 1988).

* $p \leq 0,05$; ** $p \leq 0,001$.

9.4.2 Perception du niveau d'atteinte des objectifs individuels et collectifs

Les résultats qualitatifs sont présentés selon qu'ils se rapportent à chacun des sept effets attendus de la théorie du programme (Figure 9.1, page 223). Nous traitons certains d'entre eux conjointement en raison de recoupements entre les propos rapportés.

Sortie de l'isolement et réseau de soutien

Les extraits puisés dans les dossiers cliniques des adolescents à propos de la première rencontre de groupe témoignent d'un résultat déjà clair relativement à la sortie de l'isolement. Celle-ci se traduit chez les adolescents par le fait de se sentir normalisés dans leurs réactions de deuil. Selon les notes colligées aux dossiers cliniques des adolescents, l'exercice portant sur les réactions inhérentes au deuil atteint cet objectif. Il a créé un effet de soulagement chez au moins neuf adolescents. Ils se sont reconnus dans les réactions énoncées sur la liste des réactions de deuil distribuée. En entendant les pairs parler de leurs propres réactions, ils découvrent qu'ils ne sont pas fous, déviants ou « extra-terrestres ». Aussi, se sentir normalisé dans ses réactions de deuil s'opère dans l'observation que les autres adolescents expérimentent des réactions différentes des leurs. Les adolescents en arrivent à reconnaître leur normalité au-delà de la similarité de leurs réactions de deuil, soit dans la diversité et les différentes manières de les vivre, de les gérer et de les ressentir. Un de ces adolescents n'ayant participé qu'à quatre rencontres avant de quitter le programme admet à tout le moins que l'aspect positif du programme aura été de le sortir de son isolement.

L'effet du programme sur la sortie de l'isolement des adolescents s'observe également par l'augmentation du réseau de soutien. Alors que la sortie de l'isolement désigne un sentiment qualitatif, l'augmentation du réseau de soutien est une évaluation plus pragmatique du nombre de personnes en soutien et du type de soutien offert. Le programme a ainsi permis aux adolescents de rencontrer d'autres adolescents avec qui ils partagent un événement de vie similaire. Cet aspect est d'autant plus important que les adolescents de notre échantillon ont délaissé à leur propre initiative certaines relations amicales et amoureuses en évoquant que leurs amis ou partenaires ne comprenaient pas la gravité et l'ampleur de leur situation.

Le programme favorise indirectement la provision d'un meilleur soutien social de la part de l'entourage en permettant aux adolescents d'oser traiter de la mort de leur proche. En allant vers les autres et en s'ouvrant davantage, les adolescents sont plus susceptibles de recevoir le soutien social nécessaire et adéquat. Autant les parents que les adolescents soulignent que le programme a augmenté la capacité de parler plus ouvertement et librement de la personne suicidée. Les adolescents sont également capables de choisir les moments où ils parlent du suicide.

Mécanismes d'adaptation à la perte et modes de résolution de problème

À la suite du programme, les adolescents disent appliquer de nouvelles stratégies d'adaptation. Ces stratégies sont variées d'un adolescent à l'autre (crier, pleurer, écouter de la musique, faire du sport, lire, écrire, magasiner, parler à des amis, etc.). Pour un adolescent, l'application de nouvelles stratégies d'adaptation lui a permis de retourner dormir seul dans sa chambre. L'application des nouvelles stratégies d'adaptation est aussi fortement associée à de nouveaux modes de résolution de problèmes.

L'application de nouveaux modes de résolution de problème s'observe dans les situations impliquant des relations interpersonnelles. Chez un adolescent en particulier, la mise en pratique des étapes de la résolution de problème lui a permis de mieux contrôler ses comportements agressifs et violents; ce qui lui a valu de ne plus se faire suspendre de l'école cette année.

Acquisition de nouvelles connaissances

Les adolescents croient que le programme a été utile pour leur transmettre des connaissances sur le processus du deuil. Selon les notes aux dossiers cliniques, les adolescents auraient approfondi certaines notions sur le deuil déjà connues et acquis de nouvelles. Comme mentionné, cet approfondissement a principalement servi à normaliser leurs différentes réactions de deuil.

Les adolescents croient aussi que le programme est utile pour valider, consolider et approfondir leurs connaissances préalablement acquises sur le processus suicidaire. Les connaissances transmises semblent avoir eu un effet principalement à propos des connaissances sur les causes du suicide. Ils déclarent comprendre maintenant que le suicide est le fait de personnes très souffrantes, qu'il peut être normal qu'il n'y ait pas de signes précurseurs et qu'il ne s'agit pas non plus d'un acte courageux. La notion de choix dans le suicide reste empreinte d'ambivalence et se retrouve encore dans le discours de plusieurs adolescents.

Expression des émotions et sentiment de contrôle

Le programme parvient à des degrés divers à jouer sur la régulation et l'expression des émotions et particulièrement sur les sentiments de culpabilité, de colère et de tristesse. De prime abord, le sentiment de culpabilité a diminué chez les adolescents qui reconnaissaient se sentir moindrement responsables du suicide de leur proche. À cet égard, l'exercice prévu parvient à produire son effet selon les notes colligées aux dossiers cliniques de plusieurs adolescents.

Aux dires des adolescents, le programme a aussi contribué à diminuer la colère et ses manifestations chez au moins six adolescents. Cette diminution est attribuable en partie au fait de reconnaître et de nommer la colère, et de mieux comprendre les différents aspects plus généraux et particuliers du suicide de leur proche. La diminution de cette colère joue surtout favorablement sur les relations interpersonnelles avec les pairs, la fratrie et les parents. Certains sont parvenus à déplacer la colère qu'ils entretenaient à tort envers leurs proches sur la personne suicidée.

Il ressort toutefois de cela que la tristesse ressentie par les adolescents endeuillés par suicide n'a pas subi pareille atténuation suite à l'exposition au programme. Alors que son intensité a faiblement diminué chez au moins cinq adolescents, elle est restée stable chez d'autres ou a même augmenté chez un participant. Ce sont plutôt les manifestations de cette tristesse qui se sont positivement modifiées à la suite de la participation au programme. Au moins cinq adolescents disent avoir apprivoisé leur tristesse et sont maintenant en mesure de mieux contrôler son intensité et le moment de son expression.

La participation au programme permet aussi à au moins deux adolescents de retrouver une authenticité perdue. Depuis le suicide de leur proche, ces adolescents avaient pris l'habitude de masquer leurs émotions négatives à leur entourage pour éviter de les contrarier et de devoir expliquer la nature de leur souffrance. Ces adolescents disent être plus authentiques envers eux-mêmes et les autres, qu'ils s'assument plus. Nous lions ces derniers éléments à la notion de sentiment de contrôle.

Comportements suicidaires

Bien qu'il s'agisse d'un effet attendu à long terme, les analyses montrent déjà certaines modifications mitigées sur la diminution des idéations suicidaires, des comportements suicidaires et des comportements d'automutilation en cours de programme. Un adolescent rapporte encore des idées suicidaires lors de la dernière rencontre de groupe, alors qu'un autre témoigne d'idées suicidaires intermittentes et des épisodes de comportements d'automutilation.

Par ailleurs, les idées suicidaires et les comportements d'automutilation ont diminué et même disparu chez un adolescent qui avait commis une tentative de suicide entre la première et la deuxième rencontre de groupe puis des comportements d'automutilation entre la troisième et la quatrième rencontre.

Aussi, une autre adolescente confie qu'elle a fait appel à la ligne d'intervention du centre de prévention du suicide parce qu'elle pensait à aller rejoindre son père. Cette expérience positive l'a encouragée à écrire à propos du suicide de son père sur son blogue et à y ajouter le numéro de téléphone du centre de prévention du suicide.

9.5 Discussion

Nos analyses permettent d'observer cinq types de changement chez les adolescents suite à leur participation au programme que nous présentons selon les cinq types d'intervention de la théorie du programme (Figure 9.1, page 221). Il s'agit des changements :

1. quant aux souffrances émotionnelles liées à la perte, soit la tristesse, le désespoir et les symptômes de dépression (réguler les émotions);

2. quant aux difficultés d'adaptation sociale, soit la honte, l'isolement ou le problème d'intégration sociale (sensibiliser et soutenir);

3. quant aux réactions émotionnelles liées au suicide, soit la colère, le sentiment de culpabilité et le sentiment de responsabilité (opérer des changements cognitifs);

4. quant aux connaissances (révision des connaissances et reconstruction du sens (transmettre des connaissances);

5. quant aux comportements, soit la conduite générale et les comportements suicidaires (changer les comportements).

Nous rapportons ces changements en les liant aux sept effets attendus.

9.5.1 Tristesse, désespoir et symptômes de dépression

Les résultats de l'étude, autant quantitatifs que qualitatifs, montrent l'efficacité du programme pour ce qui est de diminuer la tristesse, le sentiment de désespoir et les symptômes de dépression généralement éprouvés par les adolescents endeuillés par suicide. Les analyses quantitatives rapportent à cet égard une diminution significative du désespoir ainsi qu'une diminution significative des symptômes de dépression.

D'après nos analyses qualitatives, c'est la manière d'exprimer la tristesse et le désespoir qui se modifie et accuse un progrès. Bien que ces émotions continuent d'être ressenties, leurs expressions sont mieux contrôlées et davantage contenues. En fait, les adolescents disent avoir appris à identifier la source ou l'élément déclencheur d'une réaction de tristesse et sont, par conséquent, en mesure de réguler son expression. Par exemple, ils choisissent dorénavant le contexte temporel et social dans lequel ils acceptent ou non de la partager. À cet égard, le programme *Groupe de thérapie pour adolescents endeuillés par suicide* atteint son objectif d'augmenter le sentiment de contrôle chez les participants (effet attendu #5).

Malgré cela, certains adolescents ne perçoivent pas l'atténuation de leur tristesse, tandis que d'autres croient qu'elle est même exacerbée par la participation au programme. Cette impression ressemble à ce que Farberow (1992, 1994) observe chez les membres de son groupe expérimental inscrits au *Los Angeles Survivors After Suicide Program*. À l'instar de cet auteur, nous croyons que cet effet résulte des discussions intensives au cours des rencontres de groupe, lesquelles raniment une tristesse plus ou moins enfouie. Le fait de ressentir plus de tristesse n'est pas *de facto* négatif d'autant plus si les adolescents sont en mesure de réguler son expression comme cela semble être le cas chez les participants à l'étude. Nous pouvons donc dire du programme qu'il atteint son objectif d'augmenter et de réguler l'expression des émotions des adolescents (effet attendu #7). Nous associons entre autres ces deux effets (# 5 et #7) à l'un des facteurs thérapeutiques de groupe de Yalom et Leszcz (2005) voulant que le groupe soit un lieu où les adolescents ont réalisé de nouveaux apprentissages interpersonnels dans un contexte sécuritaire.

9.5.2 Honte, isolement social ou problème d'intégration sociale

Quantitativement, les résultats montrent une diminution significative du sentiment de honte. Tout comme dans l'étude de Servaty-Seib et Hayslip (2003), notre analyse qualitative révèle que ce sentiment de honte se manifestait initialement chez les adolescents par une difficulté à communiquer ses émotions, par des interactions inadéquates et par un sentiment d'infériorité vis-à-vis des pairs non touchés par le suicide. Dorénavant, les adolescents et leurs parents témoignent de leur récente capacité à s'exprimer ouvertement et librement sur leurs réactions de deuil et sur le suicide de leur proche en tenant judicieusement compte du contexte : ils choisissent le bon moment, les interlocuteurs et les informations pertinentes.

Ce serait principalement la rencontre de pairs semblablement endeuillés qui permet l'atténuation du sentiment de honte. À l'instar de Yalom et Leszcz (2005), nous avons observé que le groupe agit à titre de source de soutien marqué par l'universalité. Malgré les circonstances particulières inhérentes à leur propre histoire et la variété des réactions soulevées par ce type de deuil, les adolescents se sentent soulagés de n'être pas seuls à traverser cette épreuve. C'est donc en parvenant à normaliser les réactions inhérentes au deuil par suicide que le programme atteint son objectif relatif à la sortie de l'isolement (effet attendu #1).

Aussi, les sujets se découvrent-ils mieux soutenus par leur entourage qu'ils ne l'étaient avant leur participation au programme grâce à cette double capacité d'exprimer leurs émotions et de partager leur expérience. Ces éléments participent similairement à l'élargissement du réseau de soutien (effet attendu #2).

Notons que l'objectif du programme qui consiste à briser l'isolement de l'adolescent endeuillé par suicide nous semble atteint chez tous les adolescents. Le groupe a aussi agi comme source d'altruisme où les adolescents ont pu à la fois recevoir et offrir leur soutien tout en développant un sentiment d'appartenance à ce groupe (Yalom et Leszcz, 2005). La diminution du sentiment de honte chez les adolescents allant de pair avec une plus grande capacité à exprimer leurs émotions permet aussi d'améliorer ou de restaurer la communication avec les proches et l'entourage.

9.5.3 Colère, culpabilité et sentiment de responsabilité

La participation au programme des adolescents endeuillés par suicide laisse paraître une atténuation de leur sentiment de colère qui visait préalablement deux cibles. D'abord, la majorité de ces adolescents reprochent à la personne suicidée de les avoir abandonnées. Ensuite, et dans une moindre mesure, certains adolescents dirigent leur colère sur l'autre parent auquel ils attribuent la source des souffrances à l'origine du suicide. Pour ce dernier cas de figure, l'exposition au programme a contribué au déplacement de leur hostilité vers le proche suicidé, ce qui porte à croire que les cibles du sentiment de colère changent au cours du processus d'adaptation à la perte. Il reste que le sentiment de colère diminue dans les deux cas et que cet apaisement contribue à l'amélioration des relations interpersonnelles.

Cain et Fast (1966) soulignent le risque de voir la colère se transformer en sentiment de culpabilité chez les adolescents endeuillés par suicide. Nos observations ne permettent pas de rendre compte de cette transformation. Les sentiments de culpabilité et de responsabilité chez les adolescents de notre échantillon se sont atténués au même rythme que le sentiment de colère. Cet apaisement nous semble entre autres tributaire d'acquisitions cognitives que nous associons à l'augmentation des mécanismes d'adaptation (effet attendu #3) : le programme les habilite à reconnaître les manifestations de tels sentiments et à mieux comprendre le phénomène du suicide comme en témoigne la section qui suit.

9.5.4 Révision des connaissances et reconstruction du sens

Le programme permet d'approfondir et de consolider les connaissances des participants sur les causes du suicide et les réactions inhérentes au deuil (effet attendu #6). Déjà au fait de la plupart des informations transmises sur ces sujets, les exercices ont tout de même permis aux adolescents de revisiter leurs conceptions initiales et de les ajuster de telle manière qu'elles leur procurent un effet de soulagement, conséquence souhaitable du processus de normalisation. Notons que ce sentiment de soulagement se distingue du réconfort consécutif au décès perçu comme une délivrance de la personne souffrante, tel que mesuré par l'étude de Cerel et al. (1999). Certes, les adolescents reconnaissent maintenant l'intensité de la souffrance qui affligeait leur proche suicidé, mais cette reconnaissance se traduit davantage par une acceptation accrue du décès plutôt que par un soulagement.

Le programme a permis aux adolescents de situer leurs connaissances dans le contexte de leur propre histoire. Autrement dit, ils en sont venus à retracer le sens des événements entourant le suicide de leur proche en approfondissant leurs connaissances sur le suicide et les réactions de deuil afférentes. À cet égard, le programme remplit l'objectif visant à permettre aux participants de « comprendre les réactions de deuil par suicide et la souffrance spécifique au deuil par suicide ». Notons de surcroît qu'une meilleure compréhension des changements émotifs et comportementaux qui s'opèrent au fil du processus d'adaptation à la perte par suicide jouerait favorablement sur l'estime d'eux-mêmes et sur leur confiance en soi. Ce dernier point témoigne de l'augmentation du sentiment de contrôle chez les adolescents (effet attendu #5).

9.5.5 Conduite générale et comportements suicidaires

Le programme a contribué à modifier chez certains adolescents une variété de comportements délétères manifestés avant leur participation. Ces changements souhaités figuraient parmi les objectifs individuels de chacun des participants. Par exemple, l'atténuation du sentiment de colère a nettement contribué à diminuer les comportements agressifs et violents chez l'un d'eux. La normalisation de ses réactions de deuil a encouragé tel autre à quitter le canapé pour retourner dormir dans son propre lit. D'autres ont montré une amélioration de leurs résultats scolaires grâce à une meilleure concentration pendant les cours. Ces types de changements seraient associés à l'application et leur pratique des étapes de résolution de problème transmises durant les rencontres de groupes (effet attendu #4).

Toutefois, en raison de l'ambivalence qui persiste chez certains participants, nous ne pouvons pas affirmer que le programme a pleinement atteint son objectif à long terme d'exclure le suicide à titre de solution à la souffrance des adolescents. Tout au plus pouvons-nous croire que l'apprentissage de nouvelles stratégies d'adaptation ait pu affaiblir à leurs yeux la pertinence de cette solution radicale.

9.5.6 Implications pour la recherche évaluative et la pratique de l'intervention psychoéducative

Diverses implications pour la recherche évaluative et l'intervention psychoéducative envers les adolescents endeuillés par suicide se dégagent de cette étude. Nous décrivons ces implications comme des forces de notre étude. Tout d'abord, du point de vue de la recherche évaluative, notre étude participe au renforcement de la culture d'évaluation dans les milieux de pratique. Elle est la démonstration que l'évaluation d'un programme mène à la production de résultats crédibles et pertinents dans des perspectives d'amélioration continue et de diffusion des bonnes pratiques. Méthodologiquement parlant, elle offre également des pistes intéressantes d'utilisation d'une méthodologie mixte pour l'évaluation de programme dans des contextes où les échantillons sont restreints. La combinaison simultanée des méthodes quantitatives et qualitatives de même que la triangulation des diverses sources d'information et moyens de collecte de données ont permis d'approfondir l'analyse des résultats, d'émettre des jugements nuancés à propos des effets du programme sur les adolescents endeuillés par suicide, de vérifier la justesse et la stabilité des résultats produits et d'en assurer ainsi la validité interne.

Quant à la validité externe, le fait d'avoir utilisé concomitamment des méthodes qualitatives et quantitatives nous permet plutôt de prétendre à la transférabilité des résultats grâce à l'application du principe de saturation. La **saturation théorique** est atteinte lorsque *le chercheur, par l'entremise de son analyse comparative constante, observe une diversité maximale de données relatives au phénomène étudié* (Glaser et Strauss, 1967). *Cela se produit lorsque lors de l'analyse et à la suite d'applications successives, les données récentes n'ajoutent aucune propriété nouvelle (par exemple : de nouveaux codes généraux).* Cette saturation théorique atteinte, nous pouvons prétendre produire un savoir riche, adéquat et nuancé, intimement rattaché au contexte des adolescents endeuillés par suicide qui ont participé au programme. Dès lors, ce savoir se révèle transférable à une autre population partageant des caractéristiques semblables. D'autre part, notre utilisation de plusieurs sources d'information nous a également permis d'atteindre ce que Pires (1997) appelle une **saturation empirique** : *le chercheur juge que les derniers documents, entrevues ou observations n'apportent guère d'informations suffisamment nouvelles ou distinctes pour justifier une augmentation du matériel empirique.*

En considérant ces avantages, il apparaît pour le moins profitable d'encourager l'usage d'une méthodologie mixte même si cela exige des chercheurs de bien maîtriser chacune des méthodes et de disposer de ressources temporelles, humaines et financières plus importantes. Il en découlerait entre autres un enrichissement du savoir sur la phénoménologie du deuil par suicide (Cerel et al., 2008). En offrant un nouvel éclairage relativement aux facteurs thérapeutiques et aux effets d'un programme d'intervention psychosocial auprès d'adolescents endeuillés par suicide, notre étude permet ensuite de mieux circonscrire les leviers d'intervention à leur égard.

Du point de vue de l'intervention psychoéducative, notre étude montre l'importance de privilégier la modalité d'intervention de groupe lorsqu'on intervient auprès d'adolescents vivant des situations peu communes et se rapportant à des situations traumatiques (sans nécessairement qu'elles ne suscitent des réactions d'ordre traumatique) tel que le deuil par suicide. Dans ces contextes, notre étude montre aussi qu'une exacerbation des sentiments de tristesse est à prévoir, mais que celle-ci est à mettre en perspective relativement aux capacités des adolescents à réguler ses expressions. Cela dit, il devient important pour l'intervenant de reconnaître les manifestations de tristesse comme un passage transitoire permettant à l'adolescent de s'exercer à mieux les contrôler. De manière complémentaire, nos résultats appuient l'importance d'offrir des occasions ou exercices de normalisation des réactions inhérentes au deuil par suicide (ou à d'autres types de circonstances traumatiques) dont les manifestations de la tristesse, dans la sortie de l'isolement et l'atténuation du sentiment de honte des adolescents.

9.5.7 Limites de la recherche

Plusieurs facteurs limitent la portée des conclusions de cette recherche. D'abord, lors de l'analyse qualitative thématique, procéder à un accord interjuge aurait pu augmenter la confirmabilité de nos associations et catégories. Également, la petite taille de l'échantillon réduit les chances d'observer des différences significatives entre les deux temps de mesure. En effet, bien que cet échantillon de convenance comprenne tous les adolescents endeuillés par suicide participant au programme

Groupe de thérapie pour adolescents endeuillés par suicide, il ne comprend que 13 sujets. Des contraintes de temps et l'impossibilité de prévoir la reconduction du programme l'année suivante n'ont pas permis de planifier un devis de recherche échelonné sur deux ans afin d'augmenter le nombre de participants.

Cette limite s'accentue du fait qu'au T2, la majorité des participants n'a pas répondu à l'inventaire de questionnaires post-groupe[13]. Malgré cela, notons que les différences significatives que nous avons été en mesure d'observer demeurent valides avec des tailles d'effet considérées de moyennes à fortes. Une telle puissance malgré de petits échantillons est atteinte lorsque les différences sont évidentes et qu'elles appuient statistiquement nos impressions cliniques. Toutefois, ces petits échantillons ne permettent pas de déceler des différences plus fines qui pourraient s'observer avec un nombre plus important de sujets.

La perte de sujets s'explique entre autres par la différence contextuelle entre les deux passations de l'inventaire de questionnaires. Au T1, on demandait à l'adolescent de répondre aux questionnaires sur place en présence d'un intervenant ou en notre présence, tandis qu'au T2, l'adolescent devait répondre lui-même à la maison. L'utilisation d'un questionnaire en ligne prétendument dynamique et plus convivial n'a malheureusement pas démontré son efficacité sur le plan de la motivation des participants. La meilleure stratégie demeure donc la passation sur place en présence d'un intervenant ou d'un autre adulte formé.

L'absence d'un groupe témoin représente également une limite considérable. Sans cette contribution, nous ne pouvons affirmer avec autant de confiance que les changements observés chez les adolescents après leur participation au programme sont redevables à l'intervention de groupe. Le simple passage du temps conjugué au processus de maturation des adolescents peut jouer dans ces changements, d'autant plus que notre échantillon compte trois adolescents endeuillés depuis plus de deux ans. Nous devons considérer l'influence de ces facteurs comme susceptibles de biaiser nos interprétations, ce que les informations qualitatives recueillies nous ont entre autres permis de faire. Toutefois, la création d'un groupe témoin dans le cas de notre étude aurait soulevé des questions éthiques non négligeables. Principalement, le nombre d'adolescents endeuillés recrutés et admissibles au programme ne dépassait pas le nombre de places disponibles dans les groupes. Également, selon les principes éthiques directeurs de l'équilibre des avantages maximaux et des inconvénients minimaux, il serait répréhensible de laisser des adolescents endeuillés par suicide sans traitement spécifique (Trois Conseils de recherche du Canada, 2005). Comme les risques associés à la non-assistance thérapeutique des adolescents endeuillés par suicide sont réels, difficilement prévisibles et qu'il est possible de détourner ces inconvénients par une méthodologie mixte, les avantages de mettre en place un groupe témoin eussent été moins importants que les inconvénients potentiels.

9.6 Conclusion

Cette étude visait à évaluer les effets de l'unique programme francophone d'intervention de groupe destiné exclusivement aux adolescents endeuillés par suicide intitulé *Groupe de thérapie pour adolescents endeuillés par suicide*. Les résultats montrent que le programme rencontre plusieurs de ses objectifs dont certains de manière plus mitigée. Si ce programme contribue incontestablement à sortir les adolescents endeuillés par suicide de l'isolement, il ne parvient pas dans tous les cas à réduire certaines réactions inhérentes au deuil telles que la tristesse et le sentiment de culpabilité. En résumé, les changements observés chez les adolescents à la suite de leur participation au programme sont encourageants et suffisamment importants pour suggérer la poursuite de son application ne serait-ce qu'en vertu de ses effets favorables quelle que soit l'intensité de ces effets.

---

[13] Notons toutefois que la majorité des adolescents a participé à l'entrevue post-groupe.

En définitive, notre travail d'évaluation du programme conforte la recommandation de nombreux chercheurs et cliniciens d'encourager la modalité thérapeutique de groupe auprès de la clientèle endeuillée par suicide (Jordan, 2011; Rice, 2015). Et bien qu'il faille mener encore de nombreuses recherches pour démontrer la singularité du deuil par suicide, l'importance de réserver exclusivement ces groupes aux adolescents endeuillés par suicide ne fait aucun doute dans notre esprit.

9.7 Remerciements

Nous souhaitons remercier l'auteure et les promoteurs du programme de m'avoir fait confiance et de m'avoir permis d'évaluer leur programme de thérapie. Un merci tout particulier aux adolescent(e)s qui ont participé à ce projet de recherche ainsi qu'à leurs parents.

9.8 Financement et soutien

Cette recherche évaluative a fait l'objet de la thèse doctorale de l'auteure. Pour sa réalisation, elle a bénéficié des bourses de maîtrise et de doctorat du Fonds de recherche québécois sur la société et la culture.

Références

Agerbo, E., Nordentoft, M. et Mortensen, P.B. (2002). Familial, psychiatric, and socioeconomic risk factors for suicide in young people: Nested case-control study. *British Medical Journal, 325*(74), 1-5.

American Psychiatric Association (2000). *Diagnostic and statistical manual of mental disorders* (4e éd., texte rev.). Washington, DC: Auteur.

Arbisi, P.A. (2001). Beck Depression Inventory-II. Dans B.S. Plake, J.C. Impara et L.L. Murphy (dir.), *The fourteenth mental measurements yearbook* (pp. 121-123). Lincoln, NE : The University of Nebraska Press.

Balk, D.E. et Corr, C.A. (1996). Adolescents, developmental tasks, and encounters with death and bereavement. Dans C.A. Corr et D.E. Balk (dir.), *Handbook of adolescent death and bereavement* (pp. 3-23). New York, NY: Springer Publisher Company Inc.

Barrett, T.W. et Scott, T.B. (1989). Development of the grief experience questionnaire. *Suicide and Life-Threatening Behaviors, 19*(2), 201-215.

Beck, A.T. et Steer, R.A. (1988). *Manual for the Beck Hopelessness Scale.* San Antonio, TX: Psychological Corporation.

Beck, A.T., Steer, R.A. et Brown, G.K. (1996). *Manual for Beck Depression Inventory II (BDI-II).* San Antonio, TX : Psychology Corporation.

Boudreau, C. et Arsenault, A. (1994). Recherche qualitative : une méthodologie différente, des critères de scientificité adaptés. *Revue de l'Association pour la Recherche Qualitative, 10*(Hiver), 121-136.

Bouvard, M., Charles, S., Guérin, J., Aimard, G. et Cottraux, J. (1992). Étude de l'échelle de désespoir de Beck : Validation et analyse factorielle. *L'encéphale, XVIII*, 237-240.

Braiden, H.J., McCann, M., Barry, H. et Lindsay, C. (2009). Piloting a therapeutic residential for children, young people and families bereaved through suicide in Northern Ireland. *Child Care in Practice, 15*(2), 81-93.

Brent, D.A., Melhem, N.M., Donohoe, M.B. et Walker, M. (2009). The incidence and course of depression in bereaved youth 21 months after the loss of a parent to suicide, accident, or sudden natural death. *American Journal of Psychiatry, 166*(7), 786-794.

Brown, A.C., Sandler, I.N., Tein, J.-Y., Liu, X. et Haine, R.A. (2007). Implications of parental suicide and violent death for promotion of resilience of parentally-bereaved children, *Death Studies, 31*(4), 301-335.

Cain, A.C. et Fast, I. (1966). Children's disturbed reactions to parent suicide. *American Journal of Orthopsychiatry, 36*(5), 873-880.

Cain, A.C. et Lafreniere, L.S. (2015). The taunting of parentally bereaved children: An exploratory study. *Death Studies, 39*(4), 219-225.

Caron, J. (1996). L'Échelle des provisions sociales : La validation québécoise du Social Provisions Scale. *Santé mentale au Québec, 21*(2), 158-180.

Cerel, J., Fristad, M.A., Weller, E.B. et Weller, R.A. (1999). Suicide-bereaved children and adolescents: a controlled longitudinal examination. *Journal of American Academy of Child and Adolescent Psychiatry, 38*(6), 672-679.

Cerel, J., Jordan, J.R. et Duberstein, P.R. (2008). The impact of suicide on the family. *Crisis, 29*(1), 38-44.

Chen, H.-T. (2005). *Practical program evaluation: Assessing and improving planning, implementation, and effectiveness.* Thousand Oaks, CA: Sage Publications.

Cohen J. (1988). *Statistical Power Analysis for the Behavioral Sciences.* New York, NY: Routledge Academic.

Cohen, J.A., Mannarino, A.P. et Deblinger, E. (2006). *Treating trauma and traumatic grief in children and adolescents.* New York, NY: Guilford Press.

Creswell, J.W. et Plano Clark, V.L. (2007). *Designing and conducting mixed methods research.* Thousand Oaks, CA: Sage Publications.

Currier, J.M., Holland, J.M. et Neimeyer, R.A. (2007). The effectiveness of bereavement intervention with children: A meta-analytic review of controlled outcome research. *Journal of Clinical Child and Adolescent Psychology, 36*(2), 253-259.

Cutrona, C.E. et Russell, D.W. (1987). The provisions of social relationships and adaptation to stress. *Advances in Personal Relationships, 1*(1), 37-67.

Daigle M. et Labelle R. (2006). *Être enfant et survivre au suicide d'un être cher : Évaluation du Programme de thérapie de groupe pour enfants endeuillés par suicide de la Ressource régionale suicide de Laval du CSSSL.* Laval, QC : Agence de santé et des services sociaux de Laval.

De Leo, D. et Heller, T. (2008). Social modeling in the transmission of suicidality. *Crisis, 29*(1), 11-19

Dugas, M.J., Ladouceur, R. et Freeston, M.H. (1996). Version abrégée de l'Inventaire de résolution de problèmes sociaux. *Thérapie comportementale et cognitive, 6*(1), 59-62.

Dyregrov, K. (2009a). How do the young suicide survivors wish to be met by psychologists? A user study. *Omega-Journal of Death and Dying, 59*(3), 221-238.

Dyregrov, K. (2009b). The important role of the school following suicide in Norway. What support do young people wish that school could provide? *Omega-Journal of Death and Dying, 59*(2), 147-161.

Dyregrov, K. et Dyregrov, A. (2005). Siblings after suicide: "The forgotten bereaved". *Suicide and Life-Threatening Behavior, 35*(6), 714-724.

D'Zurilla, T.J. et Nezu, A.M. (1990). Development and preliminary evaluation of the social problem-solving inventory. *Psychological Assessment, 2*(2), 156–163.

Ellenbogen, S. et Gratton, F. (2001). Do they suffer more? Reflections on research comparing suicide survivors to other survivors. *Suicide and Life-Threatening Behavior 31*(1), 83-90.

Farberow, N. L. (1992). The Los Angeles Survivors-After-Suicide program. An evaluation. *Crisis, 13*(1), 23-34.

Farberow, N.L. (1994). The Los Angeles Survivors-After-Suicide program. Dans E.S. Shneidman, N.L. Farberow et R.E. Litman (dir.) *The psychology of suicide: A clinician's guide to evaluation and treatment* (pp. 171-186). Northvale, NJ: Jason Aronson.

Farmer, R.F. (2001). Beck Depression Inventory-II. Dans B.S. Plake, J.C. Impara et L.L. Murphy (dir.), *The fourteenth mental measurements yearbook* (pp. 123-126). Lincoln, NE : The University of Nebraska Press.

Fernandez, E. (1998). Review of the Beck Hopelessness Scale [Revised]. Dans Impara, J.C. et Plake, B.S. (dir.), *The thirteenth mental measurements yearbook* (p. 123-124). Lincoln, NE : The University of Nebraska Press.

Glaser, B.G. et Strauss, A.L. (1967). *The discovery of grounded theory.* New York, NY: Aldine De Gruyter.

Greene, J.C. et Hall, J.N. (2010). Dialectics and pragmatism: Being of consequence. Dans A. Tashakkori et C. Teddlie (dir.) *Handbook of mixed methods in social and behavioural research* (2e éd., p. 119-143). Thousand Oaks, CA: Sage Publications.

Hamel, V. (2008). *Groupe de thérapie pour adolescents endeuillés par suicide (13-18 ans).* Document inédit. Ressource régionale suicide Laval, Centre de santé et des services sociaux Laval.

Hanus, M. (2003). *Les deuils dans la vie : deuils et séparations chez l'adulte et chez l'enfant* (2e éd.). Paris, France : Maloine.

Henry, M., Séguin, M. et Drouin, M.-S. (2004). Les réactions des professionnels en santé mentale au décès par suicide d'un patient. *Revue québécoise de psychologie, 25*(3), 241-257.

Hoffmann, W.A. (2006). Telematic technologies in mental health caring: a web-based psychoeducational program for adolescent suicide survivors. *Issues in Mental Health Nursing, 27*(5), 461-474.

Johnson, R.B. et Onwuegbuzie, A.J. (2004). Mixed method research: A research paradigm whose time has come. *Educational Research, 33*(7), 14-26.

Johnson, R.B., Onwuegbuzie, A.J. et Turner, L.A. (2007). Toward a definition of mixed methods research. *Journal of Mixed Methods Research, 1*(2), 112-133.

Jordan, J.R. (2001). Is suicide bereavement different? A reassessment of the literature. *Suicide and Life-Threatening Behavior, 31*(1), 91-102.

Jordan, J.R. (2011). Group work with suicide survivors. Dans J.R. Jordan et J.L. McIntosh (dir.), *Grief after suicide: Understanding the consequences and caring for the survivors* (pp. 283-300). New York, NY: Taylor & Francis.

Jordan, J. R. et McMenamy, J. (2004). Interventions for suicide survivors: A review of the literature. *Suicide and Life-Threatening Behavior, 34*(4), 337-349.

Kuhn, T.S. (1970). *The structure of the scientific revolution.* Chicago, IL: University of Chicago Press.

Kuramoto, S.J., Brent, D.A. et Wilcox, H.C. (2009). The impact of parental suicide on child and adolescent offspring. *Suicide and Life-Threatening Behavior, 39*(2), 137-151.

Lake, J. et Murray, S. (2002). *Programme de thérapie de groupe pour enfants endeuillés par suicide.* Laval, QC : Ressource régionale suicide Laval, Centre de santé et des services sociaux Laval

Lehmann, L, Jimerson, S.R. et Gaasch, A. (2000). *Teen together grief support group curriculum: Adolescence edition grades 7-12.* Philadelphia, PA : Taylor & Francis.

Léonard, M. (2016). *Évaluation de l'implantation et des effets à court terme d'un programme de groupe de thérapie pour adolescents endeuillés par suicide (13-18 ans)* (Thèse de doctorat, Université du Québec à Montréal, Montréal). Repérée à http://www.archipel.uqam.ca/8678/.

Levy, R. (1994). Croyance et doute : une vision paradigmatique des méthodes qualitatives. *Rupture, revue transdisciplinaire en santé, 1*(1), 92-100.

Maple, M., Cerel, J., Jordan, J.R. et McKay, K. (2014). Uncovering and identifying the missing voices in suicide bereavement. *Suicidology Online, 5*(1), 1-12.

Maxwell, J. A. (2015). Expanding the history and range of mixed methods research. *Journal of Mixed Methods Research,* 1-16.

McIntosh, J.L. et Wrobleski, A. (1988). Grief reactions among suicide survivors: An exploratory comparison of relationships. *Death studies, 12*(1), 21-39.

Melhem, N.M., Moritz, G., Walker, M., Shear, M.K. et Brent, D.A. (2007). Phenomenology and correlates of complicated grief in children and adolescents. *Journal of the American Academy of Child and Adolescent Psychiatry, 46*(4), 493-499.

Mitchell, A.M., Wesner, S., Garand, L., Dysart Gale, D., Havill, A. et Brownson, L. (2007). A support group intervention for children bereaved by parental suicide. *Journal of Child and Adolescent Psychiatric Nursing, 20*(1), 3-13.

Mucchielli, L. (1996). *Dictionnaire des sciences humaines.* Paris, France : Presses Universitaires de France.

Muniz-Cohen, M., Melhem, N.M. et Brent, D.A. (2010). Health risk behaviors in parentally bereaved youth. *Archive of Pediatric Adolescence, 164*(7), 621-624.

Murphy, S.A., Baugher, R., Lohan, J., Scheideman, J., Heerwagen, J., Johnson, L.C., … Grover, M.C. (1996). Parents' evaluation of a preventive intervention following the sudden, violent deaths of their children. *Death Studies, 20*(5), 453-468.

Murphy, S.A., Johnson, C., Cain, K.C., Das Gupta, A., Dimond, M. Lohan, J. et Baugher, R. (1998). Broad-spectrum group treatment for parents bereaved by the violent death of their 12 to 28-year-old children: A randomized controlled trial. *Death Studies, 22*(3), 209-235.

Paillé, P. (1994). L'analyse par théorisation ancrée. *Cahiers de recherche sociologique, 23,* 147-181.

Petscher, Y. (2006). Initial development and cross-validation of the Adolescent Grief Response Inventory. *Illness, Crisis & Loss, 14*(1), 55-77.

Petterson, R., Omerov, P., Steineck, G., Dyregrov, A., Titelman, D., Dyregrov, K. et Nyberg, U. (2015). Suicide-bereaved siblings' perception of health services. *Death Studies, 39*(6), 323-331.

Pfeffer, C.R., Jiang, H., Kakuma, T., Hwang, J. et Metsch, M. (2002). Group intervention for children bereaved by suicide of a relative. *Journal of American Academy of Child and Adolescent Psychiatry, 41*(5), 505-513.

Pfeffer, C.R., Karus, D., Siegel, K. et Jiang, H. (2000). Child survivor of parental death from cancer or suicide: Depressive and behavioural outcomes. *Psycho-oncology, 9*(1), 1-10.

Pfeffer, C.R., Martins, P., Mann, J., Sunkenberg, M., Ice, A., Damore, J.P., … Jiang, H. (1997). Child survivors of suicide: Psychosocial characteristics. *Journal of the American Academy of Child and Adolescent Psychiatry, 36*(1), 65-74.

Pires, A.P. (1997). Échantillonnage et recherche qualitative : essai théorique et méthodologique. Dans J. Poupart, L.-H. Groulx, J.-P. Deslauriers, A. Laperrière, R. Mayer et A. P. Pires (dir.), La recherche qualitative : enjeux épistémologiques et méthodologiques (p. 113-169). Boucherville, QC : Gaëtan Morin Éditeur ltée.

Québec, Ministère de la Santé et des Services sociaux (1997). *Loi sur la protection des personnes dont l'état mental présente un danger pour elles-mêmes ou pour autrui (L.R.Q., chapitre P-38.001).* Québec, QC : Éditeur officiel.

Québec, Ministère de la Santé et des Services sociaux (2009). *Loi sur les services de santé et les services sociaux (L.R.Q., chapitre S-4.2).* Québec, QC : Éditeur officiel.

Rice, A. (2015). Common therapeutic factors in bereavement groups. *Death Studies, 39*(3), 165-172.

Rogers, P.J., Hacsi, T.A., Petrosino, A. et Huebner, T.A. (2000). Program theory evaluation: Practice, promise, and problems. *New Directions for Evaluation, 87,* 5-14.

Rosner, R., Kruse, J. et Hagl, M. (2010). A meta-analysis of interventions for bereaved children and adolescents. *Death Studies, 34*(2), 99-136.

Roy, A. (1983). Family history of suicide. *Archive of General Psychiatry, 40*(9), 971-974.

Sandler, I.N., Ayers, T.S., Wolchik, S.A., Tein, J., Kwok, O., Haine, R.A., ... Griffin, W.A. (2003). The Family Bereavement Program: Efficacy evaluation of a theory-based prevention program for parentally bereaved children and adolescents. *Journal of Consulting and Clinical Psychology, 71*(3), 587-600.

Servaty-Seib, H.L. et Hayslip, B. Jr. (2003). Post-loss adjustment and funeral perceptions of parentally bereaved adolescents and adults. *Omega-Journal of Death and Dying, 46*(3), 251-261.

Siegel, K., Mesagno, F.P. et Chriat, G. (1990). A preventive program for bereaved children. *American Journal of Orthopsychiatry, 60*(2), 168-175.

Silverman, P.R., Baker, J., Cait, C.A. et Boerner, K. (2003). The effects of negative legacies on children's adjustment after parental death. *Omega-Journal of Death and Dying, 46*(4), 359-376.

Stewart, J.L. et Sharp, L.M. (2007). A cognitive-behavioral group approach to grief and loss. Dans R.W. Christner, J.L. Stewart et A. Freeman (dir.), *Handbook of cognitive-behavior group therapy with children and adolescents: Specific settings and presenting problems* (pp. 253-271). New York, NY: Taylor & Francis.

Teddlie, C. et Tashakkori, A. (2003). Major issues and controversies in the use of mixed methods in the social and behavioural sciences. Dans A. Tashakkori et C. Teddlie (dir.), *Handbook of mixed methods in social and behavioural research* (pp. 3-50). Thousand Oaks, CA: Sage Publications.

Teddlie, C. et Tashakkori, A. (2009). *Foundations of mixed methods research*. Thousand Oaks, CA: Sage.

Tedeschi, R.G. et Calhoun, L.G. (2004). Posttraumatic growth: Conceptual foundations and empirical evidence. *Psychological Inquiry, 15*(1), 1-18.

Tousignant, M. et Ehrensaft, E. (2001). La résilience par la reconstruction du sens : l'expérience des traumas individuels et collectifs. Dans Poilpot, M.-P. (dir.) *La résilience : Le réalisme de l'espérance* (p.197-221). Ramonville-Saint-Agne, France : Éditions Érès.

Toseland, R.W. et Rivas, R.F. (2009). *An introduction to group work practice* (6e éd.). Boston, MA : Pearson Education Inc.

Trois Conseils de recherche du Canada (2005). *Énoncé de politique des trois Conseils : Éthique de la recherche avec des êtres humains*. Ottawa, ON : Conseil de recherches médicales du Canada.

Vallerand, R.J. (1989). Vers une méthodologie de la validation transculturelle de questionnaires psychologiques : implications pour la recherche en langue française. *Canadian Psychology/Psychologie Canadienne, 30*(4), 662-680.

Vessier-Batchen, M. et Douglas, D. (2006). Coping and complicated grief in survivors of homicide and suicide decedents. *Journal of Forensic Nursing, 2*(1), 25-32.

Yalom, I.D. et Leszcz, M. (2005). *Theory and practice of group psychotherapy*. New York, NY: Basic Books.

Yin, R. K. (1989). *Case study research: Design and methods*. Newbury Park, CA: Sage Publications.

10 | Le plan d'intervention dans le Parcours de formation axée sur l'emploi (PFAE)

De la théorie à la pratique

Nadia Rousseau
Département des sciences de l'éducation,
Université du Québec à Trois-Rivières

Sylvie Fréchette
Département des sciences de l'éducation,
Université du Québec à Trois-Rivières

Stacey Paquin
Département des sciences de l'éducation,
Université du Québec à Trois-Rivières

Sylvie Ouellet
Département des sciences de l'éducation,
Université du Québec à Trois-Rivières

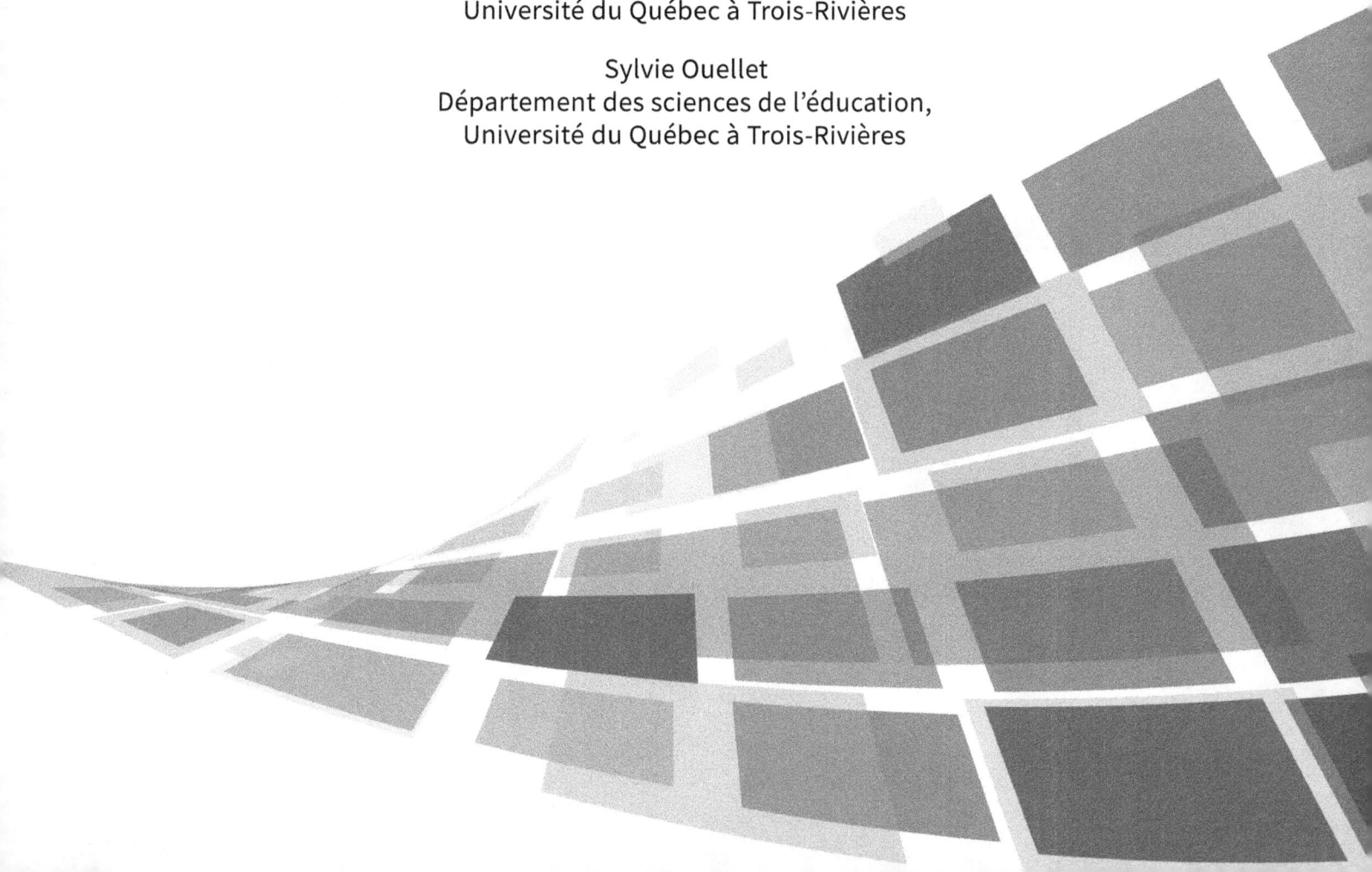

Résumé
Contexte
Ce chapitre porte sur la place accordée au plan d'intervention au sein du Parcours de formation axée sur l'emploi, un programme de formation qualifiante destiné aux élèves handicapés ou en difficulté d'adaptation ou d'apprentissage (EHDAA) dès l'âge de 15 ans.
Objectif
Plus précisément, il pose la question générale suivante : « Comment s'actualise la démarche entourant la réalisation du plan d'intervention au Parcours de formation axée sur l'emploi? ».
Méthode, résultats et conclusion
Adoptant un devis de recherche qualitative où sont réunies les perceptions des élèves, de leurs parents, des enseignants, des intervenants des services éducatifs complémentaires et des directions d'école, le chapitre met en évidence plusieurs lacunes tant dans les phases entourant la préparation du plan d'intervention que dans l'identification des acteurs responsables de sa mise en œuvre. Portant une attention particulière à la mise en relation entre le discours et les plans d'intervention analysés, ce chapitre invite à une réflexion importante sur cet outil de planification de l'intervention, et ce, tant sur le plan des contenus y étant inscrits (qui manquent souvent de précision, voire de cohérence) que sur le plan du travail de concertation entourant sa production (un travail qui, à l'heure actuelle, laisse peu de place à la pleine participation de tous les acteurs impliqués). Des pistes de bonification sont suggérées.
Mots-clés
Plan d'intervention; parcours de formation axée sur l'emploi; adaptation scolaire; concertation.

Recommandations cliniques issues de l'étude

- Quatre étapes sont essentielles au processus d'élaboration des plans d'intervention.

- Tous les acteurs concernés par le plan d'intervention d'un élève devraient être impliqués dans leur élaboration.

- Il faut personnaliser les plans d'intervention des élèves de manière à formuler ou coformuler les capacités, besoins, objectifs et moyens en portant une attention particulière à l'unicité de chacun.

- Les intervenants devraient utiliser de bonnes habiletés communicationnelles afin de favoriser l'établissement d'un climat d'échange dans l'ensemble de ses interventions mobilisant la participation d'acteurs concernés par le plan d'intervention.

Questions pédagogiques

- Quelles sont les phases d'élaboration d'un plan d'intervention?

- Comment expliquer le nombre important de plans d'intervention où sont absentes les signatures de chacun des acteurs concernés?

- Comment favoriser l'engagement de l'ensemble des acteurs de l'éducation dans chacune des quatre phases de production d'un plan d'intervention (collecte et analyse de l'information, planification des interventions, réalisation des interventions, et révision du plan d'intervention)?

10.1 Introduction

Le **plan d'intervention** (PI) est partie prenante du paysage scolaire en matière de soutien à la réussite des élèves ayant des besoins particuliers. Le ministère de l'Éducation du Québec (MEQ, 2004) le définit comme un « *outil de planification et de concertation pour mieux répondre aux besoins d'un élève handicapé ou en difficulté* » (p. 6). Rédigé sur la base de l'évaluation des besoins de l'élève, celui-ci devrait décrire les buts et objectifs de l'intervention, les moyens indiqués pour les atteindre, les responsables de ces moyens ainsi que les échéanciers anticipés (Goupil, 2004). Fidèle à cette définition, le ministère de l'Éducation, du Loisir et du Sport (MELS, 2012a) a produit un canevas de base pour PI de même qu'un guide visant son utilisation (MELS, 2012b). Ces documents précisent les composantes que devrait contenir un PI et explicitent les attentes relatives à chacune de ces composantes. Ainsi, le PI doit rendre explicite : les ***capacités*** de l'élève – *les aptitudes, acquises ou développées, permettant à une personne de réussir dans l'exercice d'une activité physique, intellectuelle ou professionnelle* (MELS, 2012b, p. 4); les ***besoins*** de l'élève – *ce que l'élève doit développer au regard des compétences ou encore ce qui lui est nécessaire pour qu'il puisse répondre aux attentes* (MELS, 2012b, p. 5); un ou des ***objectifs*** – « *résultat précis, circonscrit et vérifiable dont l'atteinte exige une focalisation d'actions cohérentes et d'efforts concertés pendant une certaine période de temps […] formulé à l'aide d'un verbe d'action et [comprenant] un ou des indicateurs permettant d'en évaluer la progression* » (MELS, 2012b, p. 6); et un ou des ***moyens*** – « *action permettant de réduire l'écart entre la situation réelle et la situation souhaitée menant à l'atteinte de l'objectif* » (MELS, 2012b, p. 7). Ces moyens englobent le recours aux ressources humaines ou matérielles, aux stratégies éducatives à mettre en place, aux outils à utiliser, etc. Pour sa part, Myara (2016) propose une définition qui, certes, se base sur les travaux de Goupil, mais où elle insiste sur le processus qui doit être réalisé en amont de la rédaction du plan. Il est donc possible de retenir que le ***PI*** constitue à la fois un processus de planification des interventions à privilégier auprès d'un élève, de même qu'un document écrit rendant compte de cette planification visant à soutenir la réussite d'élèves ayant des besoins particuliers. Soulignons que tant le MEQ (2004) que Goupil (2004) identifient une série de fonctions similaires au PI (planification, coordination, communication, prise de décision ou concertation, coordination ou planification de transition).

Pour répondre aux fonctions énumérées, le PI repose sur une démarche d'élaboration qui comprend : la collecte et l'analyse de l'information (p. ex., la connaissance du dossier antérieur de l'élève, l'analyse de travaux récents de l'élève et l'analyse de l'efficacité des interventions déployées); la planification des interventions (p. ex., la mise en commun de l'information sur la situation de l'élève, la définition des objectifs et l'identification consensuelle des besoins de l'élève); la réalisation des interventions (p. ex., informer l'ensemble des personnes concernées, mettre en œuvre les moyens retenus et évaluer le progrès de l'élève); et la révision du PI (la décision de maintenir ou modifier certains éléments du plan) (MELS, 2012b). L'élaboration du PI repose également sur la mise à contribution de l'élève et de ses parents (MELS, 2012b; MEQ, 2004). Cette contribution est d'ailleurs clairement inscrite dans la Loi sur l'instruction publique (LIP, 96.14[1]). Myara (2016) propose une démarche plus étayée du processus d'élaboration d'un PI qu'elle considère comme dynamique et itératif. La démarche qu'elle propose s'articule autour de trois phases. La première phase, l'élaboration du PI, repose sur deux étapes, soit une étape consacrée au processus (soumission du dossier de l'élève, constitution de l'équipe du PI, organisation de cette équipe, collecte de données et analyse de ces dernières) et une étape consacrée aux ententes (consignation des informations, sélection des besoins, sélection et formulation des objectifs, précisions des solutions retenues). La deuxième phase, la mise en œuvre et révision périodique du PI, comprend l'application du plan, la rétroaction et la communication aux différents acteurs impliqués, dont les enseignants et les parents, et la révision périodique du plan. La troisième phase, la révision annuelle du PI, comprend l'évaluation et la notation du progrès, la communication du progrès annuel, ainsi que la concertation et les recommandations qui en découlent.

---

[1] 96.14. Le directeur de l'école, avec l'aide des parents d'un élève handicapé ou en difficulté d'adaptation ou d'apprentissage, du personnel qui dispense des services à cet élève et de l'élève lui-même, à moins qu'il en soit incapable, établit un plan d'intervention adapté aux besoins de l'élève.

Au Québec, comme ailleurs, le PI et son utilisation en soutien à la réussite des élèves handicapés ou en difficulté d'adaptation ou d'apprentissage (EHDAA) sont appuyés par diverses lois (voir p. ex. la LIP – (Gouvernement du Québec, 2015) – et l'*Individuals with Disabilities Education Act* pour les États-Unis). D'ailleurs, l'étude de politiques entourant la réussite des EHDAA dans sept provinces canadiennes révèle l'utilisation obligatoire du PI (aussi appelé plan d'éducation personnalisé, programme de soutien intensif, plan de programmation personnalisé, plan de programmation individualisé et plan d'enseignement individualisé) par le milieu scolaire (Prud'homme, Bergeron et Point, 2013). Au Québec, plus spécifiquement, « [l]e plan d'intervention a pour objectif d'aider l'élève qui, parce qu'il est handicapé ou qu'il rencontre des difficultés, a besoin d'interventions adaptées pour progresser de façon optimale dans le développement des compétences menant à sa réussite. [...] Le plan d'intervention s'inscrit dans un processus dynamique d'aide à l'élève qui se réalise pour lui et avec lui. Il prend appui sur une vision systémique de la situation de l'élève et est mis en œuvre selon une approche de recherche de solutions. » (MEQ, 2004, p. 41)

Toujours selon le document-cadre du MEQ (2004, p. 22), il devrait y avoir élaboration d'un PI lorsque la situation d'un élève nécessite :

- la mobilisation accrue et concertée de l'élève, de son ou ses enseignants, de ses parents, de la direction et, lorsque c'est nécessaire, d'autres acteurs de l'école ou d'autres organismes afin de trouver ensemble des solutions aux difficultés rencontrées et de permettre à l'élève de progresser;

- la mise en place de ressources spécialisées ou encore, d'adaptations diverses (stratégies d'enseignement, matériel scolaire adapté, ressources spécifiques, etc.), en plus des actions habituellement entreprises par l'enseignant, en collaboration avec l'équipe-cycle, pour adapter ses interventions aux besoins de l'élève;

- des prises de décisions qui auront des incidences sur son parcours scolaire, notamment une décision liée à l'adaptation de l'évaluation, à une dérogation au Régime pédagogique, ou encore à une orientation particulière au regard de son cheminement scolaire ou de son classement.

Le recours au PI est certes balisé. Cela dit, Lee-Tarver (2006) fait une mise en garde importante en stipulant que ce plan ne devrait pas être considéré comme une formalité administrative obligatoire, mais plutôt comme une démarche visant à soutenir la réussite des élèves. À ce propos, le MEQ (2004) précise également que le PI doit être perçu « comme une démarche, un processus continu se situant bien au-delà d'un formulaire à remplir » (p. 4). Ce processus, poursuit le Ministère, repose sur cinq orientations sous-jacentes à la construction du PI :

1. considérer la réussite de façon différenciée;
2. placer l'élève au cœur de sa réussite;
3. adopter une vision systémique de la situation de l'élève;
4. miser sur les forces de l'élève et les ressources du milieu;
5. intensifier la collaboration école-famille-communauté (p. 13).

Tant Goupil (2004) qu'Etscheid et Curran (2010) expliquent que la production d'un PI nécessite de bien comprendre l'élève, de cerner ses besoins et de déterminer les interventions susceptibles de contribuer à sa réussite. Les auteurs ajoutent que la démarche d'évaluation nécessaire à la réalisation de ce portrait est trop souvent expéditive, ce qui peut mener à un PI peu adapté à la réalité de l'élève à qui il est destiné. Etscheid et Curran (2010), ainsi que Ruble, McGrew, Dalrymple et Jung (2010), insistent également sur l'importance de procéder à des révisions ponctuelles du PI en mobilisant la participation de plusieurs acteurs, dont la famille.

10.1.1 Le plan d'intervention et la réussite des EHDAA

Très peu d'écrits scientifiques se sont intéressés au processus d'élaboration du PI de même qu'à ses contenus en réponse aux besoins des EHDAA. Les quelques études disponibles mettent en évidence que le contenu des PI est caractérisé par des formulations vagues (objectifs, besoins, moyens, etc.) qui ne permettent pas de cibler précisément les retombées attendues et le rôle des différents acteurs identifiés au PI (Gauthier, 2004; Etscheid et Curran, 2010; Ruble et al., 2010). Gauthier (2004) rapporte également que bon nombre de PI ne reflètent pas la spécificité des élèves, et qu'un même plan pourrait s'appliquer indistinctement à l'ensemble des élèves d'un groupe-classe. Ainsi, en analysant les plans d'élèves ayant des troubles d'apprentissage ($n = 35$) et d'élèves doués ($n = 29$), l'auteur arrive à la conclusion que la différence majeure entre les plans de ces deux groupes s'observe dans l'expression des besoins perçus pour chacun d'eux. Pour les élèves ayant des troubles d'apprentissage, les besoins perçus sont exprimés en termes de carences, tandis que pour les élèves doués, ces besoins sont exprimés en termes de soutien à la créativité, au désir d'apprendre et à la curiosité. Nonobstant ces différences, Gauthier (2004) évoque une certaine confusion entre les attentes, les stratégies et les besoins de l'élève apparaissant dans les plans analysés. Ruble et al. (2010), dans une recherche réalisée auprès de 35 enseignants d'enfants autistes, constatent également la pauvreté des PI de ces élèves, notamment l'absence de personnalisation des plans. Sanches-Ferreira, Simeonsson, Silveira-Maia, Alves, Tavares et Pinheiro (2013) analysent des objectifs apparaissant aux PI et constatent une variation de la qualité de la formulation des objectifs selon le niveau scolaire de l'élève. Ainsi, il semblerait plus difficile pour les enseignants d'élaborer des objectifs de grande précision pour leurs élèves évoluant dans des niveaux scolaires plus élevés. Ces mêmes auteurs rapportent un défi, chez les acteurs scolaires rédigeant des PI, dans l'élaboration d'objectifs mesurables; les critères de réussite liés aux objectifs établis étant peu présents. En ce sens, Goupil et Poirier (2012) rapportent des lacunes en ce qui concerne la précision des objectifs inscrits dans les PI d'élèves présentant un trouble envahissant du développement, alors que seulement la moitié des plans analysés comportent des objectifs offrant « suffisamment de précision pour suivre la progression des apprentissages » (p. 121).

10.1.2 L'élève et ses parents dans la démarche entourant la réalisation du plan d'intervention

Une fois de plus, peu d'études permettent de décrire la réelle participation des parents et des élèves dans le processus d'élaboration du PI. Bien que la démarche de concertation que nécessitent l'établissement et la mise en œuvre du PI soit vue comme l'une de ses principales forces (MEQ, 2004), cette concertation est souvent à géométrie variable. À ce titre, l'étude de Ruble et al. (2010) révèle la participation restreinte des parents d'élèves autistes, alors que celle de Souchan (2008) met plutôt l'accent sur l'absence de préparation des parents à cette démarche (informations sur la démarche et raisons motivant la réalisation d'un PI). L'étude d'Andreasson, Asp-Onsjö et Isaksson (2013) met également en évidence que la forme du dialogue utilisée dans les rencontres d'élaboration du PI serait choisie de manière à induire chez le parent et l'élève un sentiment d'accord avec les propos énoncés par l'enseignant. De ce fait, la place accordée aux perceptions des élèves et de leurs parents dans cette démarche en opposition à celle accordée aux acteurs de l'école s'avère discutable. Un rapport produit par le vérificateur général du Québec pour l'année 1999-2000 (2000) arrive à la même conclusion entourant la participation des parents d'EHDAA. Aussi, ce même rapport souligne le nombre important d'élèves exclus (plus du deux tiers) de la démarche entourant la réalisation de leur propre PI. Intéressé par les élèves ayant des difficultés comportementales, Souchan (2008) arrive à des résultats similaires, alors que plusieurs élèves indiquent participer passivement à leur PI en répondant aux questions posées et en consentant à ce que proposent les adultes. Pourtant, Test, Mason, Hugues, Konrad, Neale et Wood (2004) estiment que les élèves ayant des difficultés ou handicaps sont aptes à participer activement à leur PI dans la mesure où ils sont préparés, sans quoi ils ne feront qu'acquiescer à ce que suggèrent les adultes.

10.1.3 Le plan d'intervention et le Parcours de formation axée sur l'emploi

Le Parcours de formation axée sur l'emploi (PFAE) s'articule en deux formations distinctes : la Formation préparatoire au travail (FPT), d'une durée de trois ans pour les élèves n'ayant pas les acquis du 3e cycle du primaire (soit les 5e et 6e années), et la Formation menant à l'exercice d'un métier semi-spécialisé (FMSS), d'une durée d'un an pour les jeunes qui n'ont pas les acquis du 1er cycle du secondaire (c'est-à-dire les 1re et 2e secondaires). Ce parcours vise la réussite sur les plans de l'instruction, de la socialisation et de la qualification (MELS, 2009). Tout en ciblant les apprentissages essentiels au regard des disciplines d'enseignement comme le français, l'anglais et les mathématiques, le PFAE préconise le recours à une pédagogie différenciée qui tient compte des capacités et des intérêts professionnels diversifiés de jeunes EHDAA, où l'alternance travail-études favorise l'enrichissement réciproque des formations en milieu scolaire et en milieu de travail et développe l'employabilité (MELS, 2009). Mis en place en 2009 par le MELS, le PFAE est destiné aux EHDAA et fait du PI un outil de concertation « retenu pour répondre à ses besoins » (p. 2). Qui plus est, le PFAE identifie les parents comme « partenaires importants » et place l'élève comme « partie prenante des actions éducatives qui le concernent » (p. 9). Suivant l'examen du PFAE par le Comité-conseil sur les programmes d'études (2008), ce Comité réitère la place du PI au sein du Parcours : « Selon le Comité-conseil, le plan d'intervention est un levier important qui permet à tous les partenaires de se donner une stratégie commune pour la réussite de l'élève en définissant le rôle spécifique joué par chacun » (p. 8). Dans le contexte du PFAE, les partenaires comprennent tant les acteurs scolaires spécialistes de l'enseignement et de l'apprentissage que les acteurs spécialistes de l'adaptation psychosociale, voire de l'orientation scolaire. Le Comité-conseil identifie également les parents comme « réels partenaires dans l'élaboration du plan d'intervention » et stipule que « [l] » élève lui-même contribue à l'établissement de son plan d'intervention et sa participation active est essentielle pour qu'il ait la possibilité de faire des choix au sujet de ses décisions » (p. 8).

10.2 Questions de recherche

En regard de la place qu'occupe le PI dans la LIP et dans les textes encadrant son utilisation (MEQ, 2004; MELS, 2012b), il s'avère nécessaire de s'intéresser aux défis entourant sa rédaction (notamment, le caractère unique que devrait traduire chaque plan produit), la participation limitée des élèves et de leurs parents dans le processus de réalisation du plan et l'importance qu'ils occupent au sein du PFAE, et ce, dans le contexte du PFAE. Rappelons que ce programme est consacré aux EHDAA manifestant d'importants retards scolaires et qu'il dit miser sur le PI comme outil de concertation, de participation parentale et de soutien à la réussite des élèves, alors que le peu de recherches dont nous disposons laisse croire que ces outils présentent plusieurs lacunes. Afin de mieux comprendre comment s'actualise la démarche entourant la réalisation du PI au PFAE, quatre questions spécifiques retiennent l'attention :

1. Comment les élèves, leurs parents et les acteurs de l'éducation définissent-ils le plan d'intervention?

2. Comment se déroule le processus de réalisation du plan d'intervention dans ce contexte de formation, eu égard à la participation des parents, des élèves et des autres acteurs de l'éducation?

3. Quels sont les motifs sous-jacents à la mise en œuvre du plan d'intervention dans ce contexte de formation?

4. Dans quelles mesures les contenus inscrits au plan d'intervention répondent-ils aux directives ministérielles?

C'est par l'entremise d'une étude de cas descriptive multisite[2] que ces questions ont été abordées.

---

[2] Les résultats présentés ici résultent d'une étude plus vaste où plusieurs volets du PFAE ont été étudiés, à l'aide d'un regard inter-cas et intra-cas. Le volet abordant les plans d'intervention a transigé vers une perspective globale limitant les comparaisons entre cas. Cette réalité peut s'apparenter à une limite (si le lecteur est à la recherche de comparaisons entre cas) ou une force (si le lecteur est à la recherche de l'étude d'un phénomène peu étudié à ce jour où la souplesse dans le traitement des données s'est avérée essentielle afin de préserver le lien de confiance avec les milieux participants).

10.3 Méthode de recherche

L'étude de cas se révèle judicieuse dans l'exploration des questions ciblées par cette recherche, notamment parce qu'elle contribue à éclairer la compréhension de phénomènes nouveaux ou peu étudiés (Roy, 2009), tout en préservant le contexte authentique des milieux participants (Merriam, 1998). Dans ce cas-ci, l'étude de cas permet de saisir la complexité du cas à l'étude (le cas de l'actualisation de la démarche entourant la réalisation du PI), et de porter une attention particulière aux conditions contextuelles pouvant influencer le cas (le contexte particulier du PFAE) (Yin, 2014) dans différentes régions du Québec (complexité régionale/commissions scolaires accueillant de 7 300 élèves à 75 000 élèves). Alors que le recours à une variété de sources de données contribue à la qualité du phénomène étudié (Merriam, 1998) et constitue en quelque sorte une signature de l'étude de cas (Roy, 2009), l'étude de cas multisite contribue à l'applicabilité des résultats au-delà d'un milieu spécifique (Yin, 2014).

10.3.1 Participants

Les participants regroupent 159 élèves inscrits en première année au PFAE (FPT et FMSS) de sept écoles secondaires réparties dans cinq régions du Québec (Mauricie, Saguenay, Montérégie, Gaspésie, Chaudière-Appalaches), leurs parents ($n = 36$), les enseignants et autres intervenants des services éducatifs complémentaires – ci-après nommés les intervenants scolaires – ($n = 27$) et les directions d'école ($n = 5$). Pour participer à l'étude, les écoles devaient offrir le programme de la FPT ou de la FMSS, se considérer comme efficaces dans la mise en œuvre du PFAE et être issues de contextes régionaux distincts (région administrative distincte, caractéristiques régionales particulières dont la grosseur des commissions scolaires et l'accès à une variété de milieux entrepreneuriaux). Cette troisième condition était nécessaire en raison de l'importance accordée à la formation à l'emploi au sein de cette offre de formation. À la suite d'une invitation transmise à chacune des commissions scolaires du Québec, seuls les milieux volontaires ont été contactés pour expliciter les objectifs de la recherche, son déroulement et la participation attendue. Conformément aux règles d'éthique dans la recherche auprès des humains, tous les participants ont accepté de participer à cette recherche et signé un formulaire de consentement à cet effet (parents, élèves de moins de 16 ans, intervenants scolaires et direction d'école).

10.3.2 Outils de collecte de données

Les outils de collecte de données comprennent l'entrevue individuelle semi-dirigée, l'entrevue de petits groupes, l'entrevue téléphonique et les PI. Précisons que tous les protocoles d'entrevue ont fait l'objet d'une mise à l'essai auprès d'un petit nombre de volontaires avant leur utilisation afin d'assurer la pertinence et la clarté des questions posées (Fortin, 2010). Les entrevues ont été enregistrées sur support audio avant d'être retranscrites intégralement. Enfin, l'ensemble des entrevues a été réalisé par une professionnelle de recherche et deux étudiants de 2e cycle sous la supervision de la chercheuse principale. La professionnelle de recherche et les assistants de recherche ont reçu une formation théorique sur les techniques d'entrevues de même qu'une formation pratique en exploitant le jeu de rôle, les mises en situation et l'analyse critique du processus d'entrevue à partir de transcription d'entrevues anonymisées.

Entrevues individuelles semi-dirigées

Des entrevues individuelles semi-dirigées d'une durée variant de 60 à 90 minutes ont été réalisées auprès des intervenants scolaires et des directions d'école dans chacune des écoles participantes. L'entrevue semi-dirigée permet à l'interviewé de décrire une situation de façon précise et nuancée (Savoie-Zajc, 2009). Les participants ont répondu à quatre questions portant sur le PI :

1. Comment définissez-vous le plan d'intervention?
2. Quelles sont vos attentes liées au processus d'élaboration et de la mise en œuvre du plan d'intervention?
3. Selon vous, le plan d'intervention contribue-t-il à la démarche d'insertion socioprofessionnelle?
4. Quels sont vos besoins afin de rendre plus efficace la démarche du plan d'intervention?

Entrevues de petits groupes

Des entrevues de petits groupes exploitant un protocole semi-dirigé ont été réalisées avec les élèves (24 petits groupes) à l'intérieur de leur école respective. La durée de ces entrevues est d'approximativement 45 minutes. Le petit groupe de discussion procure un sentiment de sécurité et facilite le partage d'expérience des participants (Geoffrion, 2009). Dans ce contexte, les jeunes étaient invités à s'exprimer autour de six questions :

1. Qui, parmi vous, a un plan d'intervention et pour quelles raisons?
2. Selon vous, à quoi sert un plan d'intervention?
3. Quels sont les avantages à avoir un plan d'intervention?
4. Quels sont les désavantages liés au plan d'intervention?
5. Comment se passerait la rencontre idéale de plan d'intervention?
6. Pour les élèves inscrits au PFAE, croyez-vous que le plan d'intervention peut aider lors des stages? Pourquoi? Comment?

Entrevues téléphoniques

Les entrevues téléphoniques réalisées avec les parents ont été initiées à partir du laboratoire de recherche de l'université d'attache de la chercheuse principale. D'une durée variant de 8 à 12 minutes, les entrevues téléphoniques reposaient également sur un protocole semi-dirigé comprenant quatre questions :

1. Que représente pour vous le plan d'intervention?
2. Selon vous, les parents devraient-ils participer à l'élaboration du plan d'intervention de leur enfant? Pourquoi? Comment?
3. Avez-vous participé à l'élaboration d'un plan d'intervention cette année? Comment cela s'est-il déroulé?
4. Selon vous, sur quoi devrait porter le plan d'intervention d'un jeune inscrit au PFAE[3]?

Les PI

Les PI de 101 des 159 élèves participants ont également été transmis par la direction d'école à l'équipe de recherche. Nous avons ainsi obtenu les plans de 63,5 % des élèves participant à la recherche, malgré plusieurs relances auprès des directions d'école afin de recevoir les plans de tous les élèves participants.

10.3.3 Analyse des données

Les transcriptions intégrales des entrevues individuelles, de petits groupes et téléphoniques ont été codées suivant la méthode du codage par réseau (Cohen, Manion et Morrison, 2008) avec l'assistance du logiciel Atlas.ti. Ce codage inductif fonde la construction d'un système complexe de catégories et de sous-catégories qui, tout en permettant le classement de données qualitatives, assure la visibilité des liens qui les unissent. Le logiciel Atlas.ti constitue un outil clé dans ce type d'analyse (Weitzman, 2000). Cela dit, le logiciel ne supplante pas le processus de réflexion entourant le codage. Dans un premier temps, une rencontre réunissant l'équipe de chercheurs et les assistants de recherche a permis d'explorer l'analyse inductive et d'amorcer la démarche de codification en posant un code désignant le sens des propos partagés par les participants. La codification d'une entrevue entière a

---

[3] Cette question visait à ouvrir la discussion sur ce que les parents souhaiteraient voir au PI (plutôt que sur ce qu'ils ont vu ou vécu relativement au processus et au contenu).

ensuite été suivie du même exercice pour s'assurer du développement d'une compréhension commune du processus et du sens attribué aux codes induits. Les assistants-étudiants ont ensuite procédé à un double codage sur 10 % du corpus pour chacun des types d'entrevue. À partir de la liste de codes établie, un seuil minimal d'accord interjuge de 80 % sur le choix des codes utilisés était visé. Les seuils obtenus varient de 84 à 92 % en fonction du type d'entrevue. Une fois la codification complétée, l'équipe de recherche et les assistants-étudiants ont analysé les codes induits pour élaborer une première catégorisation des propos partagés. Le même exercice a ensuite donné lieu à la thématisation des propos des participants. Le processus peut donc être qualifié d'itératif et compréhensif.

En ce qui concerne les PI, l'analyse comprenait deux dimensions : une première, l'analyse quantitative descriptive, qui visait à dresser un portrait des contenus présentés dans les PI, notamment la nature des objectifs (de l'ordre des apprentissages, du comportement, etc.), la présence des signatures au PI (oui/non pour chacun des acteurs présents), l'identification du ou des responsables des moyens ou stratégies annoncés (quel acteur), et l'identification des intervenants engagés dans le plan (quel acteur). Cette portion quantitative de l'analyse a été réalisée en utilisant le logiciel SPSS. La deuxième dimension de l'analyse, qualitative cette fois, visait à dresser un portrait des capacités, des besoins, des objectifs, des moyens et des intervenants engagés dans le PI, dont un des objectifs est lié au comportement de l'élève, par un codage inductif (Hennink, Hutter et Bailey, 2011) suivant le même processus que celui présenté précédemment, à l'aide du logiciel Atlas.ti.

10.4 Résultats et discussion

La présentation des résultats met en relation les constats qui émanent des propos des participants, suivis des constats qui résultent de l'analyse des PI. Ces résultats comprennent cinq thématiques :

1. le plan d'intervention : différentes perspectives;
2. la réalisation du plan d'intervention : un processus inégal d'un milieu à l'autre;
3. le plan d'intervention : une réponse aux difficultés, dont des problématiques de l'ordre du comportement;
4. le plan d'intervention et la place accordée à la formation pratique menant à l'emploi;
5. le plan d'intervention : des bonifications souhaitées sur le processus et ses contenus.

10.4.1 Le plan d'intervention : différentes perspectives

L'analyse des propos révèle que pour les élèves, le PI constitue un temps d'arrêt permettant de clarifier une situation, soit de *mettre les points sur les i et les barres sur les t*[4]. Il permet aussi de clarifier ce qui est attendu des élèves : *si tu veux aller là, il faut que tu fasses ça.* Le PI est également perçu comme un *contrat signé* qui engage les élèves à faire ce qui leur est demandé, par exemple *venir tous les jours à l'école.* Cette compréhension du PI semble traduire une compréhension minimale des raisons d'être d'un plan.

L'analyse des propos des parents met en évidence que seuls 65 % connaissent ce qu'est un PI, bien que cette connaissance soit tantôt assez juste, par exemple : *une démarche à suivre où on trouve des objectifs à atteindre,* ou plutôt limitée, par exemple : *une rencontre... mais [je] ne sais pas trop.* Ceux qui ne connaissent pas ce que constitue un PI l'identifient clairement, par exemple : *je ne sais pas ce que c'est, le plan d'intervention,* ou le confondent avec le PFAE, par exemple : *c'est des stages, les professeurs regardent leurs capacités fonctionnelles dans un lieu de formation [...] c'est bon les stages, car cela leur donne des expériences de tous genres.*

L'analyse des propos des enseignants et des intervenants scolaires met en évidence que le PI est plutôt *un partage d'informations* d'acteurs variés qui sont *rassemblés par la direction d'école.* Il constitue le point de départ d'un cheminement et vise à établir une direction claire, soit *les actions*

---

[4] L'italique est utilisé pour identifier les propos des participants.

à entreprendre pour aider l'élève. Pour ces acteurs, le PI est un outil permettant d'évaluer le progrès des élèves : *est-ce qu'il y a des choses qui ont changé [...] des attitudes, des comportements, des apprentissages?*

Pour la direction d'école, le PI constitue un *outil de concertation* visant la progression des élèves : *aller plus loin*, par des moyens variés tantôt simples, comme *amener son agenda à la maison et le faire vérifier par le parent*, tantôt complexes, comme *faire une évaluation psychosociale, psychologique ou comportementale.* La direction estime également que le PI constitue un *bilan fait par l'élève* et qui, souvent, trace l'historique de l'élève et où l'on cherche à comprendre [s]es difficultés.

Tableau 10.1 **Comparatif des canevas de plans d'intervention**

Origine	Composantes du canevas proposé par le MELS figurant aux PI des écoles participantes							
MELS	Données identif. de l'élève	Dates ouverture, fermeture ou révision du plan	Capacités	Besoins	Objectifs (date et échéance)	Type interv. (moyen, moyen-adapt., moyen-modif.	Identification moyens et leur responsable	Signatures
École 1 Canevas 1	X		X		X		X	
École 1 Canevas 2		X		X	X	X	X	
École 2	X	X Date de mise en application	X	X	X		X	X
École 3		X Date de révision	X	X	X		X	
École 4		X Date de révision	X	X	X Sans date/ échéance		X	X
École 5		X Date de révision	X	X	X Sans date/ échéance		X	
École 6		X	X	X	X		X	
École 7	X		X	X	X		X	

L'analyse des PI révèle une variété de modèles d'une école à l'autre et même au sein d'une même école. Comme le démontre le Tableau 10.1, les canevas présentent une multitude de différences, généralement liées aux types de sections présentées. Par exemple, certains plans ne contiennent pas de section distincte pour indiquer les capacités de l'élève, alors que d'autres plans prévoient une demi-page pour cette section. Il importe de préciser que même si une composante est inscrite au formulaire du PI, cela ne signifie pas pour autant que les informations relatives à cette composante y sont précisées. C'est particulièrement le cas pour les échéanciers et la façon d'évaluer l'atteinte ou non des objectifs inscrits au PI. Aucun des plans analysés n'utilisait le canevas proposé par le MELS (2012a).

Comme en témoigne le Tableau 10.2 qui suit, il n'est pas rare de rencontrer des PI où il y a absence de personnalisation. À titre d'exemple, une école reprend systématiquement les mêmes formulations d'objectifs et de moyens pour chacun des élèves du PFAE. Seuls les intervenants impliqués varient quelque peu. Lorsque l'on considère que la rédaction des PI doit résulter d'une évaluation des besoins spécifiques de l'élève, ce mode de fonctionnement est questionnable.

Tableau 10.2 — **Illustration de plans d'intervention caractérisés par l'absence de personnalisation**

	Objectifs	Moyens-stratégies ressources	Intervenants impliqués	Échéance	Évaluation (dates)
Plan 1	Élève X **obtiendra ses acquis du 1er cycle du secondaire** en français, mathématique, anglais	Présence à l'école (3 jours/semaine)	Enseignants	Continu	
		Efforts observables **en classe et à la maison**	Élève X	Continu	
		Être attentif en classe et poser des questions	Élève X	Continu	
		Communications fréquentes entre **l'école et la famille**	Enseignant et famille	Continu	
	Explorer le monde du travail	Stages en milieu de travail dans un domaine d'intérêt de Élève X en mécanique chez X entreprise (375 heures/an)	Enseignant, titulaire	Oct. 2009 – Mai 2010	
Plan 2	Élève Y **poursuivra ses apprentissages** en français, mathématique, anglais (**3e cycle primaire et début 1er cycle secondaire**)	Présence à l'école (3 jours/semaine)	Élève Y	Continu	
		Efforts observables **en classe**	Élève Y	Continu	
		Être attentif en classe et poser des questions	Élève Y	Continu	
	Explorer le monde du travail	Stages en milieu de travail dans un domaine d'intérêt de Élève Y (commis de quincaillerie chez Y entreprise) (300 heures/an)	Enseignant, responsable des stages	Nov. 2009 – Mai 2010	
		Communications fréquentes entre **l'école et les tuteurs**	Enseignant et famille	Continu	

Lorsque l'on met en relation les propos des participants, on peut dégager des perspectives différentes à l'égard de cet outil. Pour les élèves, le PI est associé à une clarification des attentes à leur égard. Pour les parents, il s'agit tantôt d'un document dont on ignore le sens, ou au mieux d'un lieu de rencontre où les objectifs à atteindre par les enfants sont identifiés. Dans les deux cas, cette compréhension du plan rejoint peu sa visée ministérielle, où la précision des objectifs et les moyens pour les atteindre sont centraux et où les orientations qu'ils sous-tendent semblent occuper peu de place, notamment celle qui fait état de placer l'élève au cœur de sa réussite ou encore de miser sur ses forces (MELS, 2004).

Les propos des enseignants et des intervenants scolaires sont davantage associés à cette idée de partage d'information, bien qu'ils rejoignent en partie la compréhension des jeunes, à savoir que le plan permet d'identifier les actions à entreprendre pour ces derniers. Seule la direction d'école aborde cette idée de bilan réalisé par les élèves eux-mêmes. Elle aborde également l'idée de comprendre les difficultés rencontrées par les jeunes. À ce stade-ci de la présentation des résultats, les propos des jeunes et de leurs parents mettent en doute leur réelle participation à ce processus qui, rappelons-le, constitue une étape importante de la production d'un PI (Goupil, 2004; MEQ, 2004).

10.4.2 La réalisation du plan d'intervention : un processus inégal d'un milieu à l'autre

Pour les jeunes, la rencontre d'élaboration du PI se déroule nécessairement en présence de plus d'une personne, bien que les personnes identifiées par les jeunes varient. Ainsi, certains identifient la direction d'école, l'élève, les enseignants, l'orthopédagogue, la psychologue et parfois les parents. Les jeunes font également référence à des personnes présentes dont ils ignorent le rôle ou la fonction au sein de l'école. Lors de ces rencontres, elles *ne font que parler pis après ça c'est fini*, traduit un jeune. Pour plusieurs autres, c'est une rencontre où sont abordés les *défauts* ou des difficultés variées. Cet extrait traduit bien la compréhension des jeunes relativement au PI et le sentiment qu'il s'agit souvent d'une rencontre peu aidante : *là t'arrives ici pour te faire raconter un paquet de conneries que tu sais déjà. Comme tu le sais que t'es pas bon en anglais. Tu le sais que t'es meilleur en math. Tu te vois aller. T'es dans ton corps. Eux autres, ils ne sont pas dans ton corps. Ils ne te voient pas 24 h sur 24. Ils ne savent pas...*

Les propos des parents révèlent que seuls 44 % étaient présents à la rencontre du PI. Deux intentions motivent leur présence. La première traduit le désir d'être au courant de l'évolution de leur enfant ou de *s'intégrer dans la vie de son enfant*. Cette intention place le parent comme acteur engagé certes, mais où les actions à poser sont peu précisées. La deuxième intention renvoie au désir de *travailler sur les points faibles* ou de *savoir ce qui se passe pour assurer un suivi à la maison*. Cette intention place également le parent comme acteur engagé, tout en apportant quelques précisions quant à l'action que souhaite exercer le parent.

Les propos des enseignants et des intervenants scolaires confirment la présence d'une variété d'acteurs, bien que tous ne soient pas réunis pour la réalisation d'un même plan : la direction, la direction adjointe ou la direction de niveau, le jeune, les parents ou le responsable de la famille d'accueil. Leurs propos traduisent la place importante qu'occupe l'enseignant dans le processus. Certains identifient également la présence d'autres acteurs (superviseur de stage, technicien en éducation spécialisée ou intervenants sociaux). Les propos des participants indiquent toutefois que la présence des personnes varie grandement d'un plan à l'autre. Certains précisent que la présence de la direction d'école, bien que souhaitable, n'est pas garantie : *c'est le dernier des soucis de la direction*, ou encore *dans le meilleur des mondes, si la direction pouvait assister à tous les plans d'intervention, ce serait merveilleux! Mais ce n'est pas réaliste de penser ça*. Fait étonnant, l'enseignant n'est pas toujours présent. Un enseignant précise avoir *donné une liste [de noms d'élèves] à mon directeur [pour lesquels] je voulais absolument participer [à la rencontre du plan]. Mais la majorité, je ne participe pas*. D'autres participants déplorent le peu d'implication des enseignants dans la réalisation du PI : *on est comme des spectateurs*.

Certains enseignants et intervenants scolaires précisent que la rencontre du plan commence par l'identification des forces de l'élève avant de passer aux défis à relever. Aussi, ils expliquent que pour rédiger le PI, ils s'appuient sur des observations préalables en plus de regarder les plans précédents : *on essaie de pas trop s'influencer de ça*. Certains estiment que cette opération est parfois improvisée ou mal organisée : *on évalue si le précédent plan d'intervention est à jour, puis on y ajoute quelques éléments avant de signer*, ou encore *c'est vraiment « broche à foin »*!

Le discours de la direction d'école reprend l'énumération des personnes présentes (direction, tuteur, enseignants, élève et parents). Pour les parents, la direction précise qu'*ils sont parfois invités* ou présents *quand ils sont disponibles*. Le personnel des services éducatifs énumérés par la direction d'école diffère toutefois : l'orienteur, la psychoéducatrice, les professionnels du Centre de santé et de services sociaux, du Centre jeunesse ou de l'Office des personnes handicapées du Québec. Une seule direction d'école précise que l'élève participe à la discussion : *il peut dire s'il est à l'aise avec les mesures qui lui sont proposées, car si certaines sont imposées, d'autres sont négociables*.

La durée de la rencontre d'élaboration du PI ne semble pas faire consensus entre les participants. Pour les jeunes, il s'agit d'un temps court : *pendant la pause dîner*. Pour les enseignants et les intervenants scolaires, cette rencontre dure *environ une heure et demie*. Quant au discours de la direction d'école, la durée de cette rencontre est plutôt de l'ordre de 45 minutes. Tous les participants, excluant les jeunes, estiment réaliser de deux à trois rencontres annuelles.

L'analyse quantitative des PI indique que 96 % ont été signés par l'élève concerné. En ce qui a trait aux autres signatures apparaissant sur les plans analysés, 50 % sont signés par la direction d'école, 32 % sont signés par un enseignant, et 41 % sont signés par un intervenant des services éducatifs complémentaires (dont 50 % par le psychoéducateur et 64 % par le technicien en éducation spécialisée). Quant à la participation des parents, 27 % des plans comprennent la signature d'au moins un parent. L'analyse quantitative des plans révèle également que 58 % n'identifient aucun responsable du ou des moyens qui y sont proposés. De manière générale, l'élève est la principale personne mentionnée à titre de responsable d'un moyen (21 %), suivi de l'enseignant (14 %). D'autres acteurs sont nommés sporadiquement comme responsables d'un moyen, soit la direction d'école (1 %), le titulaire de la classe (1 %) et le psychoéducateur (1 %).Outre les responsables des moyens, les plans identifient parfois le rôle que doit jouer l'acteur responsable du moyen. Pour 25 % des plans, aucun acteur n'est spécifié. Les enseignants sont inscrits comme responsables au plan dans 24 % des cas, et pour 20 % des plans, seul un nom apparaît, alors que la fonction de la personne nommée n'est pas spécifiée. Seulement 7 % des plans identifient le parent comme acteur de la mise en œuvre du plan, alors que cette proportion s'élève à 5 % pour le titulaire de la classe et la direction d'école. En ce qui concerne les intervenants des services éducatifs complémentaires (psychoéducateur, psychologue, conseiller en orientation, technicien en éducation spécialisée, orthopédagogue et travailleur social) et les intervenants externes à l'école (agent de réadaptation et intervenant en toxicomanie), ils sont identifiés comme acteurs de la mise en œuvre du PI dans une plus mince proportion, variant de 1 % à 4 %.

La mise en relation des propos des participants et des PI analysés tend à démontrer que la phase de collecte et d'analyse de l'information, de même que celle de la planification des interventions, semblent peu structurées. Pour la première phase, les propos des jeunes, des parents et des enseignants, voire de la quasi-totalité des directions d'école, confirment l'absence de réelle participation des élèves et de leurs parents dans ce processus. Pourtant, tant le cadre du MEQ (2004) que la LIP soulignent l'importance de la participation de ces deux acteurs au processus de production du PI. Ces résultats rejoignent ceux de chercheurs s'étant intéressés à ce processus (Andreasson et al., 2013; Ruble et al., 2010; Souchan, 2008). Cette participation constitue d'ailleurs une condition de réussite de la démarche de production du PI (Desbiens et Massé, 2013). En outre, d'autres études portant sur le développement de comportements autodéterminés chez les EHDAA mettent en évidence les avantages de la pleine participation des jeunes aux décisions les concernant sur la persévérance et la réussite scolaires (Deci et Ryan, 2002). Pour favoriser la participation des élèves et de leurs parents, les milieux scolaires ont tout à gagner en préparant ces derniers, eu égard à la rencontre du PI (voir p. ex., Alberta Education, 2007); cette préparation permettant aux jeunes et à leurs parents de réfléchir tant sur les forces que sur les défis entourant le rôle d'écolier et du même coup, de jouer un rôle plus actif dans les discussions entourant les choix des objectifs et des moyens s'y rapportant.

La participation réelle des acteurs de l'éducation entourant les élèves à qui sont destinés les PI soulève également quelques questions : Comment expliquer que la majorité des PI sont signés par les élèves, alors qu'il en va tout autrement pour les autres acteurs essentiels à sa mise en œuvre? Comment expliquer la présence parfois passive ou l'absence des enseignants de ces élèves à la planification du PI?

Certes, les résultats démontrent qu'une variété d'acteurs peuvent être mobilisés autour d'un PI, nous supposons, en réponse à la diversité des besoins des élèves. Il apparaît toutefois inquiétant de constater l'absence de prise de responsabilité de ces différents acteurs à l'égard des moyens proposés au PI, d'autant plus qu'il s'agit là d'une étape primordiale dans sa mise en œuvre (Desbiens et Massé, 2013).

10.4.3 Le plan d'intervention : une réponse aux difficultés, dont des problématiques de l'ordre du comportement

Les propos des élèves et ceux des enseignants et intervenants scolaires révèlent que le PI résulte de défis variés, dont : l'absentéisme, les problèmes de comportement, la santé mentale (*pensées suicidaires et dépression*), la réussite en formation générale, la faible motivation, les troubles spécifiques (TDAH ou autres troubles ou handicaps), le retour de suspension, et la toxicomanie.

Les propos des parents démontrent que seuls 38 % connaissent les raisons ayant motivé la production d'un PI. Ces raisons sont tantôt de l'ordre des apprentissages scolaires : *terminer son secondaire 2*; *compléter ses travaux scolaires*; *avancer l'académique*, tantôt de l'ordre du comportement : *absentéisme*; *agressivité*; *modifier ses comportements*; *ne pas consommer de drogue*.

Les propos des enseignants et des intervenants scolaires identifient également les défis suivants comme ayant mené à l'élaboration d'un PI : *la méconnaissance de l'élève* sur le plan familial; les difficultés de *socialisation*; *l'obligation de le faire*.

Les propos des directions rejoignent largement ceux des jeunes et des personnels scolaires. Ces derniers ajoutent toutefois que le plan peut également résulter de la nécessité de *rassurer les parents qui vivent de l'insécurité et les informer des services et de l'encadrement offerts à l'école et aux stages, ainsi que des personnes-ressources qu'ils peuvent contacter éventuellement.*

L'analyse des PI révèle que 45 % d'entre eux comportent au moins un objectif lié à l'apprentissage. En ce qui concerne le comportement des élèves, 26 % des plans contiennent au moins un objectif y étant lié, 16 % ont au moins un objectif lié au développement personnel, 8 % ont au moins un objectif lié à l'insertion socioprofessionnelle, et 5 % ont des objectifs autres.

Tableau 10.3   **Nature des objectifs indiqués aux plans d'intervention**

	Fréquence	Pourcentage
Apprentissage	72	45,0
Comportement	41	25,6
Développement personnel	26	16,3
Insertion socioprofessionnelle	13	8,1
Autres	8	5,0
Total	**160**	**100,0**

La mise en relation des propos des participants et des PI analysés tend à démontrer une certaine cohésion dans les propos relatifs aux raisons motivant la préparation d'un PI. Toutefois, précisons que seule la direction d'école établit un lien entre le plan et le besoin de sécurité des parents, ou encore entre le plan et les stages, une dimension importante du PFAE. Compte tenu du contexte dans lequel se déroule cette étude, nous aurions pu nous attendre à une préoccupation accrue pour les stages et l'insertion à l'emploi en matière d'objectif ou d'intervention ciblée au PI.

10.4.4 Le plan d'intervention et la place consacrée à la formation pratique menant à l'emploi

Les propos des jeunes sont partagés sur la place consacrée à la formation pratique au sein du PI, alors que plusieurs restreignent sa portée à la formation générale (matières scolaires), bien que d'autres y associent un volet pour *réussir sa vie professionnelle*. Pour plusieurs, il revient *au patron d'expliquer ce qui doit être amélioré*. Certains propos des enseignants et des intervenants scolaires mettent en évidence que des attitudes, dont *l'autonomie* et *la ponctualité*, doivent s'inscrire au PI puisqu'elles sont recherchées dans le monde du travail. Toutefois, plusieurs associent le PI à un outil pour *régler les problèmes d'absentéisme* à l'école, le *manque de motivation scolaire* et *les problèmes de comportement*. Pour ces enseignants et intervenants scolaires, le plan est *peu utile* pour les stages. Un seul parent mentionne la réussite des stages comme élément apparaissant au PI de son enfant.

Les propos de la direction révèlent que dans certains cas, *des recommandations issues du milieu de stage sont dans le plan, comme être ponctuel*. Ils indiquent toutefois que la démarche d'orientation, nécessaire pour plusieurs jeunes qui *ne se projette[nt] pas dans l'avenir*, n'est pas nécessairement prise en compte dans le PI, soit *pas assez soulignée*, voire *totalement absente*. Quant à l'analyse des PI, seul 1 % identifient l'engagement d'un conseiller en orientation relativement aux objectifs ou aux moyens qui y sont inscrits. De plus, aucun PI n'identifie le conseiller d'orientation comme responsable d'un moyen.

La mise en relation des propos des participants et des PI analysés tend à démontrer la faible place qu'occupe la formation pratique dans le PI. Seules les attitudes (autonomie et ponctualité) semblent clairement associées à ce volet du PFAE. Lorsque l'on considère que la réussite du PFAE repose sur la réussite de la formation pratique et non pas sur celle de la formation générale, il est étonnant de constater ce résultat. Fait intéressant, l'analyse des PI met clairement en évidence le faible recours au conseiller en orientation, alors que le PFAE constitue un parcours qualifiant menant à l'emploi, et donc, suppose la nécessité de développer une conscience accrue des intentions professionnelles chez les jeunes. D'ailleurs, une étude de Fréchette et Rousseau (2015) insiste sur l'appréciation du conseiller d'orientation au PFAE, notamment pour son soutien dans l'identification de leurs forces et des métiers vers lesquels ils pourraient se diriger. Ainsi, faut-il comprendre que les jeunes du PFAE ne présentent aucun besoin en matière de connaissances ou de compétences nécessaires à leur insertion professionnelle? Nous en doutons.

10.4.5 Le plan d'intervention : des bonifications souhaitées sur le processus et ses contenus

Pour nombre d'élèves, le PI *ne sert à rien* puisque rares sont les suivis qui s'ensuivent : *il faudrait que t'aies un suivi.* Les élèves manifestent plusieurs souhaits de bonification du processus entourant la réalisation du PI. Ils souhaitent notamment *participer à la discussion* dans *un bon climat*, où ils ne sont *pas là pour se faire engueuler.* Les jeunes estiment que dans la formule actuelle, *c'est difficile de s'expliquer.* Ils aimeraient aussi *négocier* les actions les concernant qui sont inscrites au PI. Les jeunes indiquent aussi ignorer, parfois, pourquoi ils sont convoqués à un PI. Une première bonification pourrait donc consister à solliciter la participation des élèves dans une perspective relationnelle et interactionnelle. Cette perspective renvoie non pas uniquement à la transmission de l'information, mais bien à la création d'un climat de communication où la signification du message occupe une place prépondérante (Cormier, 2006). Selon l'auteure, la clarification du message, ainsi que la prise en compte des sentiments, des valeurs et des préoccupations dans l'interaction, sont partie prenante de ce modèle communicationnel.

Les jeunes abordent également les qualités (ou l'absence de qualités) nommées au PI. Ils aimeraient que leurs qualités ressortent davantage dans ce processus : *Ben, nous donner des qualités pis des défauts, parce que quand on a un plan d'intervention, c'est rien que les défauts qui ressortent; J'aimerais ça entendre des bons commentaires…* « *tu t'es forcé, tu t'es amélioré, ton attitude s'est améliorée, t'es en avance en maths* », *des affaires comme ça. Quand tu te fais dire* « *aïe, t'es bon! T'as ben fait ça!* », *ben t'sais, tu dis aïe merci! T'sais c'est le fun!* Une deuxième piste de bonification renvoie donc à l'attention portée aux forces des élèves et traduit un besoin de reconnaissance chez ces derniers. Des résultats similaires ont été observés chez les jeunes de 16 à 24 ans toujours en quête d'un premier diplôme (Dumont et Rousseau, 2016). Ces derniers souhaitent eux aussi avoir des enseignants qui reconnaissent leurs efforts et leurs compétences actuelles, et non seulement les difficultés rencontrées.

Les propos des parents démontrent que seuls 8 % apprécient le PI dans sa forme actuelle : *c'est correct comme ça.* Pour les autres parents, nombreux réclament une place accrue à la formation pratique inhérente au PFAE. Par exemple : *l'emploi et le travail; un suivi en lien avec les stages; un volet sécurité au travail; mettre plus l'accent sur le* [développement] *professionnel.* D'autres souhaitent que les PI soient *plus adéquats*, notamment en faisant mieux *ressortir les forces*; en utilisant des formulations *positives* et en étant *plus personnalisés.* En réponse à un commentaire émis par l'enseignante de français de son enfant, qui l'identifiait comme « paresseux », une mère répond : *mon enfant n'est pas paresseux, mais découragé par moments. Il se lève à tous les jours pour aller à l'école et il est présent.* Le discours des parents renvoie à deux principales pistes de bonification. La première rejoint la position des élèves quant à l'identification explicite des forces de leurs enfants, alors que la deuxième s'inscrit dans la visée même du PFAE, soit d'accorder une place plus grande au développement des compétences à l'emploi au sein du PI.

Le discours des enseignants et des intervenants scolaires aborde aussi la difficulté de faire les suivis annoncés au PI *par manque de temps, mais non par manque de volonté.* Qui plus est, ils insistent sur la nécessité de travailler de concert à la réalisation du PI : *tous doivent travailler dans la même direction en cohérence*, et ils manifestent certaines frustrations lorsque des informations ne sont pas partagées : *des cachettes*, ou encore, lorsqu'une fois le plan rédigé, *l'ensemble de l'équipe n'applique* [pas] *qu'est-ce qu'il y a de prévu au plan*. Précisons que plusieurs propos identifient le peu ou l'absence de participation des parents au processus de rédaction du PI, alors que souvent, la distribution du plan aux parents se fait par les élèves à la suite de sa rédaction. Certains souhaiteraient ainsi une plus grande implication des parents dans le processus de concertation. Ici, deux pistes de bonification nous apparaissent importantes à souligner. La première renvoie à la nécessité d'insister sur la nécessaire cohésion et concertation entourant la production du PI et sa mise en œuvre. Dès lors, le PI n'est plus considéré comme un document administratif, mais bien comme un document de concertation et d'intervention, soit le sens même donné au plan par le MELS (2012b). La deuxième piste de bonification rejoint celle identifiée précédemment relativement à la participation des élèves à sa production, soit de solliciter la participation des parents dans une perspective relationnelle et interactionnelle.

Les enseignants et les intervenants scolaires estiment qu'on devrait voir *qu'il y a quelque chose de positif là-dedans*, alors que *souvent, on va travailler sur le négatif... alors qu'on pourrait aller avec le positif*. Ils souhaitent aussi produire des PI plus pointu[s] puisqu'à l'heure actuelle, *un plan d'intervention, c'est très vague*. Tout comme pour les élèves, ces derniers réclament *des moyens concrets, des choses plus concrètes*. L'explicitation du message (clarification) réclamée par les élèves semble ici rejoindre les propos des enseignants et des intervenants scolaires. Il en va de même pour la mise en évidence des forces de l'élève. À ce titre, rappelons que l'identification des forces des élèves, élément clairement énoncé dans le guide d'utilisation du PI (MELS, 2012b), devrait constituer un levier de premier ordre dans les moyens d'intervention proposés au PI (Goupil, 2004).

Les enseignants et les intervenants scolaires affirment que le PI *est pour l'élève*. Dans cette perspective, ils disent souhaiter que les élèves y participent davantage, bien que pour ce faire, ces derniers doivent mieux comprendre ce que constitue un tel plan : *c'est quoi un plan d'intervention, ils ne savent pas*. Cela dit, la place accordée aux jeunes dans le processus de réalisation du plan reste limitée, comme en témoigne cet extrait qui met davantage l'accent sur le comportement attendu de l'élève à la suite de la réalisation du plan et non pas au moment de sa réalisation : *c'est à lui ce plan-là. Suite à un plan d'intervention, l'élève devrait comprendre ce qui a été dit, pis il devrait se mettre en action*. Nous l'avons vu, les jeunes souhaitent occuper une place plus grande dans le processus entourant la production du PI. Il est heureux de constater que les enseignants et les intervenants scolaires perçoivent cette piste d'un bon œil. Certains chercheurs se sont ainsi intéressés à la voix des jeunes et à sa prise en compte dans l'intervention éducative (p. ex., Beaudoin, 2005; Cotnam-Kappel, 2014). Selon Cotnam-Kappel (2014), les jeunes devraient être considérés comme aptes à partager leurs opinions. Dès lors, l'adoption d'une approche relationnelle et interactionnelle dans la communication inhérente à la production d'un PI demeure une piste prometteuse.

Enfin, les propos des directions d'école réitèrent que la concertation de tous les intervenants ou partenaires est primordiale dans la réalisation du PI, y compris les parents, estiment certaines d'entre elles. Ces propos pointent vers l'importance de la participation du jeune à son propre PI. Les directions estiment que les élèves doivent entendre les commentaires de tous afin de devenir un employé *correct*, puisque la visée du PFAE est l'accès à l'emploi. Leurs propos pointent également vers l'absence de certains élèves à ce processus, l'absence de certains parents, voire leur propre absence. Ces directions estiment que l'école joue un rôle dans l'absence de nombreux parents à ce processus : *on a des tirs à rectifier*. Les pistes de bonification énumérées plus haut rejoignent le discours des directions : cohérence, concertation, réelle participation des jeunes et de leurs parents, et préoccupation pour l'insertion en emploi sont autant d'éléments à prendre en considération dans la bonification du processus entourant la production et la mise en œuvre du PI.

L'analyse des propos entourant les PI est éloquente quant aux bonifications à apporter. Dans la section qui suit, seuls les résultats de l'analyse des PI dont l'un des objectifs concerne les comportements des élèves sont abordés (45 %)[5]. Les pistes de bonification qui en découlent touchent les sections capacités, besoins, objectifs et moyens.

Les capacités

Ce sont 90 % des PI analysés qui présentent les capacités (ou forces) des élèves. Par capacité, on entend ici « aptitude, acquise ou développée, permettant à une personne de réussir dans l'exercice d'une activité physique, intellectuelle ou professionnelle » (MEQ, 2004, p. 41). Seuls 5 % des plans qui comprennent des capacités présentent plutôt des aptitudes correspondant à des qualités générales ayant peu d'effet sur la réussite de l'élève (p. ex., être poli, souriant[6]). Les capacités recensées aux PI sont liées aux aptitudes personnelles des élèves (p. ex., le fait d'avoir un bon potentiel ou d'être travaillant). Plusieurs autres capacités sont liées aux aptitudes scolaires et sociales des élèves (p. ex., une bonne utilisation d'habiletés sociales). D'autres capacités sont plus ou moins en adéquation avec la définition fournie par le MEQ (2004), notamment celles reliées aux aptitudes sportives ou aux intérêts des élèves. Enfin, certaines capacités identifiées aux plans sont en fait des qualités ou encore des « non-capacités », comme la prise de médication. En résumé, le fait d'inscrire des caractéristiques de l'élève dans la section « capacités » du PI ne signifie pas que ce qui y est inscrit traduit réellement les capacités de l'élève au sens du MEQ (2004) et du MELS (2012a, 2012b). Ce constat renvoie à la nécessité d'expliciter encore plus les capacités de l'élève au PI.

Les besoins

Tous les PI analysés comprennent une section portant sur les besoins, ce qui correspond à la « différence ou l'écart entre une situation souhaitable et la situation existante » (MEQ, 2004, p. 26). Parmi eux, 76 % présentent des besoins formulés de manière à offrir une occasion de progression pour l'élève. Toutefois, 22 % des plans présentent des besoins formulés de telle sorte qu'ils offrent peu de perspectives dans la recherche de moyens pour y répondre (p. ex., être sérieux). Un autre élément retient l'attention, alors que certains PI faisant état d'objectifs liés au comportement présentent tout de même des buts liés aux apprentissages (20 %), ce qui crée une certaine confusion. Par exemple, un objectif lié aux comportements (p. ex., s'affirmer davantage) se voit jumelé à un but visant la réussite d'une année scolaire (p. ex., réussir sa 1re secondaire) ou d'un programme en particulier (p. ex., réussir sa FMS). Cet exemple soulève deux enjeux, soit un premier enjeu de cohérence et un second de précision et d'individualisation du PI. Concernant le premier enjeu, en quoi s'affirmer davantage permettra-t-il à l'élève de réussir sa 1re année du secondaire? L'affirmation de soi est-elle une condition *sine qua non* à la réussite du secondaire? Concernant le deuxième enjeu, « Réussir sa 1re année du secondaire » traduit bien une formulation qui manque de précision et où la personnalisation du plan est absente; réussir sa 1re année du secondaire constitue certes la visée de l'école, mais cet enjeu ne peut constituer les bases d'une intervention spécifique au PI personnalisé d'un élève.

Les objectifs

Tous les PI analysés comprennent des objectifs à atteindre. Certains plans présentent des objectifs généraux et spécifiques (38 %), alors que d'autres proposent seulement des objectifs spécifiques (62 %). Précisons que l'analyse spécifique permet de décortiquer, en quelque sorte, l'objectif général. L'analyse révèle que les objectifs incluent peu d'indicateurs de réussite (p. ex., s'affirmer

---

[5] Cette décision repose sur les portraits différenciés qui résultent de l'analyse des plans liés aux principaux acteurs mobilisés. À ce titre, les PI dont l'un des objectifs touche le comportement sont associés aux professionnels de la psychoéducation, contrairement aux plans d'intervention dont les objectifs sont liés aux apprentissages scolaires.

[6] Les exemples entre parenthèses sont extraits des PI analysés.

davantage en levant la main). De plus, certains objectifs sont formulés de façon très succincte, voire en n'utilisant qu'un seul mot (p. ex., orientation). Parmi les objectifs spécifiques qui incluent minimalement un indicateur de réussite, la plupart (65 %) font référence à la forme attendue de l'objectif (p. ex., amener l'élève à communiquer de façon adéquate). Une faible proportion d'objectifs (35 %) fait état d'indicateurs d'intensité ainsi que de fréquence (p. ex., poser des questions au moins une fois par jour). Ces résultats mettent en évidence la nécessité pour les milieux scolaires de formuler des objectifs clairs qui comprennent des indicateurs de réussite de même que des indicateurs d'intensité et de fréquence, permettant ainsi de poser un regard critique sur l'évolution de la situation de l'élève.

Les moyens

Tous les plans analysés présentent une section sur les moyens à mettre en œuvre pour atteindre les objectifs du plan. Les moyens réfèrent ici aux stratégies, aux ressources ou au calendrier proposés aux PI (MEQ, 2004). La majorité des moyens recensés font référence à des stratégies éducatives qui doivent être appliquées directement par les élèves. Par exemple, plusieurs (38 %) de ces stratégies sont reliées à la démonstration d'habiletés sociales (p. ex., aller vers de nouvelles personnes). Une partie des moyens (28 %) est liée à la participation d'un acteur de l'éducation (p. ex., une rencontre avec le psychoéducateur pour trouver des moyens pour gérer son attitude). Enfin, un seul moyen (2 %) est lié aux ressources matérielles, menant à l'utilisation des ressources physiques de l'environnement de la classe ou de l'école (p. ex., ne plus être assis près d'un élève en particulier/changement de place dans la classe). Il est étonnant de constater que la majorité des moyens recensés reposent sur les épaules des élèves. En d'autres mots, peu de moyens inscrits font appel à l'enseignant en soutien au rôle attendu de l'élève. Ainsi, un élève pour qui les habiletés sociales constituent un défi tel qu'il mérite un PI devient la personne responsable des moyens permettant le développement de ses propres habiletés sociales déficitaires. Certes, l'élève joue un rôle fondamental dans son cheminement scolaire. Il serait toutefois à propos d'inscrire au plan de cet élève d'autres responsables de moyens visant à soutenir ses apprentissages.

La mise en relation des propos des participants et des PI analysés tend à démontrer une certaine cohérence relativement à la nécessité de porter une attention particulière à l'unicité des élèves pour qui sont destinés ces plans. D'une part, les propos des jeunes, des parents, des enseignants et des intervenants pointent vers l'importance d'adopter une posture positive dans le processus de production du PI. À cet égard, tant le climat communicationnel que l'identification des forces et des qualités des jeunes semblent prioritaires. D'autre part, l'unicité des élèves semble remise en question dans l'analyse des PI, alors que le degré de précision des capacités, des besoins, des objectifs et des moyens de même que la cohérence entre ces différents éléments sont problématiques. Ces éléments sont également mis en évidence dans les travaux d'Etscheid et Curan (2010), Gauthier (2004), Lee-Tarvers (2006) et Ruble et al. (2010). Le manque de temps identifié par les enseignants et les intervenants scolaires ainsi que par certaines directions d'école peut expliquer ce malheureux constat, qui n'est pas étonnant en soi, considérant la faible place qui semble être accordée aux élèves et à leurs parents, voire à leurs propres enseignants à l'intérieur de ce processus. Le recours à la voix des jeunes peut se révéler d'une grande valeur en contexte scolaire (Beaudoin, 2005; Guérin et Méard, 2014). Rappelons que l'adolescence est caractérisée par la recherche de la nouveauté, l'engagement social, l'intensité émotionnelle et l'exploration créative (Siegel, 2013). Dès lors, il apparaît judicieux de profiter de ces caractéristiques dans le processus de réalisation d'un PI en engageant pleinement l'adolescent dans le dialogue l'entourant en explicitant la finalité d'un PI, en lui permettant de se préparer à une telle rencontre et en lui donnant une place légitime dans les discussions entourant sa rédaction. Les jeunes ont tout à gagner à s'exprimer sur eux-mêmes, d'autant plus que la connaissance de soi, condition favorable à l'insertion socioprofessionnelle des jeunes, s'apprivoise par l'expression de soi (Ee, 2015). De plus, la place accordée à la modification de certains comportements dans les PI est judicieuse, d'autant plus que les défis comportementaux peuvent interférer avec la performance scolaire des élèves (McCombs, 2004; Zins, Bloodworth, Wissberg et Walberg, 2004), de même que la qualité de l'intégration socioprofessionnelle vécue en stage (Bergeron, Samson et Rousseau, 2013). Toutefois, pour que ces jeunes rencontrent les visées de tout programme d'éducation, soit le développement de connaissances, de comportements responsables et de comportements citoyens qui se préoccupent du bien-être de ses pairs (McCombs, 2004), Beaudoin (2005) invite l'école à donner la voix aux jeunes en offrant, voire en multipliant les occasions de participer à la prise de décision. Dans le contexte particulier du PFAE, cette prise de décision peut s'articuler tant dans le volet de la formation générale que dans celui de la formation pratique. Elle peut aussi s'exercer par l'entremise de la prise de décision les concernant dans le processus de production du PI ou dans le processus décisionnel entourant le choix d'un stage en emploi.

10.5 Conclusion et recommandations

Cette étude de cas contribue à poser un regard critique sur l'actualisation de la démarche de réalisation du PI au PFAE. L'ampleur de cette étude, soit le recours à sept milieux scolaires issus de cinq régions distinctes, à une variété de participants, tous des acteurs du PFAE, de même qu'à la mise en relation de propos recueillis et de données issues de PI, permet de dresser un portrait détaillé concernant la place qu'occupent ces plans au sein de cette voie de formation qualifiante. Toutefois, cette méthodologie de recherche ne permet pas de généraliser à outrance les résultats. Ainsi, il serait risqué de généraliser ces derniers à d'autres contextes de formation, voire à d'autres niveaux scolaires. À l'issue de cette recherche, il apparaît impératif de s'interroger sur les canevas de PI en utilisation dans les écoles participantes. Afin d'assurer que chacune des composantes du PI soit abordée dans les phases entourant sa production, les résultats de cette étude mettent en évidence l'importance pour les milieux scolaires de valider les canevas utilisés à la lumière du cadre de référence du MEQ (2004), du canevas de base du PI (MELS, 2012a) ou du guide qui accompagne ce canevas (MELS, 2012b). De plus, les milieux scolaires gagnent à accorder une place accrue à l'unicité de chacun des plans produits, en maximisant les informations recueillies aux phases de collecte et d'analyse, et de planification des interventions. L'ensemble des acteurs visés par le plan gagne à garder en tête les orientations fondamentales des PI en contexte québécois, notamment :

- en plaçant réellement « l'élève au cœur de sa réussite », et ce, en créant un climat propice aux échanges où toutes les perspectives sont accueillies et prises en considération;
- en misant « sur les forces de l'élève », en sachant que ces forces constituent une assise importante aux moyens envisagés pour répondre aux objectifs du plan;
- en intensifiant « la collaboration école-famille-communauté », en créant des occasions d'échange et de préparation en amont de la rencontre du PI.

Enfin, il semble opportun de porter une attention particulière aux rôles des enseignants et des intervenants scolaires dans la réalisation des PI. Rappelons que peu d'entre eux sont identifiés comme responsables de moyens inscrits au PI. À ce titre, plusieurs moyens identifiés au plan font référence à des stratégies éducatives à mettre en place par les élèves, alors que peu d'enseignants et d'intervenants scolaires sont mandatés pour mener les élèves dans la découverte et l'apprentissage de ces stratégies.

En guise de conclusion, des pistes de solution sont proposées pour améliorer le processus de production du PI de même que sa mise en œuvre :

- promouvoir le développement de compétences en matière d'élaboration de PI chez les enseignants et les intervenants scolaires :
  - en identifiant clairement les forces et les défis des jeunes;
  - en formulant clairement leurs besoins;
  - en formulant clairement les objectifs les concernant en ce qui a trait aux visées de la FMS ou de la FPT;

– en assurant une cohérence entre les moyens identifiés et les objectifs du plan;

– en recourant à la réelle concertation de tous les acteurs interpellés dans le proces-sus de production et de mise en œuvre du plan par l'entremise d'un processus com-municationnel dynamique et interactif.

- faire du PI un objet de formation spécifique dans les programmes de formation initiale à l'enseignement et dans les différents programmes de formation visant les intervenants des services éducatifs complémentaires, que ce soit comme objet spécifique d'étude à l'inté-rieur d'un cours ou comme objet transversal à l'intérieur de plusieurs cours. Dans les deux cas, l'analyse critique de PI permettrait une meilleure compréhension de l'écart entre les intentions ministérielles et les plans produits.

- faire du PI un objet de recherche, notamment en ce qui a trait aux conditions favorables à sa production (conditions temporelles, organisationnelles, communicationnelles, etc.) et à sa mise en œuvre (influence des contextes d'enseignement, influence des politiques des commissions scolaires, etc.).

10.6 Financement et soutien

Cette recherche a été rendue possible grâce à l'appui financier du Fonds de recherche – Société et culture, et du Ministère de l'Éducation, du Loisir et du Sport (Action concertée – Persévérance et réussite scolaires).

Références

Alberta Education. (2007). *Plan d'intervention personnalisé élaboré pour les élèves ayant des besoins spéciaux.* Edmonton : Alberta Education.

Andreasson, I., Asp-Onsjö, L. et Isaksson, J. (2013). Lessons learned from research on individual educational plans in Sweeden: obstacles, opportunities and future challenges. *European Journal of Special Needs Education*, *28*(4), 413-426.

Beaudoin, N. (2005). *Elevating Student Voice. How to Enhance Participation, Citizenship, and Leadership.* Larchmont, NY: Eye on Education.

Bergeron, G., Samson, G. et Rousseau, N. (2013). Donner le goût de l'école par l'entremise du stage en formation qualifiante. Dans S. Ouellet (dir.), *Soutenir le goût de l'école. Histoires de passion* (p. 121-136). Québec : Presses de l'Université du Québec.

Cohen, L., Manion, L. et Morrison, K. (2008). *Research methods in education* (6e éd.). New York, NY: Routledge.

Comité-conseil sur les programmes d'études. (2008). *Enseignement secondaire, deuxième cycle : Chapitre 5 et pro-grammes d'études du Parcours de formation axée sur l'emploi.* Avis à la ministre de l'Éducation, du Loisir et du Sport sur l'approbation du Programme de formation de l'école québécoise. Québec : Gouvernement du Québec.

Cormier, S. (2006). *La communication et la gestion.* Québec : Presses de l'Université du Québec.

Cotnam-Kappel, M. (2014). Tensions in creating possibilities for youth voice in school choice: an ethnographer's reflexive story of research. *Revue canadienne de l'éducation*, *37*(1), 140-162.

Deci, E. L. et Ryan, R. M. (2002). *Handbook of Self-Determination Research.* Rochester, NY: University of Rochester Press.

Desbiens, N. et Massé, L. (2013). Le plan d'intervention et le plan de services individualisés. Dans L. Massé, N. Des-biens et C. Lanaris (dir.), *Les troubles du comportement à l'école – Prévention, évaluation et intervention* (p. 109-132). Montréal : Gaëtan Morin éditeur.

Dumont, M. et Rousseau, N. (2016). *Les 16-24 ans à l'éducation des adultes – besoins et pistes d'intervention.* Québec : Presses de l'Université du Québec.

Ee, J. (2015). Understanding oneself through self-awareness. Dans J. Ee et A. Chang (dir.), *Preparing youths for the workplace* (p. 37-44). Singapore: World Scientific.

Etscheid, S. et Curran, C. M. (2010). Peer-reviewed research and individualized education programs (IEPs): An exam-ination of intent and impact. *Exceptionality, 18*, 138-150.

Fortin, M.-F. (2010). *Fondements et étapes du processus de recherche. Méthodes quantitatives et qualitatives* (2e éd.). Montréal : Chenelière Éducation.

Fréchette, S. et Rousseau, N. (2015). Les services éducatifs complémentaires mobilisés au Parcours de formation axée sur l'emploi (PFAE) : perceptions des principaux acteurs. *Revue Enfance en difficulté*, *4*, 27-52.

Gauthier, Y. (2004). Plan d'enseignement individualisé dans les écoles de l'Ontario : analyse de cas des enfants surdoués et d'enfants en troubles d'apprentissage. *Brock Education, 13*(2), 6-20.

Geoffrion, P. (2009). Le groupe de discussion. Dans B. Gauthier (dir.), *Recherche sociale : de la problématique à la collecte des données* (p. 391-414). Québec : Presses de l'Université du Québec.

Goupil, G. (2004). *Plans d'intervention, de services et de transition.* Montréal : Chenelière éducation.

Goupil, G. et Poirier, N. (2012). La situation québécoise des élèves ayant des troubles envahissants du développement. *La nouvelle revue de l'adaptation et de la scolarisation,* (60), 115-127.

Gouvernement du Québec. (2015). *Loi sur l'instruction publique.* Repéré à http://www2.publicationsduquebec.gouv. qc.ca/ dynamicSearch/telecharge.php?type=2&file=/I_13_3/I13_3.html

Guérin, J. et Méard, J. (2014). Conduite de l'entretien auprès des jeunes scolaires : le cas de l'autoconfrontation dans une approche « orientée-activité ». *Revue canadienne de l'éducation, 37*(1), 120-139.

Hennink, M., Hutter, I. et Bailey, A (2011). *Qualitative research methods.* Thousand Oaks, CA: SAGE.

Lee-Tarver, A. (2006). Are individualized education plans a good thing? A survey of teachers' perceptions of the utility of IEPs in regular education settings. *Journal of Instructional Psychology, 33*(4), 263-272.

McCombs, B. L. (2004). The learner-centered psychological principles: A framework for balancing academic achievement and social-emotional learning outcomes. Dans J. E. Zins, R. P. Weissberg, M. C. Wang et H. J. Walbert (dir.), *Building Academic success on social and emotional learning – What does the research say?* (p. 23-39). New York, NY: Teachers College Press.

Merriam, S. B. (1998). *Qualitative research and case study applications in education.* San Francisco, CA: Jossey-Bass.

Ministère de l'Éducation du Québec. (2004). *Le plan d'intervention… au service de la réussite de l'élève : cadre de référence pour l'établissement des plans d'intervention.* Québec : Gouvernement du Québec, Direction de l'adaptation scolaire et des services complémentaires (DASSC).

Ministère de l'Éducation, du Loisir et du Sport. (2009). *Programme de formation de l'école québécoise. Enseignement secondaire : 2ᵉ cycle. Parcours de formation axée sur l'emploi : formation préparatoire au travail, formation menant à l'exercice d'un métier semi-spécialisé.* Québec : Gouvernement du Québec.

Ministère de l'Éducation, du Loisir et du Sport. (2012a). *Canevas de base du plan d'intervention.* Repéré à http://www. education.gouv.qc.ca/fileadmin/site_web/documents/dpse/adaptation_serv_compl/PlanIntervention_Objectifs_f.pdf

Ministère de l'Éducation, du Loisir et du Sport. (2012b). *Guide d'utilisation en lien avec le canevas de base du plan d'intervention.* Repéré à http://www.education.gouv.qc.ca/fileadmin/site_web/documents/dpse/ adaptation_serv_compl/GuideUtili_CanevasPlanInterv_f_1.pdf

Myara, N. (2016). *Le plan d'intervention : un processus et des ententes.* Montréal : Éditions JFD.

Prud'homme, L., Bergeron, G. et Point, M. (2013). Éducation inclusive au Canada : synthèse de l'atelier. Dans N. Rousseau (dir.), *Éducation inclusive au Canada : analyse comparative* (p. 39-45) [Rapport de recherche déposé au Conseil de recherches en sciences humaines – CRSH]. Trois-Rivières, Québec : Université du Québec à Trois-Rivières.

Roy, S. N. (2009). L'étude de cas. Dans B. Gauthier (dir.), *Recherche sociale : de la problématique à la collecte des données* (p. 199-225). Québec : Presses de l'Université du Québec.

Ruble, L. A., McGrew, J., Dalrymple, N. et Jung, L. A. (2010). Examining the quality of IEPs for young children with autism. *Journal of Autism Developmental Disorders, 40*, 1459-1470.

Sanches-Ferreira, M., Simeonsson, R. J., Silveira-Maia, M., Alves, S., Tavares, A. et Pinheiro, S. (2013). Portugal's special education law: implementing the International classification of functioning, disability and health in policy and practice. *Disability and Rehabilitation, 35*(10), 868-873.

Savoie-Zajc, L. (2009). L'entrevue semi-dirigée. Dans B. Gauthier (dir.), *Recherche sociale : de la problématique à la collecte des données* (p. 337-360). Québec : Presses de l'Université du Québec.

Siegel, D. J. (2013). *Brainstorm. The Power and Purpose of the Teenage Brain.* New York, NY: Tarcher/Penguin.

Souchan, C. (2008). *Étude exploratoire des perceptions des adolescents présentant des troubles du comportement relativement à leur plan d'intervention personnalisé* (Essai de doctorat inédit). Université du Québec à Montréal.

Test, D. W., Mason, C., Hugues, C., Konrad, M., Neale, M. et Wood, W. M. (2004). Student involvement in individualized education program meetings. *Council for Exceptional children, 70*(4), 391-412.

Vérificateur général du Québec. (2000). *Rapport à l'Assemblée nationale pour l'année 1999-2000 : Gestion des services visant l'adaptation scolaire des élèves en difficulté* (tome 1, chap. 4). Repéré à http://www.vgq.gouv.qc.ca/fr/ fr_publications/fr_rapport-annuel/fr_1999-2000-T1/fr_Rapport1999-2000-T1-Chap04.pdf

Weitzman, E. A. (2000). Software and qualitative research. Dans N. K. Denzin et Y. S. Lincoln (dir.), *Handbook of qualitative research* (2ᵉ éd., p. 803-820). Thousand Oaks, CA: SAGE.

Yin, R. K. (2014). *Case study research. Design and methods* (5ᵉ éd.). Thousand Oaks, CA: SAGE.

Zins, J. E., Bloodworth, M. R., Wissberg, R. P. et Walberg, H. J. (2004). The scientific base linking social and emotional learning to school success. Dans J. E. Zins, R. P. Weissberg, M. C. Wang et H. J. Walbert (dir.), *Building academic success on social and emotional learning – What does the research say?* (p. 3-22). New York, NY: Teachers College Press.

Partie 3
La famille

11 | L'ethnographie pour explorer comment les représentations des situations de négligence se construisent à l'intérieur de l'institution de la protection de la jeunesse

Vicky Lafantaisie
Département de psychoéducation et de psychologie,
Université du Québec en Outaouais

Tristan Milot
Département de psychoéducation, Université du Québec à Trois-Rivières

Carl Lacharité
Département de psychologie, Université du Québec à Trois-Rivières

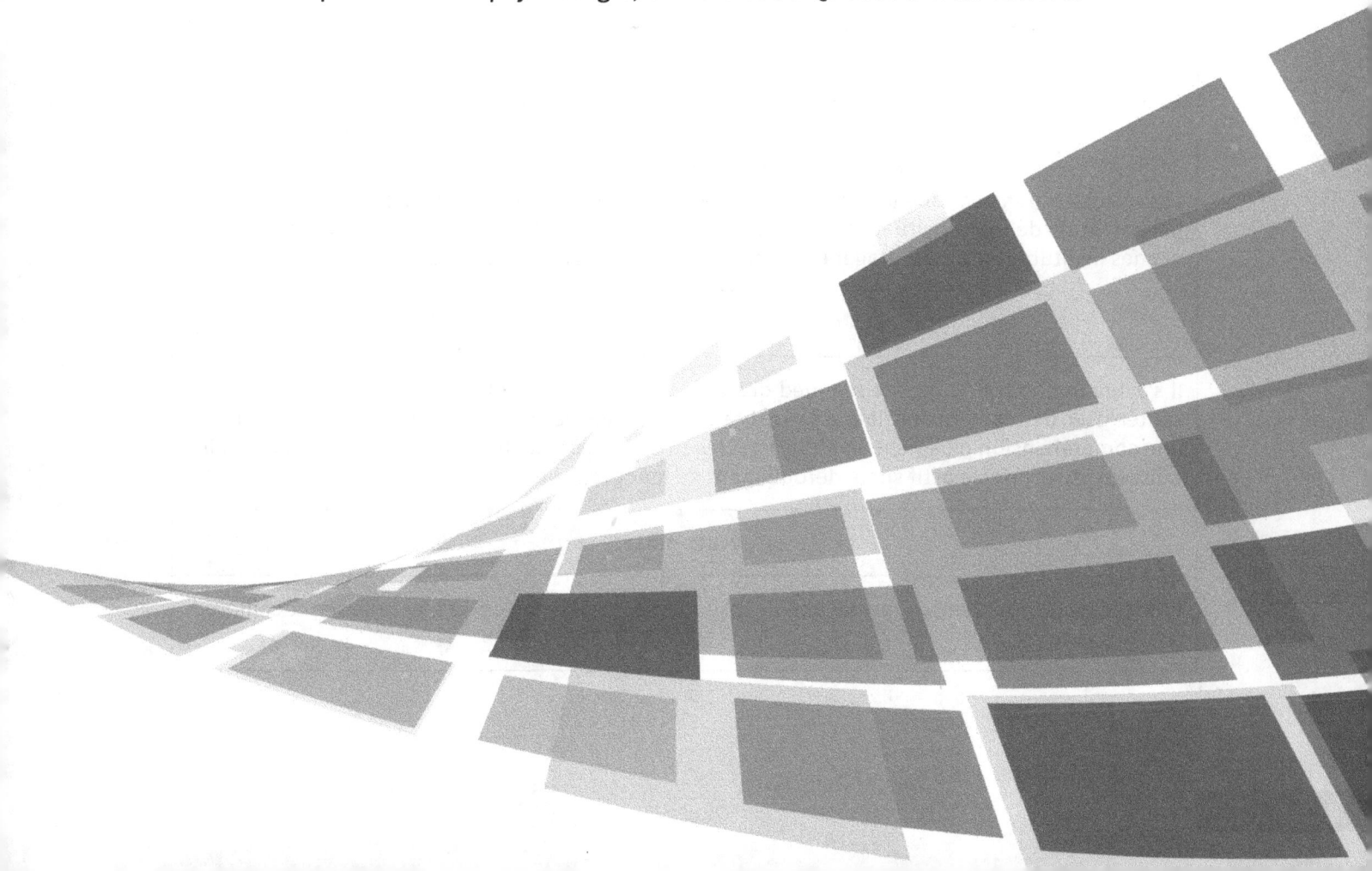

Résumé

Contexte

Il existe un contraste évident entre les représentations que les familles en situation de négligence se font de leur situation et l'image que les intervenants en protection de la jeunesse se créent à propos d'elles.

Objectif

Considérant cet écart, un devis de recherche qualitatif inspiré de l'ethnographie a été élaboré pour :

1. décrire les pratiques d'intervention dominantes dans l'institution de la protection de la jeunesse;

2. identifier les mécanismes organisationnels qui soutiennent les pratiques d'intervention dominantes.

Méthode

En plus des observations libres, des données systématiques ont été récoltées au moyen d'observations, d'entretiens et de textes de référence pour l'intervention. L'analyse de ce matériel s'est faite en trois temps :

1. description factuelle des événements;

2. tri et classement des données;

3. interprétation des comportements.

Résultats

Les résultats montrent que les pratiques courantes en protection de la jeunesse permettent difficilement de définir les situations de négligence de manière dialogique et que différents mécanismes institutionnels encouragent la mise à distance de la perspective des parents.

Conclusion

Il s'avère important de mettre sur pied des espaces de dialogue et de réflexion collective et de s'intéresser de manière sensible à la réalité telle que vécue par les familles afin de construire une compréhension plus riche et plus juste des situations de négligence et pour que les familles puissent jouer un rôle actif sur le déroulement de leur propre existence.

Mots-clés

Ethnographie, intervention, protection de la jeunesse, négligence envers les enfants, coconstruction des savoirs.

Principales recommandations de l'étude pour l'intervention psychoéducative

- Afin de mieux comprendre les situations de négligence, il convient de privilégier le vécu partagé et l'observation participante dans le quotidien des familles.

- La présence des intervenants dans les situations quotidiennes offre l'opportunité d'échanges ouverts où les parents et les enfants peuvent s'exprimer sur leur vision de la situation.

- Cette recherche invite les intervenants à s'inspirer des pratiques d'analyse écosystémique et participative permettant de s'intéresser à l'expérience des familles telle qu'elles la vivent et de mettre en commun un ensemble de perspectives pour coconstruire de manière dialogique les définitions des situations familiales.

- Les schèmes relationnels de considération, d'empathie et de disponibilité sont essentiels à la reconnaissance de la perspective des familles dans la coconstruction de savoirs les concernant.

Questions pédagogiques

- Qu'est-ce qui est particulier à l'ethnographie comme approche de recherche qualitative relativement à la collecte et à l'analyse des données?

- Quel type de résultats une étude ethnographique souhaite-t-elle produire?

- Comment l'approche participative se distingue-t-elle des interventions traditionnelles en protection de la jeunesse?

- Pourquoi est-il pertinent de considérer la perspective des parents pour construire une définition de leur situation familiale?

- En tant qu'intervenant, comment favoriser la coconstruction des savoirs (notamment en lien avec la définition des situations de négligence) avec les enfants et les parents?

11.1 Introduction

11.1.1 Mise en contexte

Le présent chapitre s'intéresse aux représentations de la négligence construites à l'intérieur de l'institution de la protection de la jeunesse. Dans l'esprit de l'approche ethnographique utilisée pour cette étude, il est important de mentionner que nous avons eu la chance d'explorer le « monde » de la négligence depuis plusieurs années, par l'entremise de différents points de vue et expériences : interventions, projets de recherche, échanges avec des intervenantes et intervenants, des étudiantes et étudiants et des collègues travaillant ou ayant travaillé en protection de la jeunesse, des récits de parents que nous avons accompagnés comme intervenantes ou intervenants ou écoutés dans le cadre d'autres projets de recherche. Ces expériences ont servi de base pour :

1. construire la problématique de la présente étude;

2. étoffer et contextualiser l'analyse du matériel récolté dans une collecte de données plus « formelle » que nous décrirons plus loin.

Notre démarche de recherche s'ancre donc dans nos différentes expériences par rapport à l'intervention en situation de négligence. La trajectoire d'une des auteurs de ce texte illustre bien comment notre cheminement et les questionnements qui l'accompagnent peuvent être à l'origine d'un projet de recherche original. Son premier contact réel avec les familles en situation de négligence remonte au moment où elle était une jeune intervenante en formation et qu'elle travaillait en milieu communautaire. Elle avait jusque-là une connaissance strictement théorique de la négligence et la représentation mentale qu'elle s'en était construite était basée uniquement sur des écrits scientifiques. Ces travaux traitent majoritairement des situations de négligence en termes de facteurs de risque, en mettant particulièrement l'accent sur les déficits parentaux, et de conséquences chez l'enfant. Par exemple, les jeunes enfants (trois ans et moins) qui ont un tempérament difficile et qui présentent certaines vulnérabilités (comme un enfant qui a des besoins spéciaux en raison d'un handicap ou d'une psychopathologie) seraient particulièrement à risque d'être victimes de négligence (Connell-Carrick, 2003; Connell-Carrick et Scannapieco, 2006; Éthier, Couture et Lacharité, 2004; Schumacher, Smith-Slep et Heyman, 2001; Tourigny et al, 2002; Trocmé et al., 2005; Watson, 2005). Plusieurs facteurs de risque ont également été documentés chez les parents et les familles. Ainsi, le jeune âge de la mère, les problèmes de santé mentale (p. ex. dépression, trouble de personnalité), la toxicomanie, un passé d'abus ou de négligence, un manque d'habiletés parentales, le fait d'avoir peu de connaissances sur le développement de l'enfant, la monoparentalité, un nombre élevé d'enfants et la violence conjugale seraient des facteurs qui prédisposeraient à la négligence (Connell-Carrick, 2003; Éthier, Couture et Lacharité, 2004; Hildyard et Wolfe, 2002; Lounds, Borkowski et Whitman, 2006; Lounds, Borkowski, Whitman, Maxwell et Weed, 2005; Schumacher, Smith-Slep, et Heyman, 2001; Smith et Fong, 2004; Trocmé et al., 2005; Watson, 2005). Finalement, l'isolement social, la pauvreté et le fait d'habiter dans un quartier défavorisé où les ressources sont peu accessibles seraient des conditions propices à l'apparition de la négligence (Bishop et Leadbeater, 1999; Chamberland et al., 2012; Dufour et al, 2008; Jonson-Reid, Drake et Zhou, 2013; Kim et Maguire-Jack, 2015; Slack et al., 2011; Thompson, 2015; Trocmé et al., 2013). Dans les écrits scientifiques, les enfants négligés sont présentés comme ayant généralement des problèmes de santé physique et mentale, des difficultés de comportement intériorisées ou extériorisées, des retards de développement (émotionnel, cognitif, social, langagier), de plus faibles capacités intellectuelles et des difficultés scolaires. À plus long terme, il semble que ces enfants développent une propension à la délinquance et à l'abus de substance (Berry, Charlson et Dawson, 2003; Dube et al., 2006; Dubowitz, Pitts et Black, 2004; Dunn, Tarter, Mezzich, Vanyukov, Kirisci et Kirillova, 2002; Hildyard et Wolfe, 2002; Gilbert, Widom, Browne, Fergusson, Webb et Janson, 2009; Kazemian, Spatz Widom et Farrington, 2011; Lounds, Borkowski et Withman, 2006; Shipman, Edwards, Brown, Swisher et Jennings, 2005; Topitzes, Mersky et Reynolds, 2010; Van der kolk, 2005; Watson, 2005).

Occuper un emploi dans un milieu communautaire situé au cœur d'un quartier défavorisé a permis à la première auteure de se rapprocher des familles et d'explorer le côté « écrasant » de l'environnement dans lequel elles vivent : les ressources y sont souvent insuffisantes, les appartements sont trop petits, le quartier est bruyant et le voisinage paraît inquiétant, etc. En constatant l'impact important que pouvait avoir l'environnement sur la vie de ces familles, elle a pu développer une compréhension plus large de leur situation.

À ce sujet, Lacharité et Goupil (2013) présentent certaines conditions exosystémiques et macrosystémiques contribuant à la détresse sociale de ces familles. Par exemple, les représentations sociales que nous partageons collectivement (conception négative de ces familles qu'on doit nécessairement aider, centration sur les carences plutôt que sur les besoins, sur-responsabilisation de la mère par rapport aux soins et à l'éducation des enfants, etc.), les « dénivellations sociales » (p.436) (économiques, culturelles, morales, relationnelles, juridiques) dont ces familles font les frais, la « stigmatisation et [les] rituels socio-institutionnels souvent humiliants pour les parents et les enfants » (p.13) et la « discontinuité et [l']incohérence des services s'organisant autour des enfants et des parents » (p.13) participent à maintenir ces familles dans des situations difficiles. Quelques emplois en milieu institutionnel lui ont également permis de constater que plusieurs interventions tenaient difficilement compte des contextes social, politique et économique qui contribuaient à façonner la situation actuelle de ces familles. Ainsi, sans vraiment connaître l'univers des familles, on se prononçait sur leur mode de vie et leurs manières de faire. Ces constats mettent en évidence la distance qui sépare les familles des différents intervenants (incluant les chercheurs) quant à la conception des situations de négligence. À ce sujet, Gerald DeMontigny (1995) affirme avoir été surpris par l'écart entre ce qu'il avait vu et compris de la situation des familles alors qu'il était travailleur social et ce qui était présenté dans la recherche. Considérant ceci, il apparaît nécessaire de se questionner sur l'impact de cette distance apparente dans la compréhension de la négligence sur l'intervention et sur les familles elles-mêmes et de mieux comprendre les facteurs et mécanismes qui produisent et maintiennent cet écart.

11.1.2 État des connaissances

Distance sociale entre les familles et les intervenants

Une importante distance sociale sépare les familles en situation de négligence et les intervenants (Lacharité, 2009). Gaudin et Polansky (1986) abordent cette notion de distance sociale en insistant sur la dissemblance entre deux personnes ou deux groupes, qui viendrait créer un « fossé culturel ». Cette situation, qui repose sur des contextes de vie différents, peut évidemment causer de l'incompréhension de part et d'autre et faire en sorte que les descriptions des situations familiales produites par les parents et les intervenants sont en décalage. Ainsi, il est fréquent que ces acteurs ne s'entendent pas dans l'identification des besoins de la famille (Lacharité, 2009). Les conditions de vie (p. ex. pauvreté, monoparentalité, mauvaises conditions de logement, chômage) expliquent, dans une mesure importante, cette distance sociale entre les parents et les intervenants (Hartog et Dufort, 2001). On peut comprendre que ces personnes appartiennent à deux « mondes » dont les références culturelles sont distinctes. Dans une étude portant sur l'isolement social des familles en situation de négligence, des mères témoignent d'ailleurs de ce sentiment d'étrangeté, de mise à l'écart et de différence ressenti lorsqu'elles entrent en contact avec des intervenants (Lafantaisie, Clément et Coutu, 2013). Leur perspective étant souvent différente de celle des intervenants, il devient très difficile pour elles de se faire imposer des manières de faire qui ne correspond pas à l'image qu'elles se sont créée de leur propre situation. Cette incompréhension mutuelle peut mener à une prise en charge des familles par l'institution de la protection de la jeunesse, dans laquelle « un parent participant est celui qui accepte d'une manière plus ou moins passive la définition de la situation proposée par les professionnels » (Lacharité, 2009, p. 160).

L'intervention traditionnelle en protection de la jeunesse

Les manières d'agir des intervenants en protection de la jeunesse sont généralement inscrites dans une approche « expert » (Firestone, 2009). Voici sept caractéristiques qui résument l'essence de cette approche :

1. définir le problème à partir de l'unique point de vue des intervenants (Beaudoin et al., 2005; LeBossé et Dufort, 2001; Lemay, 2009; Parent, Mineau, Pelletier et Thériault, 1994);

2. attribuer la responsabilité du problème et de l'échec de l'intervention aux personnes ciblées par l'intervention (Gingras et Lacharité, 2009; Lacharité, 2011; LeBossé, 1996; LeBossé et Dufort, 2001; Mongeau, Asselin et Roy, 2007);

3. mettre l'accent sur les difficultés, sur « ce qui ne va pas », plutôt que sur les forces (Beaudoin et al., 2005; Cislaru, Pugnière-Saavedra et Sitri, 2008; LeBossé et Dufort, 2001);

4. dans le cas de situations complexes, se centrer sur le changement des comportements en ignorant les causes externes (sociales, structurales, environnementales, etc. ; Hegar et Hunzeker, 1988; LeBossé et Dufort, 2001);

5. développer des interventions axées sur les faiblesses des personnes sans les impliquer dans le traitement (LeBossé, 1996; LeBossé et Dufort, 2001, p.82);

6. se concentrer sur certains faits dits « objectifs » (observations standardisées de l'extérieur) et écarter l'exploration du vécu subjectif de la personne concernée (Lacharité, 2015b; Legault, 1999; Parent, Mineau, Pelletier et Thériault, 1994; Renou, 2014);

7. préférer un raisonnement technique, dans lequel la personne est considérée comme un « exemplaire » d'une problématique bien définie (p. ex. elle est « un cas de… ») à laquelle est associée une intervention elle aussi prédéfinit (Legault, 1999; Renou, 2014).

Plusieurs auteurs sont d'avis que les approches « experts » ne sont pas adaptées à l'intervention psychosociale (Lacharité, 2011; Lacharité, Moreau et Moreau, 1999; LeBossé et Dufort, 2001; LeBossé, 1996; Lemay, 2009; Messer et Wampold, 2002). Ces pratiques d'intervention suscitent un sentiment d'incompétence chez les parents, à qui on enlève le pouvoir de se prononcer et d'agir sur leur propre situation (Laurin, René, Dallaire et Ouellet, 2007). Il existe par conséquent une hiérarchie entre l'intervenant, qui dirige l'ensemble des opérations allant de la définition de la situation à l'évaluation de l'évolution de la personne, et la personne, qui se voit attribuer un rôle passif (LeBossé, 1996; LeBossé et Dufort, 2001). L'approche « expert » centralise le pouvoir dans les mains de l'intervenant qui, avec son regard de professionnel, serait en mesure de déterminer quel est le problème et de quelle manière il doit être résolu. Dans cette perspective, il semble donc inutile de sonder le point de vue du parent.

Une définition réductrice des situations de négligence

En se centrant seulement sur une perspective extérieure (celle de l'intervenant) pour construire une compréhension de la négligence, on produit des descriptions partielles et donc forcément incomplètes (Cornu, 2009). Des expériences sont ainsi réduites à quelques éléments décontextualisés pour obtenir une image objectivée[1] des phénomènes (Aubert, 2012; Bourassa, Lacharité et Miron, 2011; Campbell et Gregor, 2002; Cornu, 2009; Groulx, 1998; Smith, 1999, 2005). Comme c'est le cas dans l'approche « expert », le portrait créé tient rarement compte des facteurs macrosystémiques qui jouent un rôle important dans l'apparition et le maintien des situations de négligence. Il y a ainsi un écart entre les descriptions produites par les intervenants et l'expérience quotidienne des gens (DeMontigny, 1995; Smith, 1987a, 1990; Swift, 1995).

---

[1] « Objectiver » signifie transformer une situation, une action en un mot ou groupe de mots de façon à supprimer la présence des personnes comme « sujets » (Smith, 2005). L'objectivation permet de faire des déclarations générales sur la situation sans tenir compte de ce qui se passe réellement (Smith, 1999). Par exemple, on dira qu'il y a eu une « discussion » sans jamais expliquer ce qui s'est réellement produit au moment de cette rencontre : Comment les gens interagissaient-ils? Quels sujets ont été abordés? Y avait-il des tensions ou des résistances? etc.

La théorie du *standpoint*, d'abord élaborée en études féministes, illustre bien de quelle manière les connaissances produites reposent sur un point de vue situé (Devault, 2006). L'idée générale de cette théorie est que toute perspective est en partie déterminée par l'époque, le lieu et la position qu'une personne occupe dans la société. Différentes personnes peuvent donc développer, en fonction de la place qu'elles y occupent à un moment donné, une compréhension particulière d'une situation. La perspective des groupes dominants – dans ce cas-ci les intervenants – prévaut généralement sur celle des groupes marginalisés – ici, les familles en situation de négligence (Deveau, 2009; Smith, 1987a, 1987b). Il y a donc lieu de s'intéresser aux décalages entre les différentes perspectives de ces acteurs, à leurs conséquences sur l'intervention auprès des personnes concernées et aux éléments organisationnels qui favorisent le maintien de cette perspective dominante.

11.1.3 Cadre de la recherche

Conception écosystémique et coconstruction des savoirs

Des manières alternatives de comprendre la négligence et d'intervenir auprès des familles ont émergé au cours des dernières années. Nous pouvons penser entre autres aux études issues du courant féministe (p. ex. Daniel et Taylor, 2006; Lapierre, Krane, Damant et Thibault, 2008; Swift, 1995; Turney, 2005, 2000), qui ont contribué à dénoncer la sur-responsabilisation des mères dans les situations de négligence. D'autres auteurs ont également contribué à la mise sur pied d'interventions reposant sur une compréhension écosystémique des situations de négligence, en valorisant l'utilisation de l'approche participative pour définir les situations familiales en dialogue (voir notamment Chamberland et al., 2012; Lacharité, 2014; Ward et Rose, 2002). Les professionnels rencontrés dans le cadre de cette recherche sont d'ailleurs en contact avec cette approche, par le biais d'un programme d'intervention en négligence, depuis près de dix ans. C'est dans cet esprit de compréhension élargie des situations de négligence (vision écosystémique), rendue possible notamment par la participation de plusieurs acteurs dans la définition de ces situations (approche participative), qu'a été menée cette recherche.

D'abord, le ***modèle écosystémique*** *permet de tenir compte de plusieurs contextes et environnements pour expliquer l'apparition et le maintien de situations de négligence dans lesquelles les besoins d'un enfant ne sont pas répondus* (Lacharité, 2014). Cette conception implique une décentration des comportements parentaux pour considérer, de manière plus large, les contextes sociopolitiques, culturels et économiques qui contribuent largement à produire des situations familiales dans lesquelles des personnes (enfants et parents) se retrouvent dans des conditions extrêmement précaires.

Ensuite, l'***approche participative*** *s'insère dans une logique d'augmentation du pouvoir d'agir (empowerment) des familles* (Lacharité, 2009). Elle demande de reconnaître l'expertise expérientielle[2] des familles et de partager le pouvoir entre l'intervenant et la famille (Laurin et al., 2007). C'est donc la complémentarité des compétences professionnelles des intervenants et des compétences expérientielles des parents qui permet une analyse sensible, informée et complète des besoins de l'enfant (Holcomb-McCoy et Bryan, 2010; LeBossé et Dufort, 2001; Lemay, 2009). Elle demande d'accorder une importance à la parole des parents afin que plusieurs points de vue soient partagés et que les besoins et les interventions se définissent et se coconstruisent dans un processus dynamique de dialogue (Lacharité, 2011; Laurin et al., 2007). L'approche participative *favorise une relation égalitaire basée sur la reconnaissance du point de vue de toutes les personnes impliquées auprès de l'enfant, le dialogue et le partage des responsabilités entre les adultes qui entourent l'enfant.*

---

[2] L'expertise expérientielle fait référence à un savoir que développe une personne après avoir vécu certaines expériences (Campbell et Gregor, 2002; Deveau, 2009). Elle diffère ainsi d'une expertise qui aurait été développée dans le cadre d'une formation ou suite à un enseignement plus formel (Borkman, 1976; Storkerson, 2009).

11.2 Objectifs de recherche

Peu de recherches empiriques se sont intéressées à la distance sociale entre les familles en situation de négligence et les intervenants impliqués auprès de ces familles. Considérant qu'il existe un contraste évident entre les représentations que les familles se font de leur situation et l'image que les intervenants se créent à propos d'elles, il paraît important d'étudier la manière dont les définitions des situations familiales sont produites à l'intérieur de l'institution de la protection de la jeunesse[3]. C'est dans cette optique qu'un devis de recherche qualitatif ancré dans une approche ethnographique a été élaboré pour tenter de :

1. décrire les pratiques d'intervention dominantes dans l'institution de la protection de la jeunesse;

2. identifier les mécanismes organisationnels qui soutiennent les pratiques d'intervention dominantes.

11.3 Méthode

L'ensemble de cette recherche s'inscrit dans une approche ethnographique. L'***ethnographie*** *permet de décrire et d'interpréter les tendances (en anglais, « patterns ») relatives aux valeurs, comportements et croyances d'un groupe culturel donné. Elle suppose l'immersion du chercheur sur un terrain particulier qui, au moyen d'observations, d'entretiens et du recueil d'informations diverses, décrit et interprète le fonctionnement des interactions d'une population* (Creswell, 2007; Snape et Spencer, 2003). Ce type d'enquête encourage une compréhension empathique « de l'intérieur », puisque le chercheur vient se poser dans le quotidien des personnes, ce qui lui permet un accès direct à leur expérience (Cefaï, 2003; Pépin, 2011). Cette position vise à décrire ce qu'il se passe et à comprendre le sens que les acteurs donnent à leurs actions.

Dans la présente étude, nous considérons les différents professionnels (intervenants et superviseurs) œuvrant dans le système de protection de la jeunesse comme un groupe culturel particulier. Notre but est de saisir la manière dont ils comprennent et définissent les situations de négligence. Nous nous intéressons également aux interactions entre les différents acteurs de ce groupe et aux rapports qu'ils entretiennent avec les familles et à la manière dont ces relations sont soutenues par l'institution. Cette recherche peut être comprise comme une étude d'ethnographie critique, puisqu'elle cherche à mettre en évidence une forme subtile de domination des professionnels sur les familles en situation de négligence (Creswell, 2007).

11.3.1 Échantillon et collecte de données

Le terrain choisi pour cette étude est celui de l'institution de la protection de la jeunesse et plus spécifiquement certains endroits où travaillent[4] les intervenants et les familles impliquées (Centre jeunesse, CSSS, organisme communautaire, domicile des familles, différentes salles de formation). La collecte de données s'est déroulée dans plusieurs secteurs d'une région du Québec. Comme c'est le cas dans plusieurs devis qualitatifs, la collecte de données s'est construite au fil de la démarche en fonction des informations qui ressortaient des observations et des entretiens (Paillé, 2007). Un journal de bord a été tenu pour consigner notamment les décisions qui ont été prises tout au long de la collecte relativement au choix des méthodes de collecte à utiliser et des personnes à rencontrer.

---

[3] Nous considérons l'institution de la protection de la jeunesse au sens large, en incluant différentes organisations (p. ex. CSSS, organisme communautaire) impliquées dans l'intervention auprès des familles en situation de maltraitance, et non pas seulement les Centres jeunesse.

[4] Le travail est ici compris au sens large c'est-à-dire qu'il ne réfère pas seulement à un travail rémunéré. Il représente plutôt l'ensemble des activités qui requièrent temps et efforts et qui mènent à la production de quelque chose (Devault, 2006). Ainsi, lorsqu'un parent reçoit un intervenant à la maison, on considère également qu'il travaille puisqu'il doit par exemple s'assurer d'être à la maison à l'heure prévue, penser à la propreté de son logement et à ce qu'il va dire et faire, etc.

Cette recherche a débuté par l'observation de rencontres d'analyse des besoins de l'enfant menant à la rédaction d'un plan de services individualisés (PSI) pour des familles en situation de négligence. Ces rencontres représentent un espace (lieu et temps) dans lequel tous les acteurs (enfant, parents, intervenants et autres personnes impliquées auprès de l'enfant) se réunissent afin d'arriver à « une vision globale et commune des besoins de l'enfant et de sa famille et d'intervenir de façon concertée » (MSSS, 2010, p. 662). Ce type de rencontre nous semblait idéale pour commencer l'observation des pratiques en place, puisque les parents devraient être appelés à participer aux discussions concernant leur famille.

Nous avons ainsi observé de manière non participante cinq rencontres de PSI qui se sont déroulées dans cinq secteurs différents. Des notes d'observation ont été consignées dans un journal de bord et les rencontres ont été enregistrées sur bande audio. La durée moyenne des rencontres était de deux heures et il y avait entre quatre et sept personnes présentes à chacune des rencontres (voir Tableau 11.1).

Tableau 11.1 **Statut et nombre de personnes présentes lors des rencontres de PSI**

Statut	Nombre de personnes	Statut	Nombre de personnes
Parents	6	Psychoéducateurs CSSS	2
Grand-parent	1	T.E.S. scolaire	1
Intervenants CJ	5	Nutritioniste CSSS	1
Animateurs groupe de parents CJ	2	Orthopédagogue scolaire	1
Animateurs groupe de parents CSSS	3	Intervenant C.R.	1
Orthophoniste CSSS	1	Intervenants organisme communautaire	2
T.S. CSSS	1		

À la fin de ces rencontres, nous avons approché les intervenants présents pour leur demander s'ils souhaitaient s'entretenir avec nous à propos de leurs pratiques d'intervention auprès des familles en situation de négligence. Au total, huit intervenants (deux travaillant dans un CSSS et six dans un CJ) provenant de cinq secteurs différents ont accepté de nous rencontrer en entrevue individuelle. Dans les entretiens, la phrase d'amorce était : « Racontez-nous comment se déroule une rencontre de PSI ». Les intervenants abordaient alors le déroulement de ces rencontres et décrivaient certains gestes qu'ils posaient. Nous les invitions ensuite à explorer d'où leur venait cette manière de faire en ajoutant à leur description des exemples d'interventions qu'il nous avait été possible d'observer. Cela nous permettait d'identifier ce qui sous-tendait l'application de ce type d'intervention. Les intervenants ont ainsi nommé différents éléments (règles de fonctionnement, textes de référence, activités d'encadrement) qui guidaient leurs pratiques quotidiennes. Parmi ceux-ci, les activités de supervision avec les superviseurs cliniques apparaissaient particulièrement importantes, dans le cas des intervenants en CJ, pour aiguiller leurs interventions. Nous avons alors contacté l'ensemble des superviseurs cliniques de ce territoire pour leur demander s'ils souhaitaient participer à un entretien individuel. Trois ont accepté notre invitation. Les entrevues se sont déroulées selon une approche semblable à celle utilisée avec les intervenants, c'est-à-dire qu'elles consistaient à exposer le déroulement des supervisions avec les intervenants et à explorer ce qui soutenait leurs interventions auprès des intervenants.

Les intervenants et les superviseurs ont également identifié différents textes et documents qui guident leurs interventions (le mandat des intervenants, la loi sur la protection de la jeunesse, les règles, les processus et les procédures, les différents rapports, l'ordonnance de cour, le plan d'intervention, les formations et les documents remis à l'embauche, les divers formulaires et les outils d'évaluation) et ils nous les ont partagés. Cette collecte de données, qui compte différentes méthodes de collecte se chevauchant (observations, entretiens formels et informels et recueil de documents), s'est étendue sur une période d'un peu plus d'un an (avril 2014 à mai 2015).

11.3.2 Traitement et analyse des données

Une partie de l'analyse s'est déroulée en parallèle à la collecte, puisque chaque étape de la collecte fut guidée par l'exploration des situations d'intervention et du discours des intervenants. Par exemple, ce sont les propos des intervenants sur l'importance de la supervision qui nous ont amenés à aller rencontrer les superviseurs. Le choix des pistes à explorer dans les entrevues dépendait également de ce qui avait été abordé précédemment par les autres intervenants.

De manière générale, le matériel a été traité selon les trois grandes phases de l'analyse en ethnographie présentées par Wolcott (1994). Il s'agissait ainsi de :

1. décrire le phénomène à l'étude (description factuelle des événements);

2. d'analyser les descriptions (tri et classement des données);

3. d'interpréter les comportements et propos (production d'un portrait du groupe culturel).

Analyse des observations

Premièrement, sur la base des notes d'observation et des enregistrements audio, nous avons produit des synopsis (3-4 pages) illustrés d'extraits de verbatim qui décrivaient les pratiques d'intervention pour chacune des rencontres observées. Deuxièmement, pour chacun des synopsis, les interventions ont été classées dans un tableau selon qu'elles appartenaient :

1. aux pratiques inspirées de l'approche expert;

2. aux pratiques inspirées de l'approche participative.

Troisièmement, tous ces extraits ont été rassemblés, ce qui nous a permis de faire ressortir sept grandes thématiques communes à l'ensemble des rencontres :

1. l'introduction de la rencontre;

2. la place du dialogue;

3. les forces du parent;

4. l'importance accordée à l'expérience parentale;

5. les jugements;

6. la relation parent-intervenant;

7. les rôles et réactions des parents.

Des discussions entre les chercheurs ont permis de valider la présence et la pertinence de ces thèmes dans les rencontres de PSI.

Analyse des entretiens (intervenants et superviseurs)

Pour les entretiens nous avons d'abord transcrit les verbatim pour ensuite identifier les passages où les professionnels traitent des interactions et interventions auprès des familles et de ce qui supporte leur manière de faire. Après un examen minutieux de ce matériel (plusieurs lectures et pistes d'analyse notées dans le journal de bord) et suite à plusieurs échanges entre les chercheurs, nous avons dégagé six grands thèmes qui traversent l'ensemble de ces discours et nous avons classé les extraits de verbatim selon ces thèmes :

1. intérêt pour un nouveau paradigme d'intervention;

2. compréhensions de l'approche participative;

3. défis relatifs à l'application d'une approche participative;

4. réflexes d'interventions menées selon un modèle « expert »;

5. résistances face aux pratiques traditionnelles;

6. tension entre les deux paradigmes.

Analyse des textes qui soutiennent la pratique

Finalement, les textes nommés par les professionnels comme étant des référents importants pour leur pratique ont été analysés. Pour ce faire, nous avons commencé par retranscrire les passages dans lesquels des définitions des situations de négligence sont proposés et ceux qui abordent la manière dont les professionnels devraient intervenir auprès des familles. Les extraits ont été classés dans quatre catégories :

1. conception individualisante de la négligence;

2. conception écosystémique de la négligence;

3. approche « expert »;

4. approche participative.

Tout au long de la démarche, nous sommes restés près du terrain et nous avons discuté avec différents intervenants de l'analyse en cours. Cela nous a permis, d'une part, de valider certaines de nos interprétations et, d'autre part, de mieux comprendre certains éléments, amenant nos analyses à un autre niveau. Ces discussions informelles ont d'ailleurs été inscrites au journal de bord, de manière à garder une trace de l'intégralité du processus. La mise en commun de l'ensemble des analyses a permis de produire un portrait des pratiques d'intervention dominantes en protection de la jeunesse en lien avec la manière dont les professionnels comprennent et définissent les situations de négligence. Une fois rassemblées, les analyses permettent également d'identifier comment ces pratiques sont supportées par une organisation plus large qui dépasse les intervenants.

11.4 Résultats

11.4.1 Des pratiques qui ne permettent pas toujours de coconstruire les définitions des situations familiales (objectif 1)

Dans cette section, nous présenterons d'abord de quelle manière l'avènement de l'approche participative est venu influencer, dans une certaine mesure, les pratiques d'intervention auprès des familles en situation de négligence. Nous montrerons ensuite que les pratiques issues du modèle « expert » demeurent les plus populaires en protection de la jeunesse pour finalement explorer la tension que crée la présence de ces deux paradigmes d'intervention au sein de l'institution.

L'influence de l'approche participative

De manière générale, les intervenants démontrent un intérêt pour l'approche participative. On observe des traces de cette philosophie d'intervention dans la mise en place des rencontres de PSI et dans l'ambiance créée par les intervenants. En guise d'introduction, des intervenants prennent le temps de présenter le déroulement de la rencontre en spécifiant qu'il s'agit d'un moment d'échange et de dialogue au cours duquel chacun a droit à son opinion. Ces propos s'adressent autant aux parents qu'aux intervenants, puisque les intervenants doivent aussi apprendre à composer avec cette nouvelle manière de faire. Les professionnels rencontrés soulignent l'importance de mettre en place une atmosphère chaleureuse et non protocolaire pour réduire l'anxiété des parents.

> « Ce que je vois dans cette atmosphère-là, c'est qu'on oublie un peu la structure Centre jeunesse, la structure CSSS, la structure communautaire pour que tout le monde puisse se réunir pour le bien-être de l'enfant et de la famille. »

On constate également, à certains moments, un désir d'impliquer la famille dans les discussions concernant l'enfant. À ce sujet, un intervenant souligne la nécessité de considérer la perspective du parent pour pouvoir l'accompagner.

> « En partant si on considère que le client est la clé, la clé du processus, il va se sentir important pis c'est de l'interpeler pis c'est de, si on perçoit une hésitation "écoute nenon t'as pas d'l'air d'accord avec moi là-dessus pis ça m'intéresse de savoir pourquoi. Je me trompe peut-être". J'pense c'est de l'interpeler pis c'est de de de de montrer vraiment qu'on est intéressé à comprendre leur point de vue. En les questionnant, en disant que c'est important, c'est important qu'on comprenne pourquoi eux ils voient ça comme ça euh… en quelque part, ils veulent le bien de leurs enfants fait que il y a à quelque part un raisonnement qui fait du sens pour eux, pis que nous on comprend pas pis qui faut, c'est important qu'on comprenne là. ».

Bien que ce ne soit pas le type d'intervention le plus fréquent, les intervenants utilisent différentes méthodes pour susciter le dialogue entre les acteurs présents. Par exemple, l'animateur de la rencontre distribue la parole en posant d'abord la question aux parents, puis en demandant aux autres intervenants ce qu'ils en pensent. Des intervenants valident leur perception auprès des parents et ils leur posent des questions ouvertes.

> « Compte tenu que c'est un dialogue, ça permet d'exprimer nos opinions sans nécessairement vouloir avoir raison ou de pouvoir ou vouloir vendre pourquoi je dis ça ou quoi que ce soit. J'exprime, je nomme ce que je vois, ce que mon évaluation me permet d'en arriver à mes constats, je les nomme, mais c'est pas euh… c'est pas confrontant. Ni pour le parent ni pour l'intervenant et le monde autour. »

En somme, la plupart des intervenants rencontrés démontrent une ouverture face à l'utilisation d'une approche qui permet de considérer davantage le point de vue des parents et des enfants. Cependant, comme les postulats de base de cette approche s'écartent passablement de ceux qui soutiennent l'intervention traditionnelle, il ne semble pas toujours simple pour les intervenants d'appliquer certains concepts dans l'esprit de l'approche participative.

La « participation » réinterprétée

L'observation des rencontres de PSI et les entretiens auprès des professionnels montrent que la « participation » a été réinterprétée à partir d'un ancrage expert. D'une part, il est fréquent de voir que la participation du parent se limite à donner son accord à ce qui vient d'être discuté par les intervenants (p. ex. « Là tu vas faire ça t'es-tu d'accord? ») ou à se conformer aux demandes de l'intervenant ou du juge.

> « Le parent il faut qu'il comprenne qu'il participe des fois […]. On a quand même la loi qui est là je veux dire on est restreint tout le monde autant nous dans notre rôle que si on voit quelque chose notre chapeau d'autorité va embarquer même si on est dans la participation. À un moment donné c'est pu de la participation s'ils font pas leurs choses. »

D'autre part, participer devient souvent synonyme de fournir l'information qui intéresse les intervenants. Certains intervenants considèrent ainsi que les parents participent s'ils répondent aux questions qu'on leur pose. Parce qu'on présume à l'avance des informations pertinentes, ce genre de pratique ne permet pas de mieux comprendre la situation de la famille. En fait, en ne permettant pas un dialogue ouvert, cette pratique peut priver les intervenants de la perspective des parents qui vivent la situation. Les informations recueillies ne permettent pas d'ajouter une autre dimension dans le portrait qu'ils se sont créé « de l'extérieur ».

Les forces déterminées par les intervenants

Un réflexe fréquent des intervenants est de déterminer eux-mêmes ce qui constitue une force chez le parent. Cette manière de faire est davantage le reflet d'un modèle « expert » que d'une approche participative, puisque les intervenants se réfèrent à leur cadre de référence pour soulever les points forts. On enlève ainsi aux parents le pouvoir de définir ce qui fonctionne bien dans leur famille. À ce sujet, lorsque nous avons demandé à un intervenant sur quels critères il se basait pour identifier les forces, il a répondu : « sur ma vie personnelle à moi comme quand j'ai été élevé qu'est-ce que mes parents y faisaient pour moi pis euh... dans le fond dans la société là, les normes. ». Ces interventions tendent ainsi vers des pratiques de normalisation, puisqu'on encourage les comportements qu'on trouve adéquats en fonction des attentes sociales.

En somme, malgré les percées de l'approche participative, il semble que les réflexes d'intervention appartenant à l'approche « expert » prennent souvent le dessus dans les manières dont les intervenants s'en approprient les termes et les pratiques.

La popularité des pratiques de prise en charge

Il est possible d'observer dans les rencontres de PSI et dans le discours des intervenants que les pratiques de prise en charge demeurent les plus populaires. En effet, nous verrons dans les prochains paragraphes que les intervenants ont tendance à :

1. se tourner vers l'évaluation plutôt que vers l'analyse;

2. hiérarchiser leurs rapports avec les parents;

3. et que les parents semblent avoir intégré le rôle que cette approche leur attribue.

Des pratiques d'évaluation privilégiées aux pratiques d'analyse

On remarque une tendance forte chez les intervenants à privilégier l'évaluation à l'analyse des situations[5]. On constate que les intervenants ont tendance à construire un portrait de la situation familiale sur la base de leur seule perspective. Un regard extérieur à la situation permet, selon certains, d'être plus objectif pour juger notamment de la véracité des faits signalés.

---

[5] Voici la distinction que propose Lacharité (2014) entre l'évaluation et l'analyse :
Le terme **évaluation** fait référence à une action spécialisée, centrée sur les connaissances et la perspective d'un professionnel (travailleur social, psychologue, médecin, infirmière, etc.), visant à décrire la situation d'une personne (ou d'une famille) à partir des cadres conceptuels spécifiques proposant des repères normatifs. Dans ce sens, une évaluation est donc un acte effectué par un professionnel compétent dans le but de fournir une information spécialisée sur un ou des aspects spécifiques du fonctionnement d'une personne. Cette dernière participe à l'évaluation en tant que source d'information pour le professionnel.
À l'opposé, nous utilisons le terme **analyse** pour faire référence à une action qui implique l'intégration de diverses perspectives (incluant celle des professionnels lorsqu'ils font leur évaluation, mais aussi celle de la personne et de ses proches) dans le but de comprendre globalement la situation de cette dernière. Dans ce sens, une analyse des besoins d'un enfant est donc un acte collectif qui repose sur le croisement de multiples sources d'information sur la réflexion conjointe suscitée par celles-ci. L'objectif n'est pas d'expliquer une situation à partir de repères normatifs (même si cela peut faire partie des éléments qui sont pris en compte); c'est plutôt de construire collectivement un portrait de celle-ci, d'établir collectivement des priorités et de générer collectivement des idées d'action cohérente. (Lacharité, 2014, p. 31)

« On arrive drette là pis souvent on est capable de constater que soit que c'est vrai ou que c'est pas vrai [les faits signalés] t'sais pouvez-vous ouvrir votre frigidaire? c'est quoi que vous avez comme nourriture? Pis par après mettons on essaie de faire des visites pendant que les enfants sont là pour voir comment que les parents ils fonctionnent avec les enfants. Fait que nous autres on est capable pas mal de constater si c'est vrai ou c'est pas vrai par vraiment aller sur les lieux pis faire des visites-surprises pis souvent aussi t'sais mettons euh si c'est de la négligence à cause de la consommation ben souvent c'est ça comme j'te dis y'a d'autres choses comme la violence conjugale ben y'a des interventions policières pis des choses comme ça fait que. T'sais on demande aux parents est-ce que y'a déjà eu des interventions policières? est-ce que vous pouvez me signer une feuille d'autorisation pour aller vérifier s'il y a eu des interventions policières à votre adresse? pis des choses comme ça là. »

Dans le même sens, on remarque une tendance à traduire les propos des parents dans un langage technique pour parler de ce qui se passe dans la famille. Par exemple, alors qu'une mère raconte que sa fille pleure beaucoup quand vient le temps de se coucher seule dans son lit, un intervenant propose rapidement une hypothèse diagnostique : « c'est de l'anxiété de séparation ». Cette intervention ne permet pas à la mère de poursuivre l'exploration de la situation. Elle ne fait que rétrécir cette expérience pour la faire entrer dans une catégorie institutionnelle qui a un sens pour les intervenants. On crée ainsi une distance entre l'expérience telle que vécue par les parents et le « fait » objectivé, pour qu'il soit facilement traité dans les documents institutionnels. En plus de limiter la compréhension de l'expérience, cette tendance supprime les éléments contextuels et singuliers propres à cette situation.

Une hiérarchie apparente

Même si l'approche participative soutient que la participation des parents est essentielle pour l'intervention, on remarque une hiérarchie entre les intervenants et les parents. Différentes manières d'agir des intervenants viennent creuser cet écart entre les professionnels et les parents. Par exemple, dans une des rencontres observées, les échanges entre les intervenants et les parents étaient davantage de l'ordre de la justification et de la confrontation que du partage et du dialogue. Les parents justifiaient nerveusement le fait que l'enfant n'avait pas de tuque alors qu'il faisait froid; ils tentaient d'expliquer qu'ils ne comprenaient pas comment l'intervenant avait pu voir leur enfant avec les cheveux dépeignés à l'école, puisqu'ils étaient pourtant peignés en quittant la maison.

Les professionnels prennent généralement beaucoup plus de place dans les rencontres de PSI que les parents : ils ont un plus grand temps de parole, il arrive qu'ils répondent à la place des parents, qu'ils les coupent pour ajouter quelque chose ou encore qu'ils évitent d'aborder un sujet dont un parent désire parler pour se centrer sur un élément qui leur semble plus important. Cela donne l'impression qu'il y a peu de considération de ce que le parent peut amener comme perspective.

Une valeur plus importante est manifestement accordée à ce que les différents professionnels peuvent dire de la situation familiale. Les intervenants sont portés à échanger entre eux et recueillir la perception du parent semble parfois leur demander un effort supplémentaire. Par exemple, lors d'une rencontre observée, les intervenants ont profité du fait que la mère ait quitté la salle quelques instants pour parler de son évolution et de la perception que les autres intervenants du CJ avaient d'elle. Cette déconsidération de la perspective du parent peut aussi être observée lorsque les intervenants parlent de lui à la troisième personne, comme s'il n'était pas présent à la rencontre.

Intervenant 1 : « Dès qu'on lui dit quelque chose, elle se met en branle vraiment rapidement »

Intervenant 2 : « Est bonne! A passe son balai 3 fois par jour parce que je lui avais demandé »

Intervenant 1 : « Elle fait toute ce qu'elle a à faire, j'suis ben ben ben contente! »

Plusieurs intervenants ont par ailleurs tendance à vouloir convaincre les parents de leur position. Ils estiment que les parents ne reconnaissent souvent pas leurs difficultés, et que leur rôle consiste à ce qu'ils le réalisent. Cette hiérarchie vient donc créer un déséquilibre entre les intervenants, qui ont l'autorité nécessaire pour définir le problème et décider des interventions à mettre en place, et la famille, à qui on demande de se conformer à ce qui a été prescrit.

Des parents qui prennent le rôle qu'on leur attribue

Étant donné que les pratiques de type expert sont les plus courantes, il est possible de penser que les parents intègrent ce modèle de prise en charge et adoptent des comportements qui correspondent au rôle qui leur est imposé. Dans les PSI, les parents ont tendance à regarder l'intervenant du CJ quand on leur demande de répondre à une question ou à demander aux intervenants ce qu'ils doivent inscrire dans un outil qui est censé recueillir leur propre perception. Quand cela se produit, les intervenants disent naturellement aux parents ce qu'ils doivent dire ou écrire.

Exemples 1 : « *Intervenant :* Donc tu peux inscrire que c'est une force au niveau des intervenantes et de la mère. Hein tu trouves que ça va bien hein toi Suzie? »

Exemple 2 : « *Mère* : J'écris quoi? *Intervenant :* Tu écris vert, ça va super bien ».

Plusieurs intervenants décrivent d'ailleurs les parents comme étant des personnes qui parlent peu et qui ne précisent pas beaucoup leur pensée quand on leur pose des questions.

Des intervenants qui se retrouvent à la croisée de deux approches

La présence de deux paradigmes d'intervention diamétralement opposés – l'approche « expert » et l'approche participative – provoque une certaine tension chez les intervenants. On les sent tiraillés entre le désir de rester loyaux aux pratiques institutionnelles et la volonté de plonger dans un autre type d'intervention qui permet de tenir compte du point de vue des parents et des enfants.

Ainsi, tant dans leur discours que dans leurs interventions, ils balancent d'un type de pratique à l'autre. Par exemple, lors d'une réunion pour un PSI, un intervenant mentionne en début de rencontre qu'« *on a le droit d'avoir des opinions différentes, c'est correct si on n'est pas d'accord, on est ici pour échanger* »; tout au long de la rencontre, les intervenants tentent toutefois de convaincre la mère de leur opinion et lui disent quels comportements elle devrait adopter.

Certains intervenants essaient de contourner les obstacles qu'ils ont énoncés pour se rapprocher d'une pratique participative : par exemple, un intervenant mentionne qu'il met beaucoup d'informations dans la section « forces » de son rapport; un autre demande parfois la permission à son gestionnaire de prendre plus de 30 jours pour rédiger un PI efficace; enfin, un intervenant s'impose en rencontre de PSI pour rappeler à l'animateur qu'il est important de sonder l'opinion du parent sur une question. Ces formes de résistance (Lacharité, 2015a) se retrouvent toutefois en compétition avec des pratiques de prise en charge largement supportées par l'organisation.

11.4.2 Des mécanismes qui encouragent une mise à distance de la perspective du parent (objectif 2)

Les intervenants rencontrés ont identifié un certain nombre de défis relatifs à l'application de l'approche participative au quotidien. Leurs propos pointent vers différents éléments qui viennent réguler leurs pratiques.

Le mandat des intervenants et les attentes de l'institution

Selon les intervenants, les attentes de l'institution représenteraient un frein à l'implantation de l'approche participative. Un intervenant explique qu'à son CSSS, on s'attendait d'abord à ce qu'il fasse de l'évaluation du développement des enfants et des habiletés parentales à l'aide d'outils d'évaluation standardisés. Bien que cela ne soit pas complètement à écarter dans une perspective participative, on considère cependant, dans le cadre de cette approche, que l'évaluation par un professionnel ne suffit pas à construire un portrait complet de la situation. Donc, si l'intervenant s'en tient à son mandat, il est possible qu'il omette d'analyser les besoins de l'enfant avec la famille et qu'il s'en remette aux repères normatifs fournis par l'outil. Les outils d'évaluation proposés en CJ (grilles d'observation et lignes directrices en évaluation tirées du programme national de formation (PNF)) demandent d'observer davantage de facteurs chez le parent que chez l'enfant. Parmi ces éléments, on note : les problèmes de santé mentale, la consommation de drogue et d'alcool, la nature et la qualité des relations interpersonnelles, les compétences parentales, les valeurs des parents, le développement sur le plan cognitif, le niveau de maturité personnelle et interpersonnelle et les habiletés et stratégies d'adaptation. Ainsi, ces outils soutiennent une vision individualisante de la négligence et favorisent les pratiques d'évaluation au détriment des pratiques d'analyse.

En CJ, le double mandat (judiciaire et relation d'aide) auquel les intervenants sont soumis représente clairement un obstacle à l'adoption d'une démarche participative.

> « Y'ont tellement à faire que… à un moment donné c'est ça c'est où ce qu'ils mettent la priorité. Pis la priorité c'est souvent sur le légal nous autres malheureusement. Ils te demandent de voir ton client, mais en même temps, oublie pas ta révision pour aller au tribunal. »

Les intervenants soutiennent également que l'ampleur du travail qu'ils ont à accomplir (plusieurs dossiers, beaucoup de travail administratif et de reddition de compte) rend difficile l'application d'une approche participative. Un intervenant mentionne que la lourdeur de la tâche amène « un stress de performance » et fait en sorte que ses collègues et lui vont « au plus rapide pour avoir des résultats, des objectifs à mettre au dossier pis des choses à travailler avec le client ».

Les règles et les procédures standardisées

Les professionnels doivent respecter des échéances très rapprochées. Dans ces conditions, il peut être plus difficile de prendre le temps de faire une analyse des besoins dans laquelle la famille participe réellement, comme le raconte un intervenant :

> « À un moment donné la mère se met à pleurer pendant le plan d'intervention. [L'intervenante] voulait faire son plan d'intervention, c'était tellement axé sur la tâche, ils ont tellement des pressions pour que les PI soient conformes. La mère se met à pleurer pis là elle dit "haaaaa" (soupir d'exaspération). Elle dit genre à la mère, pis j'étais assis là, pis elle dit genre à la mère, "ben là là, là à chaque fois que je te vois tu pleures là, moi je suis venue ici à matin pour faire mon plan d'intervention". »

L'implication d'autres organisations peut également rendre la démarche de PSI menée dans un cadre participatif plus complexe lorsque ces organisations.

« ne voient pas ça de la même façon. Si je pense aux écoles, les écoles à un moment donné ça crie pis ils veulent un résultat tout de suite [...] Ils agissent rapidement pour des retraits du jeune... comment je pourrais dire euh... t'es acculé au pied du mur là, t'as pogné la limite de l'école donc on arrive avec cette approche là avec les écoles pis y piétinent là (rires) sont pas contents. »

Les formations et documents remis à l'embauche des intervenants en CJ

Lors de leur embauche au CJ, tous les intervenants suivent un certain nombre de formations. Différents sujets y sont abordés comme la LPJ, le système *Projet intégration jeunesse* (PIJ) – un « dossier informatique » dans lequel les intervenants consignent toutes les informations sur la famille et le suivi de leurs interventions –, le témoignage en Cour, l'entrevue non suggestive, les PI-PSI. Plusieurs documents de référence leur sont également remis. Ces documents sont principalement centrés sur des savoirs de type technique, c'est-à-dire qu'ils présentent surtout aux intervenants les bonnes manières de réaliser certaines interventions. Leur contenu et leur forme (démarches à suivre étape par étape, formulaires prédéfinis à remplir) soutiennent principalement des interventions de type expert avec les familles. Voici quelques exemples :

- Dans le guide pour la rédaction des suivis d'activités, on mentionne : « Étant donné la grande quantité d'informations à consigner, il est primordial de s'en tenir à une synthèse claire des informations. Il est suggéré d'écrire sous forme de points plutôt que sous forme d'un récit et de limiter le recours aux citations là où il est pertinent. [...] On doit conserver ce qui est jugé "professionnellement utile" pour le suivi et ne pas consigner ce qui ne l'est pas. » Ce genre d'affirmation guide l'écriture des notes de suivi des intervenants et les « entrevues » qu'ils feront avec les familles. Ils ne chercheront ainsi probablement pas à dépasser les motifs précis pour lesquels ils sont impliqués au moment des entretiens.

- Il existe un guide pour l'intervenant à l'évaluation-orientation et un autre pour l'intervenant à l'application des mesures. Dans le deuxième, on peut lire que « l'intervention en application des mesures doit viser à corriger une situation qui compromet la sécurité ou le développement de l'enfant et à éviter qu'elle ne se reproduise (notre intervention doit donc être dirigée vers les motifs de protection qui se sont avérés fondés à l'étape évaluation-orientation). » Ce genre de demande institutionnelle vient restreindre l'intervention aux « symptômes » que représentent les motifs de signalement. Il devient donc difficile de considérer les causes plus larges pour travailler en amont.

- On retrouve également un document du PNF qui présente :
  1. les différentes caractéristiques du développement de l'enfant selon les sphères physique, cognitive, sociale, affective et psychosexuelle en fonction de différentes tranches d'âge;
  2. les conséquences de la maltraitance sur chacune de ces sphères en fonction des mêmes catégories d'âge.

Cela favorise évidemment une vision compartimentée du développement de l'enfant et des conclusions expéditives quant aux causes de certains « retards développementaux ».

En somme, ces textes, attentes et procédures institutionnelles, de par leur contenu et la manière dont ils participent à l'organisation des services, favorisent la consolidation d'une approche « expert » tout au long du processus d'intervention. Ce faisant, ils régulent les rapports entre les intervenants et les familles de manière à ce que le point de vue de ces dernières soit peu considéré.

11.5 Discussion

Le fonctionnement même des services sociaux, développé sur le modèle des grandes administrations centralisées, a un impact considérable sur la généralisation de ce type de pratiques d'intervention. Les travaux de Hegar et Hunzeker (1988) soulignent à ce titre l'impact des caractéristiques bureaucratiques de l'institution de la protection de la jeunesse sur le type d'interventions qui y ont cours. Les intervenants doivent se soumettre à des lignes directrices rigides et aux décisions prises par les personnes qui sont en position d'autorité. Les institutions bureaucratisées ont aussi précisément pour but de répondre de manière standardisée à un « problème ». C'est sous l'angle du traitement rationnel d'une problématique qu'est envisagée, du point de vue de l'organisation, l'intervention auprès des individus présentant des conditions ou des conduites anormales (Streeck et Thelon, 2005).

Dans ce type d'organisation, le raisonnement technique est préféré au jugement professionnel (Legault, 1999). En effet, on demande surtout aux intervenants d'exécuter certaines routines (p. ex. suivre les étapes pour l'évaluation d'un signalement, remplir les suivis d'activités et les rapports comme indiqué). Ils sont peu encouragés à utiliser de manière autonome leurs connaissances, compétences et jugement (Campbell et Gregor, 2002; Cornu, 2009; Groulx, 1998; Parazelli, 2004). Les intervenants disposent donc de peu d'autonomie et de pouvoir d'agir, puisqu'on leur demande principalement d'appliquer les décisions prises plus haut, en dehors et en amont du contexte immédiat d'intervention (Parada, 2004).

On remarque qu'à l'intérieur de l'institution, les intervenants sont rarement « conviés à participer à des pratiques réflexives à propos de leurs pratiques professionnelles » (Lacharité, De Montigny, Miron, Devault, Larouche et Desmet, 2005, p.64). Contrairement aux pratiques visant l'apprentissage d'une mécanique d'intervention, « l'objectif de ces pratiques n'est pas d'imposer de l'information au professionnel [...]. L'objectif visé est plutôt de créer des espaces de partage d'information à propos de l'expérience vécue » (Lacharité et al., 2005, p.64-65). Comme ces espaces de réflexion se font rares dans l'institution, les intervenants ont peu la chance de construire et de questionner leur posture et de réfléchir aux paradigmes qui guident leur intervention. Ainsi, même si, comme dans le cas de l'approche participative, un nouveau vocabulaire est adopté, on voit peu de changement dans les pratiques, puisque, on peut le supposer, le paradigme de base n'est pas remis en question (Bourgeault, 2003; Lacharité, 2015b; Lemay, 2009). Il en découle une application plutôt technique de quelques principes (p. ex. faire « participer » le parent, relever ses forces). Cette utilisation ponctuelle des concepts n'est pas toujours solidement supportée par un édifice de croyances ou de convictions (p. ex. la participation des parents est essentielle pour l'intervention, les familles ont les capacités de réfléchir à propos de leur situation) que l'on se serait approprié par la réflexion sur nos pratiques d'intervention. Les pratiques façonnées dans ces espaces institutionnels sont, pour l'essentiel, monologiques. En position d'autorité, les intervenants viennent à construire des connaissances, des descriptions, des portraits des familles sans que les parents et les enfants soient vraiment consultés au moyen d'un échange ouvert. Il apparaît pourtant important d'inclure le point de vue des familles, d'une part pour construire une compréhension plus riche et plus juste des situations de négligence, et d'autre part pour que les familles puissent jouer un rôle actif sur le déroulement de leur propre existence.

11.5.1 La construction de savoirs collectifs

Les savoirs sont des constructions sociales. Leur teneur dépend du contexte et des personnes qui participent à leur production (Gubrium et Holstein, 2008). Si on souhaite que ces savoirs reflètent une diversité de points de vue, il faut pouvoir développer des moyens favorisant leur coconstruction. Les procédés par lesquels ils sont produits devraient ainsi, dans une perspective démocratique, inclure le plus de gens concernés possible. Parazelli (2004) suggère de « développer des lieux d'inte-ractions collectives où la discussion engendre la compréhension et le respect de l'autre » (p. 14) et où il est possible, notamment, de discuter du point de vue des « experts » et de le critiquer.

En intervention, alors que le parent peut souvent se sentir disqualifié dans sa relation avec les inter-venants, il est possible de lui attribuer une place centrale dans la définition des besoins de son enfant. Ainsi, en amont de l'intervention, il apparaît important que les intervenants, soucieux des rapports qu'ils entretiennent avec les familles, puissent se questionner sur leurs représentations de la négligence (Turney, 2000). S'ils ont tendance à concevoir la négligence comme étant causée par une mère fautive, ils auront de la difficulté à adopter des pratiques participatives (Lacharité, 2009). Il serait donc nécessaire que la formation, l'encadrement et la supervision permettent aux interve-nants d'observer leurs a priori par le biais de pratiques réflexives (Lacharité et al., 2005). LeBossé (1996, p.135-138) propose une série de questions qui peuvent soutenir la réflexion et aider les inter-venants à déterminer si leurs pratiques prennent en compte la perspective et l'empowerment des parents :

> Qu'est-ce qui pose problème?; Qui définit le problème?; Qui a les ressources nécessaires à la résolution ou à la prise en compte du problème?; Qui est le mieux placé pour définir les solu-tions satisfaisantes?; En quoi la résolution du problème contribue-t-elle au renforcement de la communauté visée?; La solution proposée contribue-t-elle au développement d'une société plus juste?

Bref, pour favoriser l'empowerment des familles il semble nécessaire de :

1. reconnaître leur point de vue comme étant légitime;

2. créer des occasions de dialogue pour construire des savoirs multidimensionnels.

11.6 Conclusion

Cette recherche présente certaines forces et limites. Du côté des forces, notons l'immersion des chercheurs sur le terrain, qui a favorisé une observation prolongée des comportements, attitudes et manières de faire des intervenants. De plus, le recours à plusieurs méthodes de collecte et sources d'informations (observations de situations d'intervention, entretiens auprès de différents profes-sionnels, consultation de documents institutionnels) a mené à la triangulation des données per-mettant de fournir une description basée sur plusieurs perspectives (Anadon, 2006; Cléret, 2013). Ensuite, en plus de consigner des notes de terrain (notes descriptives), le journal de bord nous a permis de prendre un certain recul par rapport aux interprétations écrites « à chaud » (notes ana-lytiques) et aux décisions théoriques et méthodologiques (notes théoriques et méthodologiques) (Baribeau, 2005). Nous y avons également colligé le fruit de nos échanges entre chercheurs et avec les différentes personnes consultées pour valider, infirmer ou pousser certaines de nos interpréta-tions. La tenue de ce journal de bord a ainsi permis de réfléchir en continu à la construction de la démarche de recherche.

Pour ce qui est des limites, notons d'abord que cette étude n'a pas permis de rencontrer l'ensemble des acteurs impliqués auprès des familles en situation de négligence. Il aurait été possible d'élargir la collecte et l'analyse de manière à intégrer la perspective des cadres supérieurs qui participent aux prises de décision et à la mise sur pied de procédures administratives et de règles de fonc-tionnement. Nous aurions également pu nous intéresser aux instances de gouvernance plus large en englobant, par exemple, les politiques qui sont élaborées par le ministère et la manière dont elles influencent l'intervention. Également, les données systématiques ayant été récoltées dans une seule région du Québec, il est possible de penser que les interventions pourraient s'articuler de manière différente dans une autre région.

11.6.1 Recommandations pour les recherches futures

Certaines des limites présentées ouvrent la porte à des pistes intéressantes pour des recherches futures. Premièrement, il serait pertinent de s'intéresser à la perspective des gestionnaires et décideurs qui sont impliqués de manière plus distale dans l'intervention pour décrire leur position face à cette idée de la coconstruction des savoirs avec les familles et pour mieux comprendre l'impact de leur position sur les interventions quotidiennes des professionnels. Deuxièmement, les recherches futures pourraient explorer la manière dont certains intervenants arrivent à produire certaines descriptions dialogiques avec les parents malgré les obstacles décrits plus haut. Ces recherches pourraient s'attarder à la manière dont ces professionnels manœuvrent à l'intérieur des contraintes institutionnelles. Finalement, dans l'esprit d'une recherche-développement (voir notamment Harvey et Loiselle, 2009; Loiselle et Harvey, 2007), il pourrait être intéressant de mettre sur pied des supervisions cliniques basées sur les principes d'une approche réflexive pour d'une part examiner les différentes manières de réfléchir à la pratique et d'autre part évaluer l'effet que ces espaces de dialogue et de réflexion ont sur les pratiques des intervenants (p. ex. sur leur conception des familles et sur leurs habitudes d'intervention).

11.6.2 Recommandations concrètes pour l'intervention psychoéducative

Les résultats de cette étude laissent transparaître certains éléments participant à l'actualisation de la pratique psychoéducative contemporaine. Premièrement, ces résultats soutiennent l'importance du vécu partagé et de l'observation participante, qui permettent de connaître l'autre dans son quotidien et de comprendre l'influence de l'environnement sur sa situation. Ce vécu partagé devrait représenter un lieu d'échange ouvert dans lequel les enfants et les parents ont la possibilité d'exprimer leur point de vue face à leur propre situation. Les résultats de cette étude ramènent ainsi l'importance, pour les psychoéducateurs, d'être en présence, dans le quotidien des personnes pour mieux comprendre leur situation telle qu'elles la vivent.

Deuxièmement, cette recherche soutient l'importance des pratiques d'analyse même si les attentes institutionnelles et l'avènement de la loi 21 tendent à éloigner les psychoéducateurs du terrain pour produire des évaluations menées « à distance », à partir d'un regard extérieur et au moyen d'outils normatifs. Considérant que cette forme d'évaluation produit une description partielle (puisqu'elle intègre seulement la perspective de l'intervenant) qui tient souvent peu compte des facteurs environnementaux plus larges (sociaux, économiques, politiques, culturels) il convient de se tourner vers des pratiques d'analyse. Celles-ci permettent de s'intéresser à l'expérience des familles telle qu'elles la vivent et de mettre en commun un ensemble de perspectives pour coconstruire de manière dialogique les définitions des situations des familles (Lacharité, 2014).

Troisièmement, pour se « rapprocher de l'autre » il est important de développer et de cultiver les schèmes relationnels de considération, d'empathie et de disponibilité, puisqu'ils sont essentiels à la reconnaissance et à la compréhension de l'expérience telle que vécue par les familles. Ils demandent de reconnaître le point de vue des parents et des enfants comme étant légitime et de développer une curiosité (qui n'est ni intrusive ni malsaine) pour découvrir leur « monde ». Il s'agit ainsi de démontrer un intérêt réel à connaître la personne, parce qu'on la considère comme importante.

Finalement, certains éléments abordés en discussion permettent de proposer des balises relativement au rôle-conseil que doivent jouer les psychoéducateurs avec d'autres professionnels. Il conviendrait ainsi de miser sur des pratiques réflexives qui permettent de développer l'autonomie professionnelle et de coconstruire des savoirs, plutôt que de favoriser des pratiques directives misant sur l'enseignement de choses à faire et à ne pas faire.

Pour terminer, rappelons qu'on ne pourra jamais comprendre totalement le vécu de ces familles puisque, comme intervenant, nous ne possédons qu'une connaissance « théorique » de leur situation, que nous n'avons jamais vécue (Lacharité, Sellenet et Chamberland, 2015). Il est toutefois de notre devoir de tenter de s'en rapprocher, en discutant ouvertement, en écoutant, en étant réellement en présence dans un environnement partagé et en développant notre empathie. Il faut chercher à passer de la prise en charge à l'accompagnement, du monologue au dialogue et du raisonnement technique à la pratique réflexive. Ces déplacements permettraient certainement de favoriser la prise en compte du point de vue des familles et le développement de leur pouvoir d'agir (Gergen et Gergen, 2006).

11.7 Financement

Cette recherche a reçu le soutien financier du Conseil de recherche en sciences humaines du Canada.

Références

Anadón, M. (2006). La recherche dite « qualitative » : de la dynamique de son évolution aux acquis indéniables et aux questionnements présents. *Recherches qualitatives, 26*(1), 5-31.

Aubert, E. (2012). Le positivisme dans la prévention de la récidive : quand la « science » nourrit le contrôle social. *Nouvelles pratiques sociales, 1*, 49-64.

Baribeau, C. (2005). L'instrumentation dans la collecte de données : le journal de bord du chercheur. *Recherches Qualitatives. Hors-série,* (2), 98-114.

Beaudoin, A., Brosseau, M., Drapeau, S., Saint-Jacques, M.-C., Simard, M., Turcotte, D., ... Guillot-Lemelin, L. (2005). *L'intervention de soutien des services psychosociaux pour les parents qui vivent des situations difficiles.* Québec : Centre de recherche JEFAR, Université Laval.

Berry, M., Charlson, R. et Dawson, K. (2003). Promising practices in understanding and treating child neglect. *Child and family social work, 8*, 13-24.

Bishop, S. J. et Leadbeater, B. J. (1999). Maternal social support patterns and child maltreatment: Comparison of maltreating and nonmaltreating mothers. *American Journal of Orthopsychiatry, 69*(2), 172-181.

Borkman, T. (1976). Experiential knowledge: A new concept for the analysis of self-help groups. *The Social Service Review,* 445-456.

Bourassa, L., Lacharité, C. et Miron, J.-M. (2011). Contribution de l'ethnographie à la recherche en psychologie : regard critique et perspective épistémologique. *Revue québécoise de psychologie, 32*(2), 215-231.

Bourgeault, G. (2003). L'intervention sociale comme entreprise de normalisation et de moralisation : Peut-il en être autrement? À quelles conditions? *Nouvelles pratiques sociales, 16*(2), 92-105.

Campbell, M. et Gregor, F. (2002). *Mapping social relations: A primer in doing institutional ethnography.* Walnut Creek, CA: Altamira.

Chamberland, C., Fallon, B., Black, T., Trocmé, N. et Chabot, M. (2012). Correlates of substantiated emotional maltreatment in the second Canadian incidence study. *Journal of Family Violence, 27*(3), 201-213.

Chamberland, C., Lessard, D., Lacharité, C., Dufour, S., Lemay, L., Clément, M.-E., ... Mercier, V. (2012). *Recherche évaluative de l'Initiative AIDES : Rapport final présenté à la Stratégie nationale de prévention du crime du gouvernement du Canada (SNCP), en collaboration avec le ministère de la Sécurité publique du Québec.* Montréal, Canada : Université de Montréal.

Céfaï, D. (2003). *L'enquête de terrain.* Paris : La Découverte.

Cislaru, G., Pugnière-Saavedra, F. et Sitri, F. (2008). *Analyse de discours et demande sociale : le cas des écrits de signalement.* Paris : Presses Sorbonne Nouvelle.

Cléret, B. (2013). L'ethnographie comme démarche compréhensive : immersion dans les dynamiques consommatoires du rap en France. *Recherches Qualitatives, 32*(2), 50-77.

Connell-Carrick, K. (2003). A critical review of the empirical literature: Identifying correlates of child neglect. *Child and adolescent social work journal, 20*(5), 389-425.

Connell-Carrick, K. et Scannapieco, M. (2006). Ecological correlates of neglect in infants and toddlers. *Journal of interpersonal violence, 21*(3), 299-316.

Cornu, L. (2009). Normalité, normalisation, normativité : Pour une pédagogie critique et inventive. *Le Télémaque, 2*(39), 29-44.

Creswell, J. W. (2007). *Qualitative inquiry and research design: choosing among five approaches.* London: Sage publications.

Daniel, B. M. et Taylor, J. (2006). Gender and child neglect: theory, research and policy. *Critical social policy, 26*(2), 426-439.

DeMontigny,G. (1995) *Social working: An ethnography of front Line Practice.* Toronto: University of Toronto Press.

Devault, M. L. (2006). What is institutional ethnography? *Social problems, 53,* 294-298.

Deveau, J. L. (2009). Examining the Institutional Ethnographer's Toolkit. *Socialist Studies/Études socialistes, 4*(2), 1-19.

Dube, S. R., Miller, J. W., Brown, D. W., Gilles, W. H., Felitti, V. J., Dong, M., et Anda, R. F. (2006). Adverse childhood experiences and the association with ever using alcohol and initiating alcohol use during adolescence. *Journal of Adolescent Health, 38*(4), 444-e1.

Dubowitz, H., Pitts, S. C. et Black, M. M. (2004). Measurement of three major subtypes of child neglect. *Child Maltreatment, 9*(4), 344-356.

Dufour, S., Lavergne, C., Larrivée, M. C. et Trocmé, N. (2008). Who are these parents involved in child neglect? A differential analysis by parent gender and family structure. *Children and Youth Services Review, 30*(2), 141-156.

Dunn, M. G., Tarter, R. E., Mezzich, A. C., Vanyukov, M., Kirisci, L. et Kirillova, G. (2002). Origins and consequences of child neglect in substance abuse families. *Clinical Psychology Review, 22*(7), 1063-1090.

Éthier, L. S., Couture, G. et Lacharité, C. (2004). Risk factors associated with the chronicity of high potential for child abuse and neglect. *Journal of Family Violence, 19*(1), 13-24.

Firestone, G. (2009). Empowering parents in child protection mediation: challenges and opportunities. *Family court review, 47*(1), 98-115.

Gaudin, J. M. et Polansky, N. A. (1986). Social distancing of the neglectful family: Sexe, race, and social class influences. *Children and Youth Services Review, 8,* 1-12.

Gergen, K. J., et Gergen, M. (2006). *Le constructionnisme social un guide pour dialoguer.* Molenbeek-Saint-Jean, Belgique : Satas.

Gilbert, R., Widom, C. S., Browne, K., Fergusson, D., Webb, E. et Janson, S. (2009). Burden and consequences of child maltreatment in high-income countries. *The lancet, 373*(9657), 68-81.

Gingras, M-A., Lacharité, C. (2009). Trois perspectives sur la personne, la famille et le changement. Dans C. Lacharité et J.-P. Gagnier (dir.), *Comprendre les familles pour mieux intervenir : Repères conceptuels et stratégies d'action* (p. 129-154). Montréal : Gaëtan Morin, Chenelière Éducation.

Groulx, L.-H. (1998). Sens et usage de la recherche qualitative en travail social. Dans J. Poupart, L.-H. Groulx, R. Mayer, J.-P. Deslauriers, A. Laperrière, et A.P. Pires (dir.), *La recherche qualitative : Diversité des champs de pratiques au Québec* (p. 1-46). Montréal : Gaëtan Morin.

Gubrium, J. F. et Holstein, J. A. (2008). The constructionist mosaic. Dans J.A. Holstein et J.F. Gubrium (dir.), *Handbook of constructionist research* (pp. 3-10). New York: The Guilford Press.

Harvey, S. et Loiselle, J. (2009). Proposition d'un modèle de recherche développement. *Recherches qualitatives, 28*(2), 95-117.

Hartog, G et Dufort, F. (2001). Les défis de l'intervention dans un contexte multiethnique. Dans F. Dufort et J. Guay (dir.), *Agir au Cœur des communautés : La psychologie communautaire et le changement social* (p. 323-342). Québec : Les Presses de l'Université Laval.

Hegar, R.L. et Hunzeker, J.M. (1988). Moving toward empowerment-based practice in public child welfare. *Social work, 33*(6), 499-502.

Hildyard, K. L. et Wolfe, D. A. (2002). Child neglect: developmental issues and outcomes. *Child abuse and neglect, 26*(6), 679-695.

Holcomb-McCoy, C et Bryan, J. (2010). Advocacy and empowerment in parent consultation: implications for theory and practice. *Journal of counseling and development, 88,* 259-268.

Hosking, A. S. (2013). Ethnographie d'un accompagnement ordinaire : étude de cas d'une intervention à domicile. *Recherches qualitatives. Hors série, 15,* 321-336.

Jonson-Reid, M., Drake, B. et Zhou, P. (2013). Neglect subtypes, race, and poverty: Individual, family, and service characteristics. *Child maltreatment, 18*(1), 30-41.

Kazemian, L., Widom, C. S. et Farrington, D. P. (2011). A prospective examination of the relationship between childhood neglect and juvenile delinquency in the Cambridge study in delinquent development. *International Journal of Child, Youth and Family Studies, 2*(1/2), 65-82.

Kim, B. et Maguire-Jack, K. (2015). Community interaction and child maltreatment. *Child Abuse and Neglect, 41,* 146-157.

Lacharité, C. (2015a). Les familles et la vulnérabilité : captation institutionnelle de la parole de l'enfant et du parent. Dans C. Lacharité, C. Sellenet et C. Chamberland (dir.), *La protection de l'enfance : la parole des enfants et des parents* (p. 37-50). Québec : Presses de l'Université du Québec.

Lacharité, C. (2015b). Participation des parents et services de protection de l'enfance. Dans *Les cahiers du CEIDEF* (vol. 1). Trois-Rivières, QC : CEIDEF/UQTR.

Lacharité, C. (2014). *Programme d'aide personnelle, familiale et communautaire : PAPFC2 Guide de programme* (éd. rév.). Trois-Rivières, QC : CEIDEF/UQTR.

Lacharité, C. (2011). Approche participative auprès en situation d'autorité. Dans M. Boutanquoi (dir.), *Interventions sociales auprès des familles en situation de précarité* (p.63-72). Paris : L'Harmattan.

Lacharité, C. (2009). L'approche participative auprès des familles. Dans C. Lacharité et J-P. Gagnier (dir.), Comprendre les familles pour mieux intervenir : repères conceptuels et stratégies d'action (p.157-182). Montréal : Gaëtan Morin éditeur.

Lacharité, C., De Montigny, F., Miron, J. M., Devault, A., Larouche, H. et Desmet, S. (2005). *Les services offerts aux familles à risque ou en difficulté : Modèles conceptuels, stratégies d'action et réponses aux besoins des parents* (Rapport de recherche). Trois-Rivières, QC : GREDEF/UQTR.

Lacharité, C., Moreau, J. et Moreau, M.-L. (1999). Le point de vue des parents et des intervenants sur la collaboration dans le cadre des services en pédopsychiatrie. Dans M. Simard et J. Alari (dir.), *Comprendre la famille : acte du cinquième symposium Québécois de recherche sur la famille* (p.297-311). Sainte-Foy : Presses de l'Université du Québec.

Lacharité, C., Sellenet, C. et Chamberland, C. (2015). *La protection de l'enfance : la parole des enfants et des parents.* Québec : Presses de l'Université du Québec.

Lafantaisie, V., Clément, M. et Coutu, S. (2013). L'isolement social des familles en situation de négligence : ce qu'en pensent les mères. *Revue de psychoéducation, 42*(2), 299-319.

Lapierre, S., Krane, J., Damant, D. et Thibault, J. (2008). Négligence à l'endroit des enfants et maternité : Un regard féministe. Dans C. Parent, S. Drapeau, M. Brousseau et E. Pouliot (dir.), *Visages multiples de la parentalité* (p.361-384). Québec : Presses de l'Université du Québec.

Laurin, I., René, J.-F., Dallaire, N. et Ouellet, F. (2007). Mères et pères en contexte de vulnérabilité : Une démarche de recherche participative visant à favoriser une prise de parole en tant que parents et citoyens. Dans H. Dorvil (dir.), *Problèmes sociaux Tome III : Théories et méthodologies de la recherche* (p. 491-520). Québec : Presses de l'Université du Québec.

LeBossé, Y. (1996). Empowerment et pratiques sociales : illustration du potentiel d'une utopie prise au sérieux. *Nouvelles pratiques sociales, 9*(1), 127-145.

LeBossé, Y. et Dufort, F. (2001). Le pouvoir d'agir (empowerment) des personnes et des communautés : une autre façon d'intervenir. Dans F. Dufort et J. Guay (dir.), *Agir au Cœur des communautés : La psychologie communautaire et le changement social* (p.7-31). Québec : Les Presses de l'Université Laval.

Legault, G. A. (1999). *Professionnalisme et délibération éthique.* Québec : Presses de l'Université du Québec.

Lemay, L. (2009). Le pouvoir et le développement du pouvoir d'agir (empowerment). Dans C. Lacharité et J-P Gagnier (dir.), *Comprendre les familles pour mieux intervenir : repères conceptuels et stratégies d'action* (p. 102-127). Montréal : Gaëtan Morin éditeur.

Loiselle, J. et Harvey, S. (2007). La recherche développement en éducation : fondements, apports et limites. *Recherches qualitatives, 27*(1), 40-59.

Lounds, J. J., Borkowski, J. G. et Whitman, T. L. (2006). The potential for child neglect: The case of adolescent mothers and their children. *Child maltreatment, 11*(3), 281-294.

Lounds, J. J., Borkowski, J. G., Whitman, T. L., Maxwell, S. E. et Weed, K. (2005). Adolescent parenting and attachment during infancy and early childhood. *Parenting Science and Practice, 5*(1), 91-118.

Messer, S. B., et Wampold, B. E. (2002). Let's face facts: Common factors are more potent than specific therapy ingredients. *Clinical Psychology: Science and Practice, 9*(1), 21-25.

Ministère de la Santé et des Services sociaux. (2010). *Manuel de référence sur la protection de la jeunesse.* Québec : Gouvernement du Québec.

Mongeau, S., Asselin, P. et Roy, L. (2007). L'intervention clinique avec les familles et les proches en travail social : Pour une prise en compte de la complexité. Dans H. Dorvil (dir.), *Problèmes sociaux tome IV : Théories et méthodologies de l'intervention sociale* (p.187-214). Québec : Presses de l'Université du Québec.

Paillé, P. (2007). La recherche qualitative : Une méthodologie de la proximité. Dans H. Dorvil (dir.), *Problèmes sociaux tome III : Théories et méthodologies de la recherche* (p.409-443). Québec : Presses de l'Université du Québec.

Parada, H. (2004). Social work practices within the restructured child welfare system in Ontario: An institutional ethnography. *Canadian Social Work Review/Revue canadienne de service social*, 67-86.

Parazelli, M., (2004). Le renouvellement démocratique des pratiques d'intervention sociale. *Nouvelles pratiques sociales, 17*(1), 9-32.

Parent, P.-P., Mineau, A., Pelletier, C. et Thériault, J.-Y. (1994). Les enjeux éthiques de l'intervention professionnelle dans les situations familiales de « maltraitance ». Dans G. Pronovost (dir.), *Comprendre la famille : Actes du 2e symposium québécois de recherche sur la famille* (p.329-348). Québec : Les presses de l'Université du Québec.

Pepin, M. (2011). L'ethnographie scolaire : Comprendre quoi, comment et pour qui. *Recherches qualitatives. Hors Série, 10,* 30-46.

Renou, M. (2014). *L'identité professionnelle du psychoéducateur.* Montréal : Béliveau éditeur.

Schumacher, J. A., Smith-Slep, A.M. et Heyman, R.E. (2001). Risk factors for child neglect. *Agression and Violent Behaviour, 6,* 231-254.

Shipman, K., Edwards, A., Brown, A., Swisher, L. et Jennings, E. (2005). Managing emotion in a maltreating context: A pilot study examining child neglect. *Child abuse et neglect, 29*(9), 1015-1029.

Smith, D. E. (2005). *Institutional Ethnography: A sociology for people.* Toronto: University of Toronto Press.

Smith, D. E. (1999). *Writing the social: Critique, theory, and investigations.* Toronto: University of Toronto press.

Smith, M. G. et Fong, R. (2004). *The children of neglect: when no one cares.* New York: Brunner-Routledge.

Smith, D. E. (1987a). *The everyday world as problematic: A feminist sociology.* Toronto: University of Toronto Press.

Smith, D. E. (1987b). Women's perspective as a radical critique of sociology. Dans S. Harding (dir.), *Feminism and methodology* (pp. 86-94). Bloomington: Indiana University Press.

Smith, G. W. (1990). Political activist as ethnographer. *Social Problems, 37*(4), 629-648.

Snape, D. et Spencer, L. (2003). The foundations of qualitative research. Dans J. Ritchie et J. Lewis (dir.), *Qualitative research practice: A guide for social science students and researchers* (pp. 1-23). London: Sage publications.

Storkerson, P. (2009). *Experiential knowledge, knowing and thinking.* Repéré à http://experientialknowledge.org.uk/proceedings_speakers_files/Storkerson.pdf

Streeck, W. et Thelon, K. A. (2005). Introduction: Institutional change in advanced political economies. Dans W. Streeck et K. A. Thelen (dir.), *Beyond continuity : Institutional change in advanced political economies* (pp. 1-38). Oxford: Oxford University Press.

Swift, K. J. (1995). M*anufacturing "bad mothers": A critical perspective on child neglect.* Toronto: University of Toronto Press.

Thompson, R. A. (2015). Social support and child protection: Lessons learned and learning. *Child Abuse and Neglect, 41,* 19-29.

Topitzes, J., Mersky, J. P. et Reynolds, A. J. (2009). Child maltreatment and adult cigarette smoking: A long-term developmental model. *Journal of pediatric psychology, 119,* 1-15.

Tourigny, M., Mayer, M., Wright, J., Lavergne, C., Trocmé, N., Hélie, S., ... et Boucher, J. (2002). *Étude sur l'incidence et les caractéristiques des situations d'abus, de négligence, d'abandon et de troubles de comportement sérieux signalées à la Direction de la protection de la jeunesse au Québec (ÉIQ).* Montréal : Centre de liaison sur l'intervention et la prévention psychosociales.

Trocmé, N., Fallon, B., Sinha, V., Van Wert, M., Kozlowski, A. et MacLaurin, B. (2013). Differentiating between child protection and family support in the Canadian child welfare system's response to intimate partner violence, corporal punishment, and child neglect. *International journal of psychology, 48*(2), 128-140.

Trocmé, N. M., Fallon, B., MacLaurin, B., Daciuk, J., Felstiner, C., Black, T. et Cloutier, R. (2005). *Étude canadienne sur l'incidence des signalements de cas de violence et de négligence envers les enfants, 2003 : données principales.* Ottawa : Agence de santé publique du Canada, Centre national d'information sur la violence dans la famille.

Turney, D. (2005). Who cares? The role of mothers in cases of child neglect. Dans B.M. Taylor et J. Daniel (dir), *Child neglect : Practice issues for health and social care* (pp. 249-262). Londres : Jessica Kingsley.

Turney, D. (2000). The feminizing on neglect. *Child and family social work, 5,* 47-56.

Van der Kolk, B. A. (2005). Developmental trauma disorder: toward a rational diagnosis for children with complex trauma history. *Psychiatric annals, 35*(5), 401-408.

Ward, H., et Rose, W. (2002). *Approaches to Needs Assessment in Children's Services.* London: Jessica Kingsley Publishers.

Watson, J. (2005). *Child neglect: literature review.* Ashfield: Centre for parenting et research.

Wolcott, H. F. (1994). *Transforming qualitative data: Description, analysis and interpretation.* Thousand Oaks, CA: Sage.

12 | L'exposition des enfants aux conflits de séparation

Une forme de mauvais traitements psychologiques posant des défis particuliers pour l'intervention en protection

Claire Malo
Institut universitaire Jeunes en difficulté, CIUSSS-CSIM

Janet Sarmiento
Institut universitaire Jeunes en difficulté, CIUSSS-CSIM

Jacques Moreau
École de Travail social, Université de Montréal

Chantal Lavergne
Institut universitaire Jeunes en difficulté, CIUSSS-CSIM

Sonia Hélie
Institut universitaire Jeunes en difficulté, CIUSSS-CSIM

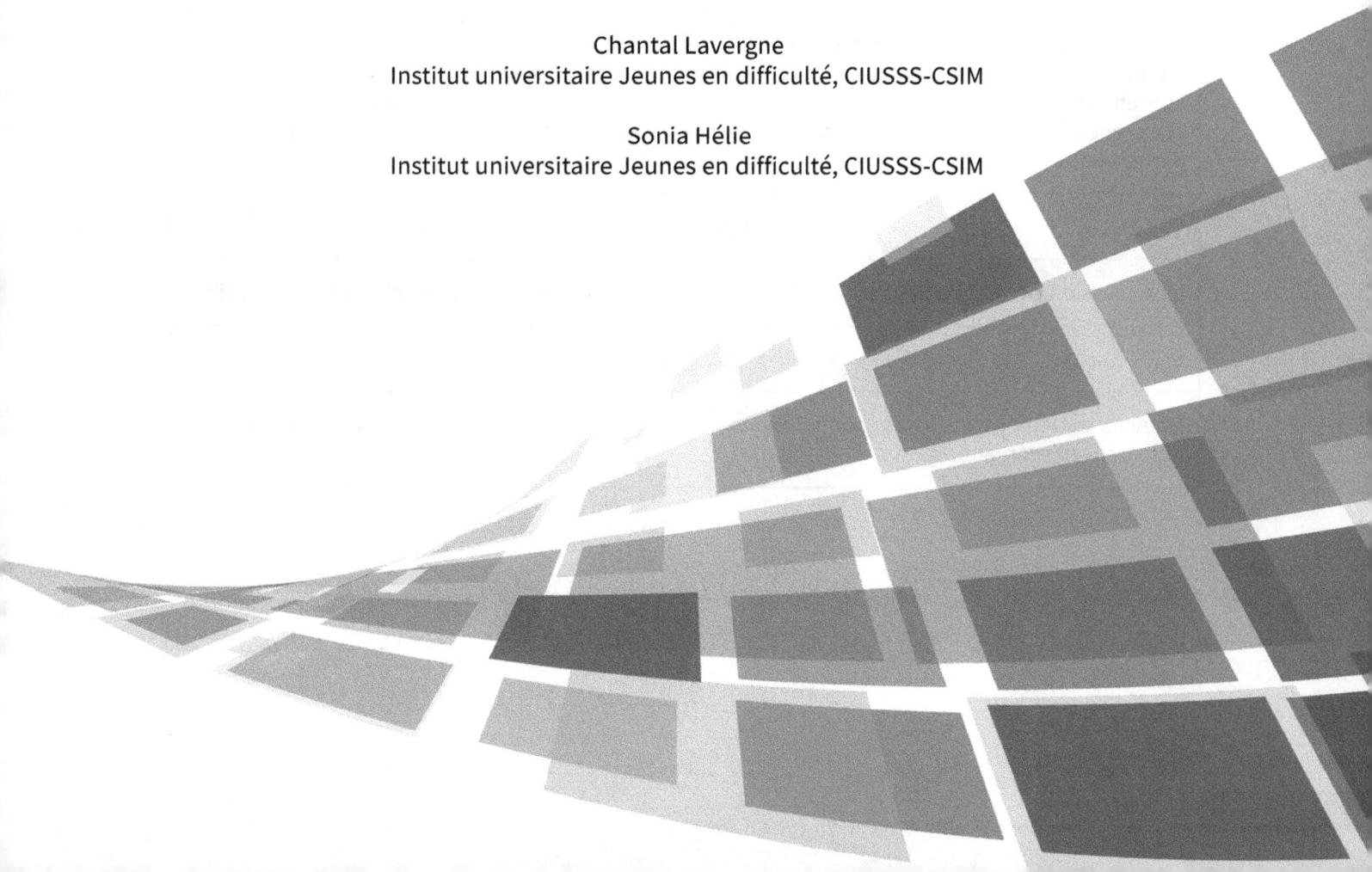

Résumé

Contexte

Depuis juillet 2007, les mauvais traitements psychologiques (MTP) envers les enfants sont considérés dans la Loi sur la protection de la jeunesse (LPJ). Dans les trois ans ayant suivi l'inclusion de cet alinéa dans la loi, les MTP semblent avoir posé certains défis aux intervenants en protection, en particulier quand des enfants sont exposés à un conflit sévère de séparation.

Objectif

La présente étude visait à explorer les défis posés par les MTP pour les intervenants des services de protection, de même que les facteurs pouvant aider à faire face à ces défis.

Méthode

L'échantillon de départ comprenait 58 situations de MTP, décrites par 30 intervenants en protection à partir d'entrevues semi-structurées. Treize de ces situations, décrites par 12 intervenants, ont été retenues pour la présente étude, car elles impliquaient une exposition de l'enfant à un conflit sévère entre ses parents séparés. Après leur retranscription intégrale, les propos des participants au sujet des défis posés par ces situations et des facteurs qui, globalement, les ont aidés à y faire face ont donné lieu à une analyse de contenu (méthode adaptée de L'Écuyer, 1990).

Résultats

Les défis mentionnés se regroupent en deux catégories, soient ceux touchant la relation parents/intervenants et ceux inhérents à la problématique. Les facteurs jugés aidants pour faire face à l'ensemble de ces défis sont variés et peuvent être regroupés en quatre grandes catégories, soit ceux reliés à l'organisation du travail, au soutien professionnel et social disponible, à l'approche d'intervention et au recours à des services spécialisés extérieurs.

Conclusion

La discussion permet de dégager certaines recommandations pour la recherche et l'intervention.

Mots-clés

Mauvais traitements psychologiques; exposition aux conflits de séparation; services de protection; défis d'intervention.

Recommandations cliniques issues de l'étude

- Il faut élaborer et mettre en place un protocole d'intervention spécifique aux situations d'exposition des enfants aux conflits sévères de séparation.

- Il est conseillé d'alléger les charges de cas des intervenants ayant à traiter plusieurs dossiers d'enfants exposés aux conflits sévères de séparation.

- Une formation sur l'approche et les techniques de médiation devrait être mise en place pour les intervenants des services à l'évaluation et l'orientation en protection de l'enfance ainsi qu'à l'application des mesures.

Questions pédagogiques

- Quelles sont les balises permettant de décider si une exposition à un conflit sévère de séparation comporte un risque pour le développement de l'enfant?

- Quels moyens seraient à prioriser pour soutenir les intervenants en protection de l'enfance qui font face aux défis particuliers posés par les situations de conflit sévère de séparation?

- De quelle manière le Tribunal de la jeunesse et la Cour supérieure devraient-ils concerter leurs interventions en matière de conflit sévère de séparation?

12.1 Introduction

12.1.1 Les mauvais traitements psychologiques : vers une résolution des controverses

Depuis plusieurs décennies, les **mauvais traitements psychologiques** (MTP) envers les enfants préoccupent grandement les chercheurs et cliniciens en sciences sociales (Malo, 2007). Malgré tout, ils demeurent mal connus et sont souvent perçus comme moins sérieux que les autres formes de maltraitance (Egeland, 2009; Trickett, Mennen, Kim et Sang, 2009). Ils sont aussi considérés de manière inégale comme une forme de violence d'un pays à l'autre et même au Canada, d'une province à l'autre (Trocmé et al., 2011). C'est probablement le fait, du moins en partie, des nombreuses controverses ayant marqué le développement des connaissances dans ce domaine. *D'une part, de multiples termes, plus ou moins englobants et pas toujours synonymes, sont utilisés pour référer à ce concept : abus émotionnel ou psychologique, négligence émotionnelle ou affective, agression verbale ou symbolique, etc.* Il en découle un manque d'uniformité dans les instruments de mesure et une difficulté à comparer les différents résultats. Une autre controverse a confronté depuis 50 ans les tenants d'une définition large, tenant compte de toutes les formes possibles de MTP, à ceux prônant une définition restreinte, qui distingue l'abus et la négligence psychologique d'une violence moins sévère propre à ce que l'on peut appeler la parentalité inadéquate (*bad parenting*, Wolfe et McIsaac, 2010). Plusieurs discussions ont aussi eu cours autour des balises nécessaires pour juger de la présence de MTP (voir le numéro spécial du *Development and Psychopathology*, 1991). *Plusieurs chercheurs et théoriciens soulignent la nécessité d'une intention malveillante, alors que d'autres suggèrent qu'une telle intention n'est pas essentielle, les MTP pouvant découler plutôt d'une compréhension biaisée, par le parent, du développement normal d'un enfant ou des comportements parentaux socialement attendus. Certains croient par ailleurs que des impacts doivent être observés pour juger de la présence de MTP, car on ne peut ni produire une liste exhaustive des comportements parentaux psychologiquement dommageables, ni déterminer le nombre de ces comportements requis pour nuire au développement des enfants. D'autres soulignent, au contraire, que les impacts des MTP ne sont pas toujours observables à court terme et qu'ils ne peuvent donc servir de balises pour juger de leur présence.*

Ce n'est qu'assez récemment que certains consensus se dessinent dans les écrits scientifiques et cliniques (Malo, 2007). De plus en plus d'auteurs adoptent maintenant l'expression « **mauvais traitements psychologiques** » qui tient compte à la fois des gestes commis (abus) et des gestes omis (négligence), et qui englobe toutes les formes possibles de maltraitance psychologique. Une certaine entente émerge aussi autour de la définition et de la typologie proposées par un panel d'experts lors d'une conférence internationale. On parle ici de :

> « *Tout acte, commis ou omis, jugé selon les standards de la communauté et l'expertise professionnelle comme psychologiquement dommageable. Ces actes sont commis individuellement ou collectivement par des personnes dont la position de pouvoir (en raison de l'âge, du statut, des connaissances ou de la fonction) rend l'enfant vulnérable. Ils peuvent nuire immédiatement ou ultérieurement au fonctionnement cognitif, affectif, comportemental et physique de l'enfant* » *(Hart et Brassard, 1987, p.160, traduction libre).*

La typologie qui accompagne cette définition inclut le mépris, le fait de terroriser l'enfant, l'isolement social ou physique, l'exploitation et la corruption et l'ignorance des besoins affectifs, à laquelle Hart, Binggeli et Brassard (1998) ajoutent ensuite la négligence des besoins de traitements. Par ailleurs, plusieurs s'entendent maintenant à dire que la décision quant à la présence de MTP doit considérer tant les comportements parentaux que leurs impacts, non pas observés, mais probables étant donné les connaissances actuelles. Enfin, on semble se rallier à l'idée que les MTP ne comportent pas nécessairement d'intention initiale de nuire à l'enfant, mais qu'ils peuvent même découler d'une intention éducative (Malo, 2007).

12.1.2 Incidence des mauvais traitements psychologiques

Les MTP prennent une place plus ou moins importante parmi les signalements retenus pour évaluation ou jugés fondés dans les pays qui les reconnaissent comme motif de compromission. En Australie, en 2014-2015, ils représentaient 43 % des situations jugées fondées, ce qui en faisait la forme de maltraitance la plus fréquente (Australian Government, 2016). Aux États-Unis, seulement 6 % des situations prises en charge incluent des MTP selon le dernier rapport national, auxquelles on peut ajouter 2,2 % de cas impliquant la négligence des besoins médicaux traitée séparément (U.S. Department of Health & Human Services, 2016). Un tel écart entre ces deux pays peut découler en partie de leur conceptualisation différente de la problématique. Dans les provinces et territoires canadiens (excluant le Québec), en 2008, 8,7 % des situations jugées fondées impliquaient des MTP et 34,2 % impliquaient une exposition de l'enfant à la violence conjugale (Trocmé et al., 2010). Au Québec en 2014, 14 % des situations jugées fondées après évaluation par les services de protection impliquaient des MTP, alors que 21 % impliquaient une exposition à la violence conjugale[1]; il s'agirait de la seule forme de maltraitance ayant augmenté depuis 1998 (Hélie, Collin-Vézina, Trocmé et Turcotte, 2017). Malo, Moreau, Hélie et Lavergne (2015) avaient obtenu des résultats semblables suite à l'analyse de l'ensemble des signalements retenus pour évaluation, entre juillet 2007 et juillet 2010, dans les 16 Centres jeunesse (CJ) (plus précisément, sont considérés tous les premiers[2] signalements retenus pour évaluation). Selon cette étude, 13,3 % des situations jugées fondées après évaluation impliquaient des MTP comme unique motif, alors qu'un autre 7,7 % impliquaient à la fois des MTP et d'autres formes de maltraitance.

12.1.3 Impacts spécifiques des mauvais traitements psychologiques et facteurs de risque

Les impacts spécifiques des MTP sont souvent difficiles à détecter à court terme, d'autant qu'ils accompagnent souvent les autres formes de maltraitance. Malgré tout, plusieurs suggèrent qu'ils constituent la composante la plus délétère de toutes les maltraitances (de la Vega, de la Osa, Ezpeleta, Granero et Domènech, 2011; O'Dougherty Wright, 2007). Chez les très jeunes enfants, l'étude longitudinale d'Egeland, Sroufe et Erickson (1983) reste la seule à comparer les impacts de différentes formes de maltraitance à 12, 18, 24, 42 et 56 mois. Les résultats indiquent que la négligence affective est plus dommageable que l'abus sexuel, l'abus physique (non isolé ici de l'abus psychologique) et la négligence physique. Chez les enfants plus âgés et les adolescents, plusieurs études indiquent des impacts spécifiques sur les plans socioémotionnel, relationnel, sociocognitif, comportemental et même physique (Solomon et Serres, 1999). Ainsi, l'abus émotionnel est relié aux symptômes dépressifs des enfants (Gibb et Abela, 2008) et à leurs problèmes de comportements (Yates, 2007). Enfin, les MTP seraient un meilleur prédicteur des problèmes de développement des enfants que les formes les plus sévères d'abus physique (Claussen et Crittenden, 1991).

Plus récemment, plusieurs études rétrospectives auprès d'adolescents ou d'adultes ayant subi des MTP durant l'enfance suggèrent des impacts durables ou n'apparaissant qu'à long terme. On parle de trouble de la personnalité (Finzi-Dottan et Karu, 2006), d'épisodes psychotiques (Ackner, Skeate, Patterson et Neal, 2013), d'état post-traumatique (Evans, Steel et DiLillo, 2013), d'hypersensibilité au stress (Shapero et al., 2014), de dépression (Bifulco, Moran, Baines, Bunn et Stanford, 2002), d'anxiété et de phobies sociales (Gibb, Chelminski et Zimmerman, 2007), de désordres de l'alimentation (Kent et Waller, 2000), de comportements agressifs (Allen, 2011), d'agression et de victimisation sexuelle (Zurbriggen, Gobin et Freyd, 2010) et d'hostilité envers ses propres enfants (Bailey,

---

[1] Cette étude constituant le volet québécois d'une étude pancanadienne, la violence conjugale est ici traitée de manière isolée des MTP puisqu'elle est considérée comme telle dans les autres lois canadiennes de protection de l'enfance.
[2] Lorsque plusieurs signalements concernant un même enfant sont effectués et retenus pour évaluation durant la période d'étude, seul le premier est comptabilisé, les autres étant plutôt traités comme des « resignalements » dans l'analyse de la trajectoire de services.

DeOliveira, Veitch Wolfe, Evans et Hartwick, 2012). Les MTP subis durant l'enfance seraient aussi de meilleurs prédicteurs des comportements suicidaires à l'adolescence que l'abus ou la négligence physiques (Miller, Esposito-Smythes, Weismoore et Renshaw, 2013).

La recherche semble moins avancée en ce qui touche les facteurs de risque spécifiques aux MTP. En effet, plusieurs des facteurs identifiés sont semblables à ceux associés aux autres formes de maltraitance (voir recension d'Iwaniec, Larkin et Higgins, 2006). De façon similaire, peu de travaux ont porté sur le développement et l'évaluation de stratégies d'intervention spécifiques pour les MTP (Gagné, Melançon et Malo, 2009; Glaser, 2011).

12.1.4 La Loi québécoise sur la protection de la jeunesse

La LPJ du Québec comporte un caractère d'exception au sens où, loin de cibler l'ensemble des enfants et des familles, elle ne cible que des situations dans lesquelles la sécurité ou le développement d'un enfant est compromis. Cette loi permet alors à l'État de s'ingérer dans le champ des responsabilités parentales pour protéger l'enfant, mettre fin à la compromission et éviter qu'elle ne se reproduise. Plusieurs principes sont énoncés dans la LPJ dont celui du droit des parents et des enfants à participer aux prises de décisions les concernant, et celui stipulant que toute décision doit tendre à maintenir l'enfant dans son milieu d'origine (les parents étant les premiers responsables de leur enfant) ou, lorsque c'est impossible, dans un milieu le plus semblable possible. Cette loi oblige tous les professionnels et invite chaque citoyen à signaler à la Direction de la protection de la jeunesse (DPJ) toute situation qui, à leurs yeux, menace la sécurité ou le développement d'un enfant (Gouvernement du Québec, 2010). Les dernières modifications à la LPJ ont été adoptées le 15 juin 2006 et sont entrées en vigueur le 9 juillet 2007. Outre une série de mesures visant à assurer une stabilité accrue des milieux de vie pour les enfants, à renforcer le caractère exceptionnel de l'intervention d'autorité de l'État et à mieux baliser le recours aux services d'hébergement, ces modifications ajoutent les MTP à la liste des motifs de signalement recevables. Cette liste inclut par ailleurs l'abus ou le risque d'abus physique, l'abus ou le risque d'abus sexuel, la négligence ou le risque de négligence, de même que les situations où un enfant présente des problèmes de comportement suffisants pour compromettre sa propre sécurité ou celle des autres (Gouvernement du Québec, 2010). Le libellé de l'alinéa 38c (MTP), relativement semblable à la définition et à la typologie présentée ci-haut, réunit actuellement un certain consensus :

> « *Lorsqu'un enfant subit, de façon grave ou continue, des comportements de nature à lui causer un préjudice de la part de ses parents ou d'une autre personne, et que ses parents ne prennent pas les moyens nécessaires pour mettre fin à la situation. Ces comportements se traduisent notamment par de l'indifférence, du dénigrement, du rejet affectif, de l'isolement, des menaces, de l'exploitation, entre autres si l'enfant est forcé à faire un travail disproportionné par rapport à ses capacités, ou par l'exposition à la violence conjugale ou familiale* » (Gouvernement du Québec, 2010b, alinéa 38c).

Notons que l'article 38.2 de la LPJ, qui s'applique à l'ensemble des motifs de signalement, stipule que la décision quant à la présence de compromission doit tenir compte de la nature, de la fréquence et de la chronicité des faits signalés, de l'âge et des caractéristiques de l'enfant, de la capacité et de la volonté des parents de mettre fin à la situation compromettante et des ressources disponibles dans le milieu pour soutenir les parents et les enfants. Notons aussi que ces changements à la LPJ placent le Québec parmi les provinces et territoires canadiens adoptant une définition plus large des MTP. En effet, en Nouvelle-Écosse, au Nunavut et dans les Territoires du Nord-Ouest, l'intervention en protection pour les MTP est restreinte aux situations où un parent néglige de procurer un traitement à leur enfant souffrant d'un dommage émotionnel (*emotional harm*). En Colombie-Britannique, en Alberta et à Terre-Neuve, cette intervention est limitée aux situations où un parent est responsable d'un tel dommage observé. Dans les autres provinces et territoires, y compris le Québec, la définition des MTP s'étend aux situations qui risquent de causer un tel dommage (Trocmé et al., 2011).

12.1.5 L'exposition aux conflits de séparation : une forme fréquente de MTP

Bien que non spécifiée parmi les exemples fournis dans l'article 38c de la LPJ, l'exposition des enfants à un conflit de séparation entre ses parents est considérée au Québec comme une forme de MTP. En effet, les intervenants en protection qui évaluent la présence de MTP doivent aussi, à partir d'un menu déroulant communément appelé « ventilations », qualifier la situation plus en détail. Les options disponibles dans ce menu déroulant sont les suivantes : l'indifférence, le dénigrement, le rejet émotionnel, les menaces, l'exploitation, l'isolement, le contrôle excessif, le renversement de rôle, l'exposition de l'enfant à la violence conjugale ou familiale, de même que son exposition à un conflit de séparation. Dans l'étude de Malo et al. (2015), 38,8 % des situations de MTP jugées fondées au Québec impliquent une telle exposition de l'enfant à un conflit sévère entre ses parents séparés. Plus précisément, une telle exposition est présente dans 45,0 % des cas de MTP seuls et dans 31,6 % des cas où des MTP sont cooccurrents à d'autres formes de maltraitance. Dans la documentation scientifique, il s'agit d'un concept relativement récent, mais les préoccupations des praticiens sont grandes à ce sujet. Ainsi, plusieurs comités de réflexion et de travail ont été mis sur pied pour soutenir les intervenants qui rencontrent ces situations. Deux de ces comités sont toujours en fonction, l'un au Centre jeunesse de Montréal – Institut universitaire[3] réunissant chercheurs et intervenants des divers services de la DPJ, l'autre panquébécois réunissant des chercheurs, des juges, des avocats et des DPJ de plusieurs régions du Québec.

Il convient de distinguer l'exposition aux conflits sévères de séparation de la notion d'aliénation parentale, bien que la première puisse constituer un premier jalon dans le processus conduisant à la seconde (Gagné et Lachance, 2014). Le pédopsychiatre Richard A. Gardner est le premier à référer à l'aliénation parentale lorsqu'il décrit un « syndrome » qu'il observe chez plusieurs enfants de parents en conflit concernant leur garde (Gardner, 1985; Lafontaine, Malo et Moreau, 2012). Il définit ce syndrome comme un :

> « Trouble de l'enfance qui survient presque exclusivement en contexte de disputes concernant la garde de l'enfant (suite à la séparation des parents). Sa principale manifestation consiste en une campagne de dénigrement injustifiée menée par l'enfant contre un parent. Cette situation résulte de l'endoctrinement de l'enfant par un parent qui use de stratégies de programmation ("lavage de cerveau") menant ainsi l'enfant à contribuer lui-même au dénigrement du parent » (Gardner, 2002, p. 95, traduction libre).

Depuis, ce syndrome a été fortement contesté dans les écrits cliniques et surtout scientifiques. On reproche d'abord l'absence totale d'étude empirique à l'appui de l'existence d'un tel syndrome. On reproche aussi la centration sur le parent « aliénant » dans l'étiologie du phénomène. D'ailleurs, selon Ellis (2000), l'Association américaine de psychologie a refusé d'inclure ce syndrome dans le Manuel diagnostique et statistique des troubles mentaux. Par la suite, d'autres ont proposé une conceptualisation plus systémique de l'aliénation parentale (Kelly et Johnston, 2001), dans laquelle le parent « aliénant », comme le parent « aliéné », jouent un rôle actif, le premier par ses conduites agressives et dénigrantes, le second par ses comportements de fuite et d'évitement des conflits. Les réflexions du Groupe de réflexion sur l'aliénation parentale (Malo et Rivard, 2013) ont permis de mieux distinguer les deux concepts et les caractéristiques des parents et des enfants impliqués dans chacune de ces situations. À partir de leur expérience clinique dans les services de protection, les intervenants et gestionnaires faisant partie de ce groupe estiment que les situations de conflits de séparation impliquent non pas un seul, mais deux parents qui se dénigrent mutuellement, en même temps ou en alternance selon le parent obtenant un avantage dans le conflit. Elles impliquent non pas un enfant ayant réglé son conflit de loyauté en s'alliant complètement à l'un de ses parents à l'encontre de l'autre, mais plutôt un enfant attaché à ses deux parents, pris au piège d'un conflit de loyauté continuellement réactivé par les attitudes de ses parents.

---

[3] Au moment de l'étude, le CJM-IU n'était pas encore intégré au Centre interuniversitaire de santé et de services sociaux du Centre-Sud de l'île de Montréal (CIUSSS-CSIM), c'est pourquoi nous utilisons ce premier sigle dans le présent texte.

Notons que le dénigrement et les tentatives de rejet que l'on retrouve chez l'un des parents dans les situations d'aliénation et chez les deux parents dans les situations d'exposition à un conflit sévère de séparation doivent par définition être infondés. En d'autres mots, ces situations excluent les cas où l'aliénation est utilisée par un parent victime de violence conjugale, le plus souvent la femme, pour tenter de protéger son enfant de la violence ou des menaces de l'autre parent (Lapierre et Côté, 2016). Si tous les auteurs s'accordent à ce sujet, la nuance est parfois difficile à tracer dans la réalité.

12.2 Objectif de recherche

L'étude exploratoire initiale, financée par le Conseil de recherche en sciences humaines du Canada, comportait deux volets quantitatifs et un volet qualitatif, et visait à tracer un premier portrait des situations impliquant des MTP dans les services de protection québécois après l'entrée en vigueur des dernières modifications apportées à la LPJ, notamment la reconnaissance des MTP parmi les motifs recevables de signalement (Malo, Moreau, Hélie et Lavergne, sous presse). Devant les préoccupations et questionnements grandissants des milieux cliniques et juridiques autour des enfants exposés aux conflits sévères entre leurs parents séparés, et compte tenu de l'absence relative d'écrits sur la question, la présente analyse thématique vise à documenter en particulier les défis posés par ce type d'exposition pour la pratique en protection, de même que les facteurs jugés aidants pour faire face à ces défis. Les objectifs à plus long terme sont de soutenir les réflexions actuelles des divers comités en place, de contribuer à la clarification de ce concept relativement nouveau dans les écrits scientifiques et de bonifier les interventions en protection dans les situations impliquant une telle exposition.

12.3 Méthode

12.3.1 Échantillon

Dans l'étude exploratoire initiale, 30 intervenants rattachés à trois CJ québécois ont été recrutés sur une base volontaire, et suivant une méthode dite « boule-de-neige », par les responsables de la recherche de leur établissement; le seul critère d'inclusion était d'avoir rencontré au moins une situation de MTP dans leur pratique. Dans la présente analyse, seules les situations impliquant une exposition des enfants aux conflits de séparation sont considérées, soit 18 situations rapportées par 12 intervenants dont les caractéristiques sont présentées au Tableau 12.1.

Tableau 12.1   **Caractéristiques des intervenants ($n = 12$)**

Établissement d'appartenance	CJ de la Montérégie	5
	CJM-IU (Montréal)	4
	CJQ-IU (Québec)	3
Service	Évaluation/orientation (ÉO)	6
	Application des mesures (AM)	6
Formation	Technique en service social	1
	1er cycle en service social	9
	1er cycle en criminologie	2
Années d'expérience en CJ	0-5 ans	3
	6-10 ans	5
	11-15 ans	2
	Plus de 15 ans	2
Sexe	Féminin	10
	Masculin	2

12.3.2 Collecte de données

Dans l'étude initiale, des entrevues semi-structurées, d'une durée moyenne de 1 h 30, ont été effectuées par deux assistants de recherche préalablement formés, dans un local confidentiel situé dans le milieu de travail des participants. La procédure et la grille d'entrevue ont été préalablement testées lors de deux entrevues initiales. Après signature des formulaires de consentement, les intervenants volontaires ont d'abord résumé leur parcours professionnel et leur perception à l'endroit des MTP en général, avant d'être invités à décrire deux situations rencontrées impliquant des MTP.

Pour chacune de ces situations, une série de sous-questions permettait d'explorer les caractéristiques des jeunes et des parents, les défis rencontrés pour l'évaluation de ces situations ou l'application des mesures statuées, de même que les facteurs ayant aidé ou qui auraient pu aider, selon eux, à faire face à ces défis. La présente analyse se concentre sur les situations de MTP rapportées qui impliquent une exposition de l'enfant à un conflit sévère entre ses parents séparés. Toutefois, les situations décrites qui impliquent également de la violence physique entre les ex-conjoints ont été exclues, compte tenu des enjeux particuliers que ce problème soulève pour la sécurité et l'aide à offrir (Jaffe, Johnston, Crooks et Bala, 2008). De même, et pour des motifs similaires, nous avons sciemment exclu les situations impliquant un parent dont la difficulté principale est liée à un problème diagnostiqué de santé mentale, par exemple un conflit entre ex-conjoints où l'un d'eux souffre d'un trouble de la personnalité limite ou du syndrome de Münchhausen. Au total, les propos présentés ici concernent 13 situations décrites dans l'étude initiale.

12.3.3 Traitement et analyse des données

Dans l'étude initiale, les transcriptions intégrales des verbatim ont donné lieu à une analyse de contenu suivant la méthode de L'Écuyer (1990), et ce, à l'aide du logiciel de soutien à l'analyse qualitative N'Vivo (QSR International, 2012). Après une lecture répétée des contenus, un arbre de catégories mutuellement indépendantes a été construit, tenant compte des informations déjà présentes dans les écrits, par exemple la typologie présentée par Hart et al. (1998), mais également de celles pouvant émerger directement des propos des répondants. Chaque verbatim intégral a ensuite été séparé par unité de sens, c'est-à-dire en paragraphes, avant d'être codifié de manière indépendante par deux assistants de recherche préalablement formés. Chaque désaccord entre les codeurs a ensuite été identifié et a donné lieu à un consensus impliquant la chercheure principale (méthode consensuelle de Garrison, Cleveland-Innes, Koole et Kappelman, 2006). Les catégories sont ensuite quantifiées afin d'en évaluer la fréquence d'utilisation. La présente analyse, plus thématique (méthode de Bardin, 1977), a été effectuée par les deux auteures principales sur une base consensuelle, à partir des données déjà recueillies et analysées dans l'étude initiale.

12.4 Résultats

12.4.1 Les défis posés par les situations d'exposition aux conflits sévères de séparation

Les défis reliés à la relation parents/intervenant

Une première classe de défis concerne les relations entre l'intervenant et les parents. On y retrouve :

1. les tentatives d'alliance ou de contrôle de l'intervention destinées à tirer un avantage ou à discréditer l'autre parent aux yeux de l'intervenant;
2. les interpellations constantes à l'endroit de l'intervenant pour gérer le quotidien et éviter ainsi les discussions directes avec l'autre parent;

3. les remises en question de la compétence de l'intervenant qui refuse de prendre parti dans le conflit;

4. les plaintes plus formelles à l'encontre de l'intervenant;

5. les comportements d'intimidation à l'égard de l'intervenant;

6. les fausses allégations récurrentes d'abus ou de négligence;

7. le degré d'articulation intellectuelle de plusieurs de ces parents qui, non seulement diffère de celui de la clientèle habituelle, mais vient souvent exacerber les autres défis mentionnés ici.

Tentative d'alliance ou de contrôle de l'intervention

Selon les intervenants rencontrés, les parents aux prises avec un conflit de séparation cherchent typiquement des alliés dans leur guerre ouverte contre l'autre, et ce, auprès de toute personne en autorité qu'ils rencontrent dans les milieux professionnel, clinique, policier ou juridique. De la même manière, ils tentent de former une alliance avec les intervenants en protection, cherchant souvent à les convaincre de leurs compétences parentales, voire de leur équilibre mental, supérieures à ceux de l'autre parent, ou assumant le rôle d'une victime innocente. La difficulté est alors de rester neutre, tant dans les attitudes et les comportements que dans la réflexion clinique :

> « Il y a toujours cette triangulation-là où un parent tente de faire union avec toi comme intervenant puis de discréditer l'autre. » (106, ÉO)

> « C'est certain que les parents vont essayer d'aller chercher chacun un intervenant pour les supporter, pour être là pour eux. Donc on a dû, et on doit encore faire extrêmement attention pour ne pas faire alliance avec l'un ou l'autre parent. » (205, AM)

Les interpellations constantes pour la gestion du quotidien

Les propos recueillis auprès des participants suggèrent que, même plusieurs années après la séparation, les parents qui restent en conflit ont souvent abandonné toute tentative de communication directe. Lorsque l'intervenant en protection entre dans leur vie, ils tentent souvent de l'utiliser pour servir de « courroie de transmission » entre eux. Tous les intervenants mentionnant ce défi ont dit être conscients qu'il faut éviter de tomber dans ce piège, mais certains soulignent qu'il est parfois beaucoup plus simple, étant donné leur emploi du temps très chargé, de répondre aux demandes des parents touchant la gestion du quotidien.

> « À la moindre petite chose, il pouvait se pointer au bureau, il exigeait de nous rencontrer pour dire "Je veux voir l'intervenante, elle doit aller chez la mère, hier, elle l'a couché à 9 heures, il n'avait pas soupé, c'est inacceptable". » (101, AM)

> « Le défi, c'est aussi de rassurer la maman. Parce qu'elle est capable des fois de m'appeler tous les jours parce qu'il y a un petit truc qui ne va pas, une paire de sandales que le père a achetée, un pantalon que le père a acheté, qui ne conviennent pas à ce qu'elle souhaite que son enfant porte. » (208, AM)

Les remises en question de la compétence de l'intervenant

Selon les participants, c'est souvent lorsque leurs tentatives d'alliance avec l'intervenant échouent que les parents en conflits de séparation vont dénigrer la compétence de celui-ci. Le dénigrement touche d'abord la sphère professionnelle, mais également personnelle :

> « Chaque matin, je rentre, j'ai des messages de Monsieur qui me traite de toutes sortes de noms. J'ai confiance en moi, je sais que je suis compétente, mais c'est fatiguant, c'est agressant de toujours vivre là-dedans. C'était ça que j'ai trouvé le plus demandant. » (101, AM)

> « *Les défis comme intervenante, c'est parce que t'es tout le temps blâmée, ce n'est jamais correct ce que tu fais, fait que t'as zéro gratification. Il n'y a personne de content. La mère n'est pas contente pis le père n'est jamais content. Ils ne sont jamais contents. C'est pour ça qu'il ne faut pas proposer à leur place, parce qu'ils vont s'organiser pour te mettre en échec, "As-tu vu? Tu nous avais dit de faire ça."* » (117, AM)

La plupart des participants qui mentionnent ce défi ont malgré tout conscience qu'ils ne sont pas les seuls à se voir ainsi dénigrés. En fait, tous les professionnels gravitant autour des parents ou de l'enfant y sont sujets :

> « *Quand je disais tantôt que les ordonnances ne sont pas respectées, il passe son temps à traiter le juge d'incompétent. Pis il a dit, face à face au juge, qu'il n'allait pas respecter l'ordonnance parce que ça n'avait pas de sens pour lui. Donc c'est généralisé, ce n'est pas juste personnel à moi.* » *(205, AM)*

Les plaintes formelles à l'encontre de l'intervenant

Certains parents vont plus loin que le dénigrement verbal directement exprimé aux intervenants. En effet, plusieurs participants rapportent que certains cumulent les plaintes formelles à leur endroit, auprès de toutes les instances auxquelles ils ont accès, ce qui oblige les intervenants à se justifier continuellement :

> « *J'avisais ma chef de service parce que dès que je ne rappelais pas, ça appelait la secrétaire, l'intervenant de garde, le chef de service, le commissaire aux plaintes. Tu sais, c'était constamment comme ça.* » *(101, AM)*

> « *Là, elle est fâchée contre nous. Elle a interpellé le Comité des usagers, ma chef de service, le commissaire aux plaintes, parce que je ne voulais pas lui donner une fin de semaine sur deux.* » *(117, AM)*

Les comportements d'intimidation à l'égard de l'intervenant

Selon certains participants, les tentatives d'intimidation font aussi partie des comportements démontrés par plusieurs de ces parents à l'endroit des intervenants. Bien que ce type de comportement soit plus souvent rapporté de la part des pères, certaines mères peuvent aussi en faire usage.

> « *Pour l'instant, pour Monsieur, c'est très difficile. Il n'accepte pas notre rôle d'autorité. Il ne comprend pas nos interventions. Il perçoit mal les choses, il s'emporte, il nous menace.* » *(113, AM)*

> « *On a longtemps été avec un agent de sécurité durant les visites, parce qu'elle était vraiment très désorganisée. Elle a essayé d'empoigner quelqu'un. Elle a été tenue physiquement par un autre de mes collègues.* » *(113, AM)*

Les fausses allégations récurrentes

Parmi l'arsenal utilisé par les parents aux prises avec un conflit de séparation persistant, les allégations d'abus ou de négligence à l'endroit de l'autre parent semblent une arme de choix selon les répondants. Nous parlons ici de « fausses allégations » lorsqu'elles sont récurrentes et n'ont jamais fait l'objet d'un signalement retenu après évaluation des faits. C'est tantôt la mère qui évoque un abus physique ou sexuel de la part du père, tantôt le père qui signale la négligence maternelle ou ses comportements de consommation excessive. Les intervenants expliquent qu'une telle allégation en cours d'évaluation ou lors de l'application des mesures entraîne nécessairement l'amorce d'un nouveau processus d'évaluation et, dans le cas des abus sexuels ou physiques, la mise en place d'un protocole d'intervention très précis. Souvent, des mesures d'urgence sont mises en place pour éviter temporairement ou superviser tous les contacts des enfants envers leur père ou leur mère « présumés agresseurs », mesure pouvant tout à fait convenir au parent signalant. Dans certains cas, le parent qui signale semble réellement convaincu de la victimisation de son enfant par l'autre parent, même si plusieurs signalements n'ont jamais été retenus après l'évaluation. Il en résulte assurément une multiplication des intervenants au dossier et une augmentation importante de la « durée de vie » de ces dossiers.

> « À partir du moment où elle se sentait coincée, où elle avait l'impression qu'on était plus du côté du père, la mère refaisait des allégations. Et nous, on a pris position en tant qu'équipe et le mot d'ordre était que si la mère nous verbalise quelque chose, on lui donne le numéro de RTS (service de réception des signalements dans les CJ). Mais elle n'a pas téléphoné. » (103, AM)

> « Les nouveaux signalements dans cette situation-là, ça s'est calmé. Il y a la grand-mère [qui] est retontie mais j'étais comme au parfum quand même de l'information qu'elle me donnait, fait que je n'ai pas embarqué, ça ne m'a pas inquiétée. » (117, AM)

Le degré d'articulation intellectuelle et la crédibilité des parents

Le degré d'articulation intellectuelle et de crédibilité des parents, bien qu'il ne se rattache pas directement à la relation parents/intervenant, vient renforcer tous les autres défis de cette catégorie. Ainsi, les tentatives d'alliance ou de contrôle, les interpellations constantes et les autres défis de cette catégorie sont d'autant plus difficiles à vivre lorsque les parents sont scolarisés et intellectuellement articulés. D'autres défis semblent plutôt inhérents aux MTP ou plus spécifiquement de l'exposition au conflit de séparation.

Enfin, les défis posés par les fausses allégations récurrentes sont particuliers en ce qu'ils allongent de manière significative la durée de l'intervention. La plupart des participants soulignent que les parents impliqués dans les situations de conflits de séparation proviennent souvent d'une classe sociale moyenne ou élevée et que plusieurs ont une scolarité universitaire. Ils expliquent qu'outre le fait que cette clientèle soit loin d'être habituelle dans les services de protection, cela complique souvent leurs interventions. En effet, selon eux, les parents plus scolarisés ont une meilleure capacité d'argumenter et de justifier leurs choix et leurs comportements; aussi, ils sont souvent plus réticents à se remettre en question et à accréditer le jugement contraire de l'intervenant.

Par ailleurs, si le statut socioprofessionnel de ces parents les rend souvent plus crédibles en ce qui touche leurs capacités parentales, cette crédibilité est parfois utilisée pour manipuler le cours de l'intervention. Cet état de fait peut souvent exacerber les défis déjà décrits. Par exemple, les plaintes formelles à l'endroit des intervenants peuvent être jugées plus crédibles parce qu'elles proviennent de parents intellectuellement plus articulés. De façon similaire, les tentatives d'intimidation peuvent être plus efficaces quand elles proviennent de parents ayant des contacts haut placés :

> « C'est arrivé au moins deux fois que les parents travaillaient dans les hôpitaux, ça te donne une idée. Bon, une infirmière, tout ça. Là, le rapport n'est pas le même et les arguments ne sont pas les mêmes non plus. C'est vraiment une nouveauté, c'est une nouvelle clientèle qui est plus aisée. » (117, AM)

> « Les parents qui sont pauvres, plus démunis, on arrive pis on est comme LES professionnels. Ils nous voient comme des personnes en qui ils peuvent avoir confiance. Pis on a des études universitaires, fait que pour eux, c'est quelque chose de gros. Les parents qui ont des capacités, c'est toujours long avant qu'ils nous fassent confiance. » (210, AM)

Les défis reliés à la problématique elle-même

D'autres défis semblent inhérents à l'exposition aux conflits de séparation et parfois plus largement, aux MTP. On retrouve ici :

1. la difficulté à percevoir et démontrer les impacts négatifs chez l'enfant;
2. la faible reconnaissance de la maltraitance par les parents;
3. la difficulté particulière à juger du meilleur intérêt de l'enfant dans les recommandations touchant la garde ou les droits de visite;
4. la conviction que ces situations concernent uniquement la Cour supérieure et non le Tribunal de la jeunesse et les services de protection.

La difficulté à percevoir et démontrer les impacts négatifs chez l'enfant

> *« Quand on est arrivé dans cette famille, c'était difficile de cerner les besoins des enfants parce que ceux-ci étaient fonctionnels. Ils ne montraient pas du tout de comportement internalisé ou externalisé. » (103, AM)*

> *« Même quand on a des faits nouveaux, il faut toujours voir si ça a eu de l'impact sur les enfants, vérifier qu'à la garderie, le dernier mois, s'ils n'ont pas vu des impacts, s'ils n'ont rien remarqué au niveau des comportements des enfants. » (203, ÉO)*

Comme c'est le cas des autres formes de MTP, les impacts pour l'enfant d'une exposition aux conflits de séparation ne sont souvent pas perceptibles à court terme. Cela pose des difficultés particulières, tant pour les intervenants du service d'évaluation/orientation que pour ceux de l'application des mesures. Bien que le libellé de l'article 38c de la LPJ définisse les MTP comme des actes « susceptibles » de porter atteinte au développement ou à la sécurité de l'enfant, certains intervenants en protection croient en la nécessité d'observer des impacts pour juger du caractère maltraitant de toute situation. Selon nos participants, c'est également l'avis des professionnels du tribunal qui rappellent que notre système de justice est basé sur la démonstration non seulement des faits, mais également des effets. D'autres répondants comprennent que le libellé de cet article de loi réfère non pas aux actes ayant causé un tort, mais bien à ceux qui risquent d'en causer, mais se voient tout aussi démunis quand il s'agit de démontrer la présence d'un tel risque :

> *« Il y a des juges très "pro-parents" qui vont faire fi de ça, des "peut-être possibilités de risque". Tandis qu'il y a des juges qui vont être plus à l'affut de ça. Ils ne sont pas tous rendus à la même place, comme on ne l'est pas tous non plus, comme les avocats ne le sont pas tous non plus… Pour déposer en urgence, il faut qu'il y ait un risque de tort sérieux, alors nécessairement, il va falloir constater le risque de tort sérieux. C'est plus compliqué quand on parle des MTP que pour d'autres formes d'abus. » (106, ÉO)*

> *« Avec l'abus physique, c'est clair, c'est un geste, il y a des marques, il y a des aveux ou pas, mais au niveau clinique, c'est très clair. Tandis que les MTP, c'est tout dans le peut-être, ce que ça risque de devenir, les conséquences à moyen ou long terme, en tenant compte aussi des capacités de résilience. » (203, ÉO)*

La faible reconnaissance par les parents

Selon les intervenants, beaucoup de parents aux prises avec un conflit de séparation qui perdure vont reconnaître la présence de ce conflit, sans nécessairement accepter le risque possible qu'il représente pour leur enfant exposé. D'une part, ils ne sont pas toujours conscients du climat négatif que ce conflit entraîne à la maison puisqu'ils vivent séparément de leur ex-conjoint. D'autres reconnaissent le climat malsain et les comportements négatifs de l'autre parent, mais pas les leurs. Pourtant, plusieurs de ces parents utilisent leur enfant comme messager et certains vont même jusqu'à se présenter avec leur enfant auprès de nombreux spécialistes dans l'espoir d'un diagnostic confirmant la mauvaise influence de l'autre parent. Cette très faible reconnaissance de la maltraitance par les parents oblige souvent l'intervenant à recourir à l'autorité du tribunal de la jeunesse pour imposer l'aide.

> « La reconnaissance n'est pas facile parce que le réflexe des parents c'est de dire "Il n'y a pas d'impact sur mon enfant. C'est nous. Lui, on ne l'a pas touché, il n'a jamais été victime de violence". » (107, ÉO)

> « L'alinéa principal, il n'y avait aucune reconnaissance de la part de la mère. Elle, ce qu'elle disait, c'est que sa fille avait des troubles de comportement, donc elle voulait que ça soit retenu là-dedans… En l'absence de reconnaissance complètement de la part de la mère, on n'avait pas le choix de judiciariser. » (114, AM)

La difficulté à juger du meilleur intérêt de l'enfant

Il semble par ailleurs particulièrement difficile dans les situations où un enfant est exposé à un conflit de séparation de juger de son meilleur intérêt quand l'intervenant doit faire ses recommandations en ce qui touche la division de la garde ou les contacts parents/enfant. La crédibilité des deux parents, leurs comportements parentaux relativement adéquats, leurs discours et allégations mutuellement dénigrants et l'absence d'impact apparent chez l'enfant dans l'un ou l'autre de ses milieux de vie, complexifient ce genre de prises de décisions.

> « Au début, on voulait qu'il y ait des contacts plus prolongés, admettons du mercredi au dimanche. Plus ça avançait, on a opté à un moment donné pour la garde partagée. On a hésité, on est revenus à notre première position… Il faut rester centré sur l'enfant, les besoins de l'enfant et ça, c'est difficile. C'est une autre affaire parce que les parents, ils ont leurs besoins et souvent, eux-autres sont convaincus, ça devient biaisant pour l'intervenant. » (117, AM)

La conviction qu'il ne s'agit pas de « cas de protection »

Quelques intervenants interrogés se questionnent à savoir si les enfants exposés aux conflits de séparation vivent vraiment de la maltraitance. Encore une fois, l'absence fréquente d'impact apparent chez l'enfant peut contribuer à un tel sentiment. D'autre part, la virulence du conflit entre les parents se reflète souvent par une série de procédures judiciaires entamées à tour de rôle par chaque parent auprès de la Cour supérieure, instance se retirant de manière automatique lorsque le Tribunal de la jeunesse entre en action. C'est également ce qui peut contribuer au présent questionnement des intervenants en protection.

> « Ce que je trouve difficile dans ces dossiers, c'est que ça ne touche pas nécessairement la Protection, l'enfant n'est pas en danger. Ce sont vraiment des dossiers qui sont de la Cour supérieure. Pis même si les parents ont des conflits, malgré tout ils font quand même attention à l'enfant. » (104, AM)

> « Ce n'est pas du tout une notion, dans le pays d'où je viens, qui est nommée comme telle. Ça existe, c'est sûr, mais ce n'est pas nommé. Et ce n'est surtout pas des dossiers qu'on aurait eus en protection de l'enfance, pas du tout. Donc moi, ça m'a demandé énormément de travail pour comprendre pourquoi on est intervenus dans ce cadre-là. » (208, AM)

C'est aussi en comparaison aux autres formes de maltraitance que certains intervenants jugent les situations d'exposition aux conflits de séparation, et les MTP en général, comme étant moins prioritaires.

« J'ai travaillé 11 ans au centre-ville, dans des contextes socioéconomiques très pauvres. Fait que pour moi, la maltraitance psychologique pure, je ne connais pas ça. Parce que les autres besoins des enfants étaient tellement gros que le volet de la maltraitance psychologique, dans la pyramide, ce n'était pas prioritaire... Moi je travaille à la Protection de la jeunesse, je n'attendrai pas qu'on tombe à zéro. Monsieur, il faut qu'il continue de travailler sa capacité d'affirmation. Pis Madame, il faut qu'elle nomme ses affaires quand c'est le temps au lieu d'essayer de gouverner Monsieur. Mais ça, c'est à travailler ailleurs, moi je ne suis pas thérapeute. » (117, AM)

12.4.2 Facteurs jugés aidants pour faire face aux défis particuliers de ces situations

Dans la section suivante des entrevues, les participants étaient invités à décrire les facteurs qui les avaient aidés à faire face à l'ensemble des défis soulevés, ou les facteurs qui n'étaient pas présents, mais qui auraient été facilitants selon eux. Dans l'ensemble, les facteurs mentionnés peuvent être regroupés en quatre grandes catégories :

1. ceux liés à l'organisation du travail;
2. les différentes formes de soutien professionnel et social disponibles;
3. l'approche d'intervention;
4. le recours à des services ou à des expertises extérieures à l'établissement.

Les facteurs liés à l'organisation du travail

Plusieurs facteurs liés à l'organisation du travail ont été mentionnés par un nombre plus ou moins grand de participants, comme aidants pour faire face aux défis rencontrés dans les situations de conflits de séparation. Il s'agit :

1. de la possibilité de mener l'intervention conjointement avec un autre intervenant;
2. de pouvoir compter sur une cellule ou une unité d'intervention;
3. de pouvoir consacrer plus de temps à ces dossiers;
4. de la stabilité des intervenants impliqués dans ces dossiers;
5. des outils ou protocoles d'intervention spécifiques à ces situations.

L'intervention conjointe ou la co-intervention

Pour faire face aux défis posés par ces situations, trois intervenants indiquent qu'il importe de toujours travailler en co-intervention ou en intervention conjointe (aussi appelé travail en dyade). Ces deux concepts ne sont pas synonymes, le premier référant au fait de faire les rencontres avec les parents accompagnés d'un ou d'une collègue, le second référant plutôt au partage entre deux intervenants des décisions et responsabilités relatives à un dossier, l'un assumant par exemple les rencontres avec la mère pendant que l'autre rencontre le père (Keable, 2009). Les intervenants rencontrés ne semblent pas faire cette distinction et utilisent l'un ou l'autre terme de manière interchangeable. Ce type d'intervention permet d'une part de se répartir les rôles de soutien et de représentants de l'autorité que doivent tenir en même temps les intervenants en protection :

« Moi avec la mère, j'étais capable d'apporter beaucoup plus de choses que mon collègue, sans qu'elle ne se sente attaquée. Par contre, elle se référait à mon collègue pour tout ce qui touchait ses enfants. Tandis que le père, c'est mon collègue qui avait la porte d'entrée. Moi j'étais plus là pour mettre le cadre. » (103, AM)

Une telle organisation du travail permet également de partager plus facilement les points de vue cliniques, de discuter du déroulement des rencontres, d'objectiver ses propres interventions, etc., ce qui peut être fort utile pour éviter notamment le piège de la triangulation :

> « Après chacune de nos entrevues, on s'assoyait pis là on disait "Voyons, qu'est-ce que c'est que ça?", pis là on se recadrait sur notre plan d'intervention, sur nos objectifs, pis "OK, ils nous ont encore amenés dans autre chose". » (103, AM)

> « À un moment donné, t'es heurtée dans tes valeurs pis il faut que tu te détaches de ça, il faut que tu ventiles… Quand on est deux, au moins après on peut ventiler pis dire "Ça m'a fait vivre ça, penses-tu que c'était vrai?". Ça aide… Ça serait important de mettre un protocole clair comme quoi c'est tout de suite en co-intervention. » (113, AM)

Sur un plan plus personnel, le travail en dyade ou la co-intervention permet aussi de partager la gestion du risque :

> « On était rendus en dyade là-dedans et ça, c'est vraiment merveilleux. C'est moins lourd, c'est moins lourd. Parce que c'est difficile de jauger la mère ou le risque pour les enfants, tout ça. C'était moins lourd. » (104, EO)

Le travail en cellule ou en unité d'intervention

Un intervenant réfère plus largement aux « cellules » ou aux « unités » d'intervention en fonction dans son CJ comme facteur ayant aidé dans les situations d'exposition aux conflits de séparation. Cet intervenant souligne cependant que le fait de travailler en équipe avec de tels parents peut avoir certains désavantages :

> « C'est un dossier aussi qui est travaillé en équipe, par l'unité d'intervention. Donc, il y a un éducateur, il y a moi, qui sommes impliqués, mais il y a aussi l'équipe qui nous donne des conseils, qui a du recul par rapport à la situation, qui essaie de nous aider… C'est important de ne pas être seul, mais en même temps… Il y aurait pu y avoir plus de deux personnes dans cette situation d'un côté, mais d'un autre côté, plus on leur en donne, plus ils en demandent et ça ne donne pas vraiment plus de résultats non plus. Donc c'est quand même un couteau à deux tranchants. » (205, AM)

Le fait de pouvoir consacrer plus de temps aux dossiers

Un autre facteur lié à l'organisation du travail est mentionné par plusieurs participants comme essentiel pour faire face aux défis posés par ces situations d'exposition, soit le fait de pouvoir consacrer plus de temps à ces dossiers comparativement aux autres dossiers, ou simplement d'accepter que ces dossiers exigent plus de temps :

> « Il faut que je voie l'enfant en contexte de situation avec son père, pis qu'est-ce qui fait que ça accroche, pis on fera un retour sur l'événement. Sauf que ce n'est pas toujours possible de le vérifier. Moi je me suis donné ce temps-là pour le vérifier ou le valider. » (110, EO)

> « Au départ, je m'enlignais sur autre chose, complètement. Je me suis donné le temps d'analyser la situation. Je me suis donné le temps de ne pas faire ça vite, vite, un autre dossier parce qu'on est plus capable de le voir, parce que c'est un dossier qu'on a hâte qu'il parte, effectivement. Je me suis donné le temps de bien comprendre la situation. » (106, EO)

La stabilité des intervenants impliqués dans les dossiers

Un intervenant souligne que son travail dans l'une des situations décrites a été grandement facilité par le fait qu'une autre intervenante était impliquée avec la famille depuis le début :

« L'éducatrice qui est dans le dossier, elle a toujours été la même depuis le début, fait que ça a été une belle stabilité et je pense qu'au niveau du père, ça a aidé. Il le dit en riant, mais, tu sais, "Vous me rendez mou. Je ne sais pas ce que vous faites, mais vous, quand vous parlez, je vous écoute". » (210, AM)

Le soutien professionnel et social

Cette catégorie de facteurs aidants peut être découpée en cinq sous-catégories, soit :

1. le recours au soutien professionnel en place pour les intervenants;
2. le soutien obtenu auprès de collègues plus expérimentés;
3. la disponibilité d'outils ou de protocoles d'intervention spécifiques;
4. le recours à certains services spécialisés à l'interne.

Le recours au soutien professionnel prévu

Plusieurs des intervenants ont souligné l'efficacité du soutien reçu, sur le plan professionnel ou plus personnel, de leur chef de service, de leur conseiller clinique et même de la personne agissant à titre de réviseur dans le dossier :

« J'en ai régulièrement parlé en supervision avec ma chef de service ou des fois avec certains collègues, pour ventiler. Parce que c'est un dossier qui me demande encore aujourd'hui de ventiler. » (101, ÉO)

« On a une relation de proximité avec les réviseurs, fait que quand ça ne fonctionne pas, c'est d'aller les voir, leur parler. C'est sûr que s'ils sont rendus réviseurs, ils ont beaucoup d'expérience aussi, fait que ça aide d'aller les voir. » (210, AM)

Le soutien des collègues plus expérimentés

Certains intervenants soulignent le soutien particulier que représentent les collègues ayant développé une expertise dans ce genre de dossier. D'autres indiquent combien la présence d'une telle expertise dans chaque équipe serait appréciée :

« Je vais en parler à des gens quand je pense qu'ils vont m'apporter quelque chose cliniquement. Parce que ce sont des dossiers qui sont tellement totchés que je pense qu'il y a au moins la moitié des intervenants qui ne pourraient pas être utiles. » (117, AM)

« Dans les équipes d'évaluation, il y a six alinéas et chaque individu, on se spécialise dans un groupe de développement, moi c'est le 38c. Alors il y a différents partenaires de chacune des équipes évaluation et là on peut partager des vignettes cliniques ou des dossiers, et on reçoit beaucoup de bagages, des lectures, des invités. » (110, ÉO)

Les outils ou les protocoles d'intervention spécifiques

Nombreux sont les participants ayant déploré par ailleurs l'absence d'outils, voire de protocoles d'intervention, spécifiques à ces situations. Cela les oblige souvent à chercher eux-mêmes des solutions possibles et à intervenir par « essais et erreurs » :

« Il pourrait y avoir des gens qui se penchent sur une espèce de grille comme le SSP. C'est comme un guide à la prise de décision pour statuer si c'est compromis ou non… Pas sur les MTP, c'est trop large, il faudrait que ce soit documenté par problématique. Pour susciter un peu les "Ah, je n'ai pas abordé ça, j'ai oublié cette partie-là". Souvent, c'est pour ça la grille. Parce que t'as beau avoir de l'expérience, dans ce genre de dossier, on est impuissants. » (110, EO)

> « On a un cadre d'intervention au niveau de la violence intrafamiliale. On a un cadre d'intervention de la conduite. On a un cadre santé mentale. Mais pour ça, on n'en a pas. Donc on est toujours un peu à "OK, ça rentre dans la violence intrafamiliale, on va aller chercher telle ou telle affaire". C'est beaucoup de recherche pis d'essayer de trouver de nouvelles stratégies. Avoir des éléments de référence, ça pourrait être intéressant. » (103, AM)

Le recours à certains services spécialisés à l'interne

Deux intervenants ont déploré l'absence de disponibilité, en temps opportun, de certains services spécialisés offerts par leur établissement, ou l'impossibilité d'y avoir recours pour certains motifs particuliers. C'est le cas tantôt d'un service *d'intervention rapide et intensive* (IRI), tantôt d'un service de médiation :

> « On se retrouvait en crise et bon, faute de ressources… IRI n'était pas disponible, ils avaient trop de demandes. Alors il fallait que je gère ces situations de crises. Parce que ça aurait été excellent ce service-là, IRI, pour ce genre de crises. » (110, ÉO)

> « Dû aux menaces de mort que chacun se reprochait, la Cour municipale avait émis un interdit de contact entre les parents, ce qui limitait aussi notre intervention. On ne pouvait pas essayer de travailler avec ces parents-là ensemble, ou les envoyer en médiation. » (101, AM)

Selon un autre intervenant, cependant, ce service de médiation ne constitue pas une panacée :

> « Les trucs de médiation, ils les ont tous essayés. Les règlements de conflits, la médiation, tout ça, ils ont déjà tout essayé ça. La communication, même par courriel, c'est atroce, ça s'envoie promener de part et d'autre en deux lignes. Le moindre geste du quotidien peut créer une tension ou un conflit, fait que c'est un peu difficile. » (106, ÉO)

Enfin, un autre intervenant souligne combien le recours à un interprète et même à un représentant du Comité des usagers de son établissement a permis de dénouer une impasse avec un parent :

> « Il était accompagné par une personne neutre qui était le Comité des usagers. En plus, Monsieur avait un interprète en tout temps, même s'il parlait bien français et qu'il comprenait. Il insistait pour qu'on le serve dans sa langue maternelle pis c'était correct. Donc il se sentait protégé parce que là, il y avait comme deux personnes qui l'accompagnaient. » (110, ÉO)

L'approche d'intervention

Plusieurs participants ont émis des recommandations quant à l'approche d'intervention requise pour travailler efficacement auprès des parents en conflits sévères de séparation. Ces commentaires concernent :

1. l'approche de médiation;
2. le soutien personnalisé aux parents;
3. la rigueur accrue dans l'intervention;
4. le fait de tabler sur les ordonnances émises par les tribunaux;
5. la nécessité de recadrer les parents autour du mandat des services de protection;
6. le fait d'assurer un cadre rigide à l'intervention.

L'approche de médiation

Selon l'avis de plusieurs, l'utilisation d'une approche centrée sur la médiation semble facilitante quand il faut faire face aux parents en conflit de séparation. Il s'agit ici non pas de recourir à un service de médiation formel, mais plutôt d'utiliser les principes et les techniques de médiation dans ses propres interventions :

> « On appelle ça de la médiation, de l'approche médiation. Je les ai rencontrés ensemble à plusieurs reprises dans différents lieux. À un moment donné, je suis même allée chez Tim Hortons. Je me suis dit "On va sortir du cadre du bureau pis on va aller dans autre chose". » (110)

> « L'approche médiation, c'est sûr que c'est aidant. Moi je travaille beaucoup dans cette optique-là. Je ne suis pas une puriste de l'approche médiation, mais je te dirais qu'instinctivement, je suis une personne qui aime la concertation. » (117)

> « Je sais qu'il y a des équipes qui interviennent avec l'approche de médiation. Je pense que dans un dossier comme ça, c'est le type d'intervention que ça prendrait aussi, parce que ça va décentrer de sur la souffrance de chacun pis recentrer sur les besoins. Donc ça aussi, ça aurait été aidant. » (103)

La rigueur accrue dans l'intervention

Une participante indique que s'il est toujours important dans son intervention d'assurer une rigueur, cette importance est plus grande encore dans les dossiers qui impliquent des parents en conflit de séparation :

> « Pour me protéger, j'ai toujours vérifié quand même. Même si mon intuition me le disait, je n'ai jamais pris pour acquis que chez Madame, tout est beau. J'ai toujours vérifié quand même parce qu'avec la dynamique de Monsieur, qui pouvait retontir avec n'importe quoi, il fallait aussi se protéger, comme pour dire "On ne prend pas de chance". » (101, AM)

Le fait de tabler sur les ordonnances des tribunaux

D'autres choisissent de tabler sur les ordonnances émises par les tribunaux, tant la Cour supérieure que le Tribunal de la jeunesse, en les utilisant même comme levier d'intervention. Ainsi, l'un de ces intervenants souligne que c'est la menace de placer l'enfant provenant d'un juge qui a permis de premières avancées dans l'intervention clinique :

> « Fait que ça a vraiment été, au début, que du recadrage, que de mettre des limites et de dire "Écoutez, notre position est la même que la Cour supérieure, c'est la garde partagée". » (103, AM)

> « C'est sûr que les rapports d'évaluation psychologique aussi peuvent nous pister. Mais c'est vraiment... d'y aller avec l'ordonnance. » (205, AM)

> « La juge a menacé et c'est écrit dans l'ordonnance qu'advenant le cas où les parents ne se mobiliseraient pas pour régler la situation de conflit, il faudra penser à un autre milieu pour le jeune. Et dans la dernière année, je dirais que ça a pas mal débloqué. Parce que les deux parents ont pris ça très au sérieux et se sont dit "Attends une minute, il n'est pas question que XXX soit placé, nous, on ne veut pas ça". » (101, AM)

Les recadrages des parents autour du mandat des services de protection

De l'avis de nombreux participants, les rapports professionnels avec les parents en conflit de sépara-tion exigent par ailleurs de nombreux recadrages autour du meilleur intérêt de l'enfant et plusieurs tentatives pour expliquer à nouveau le mandat des services de protection. L'intervention en protection vise d'abord à mettre fin à la situation de compromission et, dans ce type de situation, le travail auprès des parents doit viser leur capacité d'assumer leurs responsabilités parentales en coparentalité :

> « Moi c'est de ramener la mère en disant "Vous rendez-vous compte que vous appelez le direc-teur de la Protection de la jeunesse parce que dans le sac de transfert, Monsieur a oublié les bottines?" » (117, AM)

> « On a fermé. Là, les parents, la communication était rétablie... À un moment donné, c'est bien beau de vouloir aider les parents, mais notre mandat premier, c'est la protection des enfants. » (103, AM)

Le soutien personnel aux parents

Un autre intervenant tente volontairement de travailler d'abord les problèmes personnels que vivent ces parents, de manière à assurer ensuite leur pleine collaboration à l'intervention centrée sur l'enfant :

> « On essayait de rendre nos rencontres le plus agréables possible en les annexant à de l'uti-litaire, du genre, les transports. Quand on fait des rencontres dans l'auto, on discute aussi, autant qu'autour d'une table... Fait que c'est ça que je faisais pour essayer de faire adhérer la mère, essayer de faire des échanges pour la soulager dans la tâche parentale. » (113, AM)

La rigidité du cadre d'intervention

Enfin, quelques répondants ont souligné l'importance particulière de mener l'intervention auprès de ces parents dans un cadre très rigide :

> « Moi je pense qu'un dossier comme celui-là, en imposant un cadre un peu plus ferme, on pour-rait être plus efficaces pis arriver à la même conclusion un peu plus rapidement. » (103, AM)

> « On a dû faire, au départ, beaucoup, beaucoup de limites, d'encadrement, ça a été très res-trictif, je dirais. » (101, AM)

> « C'est une situation où on aurait pu être encore plus stricts, encore plus rigides. Dans le sens où, à un moment donné, il faut que ça cesse. » (205, AM)

> « Ce que je ferais autrement? Avec le genre de bonhomme qu'était le conjoint, qui prend tout de suite une attitude friendly, qui donne la main, mais qu'en même temps, quand t'es en ren-contre avec lui, qui Bang, qui cherche à te contrôler, ben à contrôler un peu le contenu. C'est peut-être ce bout là que je... j'aurais pu être plus confrontant moi aussi, plus directif dans les choses. » (204, ÉO)

Le recours aux services/expertises extérieurs

Plusieurs participants ont souligné le caractère aidant de divers services externes auxquels ils ont référé des parents en conflit de séparation. Ils réfèrent :

1. aux services spécialisés offerts par la Cour supérieure;
2. aux conférences de règlement à l'amiable offertes par le Tribunal de la jeunesse;
3. aux partenariats développés avec les CSSS et les hôpitaux.

Les services spécialisés offerts par la Cour supérieure

Certains participants ont jugé aidant le fait de pouvoir référer les parents à différents services spécialisés offerts dans les milieux juridiques, notamment les rencontres de coparentalité disponibles à la Cour supérieure :

> « J'étais allée aux rencontres de coparentalité au tribunal. Et tu sais, plus (+) les encourager à aller là. » (210, AM)

> « Les parents se sont présentés, sont allés faire des séances de coparentalité au Palais de justice. Ce sont quelques rencontres sur la coparentalité, pour savoir un peu les rôles de chacun après la séparation. » (101, AM)

La même instance offre également des rencontres de groupes pour les enfants de parents séparés, service appelé *Groupe Confidences*, qui semblent aussi avoir la faveur de plusieurs intervenants rencontrés.

> « Lui, il a eu le Groupe Confidences au Palais de justice, pour les enfants de parents séparés. Il a fait toutes les séances. Il est en attente, d'ailleurs, pour refaire ce groupe-là parce qu'une fois qu'il l'a fait, il voulait le refaire. Mais c'est tellement en demande que... » (101, AM)

> « On a des groupes pour enfant pis probablement que ça fera partie de mon orientation, qu'il puisse faire partie de ces groupes-là, pour avoir une place pour pouvoir discuter de ça, pour voir qu'il n'est pas tout seul au monde, que ça existe d'être pris dans ces situations-là, pis de pouvoir développer d'autres moyens parce que là j'ai l'impression qu'il s'intériorise. » (106, ÉO)

Les conférences de règlement à l'amiable

Le Tribunal de la jeunesse offre pour sa part depuis peu un service de Conférence de règlement à l'amiable (CAR) dont l'efficacité est soulignée par un participant :

> « La conciliation judiciaire, je pense que dans un conflit de séparation, c'est ce qu'il y a de plus enrichissant pour les parents. Parce qu'ils sont calmes, ils ne peuvent pas s'envoyer promener... Monsieur a pleuré, Madame a pleuré, c'est la place, c'est fait dans le respect. Fait que je trouve que c'est très aidant. » (211, ÉO)

Les partenariats avec les organismes extérieurs

Outre ces services offerts par les milieux juridiques, certains intervenants rencontrés ont recours également à plusieurs autres partenaires, notamment les milieux hospitaliers et les Centres de santé et de services sociaux.

> « Il y a eu également un suivi médical serré, on a relancé Sainte-Justine. Pour les dents, il y a eu un pédodontiste, Sainte-Justine pour les pieds. Donc on allait à Sainte-Justine régulièrement, tellement qu'ils pensaient que j'étais son amie à la mère, parce que c'est moi qui l'amenais. » (113, AM)

> « Madame a eu les services du CLSC, Monsieur, d'un psychoéducateur en privé, qu'il a encore d'ailleurs et qui a beaucoup aidé à tempérer les choses. Depuis qu'il a les services de son éducateur, Monsieur tolère mieux les délais, nous laisse des messages beaucoup plus adéquats. » (101, AM)

> « C'était très difficile parce que le père ne respectait rien, fait que finalement, ça a fait patate. Donc on s'est revirés de bord pis on a essayé de trouver des moyens de répit alternatifs via la communauté. » (113, AM)

12.5 Discussion

Très peu d'écrits sont disponibles dans la documentation scientifique concernant l'exposition des enfants aux conflits sévères entre leurs parents séparés si l'on exclut les écrits concernant plus spécifiquement la notion d'aliénation parentale. Il s'agit d'un concept né des réflexions parallèles de plusieurs comités réunissant des gestionnaires, des intervenants et certains chercheurs, dont la chercheure principale. La discussion suivante est principalement basée sur le bilan produit par le Groupe de réflexion sur l'aliénation parentale et l'exposition aux conflits sévères de séparation (Malo et Rivard, 2013).

Au-delà de ceux inhérents aux MTP en général, l'exposition des enfants aux conflits de séparation semble entraîner des défis particuliers pour les intervenants en protection. D'une part, très peu de ces parents séparés aux prises avec un conflit sévère qui perdure dans le temps reconnaissent les impacts possibles de leurs attitudes mutuellement dénigrantes sur le développement des enfants. Lorsqu'ils ne reconnaissent pas les impacts sur les enfants, les parents sont rarement disposés à accepter des mesures volontaires; il en résulte un recours plus probable au Tribunal de la jeunesse. Or, les parents typiquement impliqués dans ces situations ont souvent une longue expérience des poursuites mutuelles devant la Cour supérieure, voire même à la Cour criminelle. Ce sont généralement des parents ayant un discours articulé et une crédibilité propices à l'obtention des alliances qu'ils recherchent dans leur guerre ouverte contre l'autre parent. Les intervenants qu'ils croisent sur leur parcours (qu'il s'agisse ou non des intervenants en protection), tout comme leurs enfants, sont souvent utilisés comme un moyen parmi d'autres pour détruire la crédibilité ou démontrer l'incompétence parentale de l'autre. Nous n'estimons pas pour autant qu'il s'agisse de parents ayant nécessairement des intentions malveillantes. Souvent, ces parents n'ont pas réussi à faire le deuil de leur histoire commune ou de leur famille idéale, et sont aux prises avec des émotions négatives intenses, douloureuses et persistantes qui prennent le dessus sur leur capacité à reconnaître leurs propres torts, de même que les effets possibles de leur conflit « personnel » sur leur entourage et en particulier sur leurs enfants (Malo et Rivard, 2013).

Outre la difficulté à démontrer au Tribunal de la jeunesse la souffrance des enfants exposés à ce genre de conflit et les risques possibles pour leur développement, l'évaluation et l'orientation de ces situations sont sans cesse sujettes aux recommencements suite aux nombreuses allégations de nouvelle maltraitance. Dès que l'un de ces parents a le sentiment de perdre certains avantages devant les tribunaux, de nouvelles allégations sont effectuées, souvent pour négligence, abus physique ou abus sexuel, ce qui entraîne la nécessité d'évaluer les faits nouveaux. Très souvent, des mesures d'urgence doivent être prises pour couper, réduire ou assurer la supervision des contacts entre les enfants et le parent accusé, contrecarrant les ordonnances initiales qui tendent souvent vers une garde partagée. Il n'est donc pas rare que de telles situations stagnent à cette étape d'évaluation/orientation bien au-delà de la période de quelques mois prescrite dans la LPJ; certaines des situations rapportées dans la présente étude sont demeurées plus de deux ans à cette étape.

Lorsque de telles situations se rendent à l'étape de l'application des mesures, des défis semblables attendent aussi les intervenants. Tout comme leurs collègues les ayant précédés, les intervenants de l'application des mesures doivent composer avec les tentatives d'alliance et de manipulation, les tentatives de contrôle de l'intervention, les demandes persistantes pour servir de messager entre les parents dans leur gestion du quotidien, les mises en doute quant à leurs compétences professionnelles et personnelles, les plaintes récurrentes à leur encontre, etc. Bien qu'ils demeurent généralement au dossier lorsque de nouveaux faits sont signalés et qu'une nouvelle évaluation doit s'amorcer, les fausses allégations fréquentes compliquent aussi leur intervention et minent les progrès ayant pu s'amorcer, par exemple dans la capacité des parents à communiquer directement ou dans leur volonté de favoriser et de mieux répondre aux besoins de leurs enfants.

Étant donné la grande proportion des situations de MTP signalées ou prises en charge qui comportent des parents en conflits, la gestion des charges de cas devient aussi problématique. Plusieurs des intervenants rencontrés ont souligné le soutien démontré par leur chef de service, au plan professionnel et personnel, mais également dans la juste répartition de ces dossiers entre les intervenants de l'équipe. Mais cette répartition doit également tenir compte des forces de chacun. Clairement, les intervenants plus expérimentés, ceux qui connaissent et utilisent déjà une approche clinique axée sur la médiation, et ceux qui ont la possibilité de gérer des situations en unité d'intervention ou du moins en collaboration étroite avec un autre collègue semblent plus efficients à traiter ce genre de situations conflictuelles. D'autres au contraire, en viennent à douter eux-mêmes de leurs compétences ou se rendent jusqu'à l'épuisement professionnel, ce qui peut entraîner un changement d'intervenant contribuant aussi à allonger le processus menant à la fermeture du dossier.

L'ensemble des défis rencontrés par les intervenants devant ce type de situation et encore une fois, l'absence fréquente d'impact apparent chez les enfants qui y sont exposés expliquent en partie les nombreux questionnements quant au caractère approprié d'une intervention en protection plutôt qu'un autre type de soutien offert par d'autres établissements. Plusieurs intervenants rencontrés dans la présente étude, ou sur une base plus informelle par la chercheure principale rattachée au CJM-IU, considèrent que de tels conflits devraient se régler entièrement à la Cour supérieure plutôt qu'au Tribunal de la jeunesse, avec pour les parents, le soutien public ou privé de thérapeutes.

Par ailleurs, certaines pistes peuvent être dégagées des propos des participants quant aux façons de mieux les soutenir face aux nombreux défis que posent ces situations. Ainsi, presque tous les participants ont souligné le manque actuel d'outils ou de protocoles d'intervention spécifiques pour les informer et guider leur pratique. Le développement de tels outils devrait donc être une priorité tant pour les chercheurs que pour les gestionnaires. Plusieurs ont mentionné aussi la nécessité de consacrer plus de temps à ce type de dossier. Si le délai accordé aux intervenants pour l'évaluation des signalements est clairement stipulé dans la LPJ, les gestionnaires pourraient considérer alléger, même temporairement, les charges de cas des intervenants qui traitent plusieurs de ces dossiers. En outre, il convient de maximiser les sources de soutien professionnel et personnel offert à ces intervenants. Enfin, une formation plus systématique à l'approche de médiation pourrait également faciliter les interventions et favoriser leur efficacité.

Plus globalement, la présente analyse thématique permet de poser les premiers jalons vers une clarification du concept d'exposition des enfants aux conflits de séparation, par rapport à celui mieux connu d'aliénation parentale, notamment en documentant les caractéristiques des parents en conflits sévères de séparation et la mutualité de leurs conduites aliénantes.

Comme toute étude exploratoire, cette étude ne permet pas de tirer des conclusions assurées. Toutefois, les principaux défis et facteurs aidants identifiés ici correspondent aux réflexions des intervenants et gestionnaires rencontrés par la chercheure principale (Malo et Rivard, 2013). Bien que l'étude soit essentiellement qualitative et descriptive, les chercheurs ont mis en place les moyens requis pour assurer une analyse objectivée et méthodique, exhaustive et systématique, principales qualités requises pour toute analyse de contenu (L'Écuyer, 1990). De même, les procédures utilisées permettent de maximiser les probabilités d'assurer à ces données leur valeur de vérité, leur cohérence et leur neutralité et leur applicabilité qui, selon Lincoln et Guba (1985), remplacent dans les devis qualitatifs les notions de validité, de fidélité et de généralisabilité. Des études plus nombreuses et plus ciblées autour de l'exposition des enfants aux conflits sévères de séparation et comportant des devis variés sont maintenant requises, notamment pour approfondir et démontrer ce qui distingue ces situations des situations d'aliénation parentale, mais également pour identifier les impacts spécifiques de ce type de MTP.

12.6 Conclusion

L'intervention en protection, qu'il s'agisse de l'évaluation des signalements ou de l'application des mesures statuées, semble particulièrement difficile dans les dossiers impliquant une exposition des enfants aux conflits sévères entre leurs parents séparés. Plusieurs des défis identifiés touchent la relation parents/intervenant, alors que d'autres sont plus inhérents à la problématique elle-même. Étant donné l'incidence importante des signalements en protection qui impliquent une telle exposition, et compte tenu de l'ampleur des défis que ces situations soulèvent, il conviendrait de mieux outiller les intervenants, tant ceux de l'évaluation/orientation que ceux de l'application des mesures pour éviter les nombreux pièges et intervenir plus efficacement. Les facteurs jugés aidants identifiés ici peuvent donner des pistes en ce sens aux gestionnaires de ces services.

12.7 Remerciements

Les auteurs tiennent à remercier les intervenants participants à l'étude initiale pour leur grande disponibilité, leur intégrité et leur intérêt à discuter de leur pratique. Merci également aux responsables de la recherche, aux Directeurs de la protection de la jeunesse et aux Directeurs des services professionnels des 16 Centres jeunesse participants.

12.8 Financement et soutien

L'étude initiale a été rendue possible grâce au financement apprécié du Conseil de recherche en Sciences humaines du Canada.

Références

Ackner, S., Skeate, A., Patterson, P., Neal, A. (2013). Emotional abuse in psychosis: A recent review of the literature. *Journal of Aggression, Maltreatment & Trauma, 22*(9), 1032-1049.

Allen, B. (2011). Childhood psychological abuse and adult aggression: The mediating role of self-capacities. *Journal of Interpersonal Violence, 26*(10), 2093-2110.

Australian Government (2016). Child protection Australia 2014-2015. *Child Welfare Series No. 63.* Australian Institute of Health and Welfare.

Bailey, H. N., DeOliveira, C. A., Veitch Wolfe, V., Evans, E. M. et Hartwick, C. (2012). The impact of childhood maltreatment history on parenting: A comparison of maltreatment types and assessment methods. *Child Abuse & Neglect, 36*(5), 236-246.

Bardin, L. (1977). *L'analyse de contenu.* Paris, France : Presses universitaires de France.

Bifulco, A., Moran, P. M., Baines, R., Bunn, A. et Stanford, K. (2002). Exploring psychological history on parenting: II. Association with other abuse and adult clinical depression. *Bulletin of the Menninger Clinic, 66*(3), 241-258.

Claussen, A. H. et Crittenden, P. M. (1991). Physical and psychological maltreatment: Relations among types of maltreatment. *Child Abuse & Neglect, 15*(1-2), 5-18.

de la Vega, A., de la Osa, N., Ezpeleta, L., Granero, R. et Domènech, J. M. (2011). Differential effects of psychological maltreatment on children of mothers exposed to intimate partner violence. *Child Abuse & Neglect, 35*(7), 524-531.

Development and Psychopathology, special issue, 1991, *3*(1).

Egeland, B. (2009). Taking stock: Childhood emotional maltreatment and developmental psychopathology. *Child Abuse & Neglect, 33*(1), 22-26.

Egeland, B., Sroufe, L. A. et Erickson, M. (1983). The developmental consequences of different patterns of maltreatment. *Child Abuse & Neglect, 33*(1), 22-26.

Ellis, E.M. (2000). *Divorce Wars: Interventions with Families in Conflict.* Washington, DC: APA Books.

Evans, S. E., Steel, A. L. et DiLillo, D. (2013). Child maltreatment severity and adult trauma symptoms: Does perceived social support play a buffering role? *Child Abuse & Neglect, 37*(11), 934-943.

Finzi-Dottan, R. et Karu, T. (2006). From emotional abuse in childhood to psychopathology in adulthood: A path mediated by immature defence mechanisms and self-esteem. *Journal of Nervous and Mental Disease, 194*(8), 616-621.

Gagné, M. H. et Lachanche, V. (2014). *Trousse de soutien à l'évaluation du risque d'aliénation parentale.* Québec, QC : Chaire de partenariat en prévention de la maltraitance, ARUC, Université Laval.

Gagné, M. H., Melançon, C. et Malo, C. (2009). Prévention et traitement en matière de mauvais traitements psychologiques envers les enfants. Dans M. E. Clément et S. Dufour (dir.), *La violence à l'égard de enfants en milieu familial* (p. 63-77). Montréal, QC : Éditions CEC.

Gardner, R. A. (2002). Parental alienation syndrome vs parental alienation: Which diagnosis evaluators should use in child custody disputes? *American Journal of Family Therapy, 30*(2), 93-115.

Gardner, R. A. (1985). Recent trends in divorce and custody litigation. *The Academic Forum, 29*(2), 3-7.

Garrison, D. R., Cleveland-Innes, M., Koole, M. et Kappelman, J. (2006). Revisiting methodological issues in transcript analysis: Negotiated coding and reliability. *Internet and Higher Education, 9*(1), 1-8.

Gibb, B. E. et Abela, J. R. Z. (2008). Emotional abuse, verbal victimization, and the development of children's negative inferential styles and depressive symptoms. *Cognitive Therapy and Research, 32*(2), 161-176.

Gibb, B. E., Chelminski, I. et Zimmerman, M. (2007). Childhood emotional, physical, and sexual abuse, and diagnoses of depressive and anxiety disorders in adult psychiatric outpatients. *Depression and Anxiety, 24*(4), 256-263.

Glaser, D. (2011). How to deal with emotional abuse and neglect – Further development of a conceptual framework (FRAMEA). *Child Abuse & Neglect, 35*(10), 866-875.

Gouvernement du Québec (2010). *Manuel de référence sur la protection de la jeunesse.*

Gouvernement du Québec (2010b). *Loi sur la protection de la jeunesse.* Québec, QC : Bibliothèque et archives nationales du Québec.

Hart, S. N., Binggeli, N. J. et Brassard, M. R. (1998). Evidence for the effects of psychological maltreatment. *Journal of Emotional Abuse, 1*(1), 27-58.

Hart, S. N. et Brassard, M. R. (1987). A major threat to children's mental health: Psychological maltreatment. *American Psychologist, 42*(2), 160-165.

Hélie, S., Collin-Vézina, D., Trocmé, N., Turcotte, D. et Girouard, N. (2017). *Étude d'incidence québécoise sur les signalements évalués en protection de la jeunesse en 2014 (ÉIQ-2014).* Rapport final déposé à la Direction des jeunes et des familles du Ministère de la Santé et des Services sociaux. Montréal, QC : Institut universitaire sur les Jeunes en difficulté, Centre intégré universitaire de santé et services sociaux-Centre sud de l'Île-de-Montréal. Repéré à http://centrejeunessedemontreal.qc.ca/recherche/PDF/Publications/Rapport/RapportFinal_EIQ2014.pdf

Iwaniec, D., Larkin, E. et Higgins, S. (2006). Research review: Risk and resilience in cases of emotional abuse. *Child and Family Social Work, 11*(1), 73-82.

Jaffe, P. G., Johnston, J. R., Crooks, C. V. et Bala, N. (2008). Custody disputes involving allegations of domestic violence: Toward a differentiated approach to parenting plans. *Family Court Review, 46*(3), 500-522.

Keable, P. (2009). *Quelques repères autour de la notion de cellule d'intervention.* Montréal, QC : Centre jeunesse de Montréal – Institut universitaire.

Kelly, J. B. et Johnston, J. R. (2001). The alienated child: A reformulation of parental alienation syndrome. *Family Court Review, 39*(3), 249-266.

Kent, A. et Waller, G. (2000). Childhood emotional abuse and eating psychopathology. *Clinical Psychology Review, 20*(7), 887-903.

Lafontaine, I., Malo, C. et Moreau, J. (2012). Où en sommes-nous avec l'aliénation parentale? *Défi jeunesse, XVIII,* (2), 19-24.

Lapierre, S. et Côté, I. (2016). Abused women and the threat of parental alienation: Shelter workers' perspectives. *Children and Youth services review, 65,* 120–126.

L'Écuyer, R. (1990). *Méthodologie de l'analyse développementale de contenu. Méthode GPS et concept de soi.* Québec, QC : Presses de l'Université du Québec.

Lincoln, Y. S. et Guba, E. G. (1985). *Naturalistic Inquiry.* Beverly Hills, CA : Sage.

Malo, C. (2007). Les mauvais traitements psychologiques envers les enfants, pourquoi et comment en tenir compte dans la pratique en centre jeunesse. *Revue de psychoéducation, 36*(2), 341-352.

Malo, C. (1995). Vivre en famille monoparentale aujourd'hui. Mise au point sur les effets négatifs du divorce parental après plusieurs décennies de recherches empiriques. *PRISME, 35*(2), 226-242.

Malo, C., Moreau, J., Hélie, S. et Lavergne, C. (2015). *Les mauvais traitements psychologiques envers les enfants québécois, 2007-2010.* Rapport de recherche. Montréal, QC : Centre de recherche Jeunes en difficulté, CIUSSS-CSIM.

Malo, C. et Rivard, D. (2013). Aliénation parentale et exposition aux conflits sévères de séparation. Où en sommes-nous? Montréal, QC : Groupe de réflexion sur l'aliénation parentale et les conflits sévères de séparation, Centre d'expertise sur la maltraitance et Centre de recherche du CJM-IU.

McIntosh, J. (2003). Enduring conflict in parental separation: Pathways of impact on child development. *Journal of Family Studies, 9*(1), 63-80.

Miller, A. B., Esposito-Smythes, C., Weismoore, J. T. et Renshaw, K. D. (2013). The relation between child maltreatment and adolescent suicidal behavior: A systematic review and critical examination of the literature. *Clinical Child and Family Psychology Review, 16*(2), 146-172.

O'Dougherty Wright, M. (2007). The long-term impact of emotional abuse in childhood: Identifying mediating and moderating processes. *Journal of Emotional Abuse, 7*(2), 1-8.

QSR International. (2012). *NVivo qualitative data analysis software* (Version 10) [Logiciel] Doncaster, Australie: QSR International. Repéré à http://www.qsrinternational.com/

Shapero, B. G., Black, S. K., Liu, R. T., Klugman, J., Bender, R. E., Abramson, L. Y. et Alloy, L. B. (2014). Stressful life events and depression symptoms: The effect of childhood emotional abuse on stress reactivity. *Journal of Clinical Psychology, 70*(3), 209-223.

Solomon, C. R. et Serres, F. (1999). Effects of parental verbal aggression on children's self-esteem and school marks. *Child Abuse & Neglect, 23*(4), 339-351.

Trickett, P. K., Mennen, F. E., Kim, K. et Sang, J. (2009). Emotional abuse in a sample of multiply maltreated, urban young adolescents: Issues of definition and identification. *Child Abuse & Neglect, 33*(1), 27-35.

Trocmé, N., Fallon, B., MacLaurin, B., Chamberland, C., Chabot, M. et Esposito, T. (2011). Shifting definitions of emotional maltreatment: An analysis child welfare investigation laws and practices in Canada. *Child Abuse & Neglect, 35*(10), 831-840.

Trocmé, N., Fallon, B., MacLaurin, B., Sinha, V., Black, T., Fast, E., ... Holroyd, J. (2010). *Canadian Incidence Study of Reported Child Abuse and Neglect – 2008: Major Findings*. Ottawa, ON: Public Health Agency of Canada.

U.S. Department of Health & Human Services, Administration for Children and Families, Administration on Children, Youth and Families, Children's Bureau (2016). *Child Maltreatment 2014*.

Wolfe, D. A. et McIsaac, C. (2010). *Distinguishing between poor/dysfunctional parenting and emotional maltreatment*. Ottawa, ON: Public Health Agency of Canada.

Yates, T. M. (2007). The developmental consequences of child emotional abuse: A neurodevelopmental perspective. *Journal of Emotional Abuse, 7*(2), 19-34.

Zurbriggen, E. L., Gobin, R. L. et Freyd, J. J. (2010). Childhood emotional abuse predicts late adolescent sexual aggression perpetration and victimization. *Journal of Aggression, Maltreatment & Trauma, 19*(2), 204-223.

13 | Expériences des familles recevant des services au *Rond-point*, un Centre d'expertise périnatal et familial de toxicomanie

Catherine Béland
École de psychoéducation, Université de Montréal

Sarah Dufour
École de psychoéducation, Université de Montréal

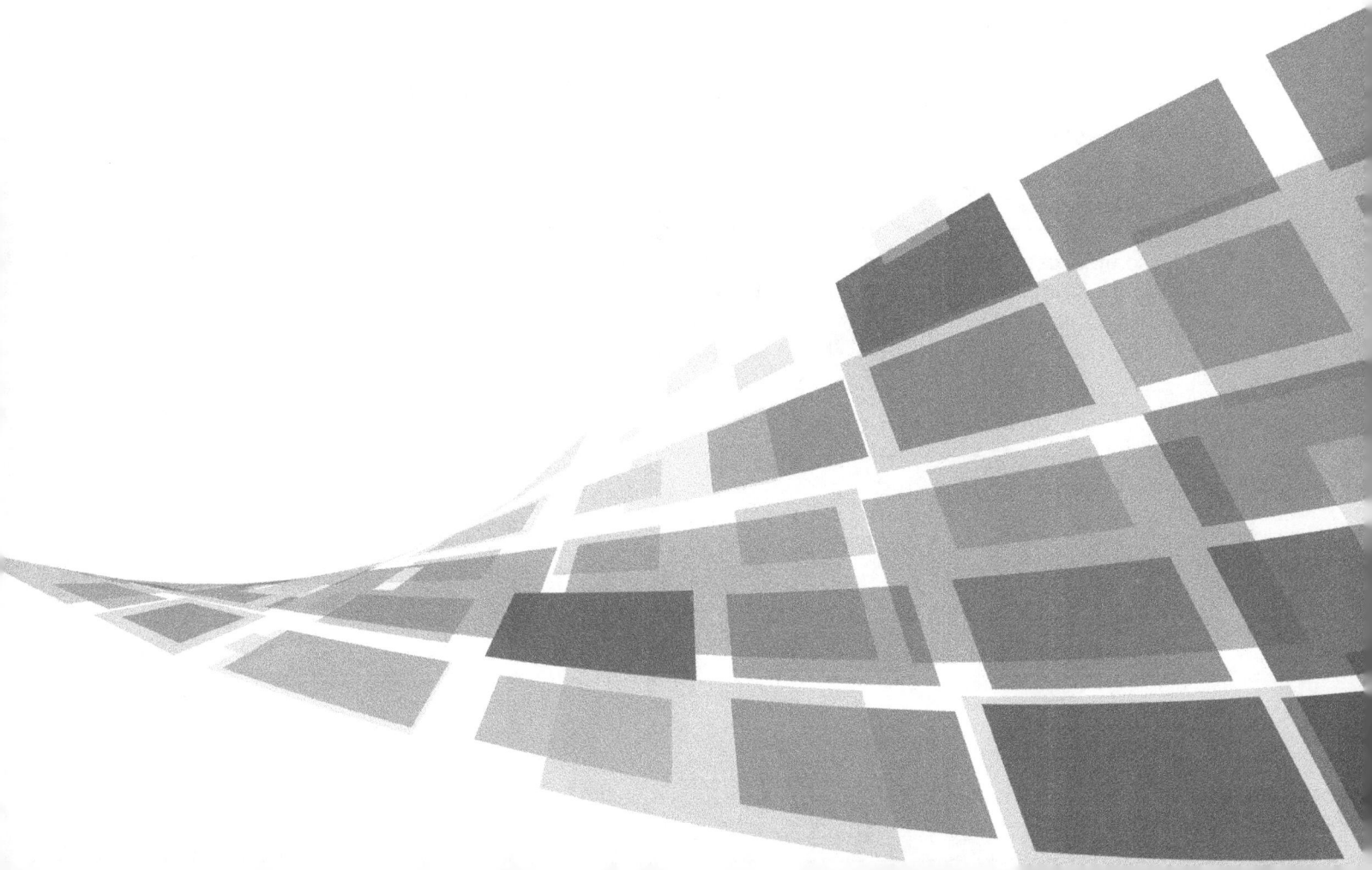

Résumé

Contexte

Le *Rond-point*, un Centre d'expertise périnatal et familial de toxicomanie à Montréal, offre des services intégrés pour les parents consommateurs et leurs enfants âgés de cinq ans et moins depuis janvier 2014.

Objectif

La présente recherche s'inscrit dans le cadre d'une évaluation d'implantation plus large. Son objectif est de décrire, de manière systématique et détaillée, l'expérience des premières familles ayant bénéficié des services du *Rond-point*.

Méthode

L'étude de cas multiples est l'approche qualitative privilégiée dans cette recherche. Neuf familles constituent l'échantillon, chaque famille étant un cas qui contribue à décrire et expliquer l'implantation du *Rond-point*. Les parents et leurs intervenants ont exprimé leurs perceptions sur les services reçus et la nature de leur expérience, à deux moments de la collecte des données. Des analyses intra-cas et inter-cas ont été utilisées en employant les stratégies de triangulation des données et d'analyse thématique.

Résultats

Trois profils d'expériences familiales émergent selon les caractéristiques des usagères, la nature de leur expérience et les effets perçus de leur participation au *Rond-point*. Globalement, l'ensemble des familles apprécie le *Rond-point*, bien qu'elles souhaiteraient davantage de services, offerts sur une base plus régulière et mieux structurée.

Conclusion

En somme, cette étude souligne la diversité des expériences des familles recevant les services et propose des recommandations pour améliorer le *Rond-point*.

Mots-clés

Parents consommateurs, évaluation d'implantation, services intégrés en toxicomanie.

Recommandations cliniques issues de l'étude

- Les défis de l'implantation du programme le *Rond-point* mettent en évidence l'importance de bien organiser et structurer l'intervention clinique en tenant compte des composantes de la structure d'ensemble psychoéducative de Gendreau.

- Il est recommandé d'offrir des services plus intenses, mieux structurés et offerts sur une base plus régulière aux familles où il y a un parent qui consomme drogue ou alcool.

- Les familles vivant dans des conditions de vie socioéconomiques précaires et où les parents présentent non seulement une consommation problématique mais aussi d'autres problèmes de santé mentale ont besoin de services plus vastes incluant des soins adaptés.

- Une approche compréhensive des familles, comme la réduction des méfaits, permet d'augmenter le niveau d'engagement des familles.

Questions pédagogiques

- Quels sont les défis et les avantages de la multidisciplinarité et du travail inter-établissements qui sont de plus en plus encouragés dans les milieux de pratique?

- En quoi consiste l'approche de la réduction des méfaits de la consommation parentale?

- Quelle est la différence entre l'analyse intra-cas et l'analyse inter-cas?

13.1 Introduction

La consommation maternelle de substances psychoactives (SPA) ainsi que ses conséquences (par exemple, retard de croissance intra-utérin et de développement, syndrome d'alcoolisme fœtal, compétences parentales négligentes) pendant la grossesse sont d'ores et déjà bien connues. C'est ainsi qu'un projet novateur a enfin pris son essor à Montréal, en janvier 2014, après plusieurs années de réflexion par les professionnels du milieu : le Centre d'expertise périnatal et familial de toxicomanie le *Rond-point*. Cette initiative vise à offrir des services intégrés pour les femmes enceintes et les parents qui ont une consommation problématique de SPA, ainsi qu'à leurs enfants de cinq ans et moins.

13.1.1 État des connaissances

Consommation parentale problématique

Dans le présent chapitre, le terme « consommation parentale problématique » sera utilisé afin de désigner toute consommation inadéquate d'une substance qu'il s'agisse d'alcool ou de drogues. La consommation répétée d'une substance altérant le fonctionnement des tâches quotidiennes, dans des moments inappropriés, dans des situations dangereuses ou ayant des répercussions dans les sphères interpersonnelles et sociales est aussi considérée comme une consommation inadéquate (Straussner, 2011).

Ampleur de la consommation parentale problématique

La consommation parentale problématique est un phénomène majeur en santé publique, considérant les différentes conséquences sur les plans de la santé et du bien-être pour l'ensemble des membres de l'unité familiale. En 2009, selon l'Agence de la santé publique du Canada, 10,5% des femmes ont affirmé avoir consommé de l'alcool pendant leur grossesse, et ce, à des degrés variant entre peu fréquemment et fréquemment. De plus, 1 % des femmes ont mentionné avoir consommé des drogues alors qu'elles se savaient enceintes. Les données disponibles au Québec concernent les situations signalées à la protection de la jeunesse et celles où le parent reçoit de l'aide pour une problématique de dépendance (Lavergne, Morissette, Dionne et Dessureault, 2009). Parmi les signalements fondés en maltraitance, 12 % des parents ont un problème de consommation d'alcool au Québec tandis qu'au Canada, cela concerne 21 % d'entre eux (Agence de la santé publique du Canada, 2010; Hélie, Turcotte, Trocmé et Tourigny, 2012). Toujours parmi les signalements fondés en maltraitance, 17 % des parents sont aux prises avec une consommation abusive de drogues tant au Québec qu'au Canada (Agence de la santé publique du Canada, 2010; Hélie et al., 2012). Selon Bertrand, Allard, Ménard et Nadeau (2007). Selon Bertrand, Allard, Ménard et Nadeau (2007), 38 % de la clientèle adulte dans les services d'aide pour consommateurs sont parents d'enfants mineurs. En somme, ces statistiques témoignent d'un phénomène auquel il faut porter une attention particulière.

La grossesse constitue un moment clé pour la création d'un lien de confiance entre les futures mères et l'équipe soignante. Ces femmes consommatrices sont souvent méfiantes et réticentes à aller chercher de l'aide, par peur d'une référence systématique à la protection de la jeunesse ou que leur nouveau-né soit placé, ou à cause des attitudes et des préjugés défavorables de la part du personnel soignant (Lavergne et Morissette, 2012; Morissette et al., 2007). Si, d'une part, la grossesse peut être une source motivationnelle de changement en regard de leur consommation, pour certaines futures mères, cette période peut, d'autre part, être propice aux rechutes ou à l'augmentation de la consommation, causées notamment par le stress lié à la parentalité imminente (Bertrand et al., 2007; Brady, Visscher, Feder et Burns, 2003; Guyon, De Konink, Morissette, Ostoj et Marsh, 2002). La continuité de la consommation pendant la grossesse peut s'expliquer par un nombre élevé de grossesses antérieures, le manque d'accessibilité aux soins prénataux et un entourage de personnes consommatrices (Derauf et al., 2007).

Conséquences de la consommation parentale problématique

La consommation parentale problématique engendre différentes conséquences. D'abord, au regard des difficultés liées aux compétences parentales, des liens entre la consommation et la maltraitance sont nettement établis (Clément et Tourigny, 1999a; Magura et Laudet, 1996). Ensuite, différentes conséquences sont observées chez les enfants, car la consommation de SPA menace un développement intra-utérin sain. Notons, entre autres, des symptômes liés aux troubles causés par l'alcoolisation fœtale, aux retards de croissances intra-utérins, des bébés de faible poids, des naissances prématurées, de l'irritabilité ainsi que des problèmes de développement et de comportement (Agence de la santé publique du Canada, 2009; Bertrand et al., 2007; Clément et Tourigny, 1999a; Lecompte, Perreault, Venne et Lavandier, 2002). Ceci est sans compter les effets à plus long terme sur le développement de l'enfant, comme les troubles de l'attention et du sommeil et les retards sur le plan moteur, cognitif ou langagier (Agence de la santé publique du Canada, 2009; Bertrand et al., 2007; Clément et Tourigny, 1999a; Lecompte et al., 2002). Ces divers problèmes peuvent persister et se complexifier plus l'enfant vieillit. Son développement peut être affecté à long terme parfois même jusqu'à l'âge adulte (Agence de la santé publique du Canada, 2009; Bertrand et al., 2007; Clément et Tourigny, 1999a; Lecompte et al., 2002).

Interventions destinées aux parents consommateurs

La clientèle des femmes enceintes et des nouvelles mères consommatrices de SPA est devenue un des groupes prioritaires auprès de qui il faut agir (Lavergne et Morissette, 2012). Parmi les dernières recommandations émises à ce sujet par le Gouvernement (2006, 2008), l'accent est mis sur la prestation de services adaptés pour les femmes enceintes ayant un problème de consommation, aux besoins de leurs enfants exposés in utéro aux SPA, ainsi qu'à leur famille. Ces services visent à leur offrir une complémentarité entre les différentes ressources disponibles, mais aussi à adapter la prestation des services en fonction de leurs besoins. Ce type de services facilite l'engagement et la persévérance dans le traitement, en vue de réduire les méfaits liés à la consommation (Gouvernement du Québec, 2008).

Différents programmes visant à réduire les méfaits de la consommation parentale problématique sont implantés tant au Québec qu'ailleurs au Canada. Ces programmes visent spécifiquement les parents d'enfants d'âge préscolaire. Particulièrement, au Québec, depuis les années 1990, le programme *JESSIE* (Clément et Tourigny, 1999b) est instauré pour les parents consommateurs ayant un enfant de cinq ans et moins dont la sécurité ou le développement est compromis. Il offre des services d'intervention multidisciplinaire provenant des établissements du Centre jeunesse de Montréal – Institut universitaire (CJM-IU) et du Centre Dollard-Cormier, spécialisé en dépendances (Clément et Tourigny, 1999b). *JESSIE* vise à assurer la sécurité et le développement de l'enfant en mobilisant le parent à mettre en place les solutions permettant de réduire les méfaits de la consommation problématique sur sa parentalité (Bélanger, 2013; Charbonneau et al., 2008). Un programme similaire, *Jeunes-Parents*, a été implanté en 2008 dans la région de Québec. Celui-ci vise à modifier les comportements des parents par la collaboration avec le Centre jeunesse de Québec-Institut universitaire et le Centre de réadaptation en dépendance de Québec, permettant ainsi d'assurer le bien-être des enfants (Ferland, Blanchette-Martin, Pelletier, Jacques et Gagnon, 2013). Le programme *Main dans la main* constitue quant à lui un projet novateur auprès des mères consommatrices, leurs partenaires et l'enfant à naître. Il vise une collaboration prénatale entre les professionnels d'un centre hospitalier, de la protection de la jeunesse et des parents consommateurs pour améliorer leurs capacités parentales, assurer la protection des enfants à naître et soutenir les parents dès la grossesse afin d'éviter un placement (Lavergne et Morissette, 2012; Lavergne, Turcotte et Morissette, 2015; Morissette et al., 2007).

Le *Rond-point*, tout comme le programme *HerWay Home*, à Victoria, qui vise à réduire les méfaits de la consommation problématique en contexte de parentalité (Benoit et al., 2014), s'inspire de deux programmes canadiens : *Breaking the cycle* (Canadian Mothercraft Society, 2016; Motz, Leslie, Pepler, Moore et Freeman, 2006), à Toronto et *Sheway* (Marshall, Charles, Hare, Ponzetti et Stockl, 2005), à Vancouver. *Breaking the cycle* est un programme préventif et d'intervention précoce pour réduire les risques liés à la consommation parentale problématique et pour améliorer le développement des enfants par l'entremise d'un modèle d'intervention interdisciplinaire (Canadian Mothercraft Society, 2016). Quant à *Sheway*, il vise à ce que les futures mères consommatrices vivent une grossesse en santé et qu'elles aient une expérience positive dans l'exercice de leur rôle parental (Poole, 2000). Ces programmes offrent, en plus de services liés aux problèmes de toxicomanie, des services d'obstétrique, de gynécologie, de pédiatrie, de soins infirmiers et nutritionnels et de l'aide psychologique dans un lieu unique (Dell et Roberts, 2005; Poole, 2000).

Ces interventions sont cohérentes avec les constats de la majorité des auteurs dans le domaine, qui s'entendent sur le fait qu'une prestation de services diversifiée, multidimensionnelle, multidisciplinaire et en partenariat avec les organismes de la communauté, non seulement pendant la grossesse, mais également pendant la transition vers la parentalité, est nécessaire, voire efficace pour cette clientèle (Davie-Gray, Moor, Spencer et Woodward, 2013; Lavergne et al., 2015; Lecompte et al., 2002; Niccols et al., 2012). Des services intégrés ont démontré des effets non seulement chez les mères consommatrices et leurs partenaires, mais aussi sur le développement des enfants à court et long termes (Niccols et al., 2012; Ordean et Kahan, 2011). Selon Lavergne et al. (2015), le fait d'adapter l'intervention en fonction des besoins de la mère et de travailler en contexte interprofessionnel favorise l'engagement des futures et nouvelles mères dans leur processus de changement. Lorsqu'elles intègrent les services tôt en grossesse, on observe différents bénéfices tant pour la mère que sur le développement du bébé. Par exemple, on note une diminution de la consommation parentale problématique et un maintien de l'enfant dans son milieu de vie, un poids plus élevé à la naissance, une réduction des troubles postnataux et de la durée de séjour à l'hôpital après la naissance (Lavergne et al., 2015; Motz et al., 2006).

Rond-point, un Centre d'expertise périnatal et familial de toxicomanie

Bien qu'il existe divers programmes visant la consommation parentale problématique de drogues ou d'alcool ailleurs au pays, aucune offre de services intégrés dans un lieu unique permettant à la fois d'offrir des soins infirmiers et nutritionnels, des services d'obstétriques et de pédiatrie ainsi que du soutien psychologique n'était offerte dans la grande région de Montréal. C'est ainsi que des professionnels du milieu interpellés par cette problématique se sont inspirés des programmes déjà existants tels que *Sheway* et *Breaking the cycle* pour la mise sur pied du *Rond-point*. Ce Centre d'expertise périnatal et familial de toxicomanie accueille une clientèle volontaire de femmes enceintes, de parents consommateurs ainsi que leurs enfants âgés de cinq ans et moins à raison d'une journée et demie par semaine. Dix organisations des réseaux public et communautaire dans le secteur de la santé et des services sociaux collaborent dans ce projet. Ces différents partenaires soutiennent l'initiative par des prêts de ressources humaines, financières ou matérielles. Par exemple, les professionnels qui interviennent au *Rond-point*, tels qu'infirmière, travailleuse sociale, intervenante psychosociale et médecin, sont libérés par les organisations partenaires. Jusqu'à présent, aucun psychoéducateur ne fait partie des professionnels travaillant au *Rond-point*.

L'approche d'intervention partagée par l'ensemble de ces professionnels est la réduction des méfaits. Les actions du *Rond-point* visent quatre cibles : les enfants, les individus en tant qu'adultes, les compétences parentales et la famille. La plupart des services visent les individus en tant qu'adultes par l'intermédiaire d'activités de yoga, d'arts et de suivis psychosociaux et de santé. De plus, en ce qui concerne la famille comme cible, un dîner communautaire par semaine est organisé. Toutefois, à ce jour, peu de services sont offerts aux enfants, outre des suivis de santé physique, ou permettent de développer les compétences parentales, tels que des groupes visant le développement des habiletés parentales. Les activités et services visent des changements à court, moyen et long termes sur les diverses cibles d'action. Par exemple, on vise à diminuer les complications à la naissance chez les bébés (court terme) et les signalements à la protection de la jeunesse (long terme). Les actions devraient aider les adultes de diverses manières, comme la création d'un lien de confiance avec des intervenants (court terme) et l'amélioration du fonctionnement social (long terme). Les compétences parentales devraient s'améliorer en favorisant l'attachement parent-enfant (court terme) et en diminuant le stress parental (moyen terme). Enfin, les effets sur la famille se traduisent par des changements tels la réponse aux besoins de base de l'enfant (court terme). La plausibilité théorique et pratique des liens entre les actions entreprises et les changements attendus reste cependant à étayer.

La présente étude s'inscrit dans le cadre de la première évaluation d'implantation du Rond-point. L'***évaluation de programme*** est une démarche structurée et systématique en vue d'apporter un éclairage, faciliter le jugement et prendre une décision au regard de la valeur d'un programme (Direction de la santé publique de Montréal-Centre, 1998; Fitzpatrick, 2012; Patton, 2001; Ridde et Dagenais, 2012; Rossi, Lipsey et Freeman, 2004). Lors de l'implantation de nouveaux programmes ou de l'introduction de pratiques d'intervention novatrices comme Rond-point, l'évaluation est utile dès le début des activités afin d'ajuster, améliorer et réorienter les actions au besoin (Direction de la santé publique de Montréal-Centre, 1998; Fitzpatrick, 2012; Patton, 2001; Ridde et Dagenais, 2012; Rossi et al., 2004). L'évaluation permet de documenter différents aspects, dont la clientèle rejointe, les interventions offertes, les changements perçus et les appréciations du programme (Patton, 2001; Ridde et Dagenais, 2012). Les psychoéducateurs sont habiletés pour planifier et réaliser l'évaluation des programmes psychosociaux. Ceci contribue au développement d'une pratique rigoureuse et réflexive, en permettant une amélioration continue des interventions et en vérifiant leur efficacité (Ordre des psychoéducateurs et psychoéducatrices du Québec, 2014). L'évaluation de programmes permet de mieux soutenir les individus auprès de qui on intervient et d'utiliser les meilleures pratiques. La psychoéducation, comme d'autres disciplines psychosociales, valorise en effet de plus en plus les pratiques basées sur des données probantes. Bref, pour reprendre les propos de Bégin et Bluteau (2014) :

> *Tout indique que le psychoéducateur, en raison de ses compétences professionnelles, est un élément clé dans une organisation pour favoriser le développement ou l'implantation d'un projet d'innovation sociale. [...] Il est un acteur important pour favoriser des changements dans les pratiques et les mœurs à l'intérieur des milieux d'intervention. (p. 19)*

Objectif de recherche

Le premier volet de l'évaluation d'implantation du *Rond-point* visait à décrire le modèle logique, c'est-à-dire à illustrer ses différentes composantes. L'objectif de l'actuelle recherche est de documenter, de manière systématique et détaillée, l'expérience des premières familles à bénéficier de ses services. Plus précisément, elle vise à :

- décrire les familles qui fréquentent le *Rond-point* (par exemple, qui sont-elles?, portrait de leur consommation, potentiel de changement, parentalité en contexte de consommation);

- décrire les services reçus par les familles et les effets perçus;

- documenter l'appréciation des familles à l'égard du *Rond-point* (par exemple, que pensent les familles de ce projet novateur).

La recherche repose sur une approche qualitative de type étude de cas multiples, où chaque famille qui fréquente le *Rond-point* constitue un cas. Cette approche méthodologique est pertinente dans les études évaluatives; elle permet de documenter et d'analyser l'implantation du programme mis en place selon plusieurs sources (Dahl, Larivière et Corbière, 2014; Patton, 2001; Yin et Ridde, 2012). Dans la présente recherche, l'approche qualitative permet de bien saisir l'expérience vécue par les principaux acteurs en lien avec la prestation de services (Boeije, 2010); chaque cas contribue à décrire et expliquer l'implantation du *Rond-point*. Selon Yin et Ridde (2012), « une étude de cas effectuée durant la première année de la mise en œuvre peut fournir des informations qui seront utiles pour une éventuelle rétroaction » (p. 182).

13.2 Méthode

13.2.1 Échantillon

Caractéristiques de l'échantillon

L'échantillon se compose de neuf cas familiaux. Pour ces cas à l'étude, neuf usagères, un conjoint et six intervenants constituent les répondants. Plus spécifiquement au temps 1, neuf mères ont été rencontrées, tandis qu'au temps 2, ce sont sept mères, six intervenants et un conjoint qui l'ont été. Au moment de la première rencontre individuelle, l'âge moyen des usagères est de 31 ans (étendue : 30 à 34 ans). Elles sont toutes nées au Canada. Deux d'entre elles ont l'anglais comme langue maternelle, bien qu'elles comprennent bien le français. Toutes ces usagères adhèrent à un programme de substitution aux opiacés (PSO) (par exemple, méthadone, suboxone). Six usagères ont déjà un ou deux enfants, tandis que les trois autres sont enceintes. Trois mères vivent avec le père de l'enfant, les six autres sont monoparentales. Elles sont toutes des mères au foyer. Quatre familles résident dans un appartement supervisé pour des personnes qui suivent un PSO. Quant aux intervenants, ils proviennent des organisations communautaires ou publiques en santé et services sociaux impliqués au *Rond-point*. Le profil de ces répondants n'est pas présenté de façon plus détaillée afin d'éviter qu'ils soient identifiables. Aussi, afin de protéger leur anonymat, le terme « intervenant » est utilisé pour désigner toutes les personnes qui, dans le cadre de leurs fonctions, interviennent auprès des familles.

Échantillonnage et recrutement des participants

L'échantillon de convenance est composé de familles qui reçoivent des services du *Rond-point* et d'un de leurs intervenants. En effet, les participants ont été choisis parce qu'ils étaient disponibles et intéressés à participer à la recherche (Yin, 2011).

Les étapes du recrutement sont les suivantes. Une rencontre avec les intervenants du *Rond-point* a initialement eu lieu en novembre 2014 pour leur présenter la recherche et la procédure de recrutement. Par la suite, ces intervenants devaient faire une première approche avec les usagères en leur expliquant la recherche et en quoi leur opinion servira à l'amélioration des services du *Rond-point*. Entre autres, ils devaient informer les usagères qu'il y aurait deux rencontres individuelles permettant notamment de documenter leur expérience au *Rond-point*. L'usagère intéressée remplissait, avec l'intervenant, un formulaire d'enregistrement à la recherche visant à autoriser la transmission de ses coordonnées pour la rejoindre. Celui-ci était transmis par courriel à la première auteure. Celle-ci contactait ensuite l'usagère par téléphone pour lui expliquer la recherche et planifier une rencontre si elle acceptait de participer. Quand l'usagère n'avait pas de téléphone, l'intervenant planifiait une rencontre entre la chercheuse et celle-ci. Le recrutement des conjoints et des intervenants se réalisait après la première rencontre avec l'usagère. Cette dernière devait donner son autorisation, transmettre les coordonnées du conjoint et indiquer les intervenants impliqués auprès de sa famille. Pour constituer l'échantillon des intervenants, le recours à la stratégie dite, « boule de neige » a été combinée à celle par quotas (Ouellet et Saint-Jacques, 2000). Un intervenant par famille était sollicité parmi les personnes identifiées par la répondante. Afin d'assurer une diversité d'expériences, les intervenants sélectionnés provenaient des différentes organisations impliquées au *Rond-point*.

La fenêtre de recrutement des usagères s'est déroulée sur une période de six mois, soit de janvier à juin 2015, tandis que celle des conjoints et des intervenants s'est déroulée sur cinq mois, soit d'août 2015 à janvier 2016. Un dédommagement de 20 $ était offert aux usagères à la première rencontre et de 25 $ à la deuxième rencontre, tandis que leurs conjoints recevaient 20 $ pour une seule rencontre. Les intervenants ne recevaient pas de dédommagement, car les rencontres avaient lieu dans le cadre de leur travail.

Considérations éthiques

Deux comités d'éthique à la recherche (CÉR) ont autorisé la réalisation du présent projet de recherche, soit les CÉR :

1. du Centre jeunesse de Montréal-Institut universitaire (CJM-IU), dans le cadre d'un mécanisme multicentrique;
2. de la Faculté des arts et des sciences de l'Université de Montréal.

Un formulaire d'information et de consentement a été lu, expliqué et signé dès la première rencontre avec chaque usagère. Une copie signée leur était ensuite remise. L'objectif de la recherche, le déroulement de l'entrevue et la confidentialité étaient rappelés avant de commencer la rencontre.

13.2.2 Collecte des données

En conformité avec l'approche méthodologique d'étude de cas multiples, différents répondants (usagère, conjoint, intervenant), modes de collecte de données (entrevues, fiche de renseignements sociodémographiques) et temps de mesure pour les entrevues (temps 1 et 2) ont été utilisés. La première rencontre avec les usagères constitue le temps 1; la deuxième rencontre avec elles, deux à six mois plus tard, correspond au temps 2. L'écart entre les deux temps de mesure varie d'une usagère à l'autre, car la période de recrutement s'est étendue sur six mois et que la fin de la collecte de données a eu lieu à une date précise. Les entrevues avec le conjoint et les intervenants ont aussi eu lieu au temps 2. Il est à noter que pour deux familles, la deuxième entrevue individuelle n'a pas été réalisée malgré les efforts consentis pour les rejoindre.

Fiche de renseignements sociodémographiques

Cette fiche est complétée par les usagères et le conjoint, lors de leur première rencontre respective. Parmi les informations demandées, on retrouve : l'âge, le genre, le niveau de scolarité, l'occupation, le revenu familial et le portrait de consommation du répondant, ainsi que le nombre d'enfants et leur âge respectif.

Entrevues individuelles

Au total, 25 entrevues individuelles semi-dirigées ont été réalisées par la première auteure auprès des différents répondants. Les entrevues ont eu lieu au *Rond-point*, au domicile des usagères ou sur le lieu de travail des intervenants. Une grille d'entrevue a été élaborée pour chaque type de répondants en s'assurant que les mêmes thèmes étaient abordés, ce qui assure une fiabilité dans la collecte des données (Boeije, 2010). Les entrevues ont été enregistrées puis retranscrites par un cabinet de traduction et transcription.

Usagères et conjoint

Une première rencontre avec chacune des mères, d'une durée d'environ 45 minutes, a eu lieu entre mars et juin 2015. Les thèmes abordés étaient liés à :

1. la perception du risque de la consommation pendant la grossesse;
2. l'historique des services d'aide antérieurs;
3. l'expérience comme usagère du *Rond-point*;
4. les attentes par rapport au *Rond-point* et les changements souhaités;
5. l'appréciation des services.

Parmi les questions, on retrouve : Parlez-moi de ce qui vous a amenée à recevoir des services du *Rond-point*? Quelle est votre appréciation de ces services et des activités? Quels sont les changements que vous souhaitez pour vous-même? Parlez-moi de ce que vous aimez le plus et ce que vous aimez le moins du *Rond-point*?

Les thèmes abordés lors de la deuxième entrevue, deux à six mois plus tard, portaient sur :

1. la perception des liens entre leur consommation et la parentalité;

2. l'évolution de leur expérience du *Rond-point*;

3. les changements perçus pour elles-mêmes depuis la première rencontre;

4. leur appréciation du *Rond-point*.

Ces questions étaient, par exemple : Parlez-moi du lien entre votre consommation et votre rôle de parent. Vous m'aviez dit vouloir changer certains aspects de votre vie (rappeler les changements souhaités à la première rencontre), parlez-moi d'où vous en êtes par rapport à ces changements souhaités. Si vous aviez une baguette magique, que feriez-vous pour améliorer le *Rond-point*? Que feriez-vous disparaître/apparaître?

Un seul conjoint des usagères participantes a accepté de participer à la recherche. Une rencontre de 45 minutes a eu lieu en août 2015. Considérant que ce père était à la fois conjoint et lui-même usager du *Rond-point*, sa grille d'entrevue a été conçue afin de recueillir de l'information tant sur sa propre expérience au *Rond-point* que sur celle de sa conjointe. Ainsi, les thèmes couverts pendant l'entrevue sont les mêmes que ceux des usagères, auxquels s'ajoute sa perception de l'expérience vécue par sa conjointe. Par exemple, une des questions était : Quels sont les changements que vous percevez chez votre conjointe depuis qu'elle fréquente le *Rond-point*?

Intervenants

Les entrevues avec les intervenants ont duré entre 45 minutes et 90 minutes; elles ont eu lieu de novembre 2015 à janvier 2016. Les thèmes portaient sur l'expérience précise d'une des neuf familles à l'étude, dont la description de la famille, leur perception de l'expérience de la famille au *Rond-point* et les changements perçus. Des questions comme celles-ci étaient posées : Parlez-moi de cette famille, qu'est-ce qui l'a amenée à recevoir des services du *Rond-point*? Parlez-moi de vos impressions cliniques pour cette famille, quel est son potentiel de changement?

13.2.3 Traitement et analyse des données

Le corpus de données a été classé à l'aide du logiciel NVivo 11. Tout le matériel collecté pour chaque cas familial a été rassemblé pour ainsi créer neuf cas. Ce logiciel facilite l'organisation des thèmes, et ce, de manière structurée. D'abord, une analyse intra-cas a été réalisée (analyse individuelle des cas familiaux). Pour ce faire, la première auteure de l'étude a réalisé une lecture approfondie du matériel collecté et a rédigé une synthèse des données pour chaque situation familiale. La synthèse tenait compte de la triangulation des données, c'est-à-dire que les diverses sources et temps de mesure ont été considérés en fonction des catégories émergentes ainsi que des objectifs de la recherche. Aussi, les convergences et divergences entre les sources au sujet de l'expérience de la famille étaient notées. Ensuite, une fois cette analyse terminée, l'analyse inter-cas a été réalisée. Ce type d'analyse permet de comparer les neuf cas familiaux afin de faire émerger les similarités et les divergences entre eux (Dahl et al., 2014). Concrètement, les neuf situations familiales ont été mises en parallèle afin de contraster leurs expériences respectives au *Rond-point*.

La stratégie d'analyse thématique des verbatim a permis la complétion des analyses intra-cas et inter-cas (Bardin, 2007; Mucchielli, 2006; Paillé et Mucchielli, 2013). Selon Bardin (2007), l'analyse catégorielle « fonctionne par opérations de découpage du texte en unités puis en classification de ces unités en catégories selon des regroupements analogiques » (p. 207). Par ailleurs, une procédure de validation entre pairs augmente la confirmabilité des résultats et diminue les biais d'interprétation (Boeije, 2010; Dahl et al., 2014). À des moments clés, la deuxième auteure s'est engagée dans l'analyse des thèmes émergents afin de s'assurer qu'elles respectent les règles d'exclusivité et d'exhaustivité. Concrètement, ces règles visent à garantir que toutes les unités du matériel collecté ont été traitées (exhaustivité) et que celles-ci ne se retrouvent pas dans plus d'un thème (exclusivité). Les désaccords entre les analystes ont été réglés par consensus.

13.3 Résultats[1]

Rappelons que la présente étude vise à décrire les caractéristiques des familles qui reçoivent des services du *Rond-point*, les services reçus et l'appréciation qu'elles en font. Suite à l'analyse inter-cas, on constate que trois sous-groupes de familles se distinguent quant aux caractéristiques des usagères, à la nature de leur expérience au *Rond-point* et aux effets perçus. Ces profils familiaux d'usagères seront d'abord détaillés. Dans un deuxième temps, les expériences et autres points communs partagés par toutes les familles, au-delà de leurs différences, seront présentés. Ces résultats sont également le fruit de l'analyse inter-cas.

13.3.1 Profils familiaux des usagères qui fréquentent le *Rond-point*

Les familles se distinguent selon leurs caractéristiques personnelles et familiales, la nature de leur participation au *Rond-point* et les effets perçus. Les neuf cas analysés ont été regroupés en trois profils (voir Tableau 13.1) en fonction de leur expérience : les familles pour qui le *Rond-point* amène des transformations positives, d'autres pour qui le *Rond-point* est porteur, mais qui pourraient bénéficier des services offerts par d'autres organisations et, enfin, des familles pour qui *Rond-point* constitue une porte d'entrée vers les services institutionnels de santé et de services sociaux.

Tableau 13.1 — **Catégories permettant de distinguer les trois profils familiaux d'usagères du *Rond-point***

	Rond-point amène des transformations	*Rond-point* porteur, mais pas irremplaçable	*Rond-point* comme porte d'entrée vers les services
Caractéristiques personnelles et familiales	• Potentiel de changement. • Consommation non active, mais rechutes.	• Familles moins vulnérables. • Potentiel de changement. • Ne nomment pas de motif de consultation du *Rond-point*. • Consommation organisée et réfléchie.	• Précarité sociale. • Santé mentale fragile. • Potentiel de changement limité. • Consommation importante et moins contrôlée que dans les autres profils.
Nature de la participation et effets perçus	• Appréciation positive du *Rond-point*. • Reconnaissantes des services reçus.	• Activement impliquées auprès de leur enfant et au *Rond-point*.	

[1] Afin de respecter la confidentialité des propos des répondants et de préserver leur anonymat, les citations sont entièrement anonymisées. Un effort de diversification est fait, en variant les sources au moment de citer des extraits d'entrevue.

Rond-point amène des transformations

D'abord, pour trois familles, l'expérience vécue au *Rond-point* semble significative, c'est-à-dire que les interventions rapportent une mobilisation et un changement bénéfiques, bien qu'une d'entre elles se montre plus méfiante que les deux autres. Ces familles expriment de la reconnaissance envers les services reçus. D'ailleurs, un intervenant a confié qu'une des mères se sentait « très confortable, elle était bien là, c'était chez elle. » (I4) [2]

Ces familles disent apprécier le *Rond-point*, puisque c'est un lieu où sont réunis les différents services. Elles s'y sentent en sécurité pour amener leur enfant et se confier, notamment au sujet de leur consommation. L'extrait suivant témoigne de ces faits :

> *Tous les services en un seul lieu, elle n'a pas besoin de s'éparpiller. Pas besoin de raconter son histoire à chaque fois, [...] avoir un lieu où elle ne se sentait pas jugée. [...] Un endroit où elle pouvait être elle-même comme maman, mais avec tout son passé, où elle pouvait le dire librement [son désir de consommation], ouvertement et tout ça. Donc je pense que pour ça, ça a été une belle occasion Rond-point. (I5)*

Selon leurs fiches de renseignements sociodémographiques, ces trois familles vivent des périodes de rechute :

> *Avant ça allait très bien avec ça. J'avais été 18 mois sans consommer [...] Je n'avais pas d'énergie, puis j'ai consommé. [...] Je n'avais pas d'aide de personne. [...] Ce n'est pas une excuse là, mais il y a eu un épisode de trois semaines que j'ai consommé... (F9)*

Ces rechutes sont parfois connues des intervenants, comme dans l'extrait suivant :

> *Elle a eu quelques rechutes d'opiacées pendant sa grossesse, mais elle disait que c'était toujours en lien avec se réveiller en sevrage, qu'elle métabolisait rapidement sa méthadone, [...] des fois fallait qu'elle consomme pour être confortable. (I9)*

Dans ce profil, les intervenants croient au potentiel de changement de leurs clients, tant en ce qui concerne une consommation plus responsable que l'insertion sociale de ces familles, comme en témoigne l'extrait suivant :

> *C'est quelqu'un côté mettons réinsertion sociale, elle a un très grand potentiel. [...] Elle veut retourner aux études, puis je la crois, je sais qu'elle va réussir. C'est plus le timing, j'aimerais qu'elle travaille plus sur elle avant de faire cette démarche-là. Mais elle a un bon potentiel de changement. (I9)*

Aussi, dans une des situations familiales, les narrations de la mère et de l'intervenant convergent. La mère explique qu'elle se sent davantage prête à remplir son rôle parental que lors de sa première grossesse : « vu que j'ai attendu assez longtemps avant d'en avoir un autre, je pense que je suis plus prête » (F5). L'intervenant témoigne de la même transformation, dont le fait que la mère prend confiance dans son rôle de parent :

> *C'est la [deuxième] grossesse qui a été porteuse d'une plus grande ouverture. [...] C'est une maman avec énormément de potentiel. Avec une estime de soi très, très, très fragile, mais je pense que par le bébé, par le positif qu'elle pouvait recueillir et les compliments qu'on pouvait lui faire parce qu'elle s'[en] occupait bien, [...] qu'on allait construire une certaine identité, puis une meilleure estime d'elle-même... (I5)*

---

[2] Les propos rapportés par les familles (usagères et conjoint) sont indiqués par un F tandis que ceux rapportés par les intervenants sont indiqués par un I.

Toutes ces familles ont amorcé des changements importants dans leur vie entre les deux rencontres de recherche. Par exemple, des démarches ont été faites pour planifier un déménagement et pour améliorer les relations avec leur propre famille. Pour la famille qui planifiait son déménagement, ce fut une priorité perçue comme un soutien en vue de cesser la consommation : « je vais me rapprocher de [ma famille], fait que je pense arrêter complètement là [de consommer], ça va être plus facile. » (F4) D'autres changements sont à prévoir. Ces familles nomment envisager notamment l'abstinence, un retour aux études et une intégration sur le marché du travail. Elles disent toutes souhaiter un bel avenir avec leur enfant.

Quant à la famille qui démontre plus de méfiance, l'intervenant décrit le comportement de la mère : « elle était très fermée. Tu sais ça allait toujours bien, c'était très superficiel je dirais pour la majorité de la grossesse, notre relation. » (I9) Il rajoute des éléments pour appuyer sa perception des réticences de la mère envers le *Rond-point* :

> *Elle avait vraiment une résistance à aller vers les services [...] qui étaient autour de la dépendance. Elle savait que c'était pour les personnes tu sais qui avaient soit une consommation active ou passée, puis ça, ça ne l'intéressait pas. Mais elle allait vraiment [...] à son CLSC de quartier. (I9)*

Toutefois, on comprend qu'en fréquentant le Rond-point, cette famille diminue progressivement ses résistances à l'égard des services.

En bref, les familles du premier profil se caractérisent par le fait qu'elles apprécient le *Rond-point*, qu'elles sont reconnaissantes des services, qu'elles présentent un potentiel de changement et que leur consommation, bien qu'elle ne soit pas active, est teintée de périodes de rechutes.

Rond-point porteur, mais pas irremplaçable

Pour d'autres familles, bien que l'expérience soit significative, le *Rond-point* apparaît comme un atout plutôt qu'un service irremplaçable, car elles pourraient amplement tirer parti des services sociaux courants. Voici un aperçu de l'expérience de ces trois familles. D'abord, elles sont décrites par les intervenants comme plus stables que les autres familles au *Rond-point* : leurs conditions de vie sont moins précaires, elles sont mobilisées dans leur recherche d'aide, elles présentent un fort potentiel de changement et elles peuvent tabler sur des forces comme la scolarisation. L'extrait suivant illustre le faible risque de précarité sociale d'une de ces familles :

> *La venue de l'enfant ça a été comme un vecteur, une motivation à diminuer la consommation. [...] Il n'y a plus vraiment de consommation active actuellement. Je pense qu'ils sont relativement stables dans le fond. [...] Déjà au niveau de la précarité qui était beaucoup moins, tu sais que d'autres familles qu'on peut voir là. (I1)*

La citation suivante illustre le potentiel de changement perçu par un intervenant :

> *On est devant un couple qui avait quand même beaucoup de potentiel. [...] Il n'y a jamais eu de bris de fonctionnement au niveau des relations familiales, contrairement à beaucoup d'autres familles. Tu sais c'est des gens qui n'ont jamais vécu dans la rue, qui ont toujours eu un appartement. Qui ne s'est jamais drogué dans des piqueries ou dans des crack houses. [...] Un mode de vie qui était un peu plus stable, un peu plus sain, qui amène une meilleure capacité au changement. (I2)*

Selon la fiche de renseignements sociodémographiques de ces familles, leur consommation a nettement diminué pendant la grossesse et dans les premières années de vie de l'enfant, comme en témoigne cet extrait :

> *Ça a juste fait que ma consommation a diminué drastiquement. [...] Je consommais avant d'avoir un enfant, puis quand qu'on a su qu'on allait avoir un enfant, veux, veux pas, ce n'est pas le milieu que je souhaite pour mon enfant. (F2)*

Bien que la consommation reste présente, elle devient modérée, voire planifiée, comme ces exemples l'illustrent :

> *Je ne consomme plus. [...] Je vais peut-être boire là, mais je bois quasiment plus. Je trouvais que ça me fatiguait plus, puis j'ai besoin de toute mon énergie. Ça [ne] me tente pas de recommencer. (F1)*

> *J'ai plus vu comme qu'est-ce que je veux que ma consommation soit maintenant [...] J'ai comme fait un budget une à deux fois par mois maximum, là. Puis à date comme j'essaie de respecter ça. Fait que d'après moi ça l'a descendu [ma consommation]. (F7)*

> *Ces familles nomment considérer que leur consommation, qu'elles disent « responsable », n'affecte pas leur rôle parental : « je suis capable d'être une mère même si je consomme. » (F7) Toutefois, certaines familles ne sont pas prêtes à viser l'abstinence dans leur consommation de drogues illicites : « je n'ai pas encore passé le stade de ne pas être capable [de m'en procurer]. J'ai encore besoin de savoir que si je dois m'en trouver, j'ai un numéro pour le faire. » (F2)*

Les familles de ce profil n'avaient pas de motif de demande d'aide précis les amenant à fréquenter le *Rond-point*, comme l'explique ce parent :

> *Je n'avais pas vraiment de demande d'aide. C'est plus que je fitais dans les critères d'admission. Puis c'est ça, ils m'ont dit tu peux signer les papiers, mais tu es libre de refuser à tout moment, de venir voir, puis de dire ça ne fait pas ton affaire. (F1)*

Toutes les sources indiquent que, pour ces trois familles, le fait de devenir parent les a mobilisées pour apporter des changements dans différentes sphères de leur vie. Voici un extrait qui appuie ce propos :

> *Depuis que je suis devenue mère, j'ai beaucoup [...] changé pour le bien, mais c'est quand même beaucoup de changements [...] La personne que je suis maintenant, je me regarde, c'est comme jour et nuit. [...] C'est devenu comme ça, comme vraiment direct, instantanément comme quand j'ai su que j'étais enceinte. (F7)*

Sinon, peu de changements sont observés entre les deux rencontres, outre le fait qu'une des familles a déménagé comme elle le souhaitait. En outre, le retour aux études pour les mères de ces familles est différé jusqu'à l'entrée de l'enfant en garderie. Toutes ces familles aspirent à une maison, à une vocation professionnelle ainsi qu'à des loisirs comme témoigne la citation suivante :

> *J'aimerais ça être dans une maison, une place comme que je peux appeler maison. [...] J'aimerais ça avoir une belle carrière, comme pas stressée par rapport à l'argent. Être contente dans la vie. J'aimerais ça que mon [enfant] il ait qu'est-ce qu'il a besoin. [...] J'aimerais ça être capable de faire des voyages. (F7)*

Les familles de ce profil sont impliquées dans les soins auprès de leur enfant. Elles sont aussi engagées activement dans les activités du *Rond-point*. Toutefois, une des mères explique qu'elle s'engage moins au *Rond-point*, car l'intensité de la relation thérapeutique la met parfois mal à l'aise. Elle dit : « je me sens mal quand je dis non [pour participer à une activité]. » (F7) L'intervenant, de son côté, a parfois l'impression que cette usagère ne lui « dit pas tout, puis c'est correct. » (I7) Un intervenant explique comment le *Rond-point* offre un coup de pouce à ces familles :

> *Je me demande si justement le fait d'avoir comme le cadre du Rond-point, si ce n'est pas un facteur qui aide dans l'empowerment. [...] Il y a quand même des choses qui facilitent l'accès aux soins. [...] Je pense qu'elle s'en serait bien tiré dans un réseau plus traditionnel, [mais] je me demande si ce n'est peut-être pas un facilitateur [...] en donnant accès peut-être plus facilement aux intervenants. (I1)*

En résumé, la situation de ces trois familles est moins vulnérable que les autres, leur consommation est plus organisée et réfléchie, elles n'ont pas de motif précis de consultation bien qu'elles respectent les critères d'admission et elles sont impliquées activement au *Rond-point* et auprès de leur enfant.

Rond-point comme porte d'entrée vers les services

Enfin, trois familles ne vivent pas une expérience significative au *Rond-point*, car elles semblent moins profiter de l'offre de services. Néanmoins, le Centre serait une porte d'entrée vers les services courants pour ces familles plus méfiantes envers le système de soins et les intervenants. En effet, ces familles vivent dans un environnement de précarité sociale et elles ont un faible réseau social et familial. La prostitution et l'itinérance sont des problématiques communes à ces familles, soit dans leur vie passée ou actuelle. D'ailleurs, elles ont exprimé qu'elles auraient aimé plus de soutien pour la recherche de logement de la part du *Rond-point*. Une d'entre elles va même jusqu'à dire : « ça prendrait des spécialistes encore plus, [...] surtout pour loger les femmes. Le logement. On a énormément de problèmes de logement. » (F6)

Les différentes sources indiquent que ces familles présentent un historique de services antérieurs en psychiatrie, ou qu'elles ont des symptômes associés à un trouble de santé mentale. Un exemple de ces propos : « elle a le trouble de personnalité limite, puis ça il n'y a aucun doute là. Avec des traits narcissiques. [...] Je ne pense pas qu'elle a un vrai diagnostic. » (I6)

La consommation est très présente pour ces familles, même durant la grossesse. Certaines ont notamment indiqué dans leur fiche sociodémographique avoir consommé de manière excessive durant cette période. Une d'entre elles précise qu'elle « était dans la grosse consommation. » (F6) D'ailleurs, un intervenant mentionne au sujet d'une de ces mères qu'elle devra, selon lui, suivre un PSO le reste de sa vie : « il y a trop de fragilités qui augmentent à partir du moment où elle veut faire un sevrage pour diminuer. » (I3)

Ces familles n'ont pas de motif d'aide précis, outre le fait que leur principal intervenant réalise leur rencontre de suivi sur les lieux du *Rond-point*. À ce sujet, un intervenant confie ceci :

> Bien platement là, je te dirais que je pense que c'est parce que je suis au *Rond-point*. Si je serais [à mon bureau], elle serait [là et] je ne pense pas qu'elle viendrait au *Rond-point*. » (I3)

Malgré tout, il arrive à ces familles de participer aux autres activités comme le yoga, le dîner et parfois au « bricolage. » (F6)

Ces familles ne fréquentent pas le *Rond-point* de manière assidue, certaines n'y viennent même plus. Différentes raisons pourraient expliquer cette baisse de fréquentation. D'abord, l'étiquette du « parent consommateur » pourrait déplaire à certains de ces parents, comme illustre l'extrait suivant :

> En ce moment [elle] est en réaction. J'ai l'impression qu'elle évite le *Rond-point*. Parce qu'elle essaie beaucoup de se définir en tant que mère normale [...], non consommatrice, qui n'a pas besoin de services précis pour ça, qui n'a pas besoin qu'il y ait 15 intervenants autour d'elle. Elle a besoin d'un pédiatre comme toutes les mamans qui ont des bébés, puis c'est tout. (I6)

Le *Rond-point* peut aussi être confrontant par rapport à la réalité vécue par les familles. Une mère raconte ce choc de réalité :

> J'avais laissé tomber pendant un bout de temps à cause que ça me faisait mal, [...] à cause je voyais le monde qui était heureux. [...] À cause que je consommais beaucoup [...] j'habite dehors, puis eux autres ont leur appartement, puis ils ont leur petit bébé. (F8)

De plus, une mère remet en question la localisation du *Rond-point*, puisqu'il est dans le même secteur que la consommation, l'itinérance et la prostitution. Elle partage ainsi son opinion :

> *Ce que je trouve déplorable, c'est que tous les services d'aide au Centre-Ville sont tous [...] dans le secteur où est-ce que le monde ont vraiment besoin d'aide oui là, mais tu sais l'idée d'élever mon enfant au coin Fullum et Ontario, ce n'est pas l'endroit vraiment rêvé. [...] J'ai passé ma vie à me prostituer là. (F6)*

Enfin, une autre raison pourrait être reliée aux relations interpersonnelles conflictuelles entre certaines familles, comme dans cet exemple : « j'ai eu un accrochage avec des gens, puis ça m'a comme écœurée. Je n'avais pas le goût d'être avec ces gens-là. Ça fait que j'ai arrêté de venir au *Rond-point*. » (F3)

Selon les répondants, les familles de ce profil ont vécu peu de changements attribuables au *Rond-point*. Ces éventuels changements, non observables à court terme, devront être réévalués à plus long terme, comme le mentionne un intervenant : « son potentiel par rapport à ça, j'ai peur qu'il soit limité ou en tout cas c'est plus sur un long terme, parce qu'elle ne le reconnaît pas. » (I6)

Le potentiel de changement de ces trois familles serait limité, comme en témoigne cet extrait :

> *C'est sûr qu'on est devant une femme extrêmement carencée, qui a un trouble de personnalité sévère et qui va rester toute sa vie dépendante aux substances. Qui a quand même un potentiel d'apprentissages qui est là. Qui a besoin d'être épaulée. [...] Je pense que c'est une fille qui est capable d'aller un petit peu plus loin dans le prendre soin d'elle-même. Au niveau de la prise de responsabilités là, plus société civile là, il y a du chemin à faire là aussi. Il n'y a comme pas d'autonomie. (I3)*

En somme, pour ces trois familles méfiantes des services, on peut penser que l'offre de services du *Rond-point* leur convient moins qu'aux autres pour diverses raisons, dont la présence d'une consommation plus importante et moins contrôlée que chez les autres familles, la présence de symptômes de maladie mentale, de la précarité sociale et un potentiel de changement limité. Malgré un contact intermittent avec les intervenants, bénéfice non négligeable pour ces familles très précaires, peu d'effets positifs dans leur vie semblent attribuables au *Rond-point*.

13.3.2 Expériences communes aux familles qui fréquentent le *Rond-point*

Outre ces trois profils familiaux distincts, certains thèmes sont communs à l'ensemble des familles qui fréquentent le *Rond-point*. D'abord, elles adhèrent toutes à un programme de soutien aux opiacés et ont un historique de services psychosociaux antérieurs liés à un problème de dépendance aux SPA. Elles connaissent bien les risques d'une consommation maternelle sur le développement intra-utérin du bébé, comme l'illustre le prochain extrait :

> *Je le sais pour l'alcool, tu sais il peut être né plus petit, avant le temps, puis être [prématuré]. Même peut-être aussi pour les drogues aussi j'imagine que c'est la même chose, le sevrage, tu sais comme peut-être le fœtus peut mourir. (F7)*

Ces connaissances n'ont cependant pas nécessairement amené une diminution ou un arrêt de consommation pendant la grossesse. Par exemple, selon la fiche de renseignements sociodémographiques, une mère enceinte rapporte avoir une consommation excessive d'alcool et de drogues. Depuis qu'elle est enceinte, elle consomme plusieurs boissons alcoolisées par jour et une demi-dose d'une substance illicite, un stimulant du système nerveux central. Néanmoins, elle sait qu'elle devrait modifier sa consommation : « c'est juste que c'est tranquillement qu'il faut que je change moi-même mes habitudes de vie » (F8). D'autres ont cependant modifié leurs habitudes de consommation dès qu'elles ont su qu'elles étaient enceintes ou en cours de grossesse, tel que l'illustre cet exemple :

> *Quand j'ai vraiment su que j'étais enceinte, là j'ai tout arrêté. [...] C'est sûr que ça l'a été dur, mais je l'ai fait pareil. Puis peu importe les cravings que j'avais, j'aurais pas été consommer. (F1)*

Au regard de l'exercice de leur parentalité, toutes ces familles nomment les besoins d'un enfant, dont la stabilité, la routine, l'amour et l'affection, la sécurité, la nourriture et le logement. Certaines familles mentionnent qu'au fil du temps, elles apprennent à reconnaître les besoins spécifiques de leur enfant :

> *Tu connais comme un peu plus ses pleurs quand il est fatigué, quand ses dents font mal, quand il a mal quelque part, c'est comme des pleurs différents, tu sais. Fait que c'est comme différent maintenant qu'avant. (F7)*

Les défis de ces familles en lien avec la parentalité en contexte de consommation problématique concernent principalement les compétences parentales, comme la patience et l'encadrement des enfants, ainsi que la gestion de leur consommation : « c'est quand même un défi de rester abstinente tout le temps. Mais c'est plus comme une motivation je trouve… » (F9). Un autre parent témoigne :

> *C'est beaucoup de pression, first. [...] C'est pas une mince décision. Maintenant que je le suis, je le sais. Être parent c'est le fun. Être parent c'est dans le fond, c'est de donner les meilleures valeurs qu'on peut à notre enfant pour qu'il devienne une bonne personne. [...] Mes défis comme parent? [...] être constante dans mes routines, de dire non c'est non, puis oui c'est oui. (F3)*

En ce qui concerne les conseils aux intervenants qui pratiquent en contexte de consommation parentale problématique, liés à l'objectif spécifique de recherche visant à documenter l'appréciation des familles à l'égard du *Rond-point*, les familles évoquent sensiblement les mêmes aspects, soient la patience, l'écoute et le non-jugement. L'extrait suivant résume bien les propos des familles à cet égard :

> *D'êtres patients, d'êtres compréhensifs. On n'est pas toutes pareilles. Tu sais, on a toutes nos bagages, on a toutes nos passés, on a toutes nos vécus [...] Il faut dealer avec tous les individus différemment je crois, [...] de garder comme contact régulièrement. (F7)*

Par rapport aux services reçus du *Rond-point*, toutes les familles disent participer aux mêmes services comme le dîner, les ateliers ponctuels, les activités d'art et de yoga, l'Espace-parents et le suivi de grossesse. Cette famille explique une journée typique quand elle vient au *Rond-point* :

> *Le mercredi je viens au dîner. Puis l'après-midi je viens à l'activité quand c'est une activité d'informations. Quand c'est de l'art ou quelque chose, je ne viens pas. Mais quand c'est vraiment à titre d'information, comme quand l'infirmière donne un cours de premiers soins ou… ça je viens. (F9)*

Les familles nomment apprécier le *Rond-point* puisqu'elles se sentent acceptées telles quelles sont, elles se sentent écoutées et elles brisent leur isolement dans un lieu sans jugement : « tu as le droit de parler de n'importe quoi. Si tu veux parler de consommation, parler de n'importe quoi. Tu sais les autres places… Je ne sais pas, c'est plus surveillé, j'imagine. » (F4)

Pour certaines, une telle approche évite la stigmatisation liée à la consommation problématique en contexte de parentalité, puisque les autres familles qui fréquentent le *Rond-point* sont aux prises avec la même problématique qu'eux. Une famille partage son expérience :

> *Avant ça, j'ai déjà essayé de faire des ateliers normaux avec mon fils, genre de massage puis des trucs de même, puis à chaque fois je ne me sentais pas à ma place. Avec les gens, j'avais un gros inconfort. Tandis que là, je me sens à ma place. (F3)*

Néanmoins, plusieurs familles évoquent le manque d'intensité des services et l'aspect peu structuré des activités offertes comme des dimensions moins appréciées du *Rond-point*, tel que l'illustre cet extrait : « qu'est-ce que je ferais? Je mettrais plus peut-être des activités comme plus organisées [...] avec un but genre [...] C'est pas juste comme *free for all* tu sais. » (F5)

Enfin, des familles disent s'interroger sur les critères d'admission du *Rond-point*. Une première réflexion est liée à la non-admissibilité des parents d'enfants âgés de plus de cinq ans :

> *Le 0-5 ans, je trouve que c'est trop restreint. [J'irais] jusqu'à au moins 12 ans. [...] Je sais que l'enfant, rendu à partir d'un tel âge, il est à l'école. Il ne viendra pas ici au Rond-point, parce qu'il va être à l'école. À part pendant l'été. Mais le parent lui, il aurait accès à venir ici. [...] C'est pas parce qu'il a un enfant de dix, de huit, de douze ans que sa consommation ce n'est pas une difficulté dans sa vie. Puis même au contraire, je pense que des fois ça peut être encore pire, parce que ton enfant il a conscience de ça. (F2)*

Une tout autre réflexion est amenée afin d'inclure une clientèle plus large de parents en besoins. L'exemple suivant l'explique :

> *Je sais que les critères c'est comme qu'il faut que tu sois, comme tu as la consommation dans ta vie, je pense pour être éligible à aller au Rond-point. Mais je trouve comme c'est trop... En même temps, c'est bien, mais [dans un] autre sens, c'est comme tu vas là puis tu rencontres juste comme des consommateurs ou des anciens consommateurs [...] fait que je changerais comme les critères, comme pour avoir pas tous les parents, mais les parents avec de la difficulté. (F7)*

13.4 Discussion

L'objectif de la recherche était de documenter, de manière systématique et détaillée, l'expérience des premières familles à bénéficier des services du *Rond-point*. D'abord, nous rappellerons les faits saillants de la recherche. Ensuite, des liens avec les écrits scientifiques seront abordés. Enfin, une évaluation post-situationnelle au regard du développement et de l'évaluation de programme est présentée.

13.4.1 Faits saillants de la recherche

Les résultats de la présente recherche ont permis de documenter l'expérience de neuf familles qui fréquentent le *Rond-point*. Trois profils ont émergé, soit les familles pour qui le *Rond-point* amène des transformations, d'autres pour qui il est porteur, mais pas irremplaçable et enfin d'autres pour qui il constitue une porte d'entrée vers les autres services. L'appréciation de ces usagers à l'égard de la prestation de services a été décrite. De manière générale, les familles aiment le *Rond-point*, car elles s'y sentent à l'aise et non jugées. Elles souhaitent par contre que la prestation de services soit intensifiée et que les interventions soient plus organisées et structurées. De leur propre point de vue, ces familles ont principalement des besoins de soutien en lien avec leurs compétences parentales ainsi qu'avec la gestion de leur consommation problématique. Ces différents faits saillants de la présente recherche sont mis en perspective avec les écrits scientifiques et avec les notions de développement et d'évaluation de programme dans les prochaines lignes.

13.4.2 Liens avec les écrits scientifiques

Les écrits scientifiques indiquent que les mères sous PSO constituent une clientèle vulnérable, ayant des besoins complexes et diversifiés (Davie-Gray et al., 2013). Cela confirme la nécessité d'offrir des services intégrés pour cette clientèle. Par ailleurs, comme certaines familles identifiées dans l'actuelle recherche vivent davantage dans des conditions socioéconomiques précaires et présentent des signes de comorbidité avec des troubles de santé mentale, il importe d'offrir une prestation de services adaptée afin que le *Rond-point* soit une réelle porte d'entrée vers des services de soins de santé et psychosociale (Davie-Gray et al., 2013). Une étude, effectuée auprès de femmes enceintes sous méthadone, a révélé qu'un taux plus élevé dans la dose quotidienne diminue le recours parallèle à des opiacés illicites (Davie-Gray et al., 2013). Ceci souligne l'importance d'un suivi médical auprès des futures mères, surtout lorsqu'elles n'ont pas modifié leur consommation problématique en début de grossesse. Les constats de Davie-Gray et al. (2013) réitèrent l'importance pour les professionnels et les partenaires du *Rond-point* de soutenir les changements chez les futures et nouvelles mères sous PSO.

Même si une minorité des familles rencontrées dans la recherche vivait une situation d'itinérance, il importe tout de même de se rappeler que cette problématique est multidimensionnelle et complexe, encore plus lorsqu'elle s'ajoute à celle de la consommation parentale problématique (Chambers et al., 2014). La réalité des mères consommatrices et itinérantes fait d'elles une clientèle encore plus méfiante et réticente à l'égard des services psychosociaux (Slesnick et Erdem, 2012, 2013; Slesnick, Glassman, Katafiasz et Collins, 2012), ce qui semble aussi le cas dans un des profils identifiés dans l'étude où les mères adhéraient le moins aux services du *Rond-point*. Ces mères nommaient aussi des besoins de soutien à l'égard du logement. Slesnick et Erdem (2013) croient que ce type de services offerts à de telles mères serait un bon moyen pour amorcer un travail sur l'aspect problématique de la consommation.

Une approche compréhensive de la réalité de ces familles, comme la réduction des méfaits, permet d'augmenter le niveau d'engagement des familles (Wright, Schuetter, Fombonne, Stephenson et Haning, 2012). Aussi, de manière cohérente aux propos des familles rencontrées, cette approche encourage la communication et l'échange, de manière plus transparente et ouverte, en ce qui concerne la consommation de SPA (Wright et al., 2012). Enfin, tel que vu en introduction, la grossesse en contexte de consommation parentale problématique est un moment clé pour favoriser les changements au regard des diverses habitudes de vie, ce qui justifie la nécessité d'un Centre comme le *Rond-point* pour cette clientèle. Néanmoins, comme Brady et al. (2003) le rappellent, chaque famille n'arrive pas dans les services au même stade de changement. Cela pourrait expliquer les divers profils identifiés. Or, il serait pertinent de mieux comprendre les besoins d'intervention pour certains profils de familles afin d'adapter l'offre de service à cette clientèle. En utilisant l'approche différentielle d'intervention (Le Blanc, Dionne, Proulx, Grégoire et Trudeau-Le Blanc, 2003), déjà prônée dans d'autres problématiques comme la délinquance, il serait possible d'identifier des stratégies selon le type de profil familial des personnes qui fréquentent le *Rond-point*. Il est démontré que l'approche différentielle permet d'accroître l'efficacité des interventions auprès des jeunes en difficulté (Le Blanc et al., 2003). Cette approche se définit par : « l'ajustement optimal entre les caractéristiques [de la clientèle] et les habiletés des intervenants » (Le Blanc et al., 2003, p. 6).

13.4.3 Évaluation post-situationnelle au regard du développement et l'évaluation de programme

Les résultats obtenus permettent enfin de poser un regard critique sur le type d'évaluation de programme retenu initialement dans la présente étude. L'évaluation d'implantation est une des étapes primordiales pour poser un jugement sur un programme. Lorsqu'elle est bien réalisée, elle permet de clarifier et d'expliquer la nature des effets attendus par le programme. Si, en plus, l'intensité des interventions et les interventions elles-mêmes sont bien documentées, l'évaluation d'implantation augmente la fidélité du programme effectif par rapport à ce qui est attendu (Durlak et DuPre, 2008). Or, les résultats de la présente étude suggèrent qu'il était peut-être finalement trop tôt pour réaliser une évaluation d'implantation du *Rond-point* et qu'une appréciation de l'évaluabilité aurait été plus pertinente. Celle-ci vise à s'assurer que le programme remplit les diverses conditions pour réaliser une évaluation satisfaisante et utile (Soura, Dagenais, Bastien, Fallu et Janosz, 2016). Par exemple, les familles ont nommé, par elles-mêmes, que la prestation des services du *Rond-point* devrait être plus intense, notamment en ce qui concerne le nombre de jours d'ouverture et le nombre d'activités et interventions offertes. Aussi, certaines familles ont constaté un manque de structure dans les interventions et elles ont nommé un besoin d'être soutenues dans leurs compétences parentales.

L'appréciation de l'évaluabilité est utile pour améliorer la théorie d'un programme et s'assurer de sa maturité afin d'effectuer l'évaluation de son implantation ou de ses effets. Elle précède donc l'évaluation d'implantation et elle est particulièrement aidante quand la théorie sous-jacente au programme est peu développée (Royse, Thyer et Padgett, 2016; Soura et al., 2016). D'autres résultats de la recherche plus large dans laquelle s'inscrit la présente étude indiquent que c'est le cas du *Rond-point*, car le modèle logique est peu appuyé par la documentation scientifique et plusieurs de ses composantes doivent être précisées ou améliorées. Tant les résultats du premier volet de l'étude d'implantation (Béland et Dufour, 2016) que les propos rapportés ici par les familles convergent au regard du manque d'intensité de la prestation de services. À ce jour, il est impossible d'affirmer que le *Rond-point* soit réellement implanté à plein rendement, considérant la faible intensité ou le non-déploiement de certaines interventions prévues dans le modèle logique, ce que Dane et Schneider (1998) appellent la fidélité de l'implantation. En effet, pour s'assurer de la fidélité de l'implantation, il importe que le programme soit mis en place comme il est prévu et, afin qu'il soit efficace, les services doivent être pleinement déployés et présenter un excellent taux de participation. Or, lors de la cueillette de données, le *Rond-point* ne pouvait fournir aucune information en ce qui concerne le nombre de familles fréquentant le Centre, ni leur taux de participation. Avant de prévoir d'autres évaluations, il sera important que le *Rond-point* fonctionne pleinement, de manière stable, et qu'il offre une panoplie de services pour lesquels des liens plausibles seront établis avec les changements escomptés. Il importe aussi que le *Rond-point* poursuive sa réflexion en lien avec la clientèle admissible, ce qui est étroitement lié au modèle logique. Tant dans l'étude liée à la description explicite du modèle logique du *Rond-point* (Béland et Dufour, 2016) que dans la présente étude, les différents répondants (intervenants, gestionnaires et familles) ne s'entendent pas sur les critères d'admission au *Rond-point*.

Enfin, lors de la mise en place d'un programme psychosocial, on retrouve des obstacles et des facilitants à la mise en œuvre. Par exemple, Bégin et Bluteau (2014) identifient le manque de ressources et de financement comme des freins à l'innovation, ce qui est observé au *Rond-point*. Nonobstant ces limites, le *Rond-point* peut miser sur des conditions gagnantes, identifiées en introduction, comme celles relevées par Bégin et Bluteau (2014) : une approche multidisciplinaire et partenariale ainsi que le partage d'une vision commune. Bien que pour ce dernier aspect, cela ne soit pas parfaitement acquis par l'ensemble des partenaires, on peut quand même penser que la majorité des professionnels impliqués partage l'approche de réduction des méfaits (Béland et Dufour, 2016) et que tous croient que leur action en partenariat améliore les services aux usagers (Croteau, 2016). Ces éléments sont essentiels pour la réussite d'une innovation.

13.5 Conclusion

La présente recherche a permis d'identifier trois profils d'expériences familiales au *Rond-point*. Il a été également possible de recueillir l'appréciation positive des familles quant à la prestation de services. Elles aimeraient cependant que le *Rond-point* offre une plus grande intensité dans les services ainsi que les interventions soient plus structurées et organisées. Ainsi, la faible intensité de la prestation de services ne permet pas de documenter de manière détaillée leur vécu au *Rond-point*. Ce constat est cohérent avec les résultats de l'étude de Béland et Dufour (2016) sur le modèle logique. Ainsi, parmi les recommandations pour le *Rond-point*, il est proposé d'augmenter la prestation de services par l'ajout d'activités et d'interventions structurées et organisées visant les différentes sphères liées aux compétences parentales, soit les enfants, l'adulte et la famille. À plus long terme, cela permettrait de mieux documenter le vécu des familles au Rond-point, considérant que la prestation de services serait à son plein déploiement. Conséquemment, avec une plus grande maturité du *Rond-point* et un plus grand déploiement auprès des parents ayant une problématique de consommation, d'autres profils familiaux pourraient émerger.

Par ailleurs, les critères d'inclusion pour fréquenter le *Rond-point* doivent aussi faire l'objet d'une réflexion critique. Considérant que des familles ont émis des préoccupations à cet égard et que la présente étude a permis de distinguer trois profils des expériences familiales, il importe que les partenaires impliqués se questionnent sur : à qui on offre le service?, pour quelles familles on met en place cette structure de services intégrés?, et enfin, qu'est-ce qu'on leur offre? Par exemple, en tenant compte des caractéristiques propres à chaque profil, il serait possible d'adapter la prestation de services. Aussi, les professionnels pourraient tenir compte d'une approche, à la fois différentielle, mais aussi motivationnelle, pour atteindre les changements souhaités par le *Rond-point*.

Parmi les forces de cette étude, on retrouve le fait que la parole a été donnée aux principaux acteurs concernés par l'initiative *Rond-point*, soit les familles elles-mêmes, mais aussi leurs intervenants. Ainsi, le point de vue des répondants a permis de montrer ce qu'ils vivent au *Rond-point* et comprendre les diverses réalités familiales. À défaut de généraliser l'expérience vécue par les familles, une description détaillée de leur expérience a été obtenue (Deslauriers et Kérisit, 1997). Par ailleurs, la recherche prévoyait une période d'observation prolongée, avec les deux temps de mesure. La triangulation des différentes sources et des différents répondants augmente la rigueur scientifique de l'étude, puisque cela permet de considérer les expériences familiales sous différents angles (Boeije, 2010). De plus, un processus de validation entre les chercheuses diminue les biais d'interprétation.

Néanmoins, l'étude présente certaines limites. D'abord, la saturation n'a pas été atteinte, c'est-à-dire que le nombre de familles rencontrées n'est pas suffisant pour assurer que les profils décrivent l'ensemble des expériences vécues au *Rond-point*. Des biais de recrutement peuvent aussi être relevés. En effet, le nombre de familles qui fréquentaient le *Rond-point* au moment du recrutement n'était pas connu. Ainsi, le taux de réponse des usagères qui ont accepté de participer à la présente recherche est inconnu. Cela soulève des questions en lien avec la représentativité des répondants, qui peut influencer les résultats obtenus. Par exemple, on peut se demander à qui les professionnels du *Rond-point* ont donné la parole, mais aussi, qui sont les familles qui ont accepté de participer à la recherche. Les résultats de cette étude représentent donc la situation des neuf familles qui ont participé à la recherche, mais il est possible que certaines familles qui fréquentent le *Rond-point* ne se reconnaissent pas dans ces profils ou ne soient pas en accord avec les résultats obtenus.

En bref, les prochaines études devraient dresser un portrait plus complet des profils des familles qui reçoivent des services du *Rond-point* afin de mieux identifier leurs besoins et caractéristiques. Aussi, lors de l'implantation d'une innovation psychosociale, une appréciation de l'évaluabilité préalable devrait être menée en premier lieu, avant tout autre effort d'évaluation. Enfin, la triangulation de sources d'information devrait toujours être considérée lors d'évaluations qualitatives de programmes pour assurer la rigueur scientifique.

13.6 Remerciements

Nous remercions les familles et leurs intervenants qui ont généreusement accepté de participer à la recherche.

13.7 Financement et soutien

Cette recherche a été financée par le *Rond-point* par le biais de leur financement du Centre hospitalier de l'Université de Montréal et de la Fondation Lucie et André Chagnon. Aussi, nous remercions le Centre Jeunesse de Montréal-Institut universitaire pour leur soutien financier à la réalisation du projet doctoral. Les opinions émises n'engagent que les auteures.

Références

Agence de la santé publique du Canada. (2009). Ce que disent les mères : l'enquête canadienne sur l'expérience de la maternité. Ottawa, Ontario : Agence de la santé publique du Canada.

Agence de la santé publique du Canada. (2010). Étude canadienne d'incidence des signalements des cas de violence et de négligence envers les enfants – 2008 : données principales. Ottawa, Ontario : Agence de la santé publique du Canada.

Bardin, L. (2007). L'analyse de contenu. Paris, France : Quadrige PUF.

Bégin, J.-Y. et Bluteau, J. (2014). L'innovation sociale dans la pratique psychoéducative. La pratique en mouvement, (7), 18-19.

Béland, C. et Dufour, S. (2016). Fondements de l'action de Rond-point, un Centre d'expertise périnatal et familial de toxicomanie. Manuscrit soumis pour publication.

Bélanger, K. (2013). Programme Jessie : ensemble pour protéger les tout-petits. Repéré à http://www.parenta-lite-dependances.com/petite-enfance-et-enfance/programmes-petite-enfance-et-enfance/programme-jessie-ensemble-pour-proteger-les-tout-petits-une-intervention-concertee-aupres-de-parents-qui-ont-un-probleme-de-dependances-et-de-leurs-enfants-ages-entre-0-et-5-ans-guide-de-soutien/

Benoit, C., Stengel, C., Marcellus, L., Hallgrimsdottir, H., Anderson, J., MacKinnon, K., ... Charbonneau, S. (2014). Providers' constructions of pregnant and early parenting women who use substances. Sociology of Health & Illness, 36(2), 252-263.

Bertrand, K., Allard, P., Ménard, J.-M. et Nadeau, L. (2007). Parents toxicomanes en traitement : une réadaptation qui protège les enfants? Dans C. Chamberland, S. Léveillé et N. Trocmé (dir.), Enfants à protéger, parents à aider : des univers à rapprocher (p. 69-87). Québec : Presses de l'Université du Québec.

Boeije, H. (2010). Analysis in qualitative research. Londres, Angleterre : SAGE Publications Inc.

Brady, T. M., Visscher, W., Feder, M. et Burns, A. M. (2003). Maternal drug use and the timing of prenatal care. Journal of Health Care for the Poor and Underserved, 14(4), 588-607.

Canadian Mothercraft Society. (2016). Breaking the cycle. Repéré à http://www.mothercraft.ca/index.php?q=ei-btc

Chambers, C., Chiu, S., Scott, A. N., Tolomiczenko, G., Redelmeier, D. A., Levinson, W. et Hwang, S. W. (2014). Factors associated with poor mental health status among homeless women with and without dependent children. Community Mental Health Journal, 50(5), 553-559.

Charbonneau, R., Dionne, M., Durocher, L., Gemme, E., Johnson, M.-J., Motard, C. et Tessier-Tibaudeau, S. (2008). Programme Jessie : ensemble pour protéger les tout-petits : une intervention concertée auprès de parents qui ont un problème de dépendances et de leurs enfants âgés entre 0 et 5 ans : guide de soutien à la pratique. Montréal, Québec : Centre jeunesse de Montréal-Institut universitaire et Centre Dollard-Cormier-Institut universitaire sur les dépendances.

Clément, M.-É. et Tourigny, M. (1999b). Évaluation de l'implantation de JESSIE. Un projet d'intervention auprès de parents ayant des problèmes de toxicomanie et de négligence envers leurs enfants. Les cahiers d'analyse du GRAVE, 6(2).

Clément, M.-É. et Tourigny, M. (1999a). Négligence envers les enfants et toxicomanie des parents : portrait d'une double problématique. Montréal, Québec : Comité permanent de lutte à la toxicomanie.

Croteau, M.-O. (2016) Évaluation de la qualité du partenariat interorganisations du Rond-Point, un centre périnatal et familial de toxicomanie (Mémoire de maîtrise inédit). Université de Montréal.

Dahl, K., Larivière, N. et Corbière, M. (2014). L'étude de cas : illustration d'une étude de cas multiples visant à mieux comprendre la participation au travail de personnes présentant un trouble de la personnalité limite. Dans M. Corbière et N. Larivière (dir.), Méthodes qualitatives, quantitatives et mixtes (p. 73-96). Québec, Québec : Presses de l'Université du Québec.

Dane, A. V. et Schneider, B. H. (1998). Program integrity in primary and early secondary prevention: Are implementation effects out of control? Clinical Psychology Review, 18(1), 23-45.

Davie-Gray, A., Moor, S., Spencer, C. et Woodward, L. J. (2013). Psychosocial characteristics and poly-drug use of pregnant women enrolled in methadone maintenance treatment. Neurotoxicology and Teratology, 38, 46-52.

Dell, C. A. et Roberts, G. (2005). Le point sur la recherche. Consommation d'alcool et grossesse : une importante question sociale et de santé publique au Canada. Repéré à http://www.phac-aspc.gc.ca/fasd-etcaf/index_f.html

Derauf, C., LaGasse, L. L., Smith, L. M., Grant, P., Shah, R., Arria, A., ... Lester, B. M. (2007). Demographic and psychosocial characteristics of mothers using methamphetamine during pregnancy: Preliminary results of the infant development, environment, and lifestyle study (IDEAL). American Journal of Drug & Alcohol Abuse, 33(2), 281-289.

Deslauriers, J. P. et Kérisit, M. (1997). Le devis de recherche qualitative. Dans J. Poupart, J. P. Deslauriers, L.-H. Groulx, A. Laperrière, R. Mayer et A. P. Pires (dir.), La recherche qualitative : enjeux épistémologiques et méthodologiques (p. 85-111). Montréal, Québec : Gaëtan Morin éditeur.

Direction de la santé publique de Montréal-Centre. (1998). Cadre de pratique pour l'évaluation des programmes : applications en promotion de la santé et en toxicomanie. Québec, Québec : Gouvernement du Québec, Ministère de la Santé et des Services sociaux.

Durlak, J. et DuPre, E. (2008). Implementation matters: A review of research on the influence of implementation on program outcomes and the factors affecting implementation. American Journal of Community Psychology, 41(3-4), 327-350.

Ferland, F., Blanchette-Martin, N., Pelletier, G., Jacques, I. et Gagnon, V. (2013). Programme Jeunes-Parents : intervention en dépendance dans un contexte d'intervention de protection de la jeunesse. Dans C. Plourde, M. Laventure, M. Landry et C. Arseneault (dir.), Sortir des sentiers battus : pratiques prometteuses auprès d'adultes dépendants (p. 247-260). Québec : Les Presses de l'Université Laval.

Fitzpatrick, J. (2012). L'évaluation de programme : quelques considérations de premier plan. Dans M. Hurteau, S. Houle et F. Guillemette (dir.), L'évaluation de programme axée sur le jugement crédible (p. 15-38). Québec, Québec : Presses de l'Université du Québec.

Gouvernement du Québec. (2006). Plan d'action interministériel en toxicomanie 2006-2011 : unis dans l'action. Québec, Québec : Direction des communications du ministère de la Santé et des Services sociaux.

Gouvernement du Québec. (2008). Politique de périnatalité 2008-2018 : un projet porteur de vie. Québec, Québec : Publications du Québec.

Guyon, L., De Konink, M., Morissette, P., Ostoj, M. et Marsh, A. (2002). Toxicomanie et maternité. Un parcours difficile, de la famille d'origine à la famille recréée. Drogues, santé et société, 1(1), 1-25.

Hélie, S., Turcotte, D., Trocmé, N. et Tourigny, M. (2012). Étude d'incidence québécoise sur les situations évaluées en protection de la jeunesse en 2008 (ÉIQ-2008) : rapport final. Montréal, Québec : Centre jeunesse de Montréal-Institut universitaire.

Lavergne, C. et Morissette, P. (2012). Nouvelle maternité en contexte de consommation abusive d'alcool ou de drogue : ampleur, enjeux pour l'aide aux femmes enceintes et aux mères et pratiques d'intervention. Dans M. Landry, S. Brochu et C. Patenaude (dir.), L'intégration des services en toxicomanie (p. 159-197). Sainte-Foy, Québec : Presses de l'Université Laval.

Lavergne, C., Morissette, P., Dionne, M. et Dessureault, S. (2009). Facteurs-clés d'une collaboration réussie entre les parents, le CHUM et la DPJ en contexte de toxicomanie parentale. Dans P. Morissette et M. Venne (dir.), Parentalité, alcool et drogues : un défi multidisciplinaire (p. 143-177). Montréal, Québec : Éditions du CHU Sainte-Justine.

Lavergne, C., Turcotte, G. et Morissette, P. (2015). Retombées de l'initiative Main dans la main auprès des futures et nouvelles mères consommatrices de substances psychoactives en période périnatale. Revue Canadienne de santé publique, 106(7 (Supplément 2), 38-44.

Le Blanc, M., Dionne, J., Proulx, J., Grégoire, J. C. et Trudeau-Le Blanc, P. (2003). Intervenir autrement : un modèle différentiel pour les adolescents en difficulté. Boucherville, Québec : Gaëtan Morin éditeur.

Lecompte, J., Perreault, É., Venne, M. et Lavandier, K.-A. (2002). Impact de la toxicomanie maternelle sur le développement de l'enfant et portrait des services existants au Québec. Montréal, Québec : Comité permanent de lutte à la toxicomanie.

Magura, S. et Laudet, A. B. (1996). Parental substance abuse and child maltreatment: Review and implications for intervention. Children and Youth Services Review, 18(3), 193-220.

Marshall, S. K., Charles, G., Hare, J., Ponzetti, J. J. et Stockl, M. (2005). Sheway's services for substance using pregnant and parenting women: Evaluating the outcomes for infants. Canadian Journal of Community Mental Health, 24(1), 19-34.

Morissette, P., Venne, M., Lavergne, C., Desmeules, S., Létourneau, H., Lavandier, K.-A. et Chouinard-Thompson, A. (2007). Main dans la main : une collaboration audacieuse et novatrice entre les parents, le CHUM et la DPJ en contexte de consommation. Dans C. Chamberland, S. Léveillé et N. Trocmé (dir.), Enfants à protéger, parents à aider : des univers à rapprocher (p. 243-261). Québec : Presses de l'Université du Québec.

Motz, M., Leslie, M., Pepler, D. J., Moore, T. E. et Freeman, P. A. (2006). Breaking the cycle: Measures of progress 1995-2005. Journal of FAS International, special supplement, 4, e22.

Mucchielli, R. (2006). L'analyse de contenu : des documents et des communications. Issy-les-Moulineaux, France : Les Éditions ESF.

Niccols, A., Milligan, K., Smith, A., Sword, W., Thabane, L. et Henderson, J. (2012). Integrated programs for mothers with substance abuse issues and their children: A systematic review of studies reporting on child outcomes. Child Abuse and Neglect, 36(4), 308-322.

Ordean, A. et Kahan, M. (2011). Comprehensive treatment program for pregnant substance users in a family medicine clinic. Canadian Family Physician, 57(11), 430-435.

Ordre des psychoéducateurs et psychoéducatrices du Québec. (2014). Une pratique réfléchie. La pratique en mouvement, (7).

Ouellet, F. et Saint-Jacques, M.-C. (2000). Les techniques d'échantillonnage. Dans R. Mayer, F. Ouellet, M.-C. Saint-Jacques, D. Turcotte et collaborateurs (dir.), Méthodes de recherche en intervention sociale (p. 71-90). Montréal, Québec : Gaëtan Morin éditeur.

Paillé, P. et Mucchielli, A. (2013). L'analyse qualitative en sciences humaines et sociales (3e éd.). Paris, France : Armand Colin.

Patton, M. Q. (2001). Qualitative research and evaluation methods (3e éd.). Thousand Oaks, California: Sage Publications Inc.

Poole, N. (2000). Evaluation report of the Sheway Project for high-risk pregnant and parenting women. Vancouver, British Columbia: British Columbia Centre of Excellence for Women's Health.

Ridde, V. et Dagenais, C. (2012). Introduction générale à l'évaluation de programmes. Dans V. Ridde et C. Dagenais (dir.), Approches et pratiques en évaluation de programmes : nouvelle édition revue et augmentée (p. 13-32). Montréal, Québec : Les Presses de l'Université de Montréal.

Rossi, P. H., Lipsey, M. W. et Freeman, H. E. (2004). Evaluation: A systematic approach (7e éd.). Thousand Oaks, California: Sage Pulbications Inc.

Royse, D., Thyer, B. A. et Padgett, D. (2016). Program evaluation: An introduction to an evidence-based approach (6e éd.). Boston, United States of America: Cengage Learning.

Slesnick, N. et Erdem, G. (2012). Intervention for homeless, substance abusing mothers: Findings from a non-randomized pilot. Behavioral Medicine, 38(2), 36-48.

Slesnick, N. et Erdem, G. (2013). Efficacy of ecologically-based treatment with substance-abusing homeless mothers: Substance use and housing outcomes. Journal of Substance Abuse Treatment, 45(5), 416-425.

Slesnick, N., Glassman, M., Katafiasz, H. et Collins, J. C. (2012). Experiences associated with intervening with homeless, substance-abusing mothers: The importance of success. Social Work, 57(4), 343-352.

Soura, B. D., Dagenais, C., Bastien, R., Fallu, J.-S. et Janosz, M. (2016). L'étude d'évaluabilité : utilité et pertinence pour l'évaluation de programme. La Revue canadienne d'évaluation de programme, 31(1).

Straussner, S. L. A. (2011). Children of substance-abusing parents: An overview. Dans S. L. A. Straussner et C. H. Fewell (dir.), Children of substance-abusing parents : Dynamics and treatment (pp. 1-27). New York: Springer Publishing company.

Wright, T., Schuetter, R., Fombonne, E., Stephenson, J. et Haning, W. (2012). Implementation and evaluation of a harm-reduction model for clinical care of substance using pregnant women. Harm Reduction Journal, 9(5), 1-10.

Yin, R. K. (2011). Qualitative research from start to finish. New York, NY: The Guilford Press.

Yin, R. K. et Ridde, V. (2012). Théories et pratiques des études de cas en évaluation de programmes. Dans V. Ridde et C. Dagenais (dir.), Approches et pratiques en évaluation de programmes : nouvelle édition revue et augmentée (p. 179-198). Montréal, Québec : Les Presses de l'Université de Montréal.

14 | Comprendre l'engagement dans un programme d'éducation parentale du point de vue des participants

Rima Habib
Département de psychoéducation et de psychologie,
Université du Québec en Outaouais

Marie-Ève Clément
Département de psychoéducation et de psychologie,
Université du Québec en Outaouais

Marie-Hélène Gagné
École de psychologie, Université Laval

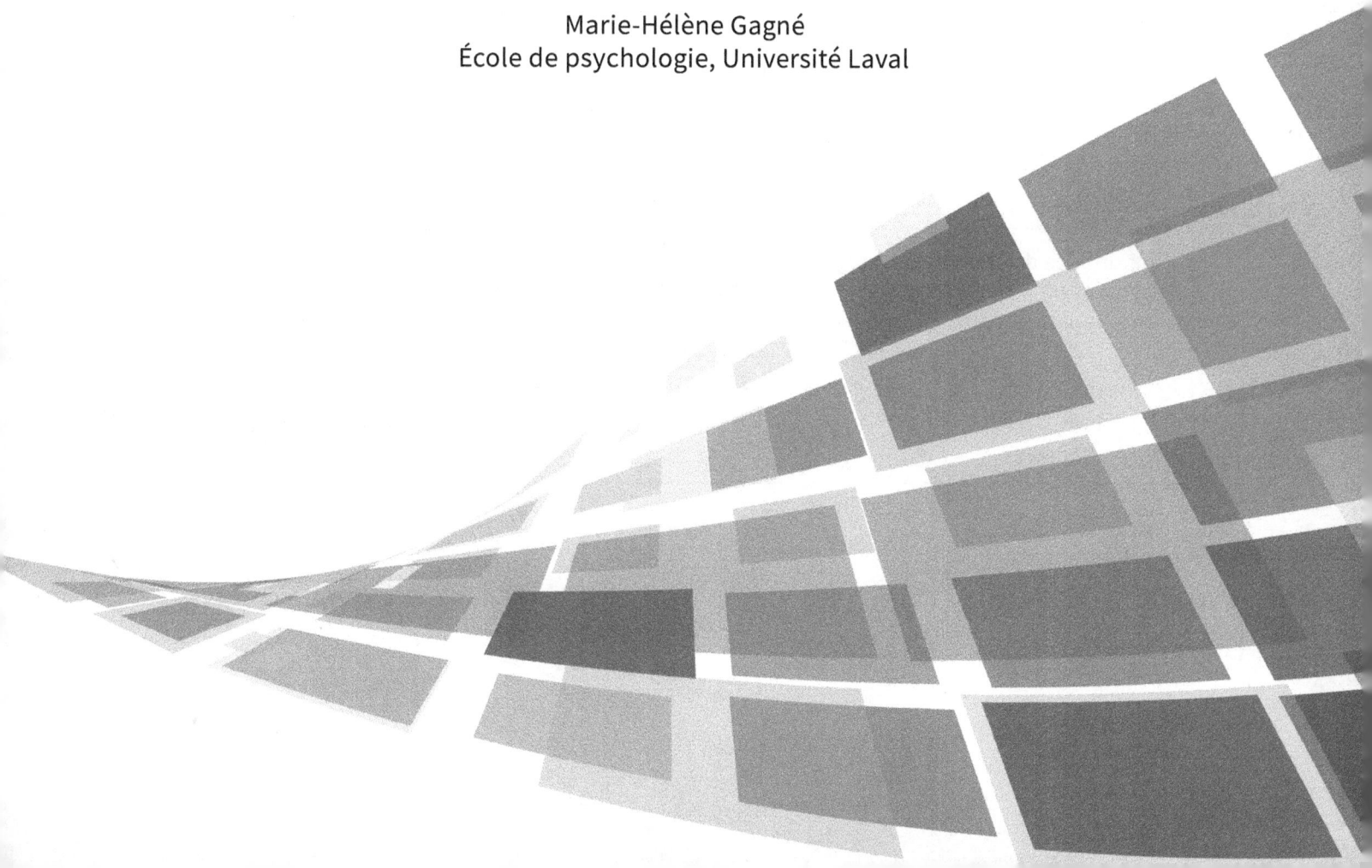

Résumé

Contexte

Cette étude s'inscrit dans le cadre d'une recherche évaluative réalisée sur l'implantation d'un programme d'éducation parentale (Triple P) à Montréal. Ce programme à données probantes a été implanté dans plus d'une vingtaine de pays (Sanders, 2004). Toutefois, peu d'études ont exploré le point de vue des parents pour documenter ce qui les influence à s'engager dans un programme d'éducation parentale (PEP).

Objectif

Dans cette optique, la présente étude avait comme objectif de mieux comprendre et décrire les facteurs qui influencent les parents à s'engager dans un programme offert en groupe.

Méthode

Des entretiens semi-dirigés ont été réalisés auprès de 11 parents ayant participé au programme Triple P de groupe. Différents thèmes entourant l'expérience de participation ont été explorés et une analyse thématique de contenu du discours des parents interrogés a été réalisée, à la base d'une approche qualitative de type descriptive-interprétative.

Résultats

L'analyse a permis de dégager les facteurs qui influencent les parents à s'inscrire, à participer et à compléter le programme. La présence d'un besoin en matière de soutien parental et leur perception que celui-ci peut être répondu au moyen de leur participation sont les facteurs à la base de leur engagement. Par la suite, leur décision de s'engager est surtout influencée par les modalités promotionnelles, de prestation du programme et d'intervention des praticiens.

Conclusion

L'importance du choix des stratégies d'implantation est discutée et des pistes d'intervention sont proposées en vue de soutenir l'engagement des parents dans un PEP.

Mots-clés

Programme d'éducation parentale, Triple P, engagement parental, recrutement, participation, rétention.

Recommandations cliniques issues de l'étude

- Les besoins, attentes et préoccupations des parents devraient être évalués en début d'intervention et validés au cours du processus d'engagement.

- Un lien de confiance avec les parents est essentiel tout au long du processus d'engagement.

- Il est important d'amener les parents à percevoir les bénéfices qu'ils tirent de leur participation pour valoriser leurs efforts d'engagement.

Questions pédagogiques

- Quelles sont les différentes phases et étapes de l'engagement des parents dans les programmes d'éducation parentale (PEP)?

- Quelles seraient des stratégies promotionnelles favorables au recrutement des parents dans un PEP?

- Quelles stratégies devraient être mises en place par les intervenants pour favoriser la participation et la rétention d'un parent à un PEP?

14.1 Introduction

À la fois source de bonheur et de frustration, être parent n'est pas une mince tâche et aucune formation ne prépare à ce rôle. Pour cette raison, plusieurs programmes ont été développés dans le but d'outiller, de soutenir et de valoriser les parents dans l'exercice de leur rôle d'agents de socialisation et de développement auprès de l'enfant (Delawarde, Briffault, Usubelli et Saïas, 2013). Parmi les options qui s'offrent aux parents, on retrouve les ***programmes d'éducation parentale*** (PEP) qui *visent à favoriser le développement optimal des enfants en intervenant directement auprès des parents*. Basés sur le modèle de l'apprentissage social et de la psychologie comportementale, ceux-ci sont habituellement structurés, manualisés et offerts en plusieurs séances de groupe. Ils visent à développer les pratiques parentales par le biais de soutien pédagogique (p. ex. : manuel de formation), d'enseignements théoriques et d'entraînements spécifiques (p. ex. : discussions, modelage, devoirs pratiques; Delawarde et al., 2013; Lavergne et Dufour, 2009). Plusieurs de ces programmes sont reconnus comme efficaces, du moins à court terme, pour diminuer les comportements problématiques des enfants et améliorer les compétences parentales (Lundahl, Risser et Lovejoy, 2006). Parmi les PEP ayant fait leurs preuves se trouve le programme Triple P de groupe; une modalité d'intervention de groupe (niveau 4) du système de promotion des pratiques parentales positives *Triple P-pratiques parentales positives* (Sanders, 1999).

14.1.1 Triple P – Pratiques parentales positives

Développé en Australie depuis plus d'une trentaine d'années, Triple P est un système d'intervention à données probantes destiné aux parents d'enfants âgés de 0 à 16 ans. Il vise à favoriser le développement global et à prévenir les problèmes comportementaux et émotionnels des enfants en améliorant le niveau de confiance, de connaissances et de compétences parentales avec une approche pédagogique basée sur l'autorégulation. En d'autres termes, les interventions sont destinées à fournir au parent un soutien minimal de sorte qu'il puisse développer une autonomie au niveau de son rôle parental. Le système opère selon une approche populationnelle de santé publique par le biais de cinq niveaux d'intervention en intensité croissante s'ajustant selon les besoins et le degré de soutien que nécessitent les parents (Sanders, 1999). Chacun des niveaux d'intervention peut être dispensé par de multiples acteurs de différents milieux appelés milieux-prestataires (p. ex. : CLSC, organisme communautaire).

Le premier niveau de Triple P consiste en des stratégies médiatiques universelles destinées à tous les parents. Le second niveau consiste en des séminaires éducatifs sur le rôle de parent ou des consultations brèves sur une problématique particulière. Le niveau trois regroupe des interventions qui visent pour leur part à offrir aux parents une formation ciblée de courte durée sur les compétences parentales, tandis que celles du niveau quatre offrent une formation générale (en individuel ou en groupe) aux parents d'enfants qui manifestent un problème de comportement plus sévère. Enfin, le cinquième niveau s'offre en continuation avec le niveau précédent et comporte des modalités d'interventions intensives destinées aux parents à haut risque de maltraitance et aux prises avec des facteurs de vulnérabilités multiples (p. ex. : dépression parentale, séparation, protection de la jeunesse) (Sanders, 1999, 2012).

Implanté dans plus d'une vingtaine de pays (Sanders, 2004), le système Triple P est reconnu comme prometteur ou efficace pour améliorer les pratiques parentales (de Graaf, Speetjens, Smit, de Wolff et Tavecchio, 2008; Sanders, Markie-Dadds, Tully et Bor, 2000; Sanders, Kirby, Tellegen et Day, 2014) et pour prévenir les mauvais traitements envers les enfants (Blueprints for Healthy Youth Development, 2015; Prinz, Sanders, Shapiro, Whitaker et Lutzker, 2009). Au Québec, la mise en œuvre et l'évaluation de Triple P ont débuté en 2015, dans deux régions spécifiques de la ville de Montréal et de Québec, par la Chaire de partenariat en prévention de la maltraitance en collaboration avec divers milieux-prestataires (Gagné, Richard et Dubé, 2015). Plus particulièrement, le programme Triple P de groupe, une modalité d'intervention du niveau 4 du système, a été implanté dans des territoires expérimentaux des régions visées. Ce PEP est offert à un groupe composé de 10 à 12 parents d'enfants qui présentent des problèmes de comportements ou qui sont à risque d'en développer. Il est dispensé hebdomadairement, en cinq séances de groupe de deux heures chacune, et trois suivis téléphoniques individuels d'environ trente minutes chacun. Le programme prévoit que les parents réalisent des exercices en groupe (p. ex. : jeux de rôle, discussion) et de manière individuelle (p. ex. :

devoirs pratiques à domicile) à l'aide de matériel didactique en soutien à l'apprentissage (p. ex. : séquences vidéo de mises en situation parent-enfant, cahiers d'exercices du participant) (Turner, Markie-Dadds et Sanders, 2010). La prestation du programme est offerte par un praticien Triple P (seul ou en co-animation), qui est un intervenant œuvrant généralement dans le domaine de la santé ou des services sociaux (p. ex. : psychoéducateur, travailleur social) ayant reçu la formation et l'accréditation offertes par les développeurs du système (Triple P International, 2015).

Dans le cadre de l'implantation québécoise, différentes activités ont été entreprises par l'équipe de recherche en partenariat avec les milieux prestataires (CLSC, écoles, organismes communautaires) pour qu'ils puissent s'approprier le programme Triple P de groupe, développer leur capacité à le mettre en œuvre et l'offrir aux familles (p. ex. : formations aux intervenants, développement de stratégies promotionnelles). Ces actions sont primordiales puisque la réussite ou l'échec d'un programme peut être influencé par la qualité de son implantation. Celle-ci fait notamment référence aux dispositions (p. ex. : ressources organisationnelles, prestation du programme) qui sont mises en place pour que le programme soit offert à la clientèle visée et atteigne les objectifs de changement chez celle-ci. En effet, selon plusieurs auteurs, un programme sera moins efficace s'il n'est pas implanté adéquatement (Chen, 2005; Rossi, Lipsey et Freeman, 2004). Par exemple, un faible engagement des parents (peu d'inscription, abandon élevé) peut mettre en doute la validité interne (attribution des changements observés chez la clientèle au programme) et externe (généralisation des résultats à la population) des PEP même s'ils ont été démontrés efficaces (Sethi, Kerns, Sanders et Ralph, 2014). De la sorte, il apparaît essentiel de considérer l'engagement des parents comme un concept primordial dans l'étude de l'implantation des PEP.

14.1.2 Engagement parental dans les PEP

La documentation scientifique sur l'engagement parental est à la fois vaste et complexe (Headman et Cornille, 2008). Plusieurs études ont tenté d'identifier les facteurs qui influencent les parents à s'engager dans les PEP qui leurs sont destinés. Or, leurs résultats sont difficilement comparables, car les études peuvent se différencier, par exemple, sur la manière dont elles définissent l'engagement (p. ex. : recrutement versus participation), sur leur mesure de celui-ci (p. ex. : du point de vue des praticiens versus celui des parents) ou encore, sur le plan des PEP qu'elles ciblent dans le cadre de leur évaluation (Dumas, Nissley-Tsiopinis et Moreland, 2007; Gross, Julion et Fogg, 2001; Mendez, Carpenter, LaForett et Cohen, 2009). Comme il n'existe pas de consensus sur la notion de l'engagement parental, il apparaît nécessaire de proposer une définition commune de ce concept qui en facilitera sa compréhension. Celle-ci est présentée sous la forme d'un modèle conceptuel (Figure 14.1) qui s'applique particulièrement aux PEP (Habib, 2016) et qui a été conçu à partir de différentes études dans le domaine (Ajzen, 1991; Dumas et al., 2007; Dumka, Garza, Roosa et Stoerzinger, 1997; Eisner et Meidert, 2011; McCurdy et Daro, 2001; Spoth et Redmond, 1996).

Figure 14.1 **Modèle conceptuel du processus d'engagement dans un programme d'éducation parentale (Habib, 2016)**

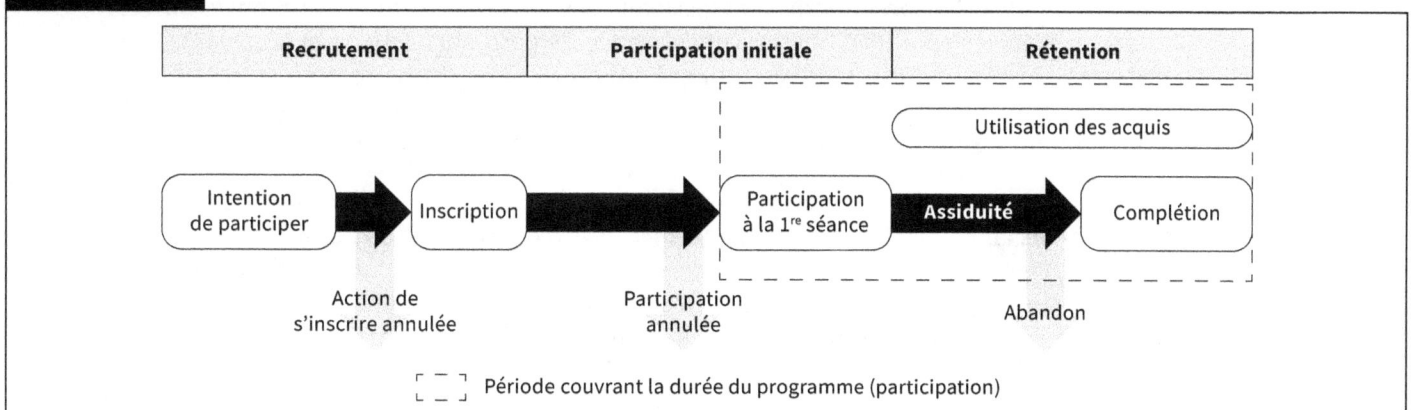

Selon ce modèle conceptuel, l'***engagement parental*** *est représenté comme un processus qui se déroule en trois phases distinctes comportant plusieurs étapes successives.* Le recrutement est la première phase et débute une fois que le parent a exprimé son intention de participer au PEP, après en avoir pris connaissance. Il prendra ensuite la décision de s'inscrire ou non. Une fois le parent inscrit, la deuxième phase du processus est enclenchée, soit celle de la participation initiale. À ce moment, le parent peut décider de poursuivre son engagement en se présentant à la première séance du programme, ou à l'inverse, peut décider d'annuler sa participation. La dernière phase, celle de la rétention, fait référence à la présence continue du parent aux séances (assiduité), à la qualité de sa participation (utilisation), ainsi qu'à la complétion du programme. L'utilisation implique principalement l'ouverture du parent à recevoir le contenu du PEP ainsi qu'à le mettre en application dans son quotidien (Baydar, Reid et Webster-Stratton, 2003; Eisner et Meidert, 2011). Quant à la complétion, elle est définie en termes de présence minimale requise par le programme pour atteindre les objectifs visés. À titre d'exemple, un parent peut être reconnu comme ayant complété le programme Triple P de groupe une fois qu'il a participé à au moins trois séances de groupe puisqu'il aurait acquis les notions minimales pour appliquer l'approche des pratiques parentales positives dans son quotidien (Leung, Sanders, Ip et Lau, 2006).

Plusieurs facteurs peuvent influencer la nature et le déroulement du processus d'engagement parental. Ces facteurs, étudiés selon qu'ils sont des facilitateurs ou des obstacles aux différentes phases et étapes de l'engagement, sont présentés dans les prochaines sections.

Première phase : Recrutement

Plusieurs auteurs se sont intéressés à l'intention des parents de prendre part ou non à un PEP (Axford, Lehtonen, Kaoukji, Tobin et Berry, 2012; Dumas et al., 2007; McCurdy et Daro, 2001). Selon la théorie du comportement planifié de Ajzen (1991), l'intention fournit les motivations nécessaires pour réaliser une action dans un contexte donné et est déterminée par les croyances à l'égard de celle-ci. Ainsi, l'intention du parent de participer à un PEP serait plus grande lorsqu'il perçoit des bénéfices associés à son engagement (Spoth et Redmond, 1995; Dumas et al., 2007). Parmi les bénéfices rapportés dans les études se trouve la possibilité d'acquérir de nouvelles stratégies en matière de discipline parentale (Zeedyk, Werrity et Riach, 2003), d'améliorer sa relation avec son enfant (Wellington et al., 2006) et de développer un réseau de soutien social (Gross et al., 2011). À l'inverse, la perception des désavantages associés à la participation peut nuire au recrutement. Le manque de confiance envers l'intervenant, la peur d'être jugé ou stigmatisé (Koerting et al., 2013; Smith et al., 2015) ou l'inconfort de parler en groupe (Axford et al., 2012; Mytton, Ingram, Manns et Thomas, 2014) sont d'autres obstacles à l'intention de participer souvent documentés.

L'approbation de l'entourage aurait aussi une influence sur l'intention du parent de participer à un PEP (McCurdy et Daro, 2001; Zeedyk et al., 2003; Patel, Patel, Calam et Latham, 2011). Tout particulièrement chez les pères, l'influence de la conjointe jouerait un rôle important (Lundahl, Tollefson, Risser et Lovejoy, 2008). En outre, les croyances du parent, quant à la faisabilité de participer au programme, influenceraient aussi son intention d'y assister. Ces croyances concernent, entre autres, les contraintes de temps, les conflits d'horaires et l'absence de gardiennage (Lee et al., 2014). Pour pallier ces obstacles, certains auteurs recommandent d'offrir aux parents une gamme de possibilités de prestation (p. ex. moment et lieu de prestation) ainsi qu'une halte-garderie (Axford et al., 2012; Gross et al., 2001; Salinas, Smith et Armstrong, 2011).

Plusieurs chercheurs soutiennent également que l'une des principales barrières au recrutement concerne la méconnaissance de l'existence même des PEP (Lee et al., 2014; Sumargi, Sofronoff et Morawska, 2015). Quoiqu'une promotion bouche-à-oreille effectuée par une personne connue (Owens, Richerson, Murphy, Jageleweski et Rossi, 2007) soit la stratégie la plus appréciée par les parents, une variété de modalités promotionnelles permettrait de mieux faire connaître les PEP

(Devolin et al., 2012; Sanders et Kirby, 2012). Par exemple, certains auteurs suggèrent que le recrutement se fasse de manière continue (Axford et al., 2012; Normand, Vitaro et Charlebois, 2000) et que les parents aient différentes occasions de recevoir de l'information sur les PEP et de s'y inscrire (Dumka et al., 1997; Heinrichs, Bertram, Kuschel et Hahlweg, 2005). Dans un même ordre d'idée, le contenu promotionnel pourrait aussi influencer la décision du parent à s'inscrire au PEP. Des messages simples et positifs (Bell, 2007; Spoth, Redmond, Hockaday et Chung Yeol, 1996) qui promeuvent l'efficacité du PEP pourraient favoriser le recrutement (Frank, Keown, Dittman et Sanders, 2015; Sanders et Kirby, 2012; Sumargi et al., 2015). Dans le cas présent par exemple, une campagne promotionnelle a accompagné l'offre de services (Charest, Gagné et Goulet, sous presse), incluant la distribution de dépliants, l'affichage dans des endroits fréquentés par les familles et la mise en ligne d'un site web (www.parentspositifs.ca).

Enfin, le lien de confiance entre le parent et l'intervenant-référent aurait aussi une influence sur sa décision à prendre part au PEP puisqu'elle permettrait notamment de pallier les barrières psychologiques, telle que la stigmatisation perçue face à la demande de soutien (Axford et al., 2012; Koerting et al., 2013). En ce sens, un recrutement personnalisé dans lequel l'intervenant tente de répondre aux préoccupations des parents est une stratégie proposée par plusieurs auteurs (Jago et al., 2013; Koerting et al., 2013).

Deuxième phase : Participation initiale

De manière générale, les facteurs qui conduisent les parents à se présenter à la première séance d'un programme sont peu étudiés puisque la majorité des études ne distingue pas la participation initiale de la rétention (Baker, Arnold et Meagher, 2011). Pour Eisner et Meidert (2011), il semble que les parents ayant un plus grand réseau de soutien social soient plus enclins à se présenter à la première séance d'un PEP alors que ce n'est pas le cas lorsque les deux parents travaillent et qu'il y a plusieurs enfants à domicile. Chez les pères plus particulièrement, l'opinion favorable de la conjointe et leur besoin d'acquérir de nouvelles stratégies en matière de pratiques parentales sont les principaux facteurs qui influencent la présence à la première séance d'un PEP dans l'étude de Salinas et al. (2011). D'autre part, il est possible que le parent décide d'annuler sa participation, une fois inscrit à un PEP, si le comportement de son enfant s'améliore entre le moment de l'inscription et celui de la première séance (Frankel et Simmons, 1992).

Enfin, un contact préalable avec le praticien Triple P, dans lequel les barrières liées à la participation, les attentes, et les préoccupations des parents sont abordées, contribuerait à favoriser la participation initiale (Chacko, Wymbs, Chimiklis, Wymbs et Pelham, 2012). Les interventions des praticiens pour répondre aux besoins des parents et pour favoriser le lien de confiance sont donc des facteurs à considérer (Jago et al., 2013; Salinas et al., 2011).

Troisième phase : Rétention

Les facteurs recensés ayant une influence sur la phase de rétention sont ceux qui sont réputés pour influer sur la participation continue du parent aux séances, ou à l'inverse, sur son abandon du PEP.

Tout d'abord, plus le PEP répond aux attentes et aux besoins en matière de soutien parental des participants, plus grande serait leur rétention (McCurdy et Daro, 2001; Nock et Kazdin, 2005; Okamoto, 2001). Par exemple, les parents ayant exprimé le désir de s'améliorer comme parent (Baydar et al., 2003; Frankel et Simmons, 1992) et de partager avec d'autres parents (Gross et al., 2001) seraient plus enclins à demeurer dans le programme que ceux ayant des motivations reliées au besoin de voir un changement dans le comportement de l'enfant (Miller et Prinz, 2003; Nock et Kazdin, 2005). Dans un même ordre d'idée, les compétences du praticien à répondre ou à s'adapter aux besoins des parents joueraient un rôle considérable sur la rétention (Coatsworth, Duncan, Pantin et Szapocznik, 2006; Jago et al., 2013; Prinz et Miller, 1994), rejoignant le constat indiquant qu'une incohérence entre les attitudes parentales et le contenu du PEP serait un important motif d'abandon (Friars et Mellor, 2009). Plusieurs auteurs suggèrent d'ailleurs aux praticiens de garder un contact fréquent avec les participants (Nock et Kazdin, 2005; Normand et al., 2000) et de développer une alliance thérapeutique de manière à favoriser leur engagement dans le PEP (Glasgow, 2014; Orrell-Valente, Pinderhughes, Valente et Laird, 1999).

Quant aux modalités de prestation, les parents auraient une préférence pour un PEP offert les soirs de semaine (Gross et al., 2001) et dans un lieu connu et à proximité de leur domicile (Baydar et al., 2003; Devolin et al., 2012). En ce sens, plusieurs auteurs suggèrent que des incitatifs associés aux besoins des parents soient offerts, tels que le service d'une halte-garderie, de manière à limiter les absences aux séances de groupe (Baydar et al., 2003; Normand et al., 2000; Webster-Stratton, 1998). En ce qui concerne l'effet de groupe, certaines études rapportent que l'assiduité des parents est plus grande chez ceux ayant créé des liens avec les autres participants par le biais de discussions et de mises en pratique (Barlow et Stewart-Brown, 2001; Koerting et al., 2013; Normand et al., 2000). Pour d'autres en revanche, parler en groupe susciterait plutôt un inconfort qui peut nuire à la participation et à la rétention (Patterson, Mockford, et Stewart-Brown, 2005). Plusieurs auteurs recommandent à ce sujet que les parents ayant des besoins similaires (p. ex. : enfants TDA/H, présence du (de la) conjoint(e)) soient regroupés ensemble (Normand et al., 2000; Salinas et al., 2011; Turner et al., 2010) pour favoriser leur rétention dans les PEP.

Le précédent survol des écrits scientifiques a montré qu'il existe plusieurs facteurs qui influencent le recrutement, la participation initiale et la rétention à un PEP. Or, même si plusieurs études se sont intéressées à l'engagement des parents dans les PEP, peu d'entre elles se sont intéressées à décrire chaque étape du processus et celles-ci portent davantage sur le point de vue des prestataires de services que des parents eux-mêmes dans le cadre d'une évaluation de programme. Afin de pallier cette lacune, la présente étude vise à documenter le processus d'engagement parental (recrutement, la participation initiale et la rétention) selon le modèle conceptuel proposé par Habib (2016) et les facteurs susceptibles de l'influencer du point de vue des parents ayant participé à l'implantation de Triple P.

14.2 Objectifs de l'étude

Cette étude vise à mieux comprendre ce qui a influencé les parents à s'engager dans le programme Triple P de groupe. Comme il existe déjà au Québec, et à Montréal en particulier, une diversité de services et de programmes de soutien à la parentalité s'apparentant à Triple P (Gagné et al., 2015), les perceptions des parents à l'égard de ce PEP nouvellement implanté dans deux régions de la province s'avèrent pertinentes à documenter. Cela permettra de mieux comprendre l'utilité des stratégies d'implantation mises en place pour favoriser l'engagement parental et ainsi de dégager des pistes d'action favorisant l'engagement dans un PEP à données probantes tel que Triple P.

L'approche qualitative a été préconisée pour sa capacité à fournir des informations détaillées sur le phénomène étudié, tel qu'il se manifeste en milieu naturel (Deslauriers, 2005) et à partir de l'expérience des répondants (Stern, Alaggia, Watson et Morton, 2008; Houlding et al., 2012). Plus spécifiquement, l'approche descriptive-interprétative a été utilisée pour répondre aux objectifs de cette étude puisqu'elle permet de décrire en profondeur un phénomène encore peu documenté, en dépeignant ses composantes et variations selon la perspective des participants (Gallagher, 2014). Elle ne s'intéresse toutefois pas uniquement à les définir, mais aussi à interpréter les liens qui les unissent pour dégager une meilleure compréhension du phénomène.

14.3 Méthode

14.3.1 Échantillon

Un échantillon de type non probabiliste et volontaire a été constitué, puisque l'étude ne vise pas à généraliser les résultats à la population, mais bien à explorer un phénomène précis (Deslauriers et Kérisit, 1997). Les participants de quatre groupes Triple P offerts entre septembre et décembre 2015, sous la responsabilité du CLSC, en partenariat avec des milieux impliqués dans l'implantation à Montréal, ont été ciblés pour cette présente étude.

Plus particulièrement, les participants ayant déjà consenti à participer à la recherche évaluative de la Chaire de partenariat en prévention de la maltraitance et ayant accepté d'être sollicités pour un autre projet associé ont été approchés. De cet échantillon, un total de 19 participants étaient éligibles à l'étude puisqu'ils répondaient aux critères suivants : vivre à temps plein ou à temps partiel avec l'enfant (dans le cas où l'enfant est placé dans un autre milieu, le parent n'est éligible que si le processus de réintégration dans le milieu familial a déjà débuté au moment de l'étude), avoir le français comme langue d'usage, avoir au moins un enfant âgé de 2 à 12 ans qui présente des problèmes de comportements ou qui est à risque d'en développer (information validée auprès du parent à son inscription, selon ses besoins actuels en soutien parental) et avoir suivi au moins deux séances de groupe, incluant la première. Celle-ci représente une séance d'information et d'évaluation qui a été exceptionnellement ajoutée dans le cadre de la recherche, représentant la première séance de groupe. Au total, le programme a donc été offert en six séances de groupe et trois suivis téléphoniques. Enfin, il est à noter que le terme « parent » signifie tout homme ou femme (parent naturel ou adoptif, ou autre tuteur désigné) qui exerce un rôle parental auprès de l'enfant.

Au moins une semaine suivant la prestation de la dernière séance du programme, les participants ciblés ont été contactés par téléphone par l'étudiante-chercheuse pour les inviter à participer à l'étude. Une fois le consentement écrit obtenu, l'heure et le lieu (local du CLSC, à domicile ou au téléphone) d'une rencontre étaient convenus. Un dédommagement de 30 $ leur était offert.

Sur les 19 parents sollicités, 11 ont accepté de participer à l'étude, incluant sept mères et quatre pères. Au total, ils provenaient de quatre groupes différents. Le Tableau 14.1 présente le profil des participants. De manière générale, ceux-ci présentent des profils très diversifiés sur le plan sociodémographique ainsi que sur l'âge de l'enfant visé. Par exemple, un peu plus de la moitié de l'échantillon est constitué de familles biparentales, près du tiers, de familles recomposées et près du quart, de familles monoparentales.

Aussi, quatre parents travaillent à temps plein, deux travaillent à temps partiel et cinq sont à domicile, dont une mère qui est en congé de maladie et un père qui est en congé de paternité. Au moment de la recherche, il y avait d'un à trois enfants au total par famille, dont l'âge varie entre 3 et 12 ans. À noter aussi que deux parents participants proviennent d'une même famille recomposée au moment de l'étude; chacun pour un enfant différent (M7 et P11).

Tableau 14.1 **Profils des participants à l'étude**

ID	Âge	Occupation	Revenu familial annuel (brut)	Type de famille	Nombre d'enfants du ménage	Âge de l'enfant
M1	37	À domicile	15-25 000 $	Monoparentale	1	3
M2	42	À domicile	15-25 000 $	Biparentale	3	3
M3	30	Travail (plein)	> 75 000 $	Biparentale	2	3
M4	36	À domicile	< 15 000 $	Monoparentale	2	12
M5	41	Travail (partiel)	> 75 000 $	Biparentale	2	4
M6	36	Travail (plein)	> 75 000 $	Recomposée	2	4
M7	31	Congé de maladie	< 15 000 $	Recomposée	3	8
P8	56	Congé de paternité	> 75 000 $	Biparentale	2	8
P9	40	Travail (partiel)	35-45 000 $	Biparentale	2	9
P10	49	Travail (plein)	45-55 000 $	Biparentale	2	8
P11	35	Travail (plein)	< 15 000 $	Recomposée	3	5

Note. « ID » désigne soit la « mère » (M) ou le « père » (P). L'âge de l'enfant est celui qui est ciblé par le programme au moment de l'inscription (Habib, 2016).

14.3.2 Collecte de données

Un entretien individuel semi-structuré d'une durée de 60 à 90 minutes a été réalisé auprès des participants, soit par une étudiante-chercheuse ou par une professionnelle de recherche. Du nombre total d'entretiens, sept ont été réalisés dans un local fermé d'un CLSC, deux à domicile et deux par téléphone pour pallier les contraintes de temps exprimées par les parents. L'ensemble des entretiens a été enregistré sous bande audionumérique pour, d'une part, assurer la disponibilité active de l'interviewer et, d'une autre part, assurer l'intégrité des données recueillies afin d'en faciliter l'analyse (Gallagher, 2014).

En guise de référence, un guide d'entretien a été utilisé pour orienter la discussion. Il était composé d'une majorité de questions ouvertes et de quelques questions fermées et d'approfondissement. Les thèmes documentés étaient :

a) les expériences passées de participation à des PEP (p. ex. : « *Avez-vous eu dans le passé des expériences comme participant à un ou des PEP, autre que Triple P?* »);

b) leur expérience générale avec le système Triple P (p. ex. : « *De quelle manière avez-vous entendu parler de Triple P de groupe?* »);

c) leurs motifs et attentes à l'égard du programme (p. ex. : « *Quelle est ou quelles sont les raisons qui vous ont amenées à vous inscrire à Triple P de groupe?* »);

d) leur satisfaction vis-à-vis des modalités d'intervention, de prestation et de logistiques (p. ex. : « *Comment les animateurs(trices) vous ont-ils (elles) appuyés dans vos apprentissages?* »);

e) les impacts perçus sur leur comportement et celui de leur enfant à la suite de leur participation (p. ex. : « *Avez-vous observé un ou des changements chez vous, comme parent, à la suite de votre expérience de participation?* »).

Enfin, tout au long de la recherche, un journal de bord a été entretenu pour y annoter des pistes de réflexion et des impressions personnelles reliées au déroulement des entretiens de manière à être utilisées comme source de données complémentaires à la compréhension du phénomène étudié.

14.3.3 Traitement et analyse des données

L'approche de Miles et Huberman (2003) et de Miles, Huberman et Saldaña (2014), tel que décrit par Gallagher (2014), a été utilisé comme méthode d'analyse puisqu'elle permet de mettre en valeur les relations qui existent entre les différentes composantes d'un phénomène. Cette approche implique trois champs d'activités simultanées :

a) la condensation des données;

b) la présentation des données;

c) l'élaboration et la vérification des conclusions.

Pour y procéder, les enregistrements des entretiens ont été retranscrits intégralement et un code d'identification numérique a été accordé à chaque verbatim.

La première étape, en vue de la condensation des données, consistait à écouter les enregistrements et à lire plus d'une fois les transcriptions et le journal de bord pour se familiariser avec les discours des participants et en développer une vision globale. Au fil des lectures, et pour chacun des entretiens, des pistes de réflexion et des éléments particuliers ont été annotés. Au cours du premier cycle de condensation des données, les extraits des propos des participants, en rapport avec l'objectif de l'étude, ont été repérés et des thèmes ont été soulevés. À partir de cela, une première grille d'analyse thématique a été élaborée dans le but de décrire le phénomène. En vue de mieux comprendre les liens qui unissaient les thèmes, un deuxième cycle de condensation des données a été réalisé qui consistait à regrouper les thèmes sous des catégories plus générales pour créer une figure thématique. Plus précisément, les thèmes ont été classifiés selon la phase du processus d'engagement parental (recrutement, participation initiale ou rétention) concernée. Par ailleurs, le logiciel pour l'analyse de données qualitatives, NVivo11, a été utilisé comme un outil de soutien à la phase de codage.

Simultanément avec les cycles de condensation des données, une figure conceptuelle exposant la relation existant entre les thèmes émergeant des discours des participants (p. ex. la présence d'une source de motivation et la recherche d'un soutien parental sont des facteurs qui influencent chacune des phases de l'engagement) a été développée afin de permettre une compréhension plus approfondie du processus d'engagement parental. Enfin, les conclusions tirées de l'interprétation du phénomène ont été élaborées en continu tout au long des activités de collecte et d'analyses des données. Compte tenu du processus itératif de l'analyse qualitative, un va-et-vient constant aux données brutes a été nécessaire afin d'assurer la concordance entre les conclusions et les résultats issus des discours des participants. Les autres moyens qui ont été employés pour procéder à une vérification rétrospective des conclusions ont été la mise en place de rencontres régulières sur le sujet avec les membres de l'équipe de recherche et une co-analyse des données. Celle-ci impliquait principalement des échanges constructifs qui ont eu lieu pendant les étapes de l'analyse, entre l'étudiante-chercheuse et sa directrice de recherche, sur les thèmes émergents, le choix des catégories et la compréhension du phénomène à l'étude.

14.4 Résultats

Une diversité de facteurs ayant eu une influence sur le processus d'engagement dans le programme Triple P de groupe a émergé de l'analyse des entretiens avec les participants. La Figure 14.2 présente l'ensemble de ces facteurs selon qu'ils concernent directement le parent (facteurs internes) ou qu'ils concernent le programme ou les organisations (facteurs externes) en fonction de chacune des phases du processus (recrutement, participation initiale et rétention). Dans la figure, les catégories générales de facteurs sont indiquées en caractère gras dans les encadrés. Un surlignage continu indique que la catégorie ou le facteur se manifeste aussi dans les phases subséquentes. Les paragraphes suivants font état de manière détaillée de quelques facteurs qui concernent chacune des phases du processus. Des extraits de verbatim seront rapportés pour illustrer les propos.

14.4.1 Phase de recrutement

Tirés du discours des participants, les différents facteurs qui ont eu une influence sur leur intention et leur décision de prendre part au programme Triple P de groupe sont présentés dans les prochains paragraphes.

Sources de motivation

Pour certains parents, des insatisfactions personnelles reliées à l'inefficacité de leurs pratiques parentales ou à l'incapacité de trouver, dans le passé, un programme qui répondait à leurs besoins étaient à la source de leur motivation. La motivation peut aussi provenir directement de la présence d'une difficulté comportementale ou émotionnelle vécue par l'enfant et qui engendre des conséquences négatives sur toute la famille :

> Les raisons, c'est pour améliorer le mode de vie de ma fille, de diminuer un petit peu les crises, pour connaître pourquoi elle me fait ça. [...] Parce que, ça y est, je me trouve plus à ma maison, je trouve plus de confort, je trouve plus de stabilité, c'est devenu vraiment affreux la maison avec ses crises. Donc, je trouve pas la stabilité. Mon foyer, il était complètement comme perturbé et tout, c'est pour ça que... J'étais vraiment, je me suis vraiment engagée pour avoir de l'aide. (M2)

Figure 14.2 — **Facteurs internes et externes influençant le processus d'engagement parental dans le programme Triple P de groupe (Habib, 2016)**

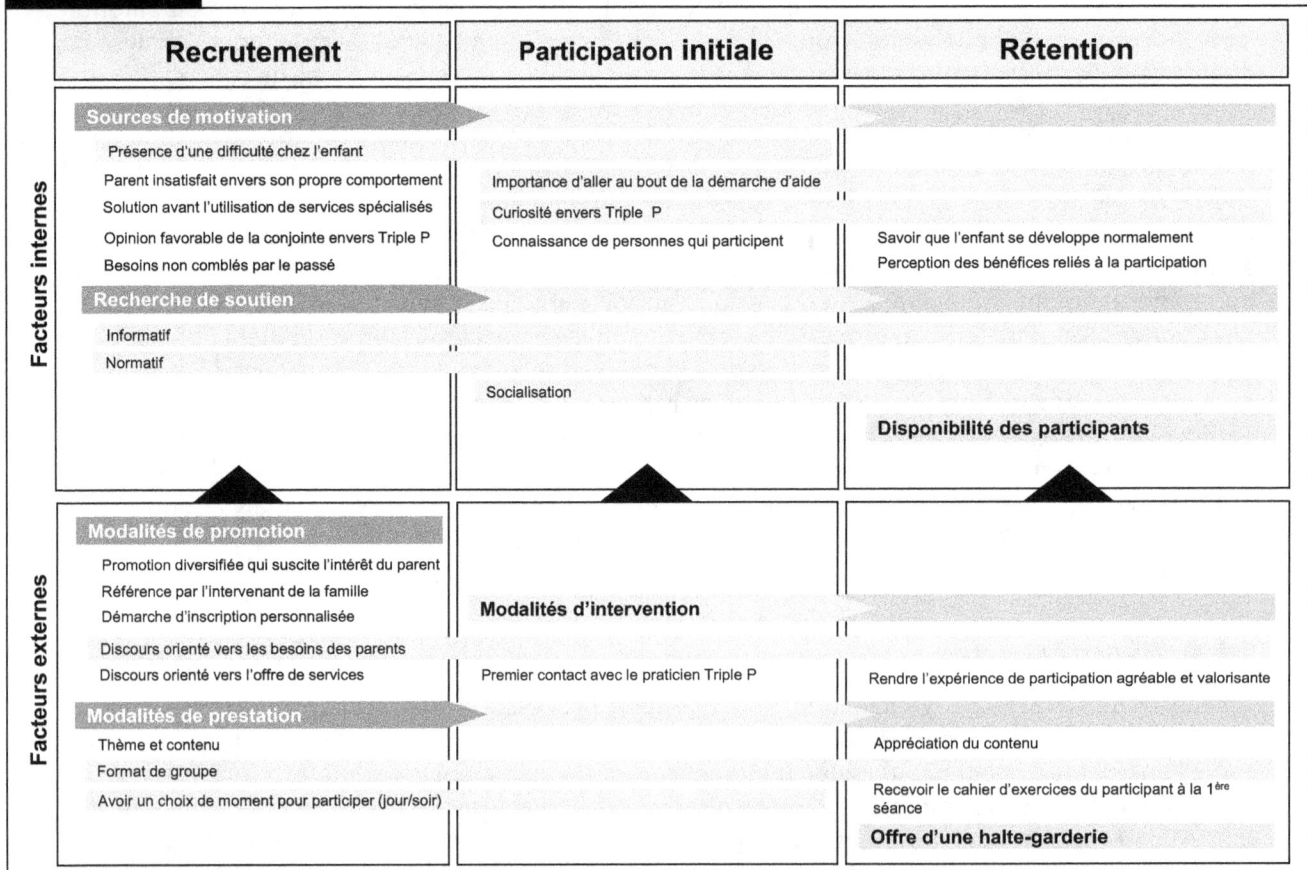

Pour un participant, le programme représentait la solution-clé à tenter avant qu'il ait recours à des services spécialisés pour son enfant. Enfin, pour un autre, la demande de sa conjointe à participer avec elle au programme a influencé sa prise de décision :

> C'est mademoiselle, parce qu'elle voulait s'inscrire puis moi je trouvais que c'était... Que ça allait être très bon dans mon cas [...] elle [nom de la conjointe] m'en a parlé d'aller le faire [...] (P11)

Recherche de soutien

Le choix des participants de prendre part à Triple P a aussi été influencé par le fait qu'ils étaient tous à la recherche d'une certaine forme de soutien. Tout d'abord, la majorité a exprimé vouloir acquérir de nouvelles connaissances et stratégies parentales dans l'optique de s'améliorer comme parent et de soutenir le développement de leur enfant (soutien informatif) :

> C'était vraiment pour trouver des outils, pour avoir de l'aide pour pouvoir mieux gérer, mieux contrôler les crises de mon fils, ses excès d'agressivité, avoir des petits trucs aussi en tant que parents, là, pour nous aider dans la vie quotidienne. C'est surtout ça. (M3)

> En tant que parent, on n'a pas toujours tous les moyens puis, peu importe, quand même qu'on ait le moyen, ça ne veut pas dire que l'enfant ça va fonctionner avec lui. (Rires) [...] j'ai trouvé ça très intéressant de m'enrichir de connaissances puis d'avoir des outils pour pouvoir m'aider à le comprendre, puis pouvoir l'aider à grandir. [...] Je voulais apprendre des choses nouvelles pour aider là à faire grandir nos enfants d'une meilleure façon, je pense qu'il n'y aura jamais assez de trucs. (P11)

La recherche d'une validation et d'une valorisation par l'entremise des autres parents (soutien normatif) a aussi conduit deux participantes à prendre part au programme, tel qu'illustré par ce propos : « En même temps, c'est un peu pour me rassurer, est-ce que je fais les choses de la bonne manière, ou si je suis carrément à côté de la track » (M3).

Modalités de promotion

Selon les répondants, la diversité et le contenu des stratégies promotionnelles utilisées ont contribué à leur intention de participer à Triple P. Ce participant décrit la manière dont la brochure informative décrivant ce PEP, disponible à l'école de son enfant, a suscité son intérêt :

> ...j'ai pris le pamphlet, puis après ça, je suis allé voir le site Internet [...] Je pense, de mémoire, il me semble qu'il y avait pas beaucoup d'informations, là, ça expliquait le programme en général, ça allait pas dans les détails. Mais c'était suffisant pour que je dise : bah, ça peut être intéressant, là. Je regardais la description, dans le pamphlet [...] de la formation puis aussi des séances d'information [niveau 2 : séminaires Triple P]. Il y avait des séances d'information d'une soirée, là. Puis moi, je trouvais que ça semblait intéressant, j'ai dit : on va aller voir avant d'aller... (P8)

Pour d'autres, la source de référence (intervenante connue) ou le fait d'avoir eu une démarche d'inscription personnalisée au moment de l'appel pour s'informer du programme a favorisé leur recrutement :

> Triple P, je t'ai dit que c'est par le biais de l'école [...] Ils nous ont donné un papier comme ça, toutes les adresses. Ils nous ont donné tous les renseignements. Moi, j'ai contacté la personne en question, elle m'a expliqué [...] un descriptif. [...] j'ai vu que c'est intéressant, ces cours-là. [...] J'ai appelé la madame [coordonnatrice d'implantation], elle m'a donné toutes les dates [...] elle m'a donné, m'a expliqué tout qu'est-ce qu'il y a à faire, comment ça fait, j'ai pris des rendez-vous avec elle, et puis j'ai embarqué, là. (P10).

Ensuite, la manière dont l'intervenante ou le référent a promu et décrit le programme a été un facteur influant sur la décision des participants à y prendre part. D'une part, un discours qui est orienté vers les besoins des parents leur permettait de mieux percevoir les bénéfices associés à la participation au programme :

> *Quand on m'a dit que c'était le renforcement positif parental... tsé avec l'enfant, des outils à aller chercher... j'ai fait oh mais ça ça va être intéressant. Ben c'est pour ça aussi que je suis allé vers le programme [...] Elle dit ça peut aider pour donner des techniques, comment réagir avec l'enfant, comment apprivoiser les comportements de l'enfant sans se fâcher constamment pi sans tout le temps hausser le ton... être à bout de souffle la... c'est de là [...] que j'ai décidé de prendre part au programme avec mon conjoint. (M6)*

D'autre part, la présentation du programme comme étant le seul soutien disponible et pertinent en attendant de recevoir les services spécialisés demandés (discours orienté vers les services), a aussi favorisé l'inscription de certains participants :

> *Oui c'est parce que on avait certaines inquiétudes au niveau de mon enfant. On a fait certaines évaluations et à la suite de ces évaluations-là, [...] elle m'a référé [...] le service social et psychoéducateur, et c'est eux autres qui ont trouvé que c'était peut-être une bonne idée de commencer par Triple P, en attend que j'aille [...] le service de psychoéducateur... c'est comme ça que c'est venu à ça, ils m'ont parlé de ça et j'ai trouvé que c'était très intéressant [...] ça pouvait être aidant. (M5)*

Modalités de prestation

Du point de vue des parents interrogés, l'intention de s'inscrire au programme est plus grande lorsqu'ils perçoivent que le thème ou le contenu de celui-ci peut répondre au type de soutien qu'ils recherchent. De plus, le format de groupe a attiré des parents puisqu'il était susceptible de répondre à un besoin de soutien informatif et normatif :

> *Dans le fond, on m'avait dit aussi que... il y avait des parents... moi je m'attendais aussi à ce qu'il y ait d'autres parents comme nous, avec des enfants avec certains problèmes, pas des gros problèmes mais des difficultés qu'eux vivent à la maison à tous les jours, pis que nous aussi on vivait [...] moi je m'attendais vraiment à avoir des... comme des outils vraiment [...] pour changer complètement. (M6)*

Enfin, la possibilité de choisir le moment pour participer au programme a été un facteur facilitant au recrutement pour certains participants compte tenu des contraintes reliées au temps. Ils n'ont toutefois fait référence à ce facteur que lorsqu'ils ont été interrogés directement sur le sujet :

> *Oui, ç'a dû peser. Si j'avais travaillé, j'aurais été obligé d'y aller le soir, puis le soir, ça aurait été plus difficile, avec toute la routine de la soirée, là. Quand on revient après 3 heures, le retour à l'école, le repas, les soupers, dodo. Tandis que le jour, ben, ç'a été plus facile. [...] C'est pour ça que je l'ai pris à l'automne tout de suite, parce que je savais que je travaillerais pas à l'automne. Donc, je l'ai pris à ce moment-là. (P8)*

> *... j'aurais pu me libérer une fois par semaine aussi là. Tsé si c'est pour aider mon enfant tsé j'aurais pu faire le sacrifice d'y aller de jour, mais c'est ça j'avais expliqué dans le fond... s'il n'y aurait pas eu de soir j'aurais été de jour. [...] je me serais organisée pour prendre une journée et me libérer [...] c'est sûr, de soir c'est bien parce que ça permet aux parents de pouvoir participer, ce n'est pas tout le monde de jour qui peuvent se libérer, mais comme je vous dis si ça l'avait été vraiment juste de jour j'y aurais été pareil... (M6)*

14.4.2 Phase de participation initiale

Après l'inscription, différents facteurs ont influencé la décision des parents de se présenter à la première séance de groupe du programme (séance d'informations et d'évaluation). Ces facteurs peuvent être encore une fois classés selon qu'ils relèvent directement du parent (sources de motivations et type de soutien recherché) ou qu'ils lui sont externes (modalités d'intervention et de prestation du programme).

Sources de motivation

Tout d'abord, la persistance des difficultés de l'enfant, encore présentes au moment de la première séance du programme, est un des facteurs ayant motivé les parents à s'y présenter. L'importance de respecter ses engagements a aussi été une source de motivation importante pour plusieurs participants. Par exemple, pour cette mère, il était nécessaire d'aller au bout de sa démarche dans le but de soutenir son enfant : « … je voulais vraiment aller au bout, aller chercher de l'aide, toute l'aide que je pouvais pour mon fils, puis pour que ça soit plus agréable aussi, là, la vie de famille. » (M3). Tandis que pour ce père, le seul fait de s'être inscrit a été suffisant pour l'amener à respecter son engagement :

> Ben, j'étais inscrit à un cours, je vais y aller, là (Rire). J'ai pas besoin de plus de motivation que ça. Je me suis inscrit, je vais y aller. Puis le premier cours, j'y vais, sans trop savoir qu'est-ce que ça va donner, là. (P8).

De plus, plusieurs ont rapporté s'être présentés à la première séance, car ils étaient curieux d'en apprendre davantage sur le programme :

> … la première chose, c'est que je voulais comprendre vraiment c'était quoi le programme Triple P, il me manquait, je trouvais, des informations, je voulais vraiment savoir comment il fonctionnait, c'était quoi leur approche, puis décider ensuite si ça me convenait, si je voulais suivre. (M1)

Le fait de connaître d'autres parents (p. ex. : conjointe, amis) qui participaient au même groupe a aussi été une source de motivation à la participation initiale, tel qu'illustré par les propos de cette mère :

> Il y avait des personnes que je connaissais [...] C'est des parents que les enfants puis mes enfants jouent ensemble. Donc, je me suis dit : je perds rien d'aller là, puis en plus, j'ai des amis qui vont là, donc, on va comme plus se voir, encore plus qu'on se voyait avant. (M4)

Recherche de soutien

Encore à ce stade, la recherche d'un soutien informatif ou normatif a été soulevée comme un motif pour se présenter à la première séance. Or, un nouveau besoin en termes de soutien a été exprimé par une participante, soit de rencontrer de nouvelles personnes et de socialiser avec d'autres parents (soutien de socialisation) :

> … je me suis dit : j'aurai peut-être pas plus d'amis, mais ceux que j'ai déjà, je vais leur parler, puis ils vont rester amis…. [...] je vais aller là, je vais voir, puis tant mieux si j'ai des amis, puis si j'en ai, je vais aller les voir après, je vais rester avec eux autres, je vais prendre un café ou, je sais pas, j'essayais de développer quelque chose qui aurait pu être positif sur mon côté. (M4)

Modalités d'intervention

Les conseils de l'intervenant-référent, qui visaient à encourager le parent à poursuivre son engagement à la suite de son inscription, ont aussi eu une influence sur la décision à se présenter à la première séance. En effet, le discours de l'intervenante était orienté de manière à démontrer que le programme pourrait répondre aux besoins de cette participante :

> *[Nom de l'intervenante] m'avait conseillé d'y aller, de voir... au moins voir comment c'était... pis quand j'ai vu qu'il y avait autant de parents... pis ça m'intéressait qu'est-ce qu'elle m'avait dit parce qu'elle m'en avait parlé en bien pis qu'il y avait beaucoup de parents qui participaient en groupe... [ce qu'a dit l'intervenante-référente] c'était des parents... des mères des pères qui allaient chercher des outils pour mieux fonctionner dans la vie de tous les jours avec leurs enfants... quand c'était plus difficile. (M6)*

Pour celle-ci, c'est plutôt le discours adopté par le praticien Triple P lors de leur premier contact qui a influencé sa décision :

> *... je peux dire aussi que la travailleuse sociale avec qui on a parlé au téléphone [praticien Triple P], qui nous a parlé du Triple P, et qui nous a entendu toute la situation qu'on vivait, elle nous a vraiment... la façon qu'elle nous a présenté ça, on trouvait qu'on pouvait être très très aidant donc... il n'y avait pas question que on n'y participait pas. (M5)*

Modalités de prestation

Tout comme à la phase de recrutement, le format de groupe a été un facteur influent sur la participation initiale du parent :

> *... si j'aurais pas connu quelqu'un [au sein du groupe], j'y aurai été pareil, puis je m'aurais dit : bof, je perds rien encore dans ce côté-là. Donc, d'une pierre deux coups; c'est soit je me fais des amis puis que je me fais donner des idées, des trucs; ou que je suis avec mes amis puis qu'on continue à parler ensemble puis on développe plus d'affinités. Donc, je voyais juste du positif sur ce côté-là. » (M4)*

Enfin, une participante rapporte que le fait de se voir offrir le programme en soirée a été un facteur facilitant à sa participation initiale. De même que dans la phase de recrutement, ce facteur n'est ressorti que lorsque le parent a été questionné directement sur les modalités entourant l'offre du programme :

> *... c'est sûr qu'ils m'en ont offert de jour, mais mon mari voulait y être [...] alors le fait que c'était le soir ça nous a aidé à y être ensemble... à vivre ça ensemble et c'est sûr qu'on a dû se débrouiller avec ma mère et mon père qui venaient garder les enfants, mais oui c'est sûr que l'heure ça nous aidait. (M5)*

14.4.3 Phase de rétention

Les principaux facteurs qui ont influencé les participants à poursuivre leur engagement dans le programme après avoir participé à la première séance de groupe sont présentés dans les prochaines sous-sections selon qu'ils relèvent du parent (sources de motivation, recherche de soutien et disponibilité des participants) ou qu'ils lui sont externes (modalités d'intervention ainsi que de prestation et offre d'une halte-garderie).

Sources de motivation

Outre l'importance d'aller au bout de la démarche et la curiosité grandissante d'en apprendre plus sur le programme, tel qu'exprimé par cette participante « ... quand je commence quelque chose, je veux le finir. (Rire) [...] Faque je voulais aller au bout aussi pour voir, pour le voir au complet, le programme. » (M3), deux autres facteurs ont émergé des discours des parents. Tout d'abord, le fait de savoir à la mi-chemin du programme, par le biais des résultats de l'évaluation réalisée à la première séance, que son enfant se développe normalement a redonné à cette participante la motivation de poursuivre son engagement :

> *Ça m'a vraiment rassurée. Moi, je pensais que ma fille, d'après les ana –, quand est-ce qu'on va faire comme bilan et tout, peut-être qu'elle a un problème de retard de mémoire ou je sais pas quoi. Donc, elle m'a rassurée, elle m'a dit : non, votre fille, elle se développe normalement. [...] ça m'a rassurée. C'est ça. Mettons, ça m'a donné le courage de suivre ces formations-là. (M2)*

De plus, pour la majorité des participants, le fait d'avoir perçu au cours du processus des bénéfices associés à leur participation a été une importante source de motivation. Ce participant rapporte concrètement les avantages qu'il tirait de son implication au programme :

> *... d'un cours à l'autre, je voyais l'avantage. Dans le fond, je voyais l'application, je l'appliquais avec ma fille, donc, ça, je voyais que ça pouvait marcher ou pas marcher, mais au moins, ça avançait, là. C'est sûr qu'elle, elle a senti une différence par rapport à avant, parce que là, j'étais un peu plus, je la suivais plus, je la punissais plus, je la surveillais plus. (Rire) Donc, c'est là qu'elle a commencé à réagir. Mais au moins, on le faisait, il y avait quelque chose qui avançait. (P8)*

Recherche de soutien

Les formes de soutien encore recherchées à ce stade du processus concernent le soutien informatif et de socialisation. Pour ce père, les séances de groupe, en plus d'avoir été une source d'apprentissage, lui ont permis de socialiser avec d'autres parents :

> *C'était le fun. Tsé on aurait dit qu'on s'en allait faire un milieu social, une activité sociale. Puis en même temps, s'enrichir de connaissances, pas juste mettons aller jouer une partie de pool avec des amis ou tsé, c'était vraiment comme on s'en va là, puis on va apprendre quelque chose puis c'est... Je ne sais pas, j'ai aimé ça. (P11)*

Disponibilité des participants

À l'inverse des phases précédentes de l'engagement, le facteur relié à la disponibilité du parent a été soulevé par deux participants. Par exemple, pour cette mère, le fait qu'elle pouvait faire garder sa fille lui a permis de se présenter plus aisément aux séances de groupe qui se déroulaient dans le jour : « Parce que ma fille va à la garderie. J'ai un seul enfant puis elle va à la garderie maintenant. Je pouvais me libérer plus facilement. » (M1)

Modalités d'intervention

Des interventions réalisées par les praticiens Triple P pour répondre aux besoins des parents en matière de soutien ont encore eu à ce stade-ci une influence sur l'engagement. Cette participante décrit comment les propos du praticien à son égard et au groupe lui ont permis de réaliser les bénéfices de poursuivre sa participation :

> *... les intervenants, quand ils sont en train de commencer à nous parler, commencer à nous donner confiance, à nous, je me suis trouvée quand même à l'aise avec eux. Donc, ils me rendent comme, la confiance... Cette inquiétude-là, c'est parti dès la première séance, où je me suis dit : non, d'après qu'est-ce qu'ils disent, c'est bien. Ils disent que c'est pour le bien de votre enfant, c'est des séances une fois par semaine, [...] on va comme regarder les crises, pourquoi ils font ça, donc on va essayer d'améliorer la situation des parents et des enfants en même temps. [...] Ils disent qu'on va vous aider, on va vous aider, on va essayer de voir les*

problèmes de vos enfants, pas juste moi, on était quand même un groupe [...] Donc, ils disent que, chaque parent, il décrit, il va décrire qu'est-ce qui, quel est le problème de leur enfant et tout. Donc, on va vous aider. (M2)

En plus du discours, l'approche et le style d'animation adoptés par les praticiens ont contribué à ce que les participants apprécient davantage les séances : « C'est vraiment la façon qu'ils amenaient [...] l'apprentissage. Ça c'était le fun. [...] On avait l'impression d'aller passer un bon moment entre parents, pas aller en cours. » (M7). D'autres se sont sentis soutenus et valorisés dans leur apprentissage par les praticiens, favorisant d'un coup leur rétention au programme :

Ils étaient toujours derrière nous. [...] Ils cherchent toujours que nous, on participe. Il faut qu'on participe au cours, il faut qu'on donne notre avis, c'est ça, notre avis. Donc, ils nous posent des questions, toujours il faut qu'on participe à la séance. (M1)

... j'avais trouvé ça le fun l'approche de [les praticiennes Triple P] ... Tsé, puis on leur avait expliqué d'avance qu'il y a des activités [devoirs à domicile] qu'on ne pourrait pas faire au complet puis elles les adaptaient un peu à nous [...] Elles ne nous ont pas mis de côté parce qu'on ne pouvait pas tout faire au complet là, elles ont été super... (M7)

Modalités de prestation

La dynamique du groupe a eu une influence sur la rétention des participants, quoique celle-ci ait été vécue inégalement entre les parents puisqu'ils provenaient de groupes différents. Somme toute, une ambiance agréable et favorable aux échanges a été appréciée et a favorisé la présence des parents aux séances :

Je ne sais pas si la dynamique aurait été comme moins bonne ça l'aurait fait comme ouais... mais tsé vu que la dynamique était bonne pis que le cours était bien expliquer ça allait bien... j'ai trouvé ça bien. (M6).

... on avait un bon groupe aussi. Donc, c'est ça, l'ambiance était le fun. Oui, l'ambiance était vraiment le fun. [...] C'était toujours joyeux, tout le monde était de bonne humeur. On était à l'aise de parler, même si on connaissait pas les gens. On n'avait pas peur de dire, de donner des exemples de ce qui se passait à la maison, on n'avait pas peur de se faire juger par les autres. On se faisait confiance, même si on se connaissait pas. Ça, j'ai trouvé ça le fun. (M3)

De plus, l'appréciation du contenu même du programme, incluant les stratégies enseignées et le matériel utilisé, a contribué positivement à l'assiduité et à l'utilisation des acquis chez certains participants :

... de jour en jour, on voyait que les sujets étaient intéressants et puis il y avait vraiment beaucoup d'arguments qui pourraient nous intéresser. [...] les explications qu'ils donnaient, les vidéos, les affaires comme ça. C'était vraiment bon quand même. (P9)

Enfin, une participante a rapporté avoir apprécié recevoir le cahier d'exercices Triple P dès la première séance. Cet élément a contribué à rehausser son intérêt envers le programme puisqu'en le consultant, elle a pu se faire une idée des thèmes qui allaient être abordés à chaque séance :

Parce que le livre était séparé en séances, selon les cours de groupe qu'on allait avoir. Donc, je trouvais ça intéressant de voir ce qu'on allait apprendre, dans le fond, pendant le programme. [...] c'est ça, j'ai feuilleté le livre avant, puis il y a des bouts que je me disais : ah, ça, OK, je suis correcte; il y en a d'autres, je vais en apprendre un peu plus. Le volet discipline, j'avais très hâte de le voir (Rire) celui-là j'ai trouvé ça vraiment intéressant. Donc, ça m'a incitée à vouloir

poursuivre les autres cours. [...] C'est surtout celui-là [séance 3] que j'avais besoin d'aller cher-
cher pour régler les problèmes de mon fils, parce que c'était au niveau de l'agressivité, c'était
vraiment ça que je voulais régler. (M3)

Offre d'une halte-garderie

L'offre d'une halte-garderie a été le seul facteur logistique soulevé dans le discours de certains parents comme ayant eu une influence sur leur rétention au programme. Pour certains groupes, la halte-garderie a été offerte aux participants, favorisant ainsi la présence de quelques parents aux séances de groupe dispensées en soirée. Pour d'autres, ce dépannage n'a pas été offert par l'orga-nisation, ce qui a nui à l'assiduité de certains parents. Cette participante partage ses réflexions à l'égard de la pertinence d'offrir une halte-garderie :

Ça j'aurais trouvé ça bien qu'il y en ait une [halte-garderie], parce qu'on aurait pu amener
[prénom de l'enfant] sans tout le temps le faire garder... mais pour nous c'était possible, mais
pour certains parents c'est peut-être plus difficile de faire garder donc moi je trouve que ce
serait bien qu'il y aille une halte-garderie. [...] ce groupe-là a bien été tsé les gens pouvaient
faire garder leurs enfants, mais pour ceux qui ne peuvent vraiment pas, [...] mais il y en a une
personne qui m'a dit là-dedans que si elle aurait pu amener ses enfants ça l'aurait été bien, au
lieu des laisser à la maison pis euh... ça l'aurait été plus facile pour la personne d'amener son
enfant parce qu'elle ne peut pas toujours le faire garder. (M6)

14.5 Discussion

Les facteurs qui influencent le processus d'engagement dans le programme Triple P de groupe émer-geant du discours des participants peuvent être classés selon qu'ils sont internes ou externes aux parents. La première catégorie (facteurs internes) fait référence aux raisons qui les ont conduits à s'inscrire, à participer et à compléter le programme en fonction de leur propre situation et de la forme de soutien qu'ils recherchaient dans le cadre de Triple P. Quant aux facteurs externes, ils concernent les modalités organisationnelles, d'intervention et de prestation du programme qui ont une influence sur leur engagement. En regard de ces facteurs, les résultats de cette étude soulèvent deux principaux constats :

a) les facteurs externes semblent avoir une influence sur les facteurs internes;

b) certains facteurs (internes ou externes) paraissent propres à une phase ou l'autre du proces-sus d'engagement alors que d'autres semblent exercer une influence continue.

Les paragraphes suivants présentent ces constats selon les trois phases du processus.

14.5.1 Facteurs d'influence sur le recrutement des parents à Triple P

En premier lieu, on note que tous les parents ont exprimé au moins un motif les ayant incités à s'en-gager dans le programme. Celui-ci varie selon la situation et les attentes de chacun, mais concerne le plus souvent un besoin exprimé en matière de soutien parental, qu'il soit normatif ou informa-tif. Ce besoin, combiné à la perception du parent qu'il peut être répondu par leur participation à Triple P, agit comme une condition minimale au recrutement. À cet effet, on sait que l'intention de participer à un PEP est plus grande lorsque le parent perçoit des bénéfices associés à son engage-ment (Spoth et Redmond, 1995). En outre, dans la présente étude, cette perception semble être influencée par les différentes modalités promotionnelles utilisées par les milieux-prestataires et la manière dont le programme est promu par les intervenants eux-mêmes impliqués dans l'implan-tation de Triple P. Par exemple, une promotion qui présente le programme comme une stratégie efficace pour apprendre à mieux gérer le comportement problématique des enfants serait attirante pour les parents qui cherchent à acquérir de nouvelles connaissances et stratégies en matière de pratiques parentales (Zeedyk et al., 2003). Pour ceux qui cherchent à échanger avec d'autres parents dans une perspective d'amélioration de leurs propres pratiques et de validation personnelle auront aussi un intérêt à s'inscrire au programme s'il est offert en groupe (Gross et al., 2011). Ces résultats soulignent l'importance de mettre en place une variété de modalités promotionnelles pour rejoindre le plus de parents possible (Devolin et al., 2012; Sanders et Kirby, 2012), et de s'assurer que les milieux-prestataires aient les ressources humaines et financières pour le faire et qu'ils connaissent les particularités du programme pour le promouvoir adéquatement auprès des parents (Axford et al., 2012).

Au-delà des bénéfices perçus, l'approbation de l'entourage immédiat (p. ex. : conjointe, intervenante de la famille, amis) semble aussi renforcer la décision du parent de s'inscrire et de se présenter à la première séance de Triple P, tout comme cela est rapporté dans les études antérieures (McCurdy et Daro, 2001; Salinas et al., 2011; Zeedyk et al., 2003). Dans le même ordre d'idée, les démarches d'inscription personnalisée semblent être plus attrayantes pour les parents. Ensemble, ces constats rejoignent les résultats d'études qui ont montré que si la référence au PEP provient directement d'une personne connue du parent alors la demande de soutien devient normalisée et est perçue moins stigmatisante pour celui-ci (Axford et al., 2012). La stratégie promotionnelle bouche-à-oreille (Owens et al., 2007) pourrait donc s'avérer intéressante à exploiter par les prestataires auprès de leurs clientèles.

Pour certains parents, la décision de s'inscrire au programme a été influencée par le fait qu'il s'agissait pour eux d'une ressource immédiate leur permettant d'avoir un accès ultérieur à des services d'aide spécialisés pour leur enfant (p. ex. : psychoéducation). Ceci soulève un enjeu important quant au rôle que peut jouer un PEP dans l'organisation des services de première ligne. En effet, on peut penser qu'un programme de groupe tel que Triple P est une stratégie efficiente pour pallier, à court terme, les longues listes d'attente. En revanche, il est possible que l'intervention du niveau 4 de Triple P ne réponde pas aux besoins de toutes les situations familiales, d'où la nécessité de bien évaluer les besoins et les attentes des parents au préalable (Turner et al., 2010) et d'assurer que le programme représente le meilleur service possible pour les familles (Jago et al., 2013; Koerting et al., 2013). D'ailleurs, les résultats de la présente étude montrent que plus le programme correspond au type de soutien recherché par le parent, plus son engagement apparaît élevé, et ce, à chacune des phases du processus.

Enfin, la documentation scientifique suggère que plus le parent perçoit qu'il a un contrôle sur la faisabilité de participer à un PEP, relativement aux contraintes de temps et de gardiennage par exemple, plus il sera enclin à s'y inscrire (Gross et al., 2001; Lee et al., 2014). Les résultats de l'étude vont dans le même sens, car la possibilité de choisir le moment de leur participation à Triple P semble avoir un effet incitatif pour certains parents. Cependant, étant donné que cette étude n'a permis de décrire que le point de vue des parents ayant poursuivi leur engagement dans le programme Triple P de groupe, il est impossible d'évaluer si des obstacles situationnels ont empêché les parents qui souhaitaient s'inscrire de le faire réellement. En bref, un PEP qui est offert de manière continue, en différentes plages horaires, serait favorable au recrutement d'un plus grand nombre de parents, car ils pourraient s'engager au moment qui leur convient (Axford et al., 2012).

14.5.2 Facteurs d'influence sur la participation initiale des parents à Triple P

Les résultats de cette étude montrent l'importance du maintien du besoin initial en matière de soutien parental (p. ex. : difficulté vécue par l'enfant) au moment de la première séance du programme, car celui-ci apparaît comme un motif important pour poursuivre l'engagement (Frankel et Simmons, 1992). Celui-ci pourrait d'ailleurs être évalué lors de la première prise de contact téléphonique du praticien Triple P avec le parent, une fois celui-ci inscrit, de manière à valider sa participation, mais aussi comme une opportunité d'échanger et de développer le lien avec lui (Jago et al., 2013; Salinas et al., 2011). En effet, la création d'un lien de confiance entre le praticien et le parent dès le début de l'intervention peut avoir une influence sur la décision du parent à poursuivre son engagement (Glasgow, 2014; Jago et al., 2013; Salinas et al., 2011). Au cours de cet entretien, la situation du parent peut être réévaluée pour s'assurer que le programme réponde encore à ses attentes. Cela semble d'autant plus important que, dans la présente étude, le discours orienté vers les besoins des parents apparaît comme un facteur favorable à la participation initiale au programme.

Les préoccupations et questionnements des parents peuvent aussi être abordés dès la première prise de contact, de façon à limiter autant que possible certaines barrières psychologiques (p. ex. : inquiétude de parler en groupe) ou logistiques potentielles liées à leur engagement (p. ex. : absence de gardiennage; Chacko et al., 2012). Dans la même perspective, il pourrait être aussi pertinent, et ce, avant la première séance du programme d'évaluer les motivations du parent (p. ex. : importance de respecter ses engagements, désire de socialisation avec d'autres parents) qui l'amènent à vouloir participer au programme ainsi qu'à le compléter de manière à utiliser ces facteurs comme des leviers d'intervention. Parmi les autres facteurs qui apparaissent favorables à la participation initiale se trouve la curiosité du parent d'en apprendre davantage sur Triple P. À cet effet, on peut penser que la manière dont le programme est promu en le présentant par exemple comme un programme à données probantes (p. ex. en le présentant comme un programme qui a été déterminé efficace par plusieurs études ou encore un programme qui a été éprouvé dans plus de 25 pays; Charest et al., sous presse) peut contribuer à susciter cette curiosité (Frank et al., 2015; Sanders et Kirby, 2012; Sumargi et al., 2015).

14.5.3 Facteurs d'influence sur la rétention des parents à Triple P

À la suite de leur participation initiale, tous les parents interrogés ont poursuivi leur engagement; l'étude considère qu'ils ont complété le programme puisqu'ils ont assisté à plus de trois séances de groupe (Leung et al., 2006). L'appréciation des parents du programme se manifeste dans la présente étude par les bénéfices qu'ils perçoivent de leur participation. Entre autres, on note l'observation d'un changement positif chez l'enfant à la suite de la réalisation des devoirs et l'opportunité d'apprendre de nouvelles stratégies en matière de discipline parentale par le biais du contenu du programme, du matériel didactique (p. ex. : le cahier d'exercices) et des échanges en groupe. Cela rejoint les constats d'études antérieures (Barlow et Stewart-Brown, 2001; Koerting et al., 2013; Normand et al., 2000) à l'effet que les PEP peuvent répondre à la fois aux besoins en matière de soutien informatif et de socialisation des participants.

Les résultats de l'étude montrent aussi que la dynamique du groupe influence l'expérience de participation des parents. Une ambiance agréable est favorable au partage ainsi qu'à l'apprentissage et le discours des parents laisse sous-entendre que celle-ci peut être influencée par le style d'intervention du praticien. La capacité de ce dernier à répondre à la fois aux besoins de chaque parent et aux besoins du groupe, à adapter le contenu du programme selon les réalités de chacun et à animer les séances peuvent en effet jouer un rôle important sur l'appréciation du programme par les participants (Coatsworth et al., 2006; Prinz et Miller, 1994). Cela montre l'importance que les praticiens soient formés à offrir le programme de même qu'ils détiennent les compétences nécessaires pour intervenir auprès d'un groupe de parents (Turner et al., 2010).

Quoique certains parents ont exprimé que la possibilité de choisir le moment pour participer au programme (jour/soir) ait été un facilitateur à leur engagement dès le recrutement, il semble que les aspects reliés au temps et à la logistique (c.-à-d. disponibilité, offre d'une halte-garderie) agissent davantage sur la phase de rétention. Cela pourrait s'expliquer par le fait qu'à ce stade, le niveau d'engagement requis de leur part est supérieur à ce qu'il était au moment de leur inscription ou de leur participation à la première séance au programme. En effet, les parents qui décident de poursuivre au sein du programme sont tenus de se libérer une fois par semaine, pour au moins les prochaines semaines, dans le but d'assister aux séances de groupe (Turner et al., 2010). En outre, plusieurs participants soulignent la pertinence d'offrir une halte-garderie pour limiter les obstacles reliés à l'absence de gardiennage et aux horaires chargés des parents, rejoignant les constats issus de la documentation scientifique (Baydar et al., 2003; Normand et al., 2000; Webster-Stratton, 1998). Ce besoin logistique pourrait par ailleurs être décelé dès l'inscription du parent ou lors de la première prise de contact par le praticien (Chacko et al., 2012).

14.6 Conclusion

Les résultats de cette étude suggèrent que le processus d'engagement dans un PEP est favorisé principalement lorsque le parent perçoit que ce dernier répond à ses besoins en termes de soutien parental informatif, normatif ou de socialisation. D'ailleurs, l'acquisition de nouvelles stratégies en matière de pratiques parentales positives et la rencontre avec d'autres parents qui vivent des difficultés familiales similaires sont parmi les bénéfices reliés à la participation soulevées dans l'étude. Au-delà de ces facteurs, il existe des facilitateurs externes aux participants qui contribuent à leur engagement, et ce, pour chacune des phases du processus. On retrouve notamment les modalités promotionnelles des milieux-prestataires (p. ex. : une promotion qui rejoint différents besoins), les compétences et les habiletés interpersonnelles des praticiens Triple P (p. ex. : l'établissement d'un lien de confiance) ainsi que les caractéristiques propres au programme Triple P (p. ex. : une approche basée sur l'apprentissage en groupe). Ces résultats suggèrent ainsi l'importance de considérer les facteurs favorables de l'ensemble du processus d'engagement et leur synergie lors de l'élaboration des stratégies d'implantation de programme.

Plus particulièrement, cette étude met en avant-plan le rôle que peut jouer le praticien sur l'engagement parental. En effet, sa capacité à déceler et à répondre aux besoins et aux attentes des parents, à considérer les caractéristiques personnelles de chaque parent et ses compétences à intervenir en groupe et de manière personnalisée constituent autant d'éléments favorables à l'engagement. La qualité de la relation et le lien de confiance qu'il établit dès le début du processus avec le parent apparaissent comme des facteurs favorables à l'engagement.

En ce sens, il serait intéressant d'explorer le point de vue des praticiens à l'égard des facteurs qui influencent l'engagement parental et l'expérience de participation de manière à le comparer à celui des parents. De même, il serait intéressant de décrire, dans une étude ultérieure, les particularités des praticiens (connaissances des PEP, compétences en animation de groupe et interpersonnelles, etc.) et les caractéristiques du cadre organisationnel dans lequel ils interviennent, incluant les modalités logistiques des milieux-prestataires, pour avoir une compréhension plus globale des facteurs qui influencent l'engagement, puisque ces variables semblent influencer l'ensemble du processus (Axford et al., 2012; Baydar et al., 2003; Devolin et al., 2012).

14.6.1 Forces et limites de l'étude

Cette étude présente plusieurs forces. En premier lieu, elle permet de mettre en lumière les facteurs qui influencent l'ensemble du processus d'engagement des parents dans un PEP à partir de l'expérience des participants; un phénomène rarement étudié dans cette perspective puisque le sujet a davantage été documenté du point de vue des prestataires. En outre, il s'agit de la première étude à s'intéresser à Triple P implanté à Montréal, ce qui représente un apport important dans une optique d'implantation de ce PEP à large échelle. Enfin, l'échantillon de parent ayant participé à l'étude, bien que de petite taille, inclut des pères et présente un profil hétérogène. À ce titre, il reflète la variété des perspectives de parents issus de divers horizons socioéconomiques et ayant participé à Triple P de groupe avec différents praticiens formés à cet effet.

Quelques limites de l'étude sont aussi identifiées. En premier lieu, il est important de souligner que seuls les participants ayant poursuivi leur engagement au sein du programme ont été interrogés dans le cadre de cette étude. De la sorte, il est impossible de documenter les motifs des autres parents qui souhaitent s'inscrire, mais qui ne l'ont pas fait, de ceux inscrits qui ont décidé d'annuler leur participation au programme ou même de ceux qui ont abandonné le programme en cours. Aussi, les résultats de l'étude ne peuvent pas être généralisés à l'ensemble des participants au programme Triple P de groupe puisque l'étude ne reflète l'expérience que d'un petit nombre de parents. Enfin, les caractéristiques individuelles des milieux-prestataires et des praticiens Triple P n'ont pas été investiguées dans le cadre de cette étude. Ces informations auraient pu être pertinentes pour mieux comprendre la variabilité et les différences dans les propos des participants puisqu'ils ne provenaient pas tous du même groupe de formation.

14.7 Remerciements

Nous tenons à remercier toute l'équipe de recherche de la Chaire de partenariat en prévention de la maltraitance ainsi que celle de la Chaire de recherche sur la violence faite aux enfants, dont tout particulièrement, Véronique Menand, professionnelle de recherche, pour son soutien à la réalisation des entretiens. De plus, nous remercions le personnel du CIUSSS impliqué dans l'étude, incluant les praticiens Triple P qui ont aidé à la démarche réflexive du projet. Enfin, nous remercions les parents ayant participé à ce projet, sans qui celui-ci n'aurait pas vu le jour.

14.8 Financement et soutien

Ce projet a été financé par une bourse d'études de la Chaire de partenariat en prévention de la maltraitance qui a reçu une subvention du Conseil de recherche en sciences humaines pour mener les études sur l'évaluation de l'implantation et de l'efficacité du système Triple P au Québec (895-2011-1016). Ce projet a aussi été financé par des bourses d'études de la Chaire de recherche sur la violence faite aux enfants, de la Fondation de l'Université du Québec en Outaouais et des Instituts de recherche en santé du Canada.

Références

Ajzen, I. (1991). The theory of planned behaviour. *Organizational Behaviour and Human Decision Process, 50*(2), 179-211.

Axford, N., Lehtonen, M., Kaoukji, D., Tobin, K. et Berry, V. (2012). Engaging parents in parenting programs: Lessons from research and practice. *Children and Youth Services Review, 34*(10), 2061-2071.

Baker, C., Arnold, D. et Meagher, S. (2011). Enrollment and attendance in a parent training prevention program for conduct problems. *Prevention Science, 12*(2), 222-222.

Barlow, J. et Stewart-Brown, S. (2001). Understanding parenting programmes: Parents views. *Primary Health Care Research and Development, 2*(2), 117-130.

Baydar, N., Reid, M. J. et Webster-Stratton, C. (2003). The role of mental health factors and program engagement in the effectiveness of a preventive parenting program for Head Start Mothers. *Child development, 74*(5), 1433-1453.

Bell, M. (2007). Community-based parenting programmes: an exploration of the interplay between environmental and organizational factors in a Webster Stratton project. *British Journal of Social Work, 37*(1), 55-72

Blueprints for Healthy Youth Development. (2015). *Triple P system*. Repéré à http://www.blueprintsprograms.com/factsheet/triple-p-system

Chacko, A., Wymbs, B. T., Chimiklis, A., Wymbs, F. A. et Pelham, W. E. (2012). Evaluating a comprehensive strategy to improve engagement to group-based behavioral parent training for high-risk families of children with ADHD. *Journal of Abnormal Child Psychology, 40*(8), 1351-1362.

Charest, É., Gagné, M.-H. et Goulet, J. (sous presse). Development and pretest of key visual imagery in a campaign for the prevention of child maltreatment. *Global Health Promotion*.

Chen, H. T. (2005). *Pratical Program Evaluation*. Thousand Oaks: Sage Publications.

Coatsworth, J., Duncan, L., Pantin, H. et Szapocznik, J. (2006). Patterns of retention in a preventive intervention with ethnic minority families. *Journal of Primary Prevention, 27*(2), 171-193.

de Graaf, I., Speetjens, P., Smit, F., de Wolff, M. et Tavecchio, L. (2008). Effectiveness of the Triple P Positive Parenting Program on parenting: A Meta-Analysis. *Family Relations, 57*(5), 553-566.

Delawarde, C., Briffault, X., Usubelli, L. et Saïas, T. (2013). Aider les parents à être parents? Modèles et pratiques des programmes « evidence-based » d'aide à la parentalité. *Annales médico-psychologiques, 172*(4), 273-279.

Deslauriers, J.-P. (2005). Introduction à la recherche évaluative. Dans S. Bouchard et C. Cyr (dir.), *Recherche Psycho-sociale : Pour Harmoniser Recherche et Pratique* (2e éd.). Québec : PUQ.

Deslauriers, J.-P. et Kérisit, M. (1997). Le devis de recherche qualitative. Dans Poupart J., Eslauriers J. P., Groulx L. H., Laperrière A., Mayer R. et Pirès A. P. (dir.), *La recherche qualitative : enjeux épistémologiques et méthodologiques* (p. 85-111). Boucherville, Québec : Gaëtan Morin.

Devolin, M., Phelps, D., Duhaney, T., Benzies, K., Hildebrandt, C., Rikhy, S. et Churchill, J. (2012). Information and support needs among parents of young children in a region of Canada: A cross-sectional survey. *Public Health Nursing, 30*(3), 193-201.

Dumas, J. E., Nissley-Tsiopinis, J. et Moreland, A. D. (2007). From intent to enrollment, attendance, and participation in preventive parenting groups. *Journal of Child and Family Studies, 16*(1), 1-26.

Dumka, L., Garza, C., Roosa, M. et Stoerzinger, H. (1997). Recruitment and retention of high-risk families into a preventive parent training intervention. *Journal of Primary Prevention, 18*(1), 25-39.

Eisner, M. et Meidert, U. (2011). Stages of parental engagement in a universal parent training program. *Journal of Primary Prevention, 32*, 83-93.

Frank, T., Keown, L., Dittman, C. et Sanders, M. (2015). Using father preference data to increase father engagement in evidence-based parenting programs. *Journal of Child and Family Studies, 24*(4), 937-947.

Frankel, F. et Simmons III, J. Q. (1992). Parent behavioral training: Why and when some parents drop out. *Journal of Clinical Child Psychology, 21*(4), 322-330.

Friars, P. et Mellor, D. (2009). Drop-out from parenting training programmes: A retrospective study. *Journal of Child and Adolescent Mental Health, 21*(1), 29-38.

Gagné, M.-H., Richard, M.-C. et Dubé, C. (2015). *Prévenir la maltraitance des enfants par le soutien au rôle parental. Différenciation du système Triple P par rapport aux autres programmes en usage au Québec*. Québec : Université Laval, Chaire de partenariat en prévention de la maltraitance.

Gallagher, F. (2014). La recherche descriptive interprétative. Dans M. Corbière et N. Larivière (dir.), *Méthodes Qualitatives, Quantitatives et Mixtes : Dans la Recherche en Sciences Humaines, Sociales et de la Santé* (p. 722). Québec : PUQ.

Glasgow, J. E. F. (2014). *Recruiting, engaging, and retaining low income parents in community parenting programs: A phenomenological study* (Doctor of Philosophy). Old Dominion University, Virginie. (3662398)

Gross, D., Julion, W. et Fogg, L. (2001). What motivates participation and dropout among low-income urban families of color in a prevention intervention? *Family Relations, 50*(3), 246-254.

Habib, R. (2016). *L'engagement dans un programme d'éducation parentale : une étude qualitative du point de vue des participants* (Mémoire de maîtrise inédit). Université du Québec en Outaouais, Québec.

Headman, N. et Cornille, T. (2008). Family functioning patterns as predictors of engagement: Which families participate in services and which ones do not? *Journal of Family Social Work, 11*(2), 117-140.

Heinrichs, N., Bertram, H., Kuschel, A. et Hahlweg, K. (2005). Parent recruitment and retention in a universal prevention program for child behavior and emotional problems: Barriers to research and program participation. *Prevention Science, 6*(4), 275-286.

Houlding, C., Schmidt, F., Stern, S. B., Jamieson, J. et Borg, D. (2012). The perceived impact and acceptability of Group Triple P Positive Parenting Program for Aboriginal parents in Canada. *Children and Youth Services Review, 34*(12), 2287-2294.

Jago, R., Sebire, S. J., Bentley, G. F., Turner, K. M., Goodred, J. K., Fox, K. R., ... Lucas, P. J. (2013). Process evaluation of the Teamplay parenting intervention pilot: Implications for recruitment, retention and course refinement. *BMC Public Health, 13*(1), 1-24.

Koerting, J., Smith, E., Knowles, M., Latter, S., Elsey, H., McCann, D., ... Sonuga-Barke, E. (2013). Barriers to, and facilitators of, parenting programmes for childhood behaviour problems: A qualitative synthesis of studies of parents' and professionals' perceptions. *European Child and Adolescent Psychiatry, 22*, 653-670.

Lavergne, C. et Dufour, S. (2009). Prévention et traitement en matière de violence physique envers les enfants. Dans M.-È. Clément, et S. Dufour (dir.), *La violence à l'égard des enfants en milieu familial* (p. 31-46). Anjou : Les Éditions CEC.

Lee, C. M., Smith, P. B., Stern, S. B., Piché, G., Feldgaier, S., Ateah, C., ... Chan, K. (2014). The International Parenting Survey – Canada: Exploring access to parenting services. *Canadian Psychology, 55*(2), 110-116.

Leung, C., Sanders, M. R., Ip, F. et Lau, J. (2006). Implementation of Triple P-Positive Parenting Program in Hong Kong: Predictors of programme completion and clinical Outcomes. *Journal of Children's Services, 1*(2), 4-17.

Lundahl, B., Risser, H. J. et Lovejoy, M. C. (2006). A meta-analysis of parent training: Moderators and follow-up effects. *Clinical Psychology Review, 26*, 86-104.

Lundahl, B. W., Tollefson, D., Risser, H. et Lovejoy, M. C. (2008). A meta-analysis of father involvement in parent training. *Research on Social Work Practice, 18*(2), 97-106.

McCurdy, K. et Daro, D. (2001). Parent involvement in family support programs: An integrated theory. *Family Relations, 50*(2), 113-121.

Mendez, J., Carpenter, J., LaForett, D. et Cohen, J. (2009). Parental engagement and barriers to participation in a community-based preventive intervention. *American Journal of Community Psychology, 44*, 1-14.

Miller, G. E. et Prinz, R. J. (2003). Engagement of families in treatment for childhood conduct problems. *Behavior Therapy, 34*(4), 517-534.

Mytton, J., Ingram, J., Manns, S. et Thomas, J. (2014). Facilitators and barriers to engagement in parenting programs: A qualitative systematic review. *Health Education and Behavior, 41*(2), 127-137.

Nock, M. K. et Kazdin, A. E. (2005). Randomized controlled trial of a brief intervention for increasing participation in parent management training. *Journal of consulting and clinical psychology, 73*(5), 872-879.

Normand, C. L., Vitaro, F. et Charlebois, P. (2000). Comment améliorer la participation et réduire l'attrition des participants aux programmes de prévention. Dans F. Vitaro et C. Gagnon (dir.), *Prévention des problèmes d'adaptation chez les enfants et les adolescents* (p. 101-133). Québec : PUQ.

Okamoto, S. (2001). Individual and agency factors related to engagement in a parent training program. *Journal of Family Social Work, 5*(4), 39-50.

Orrell-Valente, J. K., Pinderhughes, E. E., Valente, E. J. et Laird, R. D. (1999). If it's offered, will they come? Influences on parents' participation in a community-based conduct problems prevention program. *American Journal of Community Psychology, 27*(6), 753-783.

Owens, J. W., Richerson, L., Murphy, C., Jageleweski, A. et Rossi, L. (2007). The parent perspective: Informing the cultural sensitivity of parenting programs in rural communities. *Child and Youth Care Forum, 36*, 179-194.

Patel, A., Patel, A., Calam, R. et Latham, A. (2011). Intention to attend parenting programmes: does ethnicity make a difference? *Journal of Children's Services, 6*(1), 45-58.

Patterson, J., Mockford, C. et Stewart-Brown, S. (2005). Parents' perceptions of the value of the Webster-Stratton parenting programme: A qualitative study of a general practice based initiative. *Child: care, health and development, 31*(1), 53-64.

Prinz, R. J. et Miller, G. E. (1996). Parental engagement in interventions for children at risk for conduct disorders. Dans R. D. Peters et R. J. McMahon (dir.), *Preventing childhood disorders, substance abuse, and delinquency* (pp. 161-183). California: Sage.

Prinz, R. J., Sanders, M. R., Shapiro, C., Whitaker, D. et Lutzker, J. (2009). Population-based prevention of child maltreatment: The U.S. Triple P system population trial. *Prevention Science, 10*, 1-12.

Rossi, P. H., Lipsey, M. W. et Freeman, H. E. (2004). *Evaluation: A systematic approach* (7th ed.). Thousand Oaks, USA: Sage Publications.

Salinas, A., Smith, J. C. et Armstrong, K. (2011). Engaging fathers in behavioral parent training: Listening to fathers' voices. *Journal of Pediatric Nursing, 26*, 304-311.

Sanders, M. R. (1999). Triple P-Positive Parenting Program: Towards an empirically validated multilevel parenting and family support strategy for the prevention of behavior and emotional problems in children. *Clinical Child and Family Psychology Review, 2*(2), 71-90.

Sanders, M. R. (2004). *Every Parent: A Positive Approach to Children's Behaviour*. Melbourne, Australie : Penguin Group Australia.

Sanders, M. R. (2012). Development, evaluation, and multinational dissemination of the Triple P-Positive Parenting Program. *Annual Review of Clinical Psychology, 8*, 345-379.

Sanders, M. et Kirby, J. (2012). Consumer engagement and the development, evaluation, and dissemination of evidence-based parenting programs. *Behavior Therapy, 43*(2), 236-250.

Sanders, M. R., Kirby, J. N., Tellegen, C. L. et Day, J. J. (2014). The Triple P-Positive Parenting Program: A systematic review and meta-analysis of a multi-level system of parenting support. *Clinical Psychology Review, 34*, 337-357.

Sanders, M. R., Markie-Dadds, C., Tully, L. A. et Bor, W. (2000). The Triple P-Positive Parenting Program: A comparison of enhanced, standard, and self-directed behavioral family intervention for parents of children with early onset conduct problems. *Journal of consulting and clinical psychology, 68*(4), 624-640.

Sethi, S., Kerns, S. E. U., Sanders, M. R. et Ralph, A. (2014). The international dissemination of evidence-based parenting interventions: Impact on practitioner content and process self-efficacy. *International Journal of Mental Health Promotion, 16*(2), 126-137.

Smith, E., Koerting, J., Latter, S., Knowles, M. M., McCann, D. C., Thompson, M. et Sonuga-Barke, E. J. (2015). Overcoming barriers to effective early parenting interventions for attention-deficit hyperactivity disorder (ADHD): parent and practitioner views. *Child: Care, Health and Development, 41*(1), 93-102.

Spoth, R. et Redmond, C. (1995). Parent motivation to enroll in parenting skills programs: A model of family context and health belief predictors. *Journal of Family Psychology, 9*(3), 294-310.

Spoth, R. et Redmond, C. (1996). A theory-based parent competency model incorporating intervention attendance effects. *Family Relations, 45*(2), 139-147.

Spoth, R., Redmond, C., Hockaday, C. et Chung Yeol, S. (1996). Barriers to participant in family skills preventive interventions and their evaluations: A replication and extension. *Family Relations, 45,* 247-254.

Stern, S. B., Alaggia, R., Watson, K. et Morton, T. R. (2008). Implementing an evidence-based parenting program with adherence in the real world of community practice. *Research on Social Work Practice, 18*(6), 543-554.

Sumargi, A., Sofronoff, K. et Morawska, A. (2015). Understanding parenting practices and parents' views of parenting programs: A survey among Indonesian parents residing in Indonesia and Australia. *Journal of Child and Family Studies, 24*(1), 141-160.

Triple-P International. (2015). *Training and delivery.* Repéré à http://www.triplep.net/glo-en/home/

Turner, K. M. T., Markie-Dadds, C. et Sanders, M. R. (2010). *Manuel de l'animateur pour Triple P de groupe* (3e éd.). Milon, Australie : Triple P International Pty. Ltd.

Webster-Stratton, C. (1998). Parent training with low-income clients: Promoting parental engagement through a collaborative approach. Dans J. R. Lutzker (dir.), *Handbook of child abuse research and treatment* (pp. 183-210). New York: Plenum Press.

Wellington, L., White, K. M. et Liossis, P. (2006). Beliefs underlying intentions to participate in group parenting education. *Australian e-Journal for the Advancement of Mental Health, 5*(3), 275-283.

Zeedyk, M. S., Werritty, I. et Riach, C. (2003). Promoting emotional health through a parenting support programme: What motivates parents to enrol? *International Journal of Mental Health Promotion, 5*(4), 21-31.

15 | Programme probant d'entraînement aux habiletés parentales

Étude pilote de la fidélité d'implantation et de l'évolution des familles d'accueil

Marie-Josée Letarte
Département de psychoéducation, Université de Sherbrooke

Karine Gagné
Département de psychoéducation, Université de Sherbrooke

Isabelle-Ann Leclair Mallette
Département de psychoéducation, Université de Sherbrooke

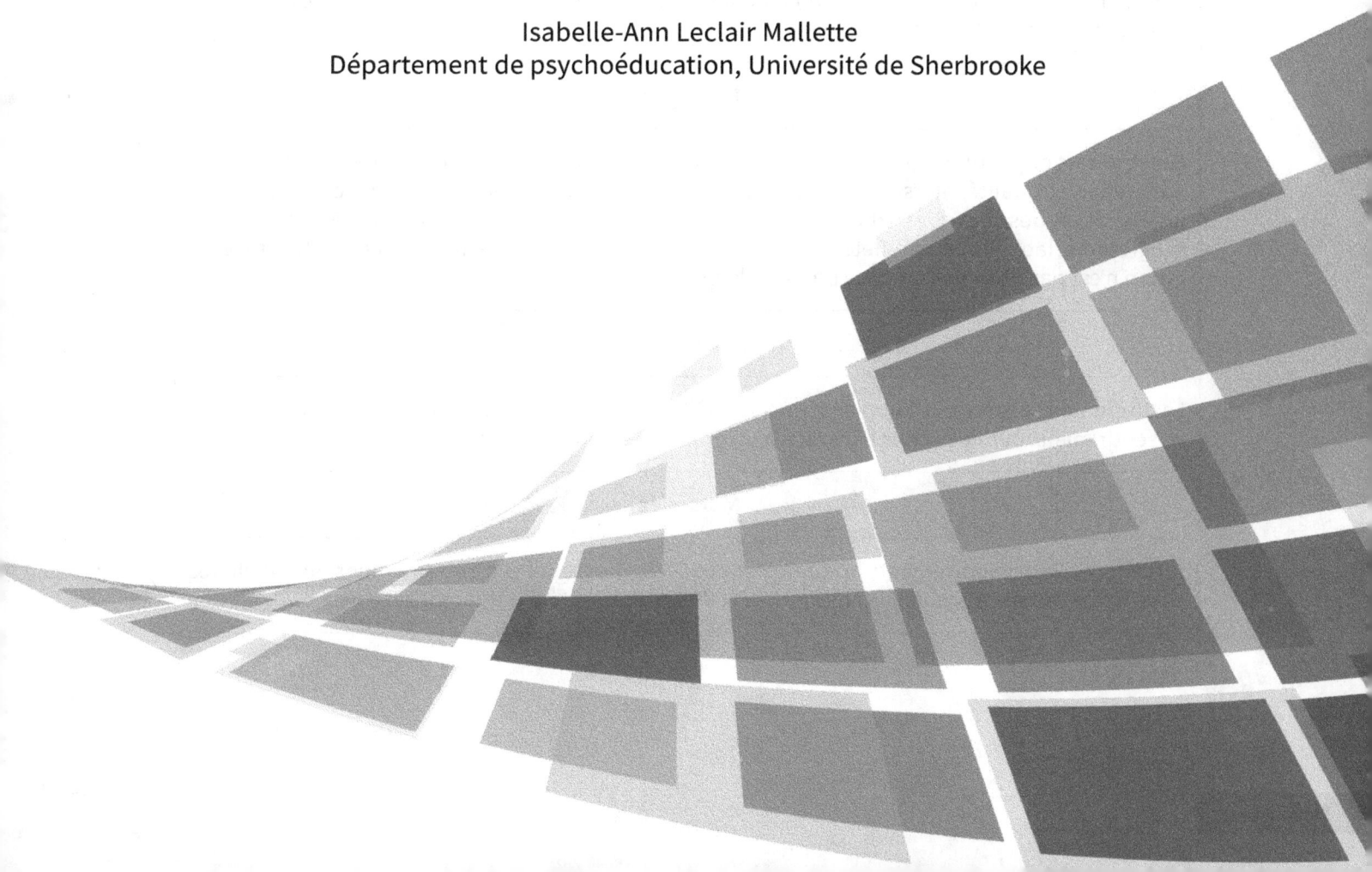

Résumé

Contexte

De nombreux enfants placés en famille d'accueil présentent des problèmes de comportement difficiles à gérer pour les parents d'accueil. Les programmes d'entraînement aux habiletés parentales (PEHP) contribuent à développer des pratiques éducatives positives favorisant la gestion des difficultés comportementales. Le PEHP *Ces années Incroyables (*CAI*)* est reconnu efficace pour améliorer les pratiques éducatives parentales et le comportement des enfants, d'où le qualificatif « probant ».

Objectif

Cette étude vise à évaluer la fidélité d'implantation (dosage, adhérence, participation, qualité) du PEHP CAI offert aux parents d'accueil et à vérifier si les participants y évoluent différemment de ceux d'un groupe témoin, sur le plan des pratiques éducatives parentales et des problèmes de comportement des enfants.

Méthode

L'échantillon est composé de 14 parents d'accueil et d'enfants âgés entre 6 et 12 ans (groupe expérimental, $n = 9$; groupe témoin, $n = 5$). Les données concernant la fidélité ont été colligées par l'entremise des animateurs du programme, à la suite de chaque rencontre. L'évaluation des problèmes de comportement (*Eyberg Child Behavior Inventory*; Robinson, Eyberg et Ross, 1980) et des pratiques éducatives (*Parenting Practices Interview*; Webster-Stratton, 1998) s'est effectuée au début et à la fin du programme.

Résultats

Les résultats démontrent que le programme a été animé avec un très bon dosage, une très bonne adhérence et qualité, alors que la participation est plus faible. Ils démontrent également une amélioration des pratiques éducatives des parents d'accueil à la suite de leur participation au programme, laquelle ne se reflète pas sur les problèmes de comportement de l'enfant. Cette évolution n'est pas observée chez les parents du groupe témoin.

Discussion

La discussion suggère que l'implantation de ce PEHP auprès des familles d'accueil leur permet de se sentir mieux outillées pour faire face aux problèmes de comportement des enfants.

Mots-clés

Problèmes de comportement; pratiques éducatives; programme d'entraînement aux habiletés parentales; famille d'accueil; évaluation de l'efficacité; fidélité d'implantation.

Recommandations cliniques issues de l'étude

- Les parents de familles d'accueil bénéficient d'un programme d'entraînement aux habiletés parentales pour aider les enfants dont ils ont la garde.

- La participation à un programme implanté fidèlement permet d'atteindre les objectifs d'intervention auprès des parents d'accueil et des enfants.

- La participation à un programme d'entraînement aux habiletés parentales permet l'amélioration des pratiques éducatives parentales et potentiellement la diminution du nombre de déplacements vécus par les enfants.

- Le niveau élevé de fidélité d'implantation de ce programme manualisé, maintenu sur plus de 10 années dans un milieu de pratique, démontre que la pérennité d'un tel programme est possible.

Questions pédagogiques

- Pourquoi semble-t-il particulièrement important d'offrir un soutien aux parents d'accueil au niveau de leurs pratiques éducatives parentales?

- Pourquoi l'utilisation de tests non-paramétriques est-elle particulièrement utile pour les intervenants des milieux de pratique souhaitant vérifier l'efficacité des interventions qu'ils implantent?

- Que penser de l'implantation de programmes probants, tels que *Ces années incroyables*, auprès de clientèles pour lesquelles ils n'ont pas encore été reconnus efficaces? Et quels moyens devraient être mis en place afin de soutenir la fidélité d'implantation?

15.1 Introduction

La présente étude évalue un programme de soutien offert aux parents d'accueil. Au Québec, chaque année, près de 30 000 signalements d'enfants sont retenus par la protection de la jeunesse en raison de la maltraitance qu'ils ont subie ou risquent de subir (Association des centres jeunesse du Québec, 2015). Parmi eux, plus du tiers sont placés dans une famille d'accueil. Les enfants qui vivent dans un tel milieu sont plus nombreux à présenter des troubles de comportement que ceux vivant dans leur famille biologique ou chez un tiers (Casanueva, Wilson, Smith, Dolan, Ringeisen et Horne, 2012). En effet, plus de 25 % des parents d'accueil rapportent des troubles de comportement extériorisés ou émotionnels chez les enfants dont ils ont la garde (Casanueva et al., 2012). Si tous ne satisfont pas les critères diagnostiques permettant d'identifier la présence d'un trouble, ces enfants demeurent à haut risque en raison des antécédents traumatiques ayant mené à leur placement (Oswald, Heil et Goldbeck, 2010). À notre connaissance, aucune étude canadienne n'a estimé la prévalence des troubles de comportement chez les enfants placés en famille d'accueil.

Les problèmes de comportement des enfants constituent la principale raison invoquée par les parents d'accueil pour les déplacer vers une autre ressource (Barber, Delfabbro et Cooper, 2001; Chamberlain, Price, Reid, Landsverk, Fisher et Stoolmiller, 2006; Newton, Litrownick et Landsverk, 2000). L'instabilité associée à ces déplacements rend les enfants encore plus enclins à développer des problèmes de comportement tant extériorisés qu'intériorisés (Barber et al., 2001; Newton et al., 2000), des problèmes d'attachement (Strijker, Knorth et Dickscheit, 2008) et des problèmes de santé mentale (Newton et al., 2000). À plus long terme, cette instabilité accentue les risques d'avoir un réseau peu développé à l'âge adulte (Simms, Dubowitz et Szilagyi, 2000), de vivre dans la pauvreté, de développer des problèmes de consommation et d'adopter des conduites délinquantes (Dregan et Gulliford, 2012). Au Québec, Carignan et al. (2009) ont constaté que la moitié des 43 enfants placés en famille d'accueil qu'ils ont suivis sur une période de 10 ans ont vécu au moins quatre déplacements.

Les parents d'accueil ont souvent le sentiment de ne pas être bien outillés pour faire face aux problèmes de comportement des enfants qu'ils accueillent, ce qui prédispose grandement à l'échec des placements, donc au déplacement des enfants (Vanschoonlandt, Vanderfaeillie, Holen et De Maeyer, 2012). Pour cette raison importante, les parents qui deviennent famille d'accueil devraient recevoir un soutien solide (Dorsey, Farmer, Barth, Greene, Reid et Landsverk, 2008). Considérant l'importance des problèmes de comportement, ce soutien aurait avantage à outiller les parents d'accueil sur le plan des pratiques éducatives, puisque celles-ci permettent à tous les parents de faire face à ce type de problèmes (Chamberlain et al., 2006; Kerker et Dore, 2006). Au Québec, ce sont les Centres intégrés de santé et de services sociaux (CISSS) qui sont responsables de l'encadrement des familles d'accueil. Peu d'entre eux offrent aux parents d'accueil des programmes qui sont reconnus efficaces pour les soutenir dans l'adoption de pratiques éducatives adaptées aux besoins et aux particularités de leurs enfants, voire aucun, dépendamment de la région (Cardinal et al., 2008). Les ***programmes d'entraînement aux habiletés parentales*** (PEHP) *visent justement le développement de pratiques éducatives parentales positives dans le but ultime de prévenir ou de traiter les problèmes de comportement des enfants.* Cette catégorie de programmes est reconnue comme une pratique probante pour atteindre ces objectifs, et ce, auprès de diverses clientèles, particulièrement auprès des parents d'enfant qui ont des troubles du comportement. Plus précisément, plusieurs PEHP constituent des programmes probants puisqu'ils ont spécifiquement prouvé leur capacité à produire des changements positifs sur le plan des pratiques parentales (ex. : Barth, Landsverk, Chamberlain, Reid, Rolls et al., 2005; Letarte, Normandeau et Allard, 2010; Lundahl, Nimer et Parsons, 2006) et du comportement des enfants (Letarte et al., 2010; Lundahl et al., 2006).

Les études s'intéressant aux effets des PEHP offerts aux parents d'accueil datent d'une quinzaine d'années tout au plus et demeurent peu nombreuses. Au terme de deux recensions des écrits portant sur les programmes de soutien offerts aux parents d'accueil (pas nécessairement des PEHP), des auteurs concluent qu'il est difficile d'établir les effets réels de ces programmes en raison des limites méthodologiques des études évaluatives disponibles (peu de participants, souvent pas de groupe témoin, etc.) (Dorsey et al., 2008; Rork et McNeil, 2011), mais suggèrent tout de même qu'ils auraient un effet favorable. Dans le cadre de la présente étude, dix études primaires quantitatives vérifiant si la participation des parents d'accueil à un PEHP contribue à l'amélioration de leurs pratiques éducatives et du comportement des enfants âgés entre 6 et 12 ans dont ils ont la charge ont été recensées. Les PEHP qui font l'objet de ces évaluations sont souvent des programmes conçus spécifiquement pour les parents d'accueil, tel que KEEP (Chamberlain et al., 1992; Chamberlain et al., 2008; DeGarmo, Chamberlain, Leve et Price, 2009; Leathers et al., 2011; Price et al., 2009) ou des programmes maison (Gavita et al., 2012; Pithouse et al., 2002). Cependant, Barth et al. (2005), de même que Dorsey et al. (2008) sont d'avis qu'étant donné que ces programmes n'ont pas encore fait leurs preuves, les programmes probants, reconnus efficaces pour prévenir ou traiter les troubles du comportement depuis de nombreuses années devraient plutôt être déployés auprès des parents d'accueil. *Incredible Years* (IY) est l'un de ces programmes. Il existe en français sous le nom de *Ces années incroyables* (CAI; Gagné, Letarte et Cliche, 2015; Normandeau et Venet, 2000) et il est couramment offert aux parents d'accueil de la région montréalaise. D'ailleurs, trois des dix études recensées portent sur IY. Le prochain paragraphe résume les résultats de ces trois études.

Une étude préexpérimentale (McDaniel et al., 2011) et deux études expérimentales (Bywater et al., 2010; Linares et al., 2006) évaluent IY (Webster-Stratton, 1998) offert aux parents d'accueil. Ce PEHP s'adresse à des groupes de parents d'enfants d'âge préscolaire ou primaire, selon la version. L'échantillon de Bywater et al. (2010) incluaient toutefois des parents d'enfants de 3 à 17 ans. Le programme devrait comporter entre 16 et 22 rencontres hebdomadaires en contexte clinique, mais dans les trois études recensées, il ne durait que 12 semaines, soit le dosage proposé en contexte de prévention. Linares et al. (2006) ont par ailleurs offert IY conjointement aux parents d'accueil et aux parents biologiques en plus d'ajouter un volet sur la coparentalité. Deux études observent que les parents d'accueil ayant participé à IY rapportent une diminution du nombre et de l'intensité des problèmes de comportement chez les enfants entre le début et la fin du programme (Bywater et al., 2010; McDaniel et al., 2011) alors que la troisième n'observe pas de telles améliorations (Linares et al., 2006). Cette dernière ne comptait toutefois que 11 familles d'accueil où les enfants n'avaient pas de problèmes de comportement et a combiné IY à un volet de coparentalité. Quant aux pratiques éducatives parentales, les parents de l'étude de Linares et al. (2010) rapportent une discipline plus positive et appropriée après IY (p. ex : féliciter, donner des récompenses), une discipline moins coercitive ainsi que des attentes plus claires après le programme. Bywater et al. (2010) obtiennent des résultats différents et n'observent pas d'amélioration sur le plan des pratiques éducatives. Ces résultats différents pourraient s'expliquer par une multitude de raisons (p. ex. variabilité dans la clientèle, variabilité chez les animateurs, variabilité dans l'engagement des participants). Il est donc nécessaire et pertinent d'accumuler des études similaires sur de mêmes programmes pour en valider leur efficacité. Finalement, Bywater et al. (2010) ont démontré que l'efficacité du PEHP ne varie pas en fonction du niveau initial des problèmes de comportement des enfants.

Les préoccupations et défis propres aux conditions dans lesquels les milieux de pratique implantent les programmes probants les poussent souvent à modifier un programme afin de l'adapter aux besoins de la clientèle desservie ou aux contraintes liées au manque de ressources (Chen, 2015; Durlak et DuPre, 2008). Afin d'attribuer les effets ou l'absence d'effet au programme tel qu'il a réellement été implanté sur le terrain, il est nécessaire de décrire précisément toutes les composantes du programme tel qu'il a été offert (Durlak et DuPre, 2008). La *fidélité d'implantation* au protocole consiste à estimer le degré de congruence entre l'intervention telle que prévue (protocole d'intervention) et l'intervention telle qu'implantée. Dusenbury, Brannigan, Falco et Hansen (2003) proposent de s'intéresser à cinq composantes de la fidélité d'implantation au protocole : le dosage, l'adhérence, la participation, la qualité et la différenciation. Le *dosage* peut référer à la durée des séances ou à leur rythme prévu selon le programme. L'*adhérence* correspond à l'implantation des activités telles qu'elles sont prévues dans le protocole du programme (p. ex. : respect des thèmes et des activités). La **participation** peut être évaluée par l'assiduité et l'engagement des participants aux rencontres prévues. La **qualité** réfère à l'utilisation de techniques spécifiques ou au respect des principes d'intervention décrits dans le protocole, favorisant l'atteinte des objectifs au-delà des activités elles-mêmes. La qualité est souvent évaluée par les participants à un programme, par l'entremise de leur satisfaction face à certains aspects spécifiques de l'animation. Quant à la **différenciation**, elle est souvent définie par les caractéristiques distinguant le programme évalué des autres programmes ou pratiques visant des objectifs similaires. Ces distinctions faisant bien souvent partie des caractéristiques d'adhérence ou de qualité, des auteurs sont d'avis qu'il serait inutile de mesurer à la fois l'adhérence et la différenciation (Perepletchikova et Kazdin, 2005).

Les auteurs des trois études recensées rapportent avoir pris des précautions particulières afin de favoriser la fidélité d'implantation du protocole IY. Par exemple, ils ont utilisé le manuel, formé et supervisé les animateurs et Bywater et al. (2010) ont même enregistré les séances à des fins de supervision. Les trois études rapportent l'assiduité des parents d'accueil aux rencontres du programme. Les parents de l'étude de McDaniel et al. (2011) ont été les plus assidus, ayant tous assisté à plus de 9 des 12 rencontres, alors que ce niveau d'assiduité a été atteint pour la moitié des participants à l'étude de Bywater et al. (2010) qui observent plutôt que tous ont assisté à plus de la moitié des rencontres. Dans l'étude de Linares et al. (2006), 55 % des participants ont assisté à la moitié des rencontres ou plus. Seuls Linares et al. (2006) ont analysé l'adhérence au protocole et la qualité de l'animation. Deux observateurs indépendants ont évalué l'adhérence au contenu, au format et au processus clinique. Ils affirment observer une « adhérence adéquate pour la moitié des éléments étudiés ». Les animateurs rapportent quant à eux une adhérence de 100 % au contenu et au format des rencontres prescrites dans le manuel. Pour ce qui est de la qualité, les parents indiquent être satisfaits ou très satisfaits pour tous les éléments pour lesquels leur opinion a été sollicitée. Cette analyse manque toutefois de précision quant aux indicateurs utilisés pour mesurer chacune des composantes de la fidélité, les informations concernant la fidélité d'implantation ne sont que sommairement rapportées dans ces trois études.

15.2 Objectifs de l'étude

Considérant le nombre d'enfants placés en famille d'accueil présentant des problèmes de comportement, le fait que les parents d'accueil soient peu outillés pour faire face à ces difficultés, et que cette combinaison amène les enfants à vivre plusieurs déplacements nuisibles à leur adaptation, les PEHP s'avèrent tout indiqués auprès de cette clientèle. La présente étude porte sur CAI, la version française de IY. Les trois études recensées ne permettent pas de conclure à l'efficacité du programme, soit parce qu'il était offert en combinaison avec un programme de coparentalité (Linares et al., 2006), qu'il était offert à des parents dont les enfants dépassaient largement l'âge ciblé par le programme (Bywater et al., 2010) ou qu'il ne comportait pas de groupe témoin (McDaniel et al., 2011). La présente étude poursuit donc deux objectifs :

1. évaluer la fidélité d'implantation du PEHP CAI offert aux parents d'accueil (dosage, adhérence, participation, qualité);

2. vérifier si les participants à CAI évoluent différemment de ceux d'un groupe témoin sur le plan des pratiques éducatives parentales et des problèmes de comportement des enfants.

Un devis descriptif permettra d'atteindre le premier objectif et un devis quasi expérimental de type pré-test et post-test (16 semaines d'intervalle) avec groupe témoin non équivalent permettra d'atteindre le second.

15.3 Méthodologie

15.3.1 Participants

L'échantillon initial est composé de 24 parents d'accueil répartis en deux groupes. Le groupe CAI ($n = 17$) est constitué de parents d'accueil de la région de Montréal alors que ceux du groupe témoin ($n = 7$) sont de l'Estrie. Le seul critère d'inclusion pour participer au PEHP, donc à la recherche, est d'avoir à sa charge au moins un enfant âgé entre 6 et 10 ans. Au post-test, les questionnaires ont été remplis par 9 participants à CAI (attrition de 47 %) et 5 parents du groupe témoin (attrition de 40 %). L'échantillon final compte donc 14 parents. Les caractéristiques des participants de chaque groupe sont présentées au Tableau 15.2, page 378.

À Montréal, le programme CAI est offert deux fois par année à des groupes de parents d'accueil invités par l'intervenant responsable de leur dossier. Trois groupes sont considérés dans l'étude (1. automne 2012 : 9 parents; 2. hiver 2013 : 10 parents; 3. automne 2013 : 9 parents). Une assistante de recherche se rendait à la première rencontre afin de solliciter la participation des parents d'accueil à l'étude et remettait à chaque participant une enveloppe contenant le formulaire de consentement et les questionnaires. Elle contactait ensuite tous les parents par téléphone pour leur expliquer en quoi consistait l'étude. S'ils acceptaient de participer, un soutien téléphonique leur était offert pour remplir les questionnaires et ceux-ci étaient retournés par la poste dans une enveloppe timbrée. La même procédure a été suivie à la dernière rencontre, environ 16 semaines plus tard.

Les parents d'accueil de l'Estrie ont d'abord été sollicités pour remplir les questionnaires par leur intervenant. Ensuite, les parents intéressés étaient contactés par téléphone par une assistante de recherche les informant davantage sur ce en quoi consisterait leur participation à la recherche et s'ils acceptaient, les questionnaires leur étaient envoyés par la poste. Tout comme pour le groupe CAI, un soutien téléphonique leur était offert pour remplir les questionnaires. La même procédure a été appliquée 16 semaines plus tard pour le second temps de mesure.

Cette étude a été approuvée par le comité d'éthique à la recherche du Centre Jeunesse de Montréal – Institut Universitaire et par celui du Centre Jeunesse de Québec – Institut universitaire (pour l'Estrie). Aucune compensation n'a été remise aux participants.

15.3.2 Le programme CAI au Centre intégré universitaire de santé et de services sociaux du Centre-Sud-de-l'Île-de-Montréal (CIUSSS – Montréal)

Le programme CAI tel qu'offert aux parents d'accueil suivis au CIUSSS – Montréal s'adresse à des groupes de parents (7 à 16 parents par groupe) et compte 16 rencontres hebdomadaires de deux heures. Le programme vise à développer une relation parent-enfant harmonieuse, à soutenir les parents dans l'apprentissage de pratiques éducatives efficaces et utilisées de façon cohérente et à améliorer les processus de résolution de problèmes et la communication au sein de la famille et avec les enseignants, et de manière plus distale, il vise l'augmentation des comportements adéquats des enfants et la réduction des comportements perturbateurs. Chaque groupe est animé par deux intervenants formés à l'approche collaborative (voir Gagné et al., 2015; Normandeau et Venet, 2000). Quatre animateurs différents ont été impliqués dans ces trois groupes. Un manuel décrit le contenu du programme. Plus précisément, 15 thèmes sont abordés (jouer, féliciter, récompenser, établir des limites claires, ignorer, utiliser le retrait et les conséquences logiques, résoudre des problèmes avec les enfants et en famille, favoriser la confiance en soi, gérer le découragement, proposer des habitudes de travail; participer aux devoirs; rencontrer les enseignants; discuter de problèmes scolaires) et différentes activités cliniques à réaliser à chaque rencontre sont expliquées (au total des 16 rencontres, 113 vignettes, 30 jeux de rôle, 7 remue-méninges, 15 devoirs et 71 documents à remettre aux parents, suivi de l'activité coup de fil.). La première colonne du Tableau 15.1, page 375, présente les composantes attendues dans le protocole du programme. Pour assurer la fidélité d'implantation, tous les animateurs ont suivi la formation accréditée et bénéficié de soutien administratif et technique ainsi que de supervisions cliniques régulières. La **Figure 15.1** illustre le modèle logique du programme CAI offert aux familles d'accueil au CIUSSS – Montréal, inspiré du modèle de Chen (2015).

| **Figure 15.1** | **Illustration du modèle logique du programme** *Incredible Years*, **à partir du modèle de Chen (2015)** |

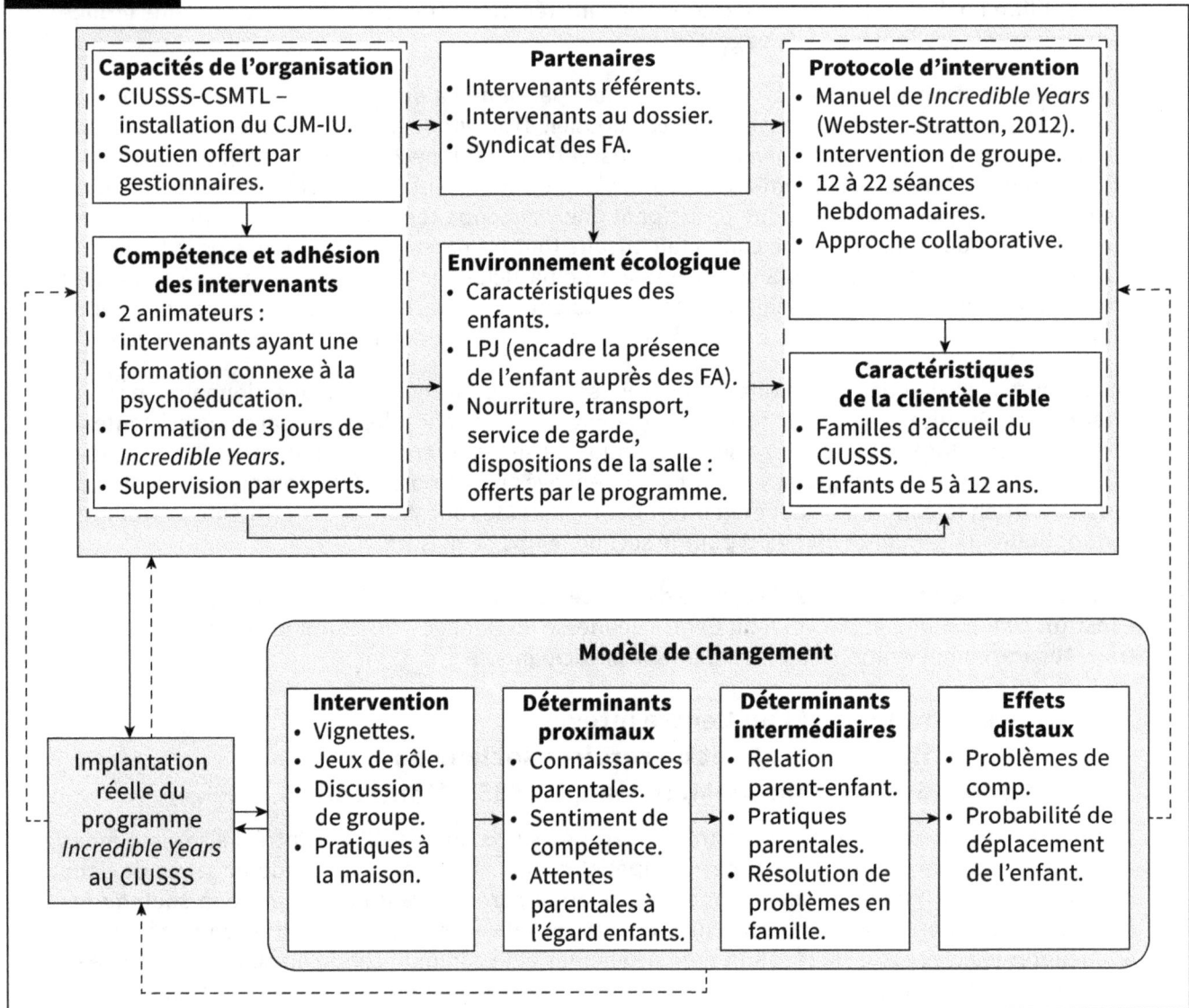

15.3.3 Mesures des variables

Mesure de la fidélité d'implantation

Les données sur la fidélité (dosage, adhérence, participation et qualité) ont été colligées par l'entremise de journaux de bord complétés par les animateurs après chaque rencontre et de formulaires de satisfaction remplis par les parents à la fin de chaque rencontre et à la toute fin du programme.

Le dosage est représenté par le nombre de rencontres offertes, ainsi que par le pourcentage des 16 rencontres prévues qui a été offert.

L'adhérence au protocole est représentée par huit indicateurs, présentant ce que les animateurs affirment avoir fait avec le groupe en termes de nombre de thèmes présentés (jeu avec l'enfant; félicitations et récompenses; établissement de limites claires; ignorance intentionnelle; retrait; conséquences logiques; résolution de problèmes individuels et familiaux; confiance en soi; gestion du découragement; habitudes de travail; participation parentale aux devoirs; rencontres parent-enseignant; discussion de problèmes scolaires), de vignettes, de jeux de rôle, de remue-méninges, de documents remis, de devoirs expliqués, de retours sur les devoirs et d'activités coup de fil. Cette composante est mesurée avec la liste à cocher sur laquelle l'animateur indique ce qui a été fait à chaque rencontre. Bien que l'adhérence soit influencée par le dosage (p. ex. : un groupe ayant offert moins de rencontres aura eu moins d'occasions de présenter des vignettes et de faire des jeux de rôle), le nombre brut des éléments est tout de même présenté afin de décrire l'exposition réelle aux différents éléments du programme.

La participation au programme comprend trois indicateurs, évalués pour tous les participants au programme (qui ont accepté que les animateurs transmettent cette information) et non seulement par ceux ayant complété les évaluations : assiduité, qualité de la participation et réalisation des devoirs. L'assiduité correspond au pourcentage moyen des rencontres offertes auquel ont assisté les participants. La qualité de la participation dans les rencontres est évaluée avec un questionnaire inspiré de l'Engagement Form (alpha 0,87; Garvey, Julion, Fogg, Kratovil et Gross, 2006). À la suite de chaque rencontre, les animateurs ont indiqué, en concertation, à quel point les parents étaient attentifs aux vignettes, participaient aux discussions, faisaient preuve d'ouverture personnelle et soutenaient les membres du groupe sur une échelle de type Likert en quatre points. La moyenne des quatre énoncés pour l'ensemble des rencontres a été calculée. La réalisation des devoirs, témoignant de l'engagement à la maison, est évaluée à partir d'un énoncé, soit que le parent les a faits ou non. Le pourcentage de devoirs réalisés par participant est obtenu en divisant le nombre de devoirs faits par le nombre total de devoirs demandés, bien que le parent absent à une rencontre n'ait pas eu l'opportunité de faire le devoir.

La qualité de l'animation est représentée par la satisfaction des participants, indiquée par les parents d'accueil après chaque rencontre, avec le questionnaire de satisfaction (inclus dans le manuel IY), sur une échelle de Likert en quatre points (« peu utile » à « très utile »). Le score moyen de satisfaction de l'ensemble des rencontres est utilisé. La qualité de l'animation est également représentée par la satisfaction générale des parents, indiquée par les parents d'accueil à la fin du programme, dans le Parent Satisfaction Questionnaire (Reid, Webster-Stratton et Beauchaine, 2001) utilisant une échelle de Likert en sept points (alpha entre 0,61 et 0,99 pour notre échantillon) en fonction de six dimensions : ensemble du programme, utilité du format des rencontres, difficultés et utilité des techniques éducatives apprises ainsi que l'appréciation de l'animateur principal et du coanimateur.

Pour chaque indicateur, les pourcentages seront classifiés selon le critère suivant : les pourcentages supérieurs ou égaux à 75 % sont considérés comme très fidèles, entre 61 et 74 % comme moyennement fidèles et inférieurs ou égaux à 60 % comme peu fidèles (Perepletchikova et Kazdin, 2005).

Mesure de l'évolution des participants

Les pratiques éducatives parentales ont été évaluées à l'aide d'une traduction du *Parenting Practices Interview* (PPI: Webster-Stratton, 1998). Ce questionnaire de 72 questions évalue l'utilisation que les parents font de sept pratiques éducatives, soit : la discipline sévère et inconstante (15 énoncés; alpha : 0,75), la discipline verbale positive (9 énoncés; alpha : 0,80), la punition physique (6 énoncés; alpha : 0,36), la discipline appropriée (12 énoncés; alpha : 0,80), les félicitations et récompenses

(11 énoncés; alpha : 0,60), l'expression d'attentes claires (6 énoncés; alpha : 0,72) et la supervision (5 énoncés; alpha : 0,04). Les parents indiquent leur utilisation des différentes pratiques en répondant sur une échelle de type Likert en 7 points dont la signification varie. Les coefficients de cohérence interne rapportés ont été calculés pour le présent échantillon. Ceux-ci suggèrent que les échelles de supervision et de punition physique ne soient pas appropriées pour le présent échantillon. Elles ne seront donc pas utilisées. Ce questionnaire comprend des seuils cliniques (établis à partir de mères américaines ayant des enfants âgés de 4 à 6 ans; Parenting Clinic, 2006), ce qui permet de poser un jugement sur la qualité des pratiques éducatives (discipline punitive et inconstante > 2,67; punitions physiques > 1,50; discipline verbale positive < 5,44; félicitations et récompenses < 4,27; discipline appropriée < 4,17; clarté des attentes < 3,75 et supervision < 6,50).

Les problèmes de comportement de l'enfant sont évalués à l'aide du *Eyberg Child Behavior Inventory* (ECBI; Robinson, Eyberg et Ross, 1980) portant sur la perception qu'a le parent des comportements de son enfant âgé de 2 à 16 ans à la maison. Il comporte 36 énoncés évalués sur deux échelles : le nombre total de problèmes de comportements (alpha = 0,94 pour notre échantillon; stabilité = 0,85), où le parent indique si ce comportement représente un problème à ses yeux (oui ou non); la fréquence de ces problèmes (alpha = 0,93 pour notre échantillon; stabilité = 0,80), où le parent indique la fréquence à laquelle survient ce comportement à l'aide d'une échelle de type Likert, allant de 1 (*jamais*) à 7 (*toujours*).

La stabilité test-retest à 10 mois d'intervalle équivaut à 0,75 (Burns et Patterson, 2001; Funderburk, Eyberg, Rich et Behar, 2003). Ce questionnaire comprend des seuils cliniques, un score T au-dessus de 60 pour l'une ou l'autre de ces échelles indiquant que l'enfant présente un problème clinique.

15.3.4 Stratégie d'analyse

Pour atteindre le premier objectif, des analyses descriptives seront effectuées. Les pourcentages moyens des différents indicateurs de fidélité seront calculés pour chacun des trois groupes qui ont reçu CAI et comparés aux standards de fidélité énoncés ci-haut.

Afin d'atteindre le deuxième objectif, différents types d'analyses seront effectués. Considérant la très petite taille de l'échantillon ($n = 14$), des analyses non paramétriques seront effectuées. Celles-ci ne sont pas soumises aux lois de la distribution normale. Pour comparer des groupes, la plupart des tests non paramétriques ne s'appuient pas sur les moyennes, mais classent les scores bruts de chaque sujet en leur attribuant un rang, lequel sera utilisé pour calculer les différences de tendance centrale (Howell, 1998). Le khi-carré permet de tester l'indépendance entre deux variables catégorielles. Le test U de Mann-Whitney est le pendant non paramétrique du test-t pour des échantillons indépendants. Il permet donc de comparer deux groupes différents sur des variables continues. La statistique U est calculée sur la base de la somme des rangs de chacun des groupes (Gilbert et Savard, 1992). Si ces sommes sont différentes, on considère qu'ils sont différents (Howell, 1998). Enfin, le test de rang signé de Wilcoxon pour des échantillons associés a été utilisé afin de vérifier le changement entre deux temps de mesure à l'intérieur d'un même groupe. Le pendant paramétrique associé à ce test est le test-t sur des échantillons liés (Howell, 1998). Celui-ci considère que si la médiane des différences entre les deux temps de mesure est différente de 0, c'est qu'il y a une différence significative entre les deux temps de mesure (Martineau, 1990).

D'abord, afin d'atteindre le deuxième objectif, en raison de la grande attrition au sein de l'échantillon initial, les différences entre les parents d'accueil qui ont persisté dans l'étude et ceux qui ont abandonné entre le pré-test et le post-test seront vérifiées. Cette vérification permettra de considérer la mortalité expérimentale qui peut menacer la validité interne de l'étude (Fortin, 2010). Pour ce faire, des khi-carrés indiqueront si les groupes (CAI vs témoin; CAI vs abandon) comptent une proportion équivalente de garçons et de filles et les tests U de Mann-Whitney vérifieront l'équivalence au niveau de l'âge des enfants, des mères et des pères d'accueil, du revenu familial, des problèmes de comportement des enfants et des pratiques éducatives parentales mesurées à l'entrée dans l'étude. Ensuite, deux tests différents permettront de vérifier si les participants à CAI (groupe expérimental) évoluent différemment des autres (groupe témoin), sur le plan des pratiques éducatives parentales (discipline appropriée, discipline sévère et inconstante, discipline verbale positive, félicitations et récompenses et attentes claires) et sur le plan du nombre et de l'intensité des problèmes de comportement des enfants. Le test de rang signé de Wilcoxon permettra de vérifier s'il y a changement entre le début et la fin de l'intervention, pour chaque groupe. Le test U de Mann-Whitney sera utilisé pour vérifier s'il y a une différence entre les groupes en ce qui concerne l'évolution des participants entre les deux temps de mesure, l'évolution étant conceptualisée comme la différence de score (post-pré).

15.4 Résultats

15.4.1 Fidélité d'implantation

Le premier objectif de l'étude est d'évaluer la fidélité d'implantation du PEHP CAI offert aux parents d'accueil, pour ce qui est du dosage, de l'adhérence, de la participation, et de la qualité. Les résultats obtenus sont présentés au tableau 15.1.

Tableau 15.1 — **Dosage, adhérence, participation et satisfaction par groupe CAI et en moyenne pour tous les groupes**

	CAI	Groupe 1 ($n = 9$)		Groupe 2 ($n = 10$)		Groupe 3 ($n = 9$)		Moy.
	N prévu/ max.	N offert	%	N offert	%	N offert	%	%
Dosage								
Rencontres offertes	16	14	87,5	14	87,5	12	75,0	83,3
Adhérence								
Thèmes	15	14	93,3	11	73,3	15	100	88,9
Vignettes	113	90	79,6	100	88,5	75	66,4	78,2
Jeux rôle	30	22	73,3	14	46,7	22	73,3	64,4
Remue-méninges	7	4	57,1	5	71,4	6	85,7	71,4
Documents remis	71	59	83,1	56	78,9	49	69,0	77,0
Explication devoirs	15	13	86,7	11	73,3	12	80,0	80,0
Retours sur devoirs	15	13	86,7	12	80,0	11	73,3	80,0
Coup de fil	3	0	–	0	–	0	–	0
Adhérence moyenne[a]	–	–	77,9	–	75,7	–	68,5	74,0
Participation								
Assiduité	100	11,2	80,0	8,1	57,9	7	58,3	65,4
Devoirs réalisés	100	9,9	76,1	5,3	40,8	6	54,6	57,1
Qualité de participation	4,0	3,7	92,3	3,5	88,5	3,71	92,8	91,2
Participation moyenne	–	–	82,8	–	62,4	–	68,5	–

	CAI	Groupe 1 ($n = 9$)		Groupe 2 ($n = 10$)		Groupe 3 ($n = 9$)		Moy.
	N prévu/ max.	**N offert**	**%**	**N offert**	**%**	**N offert**	**%**	**%**
Qualité								
		M (é. t.)		M (é. t.)		M (é. t.)		
Satisfaction hebdo	4,0	3,8	95,5	3,7	93,0	3,9	98,3	95,6
Programme total	7,0	6,5 (0,30)	92,1	6,0 (1,41)	85,7	6,7 (0,31)	95,3	91,1
Utilité format PEHP	7,0	6,3 (0,81)	89,7	6,5 (0,71)	92,9	4,6 (2,60)	66,1	82,9
Difficulté des techniques	7,0	2,1 (0,40)	29,3	1,2 (0,21)	16,4	3,5 (3,01)	49,6	31,8
Utilité des techniques	7,0	5,5 (2,55)	78,6	7,0 (0,00)	100,0	4,9 (3,21)	70,0	82,9
Appréciation animateur1	7,0	6,7 (0,60)	95,7	6,5 (0,71)	92,9	6,3 (0,12)	89,6	92,7
Appréciation animateur2	7,0	6,6 (0,67)	94,3	7,0 (0,00)	100,0	6,5 (0,41)	93,3	95,9
Qualité moyenne[b]	–	–	91,0	–	94,1	–	85,4	90,2

[a] La moyenne ne considère pas l'activité coup de fil qui a été retirée par le milieu.

[b] La moyenne ne considère pas la difficulté des techniques.

Dosage

Deux groupes ont offert 87,5 % du dosage prescrit alors que le troisième groupe en a offert 75 %. Ce dosage montre un très bon niveau de fidélité, mais rappelons que 75 % constitue la limite pour une fidélité moyenne.

Adhérence

Dans l'ensemble, deux groupes ont respecté très fidèlement ce qui est prescrit dans le manuel du PEHP et un groupe a implanté le programme de manière moyennement fidèle. Plus spécifiquement, il importe de souligner qu'un groupe a présenté seulement 73 % des thèmes prévus au programme. Outre les thèmes, les activités implantées avec la plus forte adhérence sont celles entourant les devoirs à la maison (explication et retour sur les devoirs et documents remis), de même que les vignettes présentées. Le nombre de jeux de rôle est en deçà des attentes pour tous les groupes. Un groupe a implanté cinq éléments sur sept de manière très fidèle, alors que les deux autres groupes n'ont atteint ce niveau que pour trois éléments. Rappelons toutefois que la proportion d'activités implantées a été calculée par rapport au nombre d'activités prévues, considérant que 16 rencontres étaient prévues pour les mettre en place, alors qu'aucun groupe n'a offert 16 rencontres.

Participation

Le taux d'assiduité moyen est de 62 %, ce qui est relativement faible. Le groupe qui a offert le plus de rencontres est aussi celui où l'assiduité est la plus élevée. Les participants de ce groupe ont tous été présents à au moins 10 des 14 rencontres offertes, représentant une exposition minimale à 62,5 % (10/16) du dosage prévu au protocole. Le taux d'assiduité des deux autres groupes est similaire à environ 58 %. À noter qu'un parent du groupe 2 a assisté à une seule rencontre, ce qui affecte à la baisse le taux d'assiduité qui aurait été de 73 % autrement. Les participants du groupe 3 ont participé à 58 % des 12 rencontres offertes, ce qui correspond à une exposition moyenne de 43,8 % du dosage prévu au protocole (7/16). Les animateurs estiment par ailleurs que les parents présents sont très engagés dans le programme. Par contre, les devoirs à la maison sont faits dans 57 % des cas, ce qui suggère un faible investissement à l'extérieur des rencontres.

Qualité

D'abord, en ce qui a trait à la satisfaction hebdomadaire, les participants des trois groupes estiment en moyenne que le contenu et les vignettes présentés ainsi que les discussions avec le groupe et l'animateur sont utiles à très utiles. Dans le même sens, à la fin du programme, 89 % des participants trouvent que le programme a été globalement utile ou très utile. Le format des rencontres a été très utile pour 78 % d'entre eux alors que les techniques éducatives apprises sont très utiles selon 75 %. Ces techniques éducatives sont considérées comme faciles ou très faciles selon 89 % des participants. Enfin, les animateurs sont très fortement appréciés puisque 100 % des répondants affirment qu'ils sont satisfaits ou très satisfaits de leur contact. Le programme a donc été implanté avec une excellente qualité.

15.4.2 Évolution des participants

Le deuxième objectif de l'étude consiste à vérifier si les participants à CAI évoluent significative-ment différemment de ceux d'un groupe témoin sur le plan des pratiques éducatives parentales et des problèmes de comportement des enfants. Dans un premier temps, les différences entre les parents d'accueil qui ont participé à CAI et ceux qui ont abandonné ont été vérifiées. De plus, les dif-férences initiales entre les familles du groupe CAI et celles du groupe témoin ont aussi été vérifiées. Les moyennes et les écarts-types quant à l'âge et au sexe des enfants, à l'âge des mères et des pères d'accueil, au revenu familial annuel, aux problèmes de comportement des enfants ainsi qu'aux pra-tiques éducatives des parents d'accueil au pré-test sont présentés au tableau 15.2. Les résultats montrent que les enfants dont les parents ont participé à CAI sont plus jeunes que ceux du groupe témoin et présentaient, en moyenne, plus de problèmes de comportement.

En effet, trois enfants (3/8) du groupe expérimental atteignent le seuil clinique de problèmes de comportement selon l'instrument de mesure utilisé, comparativement à un enfant (1/4) pour le groupe témoin. Des plus, au pré-test, les parents du groupe CAI tendent à adopter une discipline moins constante et plus punitive que les parents du groupe témoin. Ces différences initiales entre les groupes CAI et témoin ne pourront pas être contrôlées dans les analyses subséquentes, mais seront considérées lors de l'interprétation des résultats. Les résultats montrent par ailleurs qu'il n'y a aucune différence entre le groupe CAI et le groupe abandon.

Des tests U de Mann-Whitney ont ensuite été utilisés pour vérifier si la différence entre le pré-test et le post-test est différente pour les parents des deux groupes. En outre, des tests de rang signé de Wilcoxon pour des échantillons associés ont été utilisés pour vérifier si les scores du post-test sont différents de ceux du pré-test, et ce pour chacun des groupes. Étant donné le petit nombre de parti-cipants à l'étude, les résultats qui atteignent un niveau de signification de $p \leq 0,10$ seront considérés comme ayant une tendance à différer. Le tableau 15.3 présente les résultats de ces analyses.

Le test de rang signé de Wilcoxon suggère que les parents d'accueil qui ont participé au programme rapportent des pratiques plus positives au post-test qu'au pré-test, pour quatre des cinq dimensions à l'étude. Ainsi, à la suite de leur participation à CAI, ils disent utiliser une discipline plus appropriée, une discipline moins punitive et inconstante. Ils rapportent féliciter et récompenser davantage leur enfant et ils tendent à utiliser davantage la discipline verbale positive. Ces évolutions ne sont pas observées chez les parents du groupe témoin. Par contre, aucun changement n'est rapporté au niveau des problèmes de comportement des enfants. Les tests U de Mann-Whitney confirment en partie ces résultats. En effet, ils suggèrent une tendance indiquant que les parents d'accueil ayant participé à CAI présentent une plus grande évolution que ceux du groupe témoin quant à la disci-pline appropriée et aux félicitations et récompenses.

Tableau 15.2 Caractéristiques sociodémographiques et niveau initial des problèmes de comportement et des pratiques éducatives des participants au pré-test

| | Groupe CAI vs groupe témoin | | | Groupe CAI vs abandon | |
| | CAI (n = 9) | Groupe témoin (n = 5) | | Groupe abandon (n = 8) | |
	M ($ÉT$)	M ($ÉT$)	U	M ($ÉT$)	U
Âge des enfants (années)	7,75 (1,75)	11,50 (1,00)	**31,00***	8,50 (2,59)	34,00
Sexe des enfants (garçons)	62,50 %	100 %	X^2 = 2,00	57,14 %	X^2 = 0,45
Âge des mères d'accueil	48,00 (11,38)	54,00 (2,64)	13,00	49,29 (5,88)	20,00
Âge des pères d'accueil	49,00 (13,05)	61,67 (1,15)	15,00	53,33 (6,70)	18,00
Revenu annuel	7,00 (3,10)	4,50 (0,71)	4,00	5,63 (2,92)	20,00
Niveau initial de problèmes de comportement					
Nombre	55,38 (8,98)	43,00 (4,00)	**2,50***	55,67 (8,77)	31,50
Intensité	53,00 (9,82)	50,50 (8,35)	15,50	56,71 (7,16)	38,50
Niveau initial des pratiques éducatives					
Discipline appropriée	4,57 (1,13)	5,18 (0,98)	31,00	4,55 (0,88)	32,50
Discipline punitive et inconstante	2,76 (0,29)	2,07 (0,77)	**9,00^t**	2,66 (0,68)	30,50
Discipline verbale positive	5,07 (0,99)	7,45 (4,50)	32,00	5,53 (0,91)	46,00
Supervision	3,76 (0,45)	3,96 (1,08)	21,00	3,99 (0,43)	45,00
Punitions physiques	1,02 (0,55)	1,00 (0,00)	20,00	1,06 (0,12)	41,50
Félicitations et récompenses	4,83 (0,57)	7,75 (4,10)	32,50	4,58 (0,61)	28,50
Attentes claires	4,05 (0,81)	5,37 (1,50)	34,00	3,44 (1,10)	27,00

Notes. ^{t} = $p \leq 0,10$; * = $p \leq 0,05$; U = test U de Mann-Whitney; X^2 = test de khi-carré

Tableau 15.3	Résultats des analyses non-paramétriques testant la différence d'évolution entre le groupe CAI et le groupe témoin

	Temps de mesure	CAI (n = 8) M (ÉT)	Groupe témoin (n = 4) M (ÉT)	U
Parent Practices Inventory (PPI)				
Discipline appropriée	pré-test	4,58 (1,13)	5,18 (0,98)	8,00ᵗ
	post-test	5,50 (0,85)	4,97 (0,98)	
	W	43,50*	4,00	
Discipline punitive et inconstante	pré-test	2,76 (0,29)	2,07 (0,77)	11,50
	post-test	2,33 (0,48)	2,04 (0,68)	
	W	35,00*	9,00	
Discipline verbale positive	pré-test	5,07 (0,99)	7,45 (4,50)	12,00
	post-test	5,49 (0,63)	7,28 (4,45)	
	W	38,00ᵗ	5,00	
Félicitations et récompenses	pré-test	4,83 (0,57)	7,74 (4,10)	8,00ᵗ
	post-test	5,46 (0,58)	5,46 (0,58)	
	W	35,00*	4,00	
Attentes claires	pré-test	4,06 (0,81)	5,37 (1,50)	15,50
	post-test	4,38 (0,96)	4,57 (1,53)	
	W	22,50	5,00	
Eyberg Child Behavior Inventory (ECBI)				
Nombre comportement enfant	pré-test	55,38 (8,99)	43,00 (4,00)	12,00
	post-test	59,13 (8,50)	43,75 (3,59)	
	W	15,00	4,50	
Intensité comportement enfant	pré-test	52,75 (10,47)	50,50 (8,35)	8,50
	post-test	53,13 (7,39)	51,50 (7,85)	
	W	24,00	4,00	

Notes. ᵗ = $p \leq 0,10$; * = $p \leq 0,05$; *U* = test *U* de Mann-Whitney; *W* : Wilcoxon.

15.5 Discussion

La présente étude avait pour objectif d'évaluer la fidélité d'implantation du PEHP CAI, offert à des parents d'accueil d'enfants âgés de 6 et 10 ans, de même que l'évolution des participants à ce PEHP, en comparaison à des parents et enfants d'accueil qui ne participent pas au programme. Une telle évaluation est essentielle afin d'identifier les effets potentiels du programme. L'évaluation de la fidélité permet de mieux interpréter les résultats et d'attribuer les effets observés au programme réellement implanté (Durlak et DuPre, 2008). Les écarts entre le programme tel que développé théoriquement et son implantation réelle ont donc été identifiés. Cet aspect sera considéré lors de l'interprétation des résultats. Les chercheurs, dont ceux des études recensées, évaluent rarement l'implantation de leur programme ou en évaluent peu de composantes (Perpletchikova et Kazdin, 2005).

Dans la présente étude, quatre composantes de la fidélité d'implantation ont été analysées, pour les trois groupes de parents d'accueil participant à la recherche, soit le dosage, l'adhérence, la participation et la qualité. En ce qui a trait au dosage, le nombre de rencontres animées correspond assez fidèlement à ce qui est prescrit dans le protocole. Pour ce qui est de l'adhérence, deux des trois groupes ont implanté le programme très fidèlement. Ceci indique qu'en dépit de petits écarts avec le protocole proposé (par exemple : remue-méninges et jeux de rôle), l'implantation respectait, par exemple, les thèmes ou le nombre de vignettes à présenter. L'autre groupe obtient un score d'adhérence moyen, car deux éléments prescrits par le programme y ont été implantés de manière insuffisante. En effet, le nombre de vignettes et le nombre de documents remis sont insuffisants et peu de jeux de rôle ont été animés. Bien que ce résultat révèle une limite, il n'est pas exclu que les animateurs aient adapté le contenu aux besoins des participants de leur groupe, ce que proposent de faire certains auteurs (Chen, 2015; Durlak et DuPre, 2008). Par exemple, un élément considéré essentiel par l'auteure du programme (Webster-Stratton, 2012) a été omis dans tous les groupes, soit le coup de fil. Cette activité prévoit que les participants au programme se contactent à l'extérieur des rencontres pour se soutenir. Or, les animateurs questionnés expliquent que cette activité va à l'encontre des valeurs du milieu, ce qui justifie la modification. Il est donc nécessaire d'identifier les ingrédients essentiels de CAI, ce qui permettrait de juger de l'adéquation des modifications apportées par les milieux.

La participation des parents d'accueil est relativement faible. Bien que les animateurs observent un bon engagement lorsque les parents d'accueil sont présents aux rencontres, il semble difficile de maintenir une assiduité suffisante des participants. L'assiduité était aussi un élément plus faible soulevé par Linares et al. (2006) et par Bywater et al. (2010). On peut imaginer qu'il soit difficile pour les parents, et peut-être encore davantage pour les parents d'accueil, de faire garder les enfants dont ils ont la charge, en raison de leur nombre ou de leurs difficultés. Toutefois, il semble essentiel de réfléchir aux moyens à mettre en place afin d'optimiser la participation aux rencontres. Dans l'ensemble, les parents d'accueil sont satisfaits, tant sur le plan du contenu présenté, de l'utilité des techniques éducatives apprises que de l'animation de CAI. Linares et al. (2006) rapportent aussi une bonne satisfaction des parents participants à IY. À la lumière des résultats obtenus, le programme CAI est implanté de manière relativement fidèle et par conséquent, les résultats observés sur l'évolution des problèmes de comportement des enfants et des pratiques éducatives des parents d'accueil peuvent être attribués au programme tel que prévu au protocole et implanté et non à d'autres variables étrangères non mesurées dans la présente étude. Évidemment, il serait intéressant de répliquer cette étude auprès d'un plus large échantillon. Nous y reviendrons plus loin.

Les analyses préliminaires démontrent qu'en dépit d'une attrition importante, tout à fait comparable à ce que l'on observe auprès d'autres échantillons similaires, les participants à la recherche ne se distinguent pas de ceux qui ont abandonné sur les variables vérifiées, ce qui peut rassurer quant à la validité interne de l'étude.

Par contre, les enfants du groupe CAI étaient plus jeunes et au pré-test présentaient un plus grand nombre de problèmes de comportement que ceux du groupe témoin. De plus, leurs parents d'accueil tendaient à adopter une discipline plus punitive et inconstante. En raison de la petite taille de l'échantillon, ces différences n'ont pu être contrôlées statistiquement, les résultats concernant l'évolution du groupe CAI devraient donc être interprétés et généralisés avec prudence.

Tel que prévu au modèle logique, l'effet attendu à court terme à la suite de CAI est que les parents d'accueil améliorent leurs pratiques éducatives, ce qui est le cas ici. En effet, contrairement aux autres parents d'accueil, les participants à CAI ont tendance à utiliser une discipline plus appropriée et à féliciter et récompenser davantage les enfants qu'ils accueillent à la suite de leur participation au programme. Ils ont aussi tendance à utiliser une discipline verbale plus positive à la fin du programme comparativement à avant leur participation et comparativement aux parents d'accueil qui n'ont pas participé à CAI. Ces résultats corroborent en partie ceux de Linares et al. (2006) qui observent que les parents d'accueil rapportent utiliser une discipline moins punitive et inconstante à la suite de leur participation à IY. Selon le modèle logique, ces améliorations des pratiques éducatives devraient entraîner une amélioration des problèmes de comportement de l'enfant. Les résultats de la présente étude n'ont toutefois pas permis d'observer de tels changements au niveau du comportement des enfants, selon la perception des parents d'accueil. Il faut peut-être laisser plus de temps pour observer une amélioration des problèmes de comportement des enfants à la suite de l'amélioration des pratiques éducatives parentales.

L'ensemble de ces résultats sur la fidélité et l'évolution des participants permettent une réflexion sur le modèle logique du programme implanté auprès des familles d'accueil (Figure 15.1). Le protocole a été très bien implanté dans deux des trois groupes. Toutefois, pour diverses raisons, les parents d'accueil sont généralement peu assidus, bien qu'ils participent bien quand ils sont là. Les participants sont d'ailleurs satisfaits du programme, notamment de la qualité de l'animation des intervenants. Aucun des groupes n'a offert plus de 14 rencontres alors que 16 sont prévues. L'exposition au programme semble donc constituer le défi principal de l'implantation du programme. Malgré cela, les participants rapportent de meilleures pratiques éducatives à la suite de leur participation au programme. Ce constat est positif puisque les parents d'accueil déplorent généralement se sentir peu outillés pour faire face aux comportements difficiles des enfants dont ils ont la charge (Vanschoonlandt et al., 2012). On peut toutefois supposer que pour atteindre les objectifs les plus distaux du programme concernant l'amélioration du comportement des enfants et éventuellement la prévention des déplacements, il pourrait être nécessaire de mettre en place différents moyens pour faciliter une plus grande exposition au contenu (plus grand dosage et plus grande assiduité) et pour encourager la réalisation des activités à mettre en pratique à la maison (devoirs).

15.5.1 Forces et limites de l'étude et recommandations pour les études ultérieures

La limite la plus considérable de cette étude est la très petite taille de l'échantillon. Cette limite affecte la puissance statistique, limitant la capacité de l'étude de détecter les effets réels associés à l'implantation d'un programme comme CAI. De plus, l'échantillon ne peut être considéré comme représentatif des familles d'accueil, limitant la validité externe de l'étude et aucune conclusion ferme ne peut être tirées à la suite des analyses. Enfin, ce nombre limité de participants ne permet pas de contrôler statistiquement les différences observées au début de l'intervention entre les groupes, ce qui limite les interprétations pouvant être tirées des résultats obtenus. Pour pallier cette limite, des analyses non-paramétriques ont été utilisées, lesquelles sont valides compte tenu de cette contrainte. Toutefois, les prochaines études devraient inclure un plus grand nombre de participants afin de permettre l'utilisation de tests paramétriques plus robustes et assurer une plus grande validité statistique de l'étude.

Une autre limite est que les données recueillies pour les pratiques éducatives et les problèmes de comportement de l'enfant reposent uniquement sur des données rapportées par les parents d'accueil. L'interprétation des résultats obtenus est donc limitée à cette perception. Cependant, la perception des parents comporte aussi un avantage intéressant. En effet, la perception qu'ils ont de leur capacité de gérer les problèmes de comportement peut avoir une influence considérable, notamment sur le déplacement des enfants. D'ailleurs, il pourrait être intéressant de mesurer, dans de futures études, le sentiment d'auto-efficacité qu'ont les parents d'accueil par rapport à la gestion des comportements des enfants et éventuellement, vérifier si la participation au programme permet de diminuer le nombre de déplacements. De plus, afin de favoriser une meilleure validité interne de l'étude et bonifier l'interprétation des résultats obtenus, les prochaines études auraient avantage à adopter une approche multiméthodes et multirépondants en ajoutant des données observationnelles, tout en recueillant la perception d'autres répondants.

Bien que la puissance statistique de la présente étude soit faible, limitant les possibilités d'observer des différences entre le pré-test et le post-test, il faut aussi considérer le nombre et l'intensité des problèmes de comportement présentés initialement par les enfants. En effet, bien que le nombre de problèmes de comportement présenté par les enfants du groupe CAI était initialement plus élevé que ceux du groupe témoin, seuls trois enfants de ce groupe présentaient des problèmes de comportement selon le seuil clinique (Eyberg et Pincus, 1999). Ainsi, les enfants présentaient initialement peu de problèmes de comportement, ce qui peut expliquer l'absence de changement. Une étude qui évaluait IY en combinaison avec un volet de coparentalité avait aussi un échantillon d'enfants ne présentant pas de problèmes de comportement (Linares et al., 2006) et a obtenu des résultats similaires à ceux rapportés dans la présente étude. Cependant, bien que ces enfants ne présentaient pas de problèmes de comportement importants, ils présentaient un risque élevé d'en présenter éventuellement, particulièrement dans un contexte où les parents adoptaient des pratiques sévères et inconstantes. L'intervention auprès des enfants placés en famille d'accueil ayant aussi des visées préventives importantes, nos résultats sont importants. Si les parents d'accueil améliorent leurs pratiques éducatives, il est possible d'envisager que les enfants courent un risque moindre de développer des problèmes de comportement. Il serait éventuellement intéressant de suivre les enfants dont les parents d'accueil ont participé à CAI à plus long terme, afin d'évaluer si des changements sur les problèmes de comportement seront observés dans le futur.

Une des forces de cette étude en comparaison aux études recensées est sans contredit l'évaluation rigoureuse de quatre composantes de la fidélité d'implantation et la démonstration qu'il est possible d'implanter ce programme tel que décrit dans le protocole.

15.5.2 Retombées cliniques et recommandations

Bien qu'aucune conclusion ferme ne puisse être tirée de cette étude quant aux effets du programme, les résultats suggèrent des retombées cliniques intéressantes compte tenu du peu d'études sur le sujet. Les résultats peuvent se greffer à ceux obtenus précédemment pour suggérer que les PEHP, dont IY (CAI en français), semblent avoir des effets positifs sur les pratiques éducatives des parents d'accueil. De plus, ceux-ci sont satisfaits de leur participation. Si les parents d'accueil se sentent mieux outillés pour gérer les difficultés comportementales des enfants, le comportement des enfants devrait éventuellement s'en trouver positivement affecté, ce qui pourrait contribuer à diminuer les déplacements.

Bien que des recherches soient toujours nécessaires pour déterminer les effets de CAI et éventuellement établir son caractère probant en contexte de soutien aux enfants placés en famille d'accueil, les résultats de la présente étude attestent d'une grande fidélité d'implantation et suggèrent des effets positifs, laissent voir que l'implantation de CAI auprès des parents d'accueil est possible et favorable. Bien que les parents d'accueil de l'échantillon ne puissent être considérés comme représentatifs des familles d'accueil au Québec, ils présentaient initialement des lacunes sur le plan des pratiques éducatives. Leur participation à CAI leur a été d'un réel soutien clinique. En outre, les parents ayant participé à CAI se disent satisfaits et affirment se sentir mieux outillés pour faire face aux problèmes de comportement des enfants. L'implantation de CAI vient donc pallier un problème important vécu par plusieurs parents d'accueil, soit le manque de ressource pour répondre aux besoins spécifiques de ces enfants (Marcellus, 2010). Bref, CAI devrait être recommandé aux parents d'accueil.

Enfin, les résultats de la présente étude montrent qu'un PEHP probant, reconnu efficace auprès d'autres clientèles, permet aux parents d'accueil d'augmenter leur utilisation de pratiques éducatives positives. Par ailleurs, les résultats montrent que ce programme peut être implanté avec un très bon niveau de fidélité, dans le cadre des pratiques régulières des CISSS. Les prochaines études, avec un plus grand échantillon, auraient avantage à suivre ces familles d'accueil à plus long terme afin de vérifier si la participation à un PEHP diminue effectivement les problèmes de comportement des enfants et le déplacement de ces derniers.

15.6 Financement et soutien

La présente étude s'inscrit dans le cadre d'une plus vaste recherche portant sur les processus d'implantation liés aux résultats du PEHP CAI, financée par le FQRSC (2009-2013). Nous reconnaissons le soutien financier obtenu par les deux dernières auteures du chapitre. Karine Gagné, étudiante de maîtrise, était titulaire de la bourse d'études supérieures du Canada Joseph-Armand-Bombardier (2013-2014) au moment de l'étude et Isabelle-Ann Leclair Mallette était titulaire d'une bourse de maîtrise du FQRSC à ce moment et d'une bourse de doctorat du FQRSC au moment de la rédaction.

Références

Association des centres jeunesse du Québec (2015). Bilan des directeurs de la protection de la jeunesse/directeurs provinciaux 2015. Publication en ligne : http://www.acjq.qc.ca/

Barber, J. G., Delfabbro, P. H., et Cooper, L. L. (2001). The predictors of unsuccessful transition to foster care. *Journal of Child Psychology and Psychiatry, 42*(6), 785-790.

Barth, R.P., Landsverk, J., Chamberlain, P., Reid, J.B., Rolls, ... J.A., Hurlburt. (2005). Parent-training programs in child welfare services: Planning for a more evidence-based approach to serving biological parents. *Research on Social Work Practice, 15*(5), 353-371.

Burns, L.G., et Patterson, D.R. (2008). Normative data on the eyberg child behavior inventory and sutter-eyberg student behavior inventory: parent and teacher rating scales of disruptive behavior problems in children and adolescents. *Child and Family Behavior Therapy, 23*(1), 15-28.

Bywater, T., Hutchings, J., Linck, P., Whitaker, C., Daley, D., Yeo, S.T., et Edwards, R.T. (2010). Incredible Years parent training support for foster carers in Wales: a multi-centre feasibility study. *Child: care, health and development, 37*(2), 233-243.

Cardinal, G., Zdebik, M.A., Moss, E., Bernier, A., Tarabulsy, G.M., et St-Laurent, D. (2008). Une intervention relationnelle pour optimiser la sécurité d'attachement chez les enfants placés au sein de familles d'accueil visant l'adoption. *L'infirmière clinicienne, 5* (2), 12-20.

Carignan, L., Moreau, J., et Malo, C. (2009). *Vivre en famille d'accueil jusqu'à mes 18 ans : Voir ou ne pas voir mes parents.* Québec : Presses de l'Université du Québec.

Casanueva, C., Wilson, E., Smith, K., Dolan, M., Ringeisen H., et Horne, B. (2012). NSCAW II Wave 2 Report: Child Well-Being. Office of Planning, Research and Evaluation, Administration for Children and Families. Récupéré du site National Survey of Child and Adolescent Well-Being: http://www.acf.hhs.gov/sites/default/files/opre/nscaw2 _intro_0.pdf

Chamberlain, P., Moreland, S., et Reid, K. (1992). Enhanced services and stipends for foster parents: effects on retention rates and outcomes for children. *Child Welfare League of America, 71*(5), 387-401.

Chamberlain, P., Price, J., Leve, L. D., Laurent, H., Landsverk, J. A., et Reid, J. B. (2008). Prevention of behavior problems for children in foster care: Outcomes and mediation effects. *Prevention Science, 9*(1), 17-27.

Chamberlain, P., Price, J., Reid, J. B., Landsverk, J., Fisher, P. A., et Stoolmiller, M. (2006). Who disrupts from placement in foster and kinship care? *Child Abuse and Neglect, 30*, 409–424.

Chen, H.-T. (2015). *Practical Program Evaluation: Theory-driven evaluation and integrated evaluation perspective.* (2ᵉ éd.) Thousand Oaks, CA: Sage.

DeGarmo, D. S., Chamberlain, P., Leve, L. D., et Price, J. (2009). Foster parent intervention engagement moderating child behavior problems and placement disruption. *Research on Social Work Practice, 19*(4), 423-433.

Dregan, A., et Gulliford, M. C. (2012). Foster care, residential care and public care placement patterns are associated with adult life trajectories: population-based cohort study. *Social Psychiatry and Psychiatric Epidemiology, 47*(9), 1517-1526.

Dorsey, S., Farmer, E.M.Z., Barth, R.P., Greene, K.M., Reid, J., et Landsverk, J. (2008). Current status and evidence base of training for foster and treatment foster parents. *Children and Youth Services Review, 30,* 1403-1416.

Dusenbury, L., Brannigan, R., Falco, M., et Hansen, W.B. (2003). A review of research on fidelity of implementation: Implication for drug abuse prevention in school settings. *Health Education Research, 18,* 237-256.

Eyberg, S., et Pincus, D. (1999). *Eyberg Child Behavior Inventory and Sutter – Eyberg Student Behavior Inventory-Revised*: Professional Manual. Odessa, FL : Psychological Assessment Resources.

Fortin, M.F. (2010). *Fondements et étapes du processus de recherche, méthodes quantitatives et qualitatives* (2ᵉ éd.). Montréal : Chenelière Éducation

Gagné, K., Letarte, M.-J. et Cliche, J. (2015). L'approche collaborative au sein des groupes de parents dans le cadre de « Ces années incroyables ». In G. Paquette, C. Plourde et K. Gagné (Éds.), *Au cœur de l'intervention de groupe : Nouvelles pratiques psychoéducatives* (pp. 205-219). Boucherville, Québec : Béliveau Éditeur.

Garvey, C., Julion, W., Fogg, L., Kratovil, A., et Grossi, D. (2006). Measuring participation in a prevention trial with parents of young children. *Research in Nursing and Health, 29,* 212–222.

Gavița, O. A., David, D., Bujoreanu, S., Tiba, A., et Ionuțiu, D. R. (2012). The efficacy of a short cognitive – behavioral parent program in the treatment of externalizing behavior disorders in romanian foster care children. *Children and Youth Services Review, 34*(7), 1290-1297.

Gilbert, N., et Savard, J.G. (1992). *Satistiques.* Montréal : Éditions études vivantes.

Howell, D.C. (1998). *Méthodes statistiques en sciences humaines* (Trad. Par M. Rogier). Bruxelles : De Boeck Université.

Kerker, B. D., et Dore, M. M. (2006). Mental health needs and treatment of foster youth: barriers and opportunities. *American Journal of Orthopsychiatry, 76*(1), 138-147.

Leathers, S. J., Spielfogel, J. E., McMeel, L. S., et Atkins, M. S. (2011). Use of a parent management training intervention with urban foster parents: A pilot study. *Children and Youth Services Review, 33*(7), 1270-1279.

Letarte, M.J., Normandeau, S., et Allard, J. (2010). Effectiveness of a parent training program "incredible years" in a child protection service. *Child Abuse and Neglect, 34*(4), 253-261.

Linares, L.O., Montalto, D., MinMin, L., et Vikash, S.O. (2006). A promising parenting intervention in foster care. *Journal of Consulting and Clinical Psychology, 74*(1), 32-41.

Lundahl, B., Risser, H.J., et Lovejoy, M.C. (2006). A meta-analysis of parent training: Moderators and follow-up effects. *Clinical Psychology Review, 74,* 86-104.

Marcellus, L. (2010). Supporting resilience in foster families: A model for program design that supports recruitment, retention, and satisfaction of foster families who care for infants with prenatal substance exposure. *Child Welfare, 89*(1),7-29.

Martineau, G. (1990). *Statistique non-paramétrique appliquée aux sciences humaines.* Montréal : Éditions sciences et culture inc.

McDaniel, B., Braiden, J.H., Onyekwelu, J., Murphy, M., et Regan, H. (2011). Investigating the Effectiveness of the Incredible Years Basic Parenting Programme for Foster Carers in Northern Ireland. *Child Care in Practice, 17*(1), 55-67.

Newton, R. R., Litrownik, A. J., et Landsverk, J. A. (2000). Children and youth in foster care: Disentangling the relationship between problem behaviors and number of placements. *Child Abuse and Neglect, 24,* 1363–1374.

Normandeau, S., et Venet, M. (2000). Comment intervenir auprès et par l'entremise des parents? Dans F. Vitaro et C. Gagnon (Éds.), *Prévention des problèmes d'adaptation chez les enfants et les adolescents – Tome 1 : Les problèmes internalisés* (p. 141-188). Québec, Canada : Les Presses de l'Université du Québec.

Oswald, S. H., Heil, K., et Goldbeck, L. (2010). History of Maltreatment and Mental Health Problems in Foster Children: A Review of the Literature. *Journal of Pediatric Psychology, 35*(5), 462-472.

Parenting Clinic (2006). *Items in Scales and Internal Consistency for Scales Revised for School Project: Parenting Practices Interview.* Récupéré sur le site The Parenting Clinic : http://www.son.washington.edu/centers/parenting-clinic/forms.asp.

Patterson, G.R. (2002). The early development of coercitive family process. Dans J.B. Reid, G.R. Patterson et J. Synder (Éds.), *Antisocial behavior in children and adolescents: a developmental analysis and model for intervention* (p. 25-44). Washington, DC: American Psychological Association.

Perepletchikova, F., et Kazdin, A. E. (2005). Treatment integrity and therapeutic change: Issues and research recommendations. *Clinical Psychology: Science and Practice, 12*(4), 365–382.

Pithouse, A., Hill-Tout, J., et Lowe, K. (2002). Training foster carers in challenging behaviour: a case study in disappointment? *Child and Family social Work, 7,* 203-214.

Price, J.M., Chamberlain, P., Landsverk, J., et Reid, J. (2009). KEEP foster-parent training intervention: model description and effectiveness. *Child and Family Social Work, 14,* 233-242.

Reid, M.J., Webster-Stratton, C., et Beauchaine, T.P. (2001). Parent training in head start: A comparison of program response among African American, Asian American, Caucasian, and Hispanic mothers. *Prevention Science, 2*(4), 210-227.

Simms, M.D., Dubowitz, H., et Szilagyi, M. A. (2000). Health care needs of children in the foster care system. *Pediatrics, 106*(4), 909-918.

Strijker, J., Knorth, E. J., et Dickscheit, K. J. (2008). Placement history of foster children: a study of placement history and outcomes in long-term family foster care. *Child Welfare, 87*(5), 107-124.

Webster-Stratton, C., et Hammond, M. (1998). Treating Children With Early-Onset Conduct Problems: A Comparison of Child and Parent Training Interventions. *Journal of Consulting and Clinical Psychology, 65*(1), 93-109.

Vanschoonlandt, F., Vanderfaeillie, J., Holen, F.V., et De Maeyer, S. (2012). Development of an Intervention for Foster Parents of Young Foster Children with Externalizing Behavior: Theoretical Basis and Program Description. *Clinical Child and Family Psychology Review, 15*(4), 330-344.

16 | Évaluation d'implantation du programme *Le stress vu d'en haut* selon la structure d'ensemble psychoéducative

Andrée-Anne Houle
Département de psychoéducation, Université de Sherbrooke

Annie Bérubé
Département de psychoéducation et de psychologie,
Université du Québec en Outaouais

Résumé

Contexte

Plusieurs enfants et parents de familles vulnérables vivent ou sont à risque de vivre de l'anxiété. Les programmes d'intervention en la matière présentent différentes contraintes limitant leur implantation auprès de ces familles. L'étude présente l'évaluation d'implantation du programme Le stress vu d'en haut développé spécifiquement pour répondre aux besoins et caractéristiques des familles en contexte de vulnérabilité.

Objectif

L'étude vise à décrire l'implantation du programme et formuler des recommandations en vue de poursuivre son implantation.

Méthode

Onze familles et huit intervenants ont participé à l'évaluation d'implantation du programme, réalisée à l'aide de journaux de bord, de notes évolutives, de grilles d'observation participante et d'entrevues individuelles et de groupe. L'analyse thématique des données qualitatives se base sur les composantes psychoéducatives afin de couvrir l'ensemble des éléments importants devant se retrouver dans l'implantation du programme.

Résultats

Différents moyens de mise en interaction alternatifs (escalade, activités motrices, jeu partagé parent-enfant) ont permis une intervention adaptée aux compétences et aux besoins des participants. Dans le cadre de l'intervention, les parents sont les principaux acteurs de changement auprès de leur enfant, en étant soutenus par une équipe d'intervenants multidisciplinaire qui mise sur l'empowerment et le modeling.

Conclusion

L'évaluation de l'implantation a permis de décortiquer l'intervention en fonction des différentes composantes du modèle psychoéducatif. Certaines modifications ont été suggérées afin d'ajuster l'intervention pour qu'elle réponde davantage aux réalités des familles et du milieu, contribuant ainsi à la pérennisation du programme et à l'adhésion des familles au programme.

Mots-clés

Évaluation d'implantation, Analyse qualitative, Composantes psychoéducatives, Anxiété, Intervention familiale.

Recommandations cliniques issues de l'étude

- Il est nécessaire de privilégier des pratiques reconnues efficaces tout en considérant les compétences et les difficultés des familles.

- Les composantes du modèle psychoéducatif de Gendreau permettent de poser un regard complet sur l'implantation d'un programme, tel que Le stress vu d'en haut.

- L'implantation d'un programme auprès d'une clientèle vulnérable demande une grande capacité d'adaptation de la part des animateurs qui doivent miser sur les forces, les besoins, les intérêts et les aptitudes des participants.

Questions pédagogiques

- Comment la structure d'ensemble psychoéducative peut-elle guider la description de l'implantation de vos programmes ou de vos activités psychoéducatives?

- Quels outils additionnels auraient pu être utilisés pour décrire l'implantation du programme dont il est question dans cette étude?

- Quelles sont les différences entre le stress, l'anxiété et le trouble anxieux?

16.1 Introduction

Le présent chapitre s'intéresse au programme Le stress vu d'en haut (LSVDH); un programme de prévention ciblée et indiquée de l'anxiété chez les familles à défis multiples par le biais d'une intervention conjointe parent-enfant. Ce chapitre met en lumière l'importance de mettre en place des interventions familiales pour aider à prévenir l'anxiété chez les familles à défis multiples. Les limites des programmes familiaux de prévention de l'anxiété existants seront présentées et l'élaboration du programme LSVDH sera justifiée.

Plus particulièrement, ce chapitre a pour but de présenter la première évaluation d'implantation du programme LSVDH. Le modèle psychoéducatif de Gendreau (2001) sera utilisé à titre de cadre d'analyse de l'implantation de programme. Les facilitateurs et les obstacles qui se sont présentés lors de l'implantation du programme LSVDH seront présentés en fonction des différentes composantes du modèle psychoéducatif.

L'anxiété et le stress sont des notions distinctes qui sont parfois utilisées de façon interchangeable. L'***anxiété*** est une émotion caractérisée par l'appréhension et l'anticipation face à des situations où la menace est diffuse, lointaine ou vague (Institut universitaire de santé mentale de Montréal, 2014; McIntosh, 2017). Pour sa part, le ***stress*** est un *inconfort physique ou psychologique face à une menace ou un danger réel ou immédiat* (McIntosh, 2017). Tous les deux représentent une réaction normale de l'organisme pour alerter et protéger d'un possible danger. Toutefois, les symptômes de stress ou d'anxiété peuvent être des précurseurs du développement ou de l'aggravation de l'état de la personne en trouble anxieux. *Lorsque l'anxiété ou le stress deviennent trop importants et qu'ils nuisent au fonctionnement quotidien*, on parle alors de ***trouble anxieux*** (CESH, 2017; Douglas, 2014). Divers troubles anxieux peuvent être diagnostiqués (trouble panique, anxiété sociale, anxiété généralisée, anxiété de séparation, phobie spécifique; American Psychiatric Association, APA, 2015). Ils varient en durée et en intensité et ils ont comme caractéristiques communes une perte de contrôle, un sentiment de peur ou un événement anxiogène (APA, 2015).

La prévention du développement et de l'aggravation des symptômes d'anxiété est particulièrement importante dès l'enfance afin de prévenir l'émergence de diverses difficultés pouvant y être associées et qui peuvent avoir des répercussions négatives sur le développement et le fonctionnement de l'enfant. En effet, les problèmes intériorisés, comme l'anxiété, représentent un des problèmes de santé mentale les plus fréquents chez les jeunes âgés de 10 à 24 ans. Les problèmes d'anxiété sont présents chez 2,9 % à 33 % des jeunes, et ce, dès l'âge de 6 à 8 ans (Gore et al., 2011; Piché, Cournoyer, Bergeron, Clément et Smolla, 2017). Au Canada, près de 70 % des jeunes âgés entre 15 et 24 ans ayant un trouble anxieux rapportent que leurs premiers symptômes d'anxiété auraient débuté avant l'âge de 15 ans (Gouvernement du Canada, 2006). Au Québec, ce serait près de 28 % de la population âgée de plus de 15 ans qui vivrait un niveau élevé de stress au quotidien (Institut national de santé publique du Québec, 2008). À l'école primaire, ce serait environ 13,2 % des enfants qui vivraient déjà des symptômes d'anxiété (Tramonte et Willms, 2010).

L'émergence de l'anxiété dès l'enfance peut susciter son lot de répercussions sur le plan personnel, familial et sociétal. En bas âge, les conséquences de l'anxiété sur le plan scolaire peuvent être nombreuses : le fonctionnement social, le rendement scolaire ainsi que la capacité de concentration des enfants pouvant être affectés, les élèves anxieux se retrouvent plus à risque de vivre des difficultés en lecture et en écriture, de même que de l'absentéisme scolaire répété (McLoone, Hudson, Rapee, 2006; Rapee, Kennedy, Ingram, Edwards et Sweeney, 2005). Pour les enfants chez qui l'anxiété atteindra un niveau clinique, plusieurs présenteront un taux élevé de comorbidité avec d'autres psychopathologies telles des difficultés d'attention ou d'hyperactivité, des difficultés de comportement, des difficultés d'apprentissage, ainsi que la dépression (Kendall, 2012; Verreault et Berthiaume, 2006). À plus long terme, l'émergence de problèmes d'anxiété dès l'enfance est reliée à des difficultés telles que l'abus de drogues et d'alcool, des comportements sexuels à risque, des problèmes de santé physique, entraînant des coûts importants dans le domaine de la santé, de l'éducation et de la justice pénale (Donovan, et Spence, 2000; Organisation mondiale de la Santé [OMS], 2004).

Afin de limiter les conséquences néfastes des troubles anxieux pour les enfants, plusieurs programmes ont été mis sur pied, notamment des programmes de prévention qui visent à rejoindre les familles d'enfants qui sont à risque de présenter de l'anxiété (prévention ciblée) ou qui présentent déjà des symptômes d'anxiété (prévention indiquée; Fisak, Richard et Mann, 2011; Mrazek et Haggerty, 1994; Stockings et al., 2016). L'efficacité de ces programmes a été démontrée au fil du temps, et ce, particulièrement lorsque l'intervention est offerte en format familial, c'est-à-dire en impliquant l'enfant et son parent (Haine-Schlagel et Walsh, 2015; Wei et Kendall, 2014; Hui Yap, Pilkington, Ryan et Jorm, 2014). Ces programmes sont reconnus pour avoir des effets positifs à long terme sur l'enfant en lui permettant de diminuer ses problèmes intériorisés, dont ses symptômes d'anxiété, en plus d'avoir des répercussions sur le fonctionnement familial (Sandler, Schoenfelder, Wolchik et MacKinnon, 2011). Le fait d'inclure un volet familial permet de maximiser les effets positifs de l'intervention, en plus de diminuer les facteurs de risque dans l'environnement familial qui contribuent au maintien de l'anxiété chez l'enfant (Barrett, Duffy, Dadds et Rapee, 2001; Hui Yap et al., 2014). Le parent étant le premier acteur d'influence et de changement auprès de son enfant, il doit d'abord lui-même être en mesure de mieux comprendre son anxiété, afin d'être disposé à accompagner son enfant (Piché, Bergeron et Cyr, 2008). Il est donc recommandé de maximiser la participation des parents dans les programmes, de même que de proposer des services multimodaux en combinant une variété de stratégies d'intervention pour favoriser l'évolution positive des enfants anxieux (Turgeon et Gosselin, 2015).

Alors que la participation de la famille, incluant les enfants et les parents, est souhaitable, il s'avère plus difficile de rejoindre les familles les plus vulnérables (Axford, Lehtonen, Laoukji, Tobin et Berry, 2012; Boag-Munroe et Evangelou, 2012). Pourtant, les familles à défis multiples, aussi nommées vulnérables ou à risque, sont des familles qui sont exposées à un cumul de stresseurs qui les prédisposent à avoir une histoire de vie complexe. Ces stresseurs, qui représentent des facteurs de risque pour le développement de l'enfant, sont nombreux et variés, allant des caractéristiques sociales comme un faible niveau économique et l'isolement social de la famille, à des caractéristiques personnelles touchant le parent, telle une faible scolarisation ou des problèmes de santé mentale, aux caractéristiques de l'enfant, par exemple un tempérament difficile ou des difficultés de comportement (Boag-Munroe et Evangelou, 2012; Duncan et Brooks-Gunn, 2000). Or, il est connu que certains facteurs qui caractérisent les familles à défis multiples représentent également des facteurs associés au développement de l'anxiété chez les enfants (Drake et Ginsburg, 2012; Hui Yap, et al., 2014; Wei et Kendall, 2014). Pour ces raisons, il apparaît important de s'intéresser aux programmes familiaux qui visent à prévenir le développement ou l'aggravation des symptômes d'anxiété chez les enfants de familles à défis multiples.

La majorité des programmes existants qui proposent d'intervenir auprès de la famille sont universels (Werner-Seidler, Perry, Calear, Newby et Christensen, 2017). Il s'agit donc de programmes élaborés pour rejoindre un plus grand nombre d'enfants possible. Bien qu'il s'agisse d'un avantage indéniable à plusieurs égards, cette approche complique parfois le recrutement des enfants provenant d'environnements plus vulnérables. Une autre critique pouvant être apportée en regard des programmes de prévention actuels concerne, dans plusieurs cas, le manque de participation active des parents. Plusieurs programmes sont prévus pour être implantés en milieu scolaire où la participation des parents est restreinte, voire absente (Turgeon et Gosselin, 2015; Werner-Seidler et al., 2017). C'est le cas notamment du programme FRIENDS (Barrett, Lowry-Webster et Holmes, 1999), le seul programme reconnu probant (*evidence-based program*) en matière de prévention de l'anxiété chez les enfants par l'OMS (Friends Resilience, 2017). De plus, les programmes en place ne semblent pas prendre en considération la comorbidité de problèmes pouvant être vécus par les enfants de familles à défis multiples, tels l'hyperactivité et l'opposition, ainsi que les difficultés des parents, autres que l'anxiété.

16.1.1 Analyse des programmes familiaux de prévention de l'anxiété à la lumière du modèle psychoéducatif

Le modèle psychoéducatif de Gendreau (2001) est reconnu pour être un modèle clinique de référence (MSSS, 2013). Il permet de planifier, coordonner et analyser rétrospectivement les aspects importants de l'intervention en fonction de l'environnement et du contexte spécifique où elle se déroule (Gendreau, 2001; Le Blanc, 2011; MSSS, 2013; Renou, 2005). Les composantes psychoéducatives trouvent leur place dans une structure d'ensemble composée de deux axes qui se rencontrent dans la composante des objectifs poursuivis par l'activité. L'axe central regroupe les personnes impliquées dans l'intervention (sujet, groupe de pairs, éducateurs, parents, autres professionnels) ainsi que les objectifs (Gendreau, 2001). Le deuxième axe concerne les composantes satellites qui regroupent le programme, les moyens de mise en interaction, le système de responsabilités, le temps, les codes et procédures, l'espace ainsi que le système d'évaluation et de reconnaissance. Les composantes des deux axes sont interreliées et elles s'influencent l'une et l'autre (Gendreau, 2001; Le Blanc, 2011). Pour une description détaillée du modèle, le lecteur peut se référer à Gendreau (2001).

Le modèle psychoéducatif s'applique bien à l'analyse des programmes en général, et sera utilisé ici pour illustrer les composantes des programmes qui visent la prévention des troubles anxieux chez les enfants. Le Tableau 16.1 présente une mise en commun des caractéristiques des programmes les plus utilisés en intervention auprès des enfants anxieux, soit les programmes Cool Kids (Rapee, 1993), Coping Cat (Kendall, 1992) et FRIENDS (Barrett, Lowry-Webster et Holmes, 1999).

Dans l'ensemble, il en ressort que les programmes basent leurs objectifs et leurs principaux contenus sur l'approche cognitivo-comportementale en intégrant des techniques physiologiques, cognitives et comportementales (Kendall, 2012; Reynolds, Wilson, Austin et Hooper, 2012; Turgeon, Brousseau et Denis, 2007; Turgeon et Gosselin, 2015). Il s'agit d'une approche reconnue et recommandée pour intervenir auprès des enfants qui permet de diminuer leur anxiété (Kendall, 2012; Reynolds et al., 2012).

Par ailleurs, les moyens de mise en interaction consistent la plupart du temps en une situation fictive où l'enfant et son parent sont amenés à réfléchir aux situations anxiogènes qu'ils vivent. Les parents ne sont alors pas impliqués lors de mise en application, comme l'exposition in vivo de l'enfant. Dans la même lignée, il n'est souvent pas clairement établi si les programmes prévoient des moments d'interaction en dyades. Actuellement, à notre connaissance, aucun programme reconnu dans les écrits scientifiques ne permet d'offrir une intervention conjointe aux enfants et aux parents afin d'améliorer leur gestion de l'anxiété, en tenant compte de la comorbidité de problèmes présente chez les familles à défis multiples et en utilisant des médiums d'intervention qui sont adaptés à leurs compétences.

Tableau 16.1	**Constats relativement aux programmes de prévention familiaux ciblés et indiqués selon les principales composantes psychoéducatives**
Objectifs	Les programmes visent la réduction des symptômes, l'amélioration de la gestion et l'apprentissage de stratégies pour faire face à l'anxiété chez les enfants (coping).
Sujets	Les programmes s'adressent aux enfants jugés à risque, qui présentent des symptômes d'anxiété ou un trouble anxieux. L'intervention s'adresse aux enfants et à leurs parents, mais la participation des parents n'est pas attendue dans l'ensemble des activités. Les programmes semblent s'intéresser à l'anxiété de l'enfant sans prendre en considération si d'autres problématiques sont vécues également par l'enfant (comorbidité).
Éducateurs	Les programmes peuvent être offerts par un ou deux professionnels psychosociaux formés à la thérapie cognitivo-comportementale. Ils doivent préalablement avoir reçu la formation spécifique au programme pour favoriser l'implantation.

Programme	Les programmes sont manualisés et ils abordent les principaux contenus suivants :
	
	• Enfants :
	  – Présentation des composantes et du développement de l'anxiété (*psychoeducation*);
	  – Restructuration cognitive;
	  – Reconnaissance et compréhension de ses pensées, émotions et réactions dans des situations anxiogènes;
	  – Apprentissage de stratégies pour faire face à l'anxiété (coping, ex. relaxation);
	  – Exposition de l'enfant à des situations in vivo pour expérimenter les stratégies apprises pour faire face à l'anxiété;
	• Parents :
	  – Apprentissage d'habiletés parentales pour leur propre anxiété;
	  – Apprentissage de stratégies pour les aider à gérer l'anxiété de l'enfant.

Moyens de mise en interaction	Cette composante ne semble pas permettre aux programmes de se démarquer les uns des autres. Les programmes utilisent surtout des moyens traditionnels pour poursuivre leurs objectifs tels des exercices écrits, la lecture de documentation, des discussions de groupe et des mises en situation.
Espace	Les programmes ne formulent pas de recommandation particulière. Ils proposent d'offrir l'intervention en groupe restreint (4-5 participants par groupe) ou en format individuel pour certains.
Temps	Les programmes proposent une intervention d'une durée variant entre 12 et 16 semaines, avec la plupart du temps une rencontre hebdomadaire d'une heure.

16.1.2 Présentation du programme *Le stress vu d'en haut (LSVDH)*

Suite à une évaluation des besoins des familles par l'équipe clinique et les gestionnaires du Centre de pédiatrie sociale de Gatineau (CPSG) ainsi qu'en constatant les limites des programmes actuels, il a été décidé d'élaborer un programme qui allait prendre en considération l'ensemble des besoins et des difficultés des enfants et des parents de familles à défis multiples (anxiété, TDAH, troubles d'apprentissage, difficultés de comportement, trouble oppositionnel avec provocation, effets de la pauvreté et de la négligence, trouble de l'attachement). Le programme LSVDH est un programme de prévention ciblée et indiquée de l'anxiété qui s'adresse aux familles aux défis multiples (Houle, 2012a; 2012b). Il a pour but de prévenir le développement ou l'aggravation des symptômes d'anxiété chez les enfants et leurs parents. Ce programme poursuit les objectifs suivants :

1. que les enfants et les parents identifient les sources de leur anxiété;

2. qu'ils connaissent et expérimentent de nouvelles stratégies afin de diminuer leur anxiété;

3. que les parents accompagnent leur enfant dans la gestion de son anxiété à l'aide des stratégies apprises;

4. que les parents et les enfants améliorent leur relation grâce à des moments de plaisir partagé.

Le programme LSVDH est basé sur l'approche cognitivo-comportementale et il se décline en deux volets de six activités chacun. Les activités du volet 1 portent sur la compréhension de l'anxiété et le développement de stratégies de gestion, alors que celles du volet 2 portent sur la mise en application des stratégies apprises par l'entremise d'une activité d'escalade. Les deux volets se déroulent en alternance. L'ensemble des activités est effectué en groupe et des moments en dyade parent-enfant sont prévus à chacune des activités. Les participants sont accompagnés par une équipe multidisciplinaire (psychoéducateurs, éducateurs spécialisés et travailleurs sociaux). Lors du volet 1, un groupe de parents et un groupe d'enfants sont formés. Chaque groupe discute d'un même contenu. Les thèmes suivants sont ainsi abordés : manifestations et sources d'anxiété; moyens pour la maîtriser; causes et symptômes de l'anxiété; identification des signes psychologiques et physiologiques d'anxiété; apprentissage et expérimentation d'une démarche de résolution de problèmes; apprentissage et mise en pratique de techniques et de stratégies de gestion de l'anxiété telles que l'acquisition d'idées réalistes motivantes, l'affirmation de soi, la capacité de parler et d'exprimer ses émotions, la gestion du temps, le développement d'une bonne hygiène de sommeil, l'établissement d'une routine et des priorités; et finalement l'identification de pensées irrationnelles négatives pour se pratiquer à les recadrer de manière rationnelle et positive. Certains éléments du contenu sont également spécifiques aux parents : le rôle parental dans l'aide pouvant être apportée à l'enfant concernant la gestion de son anxiété; les peurs normales des enfants selon les âges et les sexes; l'équilibre entre détachement et surprotection concernant les pratiques parentales; ainsi que l'apprentissage et l'expérimentation de stratégies et de techniques pour accompagner les enfants dans la gestion de leur anxiété.

L'aspect novateur du présent programme consiste en sa composante de moyens de mise en interaction. Afin d'adapter l'intervention à la comorbidité de difficultés vécues tant par les enfants que les parents de familles à défis multiples, des médiums d'intervention qui correspondent aux compétences de ces familles ont été ciblés. Pour ce faire, l'utilisation de l'activité physique et de médiums moteurs ont été préférés aux médiums plus conventionnels impliquant l'écriture et la lecture; d'autant plus que nombre d'études ont démontré que l'activité physique pourrait contribuer à la diminution de l'anxiété (De Matos, Calmeiro et Da Fonseca, 2009; Stonerock, Hoffman, Smith et Blumenthal, 2015). L'activité physique est pratiquée lors des activités du volet 2 qui se déroulent dans un centre d'escalade partenaire. Les enfants pratiquent l'escalade sous la supervision de leurs parents qui mettent alors en pratique leurs apprentissages auprès de leurs enfants en les encourageant, les soutenant, les questionnant, en discutant et en passant un moment de plaisir avec eux. L'escalade sert également à l'enfant à mettre en pratique les acquis effectués lors des activités précédentes. L'escalade, tout comme la période d'étirements, ainsi que les pratiques de techniques de respiration et de relaxation, sont des moments privilégiés pour la dyade parent-enfant pour exprimer ses émotions, former une équipe, s'entraider et pratiquer les nouvelles stratégies de gestion de l'anxiété. L'utilisation de l'escalade permet également l'expérimentation et l'exposition préconisées par l'approche cognitivo-comportementale, cette activité pouvant générer un certain stress chez les participants.

16.1.3 Pourquoi effectuer une évaluation d'implantation du programme LSVDH?

Évaluer l'implantation du programme LSVDH répond au souci de maintenir un regard critique sur l'intervention offerte dans le but de l'améliorer et d'offrir un service efficace, de qualité et apprécié des familles, ainsi que complet et facile d'appropriation pour les milieux de la pratique. Cette vision rejoint celle de nombreux auteurs qui se sont penchés sur l'importance d'évaluer l'implantation des programmes (Chen, 2014; Durand, Coutu et Hong, 2014; Monette, Charrette et Jobin, 2006), notamment pour décrire les actions posées lors de l'implantation, mais aussi pour suggérer des améliorations afin de perfectionner les programmes. L'évaluation de l'implantation cherche à comprendre les aspects de la mise en œuvre qui facilitent ou entravent la réalisation du programme, en plus d'identifier les facteurs contextuels qui accentuent ou limitent les effets observés (Champagne, Brousselle, Hartz, Contandriopoulos et Denis, 2011; Durand et al., 2014).

16.2 Objectif de recherche

La présente étude vise à documenter l'implantation initiale du programme *LSVDH* en vue de formuler des recommandations et d'y apporter les ajustements nécessaires pour permettre une poursuite optimale du programme au sein du CPSG. Elle permettra d'identifier les particularités propres au contexte du CPSG, cette organisation ayant le désir d'assurer la pérennité du programme dans ses services. À l'étape où est rendu le programme, l'objectif n'est pas d'évaluer s'il a été implanté conformément à ce qui était prévu, le programme étant encore en période d'ajustements. L'objectif est plutôt de porter un jugement sur le déroulement de son implantation au CPSG, selon chacune des composantes du modèle psychoéducatif.

16.3 Méthode

16.3.1 Échantillon

À ce jour, LSVDH a été offert à plus de dix groupes de participants dans deux sites distincts. La présente étude dresse le portrait de l'évaluation de l'implantation auprès du premier groupe de participants au programme LSVDH qui s'est déroulée de novembre 2011 à février 2012 au CPSG. L'échantillon de participants à l'étude rassemble une variété d'acteurs aux points de vue jugés pertinents et complémentaires pour documenter l'ensemble des composantes (Patton, 2008; Rossi, Lipsey et Freeman, 2004). Deux groupes de personnes ont été mobilisés, soit tous les participants au programme (six enfants dont cinq filles et un garçon, de même que cinq parents, soit quatre femmes et un homme) et le personnel du CPSG (quatre animateurs du programme, trois intervenants cliniques et un gestionnaire). D'une part, les participants sont les mieux placés pour donner leur rétroaction quant à la pertinence, l'appréciation et les améliorations à apporter au programme (Durand et al., 2014). D'autre part, le personnel du CPSG est en mesure de poser un regard critique sur le programme sur la base de ses observations, notamment en ce qui concerne les ressources humaines, financières et matérielles nécessaires à son implantation (Durand et al., 2014).

Cinq familles ont pris part au programme et à l'évaluation. Le nombre d'enfants et de parents n'était pas égal puisqu'une famille a participé au programme en impliquant un parent ainsi que les deux enfants de la famille. L'âge des enfants qui ont pris part au programme variait de 6 à 10 ans et l'âge moyen du groupe d'enfants était de 8 ans. Concernant l'anxiété, tous les enfants et les parents présentaient des symptômes, sans nécessairement avoir reçu un diagnostic d'anxiété, ce qui leur permettait de se qualifier pour participer au programme.

En plus des symptômes d'anxiété, les enfants avaient une comorbidité de problèmes, ce qui faisait de ces familles des familles à défis multiples. Trois des enfants avaient un diagnostic de TDAH, quatre présentaient des difficultés au niveau des apprentissages (en lecture ou en écriture) et finalement, quatre avaient des tendances à l'opposition et aux difficultés de comportement. De plus, cinq enfants avaient grandi dans un contexte de négligence. En ce qui concerne les familles, quatre vivaient sous le seuil de la pauvreté et étaient bénéficiaires de l'aide sociale.

Le recrutement des participants a été réalisé par le biais de références effectuées à l'interne du CPSG par l'entremise de l'équipe d'intervenants cliniques. Une fois les noms des participants proposés à l'évaluatrice, qui évoluait aussi à titre d'animatrice pivot chargée de la coordination du programme, chacune des familles a été contactée et rencontrée afin de leur proposer de participer au programme. Les objectifs et le déroulement du programme leur ont été présentés, après quoi l'évaluatrice a demandé aux parents intéressés de signer un formulaire de consentement pour eux-mêmes et leur enfant. Toutes les familles qui se sont engagées dans le programme ont aussi accepté de participer à son évaluation.

16.3.2 Outils de collecte de données

Une combinaison de méthodes de collectes de données a été utilisée pour avoir accès à une analyse approfondie des facteurs qui expliquent les variations dans la mise en œuvre (Durand et al., 2014; Patton, 2008; Rossi et al., 2004). Ainsi, l'étude a permis de trianguler les données recueillies par de multiples sources et informateurs, ce qui contribue à une meilleure compréhension du programme à l'étude (Patton, 2008).

Journaux de bord, grilles d'observation participante et notes évolutives

Dans la soirée suivant la fin de chacune des douze activités, les quatre animateurs ont rédigé leurs observations, leurs notes évolutives et les journaux de bord, individuellement, et ce, afin de s'assurer d'avoir en mémoire tous les éléments à rapporter. Le journal de bord utilisé est inspiré des travaux de Monette, Charrette et Jobin (2006). Il permet de colliger les informations suivantes : les présences aux rencontres, le déroulement de la préparation de chacune des activités et des rencontres, la réalisation des tâches prévues pour chaque rencontre, les modifications et leur justification, le climat du groupe, les apprentissages, la participation et la dynamique des participants durant les rencontres, ainsi que les recommandations et les commentaires complémentaires pour les prochaines rencontres. Les journaux de bord permettent de conserver des traces de l'ensemble des activités du programme et de leur déroulement (Dahl, Larivière et Corbière, 2014). Par ailleurs, en récoltant le point de vue des quatre animateurs, cela a permis de trianguler les observations des animateurs en identifiant les éléments qui se rejoignent, s'opposent et se complètent (Dahl et al., 2014).

Les grilles d'observation participante, soit une fiche anecdotique et un fait d'observation, ont été employées de façon sporadique, lorsqu'une situation particulière survenait au cours du déroulement d'une activité. Par exemple, une grille d'observation a été complétée lorsqu'un enfant s'opposait et évitait son parent et qu'un intervenant a dû intervenir auprès de l'enfant. Dans les notes évolutives, les animateurs devaient décrire si l'activité a été réalisée selon ce qui avait été prévu concernant la clientèle, les étapes du programme et les activités. Ils devaient également identifier les facilitateurs et les obstacles au déroulement des activités, tant au niveau des participants que des animateurs. Par exemple, la faible implication des participants dans les activités pourrait être un obstacle et le soutien offert par les animateurs pourrait être un facilitateur au bon déroulement des activités.

Entrevue de groupe focalisée et entrevues individuelles semi-structurées

Lors de la dernière activité du programme, une entrevue de groupe focalisée a été réalisée auprès de tous les participants, enfants et parents. Cette entrevue a permis un retour sur différents aspects du programme auprès des participants : la réponse à leurs attentes, l'accueil et le climat du groupe, l'animation des intervenants, les points forts et les points à améliorer des activités et du déroulement du programme, les améliorations suggérées ainsi que les thèmes couverts.

Une entrevue individuelle semi-structurée auprès des intervenants et des gestionnaires du CPSG a aussi eu lieu, et ce, au cours des semaines suivant la fin de l'animation du programme. Ces entrevues ont permis de récolter des informations concernant la perception des acteurs du milieu quant au déroulement, aux appréciations, aux recommandations et aux modifications à apporter pour assurer une poursuite optimale du programme LSVDH. L'ensemble des entrevues ont été enregistrées afin de permettre la transcription de verbatim et ainsi favoriser la fiabilité des données (Dahl et al., 2014).

16.3.3 Analyse des données

Une analyse déductive a été réalisée par une seule chercheure pour identifier les thèmes émergeant des entrevues avec les participants et le personnel du CPSG ainsi que des documents écrits complétés par les intervenants. La structure d'ensemble psychoéducative proposée par Gendreau a été utilisée comme modèle d'analyse des données qualitatives, les composantes psychoéducatives permettant de classer les données recueillies, facilitant ainsi la compréhension dynamique de l'intervention et faisant ressortir les aspects importants de l'intervention dans son contexte d'implantation (Gendreau, 2001; Renou, 2005). Pour ce faire, pour l'ensemble des données collectées, le contenu a été épuré pour ne conserver que le contenu correspondant aux différentes composantes du modèle psychoéducatif.

Ensuite, le contenu épuré a été codé selon la composante psychoéducative à laquelle il se rattache, puis classé par thèmes à l'intérieur de la composante. Par exemple, pour la composante *Sujet*, on retrouve quatre thèmes : l'âge des sujets, le nombre de sujets, l'intervention en dyade parent-enfant et l'homogénéité des sujets. Les thèmes ont été déterminés à priori en tenant compte des définitions des composantes psychoéducatives et ajustés selon la description du programme LSVDH.

16.4 Résultats

Le modèle de la structure d'ensemble psychoéducative a été utilisé afin de poser un regard évaluatif sur l'implantation de l'ensemble des éléments du programme. Une représentation graphique du programme en fonction des composantes de la structure d'ensemble psychoéducative est présentée à la Figure 16.1. Les thèmes relatifs aux composantes de l'axe central seront présentés en premier, alors que ceux des composantes satellites seront présentés par la suite. Des recommandations pour favoriser la pérennisation du programme seront formulées en fonction des thèmes qui ont émergé de la collecte de données.

Figure 16.1 *Le stress vu d'en haut* selon les composantes psychoéducatives

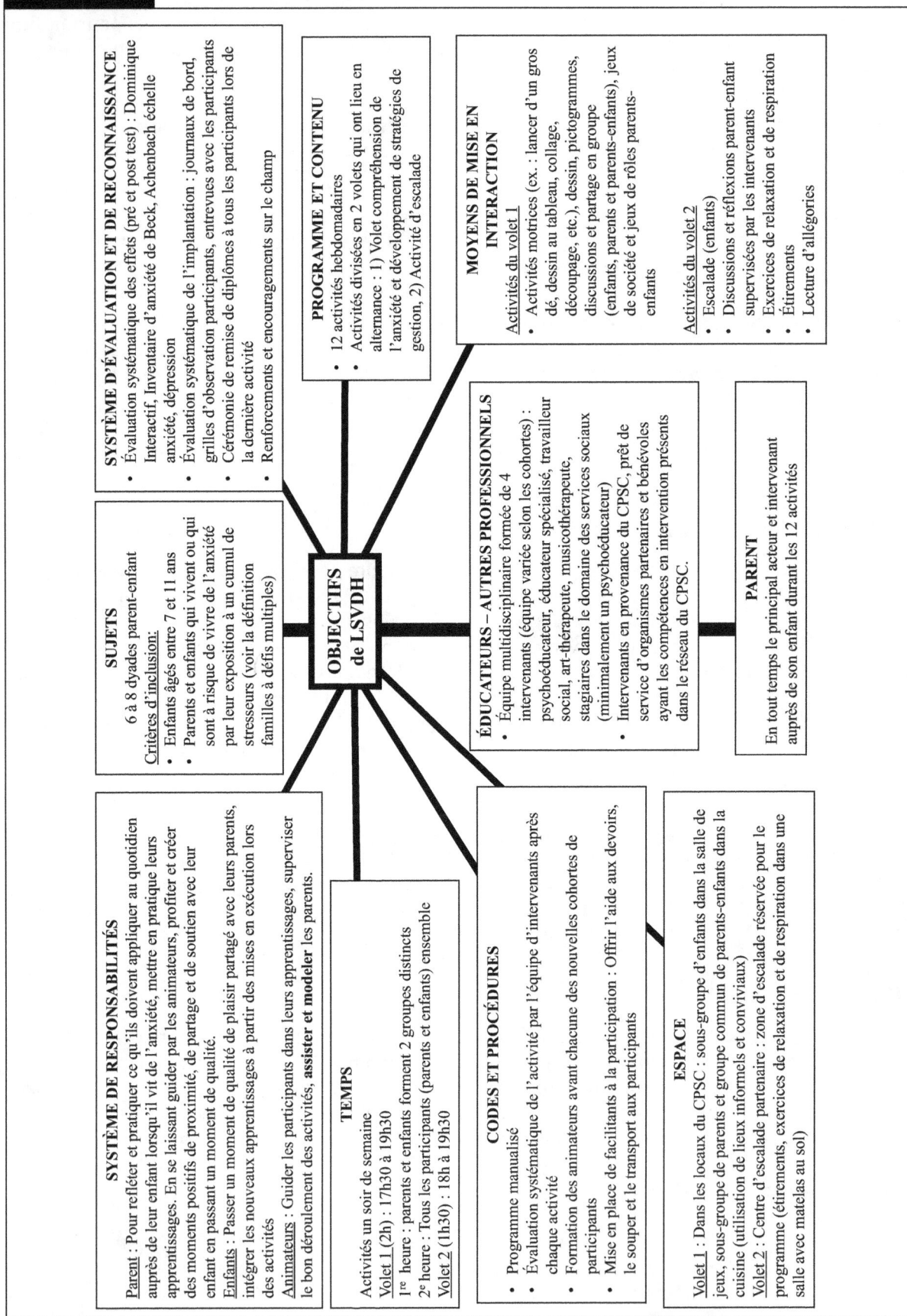

OBJECTIFS de LSVDH

SYSTÈME D'ÉVALUATION ET DE RECONNAISSANCE
- Évaluation systématique des effets (pré et post test) : Dominique Interactif, Inventaire d'anxiété de Beck, Achenbach échelle anxiété, dépression
- Évaluation systématique de l'implantation : journaux de bord, grilles d'observation participants, entrevues avec les participants
- Cérémonie de remise de diplômes à tous les participants lors de la dernière activité
- Renforcements et encouragements sur le champ

PROGRAMME ET CONTENU
- 12 activités hebdomadaires
- Activités divisées en 2 volets qui ont lieu en alternance : 1) Volet compréhension de l'anxiété et développement de stratégies de gestion, 2) Activité d'escalade

MOYENS DE MISE EN INTERACTION
Activités du volet 1
- Activités motrices (ex. : lancer d'un gros dé, dessin au tableau, collage, découpage, etc.), dessin, pictogrammes, discussions et partage en groupe (enfants, parents et parents-enfants), jeux de société et jeux de rôles parents-enfants

Activités du volet 2
- Escalade (enfants)
- Discussions et réflexions parent-enfant supervisées par les intervenants
- Exercices de relaxation et de respiration
- Étirements
- Lecture d'allégories

SUJETS
6 à 8 dyades parent-enfant
Critères d'inclusion:
- Enfants âgés entre 7 et 11 ans
- Parents et enfants qui vivent ou qui sont à risque de vivre de l'anxiété par leur exposition à un cumul de stresseurs (voir la définition familles à défis multiples)

ÉDUCATEURS – AUTRES PROFESSIONNELS
- Équipe multidisciplinaire formée de 4 intervenants (équipe variée selon les cohortes) : psychoéducateur, éducateur spécialisé, travailleur social, art-thérapeute, musicothérapeute, stagiaires dans le domaine des services sociaux (minimalement un psychoéducateur)
- Intervenants en provenance du CPSC, prêt de service d'organismes partenaires et bénévoles ayant les compétences en intervention présents dans le réseau du CPSC.

PARENT
En tout temps le principal acteur et intervenant auprès de son enfant durant les 12 activités

SYSTÈME DE RESPONSABILITÉS
Parent : Pour refléter et pratiquer ce qu'ils doivent appliquer au quotidien auprès de leur enfant lorsqu'il vit de l'anxiété, mettre en pratique leurs apprentissages. En se laissant guider par les animateurs, profiter et créer des moments positifs de proximité, de partage et de soutien avec leur enfant en passant un moment de qualité.
Enfants : Passer un moment de qualité de plaisir partagé avec leurs parents, intégrer les nouveaux apprentissages à partir des mises en exécution lors des activités
Animateurs : Guider les participants dans leurs apprentissages, superviser le bon déroulement des activités, **assister et modeler** les parents.

TEMPS
Activités un soir de semaine
Volet 1 (2h) : 17h30 à 19h30
1re heure : parents et enfants forment 2 groupes distincts
2e heure : Tous les participants (parents et enfants) ensemble
Volet 2 (1h30) : 18h à 19h30

CODES ET PROCÉDURES
- Programme manualisé
- Évaluation systématique de l'activité par l'équipe d'intervenants après chaque activité
- Formation des animateurs avant chacune des nouvelles cohortes de participants
- Mise en place de facilitants à la participation : Offrir l'aide aux devoirs, le souper et le transport aux participants

ESPACE
Volet 1 : Dans les locaux du CPSC : sous-groupe d'enfants dans la salle de jeux, sous-groupe de parents et groupe commun de parents-enfants dans la cuisine (utilisation de lieux informels et conviviaux)
Volet 2 : Centre d'escalade partenaire : zone d'escalade réservée pour le programme (étirements, exercices de relaxation et de respiration dans une salle avec matelas au sol)

16.4.1 Composante *Sujets*

L'ensemble des participants, enfants comme parents, proviennent de familles à défis multiples, étant exposés quotidiennement à un cumul de stresseurs. Les participants sont donc particulièrement à risque de vivre de l'anxiété.

Âge des sujets

Le groupe qui a pris part à l'intervention était composé de six enfants de 6 à 10 ans et de cinq parents. Par le biais des grilles d'observation et des journaux de bord, certaines difficultés ont été observées chez l'enfant de six ans, attribuables à un manque de compréhension des consignes adressées au groupe. Durant les activités, un enfant de cet âge demandait la mobilisation d'une animatrice à lui seul afin de l'assister dans l'exécution de ses tâches.

Nombre de sujets

Concernant le nombre de familles pouvant prendre part au programme, les entrevues auprès du personnel ont permis d'identifier qu'il est important de maintenir le nombre maximum de familles à huit, soit seize participants pour quatre animateurs (voir composante Éducateurs, ci-bas). En effet, les journaux de bord ont aussi permis d'identifier que ce nombre de familles permettait d'assurer une présence suffisante et de qualité auprès de chaque dyade parent-enfant tout au long de l'activité. De plus, afin d'assurer qu'un intervenant soit disponible pour assister chacune des familles lors des activités d'escalade, il est important de maintenir un ratio de deux familles par animateur pour ces activités.

Intervention en dyade parent-enfant

Bien que LSVDH ait été conçu pour rejoindre des dyades parent-enfant composées d'un parent et d'un enfant, une famille a pris part au programme en incluant un parent et deux enfants simultanément. Les animateurs ont rapporté que la participation de cette famille au programme n'était pas optimale. Dans cette situation, un intervenant devait alors être plus présent auprès d'un des enfants, prenant ainsi en quelque sorte la place du parent. LSVDH trouvant sa richesse dans le fait d'offrir une intervention conjointe parent-enfant, il a été rapporté par le personnel qu'il est donc important de continuer de miser sur cet élément clé du programme en offrant une intervention encadrée lors de laquelle le parent joue un rôle central auprès de son enfant.

Homogénéité des sujets

Par le biais de l'entrevue de groupe focalisée, parents et enfants ont mentionné que le fait de rassembler des participants, enfants comme parents, qui vivent des difficultés semblables facilitait le développement d'une cohésion et d'une proximité entre les participants. Par ailleurs, il a été observé par les animateurs que, dans le cadre du programme LSVDH, enfants comme parents pouvaient se soutenir et s'entraider.

16.4.2 Composante *Éducateurs*

Nombre d'animateurs et multidisciplinarité

Le programme a été animé par deux intervenants pour le groupe de parents et deux pour le groupe d'enfants. Lors des entrevues auprès du personnel, il a été rapporté que de mobiliser quatre intervenants pour animer le programme représentait un investissement important de ressources humaines, mais idéal afin de faciliter l'intervention.

Dans les journaux de bord ainsi que lors des entrevues auprès du personnel, il a également été mentionné que d'animer le programme en équipe multidisciplinaire était un élément riche pour l'intervention, permettant de s'adapter aux particularités du groupe, aux préoccupations entourant l'intervention, de même qu'aux exigences du contexte dans lequel se déroulait le programme. Il a également été rapporté que d'avoir des animateurs provenant de divers domaines de formation amenait des observations et des analyses de l'intervention complémentaires, riches et variées qui étaient profitables pour l'animation. Les animateurs s'entendent également pour dire qu'une équipe d'animation multidisciplinaire aidait à comprendre les différentes situations qui pouvaient survenir au cours des activités du programme et que cela permettait de s'ajuster rapidement en récoltant le point de vue de divers intervenants.

Il a également été rapporté que pour offrir une stabilité aux participants et pour bien accompagner et soutenir l'évolution et les changements chez ces derniers, il importe que l'équipe d'animation soit la même au cours des douze activités du programme.

Attitudes et compétences

Lors des entrevues, les animateurs ont mentionné que pour animer le programme LSVDH, il était nécessaire de maîtriser certaines attitudes incontournables : une attitude de non-jugement, d'ouverture, d'écoute, ainsi qu'une présence significative visible par la quantité et la qualité de la disponibilité offerte aux familles. Les observations participantes ont montré que les animateurs avaient apporté une présence significative tant aux parents qu'aux enfants afin de permettre un modelage au niveau des attitudes à adopter, ainsi qu'un soutien dans le développement des stratégies de gestion de l'anxiété.

Lors de la compilation des journaux de bord et des grilles d'observations, il a été constaté qu'un défi avec lequel ont dû jongler les animateurs tout au long des douze semaines d'animation concernait les adaptations sur-le-champ qui ont été nécessaires afin de s'ajuster aux imprévus, aux besoins et aux capacités de la clientèle. Ces adaptations ont nécessité de la souplesse de la part de l'équipe d'animation. Par exemple, si les enfants étaient agités avant de commencer l'activité, une période de jeux à l'extérieur était réalisée.

Assignation d'un intervenant pivot

Les intervenants et les gestionnaires ont rapporté lors des entrevues qu'un élément qui faciliterait la poursuite du programme est l'identification d'un intervenant pivot qui serait responsable de coordonner et préparer les activités du programme. Les tâches proposées pour l'intervenant pivot seraient : d'assurer que les familles ont accès à un transport, veiller à coordonner la préparation des soupers pour les participants auprès du comité cuisine du CPSG, vérifier la disponibilité des moniteurs d'escalade, communiquer avec le centre d'escalade pour partager la planification des activités, assurer de la disponibilité des locaux, préparer le matériel relatif à la tenue de l'activité, ainsi que veiller à la formation et au coaching de l'équipe d'animateurs.

Formation des animateurs

Comme rapporté dans les entrevues auprès des gestionnaires et des intervenants, afin de maintenir une qualité et une justesse au niveau de l'animation du programme, il importe de former les nouveaux animateurs avant d'entamer le programme. Afin de faciliter l'implantation par l'équipe multidisciplinaire, la formation devrait aborder le contenu suivant : description du programme et des activités; présentation et explication du processus de changement recherché par le programme; présentation de l'approche préconisée, soit une intervention basée sur l'empowerment des participants; ainsi que l'utilisation du modeling comme principale méthode d'intervention.

16.4.3 Composante *Objectifs*

Rappel des objectifs en cours d'animation

Dans les journaux de bord, les animateurs ont rapporté qu'il était important de garder en tête les objectifs pour chacune des parties des activités afin de les rappeler aux participants en cours d'activité. Les rappels des objectifs permettaient à l'équipe d'animation de s'attarder davantage à modeler les comportements et les attitudes des parents à l'égard de l'enfant.

16.4.4 Composante *Programme et contenu*

Réponse aux attentes des participants

Lors de l'entrevue, les parents et les enfants ont dit être satisfaits des trucs de gestion de l'anxiété appris et être capables de les appliquer dans leur quotidien. Les parents ont également indiqué être satisfaits que LSVDH permette une expérience positive et un moment de socialisation positif pour les enfants. Selon les participants, les points forts du programme LSVDH se retrouvaient principalement dans le fait d'être accompagnés pour identifier leurs stresseurs, au niveau de l'apprentissage du concept de pensées obstacles et de pensées aidantes et du fait d'utiliser le médium de l'escalade au cœur des activités. Les enfants ont rapporté avoir aimé s'amuser avec leur parent en venant à l'escalade.

16.4.5 Composante *Moyens de mise en interaction*

Utilisation des médiums écrits

Bien que l'utilisation soit restreinte, les journaux de bord font mention que la lecture du matériel écrit par les enfants et les exercices leur demandant d'écrire ralentissaient le déroulement de l'activité. De plus, ces médiums étaient trop exigeants pour les animateurs qui ne parvenaient pas à assister suffisamment chaque enfant afin de pallier leurs difficultés sur ces plans. L'utilisation du dessin et de la discussion en groupe seraient donc à privilégier pour remplacer la lecture et l'écriture.

Par ailleurs, l'utilisation d'images et de pictogrammes représentant les concepts qui étaient expliqués aux participants a également été identifiée comme étant un élément facilitant, permettant aux participants d'améliorer leur compréhension. Les pictogrammes ont été jugés utiles tant auprès des enfants que des parents, ces derniers éprouvant parfois de la gêne à faire part de leurs difficultés en lecture et en écriture.

Concernant les fiches synthèses qui composent le cahier du participant, les journaux de bord ont permis de souligner l'importance de vulgariser davantage le contenu et les explications, afin de les rendre plus concrets et plaisants pour les participants. L'utilisation d'exemples de la part des animateurs serait également à prévoir.

Finalement, pour contrer les difficultés liées à l'écriture et à la lecture et limiter les activités passives, dans les journaux de bord, il a été mentionné que les activités motrices et actives (ex. lancer un gros dé debout en cercle, dessiner au tableau) favorisaient la réceptivité des enfants à l'intervention. De plus, lors de l'entrevue de groupe, les parents ont demandé que les enfants puissent bouger et dépenser leur énergie avant de commencer les activités, et ce, pour favoriser leur concentration.

Utilisation de l'escalade

Par le biais des journaux de bord ainsi que des entrevues auprès du personnel et des participants, il a été rapporté que l'utilisation de l'escalade comme médium d'intervention avait été appréciée tant des enfants, des parents que de l'équipe d'animation. L'escalade représentait une source de motivation à la présence des participants.

Bien que les coûts relatifs à l'escalade aient été plus importants que prévu, le personnel a manifesté le désir de tout de même poursuivre l'intervention avec ce médium dans le futur. Les intervenants et les gestionnaires du CPSG ont mentionné que le budget alloué à la tenue du programme ainsi que les coûts engendrés étaient remédiables, mais qu'ils demandaient des énergies supplémentaires dédiées à l'obtention de subventions et l'établissement de partenariats.

16.4.6 Composante *Temps*

Choix de la case horaire dans la programmation

Lors de l'entrevue de groupe, les participants ont souligné que le souper offert au CPSG avant les activités était aidant et rassurant afin d'alléger leur routine de soirée. Par ailleurs, le programme a eu lieu le mercredi soir, suite à la période d'aide aux devoirs qui se tient au CPSG. Les parents ont indiqué que cela était facilitant puisque le nombre de déplacements en étaient réduits : la majorité des enfants prenant part à cette période d'aide aux devoirs avant de poursuivre en soirée avec l'activité du programme LSVDH. Ces éléments étaient considérés par les intervenants et les gestionnaires du CPSG comme des moyens qui facilitaient la participation des familles au programme.

Période d'animation

Les douze activités hebdomadaires se sont échelonnées sur trois mois dû à une pause de quatre semaines lors du congé des Fêtes. Grâce aux notes évolutives, il a été constaté que cette pause a amené un ralentissement de la participation au retour des Fêtes. Lors des entrevues, le personnel a donc suggéré qu'il serait idéal de proposer une intervention continue de douze semaines, sans coupure prolongée, afin de conserver la participation de toutes les familles de façon assidue. Il est donc recommandé de commencer le programme au début de l'automne.

Déroulement des activités

Par le biais des journaux de bord, il a également été rapporté qu'il était préférable d'accorder plus de temps aux périodes de discussions et de partages en dyades parent-enfant qui permettaient la mise en application et l'intégration des concepts présentés.

16.4.7 Composante *Espace*

Modifications des lieux

Suite à deux activités du volet 1, et grâce aux journaux de bord, il a été observé qu'il était préférable que les discussions en sous-groupe de parents se tiennent dans la cuisine de l'organisation plutôt que dans la salle de rencontre. Il a été observé que ce changement d'espace a su rapprocher les parents, en plus de favoriser une proximité et une convivialité entre les participants.

Ce même espace a donc été utilisé pour la partie de l'activité en dyade. Les lieux ont également permis un rapprochement entre les parents et leurs enfants. Certains enfants préféraient alors terminer l'activité assis sur leur parent, plutôt qu'assis sur une chaise autour de la table de conférence. Étant plus près l'un de l'autre dans la cuisine, les animateurs ont observé que les participants entretenaient des échanges plus riches, l'écoute et l'implication dans les partages étant davantage sollicités par la plus grande proximité.

Création d'un espace pour entamer les activités

En offrant un souper aux participants avant chaque activité, les animateurs ont observé que cela leur permettait de partager un moment de socialisation et de détente qui les préparait à l'activité. De plus, il a été observé par les animateurs, et rapporté par les participants, que le partage de ce repas a permis au groupe de développer une proximité et une unicité, en plus de se sentir accueillis et à leur place au sein du CPSG.

16.4.8 Composante *Codes et procédures*

Contrat d'engagement

Pour faciliter le respect des règles du groupe, les animateurs ont observé que l'utilisation des pictogrammes affichés dans le local de l'activité pour les enfants et l'affichage du contrat de groupe pour les parents, permettaient un rappel visuel constant tout au long des activités. Les animateurs rapportent aussi que d'élaborer le contrat d'engagement conjointement avec les participants permettait de s'assurer de répondre à leurs attentes.

Facilitateurs de la participation

Un élément facilitant mentionné par les participants et le personnel a été d'assurer le transport des participants pour se rendre au centre d'escalade. Le transport était effectué par l'équipe d'animation ainsi que par la mise en place d'un système de covoiturage.

Lors des entrevues auprès des gestionnaires et des intervenants, il a été rapporté qu'il serait facilitant pour certaines familles d'assurer le gardiennage des enfants qui ne participent pas au programme. Il a été proposé que le gardiennage des enfants soit pris en charge par l'organisme, en veillant à impliquer des bénévoles.

16.4.9 Composante *Système de responsabilités*

Animateurs

Lors des entrevues, il a été identifié que les animateurs devaient être des exemples pour les participants, en veillant à modeler les attitudes et les comportements attendus. Les animateurs s'entendent pour dire qu'ils ne devaient par contre pas faire à la place des participants. Chaque animateur avait aussi la responsabilité de préparer les parties d'animation qu'il prenait en charge avant le début des activités.

Parents

Lors de l'entrevue de groupe, les parents ont apprécié le fait qu'ils soient impliqués directement auprès de leur enfant et les moments de plaisir passés avec eux. Les intervenants ont mentionné en entrevue que les parents devaient demeurer les principaux intervenants auprès de leur enfant tout au long des activités. Malgré la présence des animateurs, les parents sont ceux qui doivent porter assistance, soutenir et modeler les attitudes et les comportements de leur enfant lors des activités.

Gestionnaires de l'organisme

Par le biais des entrevues, différents éléments ont été nommés pour assurer la pérennité du programme. Notamment, il est suggéré que la direction établisse une entente de partenariat à long terme avec le personnel du centre d'escalade, afin de s'assurer de leur implication et de leur désir de poursuivre dans le cadre du programme LSVDH. Il revient également à la direction de produire des demandes de subventions afin d'assurer le financement du programme.

16.4.10 Composante *Système d'évaluation et de reconnaissance*

Par ailleurs, le programme LSVDH a été conçu en intégrant dans son élaboration un protocole d'évaluation de l'implantation et des effets et en mettant les outils nécessaires à la disposition des équipes d'animation. Pour assurer une poursuite optimale du programme, le gestionnaire et le personnel du CPSG recommandent de poursuivre l'évaluation du programme, tant de l'implantation que des effets, lors de chacune des nouvelles cohortes du programme LSVDH. Cette évaluation systématique du programme représente un repère pour l'organisation, mais permet aussi aux prochains animateurs de consulter les modifications suggérées par les animateurs qui les ont précédés.

16.5 Discussion

Dans LSVDH, différentes modalités ont été mises en place pour faciliter le déroulement des activités et la participation au programme suite aux résultats de l'évaluation d'implantation rapportés plus haut. Ces modalités s'insèrent dans les composantes de l'intervention psychoéducative élaborées par Gendreau (2001). LSVDH trouvant des particularités qui lui sont propres et qui le dissocient des programmes existants au niveau de deux des principales composantes du modèle psychoéducatif, soit les sujets et les moyens de mise en interaction, un retour sera fait sur celles-ci.

16.5.1 Composante *Sujets*

Conformément au constat établi par d'autres auteurs (Barrett, Dadds et Rappe, 1996), il semble que les enfants plus âgés démontrent de meilleures capacités de compréhension et d'introspection leur permettant de bénéficier davantage d'un programme de prévention de l'anxiété basé sur une approche cognitivo-comportementale. Ainsi, pour permettre une implication dans l'intervention qui soit maximale en proposant des activités adaptées aux capacités et aux compétences des enfants, LSVDH devrait être offert à des enfants âgés entre 7 et 10 ans. Cela permettra une bonne cohésion au sein du groupe d'enfants en plus de favoriser les échanges dans le groupe (Turgeon et Brousseau, 2003).

Pour ce qui est du nombre maximum de huit dyades parent-enfant par groupe, ce nombre de participants respecte la formation d'un groupe optimal pour favoriser un bon fonctionnement proposé par d'autres auteurs (St-Arnaud, 2008). Si l'organisation veut rejoindre un plus grand nombre de familles, il est préférable d'offrir davantage de cohortes d'animation. Les groupes restreints permettent à l'équipe d'animation de modeler les attitudes et comportements attendus et d'assurer du temps de présence à chaque dyade.

Comme le recommandent Piché et ses collègues (2017), il est important de développer et d'implanter des programmes qui, au-delà de l'anxiété, se consacrent aux caractéristiques qui y sont fréquemment associées, telles l'anxiété du parent et la relation parent-enfant. Ainsi, les intervenants et les gestionnaires reconnaissent l'importance de miser sur une intervention en dyade parent-enfant, comme le proposent plusieurs chercheurs (Haine-Schlagel et Walsh, 2015; Hui Yap et al., 2014; Wei et Kendall, 2014). En intervenant en dyade, LSVDH agit sur l'anxiété de l'enfant et celle du parent, mais surtout, il contribue à l'amélioration de la relation parent-enfant. Par ailleurs, un des objectifs poursuivis par le programme est que le parent connaisse et expérimente des stratégies afin d'accompagner l'enfant dans la gestion de son anxiété. Pour y parvenir, il est donc important que l'équipe d'animateurs garde en tête que le parent est le principal intervenant auprès de son enfant. Le programme LSVDH représente une occasion supervisée et encadrée où le parent peut parfaire des stratégies d'intervention et mettre en application de nouveaux acquis. Il peut recevoir de la rétroaction sur-le-champ de la part des animateurs, tout en demeurant celui qui intervient, encadre et supporte l'enfant, avec le soutien des animateurs. Parents et enfants sont donc considérés à juste part comme les sujets et la cible principale de l'intervention.

L'homogénéité des familles participant au programme est également reconnue comme un élément important. Tous les membres du groupe s'influencent dans leurs démarches respectives (Renou, 2005; Turcotte et Lindsay, 2008). L'homogénéité des sujets leur permet de se sentir compris par les autres membres du groupe, en plus de faciliter le déroulement de l'activité dans le respect de chacun. En effet, les participants s'ouvrent donc au groupe avec plus de facilité en se sentant compris, écoutés et non jugés par les autres parents et les autres enfants. Cette idée s'explique également par le fait qu'une démarche comme LSVDH, bien qu'elle se veuille à la base une démarche individuelle, se retrouve fortement influencée par l'appartenance au groupe de pairs (Renou, 2005).

16.5.2 Composante *Moyens de mise en interaction*

Lors des entrevues, le personnel a rapporté que l'escalade permet une allégorie forte où la principale composante d'interaction se passe entre le parent et l'enfant, ce qui permet de poursuivre les objectifs du programme. Afin de conserver l'essence du programme, il est primordial de conserver la mise en action du parent et de l'enfant dans un contexte où l'enfant est placé dans une situation anxiogène et où il doit compter sur la présence et le soutien de son parent.

L'évaluation de l'implantation a permis d'émettre des recommandations qui ont été intégrées dans la nouvelle version du programme. Certaines de ces modifications concernaient les moyens de mises en interaction lors des ateliers se déroulant au CPSG. Plus spécifiquement, des médiums moteurs et ludiques ont été ajoutés lors des parties plus théoriques du programme. Par exemple, un gros dé en mousse sur lequel se trouvent des images des stresseurs des enfants est maintenant utilisé afin de les stimuler à formuler des pensées aidantes sous forme de jeu. Ces médiums répondent davantage aux besoins et aux capacités des enfants dans la mesure où ces derniers sont mis en action, ce qui leur permet de se remémorer plus facilement ce sur quoi ils travaillent avec l'aide des animateurs. De plus, leurs intérêts sont ainsi davantage rejoints. Même lors des activités du premier volet, les activités motrices et actives sont à prioriser afin de pallier les difficultés des enfants qui ont des tendances à l'hyperactivité et à l'impulsivité.

16.6 Conclusion

16.6.1 Recommandations pour les recherches futures

Pour procéder à l'évaluation, une variété d'outils de collecte de données a été utilisée ainsi que la mise en commun du point de vue d'acteurs aux visions complémentaires. Il a ainsi été possible de trianguler l'information par l'entremise des différentes sources d'information et répondants. Par ailleurs, puisque les journaux de bord des animateurs ont été complétés assidument après chacune des activités du programme, cela a donné accès à des rétroactions constructives qui ont permis de suivre l'évolution des activités de près. Les journaux de bord hebdomadaires ont permis un regard sur l'intervention sur une période prolongée et régulière alors que les entrevues ont permis d'observer le programme avec recul. De plus, en donnant la parole aux participants, il a été possible de vérifier si LSVDH est une intervention adaptée aux besoins, aux intérêts et aux compétences des parents et des enfants.

À l'aide d'une approche multiméthodes et multirépondants, l'utilisation de la structure d'ensemble a permis de poser un regard critique sur des aspects propres aux activités du programme LSVDH, mais aussi sur des composantes qui sont propres au contexte particulier du CPSG. La structure d'ensemble du modèle psychoéducatif a été utilisée autant pour la conception, que pour l'évaluation de l'implantation du programme, permettant ainsi de s'attarder à l'ensemble des composantes de l'intervention.

Parmi les limites de l'étude, notons que l'évaluation a été réalisée par une étudiante à la maîtrise en psychoéducation qui a joué plusieurs rôles à la fois. L'évaluatrice est celle qui a vu à la conception et à l'élaboration du programme, à la formation des animateurs en plus de participer à l'animation de la première cohorte d'implantation. Porter plusieurs chapeaux n'est pas rare en évaluation de programme (Chen, 2014), mais le fait que l'évaluation ne soit pas réalisée par un évaluateur externe est une menace à la validité interne de l'étude, ce qui peut miner la confiance portée envers les résultats. Cette lacune pourrait toutefois être corrigée grâce à une évaluation subséquente du programme. Il serait important qu'un second regard soit porté sur le programme, cette fois par une évaluation externe, ce qui permettrait une plus grande objectivité à l'évaluation (Nadeau, 1988).

Le regard posé sur le programme est une évaluation d'implantation. Il était donc important de se baser sur un modèle permettant d'avoir un regard global sur l'ensemble du programme. L'approche déductive se basant sur le modèle psychoéducatif a permis de prendre en compte un grand éventail de composantes. Dans une évaluation subséquente, il serait toutefois intéressant d'utiliser une approche inductive pour aller documenter, par exemple, l'expérience vécue par les parents (Anadon et Guillemette, 2006). Les approches inductives et déductives sont complémentaires et leur double regard permettrait d'enrichir la compréhension de l'objet d'étude.

16.6.2 Recommandations pour l'intervention psychoéducative

La mise en place d'une formation de l'équipe d'animation et d'un protocole d'évaluation continu du programme lors de chacune des cohortes d'animation permet d'assurer un service de qualité qui répond aux besoins des familles, d'offrir un compte-rendu du programme aux gestionnaires de l'organisation, en plus d'améliorer le programme en continuant d'y porter un regard critique et constructif pour assurer une poursuite optimale. En plus d'innover en employant des médiums et des moyens de mise en interaction dynamiques et axés sur le plaisir partagé, LSVDH propose une intervention complète, structurée et rigoureuse pour les milieux d'intervention.

Rappelons que LSVDH est un programme manualisé dont le protocole d'évaluation, de l'implantation et des effets, fait partie prenante de son manuel, au même titre que le matériel d'animation. Implanter un programme demande de le projeter dans le temps pour assurer un service de qualité aux familles. En réfléchissant à son évaluation dès son implantation, cela accélère le processus d'évaluation tout en favorisant l'obtention d'une rétroaction critique rapide pour l'organisation. Par ailleurs, veiller à l'évaluation d'implantation d'un programme ne devrait pas avoir lieu uniquement lors du démarrage d'un service. Il est important d'évaluer LSVDH de façon systématique lors de chacune des cohortes du programme.

Par ailleurs, la place du psychoéducateur dans le programme LSVDH est centrale et il est fortement recommandé par l'auteure du programme de voir à intégrer ce professionnel lors de toute implantation du programme. Le psychoéducateur agit à titre d'intervenant pivot pour animer les activités, mais également pour coordonner la réalisation de chacune des cohortes. L'utilisation du vécu de groupe est cruciale pour obtenir les effets escomptés chez les participants. Cela demande au psychoéducateur de jouer un rôle actif auprès des participants en assurant une présence significative, mais aussi en jouant un rôle-conseil et d'accompagnement auprès des intervenants tout au long du programme. LSVDH laisse place à la créativité du psychoéducateur puisqu'il doit être à l'affut des modifications à apporter aux activités en vue d'adapter les sessions aux familles participantes en fonction de leurs besoins et compétences. Ce programme demande au psychoéducateur de mettre en pratique ses compétences d'animation, d'observation, d'organisation, de planification, d'utilisation, de communication et d'évaluation du début à la fin du processus.

Depuis sa création, LSVDH a assuré sa pérennité au CPSG en conservant sa nature et sa rigueur grâce à la mobilisation de plusieurs acteurs. Cette initiative qui se voulait à la base être un projet professionnel de maîtrise en psychoéducation a su démontrer qu'il est possible de mettre en place une intervention de qualité qui perdure au fil des années. L'évaluation de l'implantation, avec les ajustements qui en découlent, n'est pas étrangère à cette pérennisation.

Références

American Psychiatric Association (APA, 2015). *DSM-5, Manuel diagnostique et statistique des troubles mentaux* (5e éd.; traduit par M.-A. Crocq et J. D. Guelfi). Paris, France : Elsevier Masson.

Anadón, M., et Guillemette, F. (2006). La recherche qualitative est-elle nécessairement inductive? Dans F. Guillemette et C. Baribeau (dir.), *Recherche qualitative en sciences humaines et sociales : les questions de l'heure* (Numéro 5, p. 26-37). Actes du colloque de l'Association pour la recherche qualitative (ARQ) organisé dans le cadre du congrès de l'ACFAS. Montréal, QC : Association pour la recherche qualitative.

Axford, N., Lehtonen, M., Kaoukji, D., Tobin, K. et Berry, V. (2012). Engaging parents in parenting programs: Lessons from research and practice. *Children and Youth Services Review, 34*(10), 2061-2071.

Barrett, P. M., Dadds, M. R. et Rapee, R. M. (1996). Family treatment of childhood anxiety: A controlled trial. *Journal of Consulting and Clinical Psychology, 64*(2), 333-342.

Barrett, P. M., Duffy, A.L., Dadds, M. R. et Rapee, R. M. (2001). Cognitive-behavioral treatment of anxiety disorders in children: Long-term (6 years) follow-up. *Journal of Consulting and Clinical Psychology, 69*(1), 135-141.

Barrett, P., Lowry-Webster, H. et Holmes, J. (1999). *The FRIENDS Anxiety Prevention Program Groupe leader's manual for children.* Bowen Hills, Australie: Australia Academic Press.

Boag-Munroe, G. et Evangelou, M. (2012). From hard to reach to how to reach: A systematic review of the literature on hard-to-reach families. *Research Papers in Education, 27*(2), 209-239.

Centre d'études sur le stress humain (CESH, 2017). Jeunes et maladies mentales. Troubles anxieux. Repéré à http://www.stresshumain.ca/stress-et-vous/stress-chez-les-jeunes/jeunes-et-les-maladies-mentales/page-2.html

Champagne, F., Brousselle, A., Hartz, Z., Contandriopoulos, A. P. et Denis, J. L. (2011). L'analyse de l'implication. Dans A. Brousselle, F. Champagne, A. P. Contandripopoulos et Z. Hartz (dir.), *L'évaluation : concepts et méthodes* (2e éd., p. 444-457). Montréal, QC : Les Presses de l'Université de Montréal.

Chen, H. T. (2014). *Practical program evaluation: Theory-driven evaluation and the integrated evaluation perspective* (2e éd.). Thousand Oaks, CA: Sage Publications.

Dahl, K., Larivière, N. et Corbière, M. (2014). L'étude de cas. Illustration d'une étude de cas multiples visant à mieux comprendre la participation au travail de personnes présentant un trouble de la personnalité limite. Dans M. Corbière et N. Larivière (dir.), *Méthodes qualitatives, quantitatives et mixtes dans la recherche en sciences humaines, sociales et de la santé* (p. 73-96). Québec, QC : Presses de l'Université du Québec.

De Matos, M. G., Calmeiro, L. et Da Fonseca, D. (2009). Effets de l'activité physique sur l'anxiété et la dépression. *La presse médicale, 38*(5), 734-739.

Donovan, C. L. et Spence, S. H. (2000). Prevention of childhood anxiety disorders. *Clinical Psychology Review, 20*(4), 509-531.

Douglas, Institut universitaire en santé mentale (2014). Troubles anxieux : causes et symptômes. Repéré à http://www.douglas.qc.ca/info/troubles-anxieux

Drake, K. L. et Ginsburg, G. S. (2012). Family factors in the development, treatment, and prevention of childhood anxiety disorders. *Clinical Child and Family Psychology Review, 15*(2), 144-163.

Duncan, G. J. et Brooks-Gunn, J. (2000). Family poverty, welfare reform and child development. *Child Development, 71*(1), 188-196.

Durand, M.-J., Coutu, M.-F. et Hong, Q. N. (2014). L'évaluation d'implantation des programmes. Illustration des programmes de réadaptation en santé mentale. Dans M. Corbière et N. Larivière (dir.). *Méthodes qualitatives, quantitatives et mixtes dans la recherche en sciences humaines, sociales et de la santé* (p. 189-210). Québec, QC : Presses de l'Université du Québec.

Fisak, B. J. Jr., Richard, D. et Mann, A. (2011). The prevention of child and adolescent anxiety: A meta-analytic review. *Prevention Science, 12*(3), 255-268.

Friends Resilience (2017). The FRIENDS programs by Dr. Paula R. Barrett. Resilience programs for life. Repéré à http://www.friendsresilience.org/

Gendreau, G. (2001). *Jeunes en difficulté et intervention psychoéducative*. Montréal, QC : Édition Béliveau.

Gore, F. M., Bloem, P. J. N., Patton, G. C., Ferguson, J., Joseph, V., Coffey, C., ... Mathers, C. D. (2011). Global burden of disease in young people aged 10-24 years: A systematic analysis. *Lancet, 377*(9783), 2093-2102.

Gouvernement du Canada (2006). *Aspect humain de la santé mentale et de la maladie mentale au Canada*. Ottawa, ON : Ministère des Travaux publics et services gouvernementaux.

Haine-Schlagel, R. et Walsh, N. E. (2015). A review of parent participation engagement in child and family mental health treatment. *Clinical Child and Family Psychology Review, 18*(2), 133-150.

Houle, A.-A. (2012a). *Le stress vu d'en haut!... Programme d'intervention conjoint parent-enfant traitant de la gestion de l'anxiété*. (Document inédit). Université du Québec en Outaouais, avec la collaboration du Centre de pédiatrie sociale de Gatineau.

Houle, A.-A. (2012b). *Rapport d'évaluation du programme Le stress vu d'en haut!...* (Rapport de maîtrise inédit). Université du Québec en Outaouais.

Hui Yap, M. B., Pilkington, P. D., Ryan, S. M. et Jorm, A. F. (2014). Parental factors associated with depression and anxiety in young people: A systematic review and meta-analysis. *Journal of Affective Disorders, 156*, 8-23.

Institut universitaire de santé mentale de Montréal (IUSMM, 2014). Troubles anxieux. Repéré à http://www.iusmm.ca/sante-mentale/troubles-anxieux.html

Kendall, P. C. (2012). Anxiety disorders in youth. Dans P. C. Kendall (dir.), *Child and adolescent therapy. Cognitive-behavioral procedures* (4e éd., p. 143-189), New York, NY: Guilford Press.

Le Blanc, A. (2011). Le modèle psychoéducatif tel que visé au CJM-IU. *Défi-Jeunesse, 18*(1), 4-20.

McIntosh, D. (2017). Anxiety disorders I. *E. K. Koranyi Review course in psychiatry*, Ottawa, ON: Université d'Ottawa, 12 janvier 2017.

McLoone, J., Hudson, J. L. et Rapee, R. (2006). Treating anxiety disorders in a school setting. *Education and Treatment of Children, 29*(2), 219-242.

Ministère de la Santé et des Services sociaux (MSSS; 2013). *Cadre de référence pour une pratique rigoureuse de l'intervention auprès des enfants des jeunes et de leurs parents en CSSS et en CJ*. Québec, QC : Gouvernement du Québec.

Monette, M., Charrette, M. et Jobin, I. (2006). *Planifier et évaluer son intervention. L'évaluation formative et l'implantation du programme* (module 5). Québec, QC : Les Presses Inter Universitaires.

Nadeau, M.-A. (1988). *L'évaluation de programme. Théorie et pratique*. Québec, QC : Les Presses de l'Université Laval

Ollendick, T. H. et Benoit, K. (2012). A parent-child interactional model of social anxiety disorder in youth. *Clinical Child and Family Psychology Review, 15*(1), 81-91.

Organisation mondiale de la Santé (OMS; 2004). *Investir dans la santé mentale*. Genève, Suisse : Organisation mondiale de la Santé.

Patton, M. Q. (2008). *Utilization-focused evaluation* (4e éd.). Thousand Oaks, CA: Sage.

Piché, G., Bergeron, L. et Cyr, M. (2008). Transmission intergénérationnelle des troubles intériorisés : Modèles théoriques et recherches empiriques. *Psychologie canadienne, 49*(4), 309-322.

Piché, G., Cournoyer, M., Bergeron, L. Clément, M.-E. et Smolla, N. (2017). Épidémiologie des troubles dépressifs et anxieux chez les enfants et les adolescents québécois. *Santé mentale au Québec, 42*(1), 19-42.

Rapee, R. M., Kennedy, S., Ingram, M., Edwards, S. et Sweeney, L. (2005). Prevention and early intervention of anxiety disorders in inhibited preschool children. *Journal of Consulting and Clinical Psychology, 73*(3), 488-497.

Renou, M. (2005). *Psychoéducation, une conception, une méthode*. Montréal, QC : Science et culture.

Reynolds, S., Wilson, C., Austin, J. et Hooper, L. (2012). Effects of psychotherapy for anxiety in children and adolescents: A meta-analytic review. *Clinical Psychology Review, 32*(4), 251-262.

Rossi, P. H., Lipsey, M. W. et Freeman, H. E. (2004*). Evaluation: A systematic approach* (7e éd.). Thousand Oaks, CA: Sage.

Sandler, I. N., Schoenfelde, E. N., Wolchik, S. A. et MacKinnon, D. P. (2011). Long-term impact of prevention programs to promote effective parenting: lasting effects but uncertain processes. *Annual Review of Psychology, 62*, 299-329.

St-Arnaud, Y. (2008). *Les petits groupes : Participation et animation*. Montréal, QC : Gaëtan Morin Éditeur.

Stockings, E. A., Degenhardt, L., Dobbins, T., Erskine, H. E., Whiteford, H. A. et Patton, G. (2016). Preventing depression and anxiety in young people: A review of the joint efficacy of universal, selective and indicated prevention. *Psychological Medicine, 46*(1), 11-26.

Stonerock, G. L., Hoffman, B. M., Smith, P. J. et Blumenthal, J. A. (2015). Exercise as treatment for anxiety: systematic review and analysis. *Annals of Behavioral Medicine, 49*(4), 542-556.

Tramonte, L. et Willms, D. (2010). La prévalence de l'anxiété chez les élèves intermédiaires et secondaires au Canada. *Revue canadienne de santé publique, 101*(9), 20-23.

Turcotte, D. et Lindsay, J. (2008). *L'intervention sociale auprès des groupes*. Montréal, QC : Gaëtan Morin Éditeur.

Turgeon, L. et Brousseau, L. (2003). Prévention des problèmes d'anxiété chez les jeunes. Dans. F. Vitaro et Gagnon, C. (dir) *Prévention des problèmes d'adaptation chez les enfants et les adolescents, Tome 1, Les problèmes internalisés* (p. 189-220). Sainte-Foy, QC : Presses de l'Université du Québec.

Turgeon, L., Brousseau, L. et Denis, I. (2007). Le traitement des troubles anxieux chez les enfants et les adolescents : données actuelles et perspectives futures. Dans L. Turgeon et P. L. Gendreau (dir.), *Les troubles anxieux chez l'enfant et l'adolescent* (p. 107-128). Marseille, France : Solal éditeur.

Turgeon, L. et Gosselin, M.-J. (2015). Les programmes préventifs en milieu scolaire auprès des enfants et des adolescents présentant de l'anxiété. *Éducation et francophonie, XLIII*(2), 30-49.

Verreault, M. et Berthiaume, C. (2006). Troubles anxieux et TDAH. Dans. N. Chevalier, M. C. Guay, A. Achim, P. Lageix et H. Poissant (dir.), *Trouble déficitaire de l'attention avec hyperactivité; Soigner, éduquer, surtout valoriser* (p. 111-137). Québec, QC : Presses de l'Université du Québec.

Wei, C. et Kendall, P. C. (2014). Parental involvement: Contribution to childhood anxiety and its treatment. *Clinical Child and Family Psychology Review, 17*(4), 319-339.

Werner-Seidler, A., Perry, Y., Calear, A. L., Newby, J. M. et Christensen, H. (2017). School-based depression and anxiety prevention programs for young people: A systematic review and meta-analysis. *Clinical Psychology Review, 51*, 30-47.

17 Évolution des jeunes et des familles dans le cadre d'un programme d'intervention en contexte de crise familiale

Une perspective méthodologique mixte

Julien Desautels
Département de psychoéducation, Université de Sherbrooke

Jasmine Gobeil-Bourdeau
Département de psychoéducation, Université de Sherbrooke

Luc Touchette
Département de psychoéducation, Université de Sherbrooke

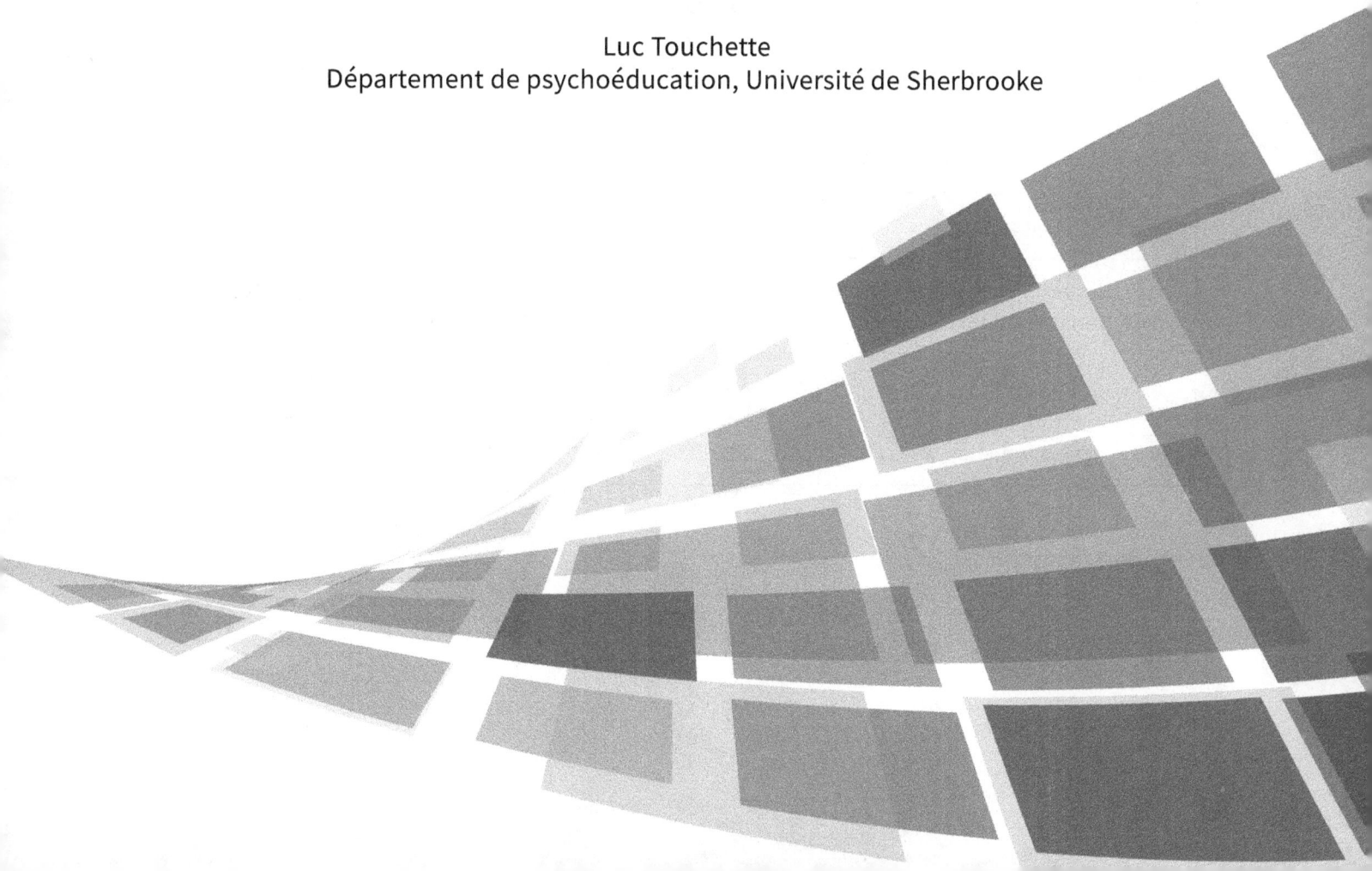

Résumé

Contexte

Les programmes d'intervention en contexte de crise familiale, notamment le programme Crise-Ado-Famille-Enfance (CAFE), visent principalement à résoudre les crises familiales, de même qu'à améliorer le fonctionnement de l'adolescent et de la famille. Les résultats de récentes méta-analyses portant sur l'impact de ces programmes montrent des résultats mitigés et ciblent principalement le fonctionnement du jeune. Les résultats d'études qualitatives montrent toutefois des changements plus nuancés, soulevant des indicateurs de changement davantage centrés sur la famille. Ces résultats soulignent l'importance des méthodologies quantitatives et qualitatives pour rendre compte de l'impact réel de ce type de programmes.

Objectif

La présente étude vise à décrire l'évolution des jeunes et des familles dans le cadre d'un devis mixte de type simultané, dans une perspective de triangulation et de complémentarité.

Méthode

Les analyses quantitatives (ANOVAS à mesures répétées; $n = 90$) et qualitatives (analyse thématique; $n = 70$) ont été réalisées auprès d'un échantillon de parents d'adolescents ayant bénéficié du programme CAFE.

Résultats

Les résultats des analyses quantitatives et qualitatives présentent certaines similitudes, notamment concernant l'amélioration du fonctionnement familial et de la qualité de la relation parent-enfant. Des divergences entre les résultats quantitatifs et qualitatifs sont toutefois observées concernant les comportements de l'adolescent et les pratiques éducatives des parents.

Conclusion

Cette étude montre l'apport considérable d'une méthodologie mixte pour rendre compte de l'évolution des jeunes et des familles bénéficiant de ce type de programmes.

Mots-clés

Intervention familiale, crise, adolescents, étude mixte, problèmes de comportement.

Recommandations cliniques issues de l'étude

- Les parents peuvent considérer l'intervention comme un succès, bien que leur adolescent présente toujours des problèmes de comportement, notamment parce qu'ils se sentent mieux outillés pour y faire face. Ce constat souligne l'importance de cibler spécifiquement le sentiment de compétence des parents dans le cadre d'une intervention en contexte de crise familiale.

- Pour évaluer l'impact de leur intervention, les intervenants devraient combiner à la fois le point de vue des participants et les résultats de certains questionnaires afin de mieux décrire l'impact du programme et ajuster l'intervention offerte.

- Pour mieux planifier l'intervention à offrir aux jeunes et aux familles en crise, il est recommandé de se baser sur les résultats d'une évaluation multidimensionnelle, composée d'entrevues et de questionnaires standardisés.

Questions pédagogiques

- Quel est l'apport d'une méthodologique mixte pour l'évaluation d'un programme d'intervention?

- Quels sont les avantages à utiliser une approche multi-répondants dans le cadre de l'évaluation d'un programme d'intervention? Comment mettre en lien les résultats des différents répondants?

- Pourquoi est-ce important d'évaluer les programmes d'intervention? Quelles sont les retombées de l'évaluation des programmes pour l'intervention clinique?

- Quelles conséquences l'attrition des sujets peut-elle avoir sur les résultats et les conclusions d'une étude?

17.1 Introduction

Les conséquences des problèmes de comportement chez les enfants et les adolescents sont multiples, hétérogènes et particulièrement alarmantes, tant sur le plan personnel, que familial et social. En effet, les jeunes qui présentent des problèmes de comportement dès l'enfance sont plus à risque de décrocher de l'école et de présenter de sérieux problèmes d'adaptation sociale à l'adolescence et à l'âge adulte (Frick et McMahon, 2008). Les **problèmes de comportement** *englobent un large spectre de manifestations allant de l'opposition (ex. crier, faire des crises de colère) jusqu'à des comportements antisociaux plus sérieux tels que détruire des biens matériels, voler ou utiliser la violence physique* (Frick et McMahon, 2008). On estime qu'entre 6 % et 10 % des jeunes présentent des problèmes de comportement (Loeber, Lahey, Winters et Zara, 2000, cités dans Frick et McMahon, 2008). Au cours de l'année 2014-2015, 3422 signalements d'enfants ont été communiqués à la protection de la jeunesse et retenus à des fins d'évaluation pour des motifs de « problèmes de comportement sérieux ». Au Québec, les services de la protection de la jeunesse reçoivent l'ensemble des signalements d'enfants dont la sécurité ou le développement pourraient être compromis en raison, notamment, de problèmes de comportement sérieux. L'importante prévalence et les conséquences associées à ces difficultés expliquent que les problèmes de comportement encourent d'importants coûts en services scolaires, en réadaptation sociale et en santé (Cohen, Piquero et Jennings, 2009; Grove, Evans, Pastor et Mack, 2008; Leblanc, 2010) et qu'ils soient l'objet de nombreux efforts de prévention et d'intervention.

Les programmes d'intervention en contexte de crise familiale s'adressent particulièrement aux familles d'adolescents présentant des problèmes de comportement et visent essentiellement à résoudre les crises familiales, à prévenir le placement d'urgence en milieu substitut, de même qu'à développer les pratiques éducatives des parents (MSSS, 2007). Ces programmes bénéficient d'un soutien empirique croissant et sont largement diffusés et implantés dans les différents milieux d'intervention, tant au Québec (MSSS, 2007) qu'en Amérique du Nord (Barth et al., 2012). Le Ministère de la Santé et des Services sociaux du Québec (MSSS) recommandait d'ailleurs, dès 2007, d'implanter dans tous les Centres de santé et services sociaux (CSSS) du Québec un programme d'intervention intensive de crise afin de répondre aux besoins des jeunes et des familles en difficulté.

17.1.1 Programmes d'intervention en contexte de crise familiale reconnus efficaces

Les programmes d'intervention en contexte de crise familiale sont principalement inspirés par des résultats d'études publiées dans les années 1980 démontrant que les programmes de sauvegarde de la famille de type *Homebuilders* permettaient de réduire de façon significative le placement des jeunes en milieu substitut (Pauzé, Touchette et Desautels, 2017). La particularité de ces programmes était d'offrir aux familles dont l'un des enfants était à risque imminent d'être retiré du milieu familial, une intervention de crise brève et intensive se traduisant par l'implication d'un intervenant dans le milieu de vie du jeune, à raison de plusieurs heures par semaine et pour une durée de quatre à six semaines (Kinney, Madsen, Fleming et Haapala, 1977, cités dans Pauzé et al., 2017).

Inspirés en partie des programmes de sauvegarde de la famille, des programmes plus récents, tels que le programme multisystémique (MST; Henggeler, Schoenwald, Borduin, Rowland et Cunningham, 1998), le programme de thérapie familiale multidimensionnelle (MDFT; Liddle, 2002) ou le programme de thérapie familiale fonctionnelle (FFT; Alexander et Parsons, 1982) offrent une intervention prolongée permettant de travailler à la fois sur l'urgence de la situation de crise et sur les facteurs psychosociaux en cause dans l'émergence et le maintien de la crise. S'ils ont encore pour objectif d'éviter le retrait de l'enfant de son milieu familial, ces programmes visent en premier lieu à soutenir le développement des compétences adaptatives du jeune et de sa famille afin d'éviter un éventuel recours au placement, à l'incarcération ou à l'hospitalisation des adolescents. Ces trois programmes bénéficient d'un soutien empirique important et sont reconnus efficaces par de nombreux organismes de diffusion de pratiques probantes tels que *The California Evidence-Based Clearinghouse for Child Welfare* (www.cebc4cw.org). Ces programmes ont été montrés plus efficaces qu'une intervention usuelle pour le traitement des problèmes de comportement des adolescents, dans le cadre d'au moins une étude expérimentale.

De façon générale, ces trois programmes d'intervention en contexte de crise familiale s'adressent à une clientèle adolescente et proposent une intervention relativement brève (entre trois et six mois) et intensive (au moins une rencontre par semaine). Ces programmes proposent également une série de principes clés, plutôt qu'une succession d'activités cliniques précises. L'hétérogénéité des facteurs de risque associés aux problèmes de comportement se traduit par un processus clinique misant sur une compréhension plus idiographique des difficultés, c'est-à-dire individualisée en fonction des caractéristiques et des besoins des jeunes et des familles. Cet ajustement de l'intervention est d'ailleurs au cœur de la théorie d'action de ce type de programmes (D'aunno, Boel-Studt et Landsman, 2014). Pour ce faire, chacun des programmes met l'accent sur le processus d'évaluation, indiquant l'importance de documenter non seulement les comportements du jeune, mais également les facteurs de risque familiaux et environnementaux. De même, ces programmes sont principalement fondés sur le modèle écologique de Bronfenbrenner (1979), particulièrement sur trois de ses prémisses principales, soit le caractère multidimensionnel du comportement humain, l'importance de l'environnement et du contexte dans la compréhension du comportement et l'influence réciproque des systèmes. De plus, ces trois programmes conçoivent les problèmes de comportement des adolescents comme étant multidéterminés et mettent de l'avant l'importance d'une intervention multidimensionnelle, ciblant à la fois les comportements du jeune et les facteurs de risque familiaux et environnementaux.

17.1.2 Évolution des jeunes et des familles bénéficiant d'un programme d'intervention en contexte de crise familiale

L'implantation et la diffusion élargies de ce type de programmes invitent à examiner l'impact qu'ils peuvent avoir sur l'évolution des jeunes et des familles. Cette brève revue des études évaluatives des programmes d'intervention en contexte de crise familiale permettra de décrire l'évolution des jeunes et des familles bénéficiant des programmes MST, MDFT et FFT. Comme ces programmes misent sur un principe d'ajustement de l'intervention aux caractéristiques et aux besoins des jeunes et des familles, une attention particulière sera accordée aux différents indicateurs de changement rapportés dans les études, c'est-à-dire les dimensions individuelles et familiales utilisées pour observer l'évolution de la clientèle.

Études quantitatives

Trois récentes méta-analyses ont porté sur l'efficacité des programmes d'intervention en contexte de crise familiale les plus largement diffusés (Hartnett, Carr, Hamilton et O'Reilly, 2016; van der Pol et al., 2017; van der Stouwe et al., 2014). D'abord, la méta-analyse de van der Stouwe et al. (2014) visait à examiner l'efficacité du programme MST en contexte réel et contrôlé, en intégrant les études publiées et non publiées et utilisant un devis expérimental ou quasi-expérimental. Au total, 22 études provenant de 51 rapports (de 1986 à 2012) ont été retenues. Les résultats montrent que le programme MST génère des résultats modestes selon les critères énoncés par Cohen (1988) concernant les indicateurs de changement associés à la délinquance, la psychopathologie, notamment les comportements extériorisés et intériorisés, la consommation de substances, les facteurs familiaux (fonctionnement familial, pratiques éducatives et santé mentale des parents), le placement en milieu substitue ainsi que les facteurs associés aux relations avec les pairs (délinquance des pairs et qualité de la relation avec les pairs). Cependant, après le contrôle de possibles biais de publication, seules les tailles d'effet pour la psychopathologie et les facteurs familiaux demeurent significatives.

Ensuite, en ce qui concerne le programme MDFT, la méta-analyse réalisée par van der Pol et al. (2017) visait à déterminer l'efficacité du programme pour les comportements d'abus de substances, les comportements délinquants, les difficultés de types intériorisé et extériorisé, de même que pour le fonctionnement familial. De plus, la méta-analyse visait à comparer l'efficacité du programme MDFT avec d'autres traitements. Au total, 19 études portant sur 1488 adolescents dont 699 ont bénéficié du programme MDFT, ont été incluses dans les analyses. Les indicateurs de changement utilisés concernent le fonctionnement familial, la délinquance, les comportements intériorisés et extériorisés, de même que l'abus de substances. Les résultats montrent que les tailles d'effets varient considérablement, allant d'une taille d'effet négative ($d = -0,62$) à une taille d'effet positive ($d = 1,16$), avec une moyenne de 0,24, soit une taille d'effet de faible amplitude selon les critères proposés par Cohen (1988). De plus, les tailles d'effets sont équivalentes pour chacun des cinq indicateurs de changement, le programme présentant un effet de faible amplitude pour chacune de ces variables.

Enfin, Hartnett et al. (2016) ont réalisé une méta-analyse visant à décrire l'impact du programme FFT pour l'abus de substances et les problèmes de comportement des adolescents en recensant les études primaires, expérimentales ou quasi-expérimentales, portant sur l'efficacité du programme en contexte réel ou contrôlé. Pour ce faire, 14 études comparant le programme FFT à un groupe contrôle, un traitement habituel ou un traitement alternatif et présentant, ou non, une répartition aléatoire des sujets, ont été recensées. Dix-huit comparaisons du programme FFT avec une autre condition de traitement ont été répertoriées. Ces études ont utilisé des indicateurs de changement principalement centrés sur le fonctionnement de l'adolescent, notamment le taux de récidive (six études), la fréquence de consommation de drogue ou d'alcool (trois études), les comportements délinquants auto-rapportés ou provenant d'un registre officiel (deux études), les comportements problématiques ou prosociaux des adolescents (deux études) ou le fonctionnement de la famille (une étude). Comme pour les programmes MST et MDFT, on note une grande variabilité dans l'efficacité du programme FFT d'une étude à l'autre. En effet, aucune différence n'est observée lorsque le programme est comparé à un traitement habituel, de même qu'à un groupe contrôle, dans le cadre d'études ne présentant pas une répartition aléatoire des sujets. Au contraire, le programme FFT s'avère efficace en comparaison avec un groupe contrôle dans le cadre d'études expérimentales, de même que lorsqu'il est comparé à un traitement alternatif (Hartnett et al., 2016).

Cette revue des méta-analyses portant sur l'efficacité des programmes d'intervention en contexte de crise familiale amène à dégager certains constats. D'une part, bien que ces programmes soient reconnus efficaces par de nombreux organismes de diffusion de pratiques probantes pour le traitement des problèmes de comportement des adolescents, les tailles d'effet concernant cet indicateur de changement sont plutôt minces. D'autre part, bien que les prémisses et les théories d'action de ces programmes accordent une part importante du changement aux facteurs familiaux (fonctionnement familial, pratiques éducatives) et environnementaux (réseau social de l'adolescent), relativement peu d'études ont, à ce jour, évalué l'impact de ces programmes sur ces indicateurs. De même, les tailles d'effets observées demeurent de faible amplitude.

Le caractère idiographique de l'intervention offerte par ce type de programmes renvoie également à la question du choix des indicateurs de changement et à la capacité d'évaluer réellement l'évolution des jeunes et des familles dans le cadre d'études au devis quantitatif, où l'utilisation de moyennes de groupe pourrait diluer les effets du programme. Par conséquent, une approche plus inductive pourrait permettre de révéler un éventail plus large d'effets, plus difficiles à détecter avec des instruments de mesure standardisés et prédéterminés (Tighe et al., 2012). Comme le soulignent Tighe et al. (2012), le principal indicateur de changement utilisé dans les études quantitatives portant sur ce type de programmes demeure le taux de récidive des adolescents. De même, l'étude du programme MST repose majoritairement sur des indicateurs de changement individuels et centrés sur les comportements présentés par l'adolescent. Les facteurs relationnels ou systémiques, bien qu'ils soient considérés comme fondamentaux dans les assises théoriques des programmes, ont été beaucoup moins étudiés (Paradisopoulos et al., 2015). Comme l'indique Nelson et al. (2009), les indicateurs de changement utilisés pour rendre compte de l'impact de ce type de programmes devraient être en cohérence avec les objectifs des programmes et leur théorie d'action. Les résultats des études quantitatives, et encore davantage dans le cas des méta-analyses, s'appuient sur des moyennes de groupe. Or, tous les participants à un programme n'en bénéficient pas également, sur les mêmes indicateurs, ce qui réduit la possibilité d'identifier l'ensemble des bénéfices du programme et des résultats plus complexes et nuancés. Un devis qualitatif ou mixte, bien que moins généralisable, permettrait de rendre compte de cette variabilité et d'entendre le point de vue de participants quant à leur perception des bénéfices qu'ils auraient tirés de leur participation au programme.

Études qualitatives

Quatre études qualitatives ont décrit l'évolution des jeunes et des familles bénéficiant d'un programme d'intervention intensive en contexte de crise familiale en recourant à l'analyse thématique des propos recueillis lors d'entrevues individuelles. D'abord, Tighe et ses collègues (2012) visaient à dégager les perceptions des jeunes (n = 16) et des parents (n = 21) concernant, entre autres, les changements perçus à la suite de l'intervention. Les entrevues ont été réalisées en moyenne deux mois après la fin de l'intervention. Kaur et al. (2015) et Paradisopoulos et al. (2015) ont quant à eux tenté, à l'aide d'un devis qualitatif de théorisation ancrée, de définir une théorie du changement et du maintien de ces changements pour le programme MST. L'étude de Kaur et al. (2015) décrit spécifiquement le point de vue des parents alors que Paradisopoulos et al. (2015) se sont plutôt intéressés à la perception des adolescents. Enfin, Hartnett et al. (2016) ont cherché à traduire, par une étude qualitative réalisée auprès de cinq intervenants et de quatre parents ayant bénéficié du programme FFT, l'expérience vécue par les parties prenantes (intervenants et parents) au cours des trois phases constituant le programme.

De façon générale, ces études ont montré que les programmes d'intervention intensive permettent aux familles de développer un important sentiment de résilience, leur permettant de faire face aux difficultés futures (Kaur et al., 2015). Selon les répondants, l'intervention aiderait les parents à développer un sentiment de compétence parentale et de meilleures pratiques avec leur adolescent (Hartnett et al., 2016; Kaur et al., 2012; Tighe et al., 2012). Les parents soutiennent d'ailleurs que, malgré le fait que l'adolescent présente toujours des comportements délinquants à la fin de l'intervention, ils se sentent mieux outillés pour y faire face (Kaur et al., 2015). Ils rapportent que l'intervention les a aidés à mieux comprendre les comportements de leur adolescent et la situation familiale (Hartnett et al., 2016). En ce sens, les parents et les jeunes soulignent que l'intervention a contribué à améliorer la santé mentale des parents, notamment en diminuant le niveau de stress vécu (Tighe et al., 2012).

De plus, les résultats des études qualitatives recensées révèlent que les parents, mais également les adolescents ayant bénéficié d'un programme d'intervention en contexte de crise familiale, perçoivent une réduction importante des comportements délinquants de l'adolescent (Kaur et al., 2015; Paradisopoulos et al., 2015; Tighe et al., 2012). De même, l'intervention reçue contribuerait, selon les adolescents et les parents, à un changement d'attitude de l'adolescent, se traduisant par une plus grande assiduité scolaire ou un retour à l'école et un engagement croissant dans des activités prosociales (Tighe et al., 2012), une réduction de la fréquentation de pairs déviants (Kaur et al., 2015; Paradisopoulos et al., 2015; Tighe et al., 2012) et une réflexion accrue concernant son avenir et ses aspirations (Kaur et al., 2015; Paradisopoulos et al., 2015; Tighe et al., 2012).

Sur le plan familial, les programmes d'intervention intensive contribueraient, toujours selon les adolescents et les parents, à une amélioration de la qualité des relations entre les membres de la famille (Kaur et al., 2015, Paradisopoulos et al., 2015; Tighe et al., 2012). Cette amélioration se traduirait entre autres par davantage de proximité et de chaleur entre les membres (Tighe et al., 2012), une meilleure communication (Hartnett et al., 2016; Kaur et al., 2015; Tighe et al., 2012), une plus grande empathie à l'égard des autres membres et une réduction des conflits (Tighe et al., 2012). Selon Kaur et al. (2015), l'amélioration conjointe des comportements du jeune et du fonctionnement familial serait à la base, selon les parents, du maintien à moyen et à long terme des changements apportés.

Cette brève revue des études qualitatives illustre bien la nuance que peut apporter le point de vue des participants à l'intervention et la complexité d'étudier l'impact de ce type de programmes. Comme le soulignent Tighe et al. (2012), les résultats de l'intervention sont souvent complexes et rarement exclusivement positifs ou négatifs. En effet, les adolescents et les parents soulignent que des difficultés persistent, tant sur le plan individuel que familial à la suite de l'intervention. Néanmoins, les répondants soulignant le plus d'effets négatifs considèrent tout de même l'intervention reçue comme un succès (Tighe et al., 2012). Comme mentionné précédemment, ce dernier constat met en lumière l'importance d'aller au-delà des données quantitatives, reflétant la moyenne des résultats obtenus aux questionnaires et occultant les résultats s'en éloignant. Les auteurs de ces études qualitatives ont pris certaines précautions pour assurer la validité des résultats, notamment la description détaillée des thèmes et sous-thèmes identifiés, l'utilisation d'un journal de bord reflétant les attentes et à priori des auteurs, une validation des thèmes par les parties prenantes (*members check*) et une vérification de la codification par des experts (*peer debriefing*). Ces moyens sont cohérents avec les critères de qualité méthodologiques reconnus en matière de recherche qualitative (Mertens, 2010). En recueillant le point de vue des jeunes, des parents et des intervenants, ces études permettent d'avoir un regard assez exhaustif sur les différents acteurs de l'intervention intensive.

Certaines limites méthodologiques entourant ces études qualitatives se doivent d'être exposées. D'abord, Kaur et al. (2015) et Paradisopoulos et al. (2015), s'intéressant respectivement au point de vue des parents et des jeunes, ont réalisé les entrevues de 5 à 21 mois suivant la fin du programme MST. Bien que cette méthodologie vise à examiner le maintien des acquis, il devient très difficile d'identifier, de façon rétrospective, les changements et de les associer à l'intervention. De plus, l'étendue de la période de cueillette des données (5 à 21 mois suivant la fin du programme) est plutôt grande et il devient difficile de distinguer les résultats concernant le maintien à court ou à moyen termes des acquis réalisés. Enfin, ces deux études se sont intéressées exclusivement aux familles pour qui l'intervention a été un succès, et ce, selon trois critères précis, soit :

1. l'absence d'arrestations;

2. la fréquentation scolaire;

3. l'absence d'un placement en milieu substitut.

L'utilisation d'indicateurs de changement exclusivement centrés sur le jeune restreint la compréhension des facteurs susceptibles d'influencer l'efficacité des programmes d'intervention intensive qui, à la base, ont pour objectifs d'améliorer les différents facteurs associés aux difficultés de comportement, notamment le fonctionnement familial et les pratiques éducatives.

Étude mixte

Une seule étude mixte a été réalisée pour rendre compte de l'impact des programmes d'intervention intensive en contexte de crise familiale sur l'évolution des adolescents et des familles y ayant participé. Celinska, Cheng et Virgil (2015) ont décrit, à l'aide d'un devis mixte de type simultané, la satisfaction des adolescents et des parents en regard du thérapeute et de l'intervention. Dans le cadre de cette étude, la satisfaction à l'égard du programme était mesurée à l'aide d'un questionnaire standardisé et d'une entrevue semi-structurée réalisée à la fin du programme. Lors de cette entrevue, les points de vue des jeunes et des parents étaient sollicités concernant leur satisfaction et les aspects de l'intervention les plus ou moins appréciés. Les résultats, tant qualitatifs que quantitatifs, montrent que les parents, et les jeunes dans une moindre mesure, sont satisfaits de l'intervention et soulignent particulièrement des améliorations concernant la communication familiale. Qui plus est, l'analyse qualitative montre que les parents ont tendance à focaliser sur les effets de l'intervention sur leur adolescent, plutôt que sur le fonctionnement de la famille ou leurs propres comportements.

État des connaissances sur l'évolution des jeunes et des familles

Cette brève revue des écrits scientifiques concernant l'impact des programmes d'intervention en contexte de crise familiale permet de dégager certains constats et soulève plusieurs questions. Premièrement, les méta-analyses présentent des résultats provenant d'études réalisées auprès de nombreuses familles, augmentant considérablement les possibilités de généralisation des résultats. De même, plusieurs études recensées dans les méta-analyses ont utilisé un devis expérimental. Ainsi, la répartition aléatoire des sujets et la présence d'un ou plusieurs groupes de comparaison permettent d'associer avec plus de certitude l'évolution des jeunes et des familles à l'intervention reçue et non à un ou des facteurs extérieurs au programme. Toutefois, ces méta-analyses, portant sur des indicateurs peu spécifiques et majoritairement centrés sur le jeune et la récidive des comportements délinquants, montrent également des résultats parfois mitigés concernant l'efficacité de ces programmes, et ce, bien que les programmes présentés soient reconnus efficaces.

Les résultats d'études qualitatives, quoique moins nombreuses, permettent de cerner, avec plus de profondeur, le point de vue des répondants. En effet, au-delà des moyennes de groupes que fournissent les études quantitatives, les données qualitatives apportent un éclairage plus nuancé sur l'évolution des jeunes et des familles. En ce sens, Kaur et ses collègues (2015) soulignent avec justesse que malgré le fait que leur adolescent présente toujours des comportements problématiques à la fin de l'intervention, les parents considèrent le programme comme un succès, se sentant mieux outillés pour faire face aux difficultés ultérieures. Ainsi, une approche plus inductive permet d'identifier des effets plus complexes et nuancés, difficiles à détecter uniquement avec des instruments de mesure standardisés.

Certaines similitudes sont observables dans les résultats des études quantitatives et qualitatives. En effet, les méta-analyses rapportent des tailles d'effets de faible amplitude concernant les comportements individuels des jeunes. De même, d'un point de vue qualitatif, les adolescents et les parents soulignent que des difficultés persistent concernant les comportements délinquants de l'adolescent, l'attitude de ce dernier à la maison ou la capacité des parents à être constants dans l'application des règles familiales (Tighe et al., 2012).

Ces conclusions soulignent l'importance de considérer à la fois la précision et la rigueur méthodologique des données quantitatives ainsi que la profondeur et la nuance apportées par les données qualitatives. Conséquemment, l'utilisation d'un devis mixte apparaît tout à fait indiquée pour rendre compte avec exhaustivité de l'évolution des jeunes et des familles bénéficiant des programmes d'intervention en contexte de crise familiale. L'utilisation de questionnaires standardisés et prédéterminés permet de décrire les effets du programme pour les indicateurs de changement visés, notamment décrits dans les objectifs ou la théorie du changement des programmes. Parallèlement, l'utilisation d'une approche plus inductive visant à recueillir la perception des parties prenantes concernant le programme permet de préciser et de nuancer les résultats des instruments standardisés, mais également de déceler des effets possiblement inattendus, iatrogènes ou simplement plus subtils (Celinska et al., 2015). Comme mentionné précédemment, l'utilisation d'une approche qualitative permet également de pallier l'utilisation exclusive d'analyses quantitatives centrées sur la moyenne, occultant les résultats divergents ou contraires.

17.2 Objectifs

En regard de l'état des connaissances concernant l'évolution des jeunes et des familles ayant bénéficié d'un programme d'intervention en contexte de crise familiale, la présente étude contribue à l'avancement des connaissances en décrivant l'évolution des adolescents et des familles selon un point de vue quantitatif et qualitatif. Précisément, la présente étude compare les résultats émergeant de questionnaires standardisés et d'entrevues recueillant le point de vue de parents concernant l'impact d'un programme d'intervention en contexte de crise familiale implanté au Québec. Au moyen d'une approche méthodologique mixte, la présente étude vise donc à développer une compréhension plus complète de l'évolution des jeunes et des familles bénéficiant de ce type de programmes. L'utilisation d'un devis mixte permet d'une part de trianguler l'information provenant de questionnaires standardisés et, d'autre part, de contextualiser et de nuancer les résultats (Celinska et al., 2015).

17.3 Méthodologie

La présente étude s'inscrit dans le cadre d'une étude plus large portant sur l'application fidèle du programme Crise-Ado-Famille-Enfance (CAFE; Pauzé, Touchette et Joly, 2014) et comporte un devis mixte de type simultané (Briand et Larivière, 2014). Bien que le programme CAFE s'adresse aux enfants et adolescents de 6 à 17 ans, la présente étude cible exclusivement les adolescents âgés de 12 à 17 ans. Le devis mixte simultané, utilisé dans une perspective de triangulation et de complémentarité, permet d'obtenir des informations différentes, mais complémentaires, dans l'optique de décrire un sujet précis (Creswell et Plano Clark, 2011). Ce type de devis permet d'allier les forces des approches qualitatives et quantitatives, tout en palliant leurs limites respectives (Creswell et Plano Clark, 2011). Bien que les données qualitatives (entrevues semi-structurées) et quantitatives (questionnaires standardisés) soient colligées auprès du même échantillon, elles sont d'abord traitées de façon séparée et indépendante et sont regroupées au moment de l'interprétation des résultats. La mise en commun de ces deux types de données permettra d'avoir une compréhension globale concernant l'évolution des jeunes et des familles bénéficiant de ce type de programmes. Elle permettra également de valider la pertinence de certains indicateurs de changement quantitatifs tout en permettant l'émergence de nouveaux contenus qualitatifs qui permettraient d'en formuler de nouveaux, plus appropriés pour rendre compte de l'évolution de la clientèle. La Figure 17.1 illustre le devis utilisé.

Figure 17.1 **Devis mixte simultané**

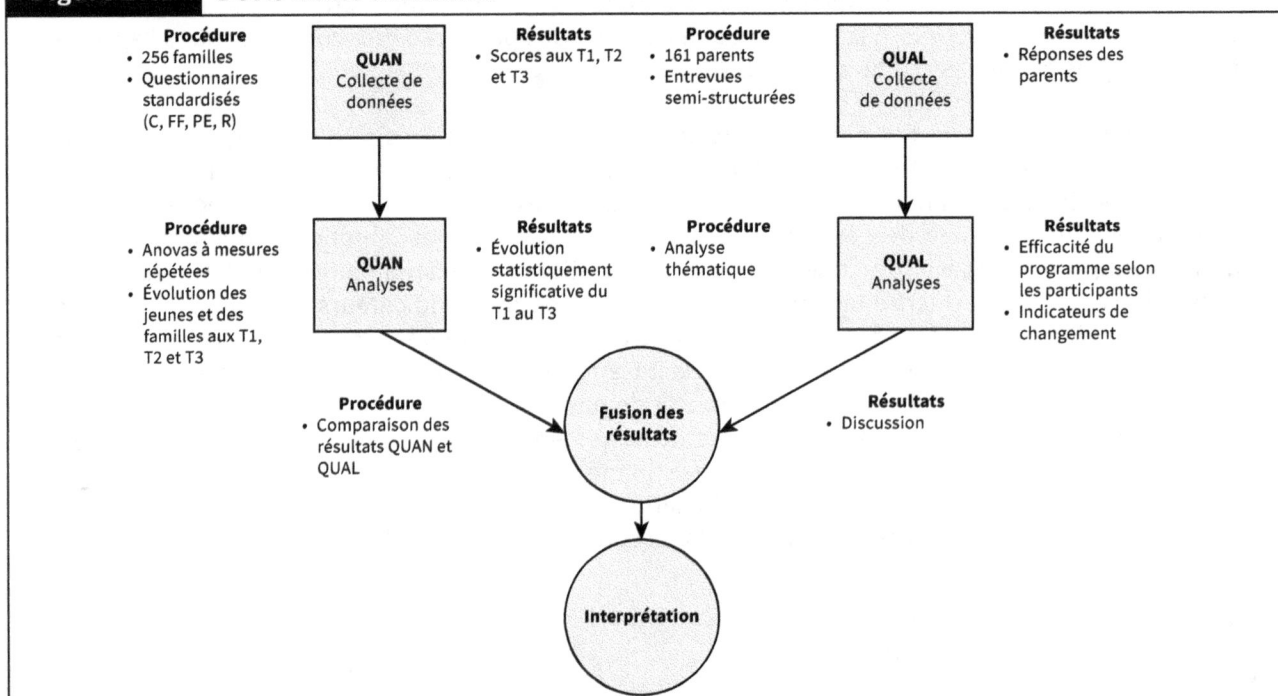

17.3.1 Programme crise-ado-famille-enfance (CAFE)

Le programme CAFE est un programme d'intervention brève et intensive en contexte de crise familiale, inspiré entre autres du programme MST, s'adressant aux jeunes de 6 à 17 ans et à leur famille. Implanté dans plusieurs Centres de santé et services sociaux du Québec depuis 1999, notamment en Montérégie, en Estrie et dans la région de Montréal, il propose une intervention rapide (moins de deux heures après la réception de la demande), brève (d'une durée de 12 semaines) et intensive (deux à trois interventions par semaine). Le programme vise à soutenir la famille dans la résolution de la crise dans le but de maintenir le jeune, si la situation le permet, dans son milieu familial. Pour ce faire, le programme prévoit trois étapes distinctes, soit :

1. apaiser l'urgence qui accompagne les situations de crise;

2. évaluer la situation à l'aide d'un protocole d'évaluation multidimensionnel et d'entretiens portant sur le contexte développemental du jeune et de la famille;

3. soutenir la famille dans la résolution de la situation de crise.

À l'aide d'une diversité de modalités d'intervention, l'intervenant travaille avec la famille afin de réduire les facteurs associés à la situation de crise, notamment les conflits parents-jeune, les dysfonctionnements familiaux et les problèmes de comportement à l'origine de la crise (Pauzé et al., 2017).

À l'instar des programmes d'intervention en contexte de crise familiale reconnus efficaces, le programme CAFE ne prescrit pas d'activités précises, mais fonde plutôt son intervention sur neuf principes d'intervention, soit :

1. dans les situations d'urgence, contenir et diriger les échanges, définir les règles de l'intervention et tenter d'apaiser le niveau de détresse psychologique ou de violence afin de créer un contexte favorable à l'intervention;

2. au début du processus d'intervention, tenter d'établir une alliance thérapeutique avec chaque membre de la famille;

3. une fois que la situation d'urgence est apaisée, décrire le contenu et le déroulement de la crise et tenter d'identifier les facteurs personnels, familiaux, environnementaux et développementaux ainsi que le contexte événementiel associés à l'émergence de la crise familiale;

4. proposer une explication de la crise qui est en lien avec les données colligées et proposer une intervention cohérente;

5. diriger l'application du plan d'intervention;

6. assurer l'engagement continu de la famille;

7. évaluer périodiquement la motivation et l'impact des interventions;

8. travailler à favoriser la généralisation des apprentissages;

9. évaluer de façon systématique l'évolution du jeune et de la famille et discuter avec la famille des suites à donner à l'intervention (Pauzé et al., 2017).

L'intervention offerte est également guidée par 11 paramètres de prestation de services, soit :

1. offrir une réponse rapide;

2. intervenir dans le milieu;

3. établir des liens avec les différents intervenants et services concernés par la situation;

4. offrir une intervention brève;

5. offrir une intervention intensive;

6. privilégier une diversité de modalités d'intervention;

7. utiliser un protocole d'évaluation systématique;

8. élaborer une hypothèse explicative;

9. offrir une continuité dans l'intervention;

10. assurer en permanence un soutien téléphonique;

11. assurer une supervision régulière des intervenants (Pauzé et al., 2017).

17.3.2 Procédure

Dans le cadre de cette étude, les caractéristiques des jeunes et des familles ont été évaluées à trois reprises. La première évaluation s'inscrit dans le processus normal du programme qui prévoit l'utilisation d'un protocole d'évaluation multidimensionnel (PEM) au moment de l'entrée dans le programme. Les deuxième et troisième évaluations ont été réalisées à la fin de l'intervention et 12 mois suivant l'entrée dans le programme. Les deux premières collectes de données ont été réalisées par les intervenants responsables du dossier alors que la dernière a été réalisée par des assistants de recherche. Au troisième temps de mesure, soit une année suivant l'entrée dans le programme, une courte entrevue semi-structurée a été réalisée en fin de rencontre auprès de l'ensemble des participants. Ces entrevues visaient à recueillir le point de vue des parents concernant le succès ou l'échec du programme. Tous les participants, jeunes et parents, ont signé un formulaire de consentement pour participer à l'étude. Dans le cadre de la présente étude, seuls les résultats rapportés par les parents seront considérés aux fins d'analyse.

17.3.3 Échantillon

Au total, 401 familles ayant reçu des services dans le cadre du programme CAFE en Montérégie 2010-2011 ont été sollicitées de façon systématique à leur entrée au programme pour participer à l'étude. De ce nombre, 256 familles, dont l'enfant était âgé de 12 à 17 ans, ont accepté de participer à l'étude, soit près de deux familles sur trois (63,8 %). Ces familles sont presque exclusivement d'origine caucasienne (94,9 %) et incluent des proportions similaires de familles intactes (33,3 %), recomposées (30,6 %) et monoparentales (34,1 %). Les adolescents, dont l'âge moyen est de 14,7 ans ($ÉT = 1,4$), sont de sexe masculin dans 54,7 % des cas. Il est à noter que les familles ayant refusé de participer à l'étude ne se distinguent pas des familles retenues selon les analyses menées par Pauzé et al. (2014).

L'échantillon utilisé pour les analyses quantitatives est composé de 90 familles, soit le nombre de familles ayant complété les trois de temps de mesure. Bien que le taux d'attrition soit important, des analyses de comparaison ont montré que les participants qui se sont désistés ne se distinguent pas de ceux qui ont persisté dans l'étude. En ce qui a trait aux caractéristiques sociodémographiques, aucune différence significative n'a été décelée concernant le sexe ($Chi^2(1) = 0,40$, $p = 0,94$), l'âge des jeunes ($t(254)= 0,94$, $p = 0,35$) et le revenu familial ($Chi^2(4) = 0,44$, $p = 0,98$). De plus, il n'y a aucune différence significative pour les difficultés initiales, soit concernant la cohésion ($t(253)= -0,34$, $p = 0,73$) et la flexibilité ($t(253)= 1,69$, $p = 0,09$) familiales selon le parent, de même que les problèmes extériorisés des adolescents selon le parent ($t(253) = 0,44$, $p = 0,66$).

En ce qui concerne le volet qualitatif, les sujets proviennent du même échantillon de départ de 256 familles. Au total, les points de vue de 131 parents ont été recueillis, soit le nombre de parents ayant complété l'évaluation du temps 3. De ce nombre, des sujets présentant des caractéristiques sociodémographiques similaires (âge de l'adolescent, sexe de l'adolescent et type de famille) à l'échantillon quantitatif ont été sélectionnés aléatoirement pour analyse jusqu'à l'obtention de la saturation des données, atteinte avec 70 sujets. Des analyses de comparaison ont montré que les échantillons utilisés pour les analyses quantitatives ($n = 90$) et qualitatives ($n = 70$) ne se distinguent pas sur le plan de l'âge des adolescents, du sexe des adolescents, du type de famille et du revenu familial. Le Tableau 17.1 présente les caractéristiques sociodémographiques des échantillons quantitatif et qualitatif.

Tableau 17.1 **Caractéristiques sociodémographiques des échantillons quantitatif et qualitatif**

	Échantillon quantitatif ($n = 90$)	Échantillon qualitatif ($n = 70$)	Test de comparaison			
			t	Chi^2	Degré de liberté	p
Âge moyen	14,60 (1,34)	14,69 (1,28)	−0,39	–	157	0,70
% gars	51,1	50	–	0,34	3	0,56
Type de famille (%)						
Intacte	40,9	30,4				
Recomposée	18,2	29	–	3,28	3	0,35
Monoparentale	38,7	39,1				
Revenu familial (%)						
0-19 999 $	2,9	1,9				
20 000-39 999 $	23,5	26,4				
40 000-59 999 $	17,6	15,1	–	0,36	4	0,99
60 000-79 999 $	16,2	17,0				
80 000 $ et +	39,7	39,6				

17.3.4 Instruments de mesure

Le programme CAFE prévoit l'utilisation systématique du PEM composé d'entrevues et de questionnaires standardisés permettant d'évaluer notamment les comportements du jeune, le fonctionnement familial, les pratiques éducatives, la qualité de la relation parent-enfant, de même que plusieurs caractéristiques sociodémographiques.

Le *Child Behavior Checklist* (CBCL; Achenbach et Rescorla, 2000) est utilisé pour décrire les comportements extériorisés et intériorisés des adolescents. Cet instrument de mesure complété par le parent permet de mesurer, selon une échelle de Likert en trois points, différents comportements de l'adolescent. Dans le cadre de la présente étude, les deux échelles regroupées de comportements extériorisés (bris de règle, comportements délinquants; $\alpha = 0,90$) et de comportements intériorisés (anxiété/dépression, retrait social/dépression, plaintes somatiques; $\alpha = 0,87$) sont utilisées.

En ce qui concerne le fonctionnement familial, le *Family Adaptability and Cohesion Evaluation Scale* (FACES-IV; Olson, Gorall et Tiesel, 2006) est utilisé pour mesurer la cohésion et la flexibilité familiales ainsi que la qualité de la communication dans la famille. Une récente étude portant sur les propriétés psychométriques de sa traduction française (Pauzé, 2007) démontre l'adéquation de son utilisation auprès d'un échantillon clinique (Desautels, Lapalme, Touchette et Pauzé, 2016). Les coefficients de cohérence interne des échelles de cohésion équilibrée (7 items, $\alpha = 0,82$), de flexibilité équilibrée (7 items, $\alpha = 0,72$) et de communication (10 items, $\alpha = 90$), calculés pour l'échantillon à l'étude, apparaissent très satisfaisants.

De plus, le *Family Assesment Device* (FAD; Epstein, Baldwin et Bishop, 1983) permet d'évaluer, entre autres, l'expression affective (6 items) dans la famille, la résolution de problèmes (5 items) et le fonctionnement général de la famille (12 items). Ce questionnaire est rempli par le parent selon une échelle de Likert en quatre points. Ces trois échelles possèdent des indices de cohérence interne de bons à très bons, variant entre $\alpha = 0,73$ (résolution de problème) et $\alpha = 0,85$ (fonctionnement général de la famille). Il est à noter que les trois échelles utilisées sont de type négatif, où un score plus élevé correspond à un niveau de problèmes plus important.

Les pratiques éducatives ont été mesurées à l'aide de l'*Alabama Parenting Questionnaire* (APQ; Shelton, Frick et Wootton, 1996). Cet instrument mesure la supervision lacunaire, la discipline incohérente, les pratiques parentales positives ainsi que l'engagement parental. Complété, dans le cadre de cette étude, par le parent selon une échelle de Likert en quatre points, l'APQ comporte 26 questions. Les coefficients alpha de Cronbach sont acceptables et varient de $\alpha = 0,63$ (discipline incohérente) à $\alpha = 0,77$ (supervision lacunaire). Les échelles de supervision lacunaire et de discipline incohérente sont de type négatif, où un score plus élevé correspond à un niveau de problèmes plus important.

Enfin, la qualité de la relation parent-adolescent est évaluée à l'aide de la version française de l'*Index of Parental Attitude* (Hudson, 1982) traduite par Comeau et Boisvert (1985). Ce questionnaire de 25 items permet au parent de décrire la qualité de la relation qu'il entretient avec son adolescent à l'aide d'une échelle de Likert en cinq points. L'alpha de Cronbach pour l'échelle totale est de 0,93, ce qui est excellent. Il importe ici de souligner que le score total, calculé en additionnant le score de chaque question puis en retranchant 25 du total obtenu, représente le niveau de détérioration de la relation parent-enfant. Ainsi, un score se rapprochant du score maximal de 100 représente un niveau de difficulté plus important.

17.3.5 Entrevues

Deux questions étaient posées aux parents :

1. Est-ce que, selon votre point de vue, l'intervention de CAFE a été un succès, un échec ou ni un succès ni un échec?

2. Quels sont, selon vous, les raisons pouvant expliquer ce résultat? Les propos des répondants ont été colligés par écrit par l'interviewer.

Par la suite, ce dernier lisait oralement la réponse du parent et lui demandait s'il avait autre chose à ajouter. Ces questions ont été conçues, à l'origine, pour comprendre les facteurs expliquant les résultats de l'intervention. Or, un premier regard sur les propos recueillis a permis de constater qu'une majorité des réponses des parents à la seconde question portait davantage sur la définition du succès ou de l'échec du programme, c'est-à-dire sur l'évolution des jeunes et des familles concernant différents indicateurs de changement. Les données ont donc été analysées en ce sens.

17.3.6 Traitement et analyses

Volet quantitatif

Pour le volet quantitatif, des ANOVAS à mesures répétées ont été réalisées pour chacun des indicateurs de changement mentionnés précédemment (comportements de l'adolescent, fonctionnement familial, pratiques éducatives, relation parent-adolescent). L'ANOVA à mesures répétées permet d'analyser l'évolution des jeunes et des familles en comparant les résultats des questionnaires standardisés obtenus aux temps 1, 2 et 3. Les analyses ont été réalisées à l'aide du logiciel SPSS 20. L'ANOVA à mesures répétées requiert que certaines conditions soient remplies.

Entre autres, le postulat de la sphéricité, indiquant que les variances des différences entre chacun des temps de mesure sont similaires, doit être respecté. Lorsque ce n'est pas le cas, les degrés de liberté de la statistique F ont été ajustés en utilisant l'estimation de sphéricité de Greenhouse-Geisser. Cet ajustement permet de réduire la probabilité d'***erreur de type 1*** (*conclure qu'il y a une différence entre les scores obtenus aux différents temps de mesure alors qu'il n'y en a pas*). Lorsque des différences statistiquement significatives ont été observées pour une variable, c'est-à-dire lorsque le niveau de signification du Lamdba de Wilks était inférieur à 0,05, des comparaisons post-hoc de Bonferroni ont été effectuées afin d'identifier les temps de mesure qui se distinguaient les uns des autres.

Volet qualitatif

Pour le volet qualitatif, une analyse thématique, visant à transposer les propos recueillis en un certain nombre de thèmes représentatifs (Paillé et Mucchielli, 2012), a été réalisée. Ainsi, une analyse de thématisation en continu, suivant les recommandations de Paillé et Mucchielli (2012), a été réalisée simultanément par deux chercheurs à l'aide du logiciel N'Vivo 11. Les réponses des dix premiers sujets ont d'abord été analysées afin d'en dégager les unités de sens qui répondent à la question de recherche, lesquelles ont été codifiées par les deux chercheurs, construisant individuellement et simultanément un arbre thématique. Une rencontre visant à discuter des thèmes élaborés par chacun a ensuite été réalisée. Les divergences entre les deux codifications ont été débattues jusqu'à l'obtention d'un consensus. Ces étapes ont ensuite été répétées pour les réponses des 10 sujets suivants, et ainsi de suite jusqu'à saturation des données, atteinte après l'analyse des réponses de 70 sujets. Enfin, une dernière rencontre entre les deux chercheurs ayant procédé à la codification a été réalisée afin de discuter des regroupements et de la hiérarchisation des thèmes obtenus.

17.4 Résultats

17.4.1 Résultats quantitatifs

Cette section vise à présenter les résultats des ANOVAS à mesures répétées réalisées afin d'examiner l'évolution des jeunes et des familles du début de l'intervention (T1) jusqu'au suivi, soit un an suivant l'entrée dans le programme (T3). Les résultats des analyses sont présentés au Tableau 17.2.

Problèmes de comportement de l'adolescent

En ce qui concerne les comportements de l'adolescent, les résultats montrent une différence statistiquement significative selon les temps de mesure autant pour les problèmes intériorisés qu'extériorisés. Les comparaisons post hoc permettent de constater qu'il y a une diminution significative de ces deux types de problèmes entre le pré-test (T1) et le post-test (T2), mais qu'il n'y a pas de différence significative entre les scores obtenus tout de suite après l'intervention et ceux obtenus un an plus tard. Donc, les améliorations observées après l'intervention semblent se maintenir au bout d'une année.

Fonctionnement familial

Sur le plan du fonctionnement familial, le Tableau 17.2 montre que toutes les ANOVAS à mesures répétées ont obtenu des différences significatives selon le temps et que toutes ces analyses avaient un haut niveau de signification statistique ($p = 0,00$). Pour les échelles de fonctionnement familial général et de résolution de problèmes du FAD et l'échelle de communication du FACES-IV, les comparaisons post hoc de Bonferroni ont permis de constater une différence statistiquement significative entre chacun des temps de mesure. Ainsi, ces aspects du fonctionnement familial se sont améliorés après l'intervention (T2) et ont continué à s'améliorer au cours de l'année suivant l'entrée dans le programme (T3). En ce qui concerne l'échelle d'expression affective du FAD, une amélioration a été observée, mais seulement au troisième temps de mesure, la différence entre les scores au temps 1 et au temps 2 n'étant pas significative. Finalement, les résultats pour les échelles de cohésion et de flexibilité équilibrées du FACES-IV montrent que ces aspects se sont améliorés tout de suite après l'intervention (T2) et que ces changements se sont maintenus dans le temps (T3).

Pratiques éducatives

Pour l'engagement parental, l'ANOVA à mesures répétées montre une différence significative en fonction du temps. Toutefois, les comparaisons post hoc de Bonferroni ont révélé uniquement des différences marginalement significatives, l'engagement parental étant légèrement supérieur après l'intervention (T2 et T3), par rapport au niveau initial (T1). Pour les pratiques positives, les résultats de l'ANOVA montrent qu'il n'y a pas de différence entre les scores obtenus aux différents temps de mesure. Au niveau de la supervision lacunaire, les résultats indiquent que cet aspect des pratiques éducatives s'est amélioré entre le début (T1) et la fin de l'intervention (T2). Cependant, ces améliorations ne semblent pas se maintenir dans le temps, les comparaisons post hoc montrent une augmentation marginalement significative de la supervision lacunaire entre le T2 et le T3. Finalement, l'ANOVA à mesures répétées a aussi montré une différence selon le temps pour la discipline incohérente. Les comparaisons entre les différents temps de mesure ont permis de constater que les parents ont fait preuve de moins de discipline incohérente après l'intervention et que ces changements de pratiques se sont maintenus un an plus tard.

Relation parent-enfant

Les résultats vont dans le même sens concernant la détérioration de la relation parent-enfant. En effet, on constate que les scores obtenus diminuent significativement entre le temps 1 et le temps 2, ce qui indique que la qualité de la relation parent-enfant s'est améliorée entre le début et la fin de l'intervention. Les résultats indiquent également une légère amélioration de la qualité de la relation parent-enfant au cours de l'année qui suit le programme CAFE, la comparaison post hoc de Bonferroni entre les temps 2 et 3 étant marginalement significative.

Tableau 17.2   **Résultats des ANOVAS à mesures répétées**

	N	Moyenne (Écart-type)			F (2,88)	Comparaisons post hoc
		T1	**T2**	**T3**		
Problèmes de comportement du jeune						
Problèmes intériorisés	90	14,70 (8,53)	11,23 (7,97)	10,12 (7,08)	17,74***	T1 > T2*** T1 > T3***
Problèmes extériorisés	90	27,74 (11,17)	20,74 (11,13)	18,74 (10,32)	42,49***	T1 > T2*** T1 > T3***
Fonctionnement familial						
Cohésion équilibrée (FACES IV[a]	89	24,58 (4,54)	26,16 (3,93)	27,06 (3,82)	18,47***	T1 < T2*** T1 < T3***
Flexibilité équilibrée (FACES IV[b]	89	23,58 (4,19)	25,01 (3,57)	25,52 (3,40)	11,84***	T1 < T2*** T1 < T3***
Communication (FACES IV)	90	31,99 (6,55)	35,34 (5,63)	37,42 (5,00)	33,13***	T1 < T2*** T1 < T3*** T2 < T3***
Fonctionnement familial général (FAD)	90	2,26 (0,44)	2,11 (0,43)	1,96 (0,42)	23,91***	T1 > T2*** T1 > T3*** T2 > T3***
Expression affective (FAD)	90	2,10 (0,52)	2,06 (0,46)	1,95 (0,52)	5,82***	T1 > T3** T2 > T3***
Résolution de problèmes (FAD)	90	2,31 (0,46)	2,14 (0,45)	2,02 (0,40)	21,78***	T1 > T2*** T1 > T3*** T2 > T3*
Pratiques éducatives						
Engagement parental	90	3,72 (0,47)	3,80 (0,48)	3,81 (0,50)	3,34*	T1 < T2[†] T1 < T3[†]
Pratiques positives[a]	90	3,99 (0,65)	4,06 (0,59)	4,08 (0,55)	1,40	—
Supervision lacunaire	90	2,02 (0,60)	1,89 (0,58)	2,00 (0,63)	4,42*	T1 > T2* T2 < T3[†]
Discipline incohérente	90	3,04 (0,63)	2,68 (0,62)	2,67 (0,65)	25,17***	T1 > T2*** T1 > T3***
Relation parent-enfant						
Détérioration de la qualité de la relation parent-enfant[b]	89	31,78 (14,11)	25,31 (14,24)	21,63 (13,70)	27,19***	T1 > T2*** T1 > T3*** T2 > T3[†]

Note. [†] $p < 0,10$ * $p < 0,05$, ** $p < 0,01$, *** $p < 0,00$.

[a] Degrés de liberté ajustés en utilisant la correction de Greenhouse-Geisser puisque le postulat de sphéricité n'était pas respecté (Pratiques positives ddl = 1,79; 158,84; Cohésion équilibrée ddl = 1,86; 163,64).

[b] Degrés de liberté = (2,87), compte tenu du nombre de sujets dans l'analyse.

17.4.2 Résultats qualitatifs

L'analyse thématique a permis d'identifier 25 thèmes distincts se regroupant en quatre catégories, soit :

1. fonctionnement du jeune;

2. fonctionnement de la famille;

3. fonctionnement du parent;

4. situation de crise.

Le tableau 17.3 présente la définition des différents thèmes, de même que leur prévalence, c'est-à-dire le nombre de parents ayant mentionné chacun des thèmes. En ce qui concerne le fonctionnement du jeune, de la famille et les thèmes associés à la situation de crise, il est possible de remarquer que les parents interviewés ont souligné des effets positifs et négatifs entourant ces différents domaines alors que pour le fonctionnement du parent, tous les thèmes réfèrent à des effets positifs de l'intervention. Il est également à noter que les termes « amélioration générale » sont employés lorsque le parent souligne une amélioration, mais sans en préciser la nature exacte.

Tableau 17.3 **Définition et prévalence des thèmes**

Catégories et thèmes	Définitions	Prévalence
Jeune		
Aucun changement (N)	Aucun changement concernant les comportements du jeune.	11
Non maintien des changements (N)	Changements qui ne se maintiennent pas du T2 au T3.	4
Détérioration des comportements (N)	Détérioration des comportements du jeune à la suite de l'intervention de CAFE.	2
Amélioration générale (P)	Amélioration générale des comportements du jeune.	15
Consommation (P)	Réduction de la consommation de drogue ou démarches entreprises par le jeune.	1
Réseau d'amis (P)	Changement d'amis. Ne fréquente plus (ou moins) de pairs déviants.	3
Gestion des émotions (P)	Meilleure gestion de la colère. Réduction des crises du jeune.	5
Conscience du problème/ ouverture au changement (P)	L'adolescent reconnaît ses difficultés/se dit prêt à effectuer des changements.	5
Respect des règles (P)	Le jeune respecte davantage les règles de la famille.	2
Famille		

Catégories et thèmes	Définitions	Prévalence
Aucun changement (N)	Aucun changement concernant le fonctionnement familial.	9
Non maintien des changements (N)	Changements qui ne se maintiennent pas du T2 au T3.	3
Amélioration générale (P)	Amélioration générale du fonctionnement familial.	19
Communication (P)	Amélioration de la communication parent-enfant ou familiale.	11
Cohésion (P)	Amélioration des liens entre les membres de la famille.	4
Relation parent-enfant (P)	Réduction des conflits dans la famille et amélioration de la relation parent-enfant.	8
Résolution de problèmes (P)	Amélioration de la capacité de la famille à résoudre les problèmes, à faire des compromis.	9
Accessibilité aux ressources externes (P)	Connaissance/utilisation des ressources externes (services sociaux, organismes communautaires).	5
Parents		
Pratiques éducatives (P)	Amélioration des pratiques éducatives des parents.	13
Sentiment de compétence (P)	Sentiment de pouvoir faire face aux difficultés actuelles et futures.	12
Réduction du stress parental (P)	Réduction du stress en lien avec le rôle parental.	8
Conscience du problème/ ouverture au changement (P)	Le parent comprend mieux son adolescent et ses comportements/se dit prêt à effectuer des changements dans ses pratiques éducatives.	14
Situation de crise		
Signalement DPJ (N)	Signalement retenu par la DPJ en cours ou suite à l'intervention.	2
Nouvelle crise (N)	Nouvelle crise depuis la fin de l'intervention.	2
Désamorçage de la crise (P)	Diminution de la tension.	7
Prévention de la détérioration/placement (P)	L'intervention de CAFE a prévenu la détérioration de la situation ou le placement du jeune en milieu substitut.	2

Note : P = Évolution positive. N = Évolution nulle ou négative

Fonctionnement du jeune

Dans le cadre de la présente étude, les parents, un an suivant l'entrée dans le programme, dénotent plusieurs changements concernant le fonctionnement de leur adolescent. En effet, au-delà de l'amélioration générale du fonctionnement de l'adolescent, certains parents ont remarqué une amélioration concernant la consommation de drogue et la fréquentation de pairs déviants. Qui plus est, les parents ont également remarqué une amélioration concernant la gestion des émotions de leur adolescent, notamment dans sa capacité à gérer sa colère lorsqu'il vit une situation conflictuelle ou qu'il juge injuste. Plusieurs parents ont également souligné que leur adolescent reconnaissait maintenant la présence de certaines difficultés et qu'il effectuait certaines démarches afin d'apporter un changement à son fonctionnement.

Toutefois, dans certains cas, ces changements ne se sont pas maintenus jusqu'au troisième temps de mesure, soit un an suivant l'entrée dans le programme. De plus, certains parents n'ont perçu aucun changement significatif dans le fonctionnement de leur adolescent. De même, quelques parents ont souligné que les problèmes de comportement de leur adolescent se sont détériorés depuis la fin du programme CAFE. La Figure 17.2 présente les thèmes associés au fonctionnement du jeune, de même que des extraits de réponses permettant d'illustrer chacun des thèmes.

Figure 17.2 **Fonctionnement du jeune – thèmes et extraits de réponses**

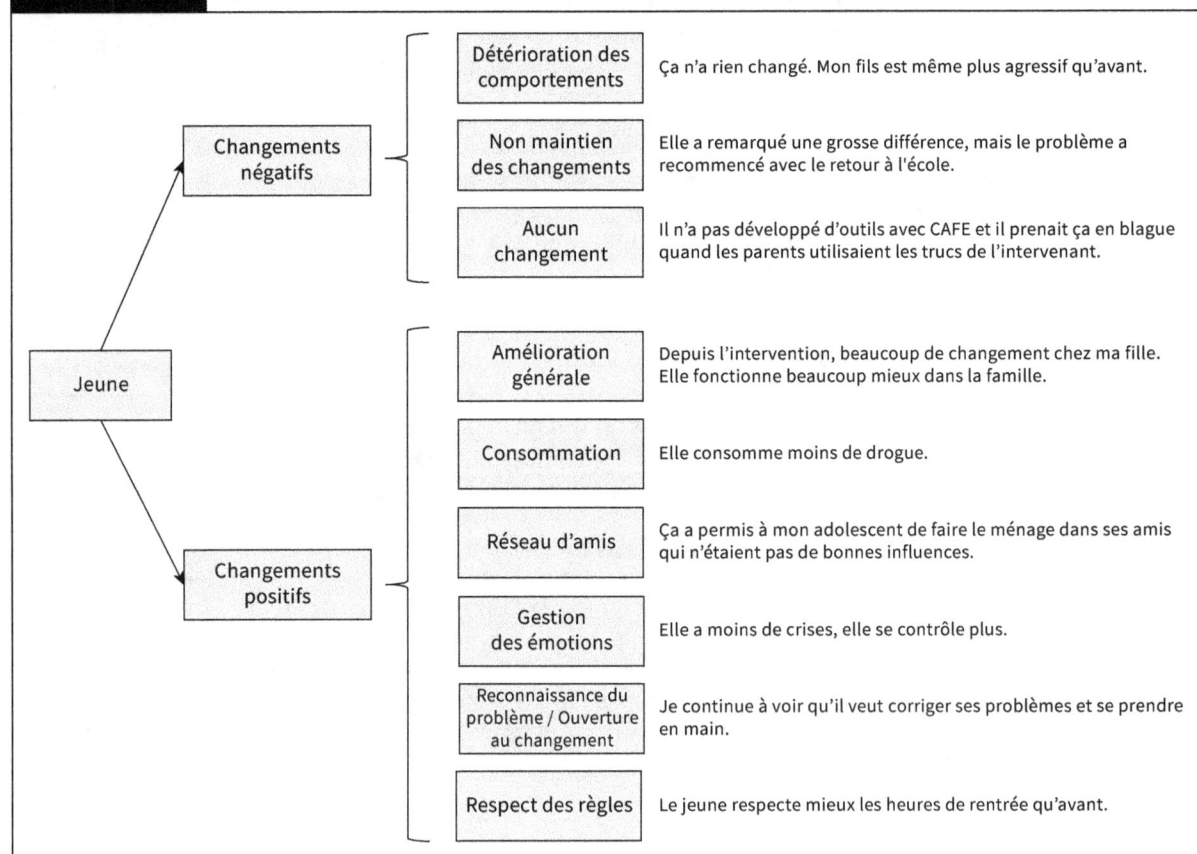

Fonctionnement de la famille

Les parents interviewés ont également soulevé plusieurs améliorations sur le plan du fonctionnement de la famille à la suite du programme CAFE. Selon eux, l'intervention reçue aurait contribué à l'amélioration de la cohésion dans la famille, soit la qualité des liens entre les membres. Cette cohésion se traduirait, entre autres, par un plus grand niveau de collaboration dans la résolution des difficultés. Les parents ayant bénéficié du programme observent également une meilleure communication entre les membres de la famille et particulièrement entre les parents et l'adolescent. Cette meilleure communication serait associée, selon les parents, à une réduction importante des conflits dans la famille. Enfin, l'intervention aurait également permis de clarifier les rôles dans la famille. Ainsi, les parents semblent assumer davantage l'autorité et les responsabilités entourant leur rôle. Néanmoins, pour certains parents, ces changements ne se sont pas maintenus à moyen et à long termes. Enfin, certains parents n'ont observé aucun changement concernant le fonctionnement de la famille à la suite de l'intervention de CAFE (voir Figure 17.3).

Figure 17.3 **Fonctionnement de la famille – thèmes et extraits de réponses**

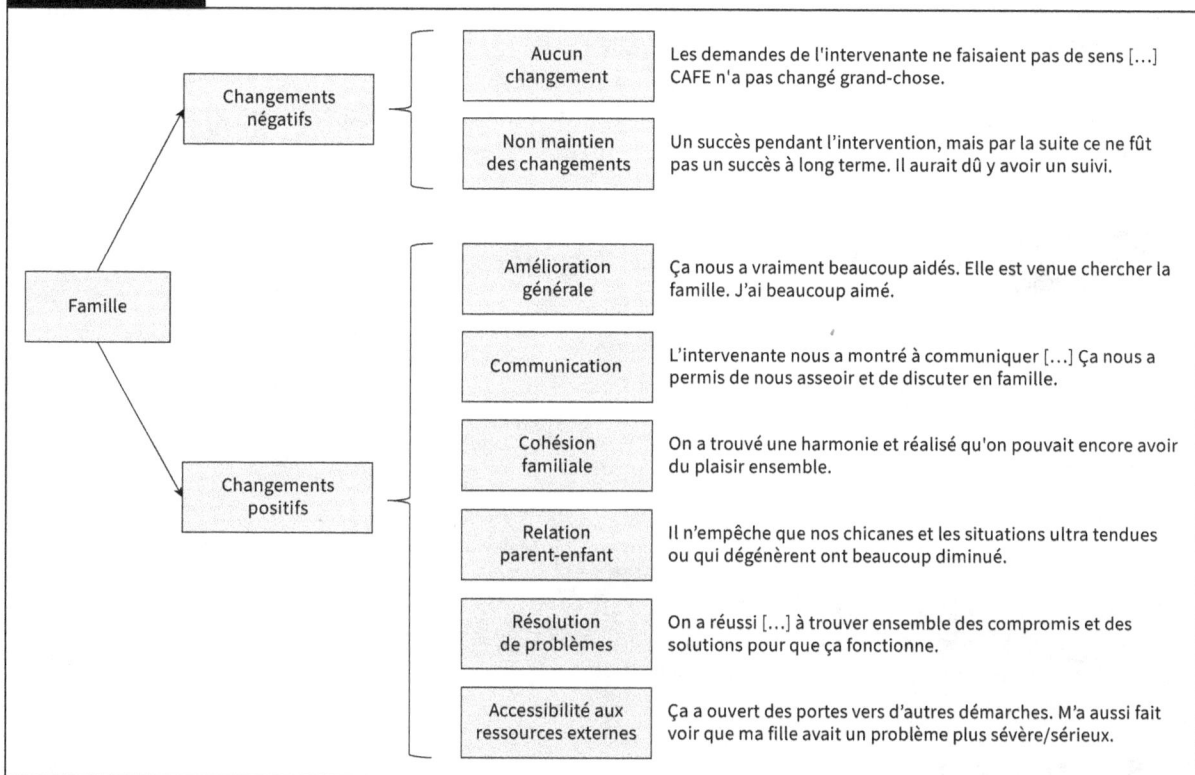

Fonctionnement des parents

Les parents ayant bénéficié du programme CAFE ont également observé divers changements concernant leur propre fonctionnement. Plusieurs parents ont mentionné avoir amélioré leurs pratiques éducatives, notamment concernant la supervision des comportements de leurs adolescents et la cohérence de leurs pratiques. Ces derniers ont également mentionné que l'intervention avait contribué à réduire le stress associé à leur rôle parental. Certains parents ont également nommé être plus ouvert à modifier certains comportements ou certaines pratiques afin de poursuivre les changements réalisés lors de l'intervention. Enfin, l'intervention aurait contribué, selon les parents répondants, à augmenter le sentiment de compétence des parents concernant leur rôle de parent. En effet, plusieurs parents ont mentionné se sentir plus outillés et mieux comprendre les difficultés de leur adolescent et de la famille (voir Figure 17.4).

Figure 17.4   **Fonctionnement du parent – thèmes et extraits de réponses**

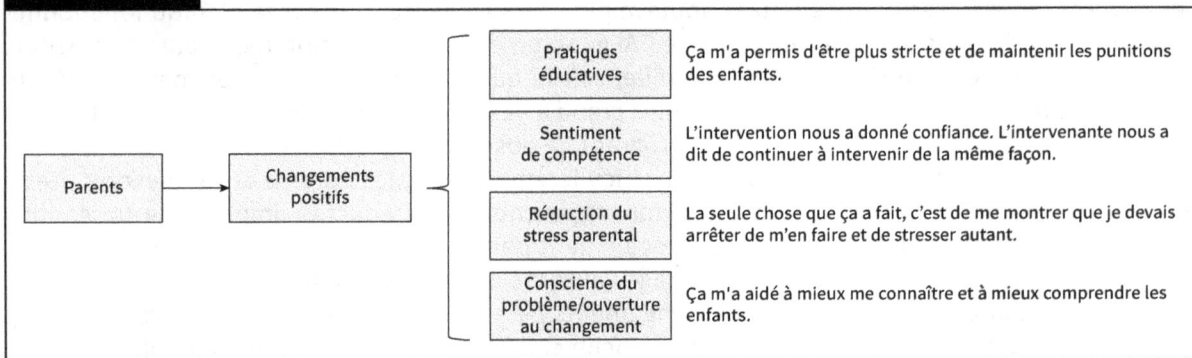

Pratiques éducatives	Ça m'a permis d'être plus stricte et de maintenir les punitions des enfants.
Sentiment de compétence	L'intervention nous a donné confiance. L'intervenante nous a dit de continuer à intervenir de la même façon.
Réduction du stress parental	La seule chose que ça a fait, c'est de me montrer que je devais arrêter de m'en faire et de stresser autant.
Conscience du problème/ouverture au changement	Ça m'a aidé à mieux me connaître et à mieux comprendre les enfants.

Parents → Changements positifs

Situation de crise

Certains propos recueillis chez les parents ayant bénéficié du programme CAFE montrent que le programme peut avoir un certain impact sur la résolution de la crise au sein de la famille. En effet, pour certains, l'intervention reçue a permis de désamorcer la crise familiale et d'éviter la détério- ration de la situation. Toutefois, l'intervention a parfois mené à un signalement à la direction de la protection de la jeunesse (DPJ) ou au placement de l'adolescent. Certains parents mentionnent également avoir vécu de nouvelles crises entre la fin de l'intervention et le suivi, un an plus tard (voir Figure 17.5).

Figure 17.5   **Situation de crise – thèmes et extraits de réponse**

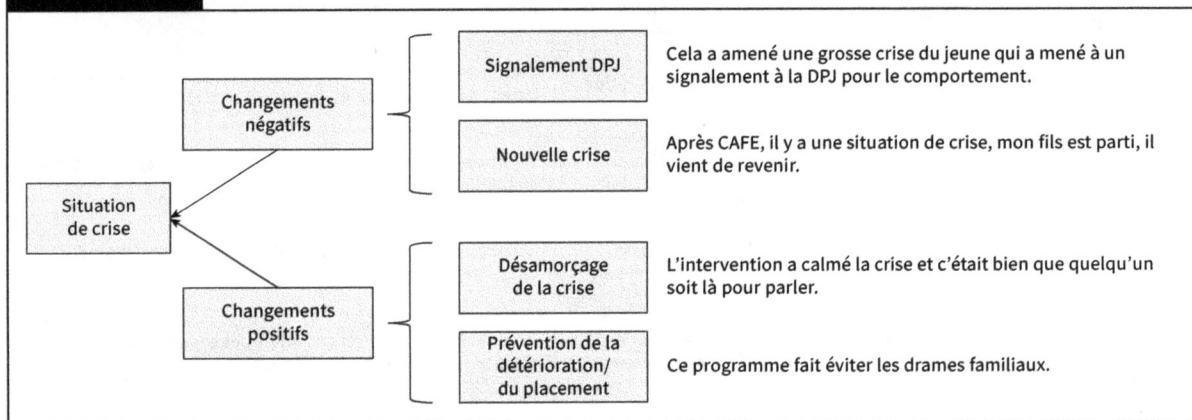

Signalement DPJ	Cela a amené une grosse crise du jeune qui a mené à un signalement à la DPJ pour le comportement.
Nouvelle crise	Après CAFE, il y a une situation de crise, mon fils est parti, il vient de revenir.
Désamorçage de la crise	L'intervention a calmé la crise et c'était bien que quelqu'un soit là pour parler.
Prévention de la détérioration/ du placement	Ce programme fait éviter les drames familiaux.

Situation de crise ← Changements négatifs / Changements positifs

17.5 Discussion

Les résultats des analyses quantitatives et qualitatives permettent d'avoir un regard riche et nova- teur concernant l'évolution des jeunes et des familles ayant bénéficié d'un programme d'interven- tion en contexte de crise familiale. De façon générale, les résultats quantitatifs et qualitatifs sont cohérents avec les résultats des études recensées et révèlent que les jeunes et les familles évoluent positivement à la suite du programme CAFE, les parents soulevant davantage d'effets positifs que négatifs suite à l'intervention reçue, et ce, selon les deux méthodes utilisées. Sur le plan quantita- tif, cette évolution se traduit par une réduction des comportements intériorisés et extériorisés et une amélioration du fonctionnement familial et de la relation parent-enfant. Sur le plan qualitatif, les changements positifs sont observés en rapport à des thèmes similaires alors qu'on remarque une amélioration du fonctionnement de l'adolescent, du fonctionnement des parents ainsi que du fonctionnement de la famille. La mise en commun des résultats quantitatifs et qualitatifs nous amène toutefois à préciser certaines similitudes et divergences entre les résultats obtenus à partir des questionnaires standardisés et des entrevues réalisées auprès des parents.

D'abord, plusieurs points de convergence sont observables. En effet, tant les résultats des questionnaires standardisés que des entrevues réalisées avec les parents montrent une amélioration générale du fonctionnement familial. En effet, on note, selon les deux méthodes utilisées, une amélioration de la qualité des liens entre les membres de la famille, une amélioration de la capacité à résoudre les problèmes et une amélioration de la communication. Les résultats énoncés sont également cohérents avec les résultats des études qualitatives présentées précédemment (Kaur et al., 2015; Tighe et al., 2012). En ce qui concerne la qualité de la relation parent-enfant, les résultats des analyses quantitatives et qualitatives abondent dans le même sens. En effet, plusieurs parents ont souligné entretenir une meilleure relation avec leur adolescent, ce qui est cohérent avec les résultats obtenus à l'échelle évaluant la qualité de la relation parent-enfant.

Sur le plan des comportements du jeune, il est toutefois possible d'identifier certaines différences entre les résultats quantitatifs et les résultats qualitatifs. D'une part, les résultats des ANOVAS à mesures répétées, de même que l'analyse des réponses montrent que les parents perçoivent une évolution positive concernant les comportements extériorisés des adolescents. Considérant que plus de deux jeunes sur trois présentent des problèmes de comportement extériorisés à l'entrée dans le programme selon leurs parents (Pauzé et al., 2014), il est peu surprenant que les propos des parents portent principalement sur cet aspect. Contrairement aux résultats obtenus à l'aide de questionnaires, les entrevues réalisées avec les parents n'ont toutefois pas permis de soulever une quelconque évolution concernant les comportements intériorisés des adolescents. Cette différence peut s'expliquer par la structure de l'entrevue où, contrairement au questionnaire utilisé, on ne cible pas spécifiquement ce type de comportement. De plus, ces comportements, moins faciles à observer, constituent rarement les motifs de références au programme CAFE. En ce sens, il est néanmoins intéressant de constater que sur le plan quantitatif, les parents notent une diminution des comportements intériorisés des adolescents à la suite du programme CAFE. Enfin, les résultats de l'analyse thématique montrent également que plusieurs parents signalent une absence de changement sur différents points, notamment les comportements des adolescents et le fonctionnement familial. Les analyses quantitatives réalisées ne permettent malheureusement pas d'obtenir ce niveau de précision dans les résultats. Par ailleurs, certains parents ont mentionné que la situation s'était dégradée à la suite de l'intervention, observant une détérioration des comportements de l'adolescent pouvant mener à un signalement au DPJ ou à un placement en milieu substitut. L'utilisation d'une approche qualitative aura permis de nuancer l'évolution des jeunes et des familles en permettant d'identifier des situations particulières qui, par l'utilisation exclusive d'une approche quantitative, auraient pu être noyées dans la moyenne.

La mise en commun des résultats a également permis d'identifier certaines divergences entre les résultats quantitatifs et qualitatifs concernant les pratiques éducatives parentales. Sur le plan quantitatif, les résultats montrent une évolution modeste ou une détérioration marginale de ces pratiques. Au contraire, sur le plan qualitatif, la majorité des parents a souligné une amélioration concernant leur capacité à appliquer les règles avec constance et à superviser adéquatement leur adolescent. Il est possible de penser que ces résultats réfèrent davantage au sentiment de compétence des parents, plutôt qu'à une mesure objective de leurs pratiques éducatives. Qui plus est, il est également possible que les analyses quantitatives n'aient pu détecter l'évolution des parents concernant leurs pratiques ou que l'instrument de mesure utilisé ne possède pas la sensibilité nécessaire. Enfin, il est possible que la désirabilité sociale ait également pu influencer le propos des parents lors des entrevues.

Enfin, les parents ont noté qu'à la suite de CAFE, ceux-ci, de même que les adolescents, comprennent davantage les difficultés auxquelles ils font face, tant sur le plan individuel que familial. Cette compréhension et cette reconnaissance accrues des difficultés semblent se traduire par une plus grande ouverture au changement des jeunes et des parents, ce que seules les analyses qualitatives ont permis de mettre en lumière.

17.5.1 Forces et limites de l'étude

Comme le mentionnent les parents interviewés dans l'étude de Kaur et ses collègues (2015), le succès ou l'échec d'un programme ou l'évolution positive ou négative des jeunes et des familles ne se traduit pas exclusivement par une amélioration statistiquement significative d'un comportement ou d'un ensemble de conduites problématiques, mais également par l'amélioration du sentiment de compétence des parents à faire face aux difficultés et aux conditions adverses futures. Si les résultats de l'analyse thématique permettent de trianguler l'information obtenue à partir des questionnaires standardisés, ils permettent également, dans le cadre de la présente étude, d'enrichir de façon substantielle la compréhension de l'impact des programmes en permettant l'émergence de contenus nouveaux. De plus, la taille de l'échantillon qualitatif et la réalisation d'analyses de comparaison visant à en examiner la similarité avec l'échantillon quantitatif contribuent à assurer la crédibilité des résultats (Mertens, 2010).

Bien que les résultats de la présente étude amènent un éclairage plus qu'intéressant à l'évolution des jeunes et des familles bénéficiant d'un programme d'intervention en contexte de crise familiale, il est important de faire part des limites méthodologiques qui, bien qu'elles ne puissent remettre en doute les résultats, obligent à les traiter avec recul. Dans un premier temps, il importe de traiter du taux d'attrition et de la taille finale de l'échantillon quantitatif. En effet, la perte de plus de 60 % des sujets entre le temps 1 et le temps 3 pourrait nuire de façon considérable à la représentativité de l'échantillon final, limitant ainsi la possibilité de généralisation des conclusions de l'étude.

Dans un second temps, la procédure utilisée pour traiter les données qualitatives collectées représente également une menace à la validité des résultats. En effet, il aurait été important de procéder, avec l'accord des participants, à l'enregistrement audio ou vidéo des entrevues afin d'assurer une transcription plus fidèle de leurs propos et ainsi assurer la fiabilité des analyses réalisées. D'un point de vue méthodologique, l'enregistrement des entrevues constitue également une bonne pratique en recherche qualitative, permettant d'assurer la validité et la précision des transcriptions, de même que la confirmabilité des analyses (Brod, Tesler et Christensen, 2009; Mertens, 2010).

Enfin, dans l'optique de corroborer et comparer les résultats, il aurait été intéressant d'intégrer le point de vue des adolescents ayant bénéficié du programme. Les jeunes ont régulièrement un point de vue différent des améliorations et des difficultés entourant leurs propres comportements, mais également le fonctionnement de la famille.

17.6 Conclusion

La présente étude utilisait un devis de nature mixte afin de comparer l'évolution des jeunes et des familles ayant bénéficié d'un programme d'intervention en contexte de crise familiale. Les résultats d'analyses quantitatives et qualitatives montrent que les jeunes et les familles ayant bénéficié du programme CAFE évoluent positivement, tant sur le plan familial qu'individuel. Aussi, la présente étude, de même que les études recensées en introduction ont montré qu'il est important de considérer à la fois l'utilisation de questionnaires standardisés et de méthodes plus inductives, permettant l'émergence de contenus nouveaux. En ce sens, la présente étude constitue un premier pas vers l'intégration de données qualitatives dans l'étude du programme CAFE et contribue de façon non négligeable à l'avancement des connaissances concernant l'impact des programmes d'intervention en contexte de crise familiale, particulièrement en ce qui concerne l'opérationnalisation et la mesure du changement. Les thèmes associés entre autres au sentiment de compétence des parents ou à la compréhension, par le jeune et ses parents, des difficultés de la famille, témoignent bien de la richesse des données qualitatives.

17.7 Financement et soutien

Projet de recherche financé par le Ministère de la Santé et des Services sociaux.

Références

Achenbach, T. M. et Rescorla, L. A. (2001). *Manual for the ASEBA school-age forms and profiles.* Burlington, VT: University of Vermont, Center for Children, Youth, and Families.

Alexander, J. F. et Parsons, B. V. (1982). *Functional family therapy: Principles and procedures.* Carmel, CA : Brooks / Cole.

Association des centres jeunesse du Québec (ACJQ). (2015). *Bilan des directeurs de la protection de la jeunesse/ Directeurs provinciaux 2015.* Repéré à http://www.centrejeunessedequebec.qc.ca/publications/BilanDPJ/BilanDPJ2014-2015.pdf

Barth, R. P., Lee, B. R., Lindsey, M. A., Collins, K. S., Strieder, F., Chorpita, B. F., Becker, K. D. et Sparks, J. A. (2012). Evidence-based practice at a crossroads: The emergence of common elements and factors. *Research on Social Work Practice, 22*(1), 108-119.

Brod, M., Tesler, L. E. et Christensen, T. L. (2009). Qualitative research and content validity: developing best practices based on science and experience. *Quality of Life Research, 18*(9), 1263.

Bronfenbrenner, U. (1979). *The ecology of human development: Experiments by nature and design.* Cambridge, MA: Harvard University Press.

Celinska, K., Cheng, C. C. et Virgil, N. J. (2015). Youth and parental perspectives on the functional family therapy programme. *Journal of Family Therapy, 37*(4), 450-470.

Cohen, J. (1988). *Statistical power analysis for the behavioral sciences* (2e éd.). Hillsdale, NJ: Lawrence Earlbaum Associates.

Cohen, M. A., Piquero, A. R. et Jennings, W. G. (2010). Studying the costs of crime across offender trajectories. *Criminology and Public Policy, 9*(2), 279-305.

Comeau, S. et Boisvert, J. M. (1985). *Un ensemble de mesures cliniques.* Document inédit.

D'aunno, L. E., Boel-Studt, S. et Landsman, M. J. (2014). Evidence-based elements of child welfare in-home services. *Journal of Family Strengths, 14*(1), 1-44.

Desautels, J., Lapalme, M., Touchette, L. et Pauzé, R. (2016). Validation de la version française du FACES IV auprès d'une population d'adolescents francophones issus d'un échantillon populationnel et clinique. *Thérapie familiale, 37*(1), 95-113.

Duval, S. et Tweedie, R. (2000). A nonparametric "trim and fill" method of accounting for publication bias in meta-analysis. *Journal of the American Statistical Association, 95*(449), 89–99.

Epstein, N. B., Baldwin, L. M. et Bishop, D. S. (1983). The McMaster family assessment device. *Journal of marital and family therapy, 9*(2), 171-180.

Frick, P. J., et McMahon, R. J. (2008). Child and adolescent conduct problems. Dans J. Hunsley, E. J. Mash (dir.), *A guide to assessments that work* (pp. 41-66). New York, NY: Oxford University Press.

Gouvernement du Québec. (2007). *Orientations relatives aux standards d'accès, de continuité, de qualité, d'efficacité et d'efficience. Programme-services Jeunes en difficulté (2007-2012).* Québec, QC : Ministère de la Santé et des Services sociaux.

Grove, A. B., Evans, S. W., Pastor, D. A. et Mack, S. D. (2008). A meta-analytic examination of follow-up studies of programs designed to prevent the primary symptoms of oppositional defiant and conduct disorders. *Aggression and Violent Behavior, 13*(3), 169-184.

Hartnett, D., Carr, A., Hamilton, E. et O'Reilly, G. (2016). The Effectiveness of functional family therapy for adolescent behavioral and substance misuse problems: A Meta-Analysis. *Family process, 56*(3), 607-619.

Hartnett, D., Carr, A., Hamilton, E. et Sexton, T. L. (2017). Therapist implementation and parent experiences of the three phases of functional family therapy. *Journal of Family Therapy, 39*(1), 80-102.

Henggeler, S. W., Schoenwald, S. K., Borduin, C. M., Rowland, M. D. et Cunningham, P. B. (1998). *Multisystemic treatment of antisocial behavior in children and adolescents. Treatment manual for practitioners.* New York, NY: Guilford Press.

Hudson, W. W. (1982). *The clinical measurement package: A field manual*. Homewood, IL: Dorsey Press.

Kaur, P., Pote, H., Fox, S. et Paradisopoulos, D. A. (2017). Sustaining change following multisystemic therapy: caregiver's perspectives. *Journal of Family Therapy, 39*(2), 264-283.

LeBlanc, M. (2010). La conduite déviante des adolescents : son développement et ses causes. Dans M. Le Blanc et M. Cusson (dir.), *Traité de criminologie empirique du Québec* (4e éd., p. 229-272). Montréal, QC : Les Presses de l'Université de Montréal.

Liddle, H. A. (2002). *Multidimensional family therapy for adolescent cannabis users: Cannabis youth treatment (CYT) series, volume 5*. Rockville, MD: Center for Substance Abuse Treatment.

Mertens, D. M. (2010). *Research and evaluation in education and psychology: Integrating diversity with quantitative, qualitative, and mixed methods*. Thousand Oaks, CA: Sage.

Olson D. H., Gorall D. M. et Tiesel, J. W. (2006). *FACES IV package: Administration.* Minneapolis, MN: Life Innovations.

Paradisopoulos, D., Pote, H., Fox, S. et Kaur, P. (2015). Developing a model of sustained change following multisystemic therapy: young people's perspectives. *Journal of Family Therapy, 37*(4), 471-491.

Pauzé, R., Touchette, L et Desautels, J. (2017). *Intervenir en situation de crise familiale. Selon une approche écosystémique*. Québec, QC : Presses de l'Université du Québec.

Pauzé, R., Touchette, L. et Joly, J. (2014). *Évaluation de l'effet de l'application fidèle du programme Crise-Ado-Famille-Enfance sur l'évolution des jeunes et des familles*. Québec, QC : Ministère de la Santé et des Services sociaux.

Robbins, M. S., Alexander, J. F., Turner, C. W. et Hollimon, A. (2016). Evolution of functional family therapy as an evidence-based practice for adolescents with disruptive behavior problems. *Family Process, 55*(3), 543-557.

Shelton, K. K., Frick, P. J. et Wootton, J. (1996). Assessment of parenting practices in families of elementary school-age children. *Journal of Clinical Child Psychology, 25*(3), 317-329.

Tighe, A., Pistrang, N., Casdagli, L., Baruch, G. et Butler, S. (2012). Multisystemic therapy for young offenders: families' experiences of therapeutic processes and outcomes. *Journal of Family Psychology, 26*(2), 187-197.

van der Pol, T. M., Hoeve, M., Noom, M. J., Stams, G. J. J. M., Doreleijers, T. A. H., van Domburgh, L. et Vermeiren, R. R. J. M. (2017). Research Review: The effectiveness of multidimensional family therapy in treating adolescents with multiple behavior problems – A meta-analysis. *Journal of Child Psychology and Psychiatry, 58*(5), 532-545.

van der Stouwe, T., Asscher, J. J., Stams, G. J. J., Deković, M. et van der Laan, P. H. (2014). The effectiveness of multisystemic therapy (MST): A meta-analysis. *Clinical psychology review, 34*(6), 468-481.

Partie 4
La vie adulte

18 | Facteurs de risque de la violence subie dans les relations amoureuses par de jeunes hommes adultes

Une étude longitudinale

Marc Tourigny
Département de psychoéducation, Université de Sherbrooke

Michèle Boissonneault
Département de psychologie, Université du Québec à Montréal

Diane Marcotte
Département de psychologie, Université du Québec à Montréal

Francine Lavoie
Département de psychologie, Université Laval

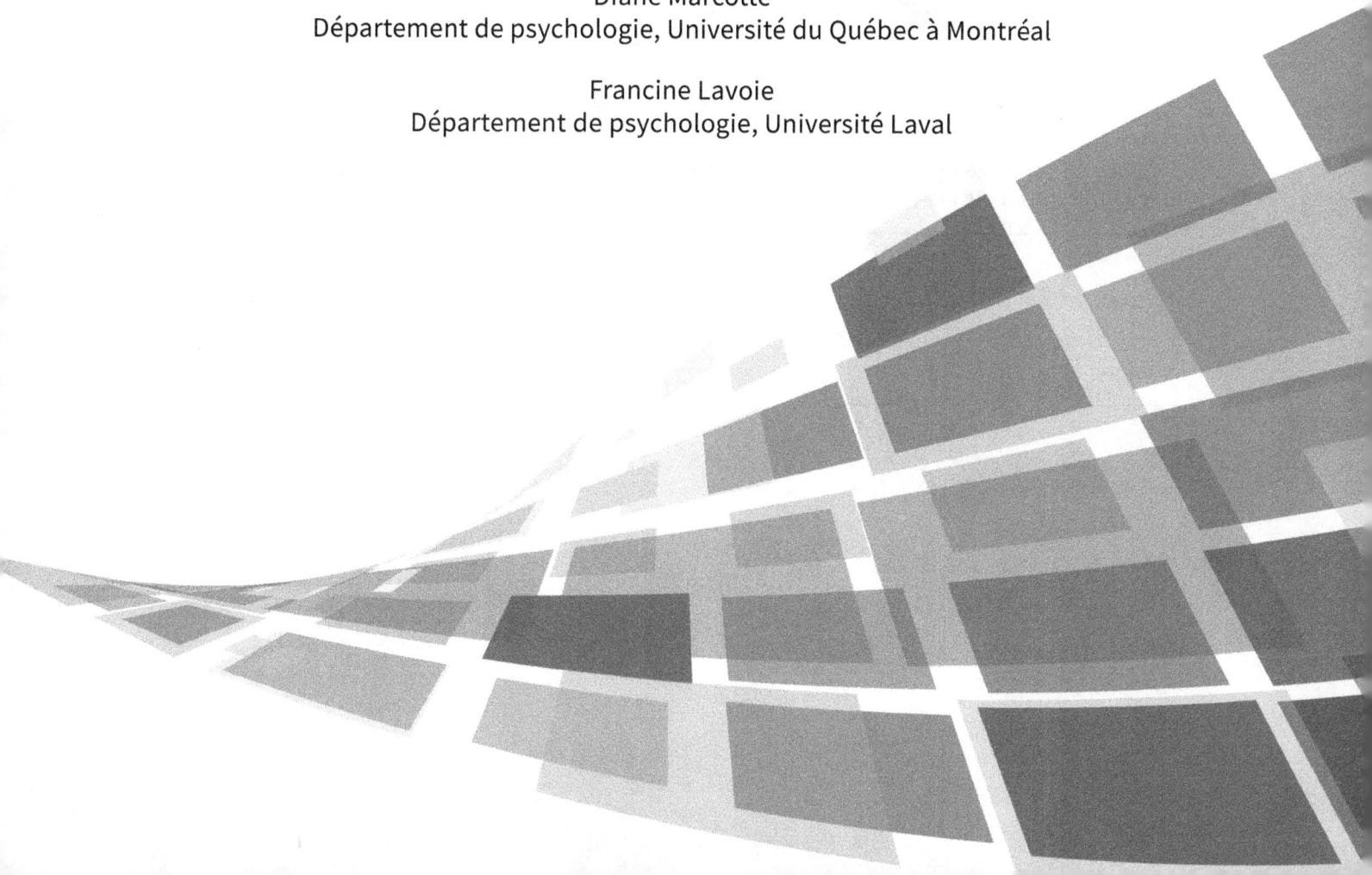

Résumé

Objectif

Le but de ce chapitre est de présenter les résultats d'une étude portant sur la prévalence et les facteurs de risque de la violence (psychologique et physique) subie dans les relations amoureuses par des jeunes hommes adultes.

Méthode

Cette étude longitudinale comportant trois temps de mesure a été réalisée auprès de 132 hommes ayant en moyenne 17,3 ans au début de l'étude.

Résultats

La prévalence annuelle de la violence physique rapportée par les hommes est de 28,3 % et 22,6 % pour le T2 et le T3 respectivement. Quant à la prévalence de la violence psychologique subie, elle est, respectivement, de 12,5 % et 13,5 %. Les analyses de régression logistique hiérarchique démontrent que deux variables prédisent 23,5 % de la variance de la violence physique soit, le fait d'avoir été témoin de violence conjugale où le père était victime et le fait de présenter un fort niveau de symptômes anxieux. Finalement, 12,3 % de la variance de la violence psychologique est prédite par la consommation de drogues et d'alcool et par une moins bonne expression des sentiments à l'intérieur du milieu familial.

Conclusion

Cette étude souligne l'importance d'étudier les spécificités de chaque type de victimisation et permet d'identifier des cibles spécifiques pouvant prévenir la violence dans les relations amoureuses (par exemple : la consommation d'alcool et de drogues, l'amélioration de l'expression des sentiments dans la famille, etc.).

Mots-clés

Facteurs de risque, prévalence, violence dans les relations amoureuses, étude longitudinale, homme.

Recommandations cliniques issues de l'étude

- La prévalence de la violence physique et psychologique subie dans les relations amoureuses par les jeunes hommes suggère que ce problème affecte également cette population et qu'il faut y porter une attention tant au niveau du dépistage que dans l'élaboration des stratégies de prévention.

- La prévalence élevée de la violence physique et psychologique dans les relations amoureuses suggère de mettre en place dès l'adolescence des programmes de prévention considérés efficaces, et ce tant pour prévenir la victimisation des adolescentes que des adolescents.

- Des programmes visant à aider les enfants témoins de violence conjugale dans leur famille pourraient contribuer à réduire la violence dans les relations amoureuses au début de l'âge adulte.

Questions pédagogiques

- Quels sont les postulats de base de la régression logistique hiérarchique?

- Quels résultats appuient l'hypothèse de la transmission intergénérationnelle de la violence subie dans les relations amoureuses?

- Que visent les programmes de prévention primaire dans le contexte de la violence dans les relations amoureuses?

18.1 Introduction

La fin de l'adolescence et le début de l'âge adulte (16 à 25 ans environ) constituent une période cruciale du développement d'une personne : les multiples changements survenant à cette période préparent les adultes en devenir à occuper différents rôles sociaux (Rao, Hammen et Daley, 1999). Parmi ces nouveaux rôles, le fait de vivre des relations amoureuses occupe une place centrale dans la vie des jeunes adultes. Selon Carver, Joyner et Udry (2003), environ 70 % des jeunes de 17 ans rapportent une relation romantique dans les 18 mois précédents. Ces résultats sont comparables à ceux obtenus par Riberdy et Tourigny (2009) auprès d'un échantillon représentatif d'élèves du secondaire V de l'île de Montréal montrant que le pourcentage de jeunes qui affirment avoir fréquenté un amoureux au cours de l'adolescence est de 76 % et qu'au cours de la dernière année, ces pourcentages sont de 64 % pour les filles et 44 % chez les garçons.

Malheureusement, pour certains jeunes, les relations amoureuses sont teintées de violence. Riberdy et Tourigny (2009) constatent que 40 % des élèves du secondaire V (filles et garçons) de l'île de Montréal ayant eu des relations amoureuses au cours de la dernière année ont été impliqués dans au moins un épisode de violence qu'elle soit sexuelle, physique ou psychologique. Ces résultats se rapprochent de ceux obtenus par Haynie, Farhat, Brooks-Russell, Wang, Barbaieri et Iannotti (2013) auprès d'un échantillon représentatif d'adolescents (filles et garçons) américains de 10e année (âge moyen de 16,2 ans) montrant que 35 % et 31 % des adolescents ont été soit victime ou agresseur dans au moins un épisode de violence dans leurs relations amoureuses. Cette période du passage de la fin de l'adolescence au début de la vie adulte est une période particulièrement à risque de violence dans les relations amoureuses (Capaldi, Knoble, Shortt et Kim, 2012). Suite à leur recension des écrits, Capaldi et al. (2012) concluent que la prévalence est plus élevée à la fin de l'adolescence et au début de l'âge adulte et que par la suite la prévalence de la violence diminue avec l'âge. Parmi les hypothèses possibles pour expliquer cette prévalence plus élevée, notons la consommation d'alcool qui devient légale et donc plus fréquente, une supervision parentale moins présente, l'apprentissage d'une plus grande intimité et d'une plus grande interdépendance dans le couple, une relation amoureuse plus durable et sérieuse.

Au début des années 2000, Hines et Malley-Morrison (2001) soulignaient que s'il commençait à y avoir des connaissances substantielles concernant la violence subie par les femmes dans leurs relations amoureuses, les écrits concernant la victimisation des hommes dans ce même contexte étaient beaucoup moins nombreux tant en ce qui concerne la prévalence que les facteurs de risque ou les conséquences de cette violence. Bien que l'écart se soit réduit, encore aujourd'hui la violence dans les relations amoureuses dont sont victimes les hommes est un phénomène moins étudié que la violence vécue par les femmes (Nowinski et Bowen, 2012; Renner et Whitney, 2012).

Depuis une vingtaine d'années, plusieurs recensions des écrits portant sur la prévalence démontrent pourtant qu'une portion non négligeable d'adolescents et d'hommes sont victimes d'une forme ou l'autre de violence dans le contexte des relations amoureuses et que les femmes commettent également de la violence dans ce contexte (Hickman, Jaycox et Aronoff, 2004; Hines et Malley-Morrison, 2001; Nowinski et Bowen, 2012; Shorey, Cornelius et Bell, 2008). Par exemple, dans une recension des écrits scientifiques sur la violence subie dans le contexte des relations amoureuses chez les élèves du secondaire, Hickman et al. (2004) constatent que de 6 % à 38 % des adolescents rapportent avoir été victimes de violence physique. Plus récemment, Nowinski et Bowen (2012) ont réalisé une recension systématique sur la prévalence de la violence dans les relations amoureuses subies par les hommes (généralement âgés de 18 ans et plus) tant dans un contexte de relations amoureuses hétérosexuelles qu'homosexuelles. L'examen de 34 études (dont une proportion porte sur de jeunes adultes) montre que la prévalence à vie, tout type de violence confondue, varie de 7,3 % à 32 % alors que la prévalence au cours des 12 derniers mois varie de 1,4 % à 4,8 %. Enfin, une enquête québécoise auprès d'un échantillon représentatif indique que les taux de prévalence annuelle de victimisation pour la violence physique et psychologique dans les relations amoureuses à l'adolescence sont respectivement de 13,3 % et 16,9 % chez les garçons (Pica et al., 2012).

Cette violence vécue dans le contexte des relations amoureuses peut également avoir des conséquences inquiétantes, notamment des blessures physiques, des problèmes psychologiques et des problèmes sociaux (Ackard, Eisenberg et Neumark-Sztainer, 2007; Hines et Malley-Morrison, 2001). Plus précisément, Hines et Malley-Morrison (2001) concluent de leur recension des écrits que la violence physique et, dans une moindre mesure, la violence psychologique vécues par les hommes peuvent entraîner des symptômes de stress post-traumatique, de la peur, de la dépression, de l'impuissance, de la colère, etc. De plus, elles pourraient potentiellement modeler les interactions futures, puisque chez les femmes, la violence dans les relations amoureuses (VRA) vécue à l'adolescence et au début de l'âge adulte est liée à la violence conjugale subie dans le futur (Smith, White et Holland, 2003).

Dans le but de mieux comprendre le phénomène de la VRA, ce chapitre présentera les résultats d'une étude portant sur la prévalence et les facteurs de risque de la violence (physique et psychologique) subie par de jeunes hommes adultes dans le cadre de relations amoureuses. Dans cette section, nous allons définir les concepts, proposer un modèle théorique explicatif et faire un bref survol des facteurs de risque.

18.1.1 Concept à l'étude et modèle théorique

Plusieurs termes sont utilisés dans les écrits scientifiques pour désigner le phénomène de la violence dans les relations amoureuses. Les études menées auprès des adolescents utilisent généralement les termes « dating violence », « courtship aggression » alors que celles menées auprès des étudiants collégiaux ou universitaires utilisent les termes « partner violence », « intimate partner violence », « aggression or victimization in romantic relationships », « violence in romantic relationships ». Récemment un groupe d'experts a proposé une définition détaillée et largement acceptée dans le domaine bien que différentes études utilisent parfois une définition plus restrictive de la violence dans les relations amoureuses. Dans le cadre de notre étude, la ***violence dans les relations amoureuses*** est celle proposée par le groupe d'experts (Breiding, Basile, Smith, Black et Mahendra, 2015) et elle *inclut la violence physique ou psychologique[1] (dont les formes de contrôle de l'autre) commise par un partenaire amoureux ou sexuel (actuel ou passé).* Il s'agit donc de *comportements intentionnels qui peuvent causer du tort ou des blessures à l'autre.* Dans le cas de la violence psychologique, certains comportements doivent être d'une certaine fréquence pour être considéré comme de la violence. Par partenaire, ces auteurs considèrent autant les partenaires amoureux qui sont mariés, qui cohabitent ou non, que les partenaires d'un soir qui se rencontrent dans un contexte amoureux (rendez-vous d'un soir) ou qui sont partenaires sexuels. Toutefois, dans le cadre de notre étude, nous n'avons pas considéré les cas où il y avait cohabitation. Cette définition s'applique également tant aux relations hétérosexuelles qu'homosexuelles.

Afin de mieux comprendre les facteurs menant à la VRA, Riggs et O'Leary (1989) ont proposé un modèle explicatif de cette violence chez les jeunes adultes parmi les plus utilisés dans le domaine. Proposé originalement pour expliquer la violence commise, il commence à être adapté par certains auteurs pour comprendre la victimisation (Olsen, Parra et Bennett, 2010). Au stade des connaissances scientifiques actuelles, d'autres auteurs vont également dans le sens de ne pas distinguer les prédicteurs de la violence commise ou subie tant pour les hommes que les femmes, mais de plutôt considérer l'ensemble des facteurs connus dans l'étude des facteurs de risque de la violence

---

[1] Ces auteurs considèrent également la violence sexuelle dans leur définition mais cette forme de violence n'a pas été incluse dans notre étude.

dans les relations amoureuses (Capaldi et al., 2012; Costa et al., 2015). Nous avons adopté la même approche dans la présente étude à savoir que nous avons utilisé principalement les facteurs de risque de la VRA subie, mais avons également intégré des facteurs de risque liés à la VRA commise dans un but exploratoire.

L'adaptation du modèle de Riggs et O'Leary (1989) comporte deux ensembles de facteurs distincts, soit les facteurs antécédents (*background variables*), qui prédisposent une personne à être victime de violence, et les facteurs situationnels, qui augmentent le risque que la personne subisse de la VRA dans une situation particulière ou avec un partenaire spécifique. Ce modèle adapté ainsi que les écrits scientifiques ont été utilisés comme point de départ pour identifier les facteurs de risque de notre étude. Comme les écrits sur les facteurs de risque concernant la victimisation chez les hommes sont encore rares (Nowinski et Bowen, 2012), nous avons également utilisé à l'occasion ceux sur la victimisation chez les jeunes femmes comme certains auteurs l'ont proposé (Capaldi et al., 2012; Costa et al., 2015; Lohman, Neppl, Senia et Schofield, 2013). La première catégorie de facteurs proposés par le modèle concerne les antécédents de la personne, qui sont susceptibles d'augmenter le risque d'être victimes de violence en général ou spécifiquement dans une relation amoureuse. Le fait d'avoir été témoin de violence conjugale entre ses parents ou le fait d'avoir été victimes de mauvais traitements parentaux représentent des facteurs qui sont fréquemment associés au risque d'être victime de VRA (Boivin, Lavoie, Hébert et Gagné, 2014; Capaldi et al., 2012; Ehrensaft, Cohen, Brown, Smailes, Chen et Johnson, 2003; Linder et Collins, 2005; Narayan, Englund et Egeland, 2014; Nowinski et Bowen, 2012). Au sein de sa famille, la personne peut apprendre, lorsqu'elle est victime ou témoin de violence, que ces gestes sont acceptables, et ainsi tolérer des gestes qui menacent son intégrité physique ou psychologique. Nowinski et Bowen (2012) ont réalisé une recension des écrits sur la violence subie par les hommes dans le cadre de leurs relations amoureuses et ils concluent que les hommes victimes rapportent davantage de mauvais traitements dans leur enfance ainsi qu'avoir été témoin de violence entre leurs parents, bien que certaines études ne constatent pas ces liens.

L'effet du contexte familial va également au-delà de la violence au sein de la famille. Plusieurs auteurs rapportent des effets de certaines caractéristiques familiales dans la prédiction de la VRA, notamment la qualité de la relation parent-enfant (tels que l'attachement ou la proximité émotionnelle avec chaque parent), la discipline plus sévère et la présence de conflits familiaux (Ehrensaft et al., 2003; Linder et Collins, 2005; Lohman et al., 2013). De façon générale, chez les jeunes hommes victimes, les interactions plus négatives augmenteraient le risque de subir de la VRA physique et psychologique (Magdol, Moffitt, Caspi et Silva, 1998).

En plus des modèles parentaux de relations intimes, les jeunes adultes accumulent leurs propres modèles ou dynamiques de relations de couple, et ce, dès l'adolescence. En effet, le fait d'avoir été victime de VRA placerait l'individu à risque d'être à nouveau victime, la personne ayant appris certains modes d'entrée en relation (Exner-Cortens, Eckenrode et Rothmans, 2013; Smith et al., 2003). Ce facteur de risque a été peu étudié en regard de la VRA psychologique. La violence commise pourrait également signifier l'installation de modèles de relation de couple basés sur la violence. D'ailleurs, selon plusieurs études, la violence est souvent réciproque (Follingstad, Rutledge, Berg, Hause et Polek, 1990). De même, une méta-analyse de Stith, Smith, Penn, Ward et Tritt (2004) révèle aussi que le fait de commettre de la violence est fortement associé au fait d'avoir été victime de VRA.

Certaines caractéristiques personnelles peuvent également influencer le risque de vivre de la VRA. Ainsi, des études longitudinales ont permis de constater que les symptômes dépressifs ne constituent pas uniquement une conséquence de la VRA, mais agissent également en tant que facteur de risque. Alors que de nombreuses études ont porté sur cette variable en lien avec la VRA physique (Ehrensaft, Moffitt et Caspi, 2006; Keenan-Miller, Hammen et Brennan, 2007; Kim et Capaldi,

2004; Lehrer, Buka, Gortmaker et Shrier, 2006), très peu ont porté sur la VRA psychologique (Kim et Capaldi, 2004). L'anxiété et l'estime de soi ont été peu étudiées comme facteurs de risque, mais les quelques études montrent un lien avec la VRA physique (Ehrensaft et al., 2006; Foshee, Benefield, Ennett, Bauman et Suchindran, 2004). L'influence des problèmes de comportement semble assez bien établie, que ce soit en termes de tempérament difficile, de problèmes de conduite ou de comportements antisociaux, ou encore de contacts avec la police. Les deux types de VRA seraient ainsi prédits par ces variables (Foshee et al., 2004; Magdol et al., 1998; Woodward, Fergusson et Horwood, 2002).

La seconde catégorie du modèle adapté de Riggs et O'Leary (1989) est celle des variables situationnelles, lesquelles prédisent dans quelles circonstances l'individu serait plus à risque de subir de la VRA. Selon le modèle, les attentes/attitudes en lien avec la présence de violence (par exemple, l'acceptation des gestes violents), la présence de stress provenant à la fois d'événements désirables ou indésirables, les conflits dans la relation, les habiletés sociales déficitaires et la consommation d'alcool/drogues représentent des facteurs de risque de vivre de la VRA. Dans le cadre de notre étude, nous n'avons retenu que les habiletés sociales déficitaires et la consommation d'alcool/drogues comme facteurs de risque.

Dans un premier temps, nous avons choisi la consommation d'alcool ou de drogues, car elle constitue l'un des facteurs de risque de VRA subie par les jeunes femmes qui a reçu le plus d'attention de la part des chercheurs (Lewis et Fremouw, 2001; Shorey, Stuart et Cornelius, 2011). Toutefois, ce facteur de risque a été peu étudié pour la victimisation des jeunes hommes et lorsqu'il l'est, il est parfois inclus dans la catégorie des comportements délinquants, ce qui ne permet pas de distinguer son effet spécifique (Magdol et al., 1998). Dans leur recension des écrits sur le lien entre la consommation d'alcool/drogues et la VRA, Shorey et ses collègues (2011) n'ont identifié que trois études transversales sur l'alcool, dont deux montrent que les problèmes d'alcool chez les étudiants du collégial sont associés à un risque de victimisation dans le contexte des relations amoureuses et la troisième montre que les hommes qui ont été victimes de VRA physique ou psychologique étaient nombreux à avoir consommé de l'alcool, soit 61 % pour la VRA physique et 33 % pour la VRA psychologique. Une étude longitudinale montre aussi un lien entre la consommation d'alcool et la VRA physique chez des adolescents (Foshee et al., 2004). Concernant la consommation de drogues, deux études, l'une transversale et l'autre longitudinale, montrent un lien avec la VRA physique (DuRant et al., 2007; Ehrensaft et al., 2006). Finalement, nous avons retenu les habiletés sociales déficitaires, car Riggs et O'Leary (1989) suggèrent que les déficits au niveau des habiletés sociales, comme les difficultés de résolution de problèmes et de communication à l'intérieur du couple représentent un facteur de risque particulièrement prometteur et important.

18.1.2 Problèmes méthodologiques relevés dans les écrits antérieurs

Il existe un certain nombre de limites méthodologiques dans l'étude de la prévalence et des facteurs de risque de la VRA. Comme nous l'avons souligné initialement, il existe encore peu d'études menées auprès des jeunes hommes (Nowinski et Bowen, 2012). Les études longitudinales étaient très limitées jusqu'à récemment (Raiford, Wingood et DiClemente, 2007). Capaldi et ses collègues (2012) soulignent que des progrès considérables ont été effectués au cours des 10 dernières années en ce qui concerne les connaissances sur les facteurs de risque, mais que des études longitudinales sont encore nécessaires. Si la plupart des études portent sur la VRA physique, la VRA psychologique demeure moins explorée tant au niveau de la prévalence que des facteurs de risque. Enfin, soulignons que plusieurs études réalisées auprès des jeunes adultes ont été réalisées auprès d'une population d'étudiants du collégial ou universitaires, excluant ainsi les jeunes ayant cessé l'école au secondaire. La présente étude permet de répondre à ces limites méthodologiques.

18.1.3 Objectifs de l'étude

L'objectif premier de l'étude est de déterminer la prévalence de la violence physique et psychologique subie chez les jeunes hommes ayant eu une relation amoureuse au cours des 12 mois précédents l'étude et, dans un deuxième temps, d'identifier certains facteurs de risque proposés par le modèle de Riggs et O'Leary (1989) et associés à ces deux formes de violence.

18.2 Méthode

18.2.1 Devis

Cette étude prospective comporte un devis longitudinal de trois temps de mesure. Au temps 1, les facteurs de risque (antécédents et situationnels) ont été mesurés alors qu'aux T2 et T3, respectivement 2 ans et 3 ans après le T1, la présence ou non de la VRA tant physique que psychologique a été mesurée.

18.2.2 Participants

Les participants proviennent d'une étude longitudinale portant sur la réussite scolaire ainsi que l'adaptation sociale et scolaire (Fortin, Marcotte, Royer et Potvin, 2005). L'échantillon de convenance initial comporte 439 adolescents, alors en première année du secondaire. Le recrutement s'est fait dans trois écoles (une à Québec, une à Trois-Rivières et une à Sherbrooke), dont une est considérée comme faisant partie d'un milieu favorisé économiquement et deux sont considérées comme situées dans des milieux défavorisés économiquement selon les indicateurs socioéconomiques du ministère de l'Éducation du Québec.

Au T1 de la présente étude, l'échantillon était composé de 245 adolescents ce qui correspond à un taux de rétention de 56 % (245/439) de l'échantillon initial. Toutefois, dans le cadre de la présente étude, seuls les participants ayant rapporté avoir eu une relation amoureuse au cours des 12 mois précédents le T2 ou le T3 ont été considérés. Ainsi, l'échantillon final comprend 132 adolescents (moyenne d'âge 17,3 ans, ET = 0,55 au T1) dont près des deux tiers (63,7 %) habitaient avec leurs deux parents au T1. De même, un peu plus de la moitié fréquentaient un établissement collégial (52,6 %) et 9,4 % ne fréquentaient plus l'école.

18.2.3 Procédures

Au début de l'étude principale, trois établissements scolaires ont été approchés afin de participer à la collecte de données. Tous les jeunes inscrits en première année du secondaire dans les trois écoles sélectionnées ont été invités à participer lors d'une rencontre avec un assistant de recherche, où l'étude leur a été présentée. Seuls les adolescents ayant une déficience intellectuelle ont été exclus. Les participants ont été suivis chaque année pendant huit ans, peu importe leur établissement scolaire du moment. Le consentement du parent a été sollicité, puis celui du participant ayant plus de 14 ans. Les données ont été collectées à l'automne de chaque année scolaire, soit en octobre, à l'exception des données sur les habiletés sociales, qui étaient complétées par les enseignants au printemps de chaque année scolaire. La passation s'effectuait en sous-groupe dans l'établissement scolaire ou encore en individuel lorsque le jeune ne fréquentait plus l'école. Des assistants de recherche formés à la passation demeuraient disponibles pour répondre aux questions. L'étude a reçu l'approbation du comité éthique de la recherche en éducation et sciences sociales de l'Université de Sherbrooke.

18.2.4 Mesures

Violence dans les relations amoureuses (VRA)

Dans le cadre de la présente étude, les participants étaient considérés comme impliqués dans une fréquentation amoureuse s'ils étaient en relation de courte durée (aventure de plus d'un soir) ou d'une durée plus longue, mais qui n'inclut pas la cohabitation, et qui implique deux personnes, quel que soit le sexe des personnes impliquées.

La victimisation physique dans les relations amoureuses a été auto-rapportée, à l'aide du questionnaire Violence faites aux Filles dans les Fréquentations à l'Adolescence (VIFFA) développé par Lavoie et Vézina (2001) et qui a été adapté pour des participants masculins. L'instrument permet de mesurer la fréquence de 17 comportements violents subis (par exemple, lancer des objets ou donner un coup de pied) à l'aide d'une échelle de Likert en quatre points (« jamais », « 1 ou 2 fois », « entre 3 et 10 fois » et « plus de 10 fois »). La personne doit répondre en fonction de la relation amoureuse la plus difficile vécue au cours des 12 derniers mois, et elle est considérée avoir vécu de la violence physique lorsqu'elle rapporte avoir été victime d'au moins un acte. La sévérité des actes de violence n'a donc pas été considérée. Pour cette étude, les coefficients alpha de Cronbach sont de 0,84 (T2) et 0,86 (T3). Dans une recension des instruments de mesure de la VRA, Exner-Cortens, Gill et Eckenrode (2016) concluent que le VIFFA fait partie des six instruments de mesure de la VRA qui présentent les meilleures propriétés psychométriques.

La victimisation psychologique dans les relations amoureuses a aussi été mesurée à l'aide du VIFFA de Lavoie et Vézina (2001). Les 19 items de cette échelle permettent de mesurer, sur une échelle de Likert en quatre points (« jamais », « 1 ou 2 fois », « entre 3 et 10 fois » et « plus de 10 fois »), la fréquence à laquelle la personne a été victime, au cours des 12 derniers mois, de comportements verbalement offensants ou dégradants de la part de son partenaire amoureux. Tel que suggéré par Tourigny, Lavoie, Vézina et Pelletier (2006), un score global de 14 a été utilisé comme point de coupure pour identifier les participants ayant été victimes de violence psychologique. L'adoption de ce seuil plus élevé est justifiée par la relative fréquence de certains gestes considérés dans la VRA psychologique et qui sont présents dans les relations amoureuses normatives à un certain niveau (par exemple, refuser de parler de ses sentiments ou encore être jaloux). Shortt, Capaldi, Kim, Kerr, Owen et Feingold (2012) soulignent en effet qu'un certain niveau de violence psychologique mineure ou occasionnelle est commun dans les relations amoureuses. Nous pensons qu'une définition plus sévère permet de mieux circonscrire les victimes. Par exemple, certaines études de prévalence utilisant des seuils moins élevés rapportent des taux tellement élevés, jusqu'à 90 % de victimes, ce qui fait en sorte que pratiquement tous les participants sont victimes (Nowinski et Bowen, 2012 ; Tourigny et al., 2006). Pour cette étude, les coefficients alpha de Cronbach sont de 0,88 (T2) et 0,91 (T3).

Il faut noter que pour le premier objectif de l'étude, deux types de prévalence annuelle ont été calculés. Le premier type concerne le pourcentage de participants considérés comme étant victimes de chacune des formes de VRA au cours des 12 derniers mois, et ce, pour chacun des deux temps de mesure (T2 et T3). Le second type indique la proportion des répondants qui n'ont été victimes d'aucune forme de violence, la proportion de ceux qui ont été victimes des deux formes de VRA ainsi que ceux qui ont vécu uniquement l'un ou l'autre des formes de VRA et ce, pour chacun des deux temps de mesure (T2 et T3). Pour le second objectif, un jeune était considéré avoir été victime de VRA psychologique ou physique s'il avait vécu cette forme de violence soit au T2 ou au T3.

Variables antécédentes

Nous avons retenu 17 variables antécédentes, soit 2 variables concernant le fait d'avoir été témoin de violence conjugale dans l'enfance (de la part du père ou de la mère), l'abus physique durant l'enfance, l'agression sexuelle durant l'enfance, 5 variables concernant l'environnement familial (l'expression des sentiments, la cohésion, les conflits, l'organisation et le contrôle dans la famille), 4 variables concernant les antécédents de VRA sexuelle (subie et commise) et physique (subie et commise), 1 variable chacune mesure les symptômes dépressifs, les symptômes d'anxiété, l'estime de soi et les comportements délinquants.

Deux items mesurent si la personne a été témoin, au cours de son enfance, de violence conjugale entre ses parents (père victime et mère victime). Ils sont répondus à l'aide d'une échelle de Likert en quatre points indiquant une fréquence (0 = jamais, 1 = 1 ou 2 fois, 2 = 3 à 10 fois et 3 = plus de 10 fois). Un score dichotomique a été utilisé : la personne est considérée avoir été témoin de violence conjugale lorsqu'elle rapporte avoir été témoin d'au moins un geste de violence, subi par son père ou sa mère.

L'abus physique dans l'enfance a été mesuré par un item du *Child Abuse Questionnaire* (Gross et Keller, 1992), à l'aide d'une échelle de Likert en quatre points indiquant une fréquence (0 = jamais, 1 = 1 ou 2 fois, 2 = 3 à 10 fois et 3 = plus de 10 fois). Un score dichotomique a été utilisé pour savoir si la personne a déjà eu, à au moins une reprise, des bleus ou des marques suite à une punition donnée par l'un ou l'autre de ses parents.

Les antécédents d'agression sexuelle depuis la naissance (non commise par un partenaire amoureux) ont été mesurés à l'aide d'une version adaptée de Poitras et Lavoie (1995) du *Sexual Experience Survey* de Koss et Gigycz (1985). Il comporte sept items, notés sur une échelle de Likert en trois points indiquant la fréquence (0 = jamais, 1 = 1 fois, 2 = 2 fois et plus), qui mesurent les types d'expériences sexuelles non désirées. La présence d'au moins une expérience sexuelle non désirée à l'un des sept items indique que la personne a été victime d'agression sexuelle à l'enfance.

La perception que le participant a du fonctionnement de sa famille a été mesurée par l'Échelle d'environnement familial (Moos et Moos, 1981). Pour chacun des 45 énoncés, la personne doit indiquer si cela s'applique ou non à sa famille (réponse dichotomique). Cinq sous-échelles sont utilisées : l'expression des sentiments dans la famille, la cohésion familiale, les conflits dans la famille, l'organisation familiale et le contrôle dans la famille. Moos et Moos (1981) suggèrent d'utiliser les scores standardisés (scores T) afin de pouvoir situer les familles par rapport à un échantillon de familles représentatives de la communauté. Un score élevé signifie que la dimension est très présente au sein de la famille. Le questionnaire original a de bonnes propriétés psychométriques : les coefficients de cohérence interne varient entre 0,67 et 0,78 selon la sous-échelle, alors que les coefficients test-retest (4 mois d'intervalle) se situent 0,66 et 0,78, selon les sous-échelles (Moos et Moos, 1981). Pour l'échantillon de l'étude, les alphas de Cronbach varient entre 0,63 et 0,83.

Les antécédents de VRA sexuelle ont été mesurés à l'aide d'un item (présence ou absence) demandant si la personne a déjà été forcée par sa partenaire à s'engager dans une activité sexuelle contre son gré durant son adolescence. Les antécédents de VRA physique ont été mesurés par un item (présence ou absence) visant à savoir si le participant a déjà été giflé, brassé ou frappé dans le cadre d'une relation amoureuse durant son adolescence.

Les antécédents de violence physique et sexuelle commise dans les relations amoureuses ont été mesurés à l'aide d'un item chacun. Pour la violence physique commise, l'item demande si l'individu a déjà posé les actes suivants (gifler, brasser, frapper), sans inclure les situations dans lesquelles il se défendait, tandis que pour la violence sexuelle commise, il est demandé si la personne a déjà forcé une activité sexuelle contre le gré du partenaire. Un score dichotomique a été utilisé pour chacun (présence ou absence).

L'intensité de 21 symptômes dépressifs a été mesurée par l'Inventaire de dépression de Beck (BDI-I) (Beck, 1978; version française Bourque et Beaudette, 1982). Chaque item est répondu en choisissant, parmi quatre énoncés (allant de la neutralité au plus sévère), la manifestation spécifique de la dépression qui lui correspond le mieux au cours des sept derniers jours. Beck (1978) suggère les seuils cliniques suivants dans l'interprétation du score global soit : un score de 0 à 9 indique des symptômes minimes, un score de 10 à 16 indique des symptômes légers, un score de 17 à 29 des symptômes modérés et enfin, un score de 30 à 63 indique des symptômes sévères. Les scores continus ont été utilisés, où un score élevé indique de forts symptômes dépressifs. Pour l'instrument original, le coefficient alpha de Cronbach est de 0,86 et il est de 0,89 pour l'échantillon de l'étude actuelle.

L'intensité de 21 symptômes d'anxiété a été mesurée par l'Inventaire d'anxiété de Beck (BAI) (Beck, Epstein, Brown et Steer, 1988; version française Freeston, Ladouceur, Thibodeau, Gagnon et Rhéaume, 1994). Une échelle de Likert en quatre points (de « pas du tout » à « extrêmement, je pouvais à peine le supporter ») est utilisée pour indiquer à quel point les symptômes anxieux ont interféré avec la vie de la personne au cours de la dernière semaine. Aucun seuil clinique n'est disponible pour cet instrument. Les scores continus ont été utilisés, où un score élevé indique de forts symptômes anxieux. Pour l'instrument original, le coefficient alpha de Cronbach est de 0,92 et il est de 0,90 pour l'échantillon de l'étude actuelle.

L'estime de soi a été mesurée par une version abrégée de l'Échelle d'estime de soi (Rosenberg, 1965), traduite par Vallières et Vallerand (1990). Chacun des quatre items se répond sur une échelle de Likert en cinq points (de « me décrit très mal » à « me décrit très bien »), et le coefficient alpha de Cronbach est de 0,70 pour la version française originale et de 0,79 pour la présente étude. Un score élevé indique une forte estime de soi et il n'y a aucun seuil clinique proposé.

Les comportements délinquants ont été mesurés à l'aide de la sous-échelle d'adaptation sociale et personnelle du MASPAQ (Le Blanc, 1994). La mesure retenue indique la variété des gestes commis durant les 12 derniers mois (présence ou absence), soit la somme des réponses positives à 26 comportements (par exemple, vandalisme, vol, agressions). Un score élevé indique une plus forte variété de gestes délinquants. L'auteur de l'instrument ne fournit aucun seuil clinique ni aucun alpha de Cronbach. Le coefficient alpha de Cronbach est de 0,84 pour les adolescents de cette étude.

Variables situationnelles

La fréquence de consommation d'alcool et de drogues au cours de la dernière année a été mesurée à l'aide d'une sous-échelle modifiée provenant du MASPAQ (Le Blanc, 1994). La sous-échelle utilise quatre items, qui mesurent respectivement l'intoxication avec de la bière, du vin ou d'autres boissons fortes, la consommation de marijuana ou de haschich, la prise de stimulants ou d'hallucinogènes, et finalement la consommation de drogues dures. La fréquence catégorielle a été utilisée, à l'aide d'une échelle de Likert en quatre points (« jamais », « une ou deux fois », « plusieurs fois » et « très souvent »). Il n'existe aucun seuil clinique. Un score global plus élevé indique une fréquence de consommation de drogues ou d'alcool plus importante. Le coefficient alpha de Cronbach est de 0,69 pour les adolescents de cette étude.

Différentes facettes des habiletés sociales ont été mesurées à l'aide de la version enseignante du *Social Skills Rating System* de Gresham et Elliott (1990; version française Fortin, Royer, Marcotte, Potvin et Joly, 2001). Les 51 items sont complétés à l'aide d'une échelle de Likert de trois points (« jamais », « parfois » et « très souvent »). Trois échelles ont été utilisées, soit la coopération, l'affirmation de soi et le contrôle de soi. Les scores aux trois échelles représentent la moyenne des fréquences pour les items concernés, où un score élevé indique des habiletés sociales développées. Il n'existe aucun seuil clinique. Les coefficients alpha de Cronbach pour la présente étude sont de 0,92 pour la coopération, de 0,86 pour l'affirmation de soi et finalement, de 0,89 pour le contrôle de soi.

18.2.5 Stratégies d'analyse statistique

Les analyses ont été effectuées à l'aide du logiciel *Statistical Package for Social Sciences* (SPSS) version 17,0. Dans le cas de l'objectif 1, les prévalences de la VRA ont été calculées. Pour l'objectif 2, une procédure en deux étapes a été effectuée, et ce, pour chaque type de VRA. Afin de sélectionner les variables à considérer dans les analyses multivariées (seconde étape), la première étape consiste en des analyses univariées qui examinent si la relation entre chacune des variables indépendantes et chacune des variables dépendantes s'avère statistiquement significative, et ce, à $p < 0,05$. Pour la seconde étape, deux analyses de régression logistique par blocs hiérarchiques ont été réalisées pour prédire chacune des deux variables dépendantes soit la présence ou non de violence psychologique et la présence ou non de violence physique dans les relations amoureuses. L'utilisation d'une analyse de régression logistique par blocs hiérarchiques permet de choisir l'ordre d'entrée des variables au moment de l'analyse. Une analyse de régression est alors effectuée chaque fois qu'un nouveau bloc de variables est entré. Cette méthode permet, entre autres, de voir comment se comportent les variables d'un bloc par rapport aux variables d'un autre bloc. La séquence d'entrées des blocs de variables indépendantes se fait généralement sur la base d'un modèle théorique (Desjardins, 2005). Dans le cadre de notre étude, nous avons introduit un premier bloc incluant les variables situationnelles et fait l'analyse de régression, soit le modèle 1 (voir Tableau 18.3, page 453). Dans un deuxième temps, nous avons refait l'analyse de régression en introduisant le bloc des variables situationnelles et ensuite le bloc des variables antécédentes ce qui donne le modèle final de régression (voir Tableau 18.3, page 453). Nous avons choisi cet ordre d'entrée des blocs, car le modèle suppose que les variables situationnelles vont mieux prédire les variables dépendantes. En introduisant par la suite le 2e bloc de variables, cela permet de voir si les liens significatifs constatés lors du modèle 1 demeurent significatifs lorsque le bloc 2 de variables est considéré dans le modèle final. Ce type d'analyse de régression logistique permet de mieux comprendre le rôle des variables indépendantes entre elles. Les postulats de la régression logistique hiérarchique ont été vérifiés à savoir :

1. qu'il n'y a pas de multicolinéarité parfaite ou élevée et entre les variables indépendantes;

2. que chaque réponse provient de sujets indépendants;

3. que la taille de l'échantillon est suffisante (soit au moins 10 sujets par variable indépendante);

4. que l'échantillon est adéquat pour les variables indépendantes catégorielles, c'est-à-dire que lors de l'analyse univariée, le test de Chi carré était valide (aucune cellule n'avait moins d'une observation et un maximum de 20 % des cellules avait 5 observations ou moins);

5. il n'y avait pas de valeurs résiduelles extrêmes.

18.3 Résultats

18.3.1 Taux de prévalence

Les taux de prévalence annuelle sont présentés au Tableau 18.1. Nous constatons qu'environ le quart des jeunes hommes rapportent avoir vécu de la VRA physique et qu'il y a une légère baisse entre le T2 et le T3 (28,3 % vs 22,6 %). La VRA psychologique est moins souvent rapportée soit dans 12,5 % et 13,5 % des cas selon le temps de mesure. Environ 70 % des jeunes hommes ne rapportent aucune VRA au cours des 12 derniers mois selon le temps de mesure. Enfin, 9,9 % et 7,5 % des jeunes hommes, selon le temps de mesure, rapportent avoir subi les deux formes de VRA.

| Tableau 18.1 | Taux de prévalence annuelle (%) de la VRA physique et psychologique au cours des 12 derniers mois chez les jeunes hommes ayant eu une relation amoureuse au cours des 12 mois précédents | |

	T2	T3
Taux de prévalence	$n = 152$	$n = 133$
VRA physique	28,3 %	22,6 %
VRA psychologique	12,5 %	13,5 %
Aucune VRA	69,1 %	71,4 %
VRA physique seule	18,4 %	15,0 %
VRA psychologique seule	2,6 %	6,0 %
VRA physique et psychologique	9,9 %	7,5 %

18.3.2 Facteur de risque

Le Tableau 18.2 présente les associations significatives entre les différents facteurs de risque et chacune des formes de VRA subie, soit physique et psychologique, et ce, peu importe que la VRA ait été rapportée, au T2 ou T3. Pour la VRA physique, on retrouve huit variables antécédentes et une variable situationnelle qui lui sont significativement liées ($p < 0,05$).

Ainsi, les jeunes hommes qui déclarent avoir subi de la VRA physique comparativement aux jeunes hommes n'en ayant pas vécue, rapportaient au T1 : vivre dans une famille ayant une moins bonne cohésion et une moins bonne organisation familiale, avoir été plus souvent témoin de violence conjugale vécue par leur père, avoir vécu davantage d'abus physiques durant leur enfance, plus de symptômes dépressifs et anxieux, une plus faible estime de soi, davantage de comportements délinquants et enfin une plus grande consommation d'alcool/drogues.

Pour la VRA psychologique, quatre variables antécédentes et une variable situationnelle lui sont significativement liées (Tableau 18.2). Les jeunes hommes qui déclarent avoir subi de la VRA psychologique comparativement aux jeunes hommes n'en ayant pas vécue, rapportaient au T1 : vivre dans une famille ayant une moins bonne capacité d'expression familiale, avoir vécue davantage de VRA physique durant l'adolescence, plus de symptômes anxieux, davantage de comportements délinquants et enfin une plus grande consommation d'alcool/drogues. En somme, les jeunes hommes victimes de VRA présentent un profil plus détérioré concernant les facteurs de risque comparativement aux jeunes hommes non victimes.

Tableau 18.2	Corrélations entre les facteurs de risque et la VRA physique et psychologique rapportées aux T2 ou T3	
	VRA Physique	**VRA Psychologique**
Variables antécédentes		
Cohésion familiale	−0,24**	−0,02
Expression familiale	−0,17	−0,21*
Conflits familiaux	0,15	0,05
Organisation familiale	−0,26**	0,00
Contrôle familial	−0,06	0,20
Mère victime de violence conjugale	0,09	0,05
Père victime de violence conjugale	0,21*	0,05
Antécédents de VRA sexuelle commise	0,02	−0,05
Antécédents de VRA physique commise	0,2	0,07
Antécédents de VRA sexuelle	0,15	0,11
Antécédents de VRA physique	0,12	0,21*
Abus physique par les parents	0,19*	0,13
Agression sexuelle dans l'enfance	0,16	0,02
Symptômes dépressifs	0,18*	0,17
Symptômes anxieux	0,30**	0,21*
Estime de soi	−0,18*	−0,14
Comportements délinquants	0,23**	0,22*
Variables situationnelles		
Consommation (alcool et drogues)	0,18*	0,22*
Habiletés sociales : Coopération	−0,10	−0,03
Habiletés sociales : Contrôle de soi	−0,04	−0,06
Habiletés sociales : Affirmation de soi	−0,10	0,05

Note. $* p < 0{,}05$, $** p < 0{,}01$, $*** p < 0{,}001$

Le Tableau 18.3 présente les résultats des analyses de régression par blocs hiérarchiques pour la VRA physique et psychologique. Seules les variables significatives dans les analyses univariées ont été utilisées dans les analyses de régression. La régression fournit un modèle significatif final expliquant 23,5 % de la variance totale de la VRA physique subie. Lorsque seules les variables situationnelles sont considérées (modèle 1), une fréquence plus élevée de consommation d'alcool ou de drogues prédit la VRA physique ($Exp(B) = 2{,}07$, $p < 0{,}05$) et explique 5,3 % de la variance. Dans le modèle final, qui considère également les variables antécédentes, l'effet significatif de la consommation d'alcool et de drogues disparaît ($Exp(B) = 1{,}35$, $p > 0{,}05$). Deux variables antécédentes prédisent la VRA physique, soit un nombre plus élevé de symptômes anxieux ($Exp(B) = 1{,}10$, $p < 0{,}05$) et le fait d'avoir été témoin d'au moins un incident où le père a été victime de violence conjugale ($Exp(B) = 4{,}62$, $p < 0{,}05$). Une plus grande variété de comportements délinquants atteint presque le seuil de signification ($Exp(B) = 1{,}19$, $p = 0{,}056$) et a été conservée dans le modèle final.

La deuxième régression, concernant cette fois la VRA psychologique, fournit un modèle final significatif, tel que présenté au Tableau 18.3. En considérant uniquement l'impact des variables situationnelles (modèle 1), une fréquence plus élevée de consommation d'alcool ou de drogues prédit la VRA psychologique (*Exp(B)* = 2,46, *p* < 0,05) et explique 7,3 % de la variance. L'effet significatif de cette variable demeure à l'ajout des variables antécédentes (modèle final). Une moins bonne expression des sentiments à l'intérieur de la famille prédit significativement la VRA psychologique (*Exp(B)* = 0,96, *p* < 0,05), pour une variance totale expliquée de 12,3 % pour le modèle final.

Tableau 18.3 — **Régressions logistiques hiérarchiques des facteurs de risque de la VRA (T2 ou T3) physique (*n* = 129) et psychologique (*n* = 120)**

	VRA physique			
	Modèle 1		Modèle final	
	B (E.S.)	*Exp(B)*	*B* (E.S.)	*Exp(B)*
Bloc 1 – Variables situationnelles				
Cons. d'alcool/drogues	0,727 (0,33)	2,070*	0,299 (0,39)	1,349
Bloc 2 – Variables antécédentes				
Symptômes anxieux			0,091 (0,03)	1,095**
Témoin de père victime de VC			1,529 (0,73)	4,615*
Comportements délinquants			0,174 (0,09)	1,191
X2	5,153*		24,762***	
Pseudo-R (Nagelkerke)	0,053		0,235	

Note. *p* ≤ 0,05; ** : *p* ≤ 0,01; *** : *p* ≤ 0,001.

	VRA psychologique			
	Modèle 1		Modèle final	
	B (E.S.)	*Exp(B)*	*B* (E.S.)	*Exp(B)*
Bloc 1 – Variables situationnelles				
Cons. d'alcool/drogues	0,899 (0,37)	2,457*	0,894 (0,38)	2,445*
Bloc 2 – Variables antécédentes				
Expression des sentiments dans la famille			−0,042 (0,02)	0,959*
X2	6,062*		10,444*	
Pseudo-R2 (Nagelkerke)	0,073		0,123	

Note. *p* ≤ 0,05.

18.4 Discussion

18.4.1 Taux de prévalence

Un objectif de l'étude visait à déterminer les taux de prévalence annuelle de la VRA physique et psychologique subie par les jeunes hommes adultes. À cet effet, les résultats indiquent qu'une proportion importante de ces jeunes hommes rapportent de la violence physique (28,3 % et 22,6 % selon le temps de mesure) ou psychologique (12,5 % et 13,5 % selon le temps de mesure). Les taux de VRA physique apparaissent légèrement plus élevés que ceux rapportés par Hines (2007) dans le cadre d'une vaste enquête internationale auprès d'étudiants masculins universitaires. En effet, dans cette étude, on retrouve les taux de VRA physique mineure et sévère pour six échantillons universitaires canadiens dont l'âge moyen des jeunes adultes se situe entre 19,8 ans et 23,7 ans. Dans ces six échantillons, le taux de VRA physique mineure varie de 6,3 % à 20,6 %. Bien que nous ayons une définition semblable dans notre étude (c'est-à-dire au moins 1 acte de violence au cours des 12 derniers mois), nos taux sont plus élevés. Cette différence pourrait s'expliquer par le fait :

1. que l'âge moyen de notre échantillon est légèrement plus bas et que nous savons que la prévalence diminue avec l'augmentation de l'âge (Capaldi et al., 2012);

2. que notre échantillon est constitué en partie d'étudiants de niveau secondaire, collégial et de jeunes qui ne fréquentent plus l'école alors que les échantillons de Hines concernent tous des étudiants universitaires.

Ces derniers sont moins à risque de vivre de la VFA selon Hines (2007). Nos taux se situent toutefois à l'intérieur de l'intervalle des taux rapportés par Offenhauer et Buchalter (2011) dans leur recension des écrits sur la VRA physique chez les adolescents. Ces auteurs soulignent que selon les études recensées, de 10 à 40 % des adolescents rapportent de la VRA physique, les taux de VRA physique subie par les gars et les filles étant similaires. Pour leur part, Leen, Sorbring, Mawer, Holdsworth, Helsing et Bowen (2013) concluent de leur recension sur la prévalence de la VRA physique vécue par les adolescents que les taux se situent principalement entre 10 à 20 % dans des échantillons provenant de populations générales.

Les taux de VRA psychologique de notre étude sont parmi les plus bas lorsque l'on compare à ceux des autres écrits. Par exemple, Nowinski et Bowen (2012), dans leur recension des écrits, rapportent des taux variant de 20 % à 93 % chez les hommes adultes. Ce grand écart entre les études est lié à des différences au niveau de la définition de la relation amoureuse (par exemple, inclus ou non les relations homosexuelles, concerne uniquement la dernière relation amoureuse plutôt que toutes les relations amoureuses, etc.), au niveau de la mesure de la VRA psychologique (par exemple, le nombre d'items utilisés, le fait d'utiliser ou non un instrument standardisé, etc.) et l'échantillon à l'étude (par exemple, un échantillon de convenance versus un échantillon représentatif, un échantillon clinique plutôt que populationnel, etc.) (Leen et al., 2013; Offenhauer et Buchalter, 2011). Le taux plus faible obtenu dans notre étude est possiblement attribuable en partie à une définition plus stricte de la VRA psychologique. Rappelons qu'un seuil de 14 et plus à l'échelle de VRA psychologique a été choisi alors que dans certaines études, la VRA psychologique est définie comme une réponse positive à au moins un item sur l'ensemble des items mesurant la VRA psychologique, ce qui donne des taux plus élevés (50 % : Gover, Kaukinen et Fox, 2008; 87 % : Harned, 2002).

Un autre résultat de notre étude qui va à l'encontre de ce que nous retrouvons généralement dans les écrits est le fait que les taux de VRA physique soient presque le double de ceux de la VRA psychologique. De façon générale, les taux de VRA psychologique sont toujours plus élevés que ceux de la VRA physique. Dans leur recension des études sur la prévalence de la VRA vécue par les hommes (18 ans et plus), Nowinski et Bowen (2012) concluent que la prévalence de la VRA psychologique est de loin la plus fréquente comparativement à la VRA physique. Les mêmes conclusions sont tirées de la recension des écrits d'Offenhauer et Buchalter (2011) concernant la VRA chez les adolescents où les taux de prévalence sont plus élevés pour la VRA psychologique que physique. Encore ici ce résultat pourrait s'expliquer par l'utilisation d'un seuil plus sévère pour définir la VRA psychologique dans notre étude.

18.4.2 Facteur de risque

Un second objectif de l'étude était de mieux comprendre les facteurs de risque de la VRA physique et psychologique chez les jeunes hommes. Concernant la VRA psychologique, à peine 12 % de la variance totale est expliquée par le modèle proposé. Ainsi, malgré l'utilisation d'un modèle conceptuel pour identifier les variables, l'ajout de variables sur une base empirique, ainsi qu'un nombre important de facteurs de risque, une partie significative de la VRA demeure inexpliquée suggérant que d'autres facteurs interviendraient. Toutefois, la consommation d'alcool et de drogues s'avère un des facteurs qui prédit la VRA psychologique, en plus de jouer un rôle dans le premier modèle pour la VRA physique. Dans une revue des écrits portant sur l'effet spécifique de la consommation d'alcool ou de drogues sur la victimisation de jeunes hommes collégiens, Shorey et al. (2011) confirment l'association entre la victimisation (que ce soit physique ou psychologique) et la consommation d'alcool chez les jeunes hommes. Dans le contexte des relations amoureuses, ces auteurs soulignent que la consommation d'alcool ou de drogues pourrait diminuer la capacité de la victime à identifier les indices de violence imminente, ou encore diminuer la capacité à se défendre. Une autre hypothèse serait que ce n'est pas tant la propre consommation de la victime qui la placerait à risque, mais plutôt le fait de consommer en présence d'un partenaire qui consomme également, ce qui pourrait rendre le partenaire plus agressif et susceptible d'agresser l'autre partenaire, et ce, puisque la consommation d'alcool et de drogues est également un facteur de risque de commettre de la VRA (Shorey et al., 2011).

Le second facteur prédisant la VRA psychologique est la présence d'une moins bonne expression des sentiments dans la famille. Une hypothèse explicative serait que par l'entremise des interactions familiales (et plus spécifiquement les interactions familiales entourant l'expression des sentiments), l'enfant acquiert des modèles d'interactions avec les autres qui influencent ses attitudes, ses comportements et son fonctionnement émotionnel. Puisque les individus ont tendance à chercher et à construire des environnements qui leur permettent de recréer leurs expériences à l'enfance, il y aurait continuité des patrons d'interactions appris à l'enfance et durant l'adolescence dans les relations amoureuses au début de l'âge adulte (Caspi, Bem et Elder, 1989). Ainsi, une moins bonne capacité d'expressions des sentiments pourrait être à la source de conflits dans le couple et éventuellement de VRA psychologique entre les partenaires.

Concernant les facteurs de risque de la VRA physique chez les jeunes hommes, le modèle de prédiction explique 23,5 % de la variance. La présence de symptômes anxieux augmente les risques d'être victime de VRA physique. Ehrensaft et al. (2006) obtiennent un résultat semblable. Ils rapportent que la présence d'un désordre d'anxiété clinique (incluant la phobie sociale, l'anxiété généralisée, le trouble panique, la phobie, etc.) à l'âge de 18 ans chez les jeunes hommes était corrélée au fait d'être victime de VRA physique entre 24 et 26 ans. Plus précisément, les jeunes hommes ayant un désordre d'anxiété à 18 ans étaient 2,4 fois plus à risque d'être impliqué dans une relation amoureuse violente physiquement que les jeunes hommes sans désordre d'anxiété. Dans le cadre de cette étude, les auteurs soulignent qu'une proportion des hommes victimes avait également commis de la VRA physique envers leur partenaire (Ehrensaft et al., 2006). Une première hypothèse pouvant expliquer le rôle de l'anxiété comme facteur de risque de la VRA physique subie serait que l'anxiété présente à la fin de l'adolescence soit une manifestation des expériences négatives vécues durant l'enfance ou à l'adolescence tels que les mauvais traitements dans l'enfance, le fait d'être témoin de violence conjugale dans sa famille, l'intimidation ou la VRA vécue durant l'adolescence. Plusieurs auteurs ont montré que l'anxiété représente une des conséquences de ces victimisations durant l'enfance (Caldwell, Swan et Woodbrown, 2012; Espelage et Holt, 2007; Evans, Davies et DiLillo, 2008; Wright,

Crawford et Del Castillo, 2009; Wolfe, Crooks, Lee, McIntyre-Smith et Jaffe, 2003; Wolfe, Scott, Wekerle et Pittman, 2001). L'anxiété pourrait alors être une variable médiatrice entre ces diverses expériences de victimisation d'une part et d'autre part, la VRA vécue au début de l'âge adulte. Cette hypothèse semble prometteuse, car elle pourrait expliquer pourquoi les abus physiques, qui étaient associés significativement à la VRA physique lors des analyses univariées, se sont avérées non significatifs dans les analyses multivariées une fois l'introduction de la variable anxiété.

Une seconde hypothèse pouvant expliquer le rôle de l'anxiété serait que celle-ci représente un facteur de risque de la VRA commise par les hommes, ce qui a été montré par plusieurs études (Follingstad, Bradley, Helff et Laughlin, 2002; Follingstad, Bradley, Laughlin et Burke, 1999; Kendra, Bell et Guimond, 2012). Ces auteurs soulignent qu'une hypothèse serait que l'anxiété d'attachement ressentie par ces hommes les amènerait à vouloir contrôler leur partenaire, ce qui réduirait leur anxiété. Il a également été rapporté par un certain nombre d'études qu'il existerait une cooccurrence importante entre le fait de subir et d'infliger de la VRA (Haynie et al., 2013; Offenhauer et Buchalter, 2011; O'Leary, Smith Slep, Avery-Leaf et Cascardi, 2008). Dans le cas des hommes, certains auteurs soulignent que la VRA commise par les femmes envers leur partenaire pourrait être une réponse défensive à la violence commise par les hommes (Nowinski et Bowen, 2012). Une partie des hommes victimes pourrait alors être victime parce que la violence commise envers leur partenaire entraînerait de la violence de la part de cette dernière comme moyen de se défendre. L'anxiété pourrait donc être associée à la VRA physique subie, mais aussi avec la VRA physique commise. Il faut toutefois noter que dans notre étude, les antécédents de VRA commise durant l'adolescence par les jeunes hommes ne s'avèrent associés à aucune forme de victimisation dans les VRA.

Un autre résultat important de cette étude est que le fait d'avoir été témoin de violence conjugale où le père était victime prédit le risque de VRA physique subie, ce qui est en accord avec la théorie de l'apprentissage social et de la transmission intergénérationnelle (Jouriles, McDonald, Rosenfield, Stephens, Corbitt-Shindler et Miller, 2009; Langhinrichsen-Rohling, Hankla et Stromberg, 2004; O'Leary, 1988). Une seule étude a exploré spécifiquement ce lien auprès d'un échantillon d'hommes. Craft et Serovich (2005) ont démontré auprès d'un échantillon d'hommes homosexuels et atteints du VIH, que ceux qui avaient été témoins de violence conjugale de leur mère envers leur père étaient plus à risque de vivre de la VRA sexuelle et physique à l'âge adulte. Par contre, plusieurs études ont montré que les enfants exposés à la violence conjugale sont à risque de développer des problèmes d'anxiété, de dépression, d'abus de substances et des problèmes de comportements extériorisés qui peuvent les amener à avoir des comportements violents ou à être impliqués soit comme victime soit comme agresseur dans de la violence conjugale à l'âge adulte (Evans et al., 2008; Fergusson et Horwood, 1998; Kitzmann, Gaylord, Holt et Kenny, 2003; Wolfe et al., 2003). Ces conséquences sont également des facteurs de risque de la VRA subie et elles pourraient expliquer en partie pourquoi des jeunes hommes sont à risque de vivre de la VRA au début de l'âge adulte. Toutefois, nos résultats sont intéressants puisqu'ils montrent que le fait d'être témoin de violence conjugale subie par leurs pères représente un facteur de risque malgré le fait que l'anxiété, l'abus de substances et la délinquance soient également considérés dans les analyses de régression. Il y aurait donc un risque spécifique et unique associé à ce facteur de risque qui ne s'expliquerait pas par les conséquences que nous avons identifiées. Selon le modèle de la transmission intergénérationnelle de la violence (Stith, Rosen, Middleton, Busch, Lundeberg et Carlton, 2000), un enfant exposé à la violence apprend qu'il s'agit d'une façon acceptable et efficace de résoudre les conflits et que la violence peut être tolérée, voire même qu'il s'agit d'une réponse normative. Par l'entremise de ces modèles, l'enfant peut donc apprendre qu'il est acceptable de subir ou commettre de la violence et ainsi développer des façons non adaptées d'entrer en relation avec les autres (Tyler, Brownridge et Melander, 2011). Dans un contexte de relations amoureuses, les risques de conflits et de VRA sont alors augmentés en raison de moins bonnes capacités de résolution de problèmes ou de communication, une faible capacité de contrôle de soi ou d'expression de ses besoins (Keenan-Miller et al., 2007; Lewis et Fremouw, 2001).

Dans la présente étude, les comportements délinquants sont associés à la VRA physique chez les jeunes hommes, sans que leur contribution au-delà des autres facteurs considérés ne soit significative ($p = 0,056$). Fort probablement qu'une plus grande puissance statistique aurait permis d'atteindre le seuil de signification. Plusieurs études ont trouvé un lien entre les troubles de comportements (délinquance, comportements déviants, problèmes de comportements, etc.) et la VRA subie ou commise (Kim et Capaldi, 2004; Lohman et al., 2013; Woodward et al., 2002). Certains auteurs, dont Moffitt (1993), suggèrent qu'il existe un processus de continuité des tendances agressives au cours du développement de l'enfant et que l'enfant qui est exposé à de moins bonnes relations avec ses parents développerait des comportements délinquants (Tyler et al., 2011). Cette continuité des tendances agressives affecterait ses relations futures qui se caractériseraient par des relations de couple moins satisfaisantes, plus instables, et dans lesquelles la gestion des conflits serait moins efficace (Woodward et al., 2002). Malgré que cette hypothèse n'ait pas été vérifiée spécifiquement dans cette étude, l'impact des problèmes de comportement ne peut être ignoré lorsqu'il s'agit d'explorer les facteurs de risque de la VRA.

18.4.3 Forces et limites

La présente étude comporte certaines forces méthodologiques. Au niveau de la validité interne, l'utilisation d'un devis longitudinal a permis de cerner efficacement les facteurs de risque, et conduit à une meilleure connaissance du phénomène. L'inclusion des deux types de VRA contribue également à l'avancement des connaissances, en faisant ressortir les facteurs de risque spécifiques à l'une ou l'autre des formes de violence. L'utilisation d'une mesure de la VRA reconnue comme présentant de bonnes propriétés psychométriques (Exner-Cortens et al., 2016) représente également une force de l'étude. Du point de vue de la validité externe, l'utilisation d'un échantillon populationnel composé de jeunes hommes adultes permet d'aller au-delà des échantillons composés uniquement d'étudiants (du secondaire, du collégial ou de l'université), fréquemment retrouvés dans ce champ d'études offrant ainsi une meilleure validité externe. Enfin, l'adoption d'un modèle théorique ainsi que l'inclusion de variables sur une base empirique constituent également une force, couvrant un éventail plus vaste de facteurs de risque.

Certaines limites doivent toutefois être relevées en ce qui concerne la conception de l'étude et dans ce sens, les prochaines études devraient chercher à mieux contextualiser la VRA, c'est-à-dire mieux cerner la violence elle-même et les éléments présents au moment où elle se produit. En documentant mieux les épisodes de violence, il serait alors plus facile d'identifier les facteurs de risque. Plus spécifiquement, ceci implique un ensemble d'éléments, dont le fait :

1. de mesurer autant la VRA commise que subie à l'intérieur d'une même relation amoureuse et d'un même épisode de VRA;

2. d'étudier le couple, c'est-à-dire d'inclure les deux membres du couple dans l'étude;

3. de tenir compte du contexte de la VRA dont la fréquence, le niveau de sévérité, les conséquences et la réciprocité de la violence.

Plus spécifiquement concernant les variables situationnelles, une limite importante est que celles-ci ne sont pas mesurées directement dans les moments qui précèdent un épisode de violence. Dans la grande majorité des études actuelles comme dans la nôtre, elles sont mesurées avant la VRA sans que l'on puisse savoir si elles interviennent spécifiquement dans les épisodes de VRA. Par exemple, il n'est pas possible de déterminer si la consommation d'alcool est survenue juste avant l'épisode de VRA. De plus, notre étude comportait peu de variables situationnelles comparativement aux variables antécédentes, limitant les possibilités de bien distinguer l'impact des contextes sur les risques de vivre de la VRA. L'ajout de variables pour mieux caractériser la relation amoureuse (durée, niveau d'engagement, sexe des partenaires, etc.) et les contextes qui précèdent la VRA représenteraient une amélioration importante. Enfin, certaines variables antécédentes comme les valeurs et attitudes vis-à-vis les stéréotypes sexuels, l'association à des pairs déviants et le style d'attachement devraient également être considérées puisqu'elles ont été montrées comme associées à la VRA dans des études antérieures et qu'elles sont considérées dans certains modèles théoriques (Capaldi et al., 2012; Cornelius et Resseguie, 2007; Costa et al., 2015; Exner-Cortens, 2014).

18.4.4 Les implications cliniques de l'étude

Compte tenu de la prévalence des formes de VRA subie par les jeunes hommes, et comme le sug-gèrent Capaldi et al. (2012), des efforts doivent être fait afin de sensibiliser le public à cette pro-blématique chez cette population puisque jusqu'à maintenant les efforts ont surtout porté sur la réduction de la VRA subie par les jeunes femmes et de la VRA commise par les jeunes hommes. Le dépistage précoce de ces jeunes représente un élément important afin d'identifier et d'aider les hommes victimes. Ce dépistage servirait par la suite à orienter ces jeunes vers des services leur per-mettant de faire cesser cette violence et si nécessaire de recevoir des services thérapeutiques en lien avec les conséquences potentielles.

La prévention de la VRA chez les jeunes hommes ou les adolescents représente également une autre piste d'intervention. Dès l'adolescence, les jeunes bénéficieraient tout particulièrement d'ateliers leur permettant de développer leurs connaissances sur les diverses formes de violence ainsi que d'entamer une réflexion sur ce que constitue une relation de couple saine. Plusieurs programmes de prévention dite primaire (c.-à-d. avant que les adolescents ne soient victimes de VRA) ont été mis en place en Amérique du Nord (Offenhauer et Buchalter, 2011). Ces programmes visent principalement à prévenir la VRA en augmentant les connaissances sur la VRA, les stratégies de recherche d'aide, les habiletés de résolution de problèmes et de communications interpersonnelles. Ces programmes visent aussi à réduire les attitudes et comportements favorisant l'usage de la violence ou les rapports inégaux entre les hommes et les femmes. Offenhauer et Buchalter (2011) soulignent que plusieurs évaluations de programme ont montré que certains programmes s'avéraient efficaces à augmen-ter les connaissances et changer les attitudes et croyances alors que quelques études évaluatives démontrent également des effets positifs au niveau de la diminution de la VRA commise ou subie. Au Québec, un programme de prévention, le programme VIRAJ, est implanté depuis plus de 25 ans dans les écoles secondaires auprès de jeunes âgés de 14 à 17 ans. Des études évaluatives montrent qu'il est efficace pour augmenter les connaissances sur la violence au sein du couple et pour diminuer les attitudes concernant la violence telles que celles favorisant les stéréotypes sexuels ou l'usage de la force dans la résolution de conflits (Lavoie, Vezina, Piché et Boivin, 1995; Lavoie, Boivin, Trotta et Perron, 2011; Trotta, Lavoie, Perron et Boivin, 2011). Nos résultats suggèrent qu'une attention par-ticulière pourrait être portée tant au niveau de la prévention que du traitement en ce qui concerne la consommation d'alcool/drogues et la délinquance, telle que suggérée par Capaldi et al. (2012) qui, suite à leur recension systématique des écrits sur les facteurs de risque de la VRA physique et sexuelle, recommandaient que :

> As IPV is associated with deviant peer association, conduct problems, and substance use, pre-vention and treatment programs addressing these issues for adolescents and young adults should consider adding an IPV prevention component. This would be a cost effective way of addressing IPV prevention (p. 267).

En termes de prévention, nos résultats suggèrent également que les enfants témoins de violence conjugale devraient recevoir des services thérapeutiques. Comme nous l'avons mentionné précé-demment, le fait que les enfants soient témoin de violence conjugale peut entraîner plusieurs consé-quences qui les place à risque d'être impliqués dans des situations de VRA, par exemple les troubles de comportements intériorisés et extériorisés (Evans et al., 2008). MacMillan et Wathen (2014) pré-sentent quelques traitements, s'adressant aux mères victimes et leurs enfants, ayant démontré leur efficacité à réduire les séquelles de la violence conjugale sur les enfants. Un de ces programmes est le *Project Support* qui vise à réduire les troubles de la conduite chez les enfants via l'amélioration de la relation mère/enfant et l'amélioration des pratiques éducatives visant à mieux gérer les comportements inadéquats de l'enfant. Ce programme a été évalué de façon rigoureuse et s'avère efficace à réduire les troubles de la conduite chez l'enfant (Jouriles et al., 2009; McDonald, Jouriles et Skopp, 2006). Des adaptations seraient toutefois nécessaires afin de considérer aussi la victimisation conjugale subie par les pères dans ce type de programme. Enfin, d'autres types de programmes visant à prévenir ou traiter les problèmes d'alcool/drogues, la délinquance ou l'anxiété sont également des éléments pouvant contribuer à la réduction de la VRA subie par les jeunes hommes.

Références

Ackard, D. M., Eisenberg, M. E. et Neumark-Sztainer, D. (2007). Long-term impact of adolescent dating violence on the behavioral and psychological health of male and female youth. *Journal of Pediatrics, 151* (5), 476-481.

Beck, A. T. (1978). *Depression Inventory*. Philadelphia, PA: Center for Cognitive Therapy.

Beck, A. T., Epstein, N., Brown, G. et Steer, R. A. (1988). An inventory for measuring clinical anxiety: Psychometric properties. *Journal of Consulting and Clinical Psychology, 56* (6), 893-897.

Boivin, S., Lavoie, F., Hébert, M. et Gagné, M.-H. (2014). Victimisations antérieures et violence subie lors des fréquentations : effet médiateur de la détresse psychologique et de l'hostilité. *Revue canadienne des sciences du comportement, 46* (3), 427-435.

Bourque, P. et Beaudette, D. (1982). Étude psychométrique du questionnaire de dépression de Beck auprès d'un échantillon d'étudiants universitaires francophones. *Revue canadienne des sciences du comportement, 14* (3), 211-218.

Breiding, M. J., Basile, K. C., Smith, S. G., Black, M. C. et Mahendra, R. R. (2015). *Intimate partner violence surveillance: Uniform definitions and recommended data elements, Version 2.0*. Atlanta, GA: National Center for Injury Prevention and Control, Centers for Disease Control and Prevention.

Caldwell, J. E., Swan, S. C. et Woodbrown, V. D. (2012). Gender differences in intimate partner violence outcomes. *Psychology of Violence, 2* (1), 42-57.

Capaldi, D. M., Knoble, N. B., Shortt, J. W. et Kim, H. K. (2012). A systematic review of risk factors for intimate partner violence. *Partner Abuse, 3* (2), 231-280.

Carver, K., Joyner, K. et Udry, J. R. (2003). National estimates of adolescent romantic relationships. Dans P. Florsheim (dir.), *Adolescent romantic relations and sexual behavior: Theory, research, and practical implications* (pp. 23-56). Mahwah, NJ: Lawrence Erlbaum Associates.

Caspi, A., Bem, D. J. et Elder, G. H. (1989). Continuities and consequences of interactional styles across the life course. *Journal of Personality, 57* (2), 375-406.

Chen, P. H. et White, H. R. (2004). Gender differences in adolescent and young adult predictors of later intimate partner violence: A prospective study. *Violence against Women, 10* (11), 1283-1301.

Cornelius, T. L. et Resseguie, N. (2007). Primary and secondary prevention programs for dating violence: A review of the literature. *Aggression and Violent Behavior, 12*, 364-375.

Costa, B. M., Kaestle, C. E., Walker, A., Curtis, A., Day, A., Toumbourou, J. W. et Miller, P. (2015). Longitudinal predictors of domestic violence perpetration and victimization: A systematic review. *Aggression and Violent Behavior, 24*, 261-272.

Craft, S. M. et Serovich, J. M. (2005). Family-of-origin factors and partner violence in the intimate relationships of gay men who are HIV positive. *Journal of Interpersonal Violence, 20* (7), 777-791.

Cui, M., Ueno, K., Gordon, M. et Fincham, F. D. (2013). The continuation of intimate partner violence from adolescence to young adulthood. *Journal of Marriage and the Family, 75* (2), 300-313.

Desjardins, J. (2005). L'analyse de régression logistique. Tutorial in *Quantitative Methods for Psychology*, 1 (1), 35-41. doi : 10.20982/tqmp.01.1.p035.

Dube, S. R., Anda, R. F., Felitti, V. J., Edwards, V. J. et Williamson, D. F. (2002). Exposure to abuse, neglect, and household dysfunction among adults who witnessed intimate partner violence as children: Implications for health and social services. *Violence and Victims. 17* (1), 3-17.

DuRant, R., Champion, H., Wolfson, M., Morrow, O., McCoy, T., D'Agostino, R. B., Wagoner, K. et Mitra, A. (2007). Date fighting experiences among college students: Are they associated with other health-risk behaviors? *Journal of American College Health, 55*, 291-296.

Ehrensaft, M. K., Cohen, P., Brown, J., Smailes, E., Chen, H. et Johnson, J. G. (2003). Intergenerational transmission of partner violence: A 20-year prospective study. *Journal of Consulting and Clinical Psychology, 71* (4), 741-753.

Ehrensaft, M., Moffitt, T. et Caspi, A. (2006). Is domestic violence followed by an increased risk of psychiatric disorders among women but not among men? A longitudinal cohort study. *American Journal of Psychiatry, 163* (5), 885-892.

Espelage, D. L. et Holt, M. K. (2007). Dating violence and sexual harassment across the bully-victim continuum among middle and high school students. *Journal of Youth and Adolescence, 36*, 799-811.

Evans, S. E., Davies, C. et DiLillo, D. (2008). Exposure to domestic violence: A meta-analysis of child and adolescent outcomes. *Aggression and Violent Behavior, 13* (2), 131-140.

Exner-Cortens, D. (2014). Theory and teen dating violence victimization: Considering adolescent development. *Developmental Review, 34*, 168-188.

Exner-Cortens, D., Eckenrode, J. et Rothmans, E. (2013). Longitudinal associations between teen dating violence victimization and adverse health outcomes. *Pediatrics, 131* (1), 71-78.

Exner-Cortens, D., Gill, L. et Eckenrode, J. (2016). Measurement of adolescent dating violence: A comprehensive review (Part 1, behaviors). *Aggression and Violent Behavior, 27*, 64-78.

Fergusson, D. M. et Horwood, L. J. (1998). Exposure to interparental violence in childhood and psychosocial adjustment in young adulthood. *Child Abuse & Neglect, 22* (5), 339-357.

Follingstad, D. R., Bradley, R. G., Helff, C. M. et Laughlin, J. E. (2002). A model for predicting dating violence: Anxious attachment, angry temperament, and need for relationship control. *Violence and Victims, 17*, 35-47.

Follingstad, D. R., Bradley, R. G., Laughlin, J. E. et Burke, L. (1999). Risk factors and correlates of dating violence: The relevance of examining frequency and severity levels in a college sample. *Violence and Victims, 14*, 365-380.

Follingstad, D. R., Rutledge, L. L., Berg, B. J., Hause, E. S. et Polek, D. S. (1990). The role of emotional abuse in physically abusive relationships. *Journal of Family Violence, 5* (2), 107-120.

Fortin, L., Marcotte, D., Royer, É. et Potvin, P. (2005). Facteurs personnels, scolaires et familiaux différenciant les garçons en problèmes de comportement du secondaire qui ont décroché ou non de l'école. *Nouveaux cahiers de la recherche en éducation, 8* (2), 79-88.

Fortin, L., Royer, E., Marcotte, D., Potvin, P. et Joly, J. (2001). Épreuves de validité d'une mesure d'habiletés sociales auprès d'adolescents québécois à l'école secondaire. *Psychologie et psychométrie, 22* (1), 23-43.

Foshee, V. A., Benefield, T. S., Ennett, S. T., Bauman, K. E. et Suchindran, C. (2004). Longitudinal predictors of serious physical and sexual dating violence victimization during adolescence. *Preventive Medicine, 39* (5), 1007-1016.

Freeston, M. H., Ladouceur, R., Thibodeau, N., Gagnon, F. et Rhéaume, J. (1994). L'Inventaire d'anxiété de Beck : propriétés psychométriques d'une traduction française. *L'Encéphale : revue de psychiatrie clinique biologique et thérapeutique, 20* (1), 47-55.

Gómez, A. M. (2011). Testing the cycle of violence hypothesis: Child abuse and adolescent dating violence as predictors of intimate partner violence in young adulthood. *Youth and Society, 43* (1), 171-192.

Gover, A. R., Kaukinen, C. et Fox, K. A. (2008). The relationship between violence in the family of origin and dating violence among college students. *Journal of Interpersonal Violence, 23* (12), 1667-1693.

Gresham, F. M. et Elliott, S. N. (1990). The Social Skills Rating System. Circle Pines, MN: American Guidance Service.

Gross, A. B. et Keller, H. R. (1992). Long-term consequences of childhood physical and psychological maltreatment. *Aggressive Behavior, 18* (3), 171-185.

Harned, M. S. (2002). A multivariate analysis of risk markers for dating violence victimization. *Journal of Interpersonal Violence, 17* (11), 1179-1197.

Haynie, D. L., Farhat, T., Brooks-Russell, A., Wang, J., Barbieri, B. et Iannotti, R. J. (2013). Dating violence perpetration and victimization among US adolescents: Prevalence, patterns, and associations with health complaints and substance use. *Journal of Adolescent Health, 53* (2), 194-201.

Hickman, L. J., Jaycox, L. H. et Aronoff, J. (2004). Dating violence among adolescents: Prevalence, gender distribution and prevention program effectiveness. *Trauma Violence Abuse, 5* (2), 123-142.

Hines, D. A. (2007). Posttraumatic stress symptoms among men who sustain partner violence: An international multisite study of university students. *Psychology of Men and Masculinity, 8* (4), 225-239.

Hines, D. A. et Malley-Morrison, K. (2001). Psychological effects of partner abuse against men: A neglected research area. *Psychology of Men and Masculinity, 2* (2), 75-85.

Jouriles, E. N., McDonald, R., Rosenfield, D., Stephens, N., Corbitt-Shindler, D. et Miller, P. C. (2009). Reducing conduct problems among children exposed to intimate partner violence: A randomized clinical trial examining effects of Project Support. *Journal of Consulting and Clinical Psychology, 77*, 705-717.

Kaukinen, C., Powers, R. A. et Meyer, S. (2016) Estimating Canadian childhood exposure to intimate partner violence and other risky parental behaviors. *Journal of Child Custody, 13* (2-3), 199-218.

Keenan-Miller, D., Hammen, C. et Brennan, P. (2007). Adolescent psychosocial risk factors for severe intimate partner violence in young adulthood. *Journal of Consulting and Clinical Psychology, 75* (3), 456-463.

Kendra, R., Bell, K. M. et Guimond, J. M. (2012). The impact of child abuse history, PTSD symptoms, and anger arousal on dating violence perpetration among college women. *Journal of Family Violence, 27*, 165-175.

Kim, H. K. et Capaldi, D. M. (2004). The association of antisocial behavior and depressive symptoms between partners and risk for aggression in romantic relationships. *Journal of Family Psychology, 18* (1), 82-95.

Kitzmann, K. M., Gaylord, N. K., Holt, A. R. et Kenny, E. D. (2003). Child witnesses to domestic violence: A meta-analytic review. *Journal of Consulting and Clinical Psychology, 71*, 339-352.

Koss, M. P. et Gidycz, C. A. (1985). Sexual Experiences Survey: Reliability and validity. *Journal of Consulting and Clinical Psychology, 53* (3), 422-423.

Langhinrichsen-Rohling, J., Hankla, M. et Stromberg, C. D. (2004). The relationship behavior networks of young adults: A test of the intergenerational transmission of violence hypothesis. *Journal of Family Violence, 19* (3), 139-151.

Lavoie, F., Vézina, L., Piché, C. et Boivin, M. (1995). Evaluation of a prevention program for violence in teen dating relationships. *Journal of Interpersonal Violence, 10* (4), 516-524.

Lavoie, F., Boivin, S., Trotta, V. et Perron, G. (2011). *Évaluation de ViRAJ. Rapport technique n° 2. Impact du programme révisé de prévention de la violence dans les couples adolescents chez des élèves de 15 et 16 ans : leurs connaissances, l'effet du passé de violence et analyse fine des changements d'attitudes.* Document inédit, Entraide Jeunesse Québec, Québec, Canada.

Lavoie, F. et Vézina, L. (2001). Violence faite aux filles dans le contexte des fréquentations à l'adolescence : élaboration d'un instrument (VIFFA). *Revue canadienne de santé mentale communautaire, 20* (1), 153-171.

Le Blanc, M. (1994). *Questionnaire de la délinquance auto-révélée.* Rapport de recherche. Montréal, Canada : Université de Montréal, Département de psychoéducation.

Leen, E., Sorbring, E., Mawer, M., Holdsworth, E., Helsing, B. et Bowen, E. (2013). Prevalence, dynamic risk factors and the efficacy of primary interventions for adolescent dating violence: An international review. *Aggression and Violent Behavior, 18*, 159-174.

Lehrer, J. A., Buka, S., Gortmaker, S. et Shrier, L. A. (2006). Depressive symptomatology as a predictor of exposure to intimate partner violence among US female adolescents and young adults. *Archives of Pediatrics and Adolescent Medicine, 160* (3), 270-276.

Lewis, S. F. et Fremouw, W. (2001). Dating violence: A critical review of the literature. *Clinical Psychology Review, 21* (1), 105-127.

Linder, J. R. et Collins, W. A. (2005). Parent and peer predictors of physical aggression and conflict management in romantic relationships in early adulthood. *Journal of Family Psychology, 19* (2), 252-262.

Lohman, B. J., Neppl, T. K., Senia, J. M. et Schofield, T. J. (2013). Understanding adolescent and family influences on intimate partner psychological violence during emerging adulthood and adulthood. *Journal of Youth and Adolescence, 42* (4), 500-517.

MacMillan, H. L. et Wathen, C. N. (2014). Children's exposure to intimate partner violence. *Child and Adolescent Psychiatric Clinics of North America, 23*, 295-308.

Magdol, L., Moffitt, T. E., Caspi, A. et Silva, P. A. (1998). Developmental antecedents of partner abuse: A prospective-longitudinal study. *Journal of Abnormal Psychology, 107* (3), 375-389.

McDonald, R., Jouriles, E. N. et Skopp, N. A. (2006). Reducing conduct problems among children brought to women's shelters: Intervention effects 24 months following termination of services. *Journal of Family Psychology, 20*, 127-136.

Moffitt, T. E. (1993). Life-course-persistent and adolescent-limited antisocial behavior: A developmental taxonomy. *Psychological Review, 100* (4), 674-701.

Moos, R. H. et Moos, B. A. (1981). *Manual for the Family Environment Scale.* Palo Alto, CA: Consulting Psychologists Press.

Narayan, A. J., Englund, M. M. et Egeland, B. (2013). Developmental timing and continuity of exposure to interparental violence and externalizing behavior as prospective predictors of dating violence. *Development and Psychopathology, 25* (4), 973-990.

Nowinski, S. N. et Bowen, E. (2012). Partner violence against heterosexual and gay men: Prevalence and correlates. *Aggression and Violence Behavior, 17*, 36-52.

Offenhauer, P. et Buchalter, A. (2011). *Teen dating violence: A literature review and annotated bibliography.* Washington, DC: Federal research division, Library of congress.

O'Keefe, M. (1997). Predictors of dating violence among high school students. *Journal of Interpersonal Violence, 12* (4), 546-568.

O'Leary, K. D. (1988). Physical aggression between spouses: A social learning theory perspective. Dans V. B. Van Hasselt, R. L. Morrison, A. S. Bellack et M. Hersen (dir.), *Handbook of family violence* (pp. 31-55). New York: Springer.

O'Leary, K. D., Smith Slep, A. M., Avery-Leaf, S. et Cascardi, M. (2008). Gender differences in dating aggression among multiethnic high school students. *Journal of Adolescent Health, 42*, 473-479.

Olsen, J. P., Parra, G. R. et Bennett, S. A. (2010) Predicting violence in romantic relationships during adolescence and emerging adulthood: A critical review of the mechanisms by which familial and peer influences operate. *Clinical Psychology Review, 30,* 411-422.

Orpinas, P., Nahapetyan, L., Song, X., McNicholas, C. et Reeves, P. M. (2012). Psychological dating violence perpetration and victimization: Trajectories from middle to high school. *Aggressive Behavior, 38* (6), 510-520.

Pflieger, J. C. et Vazsonyi, A. T. (2006). Parenting processes and dating violence: The mediating role of self-esteem in low- and high-SES adolescents. *Journal of Adolescence, 29* (4), 495-512.

Pica, L. A., Traoré, I., Bernèche, F., Laprise, P., Cazale, L., Camirand, H., Berthelot, M. et autres (2012). *L'Enquête québécoise sur la santé des jeunes du secondaire 2010–2011. Le visage des jeunes d'aujourd'hui : leur santé physique et leurs habitudes de vie* (Tome 1). Québec, QC : Institut de la statistique du Québec.

Poitras, M. et Lavoie, F. (1995). A study of the prevalence of sexual coercion in adolescent heterosexual dating relationships in a Quebec sample. *Violence and Victims, 10* (4), 299-313.

Raiford, J. L., Wingood, G. M. et DiClemente, R. J. (2007). Prevalence, incidence, and predictors of dating violence: A longitudinal study of African American female adolescents. *Journal of Women's Health, 16* (6), 822-832.

Rao, U., Hammen, C. et Daley, S. E. (1999). Continuity of depression during the transition to adulthood: A 5-year longitudinal study of young women. *Journal of the American Academy of Child and Adolescent Psychiatry, 38* (7), 908-915.

Renner, L. M. et Whitney, S. D. (2012) Risk factors for unidirectional and bidirectional intimate partner violence among young adults. *Child Abuse & Neglect, 36,* 40-52.

Riberdy, H. et Tourigny, M. (2009). *Violence et fréquentations amoureuses au secondaire : coup d'œil à Montréal. Enquête sur le bien-être des jeunes Montréalais* (Rapport thématique nº 3). Montréal : Agence de la santé et des services sociaux de Montréal, Direction de santé publique.

Riggs, D. S. et O'Leary, K. D. (1989). A theoretical model of courtship aggression. Dans M. A. Pirog-Good et J. E. Stets (dir.), *Violence in dating relationships: Emerging social issues* (pp. 53-71). New York, NY: Praeger Publishers.

Rosenberg, M. (1965). *Society and the adolescent self-image*. Princeton, NJ: Princeton University Press.

Shorey, R. C., Cornelius, T. L. et Bell, K. M. (2008). A critical review of theoretical frameworks for dating violence: Comparing the dating and marital fields. *Aggression and Violent Behavior, 13* (3), 185-194.

Shorey, R. C., Stuart, G. L. et Cornelius, T. L. (2011). Dating violence and substance use in college students: A review of the literature. *Aggression and Violent Behavior, 16* (6), 541-550.

Shortt, J. W., Capaldi, D. M., Kim, H. K., Kerr, D. C., Owen, L. D. et Feingold, A. (2012). Stability of intimate partner violence by men across 12 years in young adulthood: Effects of relationship transitions. *Prevention Science, 13* (4), 360-369.

Smith, P. H., White, J. W. et Holland, L. J. (2003). A longitudinal perspective on dating violence among adolescents and college-age women. *American Journal of Public Health, 93* (7), 1104-1109.

Stith, S. M., Rosen, K. H., Middleton, K. A., Busch, A. L., Lundeberg, K. et Carlton, R. P. (2000). The intergenerational transmission of spouse abuse: A meta-analysis. *Journal of Marriage and the Family, 62,* 640-654.

Stith, S. M., Smith, D. B., Penn, C. E., Ward, D. B. et Tritt, D. (2004). Intimate partner physical abuse perpetration and victimization risk factors: A meta-analytic review. *Aggression and Violent Behavior, 10* (1), 65-98.

Tourigny, M., Lavoie, F., Vézina, J. et Pelletier, V. (2006). La violence subie par des adolescentes dans leurs fréquentations amoureuses : incidence et facteurs associés. *Revue de psychoéducation, 35* (2), 323-354.

Trotta, V., Lavoie, F., Perron, G. et Boivin, S. (2011). *Évaluation de ViRAJ. Rapport Technique nº 1. Impact du programme révisé de prévention de la violence dans les couples adolescents chez des élèves de 15 et 16 ans : leurs attitudes et leur sentiment d'efficacité*. Document inédit, Entraide-Jeunesse Québec, Québec, Canada.

Tyler, K. A., Brownridge, D. A. et Melander, L. A. (2011). The effect of poor parenting on male and female dating violence perpetration and victimization. *Violence and Victims, 26* (2), 218-230.

Vallières, E. F. et Vallerand, R. J. (1990). Traduction et validation canadienne-française de l'échelle de l'estime de soi de Rosenberg. *International Journal of Psychology, 25* (2), 305-316.

Wolfe, D. A, Crooks, C. V., Lee, V., McIntyre-Smith, A. et Jaffe, P. G. (2003). The effects of children's exposure to domestic violence: A meta-analysis and critique. *Clinical Child and Family Psychology Review, 6,* 171-187.

Wolfe, D. A., Scott, K., Wekerle, C. et Pittman, A. L. (2001). Child maltreatment: Risk of adjustment problems and dating violence in adolescence. *Journal of the American Academy of Child and Adolescent Psychiatry, 40* (3), 282-289.

Woodward, L. J., Fergusson, D. M. et Horwood, L. J. (2002). Romantic relationships of young people with childhood and adolescent onset antisocial behavior problems. *Journal of Abnormal Child Psychology, 30* (3), 231-243.

Wright, M. O., Crawford, E. et Del Castillo, D. (2009). Childhood emotional maltreatment and later psychological distress among college students: The mediating role of maladaptive schemas. *Child Abuse & Neglect, 33,* 59-68.

19 Étude de la validité critériée de l'adaptation canadienne-française de l'*Adult Self-Report*

Comparaison entre un échantillon clinique et non clinique

Yann Le Corff
Département d'orientation professionnelle,
Département de psychiatrie, Université de Sherbrooke

Mélanie Lapalme
Département de psychoéducation, Université de Sherbrooke

Éric Yergeau
Département d'orientation professionnelle, Université de Sherbrooke

Karine Forget
Département de psychiatrie, Université de Sherbrooke

Zeineb Hamza
Département de psychiatrie, Université de Sherbrooke

Andréanne Dion
Département d'orientation professionnelle, Université de Sherbrooke

Catherine Proulx-Bourque
Département d'orientation professionnelle, Université de Sherbrooke

Annie Roy-Charland
École de psychologie, Université de Moncton

John Tivendell
École de psychologie, Université de Moncton

Annabel Levesque
Département des sciences humaines et sociales, Université Saint-Boniface

Résumé

Contexte

La version originale états-unienne de l'*Adult-Self-Report* (ASR), largement utilisée par les professionnels du domaine de la santé mentale et des relations humaines pour évaluer les problèmes comportementaux, émotionnels et sociaux chez les adultes, a été récemment traduite et adaptée en français pour le Canada. Les premières données psychométriques sur la version traduite et adaptée de l'ASR montrent son équivalence avec la version originale et soutiennent son utilisation. D'autres études doivent toutefois être réalisées pour donner davantage d'appuis à sa fidélité et sa validité.

Objectif

L'étude vise à évaluer la validité critériée (validité discriminante, sensibilité, spécificité) des échelles de l'ASR en comparant les résultats d'un échantillon clinique à ceux d'un échantillon non clinique.

Méthode

L'échantillon clinique est composé de 132 patients (56 hommes et 76 femmes) âgés de 18 à 59 ans ($M = 35,9$; $ÉT = 12,4$) atteints d'un ou de plusieurs troubles mentaux et hospitalisés en psychiatrie. L'échantillon non clinique est composé de 290 étudiants universitaires (239 femmes et 51 hommes) âgés de 18 à 45 ans ($M = 21,0$; $ÉT = 3,8$) provenant de quatre universités différentes du Canada.

Résultats

En général, les résultats montrent que les différentes échelles de l'ASR, prises ensemble ou séparément, permettent de bien discriminer les deux échantillons. C'est particulièrement le cas des échelles « anxiété-dépression » et « comportement transgressif ». De plus, l'ASR se révèle plus spécifique que sensible.

Conclusion

Bien que l'ASR soit un bon instrument de dépistage, il serait plus prudent pour les professionnels chargés d'identifier les personnes qui ont besoin d'aide d'adopter une approche multitraits, multiméthodes et multirépondants.

Mots-clés

Validation française, validité discriminante, sensibilité, spécificité, problèmes de comportement émotionnel et social, ASEBA, adulte.

Recommandations cliniques issues de l'étude

- L'ASR permet le dépistage des problèmes de comportement chez des adultes afin d'orienter l'intervention.

- Il importe de considérer la sensibilité et la spécificité des outils de mesure pour nuancer les résultats des évaluations.

- Une approche multitraits, multiméthodes et multirépondants devrait être adoptée en plus de l'ASR pour appuyer son jugement clinique.

Questions pédagogiques

- Pourquoi la validité de critère est-elle particulièrement utile pour les intervenants?

- Comment interpréter le d de Cohen?

- De quelle manière les données de sensibilité et de spécificité d'un outil influencent-elles l'interprétation des résultats de l'évaluation?

- Comment s'assurer du respect des principes éthiques en recherche avec des êtres humains?

19.1 Introduction

Selon l'enquête sur la santé des collectivités canadiennes (Statistique Canada, 2002) et plus récemment selon le rapport du Gouvernement du Québec (Fleury et Grenier, 2012) portant sur l'état de la situation de la santé mentale au Québec, la prévalence des problèmes de santé mentale au Québec, au Canada et dans le monde est préoccupante à plusieurs niveaux. Non seulement la prévalence des problèmes de santé mentale est élevée et augmente considérablement depuis les années 1990, mais les coûts liés à l'utilisation des services et à la perte d'une qualité de vie sont énormes (Fleury et Grenier, 2012). Tous problèmes de santé mentale confondus (troubles d'anxiété, troubles de l'humeur, troubles liés aux dépendances), la prévalence moyenne sur un an est de 12,2 % chez les adultes âgés de 25 à 44 ans et atteint 18,6 % chez les 15 à 24 ans. Selon l'Enquête canadienne sur les incapacités, réalisée en 2012, 3,9 % des individus âgés de 15 ans et plus mentionnent avoir des incapacités liées à la présence de problèmes de santé mentale. C'est-à-dire que leurs problèmes de santé mentale, qu'ils soient graves ou modérés, seraient suffisamment importants pour limiter leurs activités quotidiennes et affecter à la fois les sphères personnelle, sociale, familiale et profession-nelle (Bizier, Marshall et Fawset, 2015; Fleury et Grenier, 2012). Ces problèmes sont souvent associés à des difficultés scolaires, à un risque plus élevé de pauvreté et à des difficultés d'insertion sur le marché de l'emploi. Ils limitent considérablement la capacité des individus à s'adapter aux facteurs de stress rencontrés et les rendent plus susceptibles de développer d'autres problèmes de santé mentale et physique (Bizier et al., 2015; Fleury et Grenier, 2012).

Plusieurs professionnels du domaine de la santé mentale et des relations humaines, tels que les psychoéducatrices et psychoéducateurs, psychologues, conseillères et conseillers d'orientation, travailleuses et travailleurs sociaux, thérapeutes conjugaux et familiaux et psychiatres sont appelés à intervenir auprès de ces adultes en difficultés d'adaptation. Chacun, selon son champ de compétence et dans l'exercice de ses fonctions, tente de répondre, en temps opportun, aux besoins de ces personnes dans le but de leur permettre de maintenir un fonctionnement psychologique et social positif.

Dans les dernières décennies, la tâche des professionnels du domaine de la santé mentale s'est considérablement complexifiée (Grenier, Bourque et St-Amour, 2014; Toupin et al., 2000), notamment par un alourdissement des clientèles en lien avec la désinstitutionnalisation, par un contexte de crise et d'urgence, et par des durées d'interventions écourtées. Il est devenu évident que les pratiques plus traditionnelles d'évaluation, basée sur la synthèse des faits en contexte d'observation participante par exemple, sont plus difficilement praticables et ne peuvent plus suffire à évaluer les capacités adaptatives des clients dans leurs différents milieux de vie (Yergeau et Paquette, 2008). C'est dans ce contexte de changements de pratique, opérés au fil des ans, que le recours à l'évaluation standardisée pour cibler rapidement et avec acuité les forces et les besoins des clients devient de plus en plus la norme (Grenier et al., 2014; Paquette, 2004; Yergeau et Paquette, 2008).

Avec la mise en œuvre du Projet de loi 21 modifiant le Code des professions, la pratique des membres de plusieurs ordres professionnels du domaine de la santé mentale et des relations humaines a été modifiée. Ce fut particulièrement le cas des membres de l'Ordre des psychoéducateurs et psychoé-ducatrices du Québec, mais aussi ceux de l'Ordre des conseillers et des conseillères en orientation, de l'Ordre des psychologues et de l'Ordre des travailleurs sociaux et des thérapeutes conjugaux et familiaux du Québec. Le Code des professions établit, pour les membres de ces ordres profession-nels, une réserve d'exercice pour des activités à risque de préjudices. Sept de ces activités touchent spécifiquement les psychoéducateurs, dont cinq concernent l'évaluation (Éditeur officiel du Qué-bec, 2009; Gouvernement du Québec, 2013). Par exemple : « évaluer [les capacités adaptatives et les difficultés d'adaptation d'] une personne atteinte d'un trouble mental ou neuropsychologique attesté par un diagnostic ou par une évaluation effectuée par un professionnel habilité » (Éditeur officiel du Québec, 2009, p. 8) est un acte réservé touchant les psychoéducateurs.

Il y a de plus en plus d'arguments théoriques et empiriques indiquant qu'une évaluation, qu'elle soit formelle ou non, est incontournable pour bien orienter les services à offrir, tant pour planifier les interventions que pour en évaluer les effets (Hunsley et Mash, 2005; 2007; Mash et Hunsley, 2005; Paquette, 2004; Yergeau et Paquette, 2008). L'utilisation d'instruments de mesure standardisés, en plus des modalités d'évaluation plus traditionnelles comme l'observation directe et les entrevues, contribue à soutenir l'exercice du jugement clinique des professionnels en leur permettant d'accéder rapidement à une variété de renseignements, en plus de leur donner une occasion d'établir un lien de confiance avec le client (Paquette, 2004). Tel que relevé par Mash et Hunsley (2005), une amélioration des effets des interventions est observée lorsqu'une évaluation rigoureuse de la clientèle est utilisée. D'ailleurs, il semble qu'une évaluation rigoureuse, à partir d'instruments standardisés et combinant plusieurs sources d'information (approche multitraits, multiméthodes) pourrait même compenser des erreurs de jugement clinique de la part de l'intervenant dues, par exemple, à un manque d'appui théorique ou à un manque d'expérience (Achenbach, 2005; Mash et Hunsley, 2005). Toutefois, afin de favoriser son utilité clinique, l'évaluation devrait suivre certains principes fondés sur des données probantes en évaluation (Mash et Hunsley, 2005) dont le choix d'instruments de mesure standardisés qui présentent de bonnes qualités psychométriques.

19.1.1 Les instruments psychométriques et leur utilité clinique

Dans leur pratique, les professionnels de la santé mentale et des relations humaines ont recours à diverses méthodes d'évaluation complémentaires, dont l'observation directe, l'entrevue clinique et les instruments psychométriques. Les instruments psychométriques, tels que l'*Adult Self-Report* (ASR), se démarquent des autres méthodes d'évaluation par trois caractéristiques fondamentales, soit l'objectivité de la mesure, la standardisation et les propriétés psychométriques (Anastasi et Urbina, 1997; Bernaud, 2007; Kaplan et Saccuzzo, 1997). La standardisation veut que l'instrument soit administré et coté de la même manière et selon les mêmes conditions, peu importe l'évaluateur et la personne évaluée. Ce n'est que par une administration standardisée que les résultats des différentes personnes peuvent être comparés et qu'une **évaluation normative**, qui *situe la personne dans ses acquis et déficits par rapport à un groupe de référence (même âge, même sexe, même culture, etc.)*, peut être réalisée. La standardisation de la mesure est également nécessaire afin de pouvoir comparer les résultats d'une même personne à différents moments dans le temps (par exemple, pour évaluer les effets d'une intervention).

L'**objectivité de la mesure** *réfère au fait que les résultats de la personne évaluée avec un instrument psychométrique reflètent uniquement ses réponses (sa perception, ses habiletés, ses difficultés, sa performance) et ne soient pas influencés, ou le moins possible, par des variables externes, telles que les attentes ou opinions de la personne évaluatrice* (Anastasi, 1994; Bernaud, 2007). En fait, différents évaluateurs devraient arriver à des résultats similaires s'ils administraient un même instrument à une même personne.

Les propriétés psychométriques se déclinent en deux catégories, soit la fidélité et la validité (Anastasi, 1994; Bernaud, 2007; Laveault et Grégoire, 2014). Alors que la **fidélité** *réfère à la précision de la mesure et à sa constance dans le temps (stabilité test-retest), entre les items (cohérence interne) et entre évaluateurs (interjuges)*, la **validité** *réfère à la qualité de l'instrument pour bien mesurer ce qu'il est censé mesurer, tout en mesurant uniquement ce qu'il doit mesurer*. La validité est généralement divisée en trois grands types. Pour donner un appui à la validité de contenu d'un outil psychométrique, on doit s'assurer, généralement par la consultation d'experts dans le domaine, que ses divers aspects (p. ex. : items, questions ou épreuves, consignes, choix de réponses, formation des évaluateurs, modalité de passation, critères de correction) permettent une évaluation adéquate du ou des construits mesurés dans la population visée. Pour étudier la **validité de construit** (aussi appelée validité de construction, conceptuelle, ou encore théorique), on doit vérifier que *l'outil mesure vraiment les construits pour lesquels il a été conçu ou, en d'autres mots, qu'il offre une mesure adéquate du modèle théorique sur lequel il s'appuie.* La validation de construit exige l'accumulation progressive d'information provenant de sources variées en comparant, par exemple, l'instrument avec d'autres instruments similaires mesurant sensiblement le même construit (on parlera alors de validité de convergence, qui est une forme de validité de construit) ou en étudiant sa structure factorielle (validité structurelle). Enfin, la **validité critériée** (ou de critère, pragmatique) *réfère à la capacité d'un instrument à bien distinguer les gens entre eux.* Par exemple, on pourra vérifier la capacité d'un instrument à prédire le décrochage scolaire et identifier les élèves à risque, ou encore, pour dépister les personnes qui ont un problème de santé mentale. Alors que les validités de contenu et de construit indiquent à quel point l'instrument mesure bien les caractéristiques psychologiques qu'il vise à mesurer, la validité critériée porte davantage sur l'utilité de la mesure. Celle-ci revêt donc une importance particulière pour la pratique clinique.

Les instruments de l'*Achenbach System of Empirically Based Aassessment* (ASEBA) élaborés par Thomas Achenbach et son équipe, et plus particulièrement ceux conçus pour les enfants et adolescents âgés de 6 à 18 ans (*Child Behavior Checklist, Youth Self-Report, Teacher Report Form*), sont largement utilisés par les psychoéducateurs et psychoéducatrices travaillant en milieu scolaire, mais aussi dans les Centres jeunesse, dans les Centres locaux de services communautaires (CLSC) et en clinique privée. Au début des années 1960, ces instruments ont été conçus pour donner un portrait des problèmes de santé mentale chez les enfants et les adolescents en adoptant une approche multi-traits, multirépondants (Achenbach, 2017). Aujourd'hui, les instruments de l'ASEBA regroupent un ensemble de questionnaires permettant de décrire les problèmes comportementaux, émotionnels et sociaux auprès d'individus âgés d'un an et demi à 90 ans. Largement utilisés dans le monde, les questionnaires ont été traduits en plusieurs langues et ont été validés dans plusieurs cultures (Ivanova et al., 2015). Récemment, les questionnaires pour adulte (18-59 ans), dont l'ASR, ont été traduits en français pour le Canada (Le Corff et al., sous presse).

L'utilisation de ce questionnaire auprès des adultes s'avère indiquée dans plusieurs contextes d'intervention, notamment lors d'un suivi en santé mentale adulte, en toxicomanie, en thérapie familiale, en médecine psychiatrique et légale, ainsi qu'en counseling (Achenbach, 2017). L'ASR ne devrait pas être utilisé pour faire une évaluation diagnostique, mais bien une évaluation dimensionnelle de la sévérité des problèmes. Par exemple, ce questionnaire pourrait être fort pertinent pour établir le niveau de base d'un individu avant l'intervention et vérifier, avec une passation post-intervention, s'il y a eu un changement à la suite des interventions reçues. De plus, comme des seuils (normal, limite, clinique) existent pour chaque dimension évaluée, l'ASR pourrait aussi être utilisé pour déterminer si les problèmes, quels qu'ils soient, atteignent un niveau cliniquement significatif pour ensuite mieux doser l'intensité des interventions en fonction de la sévérité des problèmes présentés. Mais encore, en raison du large spectre de comportements évalués (problèmes intériorisés, extériorisés, de la pensée, d'attention, liés à la consommation d'alcool, de drogues et de tabac), ce questionnaire permet de dresser un portrait d'ensemble de l'état de santé mentale des personnes. Il permet donc de vérifier la présence de problèmes concomitants. Enfin, l'utilisation de l'ASR trouve aussi sa pertinence dans l'évaluation des parents lors de suivis psychoéducatifs auprès d'enfants en difficulté d'adaptation. Sachant que les problèmes des parents peuvent réduire leur disponibilité à l'enfant, avoir un effet détériorant leurs pratiques éducatives et indirectement sur le développement de l'enfant, le dépistage des difficultés des parents pourrait, le cas échéant, permettre de les référer vers les services appropriés et, éventuellement, les rendre plus disponibles à l'enfant.

19.1.2 Présentation de l'ASR et de ses qualités psychométriques

Version originale anglaise

L'ASR s'appuie sur un modèle dimensionnel de la psychopathologie[1] et est essentiellement composé de huit échelles syndromiques, représentant huit catégories de problèmes de santé mentale différentes, développées par analyses factorielles à partir d'une liste de symptômes fréquents chez les adultes (Achenbach et Rescorla, 2003). Cette structure en huit facteurs a été reproduite de manière satisfaisante dans 29 sociétés (Ivanova et al., 2015). Sept des huit facteurs sont largement similaires à ceux identifiés chez les enfants et adolescents (Achenbach et Rescorla, 2001), alors que le facteur nommé « problèmes interpersonnels » chez les enfants et les adolescents est remplacé par un facteur nommé « comportement intrusif » chez l'adulte (Achenbach et Rescorla, 2003). De plus, les analyses factorielles ont montré que six des huit échelles syndromiques se regroupent selon les deux grandes dimensions observées dans les autres questionnaires de l'ASEBA, soit celle des problèmes intériorisés et celle des problèmes extériorisés (Achenbach et Rescorla, 2001; 2003). Dans l'ASR, la dimension des problèmes intériorisés est composée des échelles syndromiques « anxiété-dépression », « retrait » et « plaintes somatiques ». L'échelle syndromique « anxiété-dépression » comprend des items ($n = 18$) tels qu'être nerveux, être triste et manquer de confiance en soi. L'échelle « retrait » contient des items ($n = 9$) tels qu'avoir de mauvaises relations avec le sexe opposé, préférer être seul et ne pas avoir d'amis. Enfin, l'échelle « plaintes somatiques » comprend des items ($n = 4$) tels que se sentir étourdi, ainsi qu'avoir la nausée et des maux de tête sans raison médicale. Pour ce qui est de la dimension des problèmes extériorisés, elle est composée des échelles syndromiques « comportement agressif », « comportement transgressif » et « comportement intrusif ». L'échelle « comportement agressif » comprend des items ($n = 15$) tels que blâmer les autres, avoir des sautes d'humeur et être impatient. L'échelle « comportement transgressif » contient des items ($n = 14$) tels que consommer des drogues, être impulsif et voler. Enfin, l'échelle « comportement intrusif » comprend des items ($n = 6$) tels que se vanter, attirer l'attention et parler trop. Les deux autres échelles syndromiques n'appartiennent à aucune de ces deux dimensions. L'échelle « problèmes de pensée » comprend des items ($n = 10$) tels qu'entendre des choses que les autres n'entendent pas et répéter certains actes continuellement (compulsion). L'échelle « problèmes d'attention » contient des items ($n = 15$) tels qu'oublier des choses, avoir de la difficulté à prendre des décisions et être désorganisé. La cohérence interne pour les huit échelles syndromiques et pour les deux échelles regroupées est très bonne ($\alpha > 0,72$), à l'exception de l'échelle « problèmes de pensée » avec un alpha de 0,51 (Achenbach et Rescorla, 2003). Quant à la fidélité test-retest (intervalle de 7 jours), les coefficients varient entre 0,78 et 0,91, ce qui est très satisfaisant (Achenbach et Rescorla, 2003).

L'utilité clinique de l'ASR pour le dépistage et l'évaluation des problèmes de santé mentale est soutenue par plusieurs recherches. D'abord, la possibilité de combiner l'autoévaluation réalisée à l'aide de l'ASR avec une évaluation faite par un ou des proches avec l'*Adult Behavior Checklist* (ABCL) qui mesure les mêmes syndromes, peut aider les intervenants, par la combinaison de différents points de vue, à réaliser une évaluation plus complète, plus précise et plus valide de la santé mentale d'une personne (Achenbach, 2006; Achenbach, Krukowski, Dumenci et Ivanova, 2005). Ensuite, plusieurs études soutiennent la validité de critère de l'ASR (ou de ses versions antérieures), montrant que l'instrument permet de bien discriminer les adultes présentant différents problèmes de santé mentale de ceux issus d'une population normale (Achenbach et Rescorla, 2003; Halvorsen, Andersen et Heyerdahl, 2005; Hayatbakhsh, Najman, Jamrozik, Mamun, Alati et Bor, 2007; Retz et al., 2004; Zasepa et Wolanczyk, 2011). Une analyse discriminante montre que le pourcentage de bonne classification entre une population clinique et non clinique, obtenu à partir des huit échelles syndromiques, est de 71 % (Achenbach et Rescorla, 2003). Les échelles « anxiété-dépression », « problèmes de pensée »

---

[1] En référence au modèle dimensionnel de la psychopathologie, on s'intéressera à décrire les manifestations du problème, ses symptômes, en termes de quantité ou d'intensité, tandis que le modèle catégoriel consiste plutôt à s'intéresser à la présence ou à l'absence d'un trouble ou d'un problème (Widiger et Samuel, 2005).

et « comportement transgressif » semblent les plus discriminantes. L'ASR, dans sa version originale états-unienne, s'avère un peu plus spécifique (78 %) que sensible (65 %). C'est-à-dire qu'il permet d'identifier correctement 78 % des adultes qui ne présentent réellement aucun problème (vrais négatifs), alors qu'il permet d'identifier correctement 65 % des adultes qui présentent réellement un problème (vrais positifs). Ainsi, les professionnels qui utilisent l'ASR pour déterminer l'offre de services doivent garder en tête qu'il se peut que certains adultes ayant des problèmes importants et requérants des services ne soient pas identifiés. La combinaison de l'ASR avec l'utilisation d'autres modalités d'évaluation comme l'observation et l'entrevue, par exemple, est alors tout indiquée pour porter un jugement clinique plus complet.

Traduction de l'ASR (validité de contenu)

Telle que décrite dans Le Corff et al. (sous presse), la traduction de l'ASR a été réalisée selon la procédure de rétrotraduction (aussi appelée traduction à rebours ou « backward translation » en anglais) proposée par Vallerand (1989). Dans un premier temps, la traduction française a été faite conjointement par deux experts du domaine des problèmes de comportement, en tenant compte de l'équivalence linguistique, fonctionnelle et culturelle. Cette traduction a ensuite été révisée par une psychiatre et cette révision n'a entraîné aucune modification dans la formulation des items. La rétrotraduction en anglais a été effectuée par deux personnes bilingues ayant réalisé des études universitaires en psychologie en anglais. Les deux versions anglaises du questionnaire (originale et rétrotraduite) ont ensuite été comparées et des différences ont mené à des modifications mineures de la formulation de certains items. Finalement, la version française révisée a été rétrotraduite une nouvelle fois par une autre étudiante universitaire bilingue dont la langue maternelle est l'anglais. Puisqu'aucune disparité de sens n'a été décelée, cette traduction a été conservée.

Indices de fidélité la version canadienne-française

Un processus rigoureux de traduction d'un instrument psychométrique dans une nouvelle langue nécessite que l'équivalence de la version traduite avec la version originale soit démontrée (International Test Commission, 2005). Il s'agit de s'assurer de l'équivalence des scores obtenus avec les deux versions, c'est-à-dire qu'une même personne obtiendra des scores similaires dans les deux langues de l'instrument. Il faut également s'assurer que les qualités psychométriques (indices de fidélité et validité) de la version originale ont été maintenues dans la version traduite (Laveault et Grégoire, 2014; Vallerand, 1989).

Actuellement, peu d'études ont été réalisées sur la version canadienne-française de l'ASR. La seule est celle de Le Corff et al. (sous presse) qui porte sur l'équivalence de la version française pour le Canada de l'ASR avec sa version originale états-unienne. La stabilité-équivalence (Laveault et Grégoire, 2014) des scores et l'équivalence des coefficients de cohérence interne ont été étudiées auprès d'un échantillon 251 (81 % de femmes, âge M = 21 ans; $ÉT$ = 4,0) étudiants universitaires bilingues provenant de quatre provinces canadiennes (Manitoba, Nouveau-Brunswick, Ontario, Québec).

La version traduite de l'ASR a de bons indices de fidélité. Les coefficients alpha obtenus dans l'échantillon d'étudiants universitaires sont, dans l'ensemble, satisfaisants (α > 0,70). Comme dans la version originale anglaise, l'échelle des « problèmes de pensée » obtient un coefficient de cohérence interne inférieur au seuil minimal reconnu de 0,70. Dans l'ensemble, les coefficients de cohérence interne sont comparables entre les versions française et anglaise. Enfin, les coefficients de corrélations obtenus entre la version française et la version anglaise de l'ASR, administrées dans un intervalle d'une à trois semaines montrent une bonne stabilité-équivalence des résultats (coefficients variant entre 0,72 et 0,87). Ces coefficients peuvent être considérés comme très élevés, puisqu'ils présentent deux sources potentielles d'erreur, soit celle liée au passage du temps et celle liée aux différences entre les deux versions. On peut donc convenir que la version canadienne-française de l'ASR présente une excellente équivalence à la version originale anglaise et une excellente fidélité test-retest.

L'échantillon non clinique (étudiants universitaires) de Le Corff et al. (sous presse) a aussi été utilisé pour vérifier la structure factorielle de la version française de l'ASR en comparaison à sa version anglaise. Les analyses factorielles confirmatoires, réalisées séparément pour les versions anglaise et française, confirment la structure en huit échelles syndromiques (Le Corff et al., 2016). Après avoir retiré les items (15 items pour la version française) avec très peu de variance, tel que recommandé par Byrne (2010), les indices de la qualité d'ajustement du modèle à huit facteurs sont très bons (voir les critères de Hu et Bentler, 1999) pour la version anglaise (CFI = 0,91; TLI = 0,90; $RMSEA$ = 0,02), tout comme pour la version française (CFI = 0,90; TLI = 0,90; $RMSEA$ = 0,02).[2]

19.2 Objectifs de l'étude

Bien que la stabilité de la structure factorielle donne un bon appui à la validité de construit de la version originale anglaise de l'ASR et des versions traduites et adaptées (Achenbach et Rescorla, 2003; Ivanova et al., 2015; Le Corff et al., 2016), que la validité de contenu soit appuyée par un processus rigoureux de traduction, et que plusieurs indices (stabilité-équivalence, cohérence interne) appuient la fidélité de la version française pour le Canada de l'ASR (Le Corff et al., sous presse), d'autres études devraient être réalisées pour poursuivre le processus de validation de l'ASR. Visant des retombées concrètes pour une utilisation clinique de ces questionnaires, la présente étude vise à évaluer la validité critériée des échelles de l'ASR en comparant les résultats d'un échantillon clinique de personnes hospitalisées en psychiatrie à ceux d'un échantillon non clinique de personnes étudiantes universitaires. Plus spécifiquement, il sera question de vérifier si les deux échantillons se distinguent sur les scores obtenus aux échelles de l'ASR et de déterminer si les échelles syndromiques permettent de discriminer l'appartenance à l'échantillon clinique de l'échantillon non clinique. Enfin, l'étude vise à déterminer la sensibilité et la spécificité des seuils cliniques et des seuils limites des huit échelles syndromiques, des deux échelles regroupées, et de l'échelle du Total des problèmes.

19.3 Méthode

19.3.1 Participants

Les participants de la présente étude de validation sont issus d'un projet de recherche plus vaste mené par les professeurs Yann Le Corff et Éric Yergeau ainsi que la professeure Karine Forget, portant sur la traduction de la version canadienne-française de l'ASR et de l'ABCL. Deux échantillons ont été recrutés. D'abord, l'échantillon clinique est composé de 132 personnes adultes (56 hommes et 76 femmes) âgées de 18 à 59 ans (M = 35,9; $ÉT$ = 12,4) atteintes d'un ou de plusieurs troubles mentaux diagnostiqués par leur psychiatre traitant. Au moment de la passation, elles étaient hospitalisées au département de psychiatrie du Centre hospitalier universitaire de Sherbrooke (CHUS).

L'échantillon non clinique est composé de 290 étudiantes et étudiants universitaires (239 femmes et 51 hommes) âgés de 18 à 45 ans (M = 21,0; $ÉT$ = 3,8) provenant de quatre universités différentes du Canada, soient l'Université de Sherbrooke (Sherbrooke, Québec), l'Université Saint-Boniface (Winnipeg, Manitoba), l'Université Laurentienne (Sudbury, Ontario) et l'Université de Moncton (Moncton, Nouveau-Brunswick). De ces 290 étudiantes et étudiants, 251 ont également répondu à la version

---

[2] Les différents indices statistiques retenus sont le *Tucker-Lewis Index* (TLI), le *Comparative Fit Index* (CFI) et le *root mean squared error of approximation* (RMSEA). Afin de trouver un équilibre entre la surexposition à l'erreur de type 1 ou à l'erreur de type 2, Hu et Bentler (1999) suggèrent d'utiliser comme critère un RMSEA ≤ 0,06 et un CFI et un TLI idéal ≥ 0,95 et minimalement de 0,90 dans le cas d'échantillon relativement petit (n < 500).

anglaise de l'ASR dans le cadre de l'étude de Le Corff et al. (sous presse) portant sur l'équivalence entre les versions anglaises et françaises. Pour la présente étude, seules les données de la version française sont utilisées.

19.3.2 Mesures

L'ASR (Achenbach et Rescorla, 2003) se présente sous la forme d'un cahier de quatre pages. Les deux premières pages contiennent des questions de type sociodémographique (âge, sexe, scolarité, emploi) et des questions portant sur la nature des relations avec les proches (p. ex. : nombre d'amis proches, statut conjugal, qualité de la relation conjugale, familiale et au travail). Les deux dernières pages présentent les 112 items (et 8 sous-items) mesurant la présence, au cours des 6 derniers mois, de différents problèmes émotionnels, sociaux et comportementaux répondus sur une échelle ordinale à trois niveaux (0 = pas du tout vrai; 1 = plus ou moins ou parfois vrai; 2 = vrai ou souvent vrai). Parmi ces 112 items, 91 mesurent l'une ou l'autre des huit échelles syndromiques tandis que les 21 autres items (« autres problèmes ») sont inclus dans le calcul du score de l'échelle « total des problèmes ». Onze items positifs, non utilisés pour le calcul des scores, ont été introduits afin d'alléger la passation du questionnaire. Enfin, trois items supplémentaires permettent d'estimer la fréquence de la consommation de tabac, d'alcool et de drogue. L'ASR comprend donc 126 items (et 8 sous-items) au total.

Pour la compilation des résultats (Achenbach et Rescola, 2003), lorsqu'un questionnaire a neuf données manquantes ou plus (donc 9 items sans réponse ou plus) parmi les items et sous-items de l'ASR (excluant les 11 items positifs), le questionnaire doit être considéré comme invalide. S'il y a entre une et huit données manquantes, une moyenne des autres réponses aux items de l'échelle à laquelle il y a une ou plusieurs données manquantes est faite pour remplacer la ou les données manquantes, pourvu qu'il ne manque pas plus de deux réponses par échelle.

Afin d'établir des normes et des seuils cliniques, Achenbach et Rescorla (2003) ont eu recours à *un large échantillon tiré de la population générale*, appelé un **échantillon de normalisation**, pour examiner la distribution des scores bruts dans la population générale. Les résultats montrent que les scores se distribuent différemment selon les échelles, le sexe et le répondant aux questionnaires (ASR et ABCL). Pour l'ASR, des normes ont donc été établies par échelle et selon le sexe, en fonction d'une distribution exprimée en percentile et en score standardisé (score T, dérivé du score Z). Ainsi, une fois l'addition des items effectués pour chaque échelle syndromique, pour les échelles regroupées et pour l'échelle totale, ces scores bruts peuvent être transformés en percentiles et en scores T. Ceci permet de comparer les scores obtenus par la personne à ceux de l'échantillon normatif et de comparer les scores d'une échelle à l'autre. Des seuils ont été identifiés et permettent de situer la personne dans une zone normale, une zone à risque ou une zone cliniquement problématique.

Pour les huit échelles syndromiques, le seuil clinique est établi au 98e percentile (score T de 70 qui se situe à deux écarts-types de la moyenne), ce qui signifie que le seuil clinique se situe dans les 2 % des scores les plus extrêmes de l'échantillon de normalisation. La zone limite pour les huit échelles syndromiques se situe entre le 93e et le 97e percentile (scores T entre 65 et 70), alors que toute personne obtenant un score en dessous du 93e percentile se situe dans la zone normale. La zone limite laisse une marge de manœuvre aux cliniciens puisque la classification est légèrement moins fiable lorsque la personne obtient un score près du seuil clinique. Pour les échelles regroupées (problèmes extériorisés et intériorisés) et pour l'échelle « total des problèmes », les seuils sont légèrement plus bas (90e percentile pour le seuil clinique [$T = 63$] et 84e percentile pour le seuil limite [$T = 60$]), vu le très faible nombre de personnes de l'échantillon de normalisation qui obtenait des scores extrêmes sur ces échelles.

19.3.3 Déroulement

L'échantillon clinique a été recruté parmi les personnes hospitalisées au département de psychiatrie du CHUS installation Hôtel-Dieu à Sherbrooke de 2013 à 2015. Dans un premier temps, des explications sur le projet, sur ce qu'il était attendu des personnes participantes et sur le déroulement général de leur participation leur ont été expliquées. Dans un deuxième temps, les personnes qui ont accepté de participer et qui ont signé le formulaire de consentement devaient répondre aux questions de l'ASR de manière individuelle, sous la supervision d'une médecin résidente en psychiatrie. Les participants recevaient une compensation financière symbolique de 20 $ pour le temps consacré à la recherche. Les patients âgés de moins de 18 ans ou de plus de 59 ans n'ont pas été invités à participer à cette recherche, conformément à la population ciblée par l'ASR. De plus, seules les personnes étant en mesure de répondre à un questionnaire d'autoévaluation ont pu participer à cette recherche. Ainsi, les personnes désorganisées, agitées, agressives, confuses, désorientées, très ralenties cognitivement ou en épisode psychotique aigüe ont dû être exclues, ce qui pourrait ainsi entraîner une sous-représentation des personnes ayant des scores extrêmes aux échelles de l'ASR dans notre échantillon.

Les étudiantes et étudiants universitaires ont été recrutés sur une base volontaire. À l'Université de Sherbrooke, le recrutement s'est fait dans des classes du programme d'enseignement de l'anglais langue seconde. Dans les trois autres universités canadiennes bilingues, le recrutement a eu lieu dans des cours de psychologie. Les étudiants ont été recrutés durant l'année académique 2012-2013. La passation des questionnaires a été effectuée dans les classes, après présentation du projet et signature du formulaire de consentement. Les personnes étudiantes n'ont pas reçu de compensation financière pour leur participation.

19.3.4 Considérations éthiques

La participation au projet se faisait sur une base volontaire. Chaque personne participante a été informée verbalement et par écrit du projet de recherche initial et a consenti librement et de manière éclairée à participer à la recherche. Malgré la présence de troubles mentaux chez les personnes hospitalisées en psychiatrie, elles ont été jugées aptes à donner leur consentement par une médecin résidente. Bien que l'évaluation des problèmes émotionnels, sociaux et comportementaux sollicite des informations de nature sensible, les risques engendrés par la participation à ce projet de recherche se situent sous le niveau de risque minimal (voir l'Énoncé de politique des trois conseils, Gouvernement du Canada, 2014). Le principal risque engendré par la participation au projet est le temps exigé par la passation du questionnaire (environ 30 minutes). Également, certains items du questionnaire pourraient créer un inconfort et faire vivre des émotions plus négatives. Au besoin, les personnes hospitalisées pouvaient être dirigées vers leur équipe traitante et les personnes étudiantes pouvaient être référées aux services de psychologie de leur université. Les bénéfices liés à la participation au projet sont la contribution à l'avancement des connaissances scientifiques et l'adaptation d'un questionnaire francophone fort utile pour la pratique professionnelle. Le projet de recherche source a été accepté par le Comité d'éthique de la recherche en Éducation et des sciences sociales de l'Université de Sherbrooke ainsi que par le Comité d'éthique de la recherche en santé chez l'humain du CHUS.

19.3.5 Analyses statistiques

Dans un premier temps, des tests-t pour échantillons indépendants ont été effectués pour évaluer les différences de moyennes statistiquement significatives entre les scores bruts obtenus aux échelles syndromiques, regroupées et totales entre l'échantillon clinique (patients psychiatriques) et non clinique (étudiants universitaires). Le **coefficient *d* de Cohen** a permis d'estimer la taille des différences de moyennes. Concrètement, cette analyse a pour but de mesurer l'ampleur de la différence entre les scores des personnes hospitalisées en psychiatrie et ceux des personnes universitaires.

Statistiquement, *le d exprime la différence de moyennes entre deux groupes en nombre d'écarts-types (c.-à-d. la différence de moyennes entre les groupes est divisée par l'écart-type de l'échantillon total).* Pour l'interprétation des valeurs du *d*, Cohen (1988) propose comme barème qu'une valeur *d* de 0,20 indique un effet de petite taille, alors qu'une valeur *d* de 0,50 indique un effet de taille moyenne et qu'une valeur *d* de 0,80 indique un effet de grande taille. Ainsi, une valeur *d* de 0,50 indiquerait que la différence de moyennes entre les deux groupes est d'un demi-écart-type, ce qui correspond à une différence de taille moyenne.

Pour déterminer la sensibilité et la spécificité de l'ASR, l'analyse discriminante a été utilisée. La régression logistique ou la courbe ROC auraient aussi pu être utilisées. Ces techniques auraient fort possiblement donné des résultats tout à fait similaires, mais l'analyse discriminante a été priorisée, car il s'agit de la stratégie d'analyse employée pour l'étude de la validité critériée de la version originale états-unienne de l'ASR et présentée dans le manuel des outils ASEBA pour adultes (Achenbach et Rescorla, 2003). L'analyse discriminante permet, d'une part, de vérifier si l'ensemble des scores bruts obtenus aux échelles syndromiques de l'ASR permettent de distinguer significativement l'échantillon clinique (patients psychiatriques) de l'échantillon non clinique (étudiants universitaires) et d'autre part, d'évaluer le degré de sensibilité et de spécificité ainsi que le pourcentage de classification juste en considérant l'ensemble des scores bruts obtenus aux échelles syndromiques. L'analyse discriminante permet aussi d'identifier les échelles syndromiques qui distinguent le mieux les personnes de l'échantillon clinique des personnes de l'échantillon non clinique. Dans cette analyse, seules les huit échelles syndromiques sont utilisées afin d'éviter des problèmes de multicolinéarité avec les échelles regroupées « problèmes intériorisés » et « problèmes extériorisés » et l'échelle « total des problèmes », qui incluent les échelles syndromiques.

Ensuite, des tableaux croisés (tests du khi-carré) et des analyses discriminantes ont permis de vérifier le degré de validité des seuils normal, limite et clinique de chacune des échelles syndromiques, des échelles regroupées et de l'échelle du « total des problèmes » de l'ASR, et d'évaluer la sensibilité et la spécificité associées à chaque seuil. Pour chaque échelle, une première analyse discriminante a été réalisée afin de vérifier la validité du seuil clinique et une seconde analyse discriminante a été calculée afin de vérifier la validité du seuil limite.

19.4 Résultats

19.4.1 Validité discriminante des scores bruts pour l'ensemble des échelles syndromiques de l'ASR

Les résultats des tests-t pour échantillons indépendants montrent qu'au seuil de signification de $p < 0,05$, le score moyen de l'échantillon clinique est significativement plus élevé que celui de l'échantillon non clinique pour chacune des échelles à l'étude (voir le Tableau 19.1). Concernant l'ampleur de ces différences de moyennes, les coefficients *d* de Cohen varient entre 0,59 et 1,42. Les différences de moyennes observées à l'échelle de « comportement intrusif » ($d = 0,59$) et à l'échelle des « plaintes somatiques » ($d = 0,68$) sont de taille moyenne. Pour les autres échelles, la taille des différences de moyennes est grande, avec des coefficients *d* de Cohen égaux ou supérieurs à 1,00. Les différences de moyennes entre les groupes à l'étude sont donc d'un écart-type ou plus sur ces échelles. Ce sont aux échelles « total des problèmes » ($d = 1,42$), « problèmes intériorisés » ($d = 1,35$) et « anxiété-dépression » ($d = 1,34$) que les différences les plus marquées sont observées. Ce sont donc ces échelles qui distinguent le plus les deux échantillons.

Une analyse discriminante a été réalisée en entrant les scores bruts obtenus aux huit échelles syndromiques comme variables indépendantes et le groupe d'appartenance (échantillon clinique ou non-clinique) comme variable dépendante. Rappelons que cette analyse permet de vérifier la capacité de l'ASR à distinguer un échantillon de personnes hospitalisées en psychiatrie (échantillon clinique), reconnues comme présentant des problèmes santé mentale importants évalués par un psychiatre, d'un échantillon d'étudiants universitaires (échantillon non clinique), qui n'étaient pas hospitalisés en psychiatrie et qui sont réputés comme n'ayant pas de problème de santé mentale nécessitant une hospitalisation. Les résultats de l'analyse discriminante montrent que l'ensemble des huit échelles syndromiques distinguent l'échantillon clinique de l'échantillon non clinique de manière statistiquement significative [Lambda de Wilk = 0,579; X^2 (8) = 227,37; p < 0,001; corrélation canonique = 0,649]. Une variable canonique est créée en donnant un poids unique (coefficients standardisés de la variable canonique) à chaque variable indépendante (pour ne former qu'une seule variable à partir des huit échelles syndromiques) afin de maximiser la force de sa corrélation (appelée corrélation canonique) avec la variable dépendante (l'appartenance au groupe). La corrélation canonique mise au carré indique le pourcentage de la variance de la variable dépendante expliquée par la variable canonique. Ainsi, dans la présente étude, la combinaison optimale des échelles syndromiques représentée par la variable canonique explique 42,1 % de la variance de l'appartenance au groupe clinique ou non clinique. Pour sa part, la valeur de p associée au khi-carré indique si l'ensemble des variables indépendantes (donc la variable canonique) permet d'expliquer un pourcentage statistiquement significatif de la variance de la variable dépendante, tandis que le Lambda de Wilk renseigne sur le pourcentage de variance qui n'est pas expliqué par le modèle. En conséquence, ces résultats indiquent que 57,9 % de la variance s'expliquerait plutôt par d'autres variables non considérées dans le présent modèle.

Tableau 19.1   **Données descriptives et comparatives obtenues auprès des échantillons clinique et non clinique pour les échelles de l'ASR**

	Non-clinique		Clinique					
	Échelles ASR							
	M	$ÉT$	M	$ÉT$	t	dl	p	d
Anxiété-Dépression	8,97	6,38	19,16	8,62	12,15	199,0	0,000	1,34
Retrait	2,95	2,65	6,57	3,41	10,79	205,4	0,000	1,18
Plaintes somatiques	4,22	3,64	6,99	4,45	6,26	214,1	0,000	0,68
Problème de pensée	2,67	2,25	5,81	3,81	8,81	173,6	0,000	1,00
Problème d'attention	7,67	4,56	13,36	6,59	8,99	190,1	0,000	1,00
Comportement agressif	4,49	3,61	9,59	5,71	9,43	180,2	0,000	1,07
Comportement transgressif	2,25	2,28	7,36	5,36	10,52	153,1	0,000	1,24
Comportement intrusif	2,66	2,10	4,05	2,58	5,41	213,0	0,000	0,59
Problèmes intériorisés	16,14	10,57	32,72	13,75	12,30	204,2	0,000	1,35
Problèmes extériorisés	9,40	6,20	21,00	11,38	10,99	167,4	0,000	1,27
Total des problèmes	45,91	23,37	88,29	35,30	12,59	185,1	0,000	1,42

Les valeurs des coefficients standardisés de la variable canonique calculés pour chacune des variables indépendantes (les huit échelles syndromiques), de même que la force des corrélations entre la variable canonique et chacune des huit échelles syndromiques (variables indépendantes), permettent d'identifier les échelles qui contribuent le plus à distinguer les groupes. Comme présenté dans le Tableau 19.2, on remarque que les échelles « comportement transgressif » et « anxiété-dépression » sont celles ayant à la fois les coefficients standardisés les plus élevés (plus grande contribution unique à la variable canonique) et les corrélations les plus fortes avec la variable canonique. Ces deux échelles sont celles qui contribuent le plus à discriminer les groupes. Pour ce qui est des autres échelles syndromiques, elles ont une contribution unique plus faible, mais la plupart obtiennent une corrélation positive relativement élevée (> 0,5) avec la variable canonique, ce qui reflète les différences de moyennes de grande taille entre les groupes observés pour ces échelles. Enfin, deux échelles, celles de « plaintes somatiques » et de « comportement intrusif », ont un faible coefficient standardisé et corrèle plus faiblement avec la variable canonique. Ce sont d'ailleurs les deux échelles pour lesquelles les différences de moyennes entre les groupes étaient les moins élevées. Ces échelles semblent peu importantes pour discriminer les échantillons clinique et non clinique de la présente étude.

Tableau 19.2 **Corrélations avec la variable canonique et coefficients standardisés**

Échelles de l'ASR	Corrélation avec la variable canonique	Cœfficients standardisés
Anxiété-dépression	0,78	0,65
Retrait	0,68	0,23
Plaintes somatiques	0,39	−0,05
Problème de pensée	0,61	0,01
Problème d'attention	0,58	−0,28
Comportement agressif	0,63	−0,14
Comportement transgressif	0,78	0,61
Comportement intrusif	0,33	0,20

Le Tableau 19.3 illustre les résultats de la classification avec la méthode par validation croisée. La validation croisée est appliquée afin de réduire le biais de surestimation du taux de classification associé à une classification a posteriori comme c'est le cas ici (taux de classification calculé auprès du même échantillon où l'analyse discriminante a été réalisée). Le taux de classification obtenu par validation croisée est bon, avec 83,2 % de classification correcte, alors qu'un taux de classification de 68,7 % aurait été attendu du hasard[3]. La sensibilité est acceptable, voire faible, avec 59,8 % des personnes de l'échantillon clinique classées correctement. Cela signifie que plusieurs personnes présentant des difficultés ne se démarquent pas de l'échantillon non clinique sur les échelles de l'ASR. Toutefois, la spécificité est excellente, avec 93,8 % des personnes de l'échantillon non clinique classées correctement. Ces pourcentages montrent que les personnes ciblées comme présentant des problèmes par l'ASR sont hautement susceptibles d'en présenter réellement, mais que plusieurs personnes qui en présentent ne sont pas identifiées. Ces résultats sont similaires, sinon supérieurs, à ceux rapportés par Achenbach et Rescorla (2003) dans le manuel de l'ASR, qui étaient de 65 % pour la sensibilité et de 78 % de spécificité. L'interprétation de ces résultats sera approfondie dans la discussion.

---

[3] Dans une équation sans prédicteur (sans les échelles de l'ASR), on classifierait correctement tous les participants dans le groupe le plus nombreux par l'effet du hasard : donc 290 participants (non clinique) seraient classifiés correctement et 132 (clinique) non (290 sur 422 = 68,7 %).

Tableau 19.3	Taux de classification obtenu par validation croisée

Groupe référence	Groupe prédit	
	Clinique	Non-clinique
	n (%)	*n* (%)
Clinique	79 (59,8 %)	53 (40,2 %)
Non-clinique	18 (6,2 %)	272 (93,8 %)

19.4.2 Validité discriminante des seuils cliniques et limites pour chacune des échelles

Pour évaluer la validité discriminante des seuils cliniques et des seuils limites des échelles de l'ASR, des tests de khi-carré ont d'abord été calculés afin de vérifier si les deux groupes à l'étude atteignent ces seuils dans des proportions différentes. Les résultats, présentés au Tableau 19.4, montrent des différences statistiquement significatives sur chacune des huit échelles syndromiques, sur les deux échelles regroupées (problèmes intériorisés et extériorisés), ainsi que sur l'échelle du « total des problèmes ». Ainsi, on observe que les patients du groupe clinique sont proportionnellement plus nombreux que les étudiants universitaires (groupe non clinique) à atteindre les seuils cliniques et limites à chacune des onze échelles à l'étude, ce qui soutient la validité discriminante des échelles de l'ASR ainsi que l'utilité des seuils limites et cliniques pour distinguer les groupes.

Afin d'évaluer la sensibilité et la spécificité des seuils cliniques et limites, deux analyses discriminantes ont été calculées pour chacune des échelles de l'ASR. Une première analyse discriminante visait à évaluer la sensibilité et la spécificité de l'atteinte du seuil clinique à l'échelle (comparativement aux seuils normal et limite regroupés), alors que la seconde analyse discriminante évaluait la sensibilité et la spécificité pour l'atteinte du seuil limite (regroupé avec le seuil clinique, comparativement au seuil normal). Les résultats sont présentés dans le Tableau 19.5.

Les résultats montrent que le seuil clinique, situé au 98e percentile, a une excellente spécificité pour chacune des huit échelles syndromiques, avec des taux variant entre 92,1 % (anxiété-dépression) et 99,7 % (comportement agressif). Cependant, la sensibilité varie de faible à modérée, soit de 12,1 % (comportement intrusif) à 55,3 % (anxiété-dépression). Ces résultats indiquent que l'utilisation du seuil clinique des échelles syndromiques risque très peu de conduire à des faux positifs (c.-à-d. de conclure à la présence de problèmes significatifs chez les personnes qui n'en ont pas). Par contre, les seuils cliniques semblent amener à sous-évaluer la gravité des problèmes chez un groupe clinique (donc à produire des faux négatifs).

En ce qui concerne le seuil limite, les résultats montrent une spécificité inférieure, mais tout de même satisfaisante, comparativement au seuil clinique, avec des taux variant entre 81,3 % (plaintes somatiques) et 96,9 % (comportement agressif et comportement transgressif). La sensibilité s'en trouve nettement accrue, avec des taux variant entre 68,2 % (anxiété-dépression) et 23,5 % (comportement intrusif). Quant au taux global de classification juste, il est légèrement plus élevé pour le seuil limite que pour le seuil clinique pour six des huit échelles. Enfin, il importe de souligner que l'échelle « comportement intrusif » est celle qui a montré le plus faible degré de validité discriminante.

Tableau 19.4	Fréquences des seuils auprès des échantillons clinique et non-clinique pour les échelles de l'ASR

Échelle	Groupe	Seuil normal n (%)	Seuil limite n (%)	Seuil clinique n (%)	X^2
Anxiété-Dépression	Clinique	42 (31,8 %)	17 (12,9 %)	73 (55,3 %)	130,89*
	Non-clinique	247 (85,2 %)	20 (6,9 %)	23 (7,9 %)	
Retrait	Clinique	58 (43,9 %)	33 (25,0 %)	41 (31,1 %)	94,79*
	Non-clinique	252 (86,9 %)	28 (9,7 %)	10 (3,4 %)	
Plaintes somatiques	Clinique	72 (54,5 %)	30 (22,7 %)	30 (22,7 %)	39,25*
	Non-clinique	241 (83,1 %)	28 (9,7 %)	21 (7,2 %)	
Problème de pensée	Clinique	68 (51,5 %)	22 (16,7 %)	42 (31,8 %)	79,20*
	Non-clinique	259 (89,3 %)	18 (6,2 %)	13 (4,5 %)	
Problème d'attention	Clinique	63 (47,7 %)	20 (15,2 %)	49 (37,1 %)	94,07*
	Non-clinique	260 (89,7 %)	16 (5,5 %)	14 (4,8 %)	
Comportement agressif	Clinique	82 (62,1 %)	26 (19,7 %)	24 (18,2 %)	93,77*
	Non-clinique	281 (96,9 %)	8 (2,8 %)	1 (0,3 %)	
Comportement transgressif	Clinique	63 (47,7 %)	18 (13,6 %)	51 (38,6 %)	148,48*
	Non-clinique	281 (96,9 %)	6 (2,1 %)	3 (1,0 %)	
Comportement intrusif	Clinique	101 (76,5 %)	15 (11,4 %)	16 (12,1 %)	21,08*
	Non-clinique	265 (91,4 %)	18 (6,2 %)	7 (2,4 %)	
Problèmes intériorisés	Clinique	21 (15,9 %)	10 (7,6 %)	101 (76,5 %)	132,22*
	Non-clinique	191 (65,9 %)	45 (15,5 %)	54 (18,6 %)	
Problèmes extériorisés	Clinique	48 (36,4 %)	16 (12,1 %)	68 (51,5 %)	137,09*
	Non-clinique	254 (87,6 %)	22 (7,6 %)	14 (4,8 %)	
Total des problèmes	Clinique	30 (22,7 %)	18 (13,6 %)	84 (63,6 %)	158,19*
	Non-clinique	238 (82,1 %)	27 (9,3 %)	25 (8,6 %)	

* $p < 0,001$.

Tableau 19.5   Sensibilité et spécificité des seuils cliniques et limites

Échelle	Seuil	Sensibilité	Spécificité	Taux de classification
Anxiété-Dépression	Clinique	55,3 %	92,1 %	80,6 %
	Limite	68,2 %	85,2 %	79,9 %
Retrait	Clinique	31,1 %	96,6 %	76,1 %
	Limite	56,1 %	86,9 %	77,3 %
Plaintes somatiques	Clinique	22,7 %	92,8 %	70,9 %
	Limite	45,4 %	83,1 %	71,3 %
Problème de pensée	Clinique	31,8 %	95,5 %	75,6 %
	Limite	48,5 %	89,3 %	76,5 %
Problème d'attention	Clinique	37,1 %	95,2 %	77,0 %
	Limite	52,3 %	89,7 %	78,0 %
Comportement agressif	Clinique	18,2 %	99,7 %	74,2 %
	Limite	37,9 %	96,9 %	78,4 %
Comportement transgressif	Clinique	38,6 %	99,0 %	80,1 %
	Limite	52,3 %	96,9 %	82,9 %
Comportement intrusif	Clinique	12,1 %	97,6 %	70,9 %
	Limite	23,5 %	91,4 %	70,1 %
Problèmes intériorisés	Clinique	76,5 %	81,4 %	79,9 %
	Limite	84,1 %	65,9 %	71,6 %
Problèmes extériorisés	Clinique	51,5 %	95,2 %	81,5 %
	Limite	63,6 %	87,6 %	80,1 %
Total des problèmes	Clinique	63,6 %	91,4 %	82,7 %
	Limite	77,3 %	82,1 %	80,6 %

Une meilleure validité discriminante des seuils cliniques est observée pour les deux échelles regroupées et pour l'échelle « total des problèmes ». En effet, leur sensibilité est respectivement de 76,5 % pour l'échelle des « problèmes intériorisés », de 51,5 % pour celle des « problèmes extériorisés » et de 63,6 % pour l'échelle « total des problèmes ». Leur spécificité est très bonne, avec respectivement des taux de 81,4 %, 95,2 % et 91,4 %. Au seuil limite, on observe une augmentation de la sensibilité au détriment de la spécificité pour les trois échelles. La sensibilité de l'échelle « problèmes intériorisés » atteint 84,1 %, alors que sa spécificité diminue à 65,9 %. De même, la sensibilité de l'échelle « problèmes extériorisés » augmente à 63,6 % et celle du « total des problèmes » augmente à 77,3 %, alors que leur spécificité diminue à 87,6 % et 82,1 % respectivement. Contrairement à ce qui a été observé pour les échelles syndromiques, l'utilisation du seuil limite plutôt que du seuil clinique conduit à une diminution du taux de classification correcte. Ces résultats s'expliquent probablement en partie par le fait que les seuils limites et cliniques se situent à un score T plus bas pour ces échelles ($T = 60$ et 64, respectivement) que pour les échelles syndromiques ($T = 65$ et 70, respectivement). Néanmoins, ces résultats permettent de constater que ces trois échelles globales ont une meilleure sensibilité au seuil clinique que les échelles syndromiques, tout en maintenant une bonne spécificité. Au seuil limite, leur sensibilité augmente et demeure supérieure à celle des échelles syndromiques, mais ce gain se fait au détriment de la spécificité.

19.5 Discussion

Cette étude a été réalisée avec l'objectif de donner un appui supplémentaire à l'utilisation de la version canadienne-française de l'ASR par les professionnels du domaine de la santé mentale et des relations humaines, en étudiant sa validité critériée. Pour ce faire, la capacité des échelles de l'ASR à discriminer l'appartenance à un échantillon de patients psychiatriques d'un échantillon d'étudiants universitaires, ainsi que la sensibilité et la spécificité de ses seuils, a été étudiée. Dans l'ensemble, les résultats de la présente étude montrent clairement la capacité de l'ASR à distinguer un échantillon clinique d'un échantillon non clinique. Les deux échantillons se distinguent sur tous les scores bruts aux échelles syndromiques, regroupées et « total des problèmes ». L'échantillon clinique, composé de patients psychiatriques, obtient des scores significativement plus élevés à toutes les échelles. C'est aussi ce qu'observaient Achenbach et Rescorla (2003), à l'exception de l'échelle « comportement intrusif ». Quant aux pourcentages de personnes qui atteignent les seuils cliniques et limites, ils sont aussi systématiquement plus élevés dans l'échantillon clinique que non-clinique. Les patients psychiatriques sont, pour la plupart des échelles, de 40 % à 50 % plus nombreux que les étudiants universitaires à atteindre les seuils limites ou cliniques. Toutefois, pour les échelles « plaintes somatiques » et « comportement intrusif » les différences de pourcentage entre les deux échantillons sont moindres et se situent respectivement entre 30 % et 15 %. L'ampleur des différences de moyennes sur les scores bruts pour ces échelles était aussi moins élevée (effet de taille moyenne selon les d de Cohen). D'ailleurs, dans la version originale états-unienne, Achenbach et Rescorla (2003) n'observent pas de différence significative entre leurs échantillons clinique et non clinique sur l'atteinte des scores seuils à l'échelle « comportement intrusif ». Cette échelle comporte peu d'items (6 items seulement). Bien que des analyses factorielles exploratoires et confirmatoires appuient sa validité de construit (Achenbach et Rescorla, 2003; Le Corff et al., 2016), elle devrait éventuellement être bonifiée.

Bien que les données descriptives comparatives sur chacune des échelles relèvent clairement des différences entre les étudiants universitaires (échantillon non clinique) et les patients psychiatriques, et que plusieurs études soutiennent la validité critériée de l'ASR en général (Achenbach et Rescorla, 2003; Halvorsen et al., 2005; Hayatbakhsh et al., 2007; Retz et al., 2004; Zasepa et Wolanczyk, 2011), il est intéressant d'aller plus loin que la simple comparaison de groupe et déterminer dans quelle mesure l'ensemble des échelles de l'ASR permet de bien discriminer ces sous-groupes, en identifiant le pourcentage de cas correctement classifié et les échelles qui y contribuent le plus. Le taux de classification obtenu est de 83,2 %, ce qui est bon et supérieur au pourcentage obtenu par Achenbach et Rescorla (2003) avec la version originale (71 %). Peut-être que leur échantillon clinique présentait des problèmes moins sévères et qu'il était ainsi un peu plus difficile de le discriminer de l'échantillon non clinique. En effet, leur échantillon clinique est composé à la fois de patients psychiatriques, mais aussi de patients en traitement pour abus de substances psychotropes qui ne présentent pas nécessairement de troubles psychiatriques. Quant à leur échantillon non clinique, il est issu de la population générale pour laquelle on s'est assuré de l'absence de tels traitements dans les 12 derniers mois, ce qui n'est pas nécessairement comparable à notre échantillon d'étudiants universitaires. Nous y reviendrons dans les limites.

Tout comme pour la version originale états-unienne (Achenbach et Rescorla, 2003), les échelles « anxiété-dépression » et « comportement transgressif » sont les plus discriminantes. Les étudiants universitaires présentent, en moyenne, peu de comportements anxieux et dépressifs et transgressent peu les règles tandis que les patients psychiatriques présenteraient plusieurs de ces comportements. Pour les échelles « comportements agressifs », « retrait », « problème de pensée » et « problèmes d'attention », des scores élevés caractérisent aussi les patients psychiatriques, mais se révèlent peu utiles pour discriminer les deux échantillons lorsque les comportements transgressifs ou d'anxiété-dépression sont pris en compte. Ces résultats ne sont pas surprenants étant donné que l'ASR est composé de deux dimensions (ou facteurs) qui regroupent plusieurs échelles corrélées entre elles. Comme mentionné précédemment, l'échelle regroupée « problèmes extériorisés » inclut les comportements transgressifs, agressifs et intrusifs et l'échelle « problèmes intériorisés » regroupe les comportements d'anxiété-dépression, de plaintes somatiques et de retrait. On peut donc comprendre que les deux dimensions de problèmes, extériorisés et intériorisés, sont importantes à prendre en considération pour bien discriminer l'échantillon d'étudiants universitaires de celui des patients psychiatriques, mais plus particulièrement les comportements transgressifs d'une part et d'anxiété-dépression d'autre part. Enfin, comme le suggéraient les données descriptives, ce sont les échelles « plaintes somatiques » et « comportement intrusif » qui contribuent le moins à discriminer les deux échantillons.

En ce qui concerne la sensibilité et la spécificité associées à l'utilisation de l'ensemble des huit échelles syndromiques, l'ASR, dans sa version canadienne-française, est beaucoup plus spécifique (93,8 %) que sensible (59,8 %). La version originale états-unienne de l'ASR s'avère aussi plus spécifique (78 %) que sensible (65 %), bien que l'écart entre ces deux indices soit moins grand. Ceci signifie qu'en considérant toutes les échelles en même temps, le questionnaire permet de bien identifier les vrais négatifs (ceux qui ne présentent pas de problèmes), mais risque de ne pas bien identifier toutes les personnes qui présentent un problème. En fait, ces données laissent croire que le questionnaire permet possiblement de bien identifier les cas extrêmes (les personnes qui présentent des scores élevés à toutes les échelles), mais échappe ceux qui présentent des problèmes de manière plus modérée ou qui présentent plus particulièrement un seul problème. En fait, 40,2 % des patients psychiatriques n'ont pas été identifiés comme présentant des problèmes de santé mentale en général par l'ASR. Il y a probablement avantage, comme chaque personne ne présente pas tous les problèmes en même temps, à considérer les scores obtenus de manière distincte pour chaque échelle. À cet effet, Achenbach et Rescorla (2003), dans leur étude de normalisation, ont identifié des seuils limites et cliniques pour toutes les échelles (voir la section méthode pour les seuils). Sur le plan clinique, ces seuils sont d'une pertinence considérable.

Si on pouvait s'attendre à une plus grande sensibilité en considérant chaque échelle de manière distincte, nos résultats ne vont pas dans ce sens. En fait, dans l'ensemble, la spécificité est excellente, mais la sensibilité est très faible pour les échelles syndromiques et, bien qu'elle s'améliore un peu pour les échelles regroupées (problèmes extériorisés et intériorisés) ou pour l'échelle « total des problèmes », elle demeure relativement faible. Pour le dépistage de problèmes de santé mentale, les seuils cliniques des huit échelles syndromiques apparaissent sévères, au sens où un nombre important de patients psychiatriques ne les atteignent pas. Ils ont cependant l'avantage d'avoir une excellente spécificité et donc de ne pas conduire à soupçonner, de manière erronée, la présence de problèmes comportemental, émotionnel et social chez des personnes. Les seuils limites, obtenant un pourcentage un peu plus élevé de sensibilité, permettent de détecter davantage de personnes présentant un problème et faisant partie de l'échantillon clinique. Par contre, comme le pourcentage de spécificité diminue légèrement, l'utilisation des seuils limites augmente le nombre de personnes de l'échantillon non clinique détecté incorrectement comme présentant des problèmes. De manière générale, pour les échelles syndromiques, l'utilisation du seuil limite plutôt que du seuil clinique conduit à un taux de classification juste légèrement supérieur. Pour les échelles regroupées, en se fiant au taux de classification globale, le seuil clinique serait à prioriser. C'est d'autant plus vrai pour l'échelle des problèmes intériorisés qui obtient, quant à elle, des taux relativement élevés de sensibilité (76,5 %) et de spécificité (81,4 %) associés au seuil clinique. Cela pourrait peut-être s'expliquer par une prise en charge en psychiatrie (échantillon clinique) plus fréquente dans le cas de problèmes intériorisés.

D'ailleurs, en dépit des retombées sur les plans méthodologique et clinique de cette étude, les résultats doivent être nuancés par certaines limites méthodologiques et plusieurs recommandations pour les recherches futures peuvent être formulées. En fait, les faibles taux de sensibilité peuvent être nuancés par la provenance des échantillons clinique et non clinique. D'abord, comme l'échantillon clinique est composé de patients hospitalisés, donc sous traitement, il est possible que le niveau de problèmes manifestés par certains patients ait diminué entre le moment où le diagnostic ayant conduit à l'hospitalisation a été posé et le moment où l'ASR leur a été administré. Un score moyen plus faible à l'ASR que ce qui aurait été attendu au début de la prise en charge en psychiatrie aurait pour effet de diminuer sa sensibilité.

De plus, l'échantillon de patients psychiatriques est certainement hétérogène sur le plan des diagnostics et des problèmes de santé mentale présentés et certaines échelles peuvent ne pas correspondre à un problème dont est atteint le patient. Par exemple, un patient hospitalisé pour des problèmes anxieux ou dépressifs peut ne pas manifester de problèmes de comportement extériorisés, ou encore, il serait normal qu'un patient hospitalisé pour un épisode maniaque (trouble bipolaire de type I) ait un score faible à l'échelle « retrait ». En ce sens, il est raisonnable de penser que les échelles syndromiques présenteraient de meilleurs indices de sensibilité et de spécificité pour l'identification de troubles spécifiques à ce qu'elles mesurent (par exemple, capacité de l'échelle « retrait » à identifier les personnes atteintes d'un trouble d'anxiété sociale ou d'un trouble de la personnalité évitante). D'ailleurs, notre échantillon clinique est possiblement fortement caractérisé par la présence de troubles dépressifs et anxieux, ce qui pourrait expliquer à la fois la bonne capacité discriminante de l'échelle « anxiété-dépression » et à la fois la plus faible sensibilité des seuils pour les autres échelles. À cet effet, des recherches futures devraient être réalisées afin de vérifier la validité discriminante de l'ASR pour l'identification de problèmes spécifiques. Mais encore, comme ces seuils ont été obtenus pour la version originale issue d'un échantillon de normalisation provenant des États-Unis, il pourrait être avantageux de réaliser une étude de normalisation de la version canadienne-française afin d'identifier des seuils limites et cliniques qui soient à la fois plus sensibles et spécifiques.

Quant à l'échantillon non clinique, le recours à un échantillon d'étudiants universitaires soulève aussi certains questionnements. D'abord, notre échantillon non clinique pourrait être composé d'étudiants qui, même s'ils fréquentent l'université, présentent des problèmes de santé mentale à un niveau clinique. Ceci pourrait avoir engendré une sous-estimation de la sensibilité et de la spécificité des échelles de l'ASR dans la présente étude, en diminuant le contraste entre les groupes, tout comme l'amélioration probable de certains problèmes de santé mentale associés aux traitements reçus par l'échantillon clinique. Les étudiants universitaires ayant un diagnostic psychiatrique ou ayant été hospitalisés en psychiatrie dans la dernière année auraient dû se retrouver dans le groupe clinique, ou à tout le moins être exclus de l'échantillon non clinique. Malheureusement, nous ne disposions pas de l'information sur la présence ou non de problèmes de santé mentale chez les personnes de l'échantillon universitaire.

Enfin, face à ces constats, et d'ici à ce que d'autres études soient réalisées sur la sensibilité et la spécificité de la version canadienne-française de l'ASR, les professionnels du domaine de la santé mentale et des relations humaines qui utilisent l'ASR devraient être sensibilisés au fait qu'il est fort possible que l'instrument ne permette pas de bien dépister toutes les personnes pour lesquelles une aide serait utile afin de diminuer leurs problèmes comportemental, émotionnel et social. Il serait alors plus prudent d'adopter une approche multitraits, multiméthodes et multirépondants pour s'assurer de bien dépister toutes les personnes qui auraient besoin de soutien psychosocial pour favoriser un niveau de fonctionnement psychologique, relationnel et professionnel optimal.

19.6 Remerciements

Nous désirons remercier les participants pour le temps consacré à répondre au questionnaire.

Références

Achenbach, T. M. (2005). Advancing Assessment of Children and Adolescents: Commentary on Evidence-Based Assessment of Child and Adolescent Disorders. *Journal of Clinical Child and Adolescent Psychology, 34* (3), 541-547.

Achenbach, T. M. (2006). As others see us: clinical and research implications of cross-informant correlations for psychopathology. *Current Directions in Psychological Science, 15*, 94–98.

Achenbach, T.M. (2017). *Site ASEBA Achenbach System of Empirically Based Assessment.* Repéré à http://www.aseba.org

Achenbach, T.M., Krukowski, R.A., Dumenci, L. et Ivanova, M.Y. (2005). Assessment of adult psychopathology: Meta-analyses and implications of cross-informateur correlations. *Psychological Bulletin, 131*(3), 361-382.

Achenbach, T.M. et Rescorla, L.A. (2001). *Manual for the Achenbach System of Empirically Based Assessment (ASEBA) school-age forms & profiles.* Burlington, VT: University of Vermont, Research Center for Children, Youth & Families.

Achenbach, T.M. et Rescorla, L.A. (2003). *Manuel for the ASEBA Adult Forms & Profiles.* Burlington, VT : University of Vermont.

Anastasi, A. (1994). *Introduction à la psychométrie (trad.).* Montréal : Guérin.

Anastasi, A. et Urbina, S. (1997). *Psychological Testing* (7e éd.). Upper Saddle River, NJ: Prentice-Hal, Pearson Education.

Bernaud. J-L. (2007) *Introduction à la psychométrie.* Paris : Dunod.

Bizier, C., Marshall, C. et Fawset, G. (2015). L'Enquête canadienne sur les incapacités : L'incapacité liée à la santé mentale chez les Canadiens âgés de 15 ans et plus, 2012. Statistique Canada.

Byrne, B. M. (2010). *Structural Equation Modeling with AMOS* (2e éd.). New York: Routledge.

Cohen, J. (1988). *Statistical power analysis for the behavioral sciences* (2e éd). Hillsdale, NJ: Lawrence Earlbaum Associates.

Éditeur officiel du Québec (2009). *Assemblée Nationale, première session, trente-neuvième législature.* Projet de loi n° 21 (chapitre 28) : Loi modifiant le Code des professions et d'autres dispositions législatives dans le domaine de la santé mentale et des relations humaines. Québec.

Fleury, M-J. et Grenier, G. (2012). *État de situation sur la santé mentale au Québec et réponse du système de santé et de services sociaux.* Québec : Commissaire à la santé et le bien-être.

Gouvernement du Québec (2013). *Le projet de loi 21; Des compétences professionnelles partagées en santé mentale et en relations humaines : la personne au premier plan. Loi modifiant le Code des professions et d'autres dispositions législatives dans le domaine de la santé mentale et des relations humaines; Guide explicatif.* Québec : Office des professions du Québec.

Gouvernement du Canada (2014). *Énoncé de politique des trois conseils, Éthique de la recherche avec des êtres humains.* Ottawa : Secrétariat interagences en éthique de la recherche.

Grenier, J., Bourque, M. et St-Amour, N. (2014). L'Évolution des services sociaux du réseau de la santé et des services sociaux du Québec : La NGP ou le démantèlement progressif des réseaux sociaux. Saint-Jérôme : Université du Québec en Outaouais.

Halvorsen, I., Andersen, A. et Heyerdahl, S. (2005). Girls with anorexia nervosa as young adults: Self-reported and parent-reported emotional and behavioural problems compared with siblings. *European Child and Adolescent Psychiatry, 14,* 397-406.

Hayatbakhsh, M. R., Najman, J. M., Jamrozik, K., Mamun, A. A., Alati, R., et Bor, W. (2007). Cannabis and anxiety and depression in young adults: A large prospective study. *Journal of the American Academy of Child and Adolescent Psychiatry, 46,* 408–417.

Hu, L. T. et Bentler, P. M. (1999). Cutoff criteria for fit indexes in covariance structure analysis: Conventional criteria versus new alternatives. *Structural Equation Modeling: A Multidisciplinary Journal, 6*(1), 1-55.

Hunsley, J. et Mash, E.J. (2005). Evidence-Based Assessment of Child and Adolescent Disorders: Issues and Challenges. *Journal of Clinical Child and Adolescent Psychology, 34* (3), 362-379.

Hunsley, J. et Mash, E.J. (2007). Evidence-based assessment. *Annual Review of Clinical Psychology, 3,* 29–51.

International Test Commission. (2005). *International Guidelines on Test Adaptation.*

Ivanova, M. Y., Achenbach, T. M., Rescorla, L. A., Turner, L. V., Ahmeti-Pronaj, A., ... Au, A. (2015). Syndroms of self-reported psychopathology for ages 18-59 in 29 societies. *Journal of Psychopathology & Behavioral Assessment, 37,* 171–183.

Laveault, D. et Grégoire, J. (2014). *Introduction aux théories des tests en psychologie et en sciences de l'éducation* (3e éd.). Bruxelles : De Boeck.

Le Corff, Y., Yergeau, É., Busque-Carrier, M., Forget, K., Proulx-Bourque, C., Roy-Charland, A., Levesque, A. et Tivendell, J. (2016, mai). *Confirmation of the ASEBA Eight-Syndrome Model of Adult Psychopathology in a Sample of Bilingual Canadian University Students.* Communication présentée au IJAS' Barcelona International Conference for Social Sciences and Humanities, Barcelone, Espagne.

Le Corff, Y., Yergeau, É., Proulx-Bourque, C., Busque-Carrier, K., Roy-Charland, A., Levesque, A., Tivendell, J. et M., Forget (sous presse). Équivalence de la version en français pour le Canada et de la version originale états-unienne de l'Adult Self-Report. *Psychologie française.*

Mash, E.J., et Hunsley, J. (2005). Evidence-based assessment of child and adolescent disorders: issues and challenges. *Journal of Clinical Child and Adolescent Psychology, 34*(3), 362-379.

Paquette, G (2004). Contribution des instruments de mesure à l'évaluation psychoéducative. *Revue en pratique : Exercice professionnel de la psychoéducation. Ordre des conseillers et conseillères en orientation et des psychoéducateurs et psychoéducatrices du Québec, 2,* 6-7.

Retz, W., Retz-Junginger, P., Hengesch, G., Schneider, M., Thome, J., ... Pajonk, F. G. (2004). Psychometric and psychopathological characterization of young male prison inmates with and without attention deficit-hyperactivity disorder. *European Archives of Psychiatry and Clinical Neuroscience, 254,* 201–208.

Statistique Canada (2002). Enquête sur la santé dans les collectivités canadiennes de 2002 – Santé mentale et bien-être. Repéré à http://dsp-psd.pwgsc.gc.ca/Collection/Statcan/82-617-X/82-617-XIF.html

Toupin, J., Pauzé, R. et Déry. M. (2000). Modèle conceptuel des inadaptations sociales de l'enfance pour la définition et l'évaluation des activités d'intervention. *Les cahiers de l'actif, 288-291,* 115-130.

Vallerand, R. J. (1989) Vers une méthode de validation trans-culturelle de questionnaires psychologiques : implications pour la recherche en langue française. *Psychologie Canadienne, 30,* 662–680.

Widiger, T. A. et Samuel, D. B. (2005). Diagnostic categories or dimensions? A question for the Diagnostic and Statistical Manual of Mental Disorders-Fifth Edition. *Journal of Abnormal Psychology, 114,* 494-504.

Yergeau, É. et Paquette G. (2008). L'utilisation des tests standardisés et leur impact sur les pratiques évaluatives, *Revue en pratique : Exercice professionnel de la psychoéducation, Ordre des conseillers et conseillères en orientation et des psychoéducateurs et psychoéducatrices du Québec, 2,* 19.

Zasepa, E. et Wolanczyk, T. (2011). Assessment of problem behaviors in adult population. Evaluation of psychometric characteristics of the Polish adaptation of the Adult Self-Report (ASR) and the Adult Behavior Checklist (ABCL). *International Journal of Child Health et Human Development, 4,* 327–340.

20 | Faire alliance dans la contrainte

Point de vue de personnes dépendantes et judiciarisées

Marie-Eve Bédard-Nadeau
Département de psychoéducation, Université du Québec à Trois-Rivières

Chantal Plourde
Département de psychoéducation, Université du Québec à Trois-Rivières

Catherine Arseneault
Département de psychoéducation et de psychologie,
Université du Québec en Outaouais

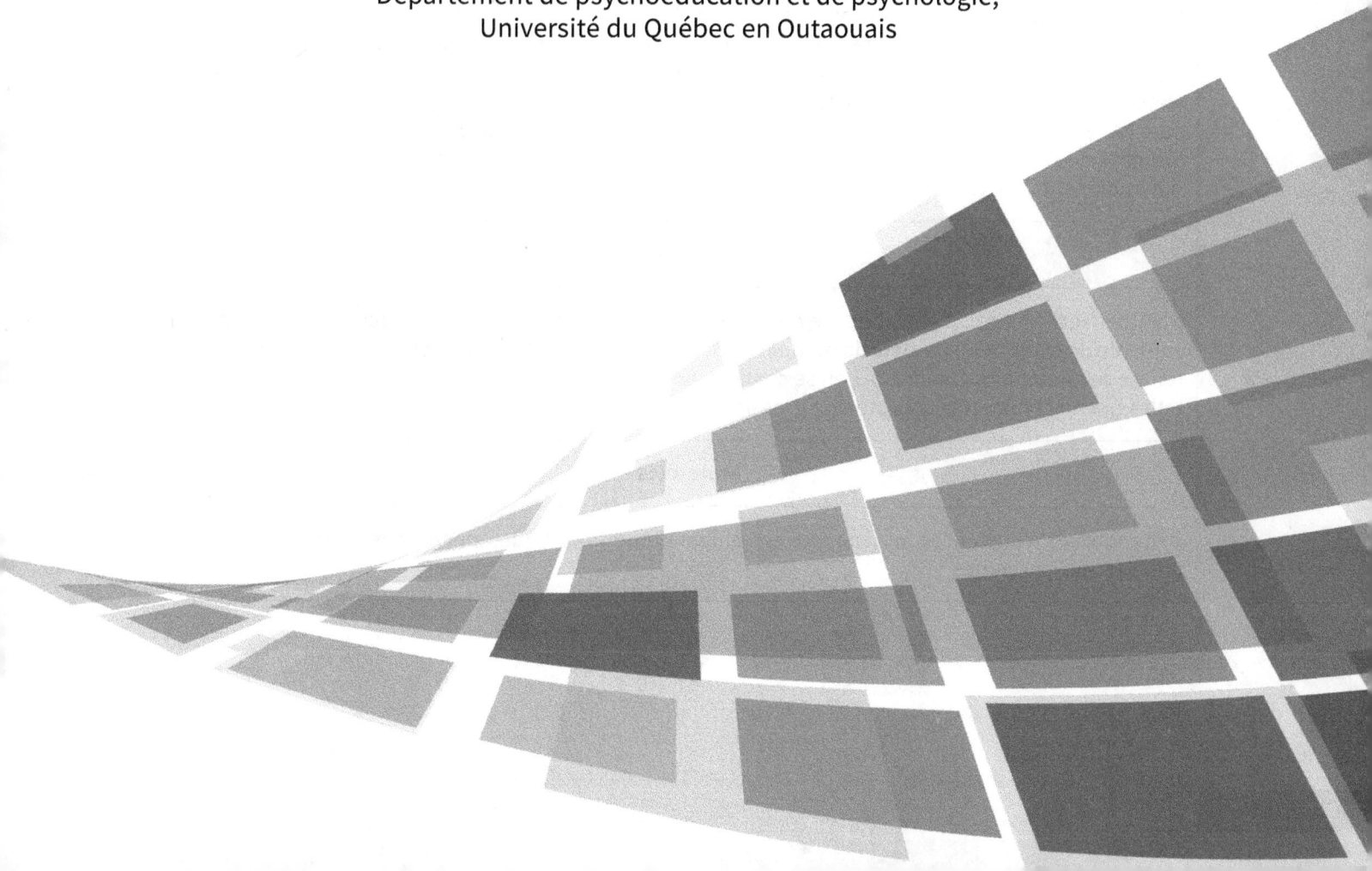

Résumé

Contexte

La dépendance aux substances psychoactives (SPA) est répandue chez les personnes judiciari-sées et il n'est pas rare que celles-ci intègrent un traitement sous contraintes judiciaires (Kelly, Finney et Moos, 2005). En raison du contexte coercitif dans lequel est dispensé le traitement, l'intervention auprès de cette clientèle comporte des enjeux, parmi lesquels se retrouve le déve-loppement de l'alliance thérapeutique (AT).

Objectif

Ce chapitre présente une recherche qualitative ayant pour objectif de documenter, de manière exploratoire, la perception des personnes judiciarisées en traitement pour une dépendance aux SPA, concernant l'AT avec les intervenants.

Méthode

Quinze entretiens semi-structurés ont été menés individuellement auprès d'hommes en trai-tement sous contraintes judiciaires dans quatre ressources certifiées. Une analyse thématique (Paillé et Mucchielli, 2012) a été effectuée.

Résultats

Les résultats permettent de proposer une modulation du modèle de l'AT de Bordin (1979), laquelle correspond à la forme de l'AT dans ce contexte d'intervention sous contraintes. Les répondants identifient des éléments ayant un impact sur le développement d'une AT comme le statut « d'ex-dépendant » des intervenants et le temps. Il semble que pour une partie d'entre eux, l'AT soit un facteur de réussite essentiel. Par contre, pour d'autres, c'est le contenu du pro-gramme de traitement (les ateliers psychoéducatifs, la structure, etc.) et la modalité de groupe qui importent.

Conclusion

D'autres recherches qualitatives devraient être menées au sujet de l'alliance dans ce même contexte de traitement au-delà du modèle de Bordin (1979). De plus, d'autres recherches devraient tenter de mieux comprendre l'AT en se concentrant sur le contexte de groupe à partir de variables telles que le climat et la cohésion de groupe.

Mots-clés

Dépendance, substances psychoactives, alliance thérapeutique, personnes dépendantes et judiciarisées, hommes.

Recommandations cliniques issues de l'étude

- Bien que le traitement se déroule en groupe, il est préférable que les clients bénéficient d'un suivi individuel régulier avec un intervenant attitré pour favoriser le développement et le maintien de l'alliance thérapeutique.

- La création d'un lien affectif entre l'intervenant et le client devrait précéder la détermination des objectifs de traitement et des moyens d'intervention.

- Pour favoriser le développement du lien affectif, l'intervenant doit être conscient de ses caractéristiques personnelles et de leurs impacts potentiels.

Questions pédagogiques

- Quels sont les différents obstacles à l'établissement de l'alliance et comment les contrecarrer?

- En quoi consiste le modèle de risque-besoins-réceptivité utilisé auprès de personnes judiciarisées?

- Dans un contexte de traitement des dépendances sous mesures judiciaires, sous quelles conditions l'intervenant peut-il être dans l'obligation de dévoiler des informations aux instances judiciaires? Comment conjuguer avec cette obligation sans compromettre l'alliance?

20.1 Introduction

La **dépendance** aux substances psychoactives (SPA) est une expression issue du Manuel diagnostique et statistique des troubles mentaux (DSM) élaborée par l'American Psychiatric Association (APA), le DSM-IV-TR (APA, 1994; 2003). *Le diagnostic de dépendance s'établit en fonction de la présence, sur une période d'un an, d'au moins trois des sept critères suivants :*

1. tolérance;

2. sevrage;

3. substance souvent prise en quantité plus importante ou plus longtemps que prévu;

4. incapacité de diminuer ou contrôler la consommation malgré un désir persistant d'arrêter;

5. beaucoup de temps passé à des activités pour obtenir la substance;

6. activités sociales, professionnelles ou de loisirs importantes, réduites ou abandonnées;

7. persistance de la consommation malgré des conséquences néfastes psychiques ou physiques évidentes.[1]

Les liens entre la dépendance aux SPA et la criminalité sont aujourd'hui bien démontrés (Brochu, Cournoyer, Motiuk et Pernanen, 1999; Chauvet, Kamgang, Ngamini, Fleury et Simoneau, 2015). En effet, les personnes dépendantes sont plus enclines à se retrouver dans le système judiciaire et ainsi à consulter sous des conditions légales (Kelly, Finney et Moos, 2005). C'est à ce contexte particulier de traitement que s'attarde cette recherche.

20.1.1 L'offre de services en dépendance aux personnes dépendantes et judiciarisées

Un des modèles d'intervention largement utilisés auprès des contrevenants en vue de diminuer le risque de récidive est celui basé sur le risque, les besoins et la réceptivité (le modèle RBR; Bonta et Andrews, 2007). Brièvement, selon ce modèle, le niveau de traitement offert aux contrevenants doit correspondre au niveau de risque qu'il commette de nouveau un crime (principe du risque), doit se focaliser sur les facteurs criminogènes (principe des besoins) et doit tenir compte des caractéristiques du délinquant (principe de la réceptivité). Les **facteurs criminogènes** se définissent comme « *[...] des facteurs de risques dynamiques, directement liés au comportement criminel.* » (Bonta et Andrews, 2007, p. 7). Il existe sept facteurs criminogènes et l'un d'eux est la dépendance aux SPA. Par conséquent, le traitement de la dépendance devrait faire partie des priorités dans le traitement offert aux contrevenants.

Or, au niveau des Services correctionnels du Québec, ces traitements sont limités et présentent des lacunes (Brochu et Plourde, 2012). D'abord, pour les personnes détenues, aucun programme de traitement n'est systématiquement dispensé en centre de détention[2]. Quant aux contrevenants prévenus (personnes ayant été arrêtées en attente de sentence), ils peuvent, lorsque le juge accepte,

---

[1] Nous utilisons le terme « dépendance » puisqu'il demeure encore celui le plus utilisé dans la documentation scientifique et dans les milieux d'intervention. Or, il existe une nouvelle version du DSM, le DSM-5 (APA, 2003; 2015), dans laquelle les diagnostics de « dépendance » et « d'abus » de SPA sont regroupés sous un seul terme, le « trouble lié à l'usage d'une substance ». Malgré ce regroupement, ce nouveau diagnostic s'établit selon les mêmes critères, à quelques exceptions près.

[2] Il existe certaines ententes entre le ministère de la Sécurité publique et le ministère de la Santé et des Services sociaux, mais l'offre de services varie grandement selon les régions. Par exemple, depuis 2009, un programme d'intervention en dépendance est offert par le Centre de réadaptation en dépendance de Québec à l'Établissement de détention de Québec, mais il est le seul de ce type au Québec (Arseneault, 2014).

intégrer un traitement pour leur dépendance au moment de l'enquête sur remise en liberté, avant de recevoir leur sentence. Le plus souvent, ces contrevenants sont dirigés dans les ressources d'hébergement en toxicomanie ou en jeux pathologiques (RHTJP), car elles offrent un encadrement résidentiel à long terme qui se rapproche d'un contexte d'incarcération (Schneeberger et Brochu, 2000). Toutefois, bien que ces ressources soient partenaires au ministère de la Sécurité publique (MSP), elles ne sont pas spécialisées dans l'intervention auprès des personnes judiciarisées, puisque les services qu'elles offrent s'adressent aussi à la population générale.

Finalement, pour les contrevenants suivis dans la communauté (personnes condamnées à une probation, un emprisonnement avec sursis ou celles condamnées à une sentence d'incarcération libérées sous conditions), le traitement des dépendances est souvent une condition (une obligation légale) à respecter. Ainsi, ils peuvent être dirigés dans différents services en dépendance (internes ou externes) de leur région comme les maisons de transition, les RHTJP ou les Centres intégrés (universitaires) de santé et de services sociaux (CISSS ou CIUSSS). Or, en dehors des maisons de transition, ces services ne sont pas spécifiquement dédiés aux personnes judiciarisées.

Offrir un traitement pour la dépendance en complémentarité ou en alternative à l'incarcération aux contrevenants est encore largement controversé notamment pour les effets pervers possibles. Par exemple, certains contrevenants peuvent voir cette opportunité de traitement comme l'occasion d'alléger leur sentence ou de devancer leur libération conditionnelle, sans avoir le réel désir de modifier leurs habitudes de consommation.

De plus, ils peuvent intégrer un traitement uniquement parce qu'ils se sentent contraints (obligés) par l'appareil judiciaire sans avoir l'intention de changer (Schneeberger et Brochu, 2000). Le fait que les personnes intègrent un traitement sous des mesures judiciaires n'est pas sans susciter de questionnements sur leur réelle motivation au changement (Kelly et al., 2005; Schneeberger et Brochu, 2000). Qui plus est, il est démontré que les personnes judiciarisées sont moins engagées, plus résistantes et qu'elles affichent des attitudes plus négatives envers le traitement par rapport à celles qui ne le sont pas (Cournoyer, Brochu, Landry et Bergeron, 2007). Ainsi, l'intervention auprès de cette clientèle comporte des enjeux, notamment celui de l'alliance thérapeutique (AT), qui est un ingrédient important au succès thérapeutique.

20.1.2 L'alliance thérapeutique et le modèle de Bordin (1979)

Le rôle important de l'AT dans l'atteinte des buts d'un traitement est bien démontré. En effet, selon plusieurs auteurs, l'AT est l'une des variables les plus impliquées dans le succès thérapeutique[3] (Bordin, 1979; Horvath et Symonds, 1991; Lecomte, Savard, Drouin et Guillon, 2004; Martin, Garske et Davis, 2000). Les premiers travaux sur l'alliance proviennent d'approches psychodynamiques (Luborsky, 1976; Zetzel, 1956) et centrées sur le client (Rogers, 1951). L'un des premiers à avoir tenté de rendre explicite le concept d'AT est Bordin (1979). Selon lui, l'AT est un concept qui s'étend bien au-delà de la psychothérapie, puisqu'une alliance est susceptible de se développer dans toutes relations d'aide professionnelles. C'est donc pour cette ouverture au champ d'application que ce modèle est retenu dans cet ouvrage. Selon Bordin (1979), l'*AT se rapporte à une collaboration active entre le client et l'intervenant autour de trois dimensions : l'accord sur les objectifs de traitement, les tâches et le lien affectif.* La Figure 20.1, fournit un aperçu du modèle.

---

[3] L'adjectif « thérapeutique » est utilisé dans son sens large pour faire référence au traitement ou à une intervention dans le cadre d'une relation d'aide. L'usage de ce terme n'est donc pas spécifique à la « psychothérapie », dont l'exercice est réservé aux professionnels autorisés détenteurs d'un permis de psychothérapeute.

| **Figure 20.1** | **Modèle de l'alliance thérapeutique de Bordin (1979)** |

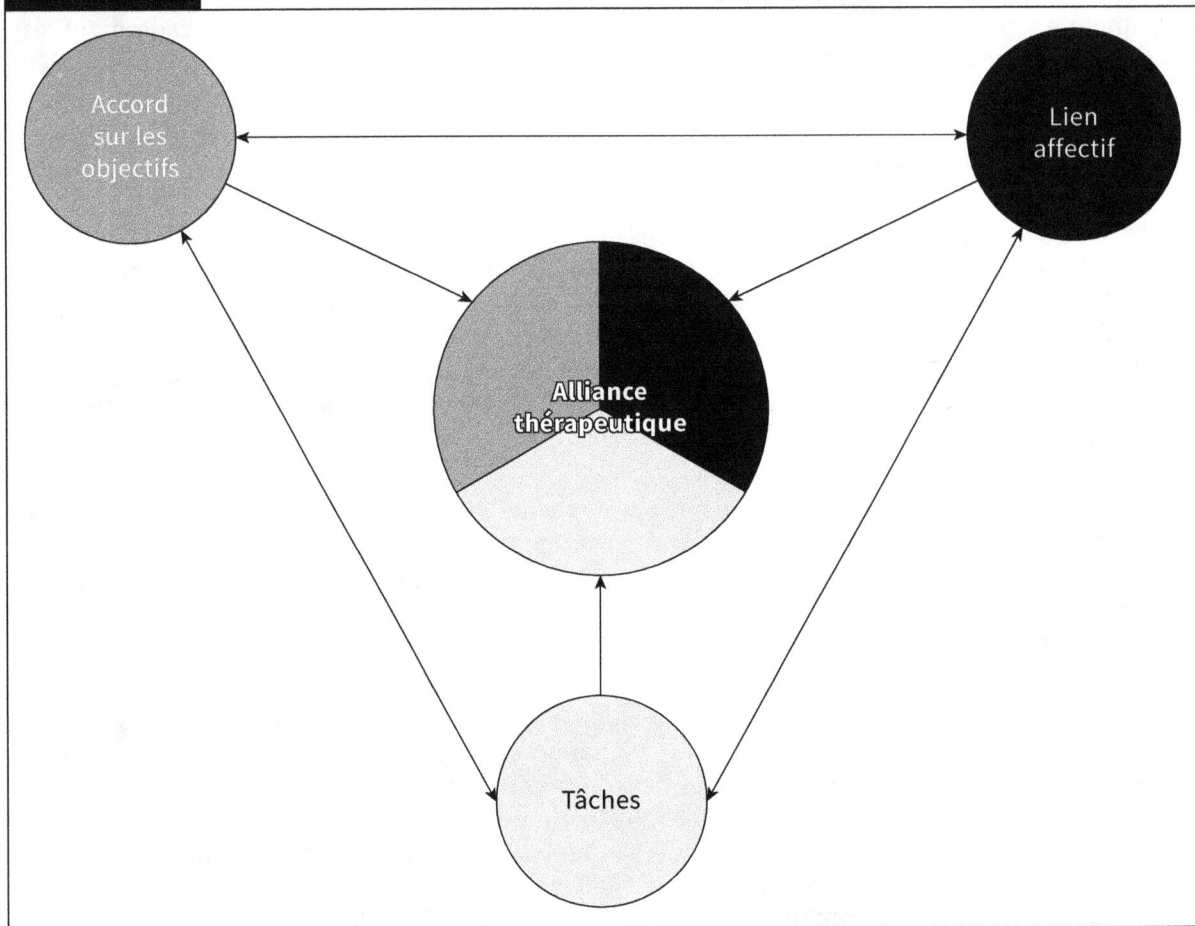

La première dimension (l'accord sur les objectifs) repose sur l'accord mutuel, lequel implique une collaboration entre l'intervenant et le client autour du choix des objectifs. Il importe ici que l'intervenant et le client soient à l'aise avec la cible de l'intervention. La seconde dimension (les tâches) réfère aux actions concrètes que le client et l'intervenant accomplissent pour atteindre les objectifs. Cette dimension renvoie aux moyens d'intervention, à la collaboration et à l'engagement entre le client et l'intervenant en regard des activités à réaliser dans le cadre du suivi. La dernière dimension (le lien affectif) se rapporte à la relation entre le client et l'intervenant. La confiance, la sollicitude et l'engagement sont au cœur de cette relation. L'intervenant doit devenir une personne significative pour le client (Baillargeon et Puskas, 2013). Les trois dimensions du modèle de Bordin (1979) sont interdépendantes et d'une importance équivalente. Ainsi, la qualité du lien affectif a un impact sur la capacité du client et de l'intervenant à négocier un accord sur les objectifs et les tâches. Inversement, l'habileté du client et de l'intervenant à négocier un tel accord influence la qualité du lien (Baillargeon et Puskas, 2013).

En contexte de traitement des dépendances sous contraintes judiciaires, est-ce que le développement d'une telle alliance est possible? Comment se traduit-elle? En fonction du modèle de Bordin (1979), est-ce qu'un accord sur les objectifs et les tâches est possible sachant que les contrevenants sont contraints de suivre un traitement? Comment? Comme le rappellent Schneeberger et Brochu (2000), le traitement des dépendances en contexte judiciaire s'effectue dans un cadre très rigide dans lequel le client est constamment menacé de voir sa démarche interrompue (p. ex. dans le cas d'une rechute, d'un écart de comportement, etc.). Ainsi, est-ce qu'un lien affectif peut se développer dans ce contexte sachant qu'une simple confidence pourrait avoir des répercussions judiciaires? Comment?

20.1.3 L'alliance thérapeutique dans le traitement des personnes dépendantes

Dans les écrits scientifiques, tout comme l'ont constaté certains auteurs (Brochu et Plourde, 2012; Meier, Barrowclough et Donmall, 2005), les études sur l'AT dans le traitement des personnes dépendantes et judiciarisées sont rares. La plupart des écrits traitent de l'AT dans le traitement des personnes dépendantes sans qu'elles soient judiciarisées. Généralement, ces études indiquent un lien positif entre l'AT et les résultats du traitement. Plus précisément, les recherches concluent que l'AT a un effet positif sur la motivation (Ilgen, McKellar, Moos et Finney, 2006; Meier, Barrowclough et al., 2005), la préparation, l'engagement et la rétention en traitement (Meier, Barrowclough et al., 2005), sur la consommation de SPA (Hser, Grella, Hsieh, Anglin et Brown, 1999; Ilgen et al., 2006) et la détresse psychologique (Urbanoski, Kelly, Hoeppner et Slaymaker, 2012).

Qui plus est, des chercheurs ont tenté d'identifier les caractéristiques des clients ou des intervenants susceptibles de prédire la qualité de l'AT. Pour ce qui est des clients, il semble que la motivation à recevoir de l'aide, un sentiment d'auto-efficacité élevé et un plus grand éventail de stratégies d'adaptation s'avèrent des caractéristiques qui pourraient prédire une meilleure AT (Meier, Donmall, Barrowclough, McElduff et Heller, 2005; Urbanoski et al., 2012).

Également, l'engagement dans les groupes d'entraide de type alcoolique anonyme (Urbanoski et al., 2012), le soutien social et le style d'attachement sécure (Meier, Donmall et al., 2005) seraient des caractéristiques prédictives fiables. Quant aux intervenants, moins d'études portent sur le sujet. Selon Meier, Donmall et al. (2005), deux facteurs pourraient prédire une meilleure AT : le niveau d'expérience des intervenants et le fait qu'ils soient eux-mêmes « ex-dépendants ».

20.1.4 L'alliance thérapeutique et le traitement des personnes dépendantes et judiciarisées

Tel qu'énoncé précédemment, très peu d'études portent sur l'AT dans le traitement des personnes dépendantes et judiciarisées. Malgré tout, quelques-unes sont recensées. D'abord, des études ont été réalisées sur la relation entre l'AT et la rétention en traitement chez cette clientèle, mais aucune ne permet d'établir de lien entre ces deux variables (Brocato et Wagner, 2008; Cournoyer et al., 2007). Toutefois, Brocato et Wagner (2008) observent un lien positif entre l'alliance et la motivation, ainsi qu'entre la motivation et la rétention, et suggèrent que l'alliance peut avoir un rôle médiateur sur la rétention.

Dans un autre ordre d'idée, Wolfe, Kay-Lambkin, Bowman, et Childs (2013) ont exploré les caractéristiques des clients en traitement et n'ont observé aucune relation entre le fait d'être en traitement sous mesures judiciaires et la qualité de l'AT. Selon eux, ces résultats peuvent s'expliquer par le fait que les clients ne se perçoivent pas contraints au traitement bien qu'ils soient sous mesures judiciaires. Quant à Cournoyer et al. (2007), ils observent que la compréhension et l'implication de l'intervenant (perçues par le client) sont des facteurs clés dans l'établissement de l'AT auprès des personnes en traitement sous mesures judiciaires.

En terminant, d'autres études offrent des résultats intéressants bien qu'elles s'éloignent un peu de l'objet de ce chapitre. Par exemple, Sia, Dansereau et Czuchry (2000) ont mené une étude portant sur un programme de préparation au traitement offert aux personnes judiciarisées. Bien que ce programme n'ait pas pour objectif d'améliorer l'AT, les auteurs constatent que les clients l'ayant complété apprécient davantage leurs intervenants lors de leur entrée dans le traitement. Ainsi, ils concluent que la préparation au traitement pourrait avoir un impact positif sur l'alliance. Également, les résultats de l'étude de Joe, Simpson, Dansereau et Rowan-Szal (2001) montrent que la qualité de la relation mesurée pendant le traitement prédit les résultats post-traitement. Notamment, la qualité de la relation serait liée à la diminution de la consommation, mais elle serait aussi liée à la diminution des activités criminelles.

Il est clair que d'autres études sur l'alliance dans le traitement des personnes dépendantes et judiciarisées sont nécessaires. Ce constat est appuyé par d'autres auteurs (Magrinelli Orsi et Brochu, 2009). Les études recensées sont peu nombreuses et nous en apprennent peu. La plupart sont quantitatives et mesurent la relation entre l'alliance et d'autres variables. Sans dénier leur pertinence, elles fournissent peu d'informations sur la manière dont se traduit ce phénomène dans l'intervention. Selon Meier, Barrowclough et al. (2005), une grande partie de la variance dans la qualité de l'alliance est encore inexpliquée. Les chercheurs colligent des données à partir de questionnaires structurés complétés par l'intervenant ou le client, ce qui laisse peu de place à la découverte et à une compréhension plus aiguisée de ce phénomène. De plus, plusieurs études ont été menées dans le cadre de la psychothérapie (Redko, Rapp, Elms, Snyder et Carlson, 2007) qui diffère du type de suivi offert dans le cadre d'un traitement pour la dépendance (Joe et al., 2001).

20.2 Objectif/questions de recherche

L'objectif général de cette recherche est d'explorer et de décrire la perception des personnes dépendantes aux SPA en traitement sous mesures judiciaires concernant l'AT avec les intervenants. Plus spécifiquement, en suivant une méthode qualitative, cette étude tente de répondre à deux questions :

1. selon le point de vue des participants, comment se traduit le phénomène de l'AT dans un contexte de traitement sous contraintes judiciaires?

2. dans quelle mesure les participants attribuent-ils leur cheminement thérapeutique au fait d'avoir entretenu une relation avec les intervenants?

20.3 Méthode

La recherche se situe à un niveau à la fois exploratoire et descriptif (Fortin et Gagnon, 2010; Miles et Huberman, 2003). Elle est exploratoire parce que le but principal est de comprendre un phénomène (l'AT) selon les individus qui en font l'expérience. La recherche est aussi descriptive parce que le but est également de décrire les dimensions et les variantes d'un phénomène déjà connu (l'AT) dans un contexte moins exploré (le traitement des dépendances sous contraintes judiciaires).

20.3.1 Échantillon

L'échantillonnage s'est fait de façon intentionnelle et orientée (choix raisonné) (Fortin et Gagnon, 2010; Miles et Huberman, 2003; Savoie-Zajc, 2006). Ainsi, des critères ont été utilisés pour sélectionner les participants (Tableau 20.1).

Tableau 20.1	Critères de sélection pour la construction de l'échantillon

Critères d'inclusion	Présenter des indices d'une dépendance aux SPA.
	Être en traitement sous des mesures judiciaires dans une RHTJP.
	Être en traitement depuis au moins un mois.
	Être un homme.
	Être âgé de 21 ans et plus.
Critères d'exclusion	Prendre une médication prescrite de façon irrégulière (non-observance) pour un trouble de santé mentale diagnostiqué.
	Avoir été hospitalisé dans les six derniers mois en raison d'une instabilité sur le plan de la santé mentale.
	Avoir fait une tentative de suicide ou avoir eu des comportements parasuicidaires dans les six derniers mois.

D'abord, les personnes qui présentent des indices d'une dépendance aux SPA en traitement sous mesures judiciaires dans une RHTJP ont été ciblées[4]. La première étape fut alors d'identifier les RHTJP partenaires et certifiées par le MSP. Quarante-six RHTJP ont été dénombrées (MSP, 2016), mais seules les trois RHTJP de la Capitale-Nationale et les trois RHTJP de la Mauricie ont été retenues. Les considérations liées à la faisabilité, dont la proximité des RHTJP, le budget restreint et le temps alloué pour ce projet ont servi de guide pour faire ce choix.

Également, seuls les sujets étant en traitement depuis au moins un mois ont été ciblés. Ce choix a été fait puisqu'il apparaissait important que les participants soient bien imprégnés de leur environnement avant la collecte de données. Néanmoins, le fonctionnement des RHTJP en fonction de ce dernier critère a mené à l'exclusion de deux des trois centres de la Capitale-Nationale, puisque la durée du traitement offert (trois semaines) est trop courte.

De plus, l'objectif principal étant d'explorer le phénomène de l'AT chez un groupe d'individus particuliers, il fallait rendre l'échantillon plus homogène[5] (Fortin et Gagnon, 2010; Miles et Huberman, 2003; Savoie-Zajc, 2006) et c'est pourquoi seuls les hommes de 21 ans et plus ont été inclus dans l'échantillon. Des indices dans les écrits scientifiques laissent croire qu'il existe des divergences entre les hommes et les femmes quant au développement de l'AT (Gibbons et al., 2003). Par conséquent, le choix s'est arrêté sur les hommes, puisqu'ils sont plus nombreux dans le système judiciaire. De même, seuls les participants de 21 ans et plus ont été ciblés afin d'obtenir un échantillon représentatif de l'âge adulte. Néanmoins, le seuil à 21 ans a été établi selon une moyenne arbitraire, puisque le début de l'âge adulte, bien qu'il se situerait entre 18 et 25 ans (Arnett, 2000), est un sujet encore débattu.

---

[4] Pour être admis dans une RHTJP, il n'est pas nécessaire d'avoir reçu le diagnostic d'un médecin (dépendance aux SPA ou trouble lié à l'usage de SPA). Ainsi, le critère de sélection spécifie uniquement que la personne doit présenter des indices d'une dépendance aux SPA.

[5] Un échantillon est homogène lorsqu'il y a peu de variation entre les sujets. Plus les sujets présentent des caractéristiques semblables, plus l'échantillon est homogène et plus il est possible de faire une description profonde d'un groupe particulier (Fortin et Gagnon, 2010; Miles et Huberman, 2003; Savoie-Zajc, 2006).

En terminant, pour des considérations éthiques, les hommes ayant une instabilité au plan mental ont été exclus selon les critères d'exclusion énumérés au Tableau 20.1, page 493. De plus, un formulaire d'information et de consentement a été remis aux participants dans lequel étaient décrites les conditions entourant la collecte de données, les mesures pour assurer la confidentialité, les inconvénients et les bénéfices à la participation. Aucune compensation financière ou matérielle n'a été remise aux participants. Le projet a été approuvé par le Comité d'éthique de la recherche avec des êtres humains de l'Université du Québec à Trois-Rivières.

L'échantillon est constitué de 15 participants. Des indicateurs ont été utilisés pour déterminer sa taille. D'abord, les critères de sélection (Tableau 20.1, page 493) ont permis la constitution d'un échantillon de participants ayant plusieurs caractéristiques similaires. Cette homogénéité a limité la variation dans les propos, mais a permis d'obtenir des données riches sans nécessiter un nombre supérieur de participants. D'autre part, l'échantillon n'est pas « trop » homogène puisque certaines caractéristiques des participants n'ont pas fait l'objet de critères (p. ex., le type de SPA consommé, de délits, etc.), ce qui apporte également de la richesse et une certaine variété dans les données recueillies. Qui plus est, un nombre équivalent de participants ont été recrutés dans chacune des RHTJP. Ultimement, les données obtenues apparaissaient intelligibles et cohérentes suggérant ainsi que le nombre de participants était suffisant.

20.3.2 Collecte de données

L'entretien semi-structuré a été utilisé. Chacun des entretiens a été effectué à l'aide d'un guide d'entrevue composé de questions ouvertes portant notamment sur chacune des dimensions du modèle de l'AT de Bordin (1979). Puisque « l'alliance thérapeutique » est un terme méconnu par les participants, ils ont été questionnés sur la « relation » qu'ils entretiennent avec les intervenants. Par exemple, sur l'impact de cette relation dans leur cheminement, sur leur collaboration avec les intervenants pour les objectifs et les tâches, sur les éléments qui les aident à établir un lien, etc. Les participants ont été rencontrés individuellement dans leur ressource respective. En moyenne, les entretiens ont duré 58 minutes.

20.3.3 Les participants

Les 15 hommes constituant l'échantillon sont en traitement depuis 67 jours en moyenne. Six participants en sont à leur premier traitement. Pour les autres ($n = 9$), le traitement actuel est le troisième en moyenne. Les participants considèrent avoir des problèmes de drogues depuis dix ans en moyenne alors qu'ils considèrent avoir des problèmes d'alcool depuis 16 ans en moyenne. Concernant leur perception d'être contraints à suivre le traitement, les participants étaient invités à se donner une cote sur une échelle de 0 à 10 où 0 signifie *je ne me sens pas du tout obligé* et 10 signifie *je me sens obligé*. La moyenne des scores obtenus à cette échelle est de 1,8, indiquant qu'ils se sentent généralement assez peu obligés.

20.3.4 Les ressources d'hébergement en toxicomanie ou en jeux pathologiques

Toutes les ressources accueillent une clientèle mixte sauf une qui accueillent uniquement des hommes. La durée du programme varie entre trois et six mois. Les quatre RHTJP offrent un programme de traitement qui s'articule autour d'activités structurées dont la majorité se déroule en groupe notamment des activités thérapeutiques, des ateliers psychoéducatifs et des activités de type « partage ». Les résidents participent également aux tâches ménagères et suivent un horaire structuré (heures de repas, de lever, de coucher, etc.). Ils ne peuvent pas quitter les lieux, sauf avec autorisation. Les intervenants des RHTJP détiennent un diplôme (technique, certificat, baccalauréat ou maîtrise) dans un domaine lié à la relation d'aide (éducation spécialisée, criminologie, psychologie, psychoéducation, etc.) ou détiennent une expérience de vie avec la dépendance de laquelle ils se sont rétablis.

Les quatre RHTJP offrent un suivi individuel, mais la forme diffère selon la ressource. Dans deux des quatre ressources, il y a des intervenants attitrés au suivi (IAS) des participants. Généralement, des rencontres individuelles régulières (p. ex. une fois par semaine, aux deux semaines) sont planifiées et font partie du programme de traitement. Les participants doivent se référer à leur IAS pour leur plan d'intervention, et pour tout ce qui a trait à leur dossier. Pour les deux autres ressources, il n'y a pas d'IAS. Or, des rencontres individuelles sont offertes aux participants au besoin, de manière ponctuelle, avec l'intervenant disponible.

20.3.5 Traitement et analyse des données

Une **analyse thématique** a été menée. Brièvement, *ce type d'analyse consiste à transposer un « corpus donné en un certain nombre de thèmes représentatifs du contenu analysé, et ce, en rapport avec l'orientation de la recherche »* (Paillé et Mucchielli, 2012, p. 232). Il s'agissait donc de repérer les thèmes qui émergeaient du discours des participants en lien avec l'objectif de la recherche et de vérifier si ces thèmes se rejoignaient, se répétaient, se contredisaient, se recoupaient ou se complétaient. Pour ce faire, une démarche de thématisation en continu a été suivie (Paillé et Mucchielli, 2012). Les quatre étapes de codification proposées par Thomas (2006) ont aussi servi de guide. La première étape fut de préparer les données brutes en retranscrivant les entretiens (verbatim) dans un format commun (première étape de Thomas, 2006; préparer les données brutes). En deuxième lieu, les verbatim ont fait l'objet d'une lecture approfondie jusqu'à ce qu'il soit possible d'avoir une vue d'ensemble du contenu des entretiens (deuxième étape de Thomas, 2006; faire une lecture attentive et approfondie). Par la suite, tous les verbatim ont été importés dans le logiciel N'Vivo 10 (QSR International, 2012) pour faciliter la démarche de thématisation. Quatre thèmes ont été identifiés au préalable en fonction de la lecture effectuée, du guide d'entretien et des questions de recherche : « objectifs »; « tâches »; « lien affectif »; et « importance de la relation avec l'intervenant ». Trois verbatim ont été codifiés. Concrètement, chaque extrait significatif de ces verbatim a été codé (associé) à un de ces thèmes. Au fur et à mesure de ce processus de codification, des sous-thèmes ont été identifiés à l'intérieur de ces thèmes (notamment en fonction de leur récurrence) permettant ainsi la création d'un premier arbre thématique (troisième étape de Thomas, 2006; identification et descriptions des premières catégories).

Afin de s'assurer de la rigueur de la démarche, la méthode de « vérification de la clarté des catégories », proposée par Thomas (2006), a été utilisée avant la poursuite de la codification des autres entretiens. Deux chercheurs ont codifié individuellement une portion des trois premiers verbatim avec l'arbre thématique. Le but était d'évaluer la correspondance entre leur codification et la codification initiale pour vérifier si les thèmes étaient bien définis (que chacun avait attribué les mêmes thèmes aux mêmes extraits). Suite à cette vérification, certains thèmes ont dû être modifiés et précisés. Par la suite, l'analyse s'est poursuivie dans un processus itératif jusqu'à la fin de la codification des entretiens. D'autres sous-thèmes ont émergé, certains ont été fusionnés formant ainsi l'arbre thématique final, dont les détails sont présentés dans la section suivante (quatrième étape de Thomas, 2006; poursuivre la révision et le raffinement des catégories).

20.4 Résultats et discussion

20.4.1 L'alliance thérapeutique et ses trois dimensions

Cette première section réfère à la première question de recherche (comment se traduit le phénomène de l'AT dans un contexte de traitement sous contraintes judiciaires?). Ainsi, les résultats présentent les thèmes qui ont émergé du discours des participants selon chacune des dimensions du modèle de l'AT de Bordin (1979) : les objectifs, les tâches et le lien affectif.

Les objectifs

L'AT implique une collaboration entre le client et l'intervenant. Ainsi, le pouvoir et l'implication quant au choix des objectifs de traitement devraient être partagés entre le client et l'intervenant. Comment, dans ce contexte de traitement, les participants ont-ils collaboré avec les intervenants pour déterminer les objectifs? Les résultats montrent que la collaboration prend différentes formes. Certaines tendances se dessinent dans le discours des participants et peuvent se résumer en trois principaux styles collaboratifs. La Figure 20.2 illustre ces styles et les situe selon le niveau de collaboration entre l'intervenant et le participant, ainsi que sur le niveau d'implication de l'intervenant dans l'élaboration des objectifs.

Figure 20.2 **Perception des participants de la collaboration avec l'intervenant dans le choix des objectifs de traitement**

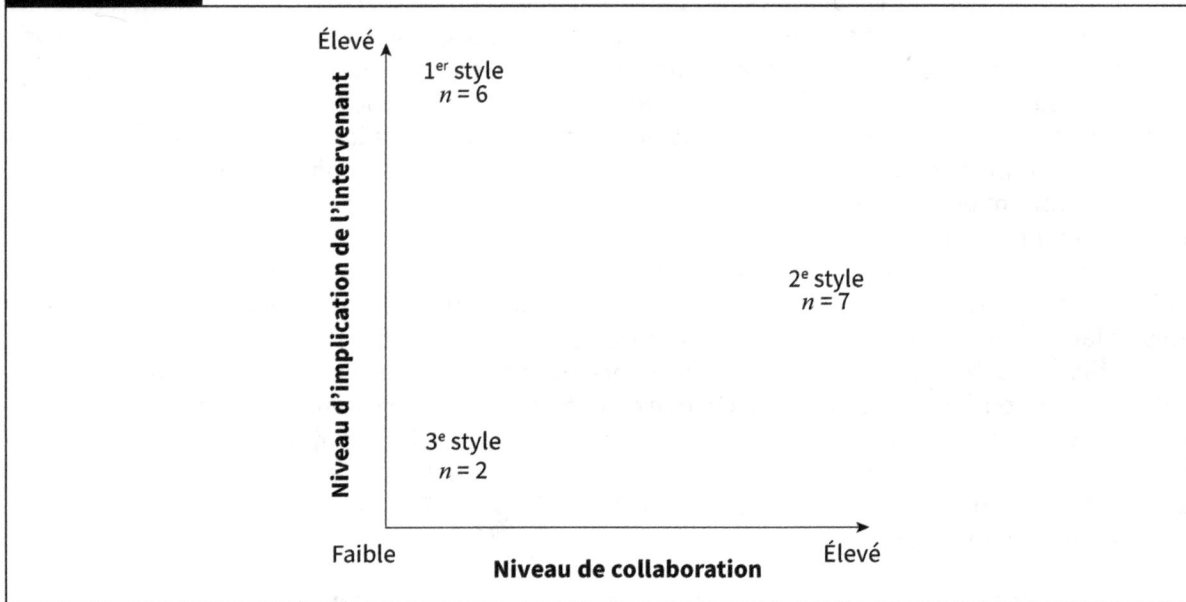

Pour le premier style, les participants ($n = 6$) tendent à accorder beaucoup de crédibilité aux intervenants et placent ces derniers en position d'experts. La collaboration apparaît plus faible, puisque l'intervenant est celui qui choisit les objectifs (son implication est élevée). Par exemple, Alex (35 ans) explique : « Moi, je lui fais totalement confiance. [...] Ce qu'il va me dire de travailler, je vais le travailler. Je ne suis pas là pour juger de sa compétence. S'il me dit "Fais ça." Je vais le faire. [...] Il est qualifié pour ça, c'est sa job ». Dans le deuxième style ($n = 7$), la collaboration apparaît plus élevée. Comme l'exprime James (30 ans), les intervenants offrent un soutien, mais c'est le participant qui choisit ses objectifs : « On discute avec lui [intervenant], [...] puis, c'est nous autres qui choisit vraiment nos points à travailler. Il nous aide un peu, il nous éclaire parce que veux, veux pas, il connaît ça un peu fait qu'il vient chercher les bons mots dans ce qu'on dit ». Tous les participants du premier et du deuxième style ($n = 13$) semblent avoir une appréciation élevée de la collaboration avec les intervenants. De plus, l'importance du lien comme préalable à la collaboration est soulevée : « J'ai établi un lien de confiance puis après ça c'est correct. [...] Il faut que je fasse confiance avant de jaser vraiment des problèmes » (Adrien, 24 ans). Or, pour ce qui est du troisième style ($n = 2$), le choix des objectifs semble remis entre les mains des participants, les intervenants prenant une part moins active dans le choix. En conséquence, la collaboration est moins élevée. À ce titre, Mario (40 ans) affirme : « Non, mais on fait notre propre thérapie ici. [...] Il n'y a pas personne qui m'a rencontré qui m'a dit "Tu devrais faire ça à la place. Tu devrais travailler ça à la place. Ce serait important que... [...], etc. Je n'ai pas eu ça. Fais que c'est un manque ».

Interprétation et implication pour la pratique psychoéducative

Le partage du pouvoir, la collaboration et le partenariat sont des principes d'intervention reconnus pour aider une personne à effectuer un changement et pour favoriser la création d'une alliance (Bordin, 1979; Miller et Rollnick, 2013; Tremblay et Simoneau, 2010). La moitié des participants rapporte ce type de collaboration élevée (style 2) et témoigne d'une appréciation élevée. Ainsi, ces résultats appuient ces principes d'intervention reconnus. Les participants apprécient être impliqués autant que les intervenants dans le choix des objectifs. L'intervenant agit comme guide et les objectifs sont choisis en équipe. L'expertise de chacun est mise à profit.

Toutefois, les résultats indiquent que la collaboration est faible pour l'autre moitié des participants notamment parce que l'intervenant est très impliqué (c'est lui qui dirige et conseille) et, étonnamment, les participants témoignent tout de même d'une appréciation élevée. Cette appréciation (bien que la collaboration soit faible) pourrait s'expliquer par le style d'intervention directif qu'utilisent les intervenants. En effet, l'intervenant qui conseille et dirige le choix des objectifs est apprécié parce qu'il est perçu comme un expert. Or, l'utilisation de ce style n'est généralement pas recommandée lorsqu'il est question d'aider une personne à changer, puisque l'expertise du client est nécessaire et complémentaire à celle de l'intervenant (Miller et Rollnick, 2013; Tremblay et Simoneau, 2010). De plus, un style directif risque de provoquer l'obéissance (ou le conformisme) chez le client, puisque ce sont des rôles complémentaires (l'intervenant dicte, alors le client obéit) (Miller et Rollnick, 2013). Ainsi, ces résultats à l'effet que les participants perçoivent une collaboration adéquate avec leur intervenant (bien qu'elle soit faible) sont peut-être dus à une forme d'obéissance. Les objectifs étant imposés et dictés plutôt que choisis en équipe avec l'intervenant, l'adoption de ce style risque de compromettre l'alliance. Par conséquent, malgré les résultats obtenus, pour favoriser l'alliance, les psychoéducateurs devraient privilégier une collaboration élevée telle que décrite par une portion des participants.

Finalement, l'importance du lien en tant que préalable à la collaboration pour le choix des objectifs a aussi été soulevée. Ces résultats pourraient suggérer que les dimensions du modèle de Bordin (1979) ne sont pas interdépendantes. Cette hypothèse sera discutée plus loin.

Les tâches

Cette dimension a été la plus difficile à documenter, les participants sont moins volubiles et n'abordent pas spontanément le sujet. Pour ce qui est de la collaboration autour du choix des tâches[6] à réaliser pour atteindre les objectifs déterminés, il y a une grande divergence dans le discours des participants entre ceux qui ont un IAS et ceux qui n'en ont pas. D'une part, les participants ayant un IAS rapportent que les tâches sont décidées « en équipe », le participant étant aussi impliqué que l'intervenant. Comme Carl (34 ans) le souligne, les intervenants suggèrent des moyens, mais n'imposent rien : « il [intervenant] ne m'impose pas ses choix. Si je ne suis pas d'accord, je vais lui amener mon point puis des fois on trouve un terrain d'entente puis souvent je me rends compte qu'il a raison ou que c'est moi qui ai raison, mais il ne m'impose rien ». Ainsi, la collaboration apparaît élevée. Par ailleurs, l'analyse du discours des participants n'ayant pas d'IAS est plus ardue et il est difficile d'arriver à des conclusions claires. Le fonctionnement pour établir les tâches n'est pas décrit de la même façon, et ce, même si les participants résident dans la même ressource. Leur discours laisse entendre qu'ils choisissent parfois eux-mêmes les tâches à réaliser pour atteindre leurs objectifs alors que d'autres fois, il est question de la collaboration du groupe ou des intervenants. Néanmoins, les participants sentent qu'ils ont le contrôle sur les tâches dans lesquelles ils s'engagent. À titre d'exemple, les propos de James (30 ans) : « Ouais, parce que c'est moi qui les [moyens] choisis dans le fond. [...] C'est moi qui les choisis dans une liste que j'ai choisie aussi ».

---

[6] Le terme « moyen » sera aussi utilisé puisque c'est celui qu'emploient les participants pour référer aux tâches. Ainsi, les termes « moyen » et « tâche » doivent être considérés comme des synonymes.

La dimension des tâches renvoie aussi à l'engagement de l'intervenant quant aux activités qui seront réalisées dans le traitement. Or, les propos des participants sont très limités à ce sujet. En effet, lorsque questionnés sur les tâches dans lesquelles s'engagent les intervenants envers leurs objectifs, les participants élaborent peu. Les rares personnes qui en parlent sont celles qui ont un IAS ($n = 5$). Par exemple, Carl répond à la question, mais avec hésitation : « Bien je pense qu'il [l'intervenant] s'engage à être à l'écoute ».

Interprétation et implication pour la pratique psychoéducative

Peu d'information quant à la dimension des tâches a pu être soutirée, notamment en ce qui concerne l'engagement de l'intervenant. Également, les propos des participants sont parfois confus. D'une part, ces résultats pourraient suggérer que cette dimension est négligée par les intervenants. En effet, si les tâches n'ont pas été clairement établies au départ, il n'est pas étonnant que les participants n'aient pu en discuter clairement lors des entretiens. Ainsi, les psychoéducateurs auraient peut-être avantage à s'engager explicitement envers les clients à accomplir des tâches pour les aider à atteindre leurs objectifs. Qui plus est, pour éviter de négliger une des dimensions ou pour comprendre pourquoi cette dimension est moins importante, les intervenants devraient évaluer régulièrement la qualité de l'alliance avec leur client. Pour ce faire, certains outils existent comme l'Inventaire d'alliance thérapeutique (IAT; Baillargeon et Leduc, 2002) et leur utilisation est recommandée par différents auteurs (Baillargeon et Puskas, 2013; Gros-Louis, 2011).

D'autre part, le peu de résultats obtenus pourrait suggérer que, du point de vue des participants, la dimension des tâches a moins d'impact sur la qualité de l'AT par rapport à ce que suggère Bordin (1979). À ce titre, dans leur étude, Robak, Kangos, Chiffriller et Griffin (2013) concluent que la dimension des tâches n'est pas particulièrement importante en contexte de groupe.

Le lien affectif

C'est la dimension ayant été la plus facile à documenter. Lorsque questionnés sur l'alliance, les participants réfèrent spontanément à cette dimension. Dans l'ensemble, la forme du suivi individuel avec un IAS semble être la plus appréciée : « J'aime mieux avoir quelqu'un de responsable, parce que quelqu'un qui est plus timide, il n'ira pas voir tout le monde pour parler de ses affaires. Il va avoir confiance en la personne qu'il rencontre tout le temps » (Zac, 40 ans). Or, quelques-uns soutiennent qu'il y a tout de même des avantages à ne pas avoir d'IAS : « Moi je trouve que c'est correct d'en [intervenants] avoir plusieurs parce que ça nous pousse à les connaître plus […]. Puis ça te pousse à justement ne pas t'isoler avec le même. Plus qu'ils en savent de toi, plus ça va t'aider. Puis ils ont tous quelque chose de différent à t'apporter ».

Lorsque les participants discutent de leur relation avec les intervenants, les propos de ceux qui ont un IAS se distinguent de ceux qui n'en ont pas. Tous ceux ayant un IAS considèrent entretenir une bonne relation avec leur intervenant et affirment avoir une grande confiance envers leurs compétences. Ils tiennent un discours sans ambiguïté et semblent convaincus que leur intervenant peut les aider à cheminer. Les propos de Léo (46 ans) en sont un exemple : « Il est là pour ça. Il a été formé pour ça. Je lui fais confiance à mon intervenant là-dessus ». Par ailleurs, plus de la moitié des participants n'ayant pas d'IAS semblent n'entretenir qu'une relation « de base » avec les intervenants (salutations, discussions informelles, etc.). Un participant, Mario, nomme qu'il ne sent aucune proximité avec les intervenants : « J'en vois un, une fois de temps en temps qui passe dans le couloir, je les vois tous, mais je vais dire "Bonjour", je vais dire "Salut, ça va?" […] On n'a pas de proximité avec eux autres ». Bien que la relation avec les intervenants semble moins « forte », la majorité affirme tout de même avoir confiance aux compétences des intervenants.

L'examen du discours des participants permet d'identifier cinq thèmes perçus comme ayant un impact sur le niveau de confiance accordé aux intervenants. D'abord, environ la moitié des participants accordent leur confiance plus facilement aux intervenants qui sont « ex-dépendants ». Comme l'explique Adrien (24 ans), le fait d'avoir « du vécu » est plus important et aidant qu'avoir une formation : « Je fais plus confiance à quelqu'un qui a un passé que quelqu'un qui a des cours puis qui n'a pas de passé. Moi c'est mon idée en tout cas. Ma confiance est plus là en tout cas ». À ce titre, Meier, Donmall et al. (2005) arrivent aux mêmes conclusions : le fait que l'intervenant ait un passé de consommation semble influencer positivement le niveau de confiance.

En second lieu, le tiers des participants évoque l'âge des intervenants comme ayant un impact sur la confiance. Généralement, ces participants font difficilement confiance aux jeunes intervenants dans le domaine : « J'ai un gros background en arrière de moi puis pour comprendre tout ça, ce n'est comme pas évident pour le jeune qui commence... 22, 23 ans, 25 ans, il va avoir un background de son étude, mais il n'a pas de background sur le terrain » (Joey, 49 ans). Or, d'autres préfèrent les intervenants ayant le même âge qu'eux : « Présentement je vais avoir plus de facilité à parler des personnes vers 30 ans, 30-35 ans. Une personne qui est plus vieille des fois je vais être gêné. Une personne qui va être plus jeune, des fois, j'ai un manque de confiance peut-être » (James, 30 ans). Bien que peu d'études se soient penchées sur la question de l'âge, ces résultats peuvent être mis en lien avec ceux de Meier, Donmall et al. (2005) qui soulignent que selon la perception des clients, la qualité de l'AT est meilleure avec les intervenants plus qualifiés et expérimentés.

Troisièmement, environ la moitié des participants souligne que le sexe de l'intervenant peut avoir un impact sur la confiance. Par exemple, l'un d'entre eux, Jason (21 ans), affirme avoir de la difficulté à s'exprimer devant une femme : « Moi j'avais de la difficulté avec les intervenantes femmes. [...] C'est peut-être dû à mes relations passées aussi. [...] peut-être la peur de se faire juger aussi ». Or, pour d'autres, ces mêmes difficultés s'observent avec les hommes. À ce sujet, les études n'identifient pas de relation entre le sexe de l'intervenant et le niveau de confiance (Meier, Barrowclough et al., 2005; Meier, Donmall et al., 2005; Urbanoski et al., 2012). Ainsi, ces résultats pourraient suggérer que ce n'est pas le fait d'être un homme ou une femme qui favorise la confiance, mais que les clients ont des préférences quant au sexe de l'intervenant, et que la confiance s'établit mieux avec les intervenants du sexe de préférence.

Le quatrième thème rapporté par un peu plus de la moitié des participants est le temps. Généralement, ils affirment avoir besoin de temps pour connaître l'intervenant sans quoi, la confiance ne peut s'installer. À ce titre, Guy (41 ans), évoquent un comparatif avec les centres de détention : « Parce qu'au début je suis arrivé les intervenants ici je n'étais pas capable. Parce qu'en prison, tu ne parles pas aux *screws*[7]. Si tu parles aux *screws* c'est mal vu. Puis ici j'ai eu de la misère au début. Ça m'a pris au moins quatre semaines avant d'aller parler ». Ces résultats vont dans le même sens des observations de Brocato et Wagner (2008) selon lesquelles les clients sous contraintes judiciaires prennent plus de temps à s'engager dans le traitement par rapport aux autres.

Finalement, le dernier thème concerne la confidentialité. Les propos des participants indiquent qu'il existe une confusion quant à leur compréhension des limites de la confidentialité, ce qui semble avoir un impact sur la confiance accordée aux intervenants. Par exemple, Jason (21 ans) se confie au directeur de la RHTJP plutôt qu'à son intervenante : « Avec [nom du directeur], lui, tu peux tout lui dire, parce qu'il a le secret professionnel [...] ceux qui n'ont pas le secret professionnel, c'est qu'il y a des affaires que si tu divulgues, mettons que tu vendais ou que tu faisais des affaires, ça va se retrouver en Cour parce qu'ils n'ont pas le choix ». Ce thème est aussi soulevé par Schneeberger et Brochu (2000) qui le considère comme un enjeu dans l'intervention auprès des personnes judiciarisées. En effet, les exigences de surveillance des instances judiciaires font entrave à la confidentialité qui est la base de la relation d'aide.

---

[7] Certains participants utilisent le terme : « screws » pour désigner les gardiens de prison.

Interprétation et implication pour la pratique psychoéducative

La majorité des participants préfèrent la forme de suivi avec un IAS. De plus, la moitié de ceux n'ayant pas d'IAS affirme ne pas avoir développé de relation significative avec les intervenants, alors que tous les participants ayant un IAS relatent une relation de confiance avec au moins un intervenant. Qui plus est, pour la dimension des tâches, la collaboration décrite diffère selon que les participants aient ou non un IAS et celle décrite par les participants ayant un IAS apparaît plus structurée. Ainsi, dans l'ensemble, la forme de suivi individuel avec un IAS semble offrir un contexte plus favorable pour le développement d'une alliance avec les intervenants. Par conséquent, cette forme de suivi est recommandée pour favoriser l'alliance.

D'autre part, la plupart des thèmes identifiés comme ayant un impact sur la confiance réfèrent à des caractéristiques des intervenants qui sont non modifiables (ex-dépendants, sexe, âge). Or, il s'agit pour le psychoéducateur d'être conscient de ses caractéristiques personnelles et de leurs impacts potentiels. De plus, les résultats suggèrent que le psychoéducateur doit respecter le rythme du client (la confiance prend du temps à s'établir) et doit clarifier les limites de la confidentialité dans ce contexte de traitement (ce qui sera ou non dévoilé aux autorités judiciaires). Cette dernière recommandation est soutenue par Brochu, Brunelle et Plourde (2016).

Pour terminer cette section en lien avec le premier objectif de la recherche, rappelons que dans le modèle de l'AT de Bordin (1979), les trois dimensions sont d'importance équivalente et interdépendantes. Or, du point de vue des participants, les dimensions n'apparaissent pas équivalentes. Comme explicité précédemment, les participants ont peu à dire sur la dimension des tâches. Certains perçoivent même qu'aucun moyen n'est établi avec les intervenants. Malgré tout, ils ne l'abordent pas comme un problème. Quant à la dimension du lien affectif, les propos des participants sont abondants et détaillés. Cette dimension apparaît importante pour eux et ils vont même jusqu'à détailler les éléments pouvant affecter la relation.

D'autre part, les dimensions n'apparaissent pas interdépendantes. En effet, les propos des participants indiquent davantage que la dimension du lien affectif est un prérequis aux autres dimensions notamment lorsqu'il est question d'établir les objectifs. Ces résultats sont cohérents avec les écrits de Miller et Rollnick (2013). Selon eux, l'intervention auprès des personnes voulant effectuer un changement débute par l'engagement dans la relation. C'est par la suite que les objectifs peuvent être déterminés. Au même titre, Redko et al. (2007) rapportent que c'est le développement de la confiance entre l'intervenant et le client qui permet la détermination des objectifs et des moyens. En outre, les psychoéducateurs devraient favoriser et prioriser la création d'un lien affectif avant de déterminer les objectifs de traitement et les moyens qui y sont reliés. La Figure 20.3 fournit une illustration des résultats obtenus en comparaison avec le modèle de Bordin (1979).

Figure 20.3 Comparaison entre le modèle initial de l'AT de Bordin (1979) et le modèle issu des résultats

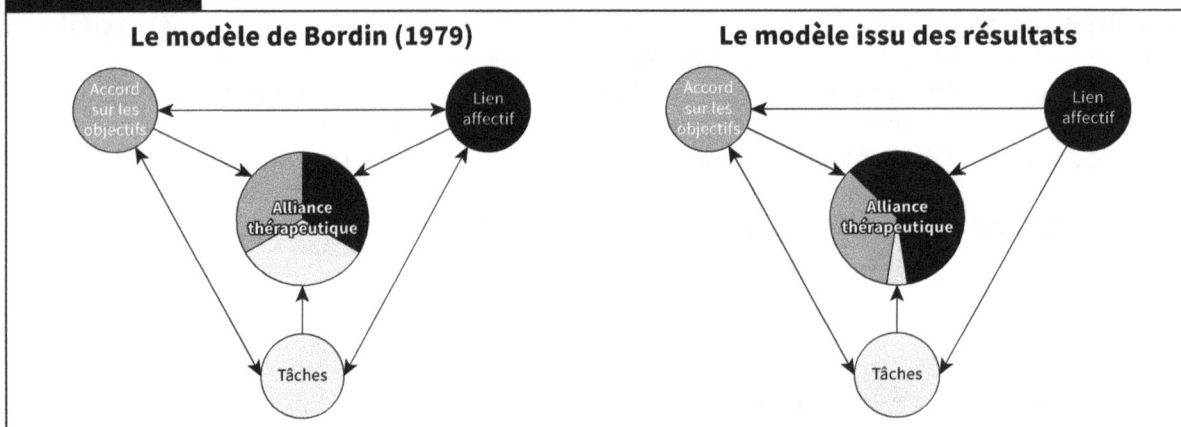

20.4.2 L'apport de l'intervenant au cheminement thérapeutique

Cette deuxième section se consacre à la seconde question de recherche : dans quelle mesure les participants attribuent-ils leur cheminement thérapeutique au fait d'avoir entretenu une relation avec les intervenants? L'analyse du discours permet de situer les participants à trois niveaux.

D'abord, pour certains (*n* = 4), cette relation est essentielle. Comme les propos de Zac (40 ans) le démontrent, c'est l'intervenant qui contribue le plus au cheminement : « Mais ce qui m'a le plus aidé, c'est le travail avec mon intervenante, ça c'est sûr. ». Pour d'autres (*n* = 5), la relation avec l'intervenant est importante, mais s'accompagne d'autres éléments tout aussi importants au cheminement comme les autres résidents ou les ateliers. Comme l'explique Pier (36 ans), se confier à un autre membre du groupe est aussi aidant que de se confier à un intervenant : « Puis un coup que j'avais parlé avec lui [un membre du groupe] je ne sentais pas nécessairement le besoin de le raconter à quelqu'un d'autre. J'avais évacué puis c'était correct. Mais, ça du bon d'aller ventiler, puis de voir les intervenants aussi. ». Or, pour d'autres (*n* = 4), l'apport de la relation avec l'intervenant au cheminement thérapeutique est nul. Ces participants considèrent qu'ils chemineraient quand même sans les intervenants. Le programme, le groupe, la stabilité que le traitement apporte, etc. sont les éléments les plus essentiels au cheminement. Les propos de Sacha (24 ans) en sont un exemple : « [...] moi honnêtement, je trouve que la thérapie, sans aller voir les intervenants en individuel, est assez complète de même. La thérapie elle fait pas mal le tour de tout. On en a assez, le « morning[8] » le matin, la thérapie le matin, après ça, l'atelier l'après-midi, le « night[9] » le soir, la thérapie le soir [...].

Ainsi, les participants rapportent des éléments qu'ils considèrent tout aussi, et parfois même plus importants que la relation avec les intervenants. Ces éléments peuvent se résumer sous deux principaux thèmes : le groupe de pairs et le programme de traitement. Plus précisément, comme l'illustre Léo (46 ans), le groupe de pairs est bénéfique au cheminement, notamment grâce à l'entraide : « Ouais, c'est l'entraide. Tout le monde apporte de l'aide à tout le monde, peut-être sans même le savoir ». Un participant, Sacha (24 ans) mentionne même qu'il préfère parler aux résidents qu'aux intervenants : « Moi j'ai plus de misère par contre à aller chercher un intervenant puis de parler avec. On dirait que je ne sais pas quoi dire puis parler des vraies choses, j'ai plus de misère. J'ai plus de facilité en grand groupe [...] si j'ai de quoi à dire, mettons que je ne *feel* pas ou... bien il y a les résidents pour en parler ». Quant au programme de traitement, pour certains, comme Jason (21 ans), ce sont les cours et les ateliers psychoéducatifs qui sont les plus aidants : « [...] moi, ce sont les cours, je pense, qui m'aident le plus à comprendre mes comportements, puis ce que j'ai à changer pour devenir abstinent puis je pense que ce sont les cours ». Pour d'autres comme Pier (36 ans) c'est la structure du programme : « Ouais, c'est sûr que d'avoir un horaire tout le temps ça nous apprend à reprendre une vie saine [...] quand tu ne travailles pas puis que tu ne fais rien que consommer chez vous... Tu ne manges plus... Divan, frigidaire, divan, frigidaire, [...]. »

Interprétation et implication pour la pratique psychoéducative

Les résultats obtenus au sujet de la deuxième question de recherche montrent que seuls quelques participants ont la perception que la relation avec les intervenants est essentielle à leur cheminement thérapeutique. Pour les autres, le groupe de pairs et le programme de traitement contribuent également sinon plus que les intervenants. Puisque le traitement se déroule majoritairement en groupe (plutôt qu'en individuel) à l'intérieur d'un programme, ce résultat n'est pas si étonnant. Les

---

[8] Les « mornings » sont des rassemblements matinaux, quotidiens où tous les résidents sont présents. Le fonctionnement varie selon les ressources, mais généralement, des résidents sont appelés à aller en avant du groupe pour recevoir des commentaires, rétroactions, etc. des autres membres du groupe ou des intervenants.
[9] Les « nights » sont des rassemblements semblables aux « mornings » qui ont lieu le soir. Le fonctionnement varie selon les ressources, mais généralement, les résidents doivent partager à tour de rôle, une partie de leur vécu au groupe.

participants ne sont pas uniquement en relation avec les intervenants. Ils sont aussi en relation avec les autres membres du groupe (Mörtberg, 2014; Robak et al., 2013). De plus, la structure, l'horaire, les activités, etc. des RHTJP sont conçus pour les aider à cheminer.

Ces résultats vont dans le même sens que les études antérieures puisque la plupart soulignent que l'alliance avec les intervenants n'est pas le seul facteur qui contribue au cheminement thérapeutique en contexte de groupe et même qu'elle se traduit différemment dans ce contexte (Crowe et Grenyer, 2008). Le climat de groupe et la cohésion interviennent également (Crowe et Grenyer, 2008; Hansen et al., 2005; Robak et al., 2013; Wagner et Ingersoll, 2015). Les auteurs ne s'entendent pas tous sur la façon de distinguer ces trois variables. Brièvement, l'AT réfère à la relation entre les clients et les intervenants, alors que la cohésion est plus complexe puisqu'elle réfère à la relation entre les clients dans le groupe (relation client-client, client-groupe, client-sous-groupe, etc.) (Wagner et Ingersoll, 2015). Quant au climat, il réfère davantage à l'environnement et à l'atmosphère émotionnelle dans le groupe (Crowe et Grenyer, 2008; Wagner et Ingersoll, 2015).

20.5 Conclusion

Bien que des efforts aient été mis pour que la méthode utilisée soit la plus rigoureuse possible, cette recherche comporte des limites. D'abord, seules quatre RHTJP ont été sélectionnées comme milieu de recrutement ce qui peut réduire la transférabilité des résultats (Mukamurera et al., 2006). Néanmoins, pour pallier cette limite, des efforts ont été mis pour décrire chacune des RHTJP. Quant à la taille de l'échantillon, bien qu'un certain nombre d'indices suggèrent sa validité scientifique, nous ne pouvons affirmer avec certitude que la saturation empirique a été atteinte (Fortin et Gagnon, 2010; Pires, 1997). Or, comme certains auteurs le soulignent, nous croyons que l'atteinte de cette saturation est un concept discutable et que le nombre « suffisant » de sujets à inclure dans l'étude est arbitraire (Miles et Huberman, 2003; Morse, 1995; Savoie-Zajc, 2006; St-Cyr Tribble et Saintonge, 1999). C'est pourquoi nous avons utilisé une série d'indicateurs pour déterminer la taille de l'échantillon. De plus, puisque le groupe est une importante composante du traitement dans les RHTJP, il aurait été intéressant de documenter le climat et la cohésion de groupe, notamment en ajoutant des questions à ce sujet au guide d'entretien. Finalement, sur le plan de l'analyse des données, des méthodes supplémentaires auraient pu être utilisées pour donner aux résultats plus de rigueur. Par exemple, les résultats auraient pu être triangulés avec d'autres sources de données (Miles et Huberman, 2003). Principalement, il aurait été intéressant de recueillir aussi le point de vue des intervenants.

Bien que l'objectif ne soit pas de remettre en doute le modèle de l'AT proposé par Bordin (1979), il serait pertinent que d'autres recherches qualitatives soient menées sur l'alliance dans ce même contexte de traitement puisque les résultats de cette étude suggèrent une modélisation différente. Les recherches portant l'AT dans le traitement des personnes dépendantes et judiciarisées sont peu nombreuses et la plupart utilisent des devis quantitatifs et mesurent l'alliance à partir d'outils, dont plusieurs sont fondés sur le modèle de Bordin (1979). Il serait intéressant d'étudier l'alliance au-delà de ce modèle. Qui plus est, les recherches futures devraient porter sur le développement de l'AT en contexte de groupe en incluant des variables telles que le climat et la cohésion de groupe. D'une part, il serait intéressant de voir l'importance de chacune de ces variables dans l'issu du traitement et d'autre part de comprendre comment favoriser le développement de chacune d'entre elles.

Références

American Psychiatric Association (APA). (2003). *DSM-IV-TR: manuel diagnostique et statistique des troubles mentaux* (4ᵉ éd. rév.; traduit par J.-D. Guelfi et M.-A. Crocq). Paris, France : Masson.

American Psychiatric Association (APA). (2015). *DSM-5: manuel diagnostique et statistique des troubles mentaux* (5ᵉ éd.; traduit par M.-A. Crocq, J.-D. Guelfi, P. Boyer, C.-B. Pull et M.-C. Pull). Paris, France: Elsevier Masson.

Arnett, J. J. (2000). Emerging adulthood: A theory of development from the late teens through the twenties. *American Psychologist, 55*(5), 469-480.

Arseneault, C. (2014). *Évaluation des effets du programme d'intervention en toxicomanie offert par le Centre de réadaptation en dépendance de Québec à l'Établissement de détention de Québec* (Thèse de doctorat inédite). Université du Québec à Trois-Rivières.

Baillargeon, P. et Leduc, A. (2002). *Inventaire de l'alliance thérapeutique (IAT).* Trois-Rivières, QC : Université du Québec à Trois-Rivières.

Baillargeon, P. et Puskas, D. (2013). L'alliance thérapeutique : conception, pratique. *Défi jeunesse, 19*(3), 4-9.

Bonta, J. L. et Andrews, D. A. (2007). *Modèle d'évaluation et de réadaptation des délinquants fondé sur les principes du risque, des besoins et de la réceptivité.* Ottawa, ON : Sécurité publique Canada.

Bordin, E. S. (1979). The generalizability of the psychoanalytic concept of the working alliance. *Psychotherapy: Theory, Research and Practice, 16*(3), 252-260.

Brocato, J. et Wagner, E. F. (2008). Predictors of retention in an alternative-to-prison substance abuse treatment program. *Criminal justice and Behavior, 35*(1), 99-119.

Brochu, S., Brunelle, N. et Plourde, C. (2016). *Drogue et criminalité : Une relation complexe* (3ᵉ éd.). Montréal, QC : Les Presses de l'Université de Montréal.

Brochu, S., Cournoyer, L., Motiuk, L. et Pernanen, K. (1999). Drugs, alcohol and crime: patterns among Canadian federal inmates. *Bulletin on Narcotics, 51*(1), 57-73.

Brochu, S. et Plourde, C. (2012). L'offre de services aux adultes toxicomanes sous le coup de mesures judiciaires : un jeu de murs et de ponts. Dans M. Landry, S. Brochu et N. Brunelle (dir.), *L'intégration des services en toxicomanie* (p. 107-130). Québec, QC : Les Presses de l'Université Laval.

Chauvet, M., Kamgang, E., Ngamini, A., Fleury, M. et Simoneau, H. (2015). *Les troubles liés à l'utilisation de substances psychoactives : prévalence, utilisation des services et bonnes pratiques.* Montréal, QC : Centre de réadaptation en dépendance de Montréal-Institut universitaire.

Cournoyer, L. G., Brochu, S., Landry, M. et Bergeron, J. (2007). Therapeutic alliance, patient behaviour and drop-out in a drug rehabilitation programme: the moderating effect of clinical subpopulations. *Addiction, 102*(12), 1960-1970.

Crowe, T. P. et Grenyer, B. F. (2008). Is therapist alliance or whole group cohesion more influential in group psychotherapy outcomes? *Clinical Psychology and Psychotherapy, 15*(4), 239-246.

Fortin, M.-F. et Gagnon, J. (2010). *Fondements et étapes du processus de recherche : méthodes quantitatives et qualitatives.* Montréal, QC : Chenelière Éducation.

Gibbons, M. C., Crits-Christoph, P., de la Cruz, C., Barber, J., Siqueland, L. et Gladis, M. (2003). Pretreatment expectations, interpersonal functioning, and symptoms in the prediction of the therapeutic alliance across supportive-expressive psychotherapy and cognitive therapy. *Psychotherapy Research, 13*(1), 59-76.

Gros-Louis, Y. (2011). Pour installer une forte alliance, rejoindre le monde du client. *Psychologie Québec/Dossier, 28*(2), 33-35.

Hansen, J.-I. C., Johnson, J. E., Burlingame, G. M., Olsen, J. A., Davies, D. R. et Gleave, R. L. (2005). Group climate, cohesion, alliance, and empathy in group psychotherapy: Multilevel structural equation models. *Journal of Counseling Psychology, 52*(3), 310-321.

Horvath, A. O. et Symonds, B. D. (1991). Relation between working alliance and outcome in psychotherapy: A meta-analysis. *Journal of Counseling Psychology, 38*(2), 139-149.

Hser, Y.-I., Grella, C. E., Hsieh, S.-C., Anglin, M. D. et Brown, B. S. (1999). Prior treatment experience related to process and outcomes in DATOS. *Drug and Alcohol Dependence, 57*(2), 137-150.

Ilgen, M. A., McKellar, J., Moos, R. et Finney, J. W. (2006). Therapeutic alliance and the relationship between motivation and treatment outcomes in patients with alcohol use disorder. *Journal of Substance Abuse Treatment, 31*(2), 157-162.

Joe, G. W., Simpson, D. D., Dansereau, D. F. et Rowan-Szal, G. A. (2001). Relationships between counseling rapport and drug abuse treatment outcomes. *Psychiatric Services, 52*(9), 1223-1229.

Kelly, J. F., Finney, J. W. et Moos, R. (2005). Substance use disorder patients who are mandated to treatment: Characteristics, treatment process, and 1-and 5-year outcomes. *Journal of Substance Abuse Treatment, 28*(3), 213-223.

Lecomte, C., Savard, R., Drouin, M.-S. et Guillon, V. (2004). Qui sont les psychothérapeutes efficaces? Implications pour la formation en psychologie. *Revue québécoise de psychologie, 25*(3), 73-102.

Luborsky, L. (1976). Helping alliances in psychotherapy. Dans J. L. Cleghorn (dir.), *Successful psychotherapy* (pp. 92-116). New York, NY: Brunner/Mazel.

Magrinelli Orsi, M. et Brochu, S. (2009). Du sable dans l'engrenage : la motivation des clients sous contrainte judiciaire dans les traitements pour la toxicomanie. *Drogues, santé et société, 8*(2), 141-185.

Martin, D. J., Garske, J. P. et Davis, M. K. (2000). Relation of the therapeutic alliance with outcome and other variables: A meta-analytic review. *Journal of Consulting and Clinical Psychology, 68*(3), 438-450.

Meier, P. S., Barrowclough, C. et Donmall, M. C. (2005). The role of the therapeutic alliance in the treatment of substance misuse: A critical review of the literature. *Addiction, 100*(3), 304-316.

Meier, P. S., Donmall, M. C., Barrowclough, C., McElduff, P. et Heller, R. F. (2005). Predicting the early therapeutic alliance in the treatment of drug misuse. *Addiction, 100*(4), 500-511.

Miles, M. B. et Huberman, A. M. (2003). *Analyse des données qualitatives* (2ᵉ éd.). Bruxelles, Belgique : De Boeck.

Miller, W. R. et Rollnick, S. (2013). *L'entretien motivationnel-2ᵉ éd. : aider la personne à engager le changement*. Paris, France : InterEditions.

Ministère de la Sécurité publique. (2016). *Liste des organismes privés ou communautaires intervenant en toxicomanie et offrant de l'hébergement reconnus par les services correctionnels*. Repéré à http://www.securitepublique.gouv.qc.ca/services-correctionnels/bottins/intervenants-toxicomanie.html

Morse, J. M. (1995). The significance of saturation. *Qualitative Health Research, 5*(2), 147-149.

Mörtberg, E. (2014). Working alliance in individual and group cognitive therapy for social anxiety disorder. *Psychiatry Research, 220*(1), 716-718.

Mukamurera, J., Lacourse, F. et Couturier, Y. (2006). Des avancées en analyse qualitative : pour une transparence et une systématisation des pratiques. *Recherches qualitatives, 26*(1), 110-138.

Paillé, P. et Mucchielli, A. (2012). *L'analyse qualitative en sciences humaines et sociales* (3ᵉ éd.). Paris, France : Armand Colin.

Pires, A. P. (1997). Échantillonnage et recherche qualitative : essai théorique et méthodologique. Dans J. Poupart, L-H. Groulx, J-P. Deslauriers, A. Laperrière, R. Mayer et A. P. Pires (dir.), *La recherche qualitative : enjeux épistémologiques et méthodologiques* (p. 365-389). Montréal, QC : Gaëtan Morin Éditeur.

QSR International. (2012). N'Vivo qualitative data analysis software (version 10) [Logiciel]. Burlington, MA : QSR International.

Redko, C., Rapp, R. C., Elms, C., Snyder, M. et Carlson, R. G. (2007). Understanding the working alliance between persons with substance abuse problems and strengths-based case managers. *Journal of Psychoactive Drugs, 39*(3), 241-250.

Robak, R. W., Kangos, K. A., Chiffriller, S. H. et Griffin, P. W. (2013). The working alliance in group counseling: an exploratory study. *Psychological Reports, 113*(2), 1-14.

Rogers, C. R. (1951). *Client-centered therapy: Its current practice, implications and theory*. Boston, MA: Houghton Mifflin.

Savoie-Zajc, L. (2006). Comment peut-on construire un échantillonnage scientifiquement valide? *Recherches qualitatives*, 99-111.

Schneeberger, P. et Brochu, S. (2000). Le traitement de la toxicomanie comme alternative à l'incarcération : un sentier rocailleux. *Criminologie, 32*(2), 129-149.

Sia, T. L., Dansereau, D. F. et Czuchry, M. L. (2000). Treatment readiness training and probationers' evaluation of substance abuse treatment in a criminal justice setting. *Journal of Substance Abuse Treatment, 19*(4), 459-467.

St-Cyr Tribble, D. et Saintonge, L. (1999). Réalité, subjectivité et crédibilité en recherche qualitative : quelques questionnements. *Recherches qualitatives, 20*, 113-125.

Thomas, D. R. (2006). A general inductive approach for analyzing qualitative evaluation data. *American Journal of Evaluation, 27*(2), 237-246.

Tremblay, J. et Simoneau, H. (2010). Trois modèles motivationnels et le traitement de la dépendance aux substances psychoactives. *Drogues, santé et société, 9*(1), 165-210.

Urbanoski, K. A., Kelly, J. F., Hoeppner, B. B. et Slaymaker, V. (2012). The role of therapeutic alliance in substance use disorder treatment for young adults. *Journal of Substance Abuse Treatment, 43*(3), 344-351.

Wagner, C. et Ingersoll, K. (2015). *Pratique de l'entretien motivationnel en groupe*. Paris, France : InterEditions.

Wolfe, S., Kay-Lambkin, F., Bowman, J. et Childs, S. (2013). To enforce or engage: The relationship between coercion, treatment motivation and therapeutic alliance within community-based drug and alcohol clients. *Addictive Behaviors, 38*(5), 2187-2195.

Zetzel, É. R. (1956). Current concepts of transference. *International Journal of Psychoanalysis, 37*(4-5), 369-376.

Index

Termes cliniques

Termes méthodologiques

www.ingramcontent.com/pod-product-compliance
Lightning Source LLC
Chambersburg PA
CBHW080241030426
42334CB00023BA/2660